苏州市相城区农业志

SUZHOUSHI XIANGCHENGQU NONGYEZHI

苏州市相城区农业志编纂委员会 编

主编 陈玉庆

苏州大学出版社
Soochow University Press

图书在版编目（CIP）数据

苏州市相城区农业志/陈玉庆主编；苏州市相城区农业志编纂委员会编． —苏州：苏州大学出版社，2020.11
 ISBN 978-7-5672-2975-4

Ⅰ. ①苏… Ⅱ. ①陈… ②苏… Ⅲ. ①农业史–苏州 Ⅳ. ①F329.534

中国版本图书馆 CIP 数据核字（2020）第 210845 号

书　　名：	苏州市相城区农业志
编　　者：	苏州市相城区农业志编纂委员会
主　　编：	陈玉庆
责任编辑：	刘　海
装帧设计：	吴　钰
出版发行：	苏州大学出版社（Soochow University Press）
出 品 人：	盛惠良
社　　址：	苏州市十梓街 1 号　邮编：215006
印　　刷：	苏州工业园区美柯乐制版印务有限责任公司
E-mail：	Liuwang@ suda. edu. cn　　QQ：64826224
邮购热线：	0512-67480030
销售热线：	0512-67481020
开　　本：	889 mm×1 194 mm　1/16　印张：29.5　插页：30　字数：725 千
版　　次：	2020 年 11 月第 1 版
印　　次：	2020 年 11 月第 1 次印刷
书　　号：	ISBN 978-7-5672-2975-4
定　　价：	288.00 元

凡购本社图书发现印装错误，请与本社联系调换。服务热线：0512-67481020

凡 例

一、本志以邓小平理论、"三个代表"重要思想、科学发展观、习近平新时代中国特色社会主义思想为指导，坚持辩证唯物主义和历史唯物主义的立场、观点和方法，力求思想性、科学性和资料性的高度统一，反映历史真实，凸显时代特征和农业特色。

二、本志遵循详今略古、详近略远的原则，概要记述中华民国及其以前的历史沿革和有关情况，着重记述中华人民共和国成立以来特别是相城建区后农业的发展和变化。

三、本志上限尽量向前追溯，下限迄至2013年12月底。大事记及行政管理机构延至2016年12月底。

四、本志体裁以专志为主体，以语体文编写，按章、节、条目、子目四个层次编排，以文字为主，表格、图片、附录为辅。数字采用阿拉伯数字。

五、本志对历史纪年、地理名称、党派、政府、机构等，均沿用当时称呼。

六、本志除历史沿用的"亩""亩产"等外，采用的计量单位均为国家法定公制。

七、本志资料主要取自民国时期的《吴县志》《相城小志》和中华人民共和国成立后的《苏州市志》《吴县志》《相城统计年鉴》，以及苏州市、区档案馆、编志办、统计局、农业主管部门等单位所编纂的相关资料，一般不注明出处。

苏州市相城区农业志编纂委员会

2009 年 2 月

主　任：杨荣林
副主任：陈玉庆
委　员：陈水男　杨凤根　钱林兴　曹玉林　徐国良　王全林　孙伟强
　　　　杨益人　徐盘英　朱兴雄　黄　鸣　周荣元　吴登宽　沈军伟
　　　　阙林林　陆建平

2013 年 2 月

主　任：顾　敏
副主任：陈玉庆
委　员：杨凤根　钱林兴　施文琪　龚宏伟　吴建明　苏彩霞　陈鹤皋
　　　　黄　鸣　黄日峰　陈建中　李老土　张建明　戴沈虎　张　倩
　　　　陆建平　胡玉梅　勾起洪　周静华

2017 年 2 月

主　任：许国荣
副主任：陈玉庆
委　员：杨凤根　龚宏伟　施文琪　朱雪花　沈军伟　钱林兴　陈永琪
　　　　卫灿灿　黄日峰　李老土　孟令敏　张建明　勾起洪　张卫卫
　　　　陆建平　张丽丽　孙　鹏　周静华　蒲文春

编纂人员

主　　编：陈玉庆
执　　笔：陈鹤皋　惠永乐　朱文俊　朱建军　朱兴雄
参编人员：（以姓氏笔画为序）
　　　　马苏芬　王全林　勾起洪　朱水林　孙伟华　孙伟强　苏彩霞
　　　　李世勤　李老土　李时平　杨凤根　杨建国　杨晓华　杨益人
　　　　吴建明　吴振荣　吴登宽　张　倩　张建明　张晓红　陆建平
　　　　陈永琪　陈建中　金　良　周荣元　周静华　赵仁华　胡玉梅
　　　　施文琪　祝瑞生　钱林兴　徐国良　徐荣兴　徐桂英　徐盘英
　　　　黄　鸣　黄日峰　曹玉林　盛祥龙　龚宏伟　梁　壁　梁菊荣
　　　　韩　春　焦冬英　蒲文春　阙林林　谭荣祥　戴沈虎

1987年8月23日，苏州市市长俞兴德、吴县县委副书记谢慧新陪同卢森堡首相雅克普斯访问黄桥乡张庄村

2007年7月27日，苏州市委书记王荣、市长阎立等领导在相城区委书记顾仙根、区人大常委会主任邵雪耕等的陪同下视察荷塘月色湿地公园

2010年7月20日上午，农业部部长韩长赋在江苏省委常委、副省长黄莉新和相城区委书记顾仙根、区长曹后灵等的陪同下考察阳澄湖现代农业产业园

2010年8月16日,苏州市政协主席王金华在相城区委书记顾仙根等的陪同下视察阳澄湖现代农业产业园

2010年11月5日,苏州市市长阎立在苏州市农委主任蒋来清、相城区委书记顾仙根、区长曹后灵等的陪同下考察阳澄湖现代农业产业园

2010年12月1日,苏州市农委主任蒋来清考察相城区新埂村设施蔬菜基地

2012年5月18日，江苏省农委副主任蔡恒在苏州市农委书记秦建国、相城区副区长钱志华、区农业局领导等的陪同下调研望亭御亭现代农业产业园

2012年6月1日，苏州市政协副主席、苏州市农委主任蒋来清对相城区农产品质量安全进行检查指导

2012年10月26日，农业部副部长牛盾挂钩阳澄湖镇消泾村调研座谈会

▲ 1952年4月，土改后农村出现了一种新型经济合作组织——互助组。图为向苏南全区六十七个互助组应战并向全县互助组和农民挑战的二十四个互助组长合影

▲ 1953年11月，国家对粮食实行统购统销政策，政府同时鼓励农民向国家交售爱国粮。图为吴县爱国售粮成绩记录证。填发日期：1954年6月10日

▲ 1956年10月，吴县基本实现农业合作化。图为当年冬出席县农业合作社代表会议的东桥农业高级社代表

1958年9月25日，渭塘人民公社成立 ▶

▲ 1959年,东桥公社夏季生产先进者合影

▲ 1974年,渭塘公社社员在样板田拉绳插秧

▲ 1975年,北桥公社庄基大队干部召开讨论会

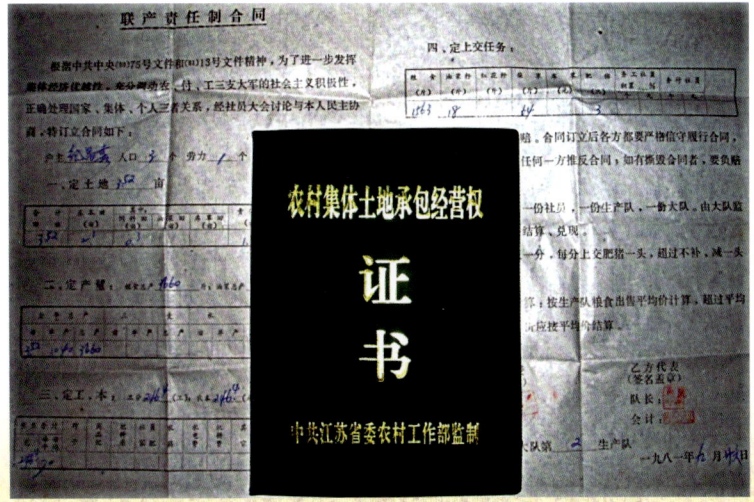

◀ 1981年秋,望亭公社在吴县最早实行家庭联包责任制。图为1981年颁发的合同和证书

▲ 1983年,东桥公社在农科所大院召开秋播千人誓师大会

▲ 20世纪70年代,东桥公社龙安大队社员参加农业生产会议

先进楷模

▲ 1964年到1966年,江苏省农科院副院长、全国劳动模范陈永康在望亭人民公社奚家大队蹲点,传授水稻丰产经验

▲ 1981年9月,陈永康在望亭公社查看小麦长势并作指导

▲ 1995年,吴县领导欢送全国劳模殷进发赴京参加全国劳模表彰大会合影

▲ 1977年,北桥公社受表彰的农业生产先进单位代表合影

▲ 1985年,江苏省人代会苏州代表团在吴县第一招待所前合影(第二排右起第九人为湘城公社社员顾文良)

▲ 2011年2月20日,全国劳模常德盛到相城区参观指导生态拦截工程

▲ 20 世纪 80 年代相城农村一家三口的生活场景

▲ 20 世纪 80 年代寺泾村农民的烧饭场景

▲ 相城老街坊

▲ 20 世纪 80 年代相城农民的织席场景

▲ 20世纪80年代的石桥村村委会

▲ 1982年,北桥造楼房的场景

▲ 20世纪80年代的乡间砖路

▲ 1985年的砖场地

▲ 20世纪90年代的北桥农村

▲ 20世纪90年代的寺泾村

农村生活面貌

▲ 2013年的北渔社区新貌

▲ 丰收

做糕饼庆丰收 ▶

▲ 2013年的黄埭新农村

▲ 东桥敬老院颐养天年的老人们

▲ 20世纪80年代，境内第一个喜购轿车的北桥芮埭村农民

▲ 1986年11月，新农村居民住宅外景

◀ 2013年相城农村婚庆场面

▲ 健身

▲ 阿婆玩自拍

对弈 ▶

◀ 2009年10月17日，阳澄湖美人腿自行车绕圈赛

▲ 1954年6月连降大雨,阳澄湖水位暴涨,政府组织群众抗洪救灾

▲ 1957年春,消泾乡组织2000人修建任旺圩。图为农民挑土修筑圩堤

▲ 农民在罱泥积肥

▲ 捞水草(养鱼、积肥)

农村生活面貌

▲ 1982年东桥公社"战四秋"公社、大队、小队三级干部大会

▲ 20世纪70年代水牛耕地

回家 ▶

◀ 牛

▲ 植树

树林带

◀ 采莲路新景观

▲ 苏州中国花卉植物园

▲ 郁金香

▲ 绿色绣球

苏州中国花卉植物园 ▲

荷塘月色湿地公园 ▲

盛泽湖月季公园 ▲

葫芦岛芙蓉园 ▲

三角嘴生态湿地(杜鹃)公园 ▲

漕湖湿地公园 ▲

漕湖名树园 ▲

苏州中兴高尔夫球场 ▲

阳澄湖莲花岛 ▲

▲ 家庭饲养拉毛兔

▲ 1980年,农民买雏鸡

▲ 太平公社农科站养猪场

▲ 太平街道农户奶牛场

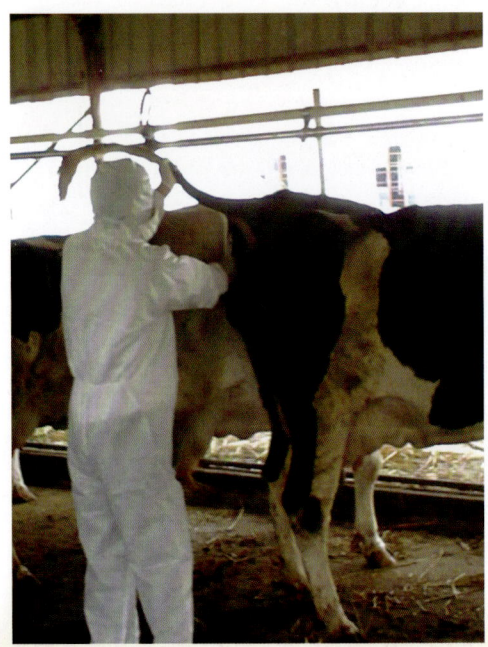
▲ 2009年6月22日，畜牧兽医人员正在对规模奶牛场的奶牛进行"两病"检测

▲ 2009年8月25日，相城区在全市率先建立区级畜禽粪便处理中心

▲ 漕湖捕鱼

▲ 阳澄湖渔民收获大闸蟹

▲ 放流鱼种

▲ 收购阳澄湖大闸蟹场景

鱼苗场技术员给亲鱼注射催情剂 ▶

◀ 1978年3月15日,国家科委确定黄桥公社张庄大队为养鱼现代化实验基地。图为机械化养鱼增氧设施

鱼苗繁殖 ▶

▲ 旋转式扬谷扇车

▲ 脱粒机

▲ 流动小型碾米机为农民碾米

▲ 1978年灵峰村农民种田场景

▲ 20世纪80年代种田场景

▲ 喷农药

▲ 1989年琳桥村种田场景

▲ 20世纪90年代耕地场景

▲ 1993年农民手工种田

▲ 插秧机作业

▲ 插秧机作业

1985年，联合收割机在望亭乡农民承包田里收割水稻	
2008年,联合收割机收割小麦	2008年,联合收割机收割水稻
2008年,收割作业场景	2008年,施耕作业场景
养蟹池中的微孔增氧机	

▲ 东风 12CY

▲ 农用运输车（英田 YT24D-Ⅱ）

▲ 四轮拖拉机

▲ 雷沃

▲ 久保田 PRO688Q

▲ 黄海金马 404D

▲ 东风 DF404B

▲ 圆盘犁

▲ 东方红 LX954

▲ 洋马 AG600

▲ 约翰迪尔 JD5-954-1

▲ 久保田 4LBZ-172B(PRO888GM)

▲ 洋马 5HNSDR-20 烘干机

▲ 1983年，停泊在▇泾公社粮站前出售稻谷的粮船

▲ 1983年，太平公社农户在出售早稻谷

▲ 渭塘公社粮站的吸粮码头

▲ 湘城公社粮站砖砌圆仓库

▲ 1978年,北桥乡庄基村在丰产方除虫

▲ 渭塘乡农技培训班

▲ 1982年,农户在渭塘公社农技站咨询农技知识

◀ 北桥公社农科站技术员深入田间悉心指导农户

▲ 东桥公社领导为1982年度农技示范户颁奖

▲ 1984年10月，联合国专家视察渭塘农科所

◀ 2011年3月23日，中国欧盟农业生态补偿政策研讨会结题。苏州市、相城区及有关部门领导同与会中外专家在望亭镇新埂村项目区考察

◀ 2011年10月12日—14日，中澳"太湖水污染治理试点项目"专家组代表和苏州市农委、苏州农业职业技术学院生态环境系教授等地方专家开展学术讨论

2012年7月3日,相城区政府在南京举办江苏省苏州市相城区国家现代农业示范区建设总体规划论证会

▲ 蔬菜大棚

▲ 苏州新巷特色林果产业园

2012年,相城区以推进现代农业为抓手,再掀现代农业园区建设新高潮

▲ 相城区人民政府大楼

◀ 相城区农业农村局

江苏省苏州市相城区国家现代农业示范区 ▲

◀（相城区国家现代农业示范区核心区）苏州市阳澄湖现代农业产业园

（相城区国家现代农业示范区核心区）江苏省苏州市相城区国家现代农业示范区水质在线实时监测中心 ▶

◀ 苏州望亭现代农业产业园

◀ 漕湖农业园

▲ 渭塘现代农业示范园

▲ 黄埭循环农业万亩示范区

▲ 开发区千亩特色农业基地(倪汇)

▲ 阳澄湖美人腿农业园

◀ 太平现代生态农业基地

▲ 万亩林果基地

▲ 万亩高效渔业示范园

▲ 黄桥公社张庄大队的方格化连片鱼池

阳澄湖镇消泾村渔民在补网 ▶

▲ 20世纪80年代的吴县渭塘珍珠市场

▲ 20世纪90年代的中国珍珠城内景

▲ 20世纪90年代中国珍珠城的珍珠交易

▲ 挑选珍珠

▲ 珍珠加工

▲ 20世纪90年代的中国珍珠城外景

▲ 1982年,北桥乡庄基村农民正在查看育珠蚌

▲ 1984年,黄埭公社汤浜大队淡水河蚌育珠

▲ 1989年卫星村养殖蚌珠

▲ 2005年的中国珍珠(宝石)城

▲ 中国珍珠(宝石)城交易大厅全景图

▲ 小小珍珠连五洲　　　　　　▲ 2005年采珠游

▲ 采珍珠

▲ 渭塘珍珠

▲ 插片手术

▲ 挑选珍珠　　　　　　　　▲ 传授育珠技术

▲ 阳澄湖大闸蟹

▲ 渔民晒网

▲ 夜间捕捞大闸蟹

▲ 阳澄湖大闸蟹　　　　　　　　　　　▲ 地笼捕蟹

▲ 2012年9月22日，苏州阳澄湖大闸蟹开捕节暨苏州相城阳澄湖旅游节在阳澄湖生态休闲旅游度假区开幕

▲ 相城区度假区莲花村获评为江苏省省级生态旅游示范区

▲ 相城区度假区莲花村获江苏省四星级乡村旅游区证书

▲ 晨曲

▲ 渔光曲

▲ 三元府第

▲ 风车阵

▲ 忆园——水乡服饰馆

▲ 忆园大门

▲ 湿地荷花

▼ 湖中游艇

▲ 农家乐

▲ 太湖风光

▲ 太湖水产

▲ 湖八仙之螃蟹

▲ 湖八仙之鳗鱼

▲ 湖八仙之青虾

▲ 湖八仙之甲鱼

▲ 湖八仙之白鱼

▲ 湖八仙之鳜鱼

▲ 湖八仙之莲藕

▲ 湖八仙之菱角

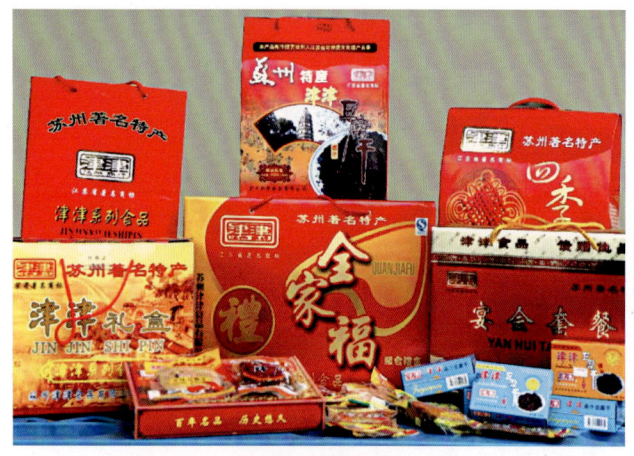
▲ 津津系列食品

▲ 泰进食品

▲ 黄埭西瓜子

▲ 元和祯祥食品

▲ 天香牛奶

▲ 湘城麻饼

序

苏州市相城区首部农业专业志——《苏州市相城区农业志》定稿付印了，这是我区农业工作的又一新成果。

相城区位于苏州北大门，在太湖与阳澄湖之间，历史悠久，民丰物阜，地广物博，农耕文化积淀深厚，为长江文明发源地之一，自古就有"城北粮仓""鱼米之乡"的美誉。唐寅有诗云："四百万粮充岁办，供输何处似吴民？"而从历史的另一面看，相城水灾频发，并有海潮倒灌之患，以致农民多贫困。

中华人民共和国成立后，农民逐步摆脱贫困，过上了温饱生活。改革开放后，实行家庭联产承包责任制，农村经济迅猛发展，农民走上了小康之路，相城农业发生了重大变化。

特别是2001年建区以来，在区委、区政府的正确领导下，相城区坚持把发展现代农业作为新农村建设的首要任务，作为推进城乡一体化发展的重要举措，优化产业布局，突出规模高效，彰显农业特色，强化政策支撑，推动科技进步，创新运作机制，构建产业体系，加快建立以工促农、以城带乡长效机制，紧紧抓住城乡一体化发展的机遇，构建优质水稻、蔬菜瓜果、特种水产、花卉苗木林果、休闲观光、外向型的"六型农业"。2012年，相城区已成为国家现代农业示范区。全区建成省、市、区、镇、村五级现代农业示范园区（基地）23个，开创万亩森林公园、万亩粮食高产、万亩蔬菜基地、万亩林果基地、万亩高效渔业"五大"万亩现代农业示范区，总计建成6.5万亩的规模农业，形成了五大示范区齐头并进的发展局面。

如今，阳澄湖大闸蟹、渭塘珍珠、望亭大米等蜚声海内外。从《苏州市相城区农业志》中，我们可以深切感受到历史发展所带来的巨变。

从2008年筹建《苏州市相城区农业志》编志班子起，至今已十年。在这十年中，区地方志办公室悉心指导，区农业局各科室积极推荐采编人员，上海图书馆、南京图书馆、苏州市图书馆、吴中区档案馆、吴中区粮食局、相城区建设局、相城区规划局、相城区民政局、相城区档案馆及各乡镇等为多方寻觅史料提供帮助，编志成员对各种史料进行甄别、分析和研究。《苏州市相城区农业志》是一本尊重史实、有益后人、可供借鉴的历史书、资料书、工具书和教科书。本志对中华人民共和国成立后的史实做了尽可能翔实的述录。对农村联产承包、家庭承包责任制、农业丰产方、传统特色农产品、农业产业结构调整、主导产业、"花城"建设、现代农业示范园区建设等，以较多篇幅实录，彰显了相城"三农"改革开放的成果。

中共中央办公厅、国务院办公厅去年印发的《关于实施中华优秀传统文化传承发展工程的意见》提出："加强党史国史及相关档案编修，做好地方史志编纂工作，巩固中华文明探源成果，正确反映中华民族文明史，推出一批研究成果。"《苏州市相城区农业志》的出版，无疑契合了这一要求。在此，祝愿相城人民在城乡一体化这一新的伟大征程中，能利用这一成果，继续用勤劳朴实的双手，用创新创业的智慧，耕耘这片肥沃的土地，谱写相城农业更好更快发展的历史新篇章。

苏州市相城区农业局局长　许国荣

2018 年 5 月

目 录

总述 …………………………………… 1
大事记 ………………………………… 5

第一卷 农村变革与发展

概述 …………………………………… 81
第一章 农村体制变革 ……………… 82
 第一节 土地占有与使用 ………… 82
 第二节 土地改革 ………………… 83
 第三节 互助组合作社 …………… 85
 第四节 人民公社 ………………… 87
 第五节 联产承包责任制 ………… 95
第二章 现代农业发展 ……………… 100
 第一节 适度规模经营 …………… 100
 第二节 农村合作经济组织 ……… 102
 第三节 农业综合开发 …………… 105
第三章 新农村建设 ………………… 108
 第一节 农业现代化试点 ………… 108
 第二节 示范镇村创建 …………… 108
 第三节 城乡一体化 ……………… 109
第四章 农村经济管理 ……………… 112
 第一节 集体资产监管 …………… 112
 第二节 村级经济管理 …………… 113
 第三节 农民负担监督管理 ……… 114

第二卷 农业

概述 …………………………………… 119
第一章 种植业 ……………………… 120
 概述 ………………………………… 120
 第一节 土壤耕地面积 …………… 121
 第二节 农业区划 ………………… 122
 第三节 种植制度 ………………… 123
 第四节 作物栽培 ………………… 124
 第五节 土壤与肥料 ……………… 144
 第六节 病虫害防治 ……………… 148
 第七节 丰产方建设 ……………… 154
第二章 林业 ………………………… 158
 概述 ………………………………… 158
 第一节 林业资源 ………………… 158
 第二节 森林分类区划 …………… 160
 第三节 营林生产 ………………… 161
 第四节 绿化工程系列建设 ……… 162
 第五节 古树名木 ………………… 168
第三章 畜禽业 ……………………… 170
 概述 ………………………………… 170
 第一节 家畜饲养 ………………… 170
 第二节 禽类饲养 ………………… 173
 第三节 疫病防治 ………………… 175
 第四节 畜禽质量建设 …………… 177
 第五节 畜禽养殖污染防治 ……… 178

第四章 农业机械 …………… 179
概述 ………………………… 179
第一节 农机具 …………… 182
第二节 农机管理 ………… 190
第三节 农机监理 ………… 198
附注 ………………………… 204

第五章 农业科技 …………… 208
概述 ………………………… 208
第一节 种植业科技推广 … 209
第二节 林业科技推广 …… 211
第三节 畜牧业科技推广 … 212
第四节 水产科技推广 …… 214

第六章 农产品质量建设 …… 220
概述 ………………………… 220
第一节 农产品质量安全建设 …… 220
第二节 名牌农产品培育创建 …… 225

第七章 现代农业示范园建设 …… 228
概述 ………………………… 228
第一节 生态农业示范园区 …… 230
第二节 相城区现代农业示范区 …………………… 237
第三节 相城现代农业（水上）产业园 ………………… 247

第八章 农业法治与渔业管理 …… 250
第一节 法制建设 ………… 250
第二节 行政执法 ………… 252
第三节 渔业管理 ………… 254

第九章 行政管理机构 ………… 258
概述 ………………………… 258
第一节 相城区农业局 …… 259
第二节 内设机构 ………… 261
第三节 直属事业单位 …… 264

第三卷 水产

概述 ………………………… 273

第一章 水产资源 …………… 275
第一节 鱼类 ……………… 275
第二节 甲壳类 …………… 280
第三节 贝类 ……………… 282
第四节 两栖爬行类 ……… 283

第二章 水产养殖 …………… 285
第一节 苗种繁育 ………… 285
第二节 池塘与工厂化养殖 …… 288
第三节 湖荡养殖与河沟养殖 …… 291
第四节 特种水产养殖 …… 294
第五节 观赏鱼养殖 ……… 299
第六节 淡水珍珠养殖 …… 300

第三章 阳澄湖大闸蟹 ……… 303
第一节 大闸蟹的名称来历及其特性 …………………… 303
第二节 捉蟹 ……………… 304
第三节 养蟹业的发展 …… 306
第四节 养殖实体 ………… 313
第五节 蟹文化专记 ……… 315

第四章 水产生产实体 ……… 320
第一节 渔业村 …………… 320
第二节 专业户 …………… 321
第三节 养殖场 …………… 322

第五章 水产捕捞 …………… 328
第一节 渔船 ……………… 328
第二节 渔具渔法 ………… 329
第三节 鱼汛 ……………… 334
第四节 风信 ……………… 335
第五节 捕捞产量 ………… 336

第四卷 粮油管理与流通

- 概述 …………………………………… 339
- 第一章 粮油征购 ……………………… 340
  - 第一节 粮食收购 …………………… 340
  - 第二节 油料收购 …………………… 347
- 第二章 粮油销售 ……………………… 354
  - 第一节 粮食销售 …………………… 354
  - 第二节 食油销售 …………………… 367
  - 第三节 粮食安全体系建设 ………… 367
  - 第四节 粮食流通体制改革 ………… 369
- 第三章 粮油票证 ……………………… 378
  - 第一节 票证种类 …………………… 378
  - 第二节 票证发放 …………………… 380
  - 第三节 票证管理 …………………… 381
- 第四章 粮油价格和作价方式 ………… 382
  - 第一节 粮价演变 …………………… 382
  - 第二节 价格管理 …………………… 399
  - 第三节 作价种类 …………………… 401
  - 第四节 作价方式 …………………… 402
- 第五章 粮油储存 ……………………… 413
  - 第一节 粮仓 ………………………… 413
  - 第二节 仓储设施 …………………… 416
  - 第三节 仓储保管 …………………… 420
  - 第四节 "四无"粮仓 ……………… 423
  - 第五节 清仓查库 …………………… 424
- 第六章 粮油调运 ……………………… 426
  - 第一节 调运 ………………………… 426
  - 第二节 运输 ………………………… 428
  - 第三节 管理 ………………………… 429
  - 第四节 调运价格 …………………… 432
- 第七章 粮油加工工业 ………………… 434
  - 第一节 粮油加工及生产工艺 ……… 434
  - 第二节 饲料加工及生产工艺 ……… 442

附 录

- 一、粮赋 ………………………………… 444
- 二、文告 ………………………………… 452
- 三、碑文 ………………………………… 455
- 四、野生植物 …………………………… 458
- 五、古诗 ………………………………… 459
- 六、序文 ………………………………… 461
- 七、杂记 ………………………………… 462
- 八、阳澄渔歌 …………………………… 462

编后记 …………………………………… 465

总 述

苏州市相城区位于江苏省南部，是享有"人间天堂"之誉的苏州市北部的一个区，坐标为北纬30°23′—31°33′，东经120°—120°50′，地处中亚热带北缘，受太湖、阳澄湖等水体调节，气候宜人，雨量充沛，日照充足，无霜期长，宜农宜林，宜渔宜牧。全区户籍人口34万，总面积478平方千米。它东临阳澄湖、苏州工业园区，南接苏州市姑苏区，西邻苏州市虎丘区和无锡市，北连常熟；东距上海市80余千米，西距无锡市中心30千米、南京市198千米，南至杭州市150余千米；京沪高速铁路、沪宁城际铁路、312国道、沪宁高速公路贯穿东西，苏嘉杭高速公路、京杭大运河、205省道、苏虞张一级公路、苏州绕城高速贯穿南北。

相城区土地肥沃，自然资源丰富。传统种植水稻、小麦、油菜，还有其他经济作物等。太湖专业渔民和分散在相城区各镇（街道）的专业渔民以渔业为生。

约在10000年前（旧石器时代晚期），相城境域邻近的太湖三山岛即有古人类大量生产石制刮削器、夹状器、砍砸器，从事渔猎等生产活动。

约6000年前，区域东唯亭草鞋山一带的先民已经有了稻谷种植、纺织物生产等农业活动。在新石器时代，境内已采用渔具进行深水捕捞。

"相城"此名由来久远，可追溯至周敬王六年，即公元前514年。当时吴王阖闾委伍子胥"相土尝水，象天法地"，这就是"相城"的由来。公元前221年，秦始皇统一中国，实行郡县制，建吴县，相城境内从属于吴县。

宋代时，我国已普遍混养"四大家鱼"，即青鱼、草鱼、鲢鱼、鳙鱼混养。越灭吴后，范蠡曾隐迹于境内蠡口养鱼，并著有世界上第一部养鱼专著《养鱼经》。

元代以前，阳澄湖周边地区、黄埭、望亭等区域，大面积种植水稻。到元代时，逐渐形成了秋熟水稻、夏熟小麦的一年两熟耕作制度。明清时，境域即被称为苏州"城北粮仓"。

明清时期，出现了"桑基鱼塘"，以湘城、南北桥、黄埭等处为最盛，池塘养鱼已具相当规模；捕捞渔业亦极盛。

清末、民国期间，因战乱、水旱病虫灾害，农业生产极不稳定。清雍正二年（1724），相城境内西部改属长洲县，东部改属元和县。民国元年（1912），长洲、元和复并为吴县，相城境区域从属吴县。

民国时期农民负担重，要负担壮丁费、难民费等13项税费。解放前，境内土地六成被地主、富农和工商资本家占有；贫农家庭仅均占半亩土地，他们靠租地耕种或出卖劳力维持生计。

1949年4月27日，吴县解放。该区域内遭受严重水灾，粮食供应趋紧，全县（本区域属吴县）接收大米11.613万公斤，稻谷24.2028万公斤，糙米14余万公斤，有仓库24处，房屋220间。次年，中粮公司吴县办事处成立。土地改革后，土地归农民所有，农民的生产积极性高涨。人民政府很重视农业，努力改善生产条件，改革耕作制度，推广先进技术。农业合作化解决了生产资料不足的困难，农业单产得到提高。1953年11月起，粮食实行统购统销，境内农村实行"三定"（定产、定购、定销）政策。1955年，渭塘、油泾、望亭等地开始引种双季稻。50年代，政府从资金、饲料、鱼种、技术等方面扶持渔业生产。1958年，各地陆续修筑农田灌溉水渠，建造机电灌溉站，搞人民公社化运动。1959年至1962年是国民经济困难时期，农民处于困难境地。1960年起，境内排涝、灌溉基本实现机电化；耕作、播种、收获、植保、脱粒等机械化与半机械化并举，农业机械使用率逐步提高。1965年，境内扩大双季稻种植面积。1968年，境内利用池塘、河沟、湖湾发展养蚌育珠；60年代，人工繁殖"四大家鱼"鱼苗获得成功。1965年，国务院发文提出粮食征购"一定三年"不变办法；并提出灾年适当调低粮食征购指标，丰年超购加价奖励。1968年至1974年，水稻三麦由"两熟制"改为"三熟制"；渭塘、黄埭、黄桥、太平、蠡口、北桥、湘城等地开始建设丰产田。70年代，三角帆蚌人工繁殖成功。由于（双季稻）"三熟制"用工及季节矛盾突出，1985年恢复了一年两熟的耕作制度。丰产田建设发展为丰产方、丰产线、吨粮田建设。至1995年，建成县级丰产方、丰产线2.16万亩。2000年，有耕地32.27万亩，水稻亩产557公斤，三麦亩产201公斤，粮食总产量15.04万吨。

党的十一届三中全会后，境内进行农村经济体制改革，全面推行家庭联产承包责任制，调动了农民的种粮积极性，水稻单产得到提高。1981年，北桥公社庄浜大队夏熟三麦亩产355.5公斤，扭转了多年徘徊不前的局面。80年代后，境内农村进行经济体制改革，全面推行家庭联产承包责任制，在稳定粮食生产的前提下，调整农村产业结构，改变单一经营、高产穷区的局面，农村经济格局发生深刻变化，出现了农、副、工三业协调发展，农、林、牧、副、渔全面兴旺的可喜景象。尽管境内粮田面积逐年递减，由于各级政府及有关部门加强对粮食生产的领导，指导农户科学种田，引进（研发）、推广和应用新品种、新农艺、新肥药，组织和鼓励农户开展高产竞赛和丰产方（带）建设活动，粮食单产有了较大幅度提高。

20世纪80年代初，推行家庭联产承包责任制，出现了大批养鱼专业组、专业户。1985年1月1日，中共中央一号文件提出取消统购，改为合同定购办法。1987年，境内水产养殖100845亩，水产产量15792吨。1995年7月，吴县撤县建市，这时相城境区从属吴县市。90年代，湖泊渔业生产逐步从捕捞向网栏、网围和网箱养殖转移。2001年3月，吴县撤市建区，析出相城区、吴中区，相城区由此始。

根据相城区农业发展新阶段的要求，为全面提高农产品质量安全水平，保护农业生态环境，促进农业可持续发展，相城区积极发展无公害农产品、绿色食品和有机食品。2001年起，区委、区政府逐步调整农业产业结构，建立粮食生产标准化生产示范点，开发花卉、苗木、林果、蔬菜等的种植，以及畜禽养殖和休闲观光农业，推进现代农业产业化经营。

2001年以来，已认定无公害农产品种植业、水产养殖生产基地14792亩，通过认证的省级无公害农产品29个；建成绿色食品生产基地12个，认定绿色食品种植业、水产养殖生产基地36117亩，完成47个绿色食品的认证；申报有机食品3个，有机食品基地2个。省、市质量检测中心抽检本区"三品"基地农产品时，检测合格率均为100%。

2005年起，境内免除农业税；同时采取切实措施，确保应急保供体系，为全区经济社会较快发展发挥有力的保障作用。在名牌农产品的培育和创建上，到2010年为止，全区申请农副业商标注册56个，涌现出了"阳澄湖""阳澄之王""金澄""鑫阳""碧波"等一批阳澄湖大闸蟹品牌，还有"虞河""埭绿""劲松""呆头""相水""金香溢""姑苏""叽嘟嘟"等一大批其他农产品品牌，其中有19个农产品获得市级名牌产品称号。建区以来，在农业科技发展方面，获得市级以上科技荣誉23项，其中"农田温室气体排放过程和观测技术研究"课题获国家科技进步三等奖；"蟹池大面积套养鳜鱼综合技术推广应用"课题获江苏省人民政府农业技术推广二等奖。

在农业标准化示范区建设中，积极发展循环农业、生态农业，促进农业可持续发展。至2010年，全区建成江苏省级、苏州市级以及区、镇、村五级现代农业基地32个，其中相城生态农业示范园、新巷现代农业示范区、阳澄湖现代农业产业园、迎湖农业标准化实施示范点、虞湖蔬菜产销专业合作社等五大农业示范区建成面积6.5万亩。全区有农业产业化经营重点企业16家，绿色食品生产基地12个；江苏省级名牌农产品3个，苏州市级名牌农产品19个。全区成片造林5.7万亩，四旁植树折算面积2.59万亩，栽种四季花卉2亿多株。是年年末，全区耕地24.1万亩，水稻亩产594公斤，三麦亩产280公斤，粮食总产量2.55万吨；农业机械总动力6.15万千瓦，拥有各类农业机械4121台（套）。本区紧紧抓住城乡一体化改革发展的历史机遇，紧扣现代农业建设主题，围绕布局区域化、经营规模化、产业特色化，加快推进现代农业园区建设，形成了西部优质种植区、东部高效渔业区、中部生态休闲观光区的相城现代农业总格局。2010年，全区捕捞产量880吨；全区水产养殖面积124500亩，水产养殖产量25700吨，珍珠产量19.3吨。2012年1月，本区被农业部认定为国家现代农业示范区。2013年，农业生产稳定发展。全区实现农林牧渔业总产值26.72亿元，比上年增长5.03%。全年粮食总产量2.43万吨，比上年下降0.8%，其中夏粮总产量0.67万吨，上升1.5%；秋粮总产量1.76万吨，下降1.8%。全区新增农民专业合作社6家，累计58家，村均稳定性收入970万元，较上年增长15.5%。

2013年，全区水产养殖面积123015亩，养殖产量27270吨，珍珠产量15吨。现代农业加快发展。"四个百万亩"相城片区完成落地上图任务。全区新增现代农业园区面积5000亩、高效设施农（渔）业面积4700亩，改造标准化池塘3000亩，累计完成投资6000多万元。全年出栏生猪9.35万头、家禽25.1万羽、禽蛋982吨、牛奶1.78万吨，丰富了市场供应。水产养殖总产量2.83万吨，总交易量4882吨，交易额达18.75亿元。新增市级农业产业化龙头企业2家，农业产业化进程继续推进。全年新增无公害农产品、绿色食品和有机食品共15个。

农业综合机械化率达83%。

相城区政府以"规模农业、品牌农业、高效农业"为发展方向,大力实施"八大工程",全力推进全区现代农业发展。将以农业现代化和生态文明建设为目标,以现代农业、生态绿化、粮食保供为主线,以园区为龙头、创新为驱动、品牌为抓手,坚决有力地推进"四个百万亩"落地,深入推进国家现代农业示范区建设,加快构建"5+3"现代农业园区(基地)发展新格局,全面提升农业发展新水平,把相城农业打造成为相城产业的一朵美丽奇葩和相城对外的一张亮丽名片。

大事记

约公元前 4000 年

经考证，在 6000 年前，我们的祖先就已在本区域从事耕种、饲养牲畜；在耕种上已进入耕耘阶段。

公元前 3000—前 2000 年

在吴县草鞋山遗址发现了粳稻、花生、芝麻、蚕豆、甜瓜等，还发现了野生纤维织成的罗文葛残片，以及石斧、犁铧、石铲等生产工具。四五千年前，这里已从耕耘阶段发展到犁耕阶段，纺织技术也有了一定水平。

商

约公元前 11 世纪，今北桥地区有人类从事渔猎、战事活动；庄基、丰泾村曾出土石钺、石镞等石器。

周

周敬王六年，吴王阖闾元年（前 514） 阖闾委派伍子胥在今阳澄湖北部"相土尝水，象天法地"，选址建都城。后因其地势低湿而易址，"相城"因此得名。

周敬王二十五年，吴王夫差元年（前 495） 吴王夫差开河通运，从吴都过境域，经无锡至常州奔牛镇。

战 国

楚考烈王十五年（前 248） 改封春申君黄歇于江东。春申君以土堰水，筑成堰埭，"春申埭"因此而得名,后改称"黄埭"。

公元前460年前后 范蠡以实践为基础,完成了世界最早的一部养鱼专著——《养鱼经》,倡导水畜之法。

秦

始皇帝二十六年(前221) 秦国平定楚国江南地区,以吴国故都为中心设置会稽郡及吴县,吴县属会稽郡且为郡治之所。境域属吴县。

汉

惠帝五年(前190) 夏,大旱,太湖干涸。

延康元年(220) 孙坚在今望亭建亭,称"御亭",亦称"吴亭"。

晋

西晋惠帝永宁年间(301—302) 僧大通在望亭建迎湖寺。相传,寺南至浪浒桥,北抵丁家桥,东及寺东桥,西临陆家桥,占地数千亩,房舍5048间。

东晋安帝元兴元年(402) 吴中大饥,人相食,望亭户口减半。

隋

大业十年(614) 御亭(今望亭)建堰闸。

唐

唐武德年间(618—626) 江苏太湖地区的农业比较发达,是当时朝廷粮食来源的重要基地。洛阳遗址发掘的仓里有来自苏州的漕米(糙米)10000多石,存库时间为唐圣历三年(700)。

贞观元年(627) 常州刺史李袭誉改"御亭"为"望亭"。

贞观十二年(638) 吴地冬旱,至次年五月无雨。

万岁通天元年(696) 析吴县置长洲县,境域大部属长洲县。长洲县有23700户。

元和三年(808) 苏州刺史李素开浚齐门至常熟间元和塘,途经陆墓等地。长洲县属54里。

广明元年(880) 北桥冶长泾北陈坦舍宅建义安寺。

宋

景祐元年（1034） 苏州连年大水，民田荒芜。是年九月，苏州知府范仲淹亲临察勘，导太湖水入海。

熙宁八年（1075） 夏，大旱，望亭域内太湖水退数里，湖底显出丘墓、街衢、井窖。

元祐六年（1091） 六月，大雨，皆成汪洋，庄稼全无，民饥，死者数万人。

乾道、淳熙年间（1170—1175） 吴人开始藏冰为石首鱼保鲜，并得以贩运至金陵以西销售。

嘉泰元年（1201） 常州知府李珏浚漕渠，修望亭上下闸。

嘉定二年（1209） 秋蝗飞入境，大灾。冬，饿殍遍野，道路多弃小儿。

嘉定八年（1215） 夏，遇旱，水源皆竭，担水可易二百钱，贫民多渴死。

宝庆三年（1227） 七月十一日夜四更，大风起自西南，雨如注，拔百年老树，平地水深数尺，民居毁坏十之八九。

咸淳二年（1266） 赵志清在相城建灵应道院。宋末，灵应道院毁于战火。

元

至元二十五年（1288） 夏，大水，饥民卖儿鬻女度日。

大德十一年（1307） 蟹灾如蝗，平田皆满，稻谷荡尽。

明

洪武二年（1369） 在望亭、吴塔（今属常熟市）设巡检司。后吴塔巡检司移至蠡口。

洪武四年（1371） 户税统计：吴县 60335 户，245112 人，田 4383 顷 45 亩多，其中官田 2274 顷 39 亩多。夏税：丝 32352 两，小麦 3231 石，钱钞 1272 贯。秋粮 144258 石。长洲县 85868 户，356486 人。田 11138 顷，96 亩多，其中官田 5039 顷 63 亩多。夏税：丝 61546 两，小麦 1896 石，钱钞 1112 贯。秋粮 399945 石。

洪武十二年（1379） 吴县俞宗本《种树书》有正月栽树为上时，三月接梅、杏，四月种枇杷，六月浇柑、橘、橙，八月移早梅、橙、橘、枇杷，十二月压果树的记载。

永乐十一年（1413） 陆墓窑户为北京紫禁城营造工程烧制墁地方砖（金砖），相传受到永乐皇帝称赞，永乐皇帝赐封烧砖窑为"御窑"。

景泰五年（1454） 正月大雪，历二旬不止，深丈余，太湖诸港连底冻结，舟楫不通。夏大水，秋亢旱。

成化十八年（1482） 境内发生疫情，陆墓五泺泾某家七口悉死于疫。

弘治十四年（1501） 十月七日，地大震，屋宇动摇，人立者数仆数起。

正德四年（1509） 吴门画派创始人沈周去世。

嘉靖十年（1531） 工部郎中张问之奉旨至苏州府督造金砖，至陆墓御窑场了解金砖烧造工艺，撰写《造砖图说》。

嘉靖二十三年（1544）

四月至八月大旱，日色如火，沟洫扬尘，禾苗尽槁，米价腾贵。翌年复大旱，大疫，民多饿死。

嘉靖年间，黄省曾（生卒年不详，吴县人）学识渊博，关心农业，撰写了不少农学著作，如《蚕经》《芋经》《艺菊经》等。所撰《稻品》（又名《理生玉镜稻品》），是一部关于水稻品种的农学专著。

嘉靖三十二年至三十四年（1553—1555） 抗倭期间，望亭筑土城。

隆庆五年（1571） 张德夫、皇甫汸纂成《长洲县志》，为现存最早的《长洲县志》。

明万历年间（1573—1619） 烟草传入江苏，由浙江、上海传到苏州一带。

万历八年（1580） 闰四月十六日至五月中，大雨连绵，昼夜倾倒。六月复大雨，境内皆成汪洋，遍野行舟。

万历十八年（1590） 九月初四午后，黄埭永昌忽降大雹，大者如斗，次者如升，人被伤亡甚多，稻谷压折坠地。

崇祯十四年（1641） 春风沙，夏旱，秋蝗，比户疫痢，日收露尸以万计，为宋代金兵劫城后未有之奇灾。

清

顺治三年（1646） 五月，文学家、戏曲家冯梦龙去世。

顺治十七年（1660） 五月，黄桥北庄基观音堂立《奉旨遵宪蠲免渔课永禁泥草私税》碑。

康熙五十四年（1715） 苏州从北京引进一种生长期短、"一岁两种亦能两熟"的御稻，进行连作栽培获得成功，前季稻每亩得稻子4石1斗，后季稻每亩得稻子2石2斗。

雍正二年（1724） 析长洲县东南地置元和县。今阳澄湖镇和元和街道部分区域属元和县。

雍正九年（1731） 修筑运河塘，自枫桥至望亭通湖桥，长40里，用帑银8276两。

是年，蠡口巡检司移置浒墅关镇。

乾隆二年（1737） 重修元和塘，齐门至常熟界河段长50里，用帑银24699两。

乾隆十三年（1748） 四月二十四日，吴县（含相城境内）城区居民集合请命，反对抬高粮价，遭当局镇压，贩夫顾尧年等为首3人被处决。

乾隆四十一年（1776） 黄埭建仁寿堂，收养鳏寡老人。

乾隆四十四年（1779） 油泾莲花垛（今属阳澄湖镇）钱棨乡试中解元。四十六年，会试、殿试分别中会元、状元，成为清朝第一位"三元"。

咸丰六年（1856） 六月，苏州大旱，阳澄湖中人可步行。七月，蝗从西北来，如云蔽空，伤稼。

咸丰十年（1860） 五月，太平军与永昌（今属渭塘镇）团练白头局在杨家墩、黄土桥激战。

咸丰十一年（1861） 十二月初二，太平天国慕王谭绍光率太平军沿元和塘北上，在渭泾塘遭永昌团练伏击。

同治元年（1862） 十二月初二，谭绍光率太平军攻破永昌徐佩瑗白头局总部。

同治四年（1865）

重订《江苏赋役全书》。吴县田地6440顷33亩，共课平米92884石9斗，实征本色米46187石1斗，实征折色银49605两；长洲县田地7116顷77亩，共课平米125795石5斗，实征本色米65472石7斗，实征折色银68123两；元和县田地6037顷28亩，共课平米118130石4斗，实征本色米61934石2斗，实征折色银59795两；太湖厅田地727顷36亩，共课平米5016石7斗，实征本色米2494石5斗，实征折色银2924两。

闰五月，苏州府批准在长洲县齐门外陆墓镇麦场郎（今属元和街道）建光裕社义冢。

同治七年（1868）

殷福熙在黄埭创办殷瑞记茶食糖果店，并生产经营黄埭西瓜子。民国十八年（1929），黄埭西瓜子获杭州西湖博览会优胜奖。

是年，相城、陆墓、黄埭设义塾。

光绪五年（1879） 境内创办县立义仓。

光绪九年（1883） 十月，相城张毓庆倡导修筑盛泽荡长堤，堤长128丈，次年四月竣工。十五年秋，堤毁于大水，再筑。

光绪二十八年（1902） 油泾地出黑米，谷壳开裂，霉变，不可食。

光绪三十二年（1906）

意大利商人在东桥开设源大茧行，收购蚕茧土丝出口国外，是为境内最早的出口企业。

是年，沪宁铁路上海至无锡段通车，望亭设火车站。

宣统三年（1911）

九月十五日，苏州和平光复。十月四日，裁撤苏州府及吴县、长洲县、元和县，设苏州民政长署。境域属苏州。

十月，长洲、元和、吴县征集的龙脑薄荷、女贞子、桑葚子、何首乌、陈皮、神曲等6种地产药品，在德国莱比锡万国博览会上获奖。

中华民国

民国元年（1912） 苏州改称吴县，境域属吴县。

民国二年（1913） 6月20日，浙江海潮浸冲太湖，湖水混浊异常，历时3小时。随潮冲来很多带鱼、黄鱼。

民国三年（1914） 7月，境内久旱无雨，当局设坛祈求雨泽，并出布告禁屠宰。

民国四年（1915）

夏，望亭、东桥、浒墅关等地出现抽水机船，为农田灌溉。

是年，陆墓张花村王锦亭缂丝制品《麻姑献寿图》在巴拿马国际博览会展出并获奖。

民国六年（1917）

4月，大旱，城厢内河尽干涸，井亦无水。

11月，太平、油泾等地农民抗租，遭镇压。

民国七年（1918） 苏州等地螟害严重，各县开展治虫工作。

民国八年（1919） 境内开设机械米厂者有望亭的潘晋升。

民国九年（1920） 11月22日，因遭虫灾，东桥、黄埭一带农民集会要求减租，并怒而捣毁警察所。吴县知事温绍梁率军警至东桥镇压抗租农民，枪杀5人，抓捕8人。

民国十年（1921） 秋，黄埭顾威之创办大新电灯厂。

民国十一年（1922）

7月，苏浙太湖水利工程局在望亭下塘建立水文站。

是年，程锦熙等编纂的《黄埭志》（4卷）由苏州振新书社出版石印本。

民国十二年（1923） 美国寄生虫病学专家首次在陆墓发现血吸虫病中间宿主——钉螺和血吸虫尾蚴。民国十四年（1925），油泾强芜村（自然村）有村民28户、148人，至新中国成立前夕，仅剩9户、44人（其中7户、39人外迁），其余全部死于血吸虫病。民国十七年（1928），油泾堰浜村（自然村）全家死于血吸虫病的有8户、46人。

民国十四年（1925）

1月27日，直奉战争，齐燮元战败。陆墓、蠡口、望亭、湘城等地遭溃兵洗劫。

5月，吴地流行霍乱，中国红十字会吴县分会在黄埭设立临时时疫医院分院，收治病人。

民国十五年（1926）

8月10日，天气奇热，最高气温39.5℃。

10月，城郊一带发生严重秋螟虫灾，近一半田亩受害。

民国十七年（1928）

7月17日晚6时左右，大批蝗虫飞临吴县境内，自西向东，连续数日不辍。

4月，中共苏州党团行动委员会拟领导望亭、浒关农民武装暴动，由于地主告密，5名农民党员被捕，暴动计划受挫。

10月，中共苏州县委建立蠡口士兵党支部。

翌年3月，建立蠡口农民党支部。

民国十八年（1929）

3月14日，东桥、黄埭开通电话。

8月1日，陆墓开通电话。

是年秋，吴县县立中学附设师范班由苏州可园迁至黄埭镇，更名为"吴县县立乡村师范学校"，简称"黄埭乡师"。

民国十九年（1930）

据统计，吴县全县（含相城境内）共有碾米厂89家，油厂（坊）6家。

是年1月，中共蠡口农民党支部领导蠡口镇木机工人罢工，迫使资方同意增加工资。

12月17日，黄埭乡师与东吴大学、苏州中学等20余所学校250余人组成苏州学生请愿团。途经南京珍珠桥时，遭军警镇压，有学生受伤，多名学生被抓。

是年，陶惟坻、施兆麟等编纂的《相城小志》（6卷）由上艺斋出版活字印本。

民国二十年（1931）

6月26日，气温38.6℃，创60年来6月气温最高纪录。夏，霪雨连绵。至9月雨势不止，河水骤涨。滨湖各区几成泽国，系42年来所未有，吴县全县受淹农田39万亩。

9月下旬，黄埭等乡镇各界人士集会，上街演讲，抗议日本侵略中国东北。

民国二十三年（1934） 夏，入梅以来境内滴雨未降，水田龟裂，河道船只搁浅，水井枯竭，阳澄湖显底。

民国二十四年（1935）

6月7日，江苏省政府委员会通过制止围垦太湖湖田办法。

7月，奉江苏省民政厅指令，境内成立仓储管理委员会，下设文牍、会计、庶务、经征四个职能部门。

8月15日，苏州至常熟公路（简称"苏常公路"）通车。该公路途经陆墓、蠡口、渭泾塘，境内长18.24千米。

民国二十五年（1936）

1月，太平沈店桥西娄村300余名农民抗捐示威，捣毁乡长住宅。1月5日，5名佃户被捕。

3月16日，《苏州明报》报道，江苏省立稻作试验场吴县分场育成"三一四"无芒晚粳良种，平均亩产可达275公斤左右，增产15%。

民国二十六年（1937）

2月1日，苏州至无锡公路通车。

7月，黄埭成立抗敌后援分会。

8月13日，淞沪抗战爆发。吴县各界群众踊跃捐献钱物。陆墓镇组织救护队赴抗日前线救护伤员，支援淞沪抗战。

11月上旬，渭泾塘镇西北冶长泾河内4艘青浦、太仓难民船被日军飞机炸沉，300多人遇难。20日—22日，日军100多人在陆墓洋泾角村屠杀村民和过路群众150多人，制造了"洋泾角惨案"。

11月19日，中国军队撤离苏州城区，日本侵略军侵占苏州，境内沦陷。

民国二十七年（1938） 夏，境内地方游击队有活动于阳澄湖的陈味之部，北桥一带的杨忠部，消泾、陆巷的周嘉禄部，渭塘的沈阿三部。

民国二十八年（1939）

2月4日，阳澄湖游击队在副司令陆步青率领下袭击北桥伪军，全歼敌两个中队，缴获100余支枪。夏天，胡肇汉、杨忠部队（民国二十八年春被国民党收编）被江南抗日义勇军（简称"江抗"）改编。

5月，中共沈巷交通站支部委员会在渭泾塘沈巷村成立。

6月1日深夜12时左右，中共沈巷交通站党支部组织1000余人，挖破苏常公路蠡口欢来泾至常熟洞港泾段10余千米公路路面，烧毁7座桥梁。

6月24日，"江抗"第二路夜袭浒墅关火车站，击毙日本警备队长等20余人，炸毁铁路100多米，京沪线（南京至上海）一度中断。

6月底，新四军六团团长叶飞率"江抗"第二路进军阳澄湖地区。7月初，"江抗"指挥部移至太平桥设立"江抗"办事处。

是年夏，漕东区江南抗日少年先锋团成立，黎欣任团长，有团员20余人。

9月，中共苏州县（工）委在太平桥镇成立，书记翁迪民。11月，县（工）委移至常熟。

11月6日，江南抗日义勇军东路司令部（简称"新'江抗'"）在阳澄湖地区成立，夏光任司令，杨浩庐任副司令兼政治处主任。

民国二十九年（1940）

2月8日上午，昆山巴城日伪军袭击驻泪泾洋沟溇的新"江抗"。新"江抗"击毙警备队长斋藤等日伪军20余人，新"江抗"牺牲17人。

9月12日，夏光率江南抗日救国军东路指挥部（简称"东指"）两个连在太平殷家浜进攻制造反共摩擦的胡肇汉部，毙伤胡部约40人，"东指"牺牲14人。

12月13日下午，日伪军80余人偷袭驻湘城张家浜的"东指"二纵队。二纵队毙伤日伪军40余人，牺牲干部、战士19人，4名群众罹难。

民国三十年（1941）

2月7日，抗日民主政权洋（阳）澄县政府成立，陈鹤任县长。10日，发表《洋（阳）澄县政府成立宣言》。3月，中共洋（阳）澄县工作委员会成立，下辖消陆、洋泗、辛莫（今属常熟市）3个区（工）委，徐克强任书记。

3月10日，"东指"一纵队一支队二大队在湘城渡船头遭吴塔（今属常熟市）、太平桥日伪军250余人袭击。新四军毙伤日伪军40余人，二大队副大队长苏仁寿等19人牺牲。

4月1日晚，洋澄县县长陈鹤等13人在泪泾曹家尖遭胡肇汉部围捕。6月，陈鹤牺牲于渭塘肖家浜。

4月21日，国民党江苏省第二区所属杨忠部偷袭漕东区抗日政府，中共漕东区区委书记兼区长洛斐等16人被围捕。次日，洛斐等遇害。新四军六师十八旅五十四团派出一部追歼杨忠部，一举将其逐出苏西北地区。

5月，抗日民主政府黄埭市政委员会成立。6月，中共黄埭中心区委成立。

7月1日，日伪军出动1.8万余人对陆墓、湘城、悬珠3个区所在的苏（州）常（熟）太（仓）地区实施苏南第一期"清乡"，历时两个月。"清乡"中，洋（阳）澄县党政组织遭受严重破坏。

民国三十三年（1944）

1月，境内政府赋税管理处通知，田赋改征实物。同时，颁布江苏省各县米粮业公会协助征赋办法。

5月20日，米价狂涨，每石高达法币3300元。境内米店停售，城区发生米荒。

6月9日，境内城区实行粮食配给。

9月25日，国民政府张贴布告，以平抑物价。但一个月后，苏州城区白米又从每石法币46万元猛增到140万元。

9月27日，国民政府明令公布苏、浙、皖米谷运销管理暂行条例，规定三省除食用外，所产米谷全部出售给米粮统制委员会。

是年，境域内成立米粮产销办事处，不久改名为"米粮编制委员会"，对粮食实行全面管制。

民国三十四年（1945）

1月17日，境内政府赋税管理处明令各分征收处稻谷不得留存乡间，务必扫数运城。

8月30日，江苏省财政厅谕各仓库赋谷，每月存耗为5‰，出风翻晒耗为20‰。

是年，境内政府通知恢复粮食市场。

是年，姚育才置办"协隆号"客轮，开通浒泾至苏州航班。

3月17日，锡东武工队长吴道元成功策反蠡口伪军中队，20名反正伪军携24支枪参加抗日队伍。

是年春，中共苏西北特区工作委员会和苏西北行政办事处成立，赵建平任工委书记兼办事处主任。7月，中共苏西北特区工作委员会撤销，成立4个区委，隶属锡东县委领导。苏州县抗日民主政府在黄土桥乡方浜村成立，赵建平任县长。

7月，黄桥区武工队在苏常公路蠡口附近伏击伪吴县保安队车辆，俘获中队长以下伪军7人，缴获短枪8支。

8月下旬，黄桥区发动数千群众筑断黄埭塘、冶长泾，炸毁宁沪铁路白洋湾铁路桥和苏常公路洋泾塘公路桥，阻止日军溃逃。

是旬，"国民党军委会别动队忠义救国军"淞沪区吴太昆行动总队顾伟部抢占陆墓。

12月，国民党吴县保安团"清剿"阳澄湖地区。

民国三十五年（1946）

6月，米价飞涨，由上年每石法币3500元飞涨至每石46000元。翌年年初，米价为每石近100万元。民国三十七年闯过每石100万元大关。其时，实行政府经济、发行金圆券，兑换比例为法币300万元兑换金圆券1元。

7月19日，中共代表团周恩来致函国民党和谈代表邵力子，要求释放关押在苏州的苏西北黄桥区区委书记兼区长李觉、武工队员杨阿考等政治犯。后李觉被判极刑，周恩来于8月27日、9月5日、11月6日连续给国民党司法当局写信，严正交涉，迫使其做出让步，终使李觉等幸免遇害。

8月1日，中国国民党江苏省执行委员会通告："战后物价继续增长，民生凋敝……不得已决定本年继续施行征实征借。"由此，田赋恢复实物征缴。

民国三十六年（1947）

2月14日，吴县（含境内）物价评议审核委员会成立。

3月8日，黄埭、北桥数百名农民抗议武装收租，捣毁收租机构，遭到吴县保安队镇压，2人被杀。

5月15日，境内实行粮食管制，制止了稻米的价格涨势。

9月1日上午11时，苏锡班新福仁轮船在京杭运河望亭段沉没，14名旅客溺亡。

民国三十七年（1948）

5月16日，黄埭地主勾结警察、自卫队到倪村里、港湾里逼租，打伤农民3人。千余农民怒砸黄埭联合收租栈。17日，湘城500多名农民砸毁收租栈，救出被拘佃农。

7月6日，暴雨、台风袭击境内，阳澄区太平桥千余亩农田被淹。

8月19日，粮米限价每石金圆券20元，所有粮食业均被抢购和强购一空。待放开价格后，粮米每石金圆券500元。粮食业为主，损失严重。

10月7日，物资奇缺，境内市场瘫痪，城区设检查站，米、面、布等主要物品禁止出城。

11月，物价飞涨，境内发生抢购风潮。

11月4日，望亭农民不堪忍受当地国民党"荣军"的敲诈，奋起反击，打死"荣军"3人。

11月7日，粮价飞涨，境内城镇爆发抢米风潮，抢米、面、油、山芋、食品等，且持续数日。

民国三十八年（1949）

年初，中白米每石涨至金圆券1000元以上。至境内解放前夕，不足4个月时间，竟涨至每石金圆券38万元至86万元，价格由买卖双方自由商定。

3月，中共吴县委员会在苏北如皋县白蒲镇组建，境内设中共阳城、黄埭两个区委员会。4月，两区委移驻境内。

4月25日，苏西北永昌武工组突击队40多人奔袭黄埭镇，在地下新民主主义青年团的配合下，接收黄埭镇自卫队枪械120余支、弹药5000余发。

4月27日6时40分，中国人民解放军二十九军占领苏州城区，吴县宣告解放。

5月1日，吴县（含境内）人民政府成立，苏州城区从吴县划出，单独建市。吴县下辖浒关、木渎、黄埭、东山、西山、阳澄、淞南、淞北8个区，境内有黄埭、阳澄两个区及浒关区下辖的望亭、东桥等乡镇；县机关驻浒墅关镇。

5月，统一使用人民币，收兑金圆券，严禁银元流通。

6月5日至7月14日，7月24日至8月15日，境内先后遭水灾和台风灾害，损失严重。

7月，境内区、乡逐级成立征收委员会，三级主要领导和粮食干部全部参加。同时，建立粮食管理制度，明确征收、保管、支用粮食必须严格分开，严肃审、批、领制度。黄埭设立供应机构，其他区设立专职供应员。

7月，国民党中统人员吴鸣刚在望亭一带成立"中国人民反共救国军梅安区突击队"，持枪袭击公职人员。11月底，吴在上海被捕。1950年7月伏法。

7月24日，6号台风袭击县境，一昼夜降雨132.9毫米。加之入梅以来淫雨连绵，水位高达4.3米（西山）。

8月23日，境内召开由各区粮食局主任参加的粮食储运会议，对全境内库房建仓工作、入库制度、存粮保管、调运和供应工作以及会计报表制度等做出决议。

8月26日，中共苏南区党委派农村土改工作队进驻黄埭区，开展土地改革试点。黄埭、淞北等4个区13个乡，进行土地改革试点工作。

9月13日—16日，吴县临时农民代表大会在苏州召开，选举产生了农民协会筹备委员会。1950年9月，吴县农民协会正式成立。

中华人民共和国

1949年

10月1日，境内群众集会游行，欢庆中华人民共和国成立。

10月14日，国营中贸公司吴县（含境内）办事处成立。主要业务是面向农村采购米稻和推销城市工业品，如布匹、火柴、火油、白糖、肥皂等。

11月8日，国营中贸公司在望亭设粮食采购组。16日，该采购组迁址至黄埭。

是年，吴县工业总产值11035万元（按1980年不变价格计，下同），其中农业产值8906万元。

1950年

1月，境内逐级成立护粮护仓冬防委员会。

3月，望亭部分私营碾米厂开始代国家加工粮食。

3月14日，吴县设10个区，境内设有阳城、陆墓、黄埭3个区及浒关区所辖的望亭、东桥等乡镇。

4月，中国粮食公司在境内成立营业处，专营粮食业务（同中贸公司脱钩）。同时，中粮公司在黄埭、湘城、陆墓分设营业所、收购组和仓库。

5月，境内布置清账查仓总结工作。

5月21日，阳澄湖地区匪首胡肇汉在上海被捕。11月30日，胡在苏州金门外望树墩伏法。

5月24日—6月13日，境内掀起治螟高潮，学生、驻军、机关干部齐出动，捕捉螟蛾500余万只、卵200余万块。

6月15日，吴县公安局、阳城区武装中队在阳澄乡张港村朱家舍破获以张志祥为首的匪特组织"东南人民反共救国军京沪沿线挺进纵队指挥部"，逮捕20余名匪徒，击毙1人。

7月，境内开展土地改革运动。翌年5月，政府颁发土地证，境内土改工作结束。

9月26日—29日，吴县第三次各界人民代表会议在苏州召开，会议通过以土地改革和农业税法之实施为主题的重要议案。

10月，境内秋征造串工作完成。

是月起至1953年3月，境内130多名青年参加中国人民志愿军，赴朝鲜参战。

是月，开展镇压反革命运动。

11月，贯彻《中华人民共和国婚姻法》，废除买卖、包办、强迫婚姻，实行男女平等、婚姻自由一夫一妻制。

12月，境内执行统一标准米（九二米）供应。

1951年

1月24日，黄埭区渔耕乡召开斗争地主大会，被斗地主诬陷乡长，引起不明真相群众起哄，9名乡村干部遭殴打。县、区领导赴现场处理，公安机关拘捕2名为首的不法地主。

2月，陆墓区徐庄乡王世芳等农民成立常年互助组。

3月，境内基本完成土改。是月，境内各区支库相应改为区粮库，各区政府设粮政股。

7月，苏南农业科学研究所从无锡荣巷迁至望亭北桥。1958年9月改称"苏州专区农业科学研究所"；1983年10月，更名为"江苏太湖地区农业科学研究所"。

8月，境内开展捐赠活动，支援抗美援朝。

11月，境内各区又分别召开农代会、干部会，乡村召开各种会议，进行秋征宣传、动员和贯彻。县政府在陆墓区徐庄乡进行秋征试点。

1952年

1月7日，吴县首次召开互助组长代表会议，有34人出席。至年底，全县办临时互助组7933个，有41579户农户参加，占总农户的26%。

1月15日，境内粮食局结束1951年秋征。

3月，"三反"中，清查勾结奸商、盗窃公粮、贪污受贿、出卖经济情报案情。

4月24日，境内政府发布"结合生产组织群众性护粮运动"指令。

9月13日，境内粮食"定产"结束。

10月11日，黄埭区私营加工厂陆协记擅自动支公粮"九二米"9949公斤，经法院判决破产归还。

12月，吴县（含太湖区）工业总产值17473万元，其中工业产值3406万元，农业产值14067万元。

1953年

1月1日，为打击不法分子扰乱市场秩序，粮食局奉命以优惠价供应大米3天。

是月7日，粮食局奉命调整粮食购销牌价。收购价调整后，粳稻每50公斤为8.35元；销售价调整后，中白粳批发价每50公斤12.65元，零售价每50公斤13.30元。

是月26日，中央财政局、粮食部联合通知：各级粮食机构及县、区为中央公粮工作的人员开支，列入所属行政费开支；其他开支全部由粮食局机构自行在经营管理费项下开支报销。

2月，陆墓区徐庄乡黄泥浜村新民农业生产合作社成立，是为吴县试办的第一个初级农业生产合作社。

5月19日，久旱无雨，太湖水位降至2.4米。至8月，旱象更为严重，沟浜河港干涸。吴县、震泽县疏浚河道709条，新开203条抗旱河道。

7月1日，全国开展第一次人口普查，以零时普查时点为准。

8月上旬，境内乡镇普选县人民代表。10月下旬结束。

8月28日，境内加强粮食市场管理，限制私商收购和销售，使国有企业占市场粮食收购量的90%以上，机关、部队、学校团体供应量达100%。

10月29日，为响应增产节约号召，境内统一降低米面加工精度。大米由"九二米"改为"九四米"，通称"标准米"；面粉由"八一粉"改为"八四粉"，通称"标准粉"。

10月，粮食、油料实行统购统销。12月下旬，市镇居民实行粮食计划供应。

11月3日，政府宣布粮食市场管理新措施，打击奸商抢购稻谷活动，取缔非法经营。

12月14日，贯彻中央人民政府政务院《关于实行粮食计划收购与计划供应的命令》组织培训人员，组成宣传工作队伍。奔赴全县宣传贯彻执行。

1954年

1月8日，粮食部门取消所有优待价及起批点和批发业务。原有收购价改称"统购牌价"，销售价改称"统称牌价"。

是月，境内推广砻糠加工统糠。

是月，境内私营粮商被明令停止收购业务。

1月—7月，境内发生梅雨型特大洪涝灾害，共降雨1065.2毫米。入夏以来，连续阴雨，河水逐日上涨。5月—7月，雨日62天，暴雨91次。7月28日，水位涨至4.24米，发生梅雨型特大洪涝灾害，共降雨768.3毫米。

5月3日，吴县粮食局发出对私营加工厂加强管理的通知。

8月25日，遭8号强台风袭击，日降雨95.1毫米。据统计，境内农田受灾面积226951亩，粮食减产11599.5吨；因灾死亡17人。

9月1日，陆墓区虎北、新齐两乡划归苏州市管辖。

9月13日，吴县县立乡村师范学校（黄埭乡师）并入常熟县初级师范学校，原址改办黄埭初级中学。

11月3日，接收黄埭私营陆协记米厂，改为国营黄埭米厂。

11月10日—17日，吴县召开党代会，中心议题是粮食统购统销和农业合作社。会议历时8天。

1955年

1月26日，华东电业管理局在望亭征田300余亩建造火力发电厂。翌年10月25日，望亭发电厂一期工程开工。1958年2月28日，第一台机组并网发电。

2月15日，上年举办的粮食交易站一律改为国家市场，旨在方便群众出售余粮、互通有无和调剂品种，活跃农村经济。

3月1日，境内使用新版人民币，旧版人民币1万元折合新版人民币1元。

2月下旬，由于粮食征购销工作欠妥，境内群众上市镇争购生熟食品，远迄上海、浙江等地，最多时一天外出五六千人。吴县及时派出干部分赴各地开展工作，妥善安排群众生活。3月初，群众情绪逐渐稳定。

4月15日—5月25日，太湖实行禁捕，保护渔业资源。

6月8日—9日，全国人大代表王绍鏊、黄炎培分别率领视察小组先后抵境内，视察陆墓区徐庄乡新民、娄北乡大众、光福区永安乡永新等农业生产合作社。

6月，政府对油菜籽收购实行"多产多得、增产多留"政策，国家统购油料产量的90%。

8月，境内首次改发油票、饼票。

是月，根据中央人民政府政务院颁发的《农村粮食统购统销暂行办法》，境内农村实行"三定"政策（即定产、定购、定销到户），于9月中旬结束。

是月9日，执行对流动人口粮食供应和粮票使用规定。

是月22日，七种票额分别为"壹两""贰两""肆两""半市斤""壹市斤""伍市斤""拾市斤"的江苏省地方粮票开始投放使用。

是月起，吴县征粮食机构改为企业编制。

是年秋，上海天马电影制片厂在渭塘乡拍摄电影《春天来了》。

10月，境内2000人以上市镇实行以人定量供应办法。

是月起，对居民迁移或干部调动，一律实行粮食转移证明制度。

是月，粮食企业人员实行货币工资制（不包括加工厂人员），废除原行的包干费、老年优待金、家庭招待费等规定。

11月1日，陆墓镇同和、王松茂、万丰昌等9家酒坊公私合营，成立民生酒坊。1960年更名为"吴县民生酒厂"，主要生产黄酒。

12月22日，试点创办陆墓区徐庄乡新民一社、陆墓镇新民二社高级农业生产合作社。至翌年2月，入社农户达90%以上。

是月，境内开展对手工业的社会主义改造。翌年1月实行全行业公私合营和合作化。

1956年

2月30日,陆墓区徐庄乡新民一社、陆墓镇新民二社"四定三包超产奖励制度"(定种植、定数量、定时间、定质量,包工、包本、包产)试点工作结束。

5月,南京新闻电影制片厂在北桥乡拍摄新闻纪录片《活跃在农村的知识青年》。

6月,陆墓区成立苏南第一个拖拉机耕作站。时有5台(混合台)中型拖拉机、7台机引农具。

8月,望亭、陆墓、湘城三地建办初级中学。

10月,湘城沈周墓被列为江苏省文物保护单位。

10月30日,境内粮食局发出通知,要求加强厍水机船代农加工管理,坚决制止稻谷直接碾米。

1957年

2月12日,《吴县报》报道:黄(土)桥乡新华第二渔业生产合作社社长周小男赴北京出席全国农业劳动模范代表会议。黄土桥乡新华第二渔业生产合作社1956年水产亩产502.5公斤,被评为全国丰产单位。

是月起,境内恢复和建立粮食市场,购销价均掌握在国家统购销牌价之内(个别的允许每50公斤高于统销价0.10~0.20元)。小杂粮允许高于国家统销价20%成交。每个粮食市场交易数量较大的限制吞吐量在2000~2500公斤。

3月,吴县撤区并乡。至9月,境内设陆墓、蠡口、太平、湘城、甪直、渭塘、黄埭、黄土桥、北桥、东桥、望亭共11个乡。

5月17日,中央新闻纪录电影制片厂在北桥乡的农业生产合作社拍摄青年农民学习、劳动场面。

6月15日,饲料业务归口粮食部门经营管理。县粮食局设饲料股。

7月上旬,境域内遭受暴雨袭击,22万余亩稻田受涝,鱼池沉没108只,逃鱼1.5万余公斤。

8月30日,陆墓文徵明墓被列为江苏省文物保护单位。

9月,根据国务院有关规定,境内农村划定饲料田,平均每头猪划饲料田0.0338亩。

11月10日—15日,农业部连续公布两批1956年度农业增产模范奖励名单,望亭农场技师顾复名列其中。

11月,吴县组织医务人员、知识青年全面调查血吸虫宿主钉螺。

12月,黄土桥乡北庄基渔民唐阿土去北京出席全国群英会。

是年,盛泽荡渔业丰收,一网捕鱼16万公斤。

黄土桥乡发现元代吕师孟墓,出土银酒器、白玉、金币、金碗和金盒等一批文物。

陆墓张花村缂丝艺人王茂仙出席全国第一次工艺美术代表大会。

1958年

1月13日,黄土桥、望亭、北桥等乡在全县乡党委书记会上提出"实现水稻亩产1500公斤"的冒进口号，并向全县发出提前实现全国农业发展纲要的竞赛倡议书。

4月13日，在陆墓乡进行日本耕耘机鉴定试验，5月5日结束。江苏省有关厅局、大专院校和科研院所有90多人参与。

6月15日，35千伏凤凰泾变电所投入运行。

7月1日，境内每个农业社均开通电话。

7月16日，全县在苏州市体育场召开三万人大会，开展高产摆擂打擂，亩产数字扶摇直上，高达万斤。浮夸风蔓延。

8月4日，江苏省农林厅、工业厅分配给苏州地区"工农"牌插秧机、"金山"牌插秧机各10台，分配到各县和吴江庞山湖农场、吴县望亭农机化样板点、苏州农校进行区域试验。

9月13日，吴县第一个人民公社——望亭人民公社成立。至是月底，境内其余10个乡均已成立人民公社，实行工农商学兵一体、政社合一的体制。

9月14日，吴县召开紧急电话会议，号召在20日前掀起全民炼钢铁高潮。境内各地纷纷建造土高炉，收集群众家用铁器作原料炼钢铁。

9月20日，苏联、捷克斯洛伐克、波兰驻沪总领事携夫人访问望亭人民公社。

9月25日，境内公社、大队开始大办公共食堂，干部群众喊出"放开肚子吃饱饭""吃饭不要钱"等口号。

10月，吴县民生酒厂黄酒一车间开始生产油脂，加工菜油、豆油和糠油，取名"油化车间"。后该酒厂改名为"地方国营吴县油脂化工厂"。

是月，境内公社开始"大兵团作战"。北桥公社率先将12000个劳动力编成1个团、10个营、77个连、291个排、704个班。

是月，黄桥公社流行麻疹。至12月，共有2500余名儿童患病，死亡95人。

11月，太平公社三营二连幼儿园99%的幼儿患麻疹，经治疗痊愈。此后，三连、四连幼儿园暴发麻疹，死亡10余人。

11月25日，沪宁铁路复线土方工程开工，翌年1月25日竣工。

是年，国家副主席宋庆龄及司法部部长史良等视察位于陆墓的吴县陶瓷厂。

是年，陆墓供销社被商业部评为"全国红旗单位"。

1959年

2月，春节开始，农村口粮全面贯彻"以人定量，归户吃饭，余缺调剂"的办法。

3月20日—30日，司法部部长史良在陆墓公社五大队第七生产队参加劳动。

3月24日，根据专员公署通知，凡国家、集体所生产的清糠，除供名育苗猪每头每月5斤外，其余全部用于榨油。

5月，境内粮食部门开始实行行业用粮顶票供应办法。

是月底，境内国库存粮首次告急。

8月1日起，境内饲料工作移交商业部门经营，但军用马料仍旧由粮食部门供应。

9月15日，吴县粮食局执行苏州专区通知，收购大豆1公斤抵1公斤统购任务，黄豆换米折率一律以 35 公斤计算。

10 月 1 日，县林场选送 350 盆桂花进京，在天安门广场、观礼台和全国农业博览会大门两侧陈列。

12 月中旬，吴县县委在望亭、渭塘、陆墓等公社试点整社工作。

12 月 26 日—28 日，中共吴县第二届代表大会第二次会议召开（12 月 10 日开始预备会议）。

是年，境内 1200 多名青壮年农民支援新疆建设。其中望亭公社有 800 余名。

是年，据调查，望亭发电厂 7 只大烟囱所排煤灰影响 5 个大队 48 个生产队的 9164 亩稻田、994 亩旱地，全社粮食减产 174 万公斤（占公社总产量的 12.6%），产值 42.1 万元。

1960 年

1 月起，境内各粮管所统一改称为所在人民公社粮食管理所。

2 月 18 日，苏州 20 多名医生赴湘城公社，协助防治浮肿病。自春节起，湘城公社发现浮肿病患者 1108 人，因浮肿病死亡 35 人。至 1962 年，全社有浮肿病患者 3000 余人，酿成"湘城事件"。

3 月 4 日，湘城公社七大队（今枪堂村）被评为"全国'三八'红旗单位"。

是月，粮食部门参与农村食堂管理。

4 月 1 日—10 日，中国科学院南京地理研究所对阳澄湖湖面及沿湖地区 350 平方千米开展综合调查。

4 月 20 日，江苏省农林厅出动飞机喷药，防治望亭及通安公社小麦赤霉病。飞机共作业 193 架次 41.07 小时。5 月 17 日结束。

是月，苏州地委推广陆墓公社大办社队企业的经验。

是月，望亭公社民兵徐云才、黄桥公社朱坝大队民兵营长朱阿菊赴京出席全国首届民兵英模代表大会。

5 月 5 日，吴县第一酒厂（陆墓）等酒厂划归粮食系统。

6 月，按江苏省粮食厅通知规定，境内各生产大队配备 2~3 名专职粮食管理员，工资参照大队同级干部评定，各大队建立粮管站，全面强化各大队现粮管理工作。

7 月 26 日，吴县县委在全县基层干部中开展新"三反"（反对贪污盗窃、反对投机倒把、反对官僚主义）运动。

8 月 25 日，境内农村统销和调剂粮，实行面粉、麦片供应。

11 月 1 日，境内执行粮票改革。1955 年以来印发的江苏省粮票和各专区（市）印发的小额粮票，即日起一律作废，停止使用。同时发行新的江苏省粮票，各专区（市）经批准可发一部分"半市斤""叁两""壹两"的小额粮票。

12 月 29 日—1961 年 1 月 23 日，境内干部参加吴县四级干部会议，会议历时 25 天，学习贯彻中共中央《关于农村人民公社当前政策问题的紧急指示信》（即"十二条"），纠正人民公社化以来出现的"五风"（共产风、浮夸风、瞎指挥风、干部特殊风、强迫命令风）错误，退赔"一平二调"钱物（在公社范围内实行贫富拉平的平均分配，县、社两级无偿调走生产队及社员个人的部分财物）。

是年，粮食、副食品供应紧张，政府动员抗灾开荒，生产自救。

是年，望亭发电厂扩展到10只烟囱，煤灰影响7个大队71个生产队的1.2万亩土地，全年损失50万～60余万元。

1961年

1月，陆墓吴县民生酒厂划归粮食局领导。

2月27日—3月3日，境内开展以粮食为中心的生活安排大检查。

5月7日—13日，全县召开三级干部大会，学习贯彻党中央《农村人民公社工作条例（草案）》（"农业六十条"），深刻检查公社化以来缺乏实事求是、没有认真调查研究、没有很好走群众路线的深刻教训，纠正两个"平均主义"（队与队、社员与社员）。会后，解散食堂。

6月，境内陆续解散农村食堂。

12月20日，苏州地委办公室调查统计，渭塘公社星火大队9月—12月共出现浮肿病、消瘦病病人164人，因病死亡14人。

是年冬，望亭公社红星大队三队惠某某及家人因炒食枇杷核中毒，死亡6人。

1962年

2月，将粮食"三定"基数由生产大队结算改为由生产队结算。

4月，全国农业劳动模范陈永康在吴县郭巷公社长桥大队做水稻丰产试验示范。至1970年，陈永康辗转望亭公社奚家大队等传授水稻丰产经验。

6月底，境内粮食无库存，是历史上最低的粮食库存情况。

8月27日，下午2时15分许，望亭、东桥、黄桥、陆墓等公社遭龙卷风袭击。渭塘、蠡口、太平、黄埭、湘城、黄桥同时遭冰雹袭击，冰雹最大单重8.5千克，一般为250克左右。亡5人，伤54人，毁坏房屋4073间，受损稻田2.7万亩。

9月5日—7日，14号台风袭击吴县县境，特大暴雨成灾，25万多亩稻田受涝，淹没鱼池2万多亩。全县干群奋力抢救，7昼夜排涝20余万亩。

10月，贯彻国民经济"调整、巩固、充实、提高"方针，境内调减征购任务，执行"购销并重"和"少购少销"方针。

10月，江苏省太湖地区水产中心试验站组织河蟹调查组，对阳澄湖河蟹的生产历史和现状进行调查，提出人工放流和灌江纳苗增产措施的建议。

是年，苏州淡水渔业指导站在完成河蟹资源调查研究的基础上，采取灌江纳苗措施增殖河蟹资源，取得了明显效果。

1963年

2月，境内印制发放年度生猪奖售饲料粮票。

3月5日，境内开展"向雷锋同志学习"活动。

3月28日晚，中国台湾地区国民党飞机窜入望亭、东桥等地上空散发反动传单。翌日凌晨，1000多名民兵予以收捡清除。

是月，蠡口公社青龙桥处建成吴县第一座倒虹吸水利设施。

5月16日，粮食基层单位分别按经济区划建，将全县（含境内）原35个粮管所、28个加工厂改建为13个粮管所、12个粮库、14个中心厂。全系统共精简下放职工798人，其中商业334人、工业464人。

是月，境内各粮管所开始配备专职调运员。

7月，县局（含境内）印发"吴县面票"。

9月11日—13日，12号台风袭境，全县倒伏农作物15.4万亩，倒塌房屋474间。

10月，吴县（含境内）恢复部分过去降低的城镇人口粮食定量，居民中月定量13公斤的提高到13.5公斤，月定量11.5公斤的提高到12公斤。

是月，吴县（含境内）对市镇10岁以上人口每月搭配供应2.5公斤山芋，每公斤粮食可购山芋5公斤。

12月26日，江苏省吴县望亭农业机械试验鉴定站建立。

12月30日，吴县粮食局设置粮油集市贸易中心所，下设粮食市场交易所。

是月，境内实施《粮油仓库定额管理办法》。

1964年

1月22日，吴县（含境内）开放粮油市场。

1月23日，吴县县委、县人委发出《认真提倡计划生育的通知》。

3月1日，蠡口公社建立人民法庭。

3月2日，境内发动群众支援徐淮灾区粮食。

5月，上海科教电影制片厂在黄埭公社渔业大队拍摄彩色科教纪录片《水面庄稼》。

6月16日，吴县粮食局在境内发放"吴县市镇购粮券"，共四种票额。

6月28日，境内发放"农油油票""农村周转油票"和各种奖售工业品票券。

7月1日，全国开展第二次人口普查，以零时普查时点为准。

8月，境内粮油饲料全部实行凭票供应。

9月1日起，境内元稻（米）统购统销价格调高。

10月，境内各公社生产队开始集体粮食储备。

12月，全年深入开展"购、销、调、存、加"五位一体的改善经营管理运动，超额完成地区下达的利润指标。

是年，全国农业劳动模范陈永康在望亭公社奚家大队传授水稻丰产经验。望亭成为全国十大水稻高产样板区之一。

1965年

是年春，境内流行脑膜炎。

4月，江苏省太湖地区水产中心试验站在吴县蠡口渔业大队试验培育珠蚌90只。

4月26日起，境内执行高价糕点、高价议价粮规定。

7月2日，吴县人民委员会发布封山育林布告。

是年，工农业总产值35776万元，其中农业产值27584万元。

1966年

是年春，境域内乡村学大寨，大搞农田基本建设。农村全面实行"大寨式"评记分。

5月16日，"文化大革命"开始。

7月1日，望亭粮食工作人员从浒关粮管所划出，设望亭粮管所和粮库。

是月，夏粮收购开始提高粮食购价。

12月24日，境内黄桥渔业大队在小东浜建房定居，并建立生产基地。随后，境内其他乡镇渔民也陆续建房定居。

1967年

2月19日，吴县粮食局成立革命委员会，下设人事、秘书、购销、仓储、基建和加工5个组。

3月8日，吴县人民武装部生产办公室开始主管全县工农业生产。各公社人民武装部主持公社工作。

4月20日，中国人民解放军江苏省吴县军事管制委员会成立。各公社成立军管委革命生产领导小组。

5月，黄埭面粉厂（附大米车间）在全省第一家搞成面粉气流输运。尔后，在1969年和1970年分别搞成饲料和大米气流输运，这两项均属全省第一。

5月，苏州地区阳澄湖水产资源保护委员会成立，负责统一管理阳澄湖的渔业生产。

夏、秋，高温干旱，连续118天无透雨。

10月下旬，全县召开三级干部大会，到会人员赴黄桥生田大队参观三麦耕种现场。

12月24日，成立吴县连家渔船社会主义改造办公室，在全县4789户渔民中开展社会主义改造工作，船网工具重新折价归集体，在陆地建立生产基地，建房定居。

是年秋，雨量稀少，干旱严重。（东太湖干涸，东山至吴江可从太湖步行。）

是年，江苏省太湖地区水产中心试验站在蠡口公社渔业大队通过90只三角帆蚌人工育珠获得成功，获珠125克，此为吴县蚌珠养殖业之始。

1968年

1月7日，"造反派"擅自封闭吴县粮食局票证仓库，影响正常办公，局机关一度被迫迁至阊门外五福路48号。

1月19日，吴县粮食局票证仓库由军管会接收。

2月，吴县军管会生产委员会批复同意，统销地区增产队口粮水平保证人均240公斤；超过人均265公斤的，其超产部分在60%以内进行抵购。

3月5日，境内开始废除土葬，实行火化。

4月13日，境内粮食"一定三年"政策继续延用一年，油脂定购同样继续延用一年，并首次发放油脂预购定金。

4月，阳澄湖首次人工放养鱼苗7010万尾。

5月29日，吴县粮食局革命委员会改名为"吴县粮食局革命生产领导小组"，下设政工、生产、办事三组。

6月，境内中小学实行九年一贯制教育，小学实行五年制，初中、高中分别实行两年制。1980年，初中恢复三年制。1982年，高中恢复三年制。1984年，小学恢复六年制。

10月24日，县粮食局发出通知：1964年以前发行的军用粮票，包括1958年发行的军用粮定额支票、1960年发行的军用价购粮票、1964年再版的军用粮定额支票（简称"旧粮票"），使用到1968年12月31日止。

1969年

1月，吴县（含境内）撤销经济区，按公社工商合并设立粮管所。

2月7日，吴县粮食局革命生产领导小组改名为"江苏省吴县粮食系统革命委员会"，下属所、站、厂同时改称。

5月4日，成立江苏省吴县粮食系统革命委员会整党、建党领导小组。

是月，境内对油料产区实行只购不销政策。

9月，各公社派出毛泽东思想宣传队进驻学校，小学由大队贫下中农代表管理。

10月31日，苏州地区革命委员会生产指挥组同意在陆墓公社一大队（官渎里）锁来浜建造吴县化肥厂。1971年4月，新建成的化肥厂投产，年产5000吨碳酸氢铵。2002年，该企业破产。

是月，境内湘城、东桥、黄埭等地培训农村赤脚验粮员。

是月，黄埭米厂许庆和赴京参加国庆观礼。

11月9日，中国人民解放军水产部军事代表向浙江、广东、广西、上海等14个省、市、自治区革命委员会生产指挥组（部）转发吴县革命委员会《关于渭塘公社连家渔船社会主义改造的调查报告》。

是年，境内各公社、大队相继建立合作医疗制度，始有"赤脚医生"。

1970年

1月5日，阳澄湖第一期泄洪工程动工，6月完工。境内9个公社出动2.5万民工，拓浚蠡塘河、南雪泾等5条河道，开挖土方38.09万立方米，建涵闸桥梁22座。

2月，吴县县委在陆墓公社试点整党工作。9月，各公社恢复党委。1971年2月，基层重建党支部。

3月12日，境内天气突变，打雷下雪，积雪15厘米左右。

5月28日，吴县粮食系统革命委员会更名为"吴县革命委员会粮食局"。下设职能部门由六股、一室、一制药站改为政办、生产两机关，人员由原来的60人精简为26人。

是年，浉泾公社5大队社员在水利工地发现7口宋代古井。

1971年

是月，苏州地区在望亭公社创办"五七"干校。

5月，继续实行粮食"一定五年"政策。

6月5日，北桥公社西钱大队七队9名社员乘水泥船到黄埭倪湾铲秧，返回时在漕湖遇风浪沉船，5名女社员溺水身亡。

9月，境内再次执行粮食"三定"（定产、定购、定销）政策。

12月7日，阳澄湖第二期泄洪工程动工，1.6万民工拓浚北河泾。至翌年5月底，完成土方40.42万立方米，拓宽、开挖河道7.08千米。

是年，北桥公社庄基、丰泾大队出土商代石钺、石镞等兵器。

1972年

2月，境内各公社贯彻执行中共中央《关于农村人民公社分配问题的指示》。

5月，各公社成立妇女工作领导小组，生产大队成立妇女委员会，生产小队成立妇女代表小组。

8月，境内对城镇部分粮食定量人口增加供应议价粮。

10月，湘城灵应观一棵树龄700多年的古银杏树被湘城公社工业办公室砍伐。

是年，全县平均库存粮达1.5亿多公斤，为历史最高存粮年。

是年，湘城妙智庵内一棵树龄约1400年的古银杏树被吴县粮食局砍伐。

是年，北桥觉林寺内一棵树龄1000年的古银杏树被砍伐。

12月，境内黄桥张庄率先实施旧鱼池"方格化"改造计划。

是年，夏，县农科所、县良种场、龙桥大队等单位开始使用除草醚除草。

1973年

1月，黄埭米厂帮助非洲马里共和国建成塞瓦米厂。

12月，吴县粮食局发放了吴县籼米券（1973年版），票面有"叁市斤""伍市斤""拾市斤"3种。该券自1974年1月1日起在全境内通用，逐步回收农村购粮券。

是年，全县（含境内）每个农业人口平均提供商品粮257公斤。

是年，柬埔寨红色高棉总书记波尔波特参观蠡口渔业大队"万斤塘"。

1974年

1月1日，吴县革委会粮食局种子库建成。

3月，境内各公社、生产大队、生产小队成立贫下中农协会。

4月22日，溧阳沛东发生5.5级地震，境内湘城、泖泾、陆墓、蠡口、东桥、太平、渭塘、黄埭、黄桥有强烈震感。

6月1日，吴县建立粮食转运站。

是年，境内推行民主理财和定额管理办法。

是年，陆墓吴县民生酒厂生产91吨啤酒，填补了苏州地区啤酒生产的空白。

是年，黄埭公社卫星大队开始建造农民新村。新村由81幢二层楼房组成，1982年建成。新村的楼房式样有7种，朝鲜式住宅被评为全国农房式样三等奖。

是年，全县粮食亩产达720公斤，其中1个大队12个生产队亩产超"三纲"（1200公斤）；86个大队913个生产队亩产超"双纲"（800公斤）。

1975年

3月23日，渭塘公社设立人民法庭制度。

8月6日，境内对出口野生鳗鱼实行收购奖售粮食制度。

9月15日，境域内派代表出席全国农业学大寨会议。吴县被评为全国学大寨先进县。

10月，苏州地区、苏州市调查协作组调查阳澄湖水质，结论为阳澄湖主要受苏州市东升化工厂污染，湖区丰水期酚超标7%、铬超标5%、汞超标4%。

12月15日，境内非食用油料划归商业部门统一经营。

12月，吴县农业学大寨工作队进驻湘城，进行党的基本路线教育，并组织干部群众平田、整地、挖河。历时1年。

是年，吴县（含境内）连续四年提供商品粮超2.5亿公斤，集体储备粮累计达6098万公斤。

是年，吴县三角帆蚌人工育苗试验取得成功，从而为发展河蚌育珠开辟了蚌源。

1976年

1月8日，周恩来逝世，境内开展悼念活动。

1月，陆墓、黄桥公社出动4500多名民工开挖朝阳河，河道全长13.88千米，完成土方66.54万立方米。

6月26日，农林部在苏州地区召开的南方13省水稻生产现场会议开幕。会议期间，代表们抵吴县参观水稻生产。

是月，苏州市东升化工厂4500吨铬矿渣污染黄埭公社堰里大队等地水体，30万只珠蚌死亡，经济损失约60万元。

是月，油泾公社一大队（清水村）、十六大队（莲花村）通电。至此，境内生产大队全部通电。

7月25日—8月4日，农林部在吴县召开第三次连家渔船社会主义改造座谈会，会议代表参观了黄棣、黄桥、蠡口等地渔业社、队。

9月9日，毛泽东逝世，境内开展悼念活动。

10月，吴县水产成就在北京的全国农展馆水产馆展出。

11月20日，境内建立饲料公司。

是年，吴县工农业总产值63422万元，其中农业产值30628万元，工业产值首次超过农业产值。

1977年

1月31日，大雪纷飞，最低气温达-13.2℃（境内西部）。太湖局部封冻，柑橘严重受害。

3月，在蠡口公社南河泾桥建造蠡口火化场。1985年，更名为"蠡口殡仪馆"，翌年迁至蠡口乡朱泾村。2001年，更名为"相城区殡仪馆"。

4月25日，根据江苏省商业局、工商行政管理局联合发布的通知，关闭吴县境内粮油市场。

8月21日，境内执行江苏省粮食局关于收购大豆抵算征购任务的通知，每售500克大豆抵算1000克征购任务。

9月11日，下午2时至3时，8号强台风中心袭击吴县全境，最大风力达11级。全县普降大雨、暴雨，平均降水量为100毫米左右。全县10.9万余亩稻田受淹，1178只（7800多亩）鱼池沉没，近万间房屋倒塌，3.89万棵果树被刮断。

10月3日，墨西哥农业水利资源部农业经济司官员考察黄桥公社张庄大队"三水"综合利用和黄埭公社渔业大队家禽生产情况。

10月17日，黄埭公社卫星大队获"江苏省计划生育、妇幼卫生和幼托工作先进集体"称号。

10月19日，柬埔寨共产党中央书记、民主柬埔寨政府总理波尔波特率领柬埔寨党政代表团，在中共中央政治局委员、全国人大常委会副委员长乌兰夫的陪同下，考察黄桥公社张庄大队渔业生产情况。

是年，黄埭公社病死三角帆蚌200多万只。

1978年

是年春，为完成农林部确定的建设万亩淡水商品鱼池任务，全县挖土1000万方，建成11700亩鱼池，放养鱼苗400多万尾。

6月30日—7月2日，新华通讯社社长曾涛参观黄埭公社卫星大队。

7月1日，吴县表彰20个科技红旗单位、101个先进集体、309名先进个人。

7月3日—6日，国务院召开全国农田基本建设会议。国务院副总理纪登奎、陈永贵率南方13个省、市、自治区的与会代表，参观黄埭公社卫星大队等12个农田水利典型样板点。

7月，按照中商部粮食政策问题的调查提纲，江苏省粮食局在境内做"三定"（定产、定购、定销）和"一定五年"的调查研究。

12月，苏州地区普遍实行按劳定额评工记分制度。

是年，油泾公社10大队第九生产队试行农、副、工三业分组和定额包工生产责任制。1981年推广到多数生产队。1982年，全面实施分组联产承包责任制。

1979年

2月9日—20日，吴县委召开三级干部大会，传达贯彻中央十一届三中全会和中共中央《关于加快农业发展若干问题的决定（草案）》、中共中央《关于地、富、反、坏分子摘帽和地富子女成分问题的决定》等文件，实现工作重点向经济建设转移，加快农业发展，抓好拨乱反正。

2月，吴县革命委员会粮食局改称"吴县粮食局"，下设秘书、人事、购销、储运、财会、基建、科教、工业（含饲料）7股。

3月15日，黄桥公社张庄大队被国家农委、科委列为全国农业现代化综合科学实验基地养鱼现代化实验基点。

4月19日，联合国利用考察组（西班牙语组）一行17人考察黄埭公社卫星大队农田水利建设情况。

5月16日，吴县化肥厂被江苏省委、省革委会命名为1978年度"'大庆式'企业"。

7月9日，溧阳上沛发生6级地震，境内有震感。

9月19日，黄埭公社卫星大队第六生产队"红姑娘突击队"被共青团中央授予"新长征突击队"称号。

10月，吴县设立粮油议销公司。

是月，黄埭开通公共汽车。

是月，各公社粮革委改称所在地粮食管理所。

11月1日，境内猪肉等8种副食品销售价格提价，猪肉由每500克0.76元调整为1.02元。是年，大幅度提高农产品收购价格，全县增收2221.27万元，平均每个农业人口净增21.63元。

11月12日，漕湖养殖场一网捕鱼49万公斤。

1979—1982年年底，境内每个生产队平均成立3个以上承包小组。

是年，黄桥公社张庄大队被列为国家农委、国家科委确定的吴县农业现代化综合科学实验基地和养鱼现代化实验基点。

是年，吴县粮食总产量达77755万吨，创历史最高纪录；向国家交售商品粮26.03万吨，居全国县级第二。

1980年

1月，苏州地委推广黄桥公社张庄大队、黄埭公社渔业大队集约经营、多种经营经验。

1月15日，国务院副总理王任重视察黄埭公社卫星大队。

2月，境内实施收购粮油补助化肥的规定。

10月20日，水稻专家陈永康在洞泾公社向200多名干部作生产技术讲座。

12月19日晚，过境列车在望亭车站被发现起火，到白洋湾强行停车，11名旅客死亡，29名旅客受伤。

是年，吴县工农业总产值102215万元，其中农业产值31030万元。

1981年

3月13日，吴县县委广泛发动开展"五讲"（讲文明、讲礼貌、讲卫生、讲秩序、讲道德）"四美"（心灵美、语言美、行为美、环境美）和"学雷锋、树新风"活动。

年初，太平、蠡口两公社进行家庭联产承包责任制试点。1983年7月，推行家庭联产承包责任制。1984年，境内基本完成该项工作。

4月18日，中国人民解放军副总参谋长何正文在陆墓公社、吴县化肥厂等单位检查民兵武器弹药管理工作。

5月10日，国务院副总理陈慕华视察黄埭公社卫星大队。

5月20日，吴县县政府批转县计划生育办公室《关于计划生育工作的暂行规定》，鼓励晚婚、晚育，大力提倡一对夫妇只生一个孩子。

8月4日，国家粮食科学研究设计院委托北京科学教育电影制片厂在黄埭吴县米厂拍摄《一个新型的碾米厂》纪录影片。

8月15日，境内基本完成扫盲任务。1993年，通过江苏省高标准扫除文盲验收。

11月10日—17日，国家农委、科委在吴县召开11省农业技术推广工作座谈会，与会议代表参观了黄桥公社张庄大队。

是年，吴县粮食局机关设置调整为秘书、人事监察、购销、储运、财会、基建、科教7个股。

是年，全县37个公社养殖珍珠，育珠水面25560亩，年产珍珠31625公斤。

是年，因国际珍珠市场供大于求，外贸部门停止收购，黄埭公社积压珍珠7000多公斤，价值500多万元。

1982年

1月4日—10日，吴县召开两级干部冬训会议，学习中共十一届六中全会和五届人大四次会议精神，研究农业生产责任制问题。

2月22日，县委决定全面完善农业生产责任制，要求在清明前全面推开。至1983年7月，全县9034个生产队实行家庭联产承包责任制，占总数的96.3%，27万农户签订承包合同。

3月上旬，境内掀起全民义务植树高潮。

5月8日，联合国粮农组织驻亚太地区办事处官员吴·赛特·金先生来境内就"关于有效利用农业废物与太阳能技术作为农业能源，提高粮食生产力的技术讨论会"举行准备事宜。

7月1日，全国开展第三次人口普查登记，以零时普查点为准。

9月22日，陆墓吴县花果酒厂3名工人在黄酒车间半成品空酒池内工作时，因二氧化碳急性中毒窒息死亡。

10月，望亭公社望新街开设江南最大草席市场，有摊位200多个，日成交草席4000条左右。

11月12日，吴县水产冷库在陆墓开工建设。1985年10月28日，该冷库通过农牧渔业部验收，投入运行。

12月9日，20时50分，渭塘乡雪泾大队淘荡滩发生重大沉船事故，4人溺水身亡。

是年，吴县水产科研所三角帆蚌人工育苗和河蚌育珠课题获国家科委、国家农委奖励。

是年，苏州行署和吴县县政府规定阳澄湖沿岸不准建造污染水源的工厂。

1983年

1月21日，国家科委将"5000亩连片池塘养鱼亩产400公斤配套技术"开发研究和"万亩外荡精养高产技术"研究下达至吴县，要求吴县研究这两个"六五"攻关科研项目。1986年1月，研究成果通过鉴定，达到国内同类型先进水平。

是月，黄埭卫星大队和黄桥张庄大队被评为1982年江苏省农业先进单位。

是月，浒关红叶造纸厂污水造成黄桥公社鱼和珠蚌大量死亡，经济损失37.7万元。248名承包者获赔21.7万元。

3月，陆墓开办吴县第一所乡成人教育中心学校。

4月28日，凌晨1时30分、下午2时45分、傍晚7时先后3次遭受罕见的飑风、冰雹、暴雨袭击，全县死亡11人、重伤11人，倒塌房屋738间，刮倒庄稼22.23万亩。全县百万人民紧急动员，奋起救灾。

是月，蠡口公社完成政社分设试点工作，建立"文化大革命"后吴县第一个乡党委、乡政府和公社经济联合委员会。7月，境内公社全部改乡建制。

6月20日—7月18日，阴雨连绵，境内平均雨量300毫米，太湖水位猛涨，14.4万亩农田受涝，7000余亩鱼塘漫水。

8月，境内村级体制改革工作结束，撤销大队，成立村党支部、村民委员会和村经济合作社；撤销生产队，设立村民小组。

9月4日凌晨，全县进行严厉打击刑事犯罪活动的第一次集中行动。

1984年

1月6日，国营黄埭米面厂改名为"吴县面粉厂"。

1月17日，11时开始降雪，至19日8时止，持续降雪45小时，积雪深达18厘米。县内27人伤亡，压塌房屋1669间，压断电杆9251根，果树受损5.89万棵，损失工业产值200万元。灾后，县、乡、村三级干部组织群众全力以赴投入抗雪防冻救灾工作。

1月31日，吴县农业技术推广中心荣获"全国农村推广工作先进集体"称号。

3月1日，江苏省政府批准每年3月1日至8月31日太湖实行封湖休渔。

3月15日，油泾至苏州开通农村公共汽车。之后，境内实现乡乡通汽车。

4月3日，吴县粮食局撤销加工股，建立局属的粮油食品工业公司，下设生产、供销、计划财务3组。

7月28日晚上至29日晨，天气闷热，河水缺氧，黄桥乡鱼池"泛池"，死鱼421吨。

10月20日，国务院农村发展研究中心在苏州召开农业机械化研讨会。会议期间，农村发展研究中心副主任武少文与会议代表到吴县黄桥乡张庄村、越溪乡张墓村考察。

11月29日，渭塘乡永沿村何家湾珍珠交易市场建成并正式营业，成为全国最大的珍珠交易市场。

11月，全国农业生态环境保护经验交流会在东山镇召开，与会人员参观了黄桥乡张庄村。

是年，吴县保险公司在黄桥乡开办养鱼保险业务。

是年，油泾乡粮食总产2.28万吨，人均售商品粮635公斤，创吴县之最。

1985年

1月1日，落实中共中央1号文件精神，水产品收购和销售价格全面放开，一律不再派购。

1月10日，通安乡团委被共青团中央和中央绿化委员会命名为"全国青少年绿化突击队"。

1月,西太湖三期复堤工程开工,12月四期复堤工程开工。复堤全长19.88千米,境内近4万名民工参加建设,完成土方54.33万立方米。

2月12日,境内粮油供应站统一改称为所在地粮油食品商店。

是月16日,吴县粮油物资综合公司成立,同粮食转运站合署办公,一套班子、两块牌子。

3月12日,联合国粮农组织、国际人口基金会选择吴县和四川省双流县为一级技术推广中心。

3月20日,缅甸国家贸易代表团一行5人参观吴县米厂。

3月,境内各种奖售粮到月底一律取消。

4月,渭塘乡渭西村安装660只立体声喇叭,成为全国第一个立体声广播村。

7月1日,放开猪肉、小杂粮、小油料销售价,实行购销合同。

7月30日,根据江苏省粮食局通知,境内取消粮食周转业务。

7月31日至8月1日,境内受6号台风袭击,并伴有大暴雨,20小时内降雨147毫米,蠡口、太平、黄埭、东桥等地遭遇龙卷风灾害。

8月9日,苏州市政府决定从当年起将农业税由征收粮食改为"倒三七"比例价折征代金。

9月2日,陆墓、望亭撤乡建镇。

10月12日,全国大中型水面养殖经验交流会在吴县召开,与会代表参观了漕湖和阳澄西湖大水面围养、分段拦养现场。

12月4日晚,中国农业银行吴县支行黄桥营业所遭劫,两名值班人员被害,被盗现金5.8万余元。案件未破。

12月10日,2万余名民工修筑东渚龙塘港至望亭沙墩港段太湖大堤,全长9.22千米,完成土方39.75万方,月底竣工。至此,吴县境内东西太湖大堤全线合龙。

是年,渭塘供销社被评为全国商业系统先进企业。

是年,吴县工农业总产值263759万元,其中农业产值45582万元。

是年,北桥乡工业、农业、第三产业总产值突破亿元,成为吴县4个亿元乡之一。

1986年

1月9日,吴县黄埭喷灯厂生产的"宝塔牌"汽油喷灯获1985年"江苏省优质产品"称号。参加在广州举行的全国喷灯质量评比,获第一名。

1月11日,苏州市委、市政府发出《关于认真学习贯彻中共中央、国务院〈1986年农村工作的部署〉的通知》,要求坚决以农业为基础,保持农业稳定增长,深入进行农村经济改革。

1月18日,东桥乡与中国香港佳运有限公司(泰国利安集团)、中国国际信托投资公司、华宁国际技术贸易公司合作成立苏州华泰有限公司。

1月27日,渭塘乡青年女工徐秀兰与特等残废军人、一等功臣展亚平在解放军85医院(上海)举行婚礼。12月4日,中共中央政治局委员、解放军总政治部主任余秋里为他们的女儿起名"展晶"。

2月1日，黄桥吴县电路板厂生产的单面、双面印制电路板通过部级鉴定。

2月27日，陆墓缂丝厂袁雪群、陆仙萍和周秀珍赴日本表演缂丝工艺操作。

是月，吴县人民政府投资4500万元在蠡口建造吴县发电厂。翌年9月，第一台机组投入运行。1988年4月26日，并网发电。2003年，更名为"苏州市蠡口热电有限公司"。

4月3日，最高人民法院核准吴县人民法院类推湘城乡朱某妨害婚姻家庭罪案，该案成为江苏省实施《中华人民共和国刑法》以来第一宗刑事类推案件。

4月19日，前南太平洋经济合作局局长、汤加王国副首相图波纽阿偕夫人参观黄桥乡张庄村。

5月22日，突尼斯执政党政治局委员、总统特别顾问布尔吉巴携夫人参观黄桥乡张庄村。

5月，油泾乡强芫村村民从地下2米深处挖出一鹿头骨化石。据测定，该鹿头骨距今6000余年。

6月1日，联合国经济及社会理事会主办的亚太地区发展中国家发展经济讨论会第二阶段会议在黄桥张庄村举行。

是日，夏粮收购中改革先立等级价后再增减价办法，实行一次性计价，对省间调拨仍按国家标准规定执行。

6月5日，吴县人民政府对养猪大户采取发放优待卡、经济奖励、增加奖售饲料、优惠供应建筑材料、畜牧兽医站实行对折收费服务等5条扶持措施。

6月20日，农牧渔业部确定吴县为全国第一批4个农业机械化综合试点县之一。

8月1日，吴县铝加工厂从日本引进的1630吨全自动铝材挤压机投产。该厂被国家有色金属总公司列为铝型材料加工定点厂。

8月26日，京杭运河望亭大桥合龙。

是月，渭塘乡渭西星火五金厂研制成功全国第一条电扇网罩、风叶静电喷塑自动生产流水线，产量居全国同行业之首。

9月1日，以日本冲绳县副知事古谢得善为团长的日本九州"青年友好之船"一行427人访问黄桥乡张庄村。

是月26日，马达加斯加全国议会代表团在议长吕西安·安德里亚纳·拉欣贾卡率领下，参观黄桥乡张庄村、占上村。

11月8日，陆墓吴县东吴门窗厂通过城乡建设环境保护部质量验收，成为江苏省建材行业中第一个获得部级生产许可证的乡镇企业。

11月上旬，陆墓吴县花果酒厂以工业酒精配制的黄酒、汽酒等食用酒投放市场，酿成严重甲醇中毒事件，致13人死亡、13人残疾、11人轻伤。1988年8月，苏州市中级人民法院依法对6名被告人追究刑事责任。

11月22日，北桥乡芮埭村周栋林领取汽车牌照，成为境内第一位购置小轿车的农民。

是年，吴县国营水产养殖总场漕湖分场年产鲜鱼120万公斤，获国家经济委员会、财政部颁发的万亩外塘精养技术证书。

是年,蠡口姚祥村陈桂英绛织的"四季花卉鹤长青"腰带获第六届中国工艺美术品百花奖金杯奖。

是年,吴县工农业总产值328455万元,其中农业产值53092万元。

1987年

3月4日,黄桥乡化工研究协会被中国科协评为1986年度全国农村科普工作先进集体。

是月,吴县在陆墓镇试点发放居民身份证。

4月25日,中共中央政治局委员胡乔木视察吴县铝加工厂。

5月5日,江苏省政府批准湘城、北桥、蠡口、渭塘、黄桥、黄埭为对外开放重点工业卫星乡镇。

5月17日,全国政协赴江苏参观学习第一团37人视察黄桥乡张庄村。

6月9日,全国政协副主席费孝通视察黄桥乡占上村,并题词"村办工业先锋,集体致富榜样"。

6月15日—19日,美国官方高级进修生格雷戈里·维克来苏赴吴县黄桥乡张庄村、吴县枫桥乡和吴江庙港乡进行农业耕作、施肥等方面的考察。

8月25日,黄埭乡潘阳村成立吴县第一个妇女禁赌协会。

8月28日,卢森堡副首相雅克·普斯率领政治经济代表团一行24人访问黄桥乡张庄村。

9月,吴县第一家养鸡专业生产合作社在东桥乡诞生,年饲养肉鸡5.5万余只。

是月,陆墓镇韩村、蠡口乡登云村、渭塘乡渭西村、黄桥乡张庄和占上村被列为苏南地区社会主义农业现代化试验区首批试点村。

10月,国务院批准吴县等三县市为江苏省社会主义农业现代化试验区。

10月31日,吴县第二油脂化工厂与上海粮油进出口分公司实行工贸联营。

是年,北桥乡泗荡村农民陈建民创办千头养猪场,成为吴县第一养猪大户。

是年,全县水产品产量首次突破5万吨,达52391吨,创历史最高纪录。1991年12月,吴县荣获农业部授予的"七五"期间渔业生产先进奖锦旗。

是年,吴县工农业总产值44517万元,其中农业产值62049万元。

1988年

1月18日,苏联渔业部第一副部长恩·波·库德里雅夫率苏联政府渔业代表团参观黄桥乡张庄村养鱼场和村办企业。

1月23日,波兰议会顾问委员会副主席奥古丁斯·沃西率波兰农村经济政策代表团参观黄桥乡张庄村村办企业和农民别墅。

2月下旬,县局领导带队赴厦门参加县政府在那里举办的地方产品展览会,成交5000吨菜饼出口任务。

3月10日,吴县粮食局成立外贸办公室。

3月10日,16时许,阳山山林失火,次日零点30分扑灭,烧毁林木约600亩。

3月16日，吴县粮食局领导随同县委、县政府领导赴江苏省粮油进出口公司洽谈外贸业务，落实了2500吨豆饼粕出口任务。

3月21日，吴县计委批准成立"吴县（含境内）粮油食品联合经营经理部"。

是月，全县粮食系统工商企业开展优化劳动组合，先在油脂化工二厂、面粉厂试点，再全面推广。

4月12日，县局举行1988年经济合同签约仪式。包死基数，一定3年，超利多留，减利自补，节支分成，超支全赔。

4月18日，陆墓中学学生张卫东在河南省郑州举行的全国中学生田径选拔赛上获男子800米、500米两项冠军，并打破全国中学生纪录。7月9日，张卫东在西班牙举行的世界中学生田径锦标赛上，以1分55秒71的成绩获男子800米第三名。

4月23日，吴县粮食局邀请本系统27位有海外亲戚朋友的干部、职工座谈，共商发展外向型经济。

4月29日，设在黄埭的上海淀粉厂吴县分厂竣工投产。是年11月30日，该厂正式定名为"吴县粮食淀粉厂"。

是月，望亭镇太湖村发现13口宋代土井。

5月9日，阳澄湖首次人工放养幼蟹。10月收获成蟹1万多公斤。

5月20日，国务委员、国务院秘书长陈俊生视察黄桥乡张庄村养鱼场、小麦丰产方等。

5月，全县实行粮食购销及财务包干。

6月11日，举行粮油工业承包经营责任制合同签约仪式。全县粮食系统各粮油工业企业签约，并由工商局鉴证。

5月—6月，全市普遍遭受大风、暴雨袭击，在田农作物遭受严重损害。

7月22日—26日，农业部在吴县召开全国优质油菜会议，会上介绍了吴县发展优质油菜的情况和高产经验。

8月31日，因听信谣言，境内大米市场出现抢购风潮。全县销售大米52万公斤，盐、糖、火柴一度脱销。

9月下旬，受物价上涨等因素影响，农村储蓄所发生挤兑现象。

10月26日，日本农业土木综合研究所访华团参观黄桥乡农田建设。

12月3日，联合国粮农组织考察组考察渭塘乡两级农业体系情况。

12月9日，吴县县委、县政府嘉奖201户售粮5000公斤以上大户。

12月30日，县局与广东珠海市珠海林果场合资组办的珠海经济特区吴海工贸有限公司成立，总投资50万元。

是月，全县粮食系统第一年发展外向型经济，全年共完成外贸收购额（含境内）1233万元，创汇207万美元，完成县下达任务的103%，并首次组办中外合资项目——苏州吴越粮油化工有限公司，受到县委、县政府嘉奖。

是月，县粮油工业推行股份制，年底认股133万元，到账入股88.89万元。

是年,送审经济、会计、统计、粮食工程系统职称评审材料,占企业评审人员的78.6%。

是年,黄桥乡科学技术协会被中国科协评为1988年全国农村科普先进集体。

是年,吴县工农业总产值595767万元,其中农业产值61878万元。

1989年

1月4日,境内11个乡镇全部建立法律事务所。

1月5日—15日,省物价、税收检查组对县局、议购议销公司及望亭等粮管所进行了物价、税收检查。

是月,北桥乡召开庆功大会,表彰中越边境自卫反击战一等功臣周云泉。

3月15日,据《苏州日报·苏州市工商行政管理局通告》刊载,吴县第一油脂化工厂1986年至1988年连续3年被评为苏州市"重合同、守信誉"企业。

4月11日,县局在黄埭等粮管所开展"两公开一监督"活动的试点工作。

4月22日,根据上级精神,境内从4月1日起提高合同定购粮油的收购价。

5月5日—6日,上海粮油储运公司一行6人来吴县粮食局商谈业务,达成25000吨杂优籼和10000吨粳稻的代储代加工业务。

5月10日,晚9时左右,黄埭等乡遭受龙卷风、暴雨袭击,倒塌房屋177间,毁坏380间,伤亡13人,经济损失300余万元。

6月6日,粮油"抢购风"波及全县(含境内)粮油市场,大米供应日销量近50万公斤,为正常供应量的8倍左右。为此,县局及时组织力量加工调运大米,采取凭证凭券限量供应等办法,于6月8日使县内"抢购大米风"基本平息。

6月17日,湘城乡在全市率先完成195.1万公斤的夏粮定购任务。至30日,境内在苏州全市第一个完成夏粮任务。

7月14日,省财务大检查组来境内检查粮食商业企业财务情况,至月底结束。

7月24日,吴县农业技术推广中心、农经培训中心被农业部评为"全国先进农业技术推广中心"。

9月1日,旅港同胞施耀祖捐款21万元重建的北桥丰泾小学开学,并更名为"耀祖学校"。

9月15日,八一电影制片厂摄制组抵渭塘乡渭西村星火五金厂拍摄纪录片《故乡之路》,介绍厂长邹宝如的事迹。

9月24日,湘城米厂通过苏州市1988年度先进企业升级标准的验收工作,获"苏州市市级先进企业"称号。

11月3日,接待云南省粮食局经理、厂长一行数人,参观研讨粮食工作,并交流经验。

11月25日,全县(含境内)比上年提前两天完成全年定购任务。全县共入库粮食64484.85万公斤。

是年,御窑砖瓦厂恢复金砖生产。1993年,北京故宫使用大号加厚御窑金砖1500块,此后两年分别使用中号金砖1800块、2500块。

是年，吴县工农业总产值582767万元，其中工业产值520586万元，农业产值62181万元。

1990年

2月10日，1时58分，常熟、太仓交界处发生5.1级地震，境内有明显震感。湘城乡染整厂锅炉油管因地震震裂，引发火灾。

3月5日，吴县粮食局召开办公会议，研究议价、工业、综合经营等问题。

4月3日，中共吴县粮食局党委成立，刘荣庚任书记。

4月17日，陆墓镇被国家教委列为1989年全国实施"燎原计划"100个先进乡镇之一。

5月9日，312国道望亭沙墩港至苏州齐门段开工。翌年12月，国道境内段竣工通车。

5月，黄桥乡张庄村党支部书记姚根林荣获"全国农业劳动模范"称号。

7月1日，全国开展第四次人口普查登记。

是日，黄埭镇新兴村朱金木被命名为"全国农村青年星火科技带头人"。

7月24日，泗泾乡建成吴县最大种鹅基地，全年饲养种鹅7200只。

8月8日，吴县荣获1990年"全国夏季粮食生产先进单位"称号。翌年1月10日，国务院表彰吴县为1990年粮食生产先进单位。

8月31日—9月1日，5号强台风及龙卷风、暴雨袭击吴县，最大风力达11级，全县倒塌房屋722间，伤亡71人；鱼池漫水3400余亩，受涝农田1.8万亩；直接经济损失1100余万元。

10月8日，望亭农贸市场获1989年至1990年度"全国文明集贸市场"称号。

11月29日，全境内秋粮超额完成任务。

是年，湘城乡完成外贸出口收购额1.05亿元，成为吴县第一个外贸出口"亿元乡"。渭塘乡渭西村完成工业产值1.03亿元，成为吴县第一个"亿元村"。黄埭、黄桥和陆墓三乡镇国民生产总值均超亿元。

是年，吴县工农业总产值65.76亿元，其中农业产值6.43亿元。

1991年

1月25日，吴县表彰和奖励1990年售粮超5000公斤的883个大户，其中获市"售粮状元"称号的顾春生7年售粮70余万公斤。

1月—3月，境内各乡镇撤销经济联合委员会，成立乡镇农工商总公司。

3月1日，吴县出动4万多人植树。截至是日，已有7000亩荒山披上绿装，1.5万亩农田实现林网绿化。

4月18日，蠡口缂丝厂缂丝腰带获第二届北京国际博览会金奖。

4月25日，望亭镇小百货业主夏根宝获"全国先进个体劳动者"称号。

5月1日，吴县调整粮食、油脂统销价格。

6月15日，吴县农村妇女插秧比赛在渭塘乡渭南村举行，54名选手参赛，20人获奖。

6月2日—20日，境内普降大暴雨，7月上旬又逢梅雨。两度梅雨雨量达678毫米。7月7

日下午 2 时太湖平均水位高达 4.68 米，超历史最高水位 0.03 米。百年未遇的洪涝灾害使农业生产受灾尤为严重，太平乡万亩粮田绝收，鱼池被淹。境内 720 家工厂因进水停产、半停产；13594 间民房进水，582 间房屋倒塌。直接经济损失 2.2 亿元。吴县夏粮损失 7948 吨。

6 月 27 日，吴县县委、县政府在湘泾、湘城两乡分别举行"洋澄县政府纪念碑""张家浜战斗纪念碑"落成揭碑仪式。

7 月 6 日，驻县坦克部队紧急出动 207 名指战员赶赴黄桥乡抗洪救灾。

7 月 9 日，江苏省委书记沈达人、江苏省省长陈焕友到望虞河口沙墩港落实国家防汛总指挥部《关于拆除沙墩港坝利用望虞河宣泄太湖洪水的通知》的措施。11 日 9 时 45 分，按国家防汛总指挥部指令，炸开位于望亭苏锡交界处的沙墩港坝泄洪，为太湖分流。

7 月，吴县农业所植保专家程功获得享受国家特殊津贴待遇。程功是吴县第一位获此殊荣的科技人员。

10 月 19 日，县粮食商业综合经营经理部成立。

11 月 8 日，全国人大常委会副委员长彭冲视察渭塘乡渭西村和渭南村、黄桥乡张庄村、黄埭乡卫星村。

11 月 15 日，太湖流域综合治理骨干工程——望虞河工程开工。3000 多名军民投入施工，水利部副部长周文智、江苏省委书记沈达人、江苏省省长陈焕友等参加劳动。翌年 5 月 29 日，一期工程竣工通水。

是年，全吴县国民生产总值 36.23 亿元（现行价，下同），国民收入 33.63 亿元，工农业总产值 121.40 亿元，其中农业产值 13.61 亿元。粮食 65.46 万吨，油菜籽 1.69 万吨，水产 5.73 万吨，果品 3.43 万吨，财政收入 2.30 亿元。外贸收购额 19.06 亿元，社会商品零售额 13.55 亿元。

1992 年

1 月 6 日，吴县铝加工厂厂长吴阿禄被评为"全国乡镇企业家"。

1 月，苏州市蔬菜产销经营全面放开，按照社会主义市场经济规则运行。

3 月 28 日，吴县油脂化工二厂兼并吴县原油脂化工一厂，成立吴县油脂化工总厂。

4 月 1 日，根据国务院规定，是日起提高粮食统销价格，实行购销同价。同时，对城镇居民给予适当补偿。

4 月 20 日，全国政协副主席王恩茂视察渭塘敬老院、渭南村。

5 月 18 日，县粮油总公司和所属粮油公司成立。

5 月 19 日，全国农业现代化建设研讨会代表在中国农业科学院院长卢良恕的带领下考察吴县渭西、渭南村。

5 月 23 日，中共中央政治局常委、国务院总理李鹏视察渭塘乡星火五金厂，途经陆墓时建议陆墓镇更名。1993 年 10 月，经江苏省民政厅批准，陆墓镇更名为"陆慕镇"。

7 月 6 日，1991 年农村综合实力百强县（市）在京揭晓，吴县列全国第六位。

7 月 8 日，县粮油总公司驻上海办事处挂牌开业（办事处设在上海十六铺粮油食品交易市场）。

7月17日，经县政府办批准，吴县粮油议购议销公司更名为"吴县粮油贸易公司"，吴县粮食商业综合经营经理部更名为"吴县粮油实业开发公司"。

7月24日，吴县人大常委会通过北桥、湘城和黄埭三乡撤乡建镇决定。

7月29日，境内气温高达39.2℃，创新中国成立以来境内最高纪录。

8月12日，吴县粮油物资公司成立。

8月17日，黄埭镇卫星村成立苏州市第一家村工会联合会。

8月28日，坦桑尼亚联合共和国总统阿里·哈桑·姆维尼及其随行人员参观吴县渭南村。

9月28日，华东地区规模最大的家具专业市场——苏州蠡口家具城开业。

11月2日，江苏省内规模最大的底涵工程——望虞河立交工程开工。翌年8月建成。1997年7月，该工程被水利部评为优质工程，并获国家科技进步二等奖。

12月6日，吴县化肥厂尿素生产工程投产。工程被列入全国第一批小氮化肥改建尿素项目，年产尿素4万吨。

12月8日，湘城变电所职工陶浩庄制作完成象牙微雕作品《姑苏繁华图》。作品长78厘米、宽2.2厘米，雕刻人物1.2万余人、舟楫400余艘、桥梁50余座、商铺230余家。

12月24日，马里共和国总统阿尔法·乌马尔·科纳雷一行参观吴县铝加工厂和渭塘乡渭南村排灌站，并访问农户。

12月25日，吴县粮食局粮食转运站更名为"吴县粮食储运公司"。

是年，陆慕花南村，黄棣卫星村，黄桥张庄村，北桥灵峰村、姚洪村，湘城枪堂村，渭塘渭西村、渭南村工农产值超亿元。

是年，全县国民生产总值57.77亿元（现行价，下同），国民收入52.50亿元，工农业总产值190.38亿元，其中农业产值14.50亿元。粮食67.52万吨，油菜籽1.88万吨，水产5.88万吨，果品2.22万吨。

1993年

1月7日—8日，苏州吴县农业局粮作站召开全县水稻总结会。望亭、太平、渭塘、洞泾等乡镇的相关单位进行了交流。

1月29日，县委、县政府在虎丘饭店召开各乡镇农业分管领导搞好夏熟管理工作会议。

2月1日，县粮食局被县政府评为1992年度综合治理先进单位；同时获县政府颁发的"兴吴杯"奖。

2月19日，县召开夏熟田间管理工作会议。

2月21日，吴县粮食局获苏州市粮食局颁发的"金穗杯"奖。

3月19日，吴县粮食局局长鲍坤元传达全省粮食工作会议精神，部署广泛宣传粮食流通改革政策，要求充分做好粮食经营、价格放开前的准备工作。

3月30日，吴县人大常委会通过渭塘、黄桥和蠡口三乡撤乡建镇决定。

4月1日，境内执行江苏省政府决定，全面放开粮食、油料购销价格。

4月22日，江苏省首家中日合资蛇业有限公司在渭塘镇开业。公司有27.8亩蛇类养殖场，年自繁苗蛇20万条。

5月11日—12日，县粮食局召开发展"三产"和多种经营工作会议。

5月20日—21日，吴县农业局组织对县级丰产方检查考核评比，最后评定张庄、渭南获一等奖，毛家、渭西、陶浜获二等奖，卫星、白塔、胡巷、毛巷获三等奖。

5月27日，县政府在虎丘饭店召开丰产线所在乡镇抓农业领导会议。县委高生根副书记，李云龙副县长，农业局、水利局以及10多个乡的领导出席。

6月8日，湘城镇在全县连续第二年率先完成夏粮收购任务。全境于6月15日在全省第一个全面超额完成夏粮指导性收购任务。

6月10日，县政府召开县农口有关部门负责人及各乡镇抓农业的领导、农业公司经理参加的水稻育秧现场会，并察看了渭南村旱育秧、北桥灵峰村水育秧及北桥毛巷小麦丰产方。

6月12日，县委、县政府召开单季稻移栽现场会议。各乡（镇）长、抓农业的领导、农业公司经理、机水站长、示范村社长（主任）等出席。会议期间察看了张庄、汤浜、卫星、渭西、渭南、胡巷、凌浜等，察看后进行打分评比、奖励。

7月5日，苏州市委、市政府在吴县召开水稻田间管理现场会议，府培生副书记、王振明副市长等出席。

7月10日，渭塘、蠡口分别举办世界银行援助贷款项目——水稻病虫害综合防治技术培训班。

7月15日，渭塘供销社、黄桥张庄村、渭塘渭南村获江苏省委、省政府授予的1991年至1992年度"省级文明单位"称号。

7月27日，降雨128.4毫米，为有气象记录以来境内最大的大暴雨。

9月15日—18日，参加南方16个省市水稻稻飞虱监测与治理现场会的代表参观渭塘、蠡口监测治理现场。

10月13日，苏州市农业局组织各县（市）粮作站长对张庄、渭西、渭南水稻丰产方和轻型栽培农艺进行考察评比。

10月17日，渭塘珍珠贸易市场被评为江苏省十大农副产品市场之一。

10月19日，苏州市农业局召集各县市农业局局长对渭西抛秧进行考察，吴县农业局符根良局长参加。

11月19日，湘城在全县连续第五年率先超额完成全年收购任务。

12月28日，黄埭镇埭渔村160户农户全部安装程控电话，成为吴县第一个电话村。

12月31日，吴县粮食局会同吴县物价局、吴县工商局发文，对做好粮油供应工作做出具体规定。

1994年

1月3日凌晨，205省道渭塘麒麟村段两车相撞起火，致7人死亡、3人受伤。

1月25日，蠡口镇胡巷村农民顾荣根售粮7.8万公斤，荣登1993年度吴县售粮大户榜首。

3月15日，农村大病风险医疗制度在境内实施。

3月16日，黄埭镇成立种田大户协会。

3月28日，全国第一座由乡镇投资的高速公路互通立交——沪宁高速公路东桥互通立交桥开工。该桥于1996年9月15日竣工开通。

4月7日，境内望亭镇、陆慕镇被江苏省科委列入科学技术先进乡镇行列。

4月23日，总投资超过1亿元、国内最大的珍珠及工艺品加工贸易中心——中国珍珠城在渭塘镇兴建。翌年1月25日开业。

是月，黄桥镇黄桥村被定为全国农业现代化建设示范村。

5月18日，苏州市在成为较大城市具有地方法规立法权后制定的第一部地方性经济法规——《苏州市渔业管理条例》正式实施。

5月27日，出席全国乡镇企业发展与农村生态环境建设研讨会的代表，参观渭塘镇渭南村农田基本建设。

6月9日，国务委员陈俊生等一行检查组检查苏州防汛工作，并视察望亭立交工程和渭塘镇渭南村高标准吨粮方。

6月13日，中共中央政治局候补委员、书记处书记温家宝视察渭塘渭南村。

6月17日，国务院副秘书长刘济民视察渭塘珍珠交易市场、渭南村。

7月8日，中共中央政治局原常委宋平视察渭南村。

9月7日，参加农业部全国农业现代化试验区苏南土地适度规模经营论证会的代表参观渭塘镇渭西村、渭南村。

9月25日，苏州市委书记杨晓堂、副书记王俊度视察黄桥张庄农业示范方。

10月28日，江苏省有关部门批准成立吴县第一家村级集团——江苏张庄集团公司。

11月，苏州市政府发布《关于严禁使用电力捕鱼的通告》。

是年，境内大棚集团公社（北桥镇姚浜村）获农业部颁发的"全国最佳效益奖"。

是年，黄埭镇农业种田大户协会成立。

1995年

1月6日—7日，苏州市委、市政府在太仓市召开农业工作会议，吴县农业局符根良局长、张泉兴参加。吴县获得苏州市蔬菜办主办的市属蔬菜基地建设评比第一名。

1月9日—11日，苏州各县（市）科教科长、农干校校长会议在吴县召开。县农业局科教科被评为先进集体。

1月24日，农业部全国植保总站站长刘松林来吴县了解植保工作，勘定全国农作物重大病虫害网络工程建设——确定吴县站地点。

1月25日，"中国珍珠城"在渭塘镇建成，占地面积3.2万平方米，全国人大常委会副委员长费孝通为之题名。

2月6日，吴县首家按《中华人民共和国公司法》规范程序设立的公司——江苏卫星工贸集团有限公司，经江苏省工商局核准成立。

2月20日，县农业局召开各乡镇农业公司经理会议，重点部署春季夏熟田间管理以及大熟备耕工作。符根良局长提出1995年农业方向、重点抓10个突破。

3月9日，苏州市王振明副市长来吴县检查"菜篮子"与"菜篮子"衔接工作，对吴县的"菜篮子"工作予以好评，并指示：一要进一步扩大市场，二要继续保持良好势头。

3月14日，吴县农业局召开农业流动现场会，各乡镇分管农业领导、县农口部门负责人察看胡巷、渭西、卫星、汤浜、张庄村三麦长相和管理等，农业局作加强夏熟管理和抓好大熟备耕发言，李云龙副县长、陈祥男副书记讲话，提出要把重视农业思想、领导责任、专业队伍及当前工作等落实到位。

3月20日，吴县有关领导研究决定，将县级吨粮方由12个扩大到20个，丰产线定位18条。

4月7日—8日，吴县农业局分四大片召开农业公司经理会，布置小麦防治赤霉病、蚜虫等。

4月11日—12日，江苏省土肥站站长王鹤平来吴县检查工作，检查了吴县第一复合肥厂的筹建情况。

4月28日—29日，全国植保总站刘松林站长、江苏省植保站李希平站长来吴县了解植保工作，了解当前防治小麦赤霉病情况、吴县测报站建设、世行IPM项目工作。

5月1日，渭塘镇渭南村党总支书记殷进发荣获"全国劳动模范"称号。

5月8日，吴县第一复合肥厂开业剪彩。吴县县委副书记陈祥男参加剪彩并讲了话。

5月14日—18日，全国水稻抛秧盘标准化会议在吴县召开。

5月19日，参加全国水利经济工作会议代表参观陆慕、蠡口、渭塘、黄桥等镇农田基本建设和渭南村农村现代化建设现场。

5月27日—28日，全国土肥总站唐近春站长来吴县检查工作。

5月28日，中新合作"中国未来农林大世界"项目在吴县正式签字。

6月7日，湘城镇入库小麦112.8万公斤、油菜籽41万公斤，连续7年第一个超额完成苏州市夏季粮油定购任务。

6月8日，国务院批准吴县撤县设市，境域隶属吴县市。

6月13日，全县召开单季稻移栽现场会。各乡镇长、分管农业领导、农业公司经理、机水站、县级丰产线所在村书记及县机关有关单位领导出席会议。

7月11日，吴县市召开水稻灾后补种和管理工作会议，强调早搁田早控苗。李云龙副县长要求7月15日全面脱水，分级搁田。布置普施重施长粗肥，全面推广复合肥。

7月，望亭工商所查处假冒"丁字牌"农用挂浆机1000台，案值近100万元。

8月28日，苏州市农业工作会议在吴县召开。与会人员察看了渭南、渭西、张庄、通安华山等村。苏州市下辖各市、区分管书记、市长、农口单位领导共130余人参加会议。

8月，阳澄湖地区抗日斗争史迹陈列馆筹建，收集实物、图片等资料，对外开放。2006年，区政府对其予以重修。

9月13日，农业部全国植保总站主办召开的扑虱蚜防治稻飞虱大面积应用示范现场会在吴县市举行。

9月27日，日本国京都府立大学师生来吴县市考察渭南村服务站及丰产示范方，对渭南丰产示范方给予高度评价，称该方对世界农业发展都有推动作用。

9月—11月，陆慕镇在虎啸村孙墩浜重建孙武家。

10月28日，召开秋播现场会，各镇长、分管农业领导、丰产方线所在村书记参加会议。

11月8日，召开秋播工作现场会，检查考核20个市级丰产方的秋播基础，动员掀起一种就管高潮。

是年，国务院发展研究中心授予渭塘镇"中国淡水珍珠之乡"称号。

1996年

1月22日，苏州市农业局召开下辖各市区分管土肥局长和土肥站长会议。吴县市在1995年苏州市耕地质量年活动中被评为二等奖。

2月2日，吴县市农业局召开乡镇农业公司经理工作会议。符根良局长总结1995年度全市农业服务工作，布置1996年度工作，表彰农业服务工作先进集体、先进个人。

3月5日，16时20分，蠡口镇黄泥浜村10组商住房区甲烷爆炸，炸毁房屋27间，致9人死亡、18人受伤。

3月13日，吴县市农业局在渭塘镇渭南村召开全市水稻新农艺技术培训会。

3月22日，吴县市委、市政府在吴县市农业局召开全市夏熟田间管理、大熟备耕工作汇报会。李云龙副市长到会作报告，陈祥男副书记做了总结。

4月16日，吴县市全市农村工作会议召开。

4月18日，江苏省农林厅组织8位专家对吴县市麦田无草害工程实施情况进行验收，察看了湘城镇九、十二村，确认吴县市麦田无草害工程正式达标。

4月25日，渭塘镇渭西村、渭南村，黄桥镇张庄村，黄埭镇卫星村，北桥镇北渔村，陆慕镇花南村，湘城镇枪堂村获苏州市委、市政府授予的"1995年度明星村"称号。

是月，渭塘硅酸钙板厂厂长王欣南被国家农业部评为全国乡镇企业科技进步先进工作者。

5月13日，吴县市委、市政府召开全市水稻育秧工作现场会，参观渭南、汤浜、通安、旺山等育秧现场；副市长李云龙对育秧工作做出重要指示。

5月20日，苏州市人大常委会、苏州市政府在吴县市举行贯彻实施《苏州市阳澄湖水源水质保护条例》新闻发布会。

5月21日，吴县市农业局召开市级丰产方夏熟检查评比考察会，对全市19个市级方进行逐个检查评比。农业局符根良局长对如何搞好市级丰产方建设做了重要指示。

6月15日，吴县市委、市政府在人民大会堂召开全市水稻移栽现场会。

6月13日，吴县市妇联、市农业局联办"双学双比"活动，开展妇女水稻移栽劳动竞赛。市农业局、市妇联组成评委，评定渭塘、横泾为一等奖。

6月26日—27日，全市召开水稻一种就管现场会，参观望亭迎湖、黄埭、渭塘、北桥、湘城、太平、蠡口、黄桥、陆慕等管理现场。李云龙副市长作报告，符根良局长提出早施蘖肥、化除、加强水浆管理等措施。

7月13日，吴县市委、市政府在黄桥张庄村召开"立足抗灾、秋熟夺高产"的紧急碰头会，研究部署抗灾、夺丰收的应变措施。

7月23日—25日，对市级丰产方、丰产线及镇级丰产方进行检查考核评比，对21个丰产方全面检查考核评分。第一名渭南，第二名张庄，市级丰产线黄桥等名列前茅。

7月31日，苏州市农业局来吴县市检查报省"农业领导工程"，并提出要提高管理水平等意见。

10月5日，吴县市委、人大、政府、政协四套班子主要领导对渭南、张庄等市级丰产方进行观摩考察，对这些村的水稻生产及农业领导工程建设给予了高度评价。

10月7日，苏州市农业"丰收杯"验收，渭塘镇渭南村通过验收。

10月7日—11日，吴县市农业局组织秋播技术宣讲团下乡镇巡回培训。组织10余名高级农艺师、农艺师组成3个巡回宣讲团，对农业分管领导、农业公司全体人员、村级社长、农技服务人员和农业规模经营大户进行四新农艺示范推广，2000余人次受训。

10月29日，中共中央政治局常委、书记处书记胡锦涛视察渭塘镇渭南村。

11月19日，吴县市召开第一次抢管理、上水利、抓复耕冬管现场会。

是年，湘城镇枪堂村投资300万元建成日处理能力3000吨的工业污水处理厂。

北桥镇北渔村投资100万元建造博馀农民公园。

1997年

1月23日—25日，吴县市农业局召开1996年度吴县市农业服务工作经验交流会。大会表彰了14个先进农业公司、39位先进个人。

1月27日—28日，苏州市农业局召开1996年度农业科教工作总结会。吴县市农业局科教科被苏州市农业局评为先进集体。

2月16日—19日，苏州市委、市政府召开全市农业现代化会议。

2月24日，阳澄湖镇被国务院农业发展中心、农业部中国农学会授予"中国阳澄湖清水大闸蟹之乡"称号。

2月26日—3月1日，苏州市农业局举办中高级农艺师进修班，讲授科技发展动态及杂交稻生产、发展动态等。

3月25日—27日，苏州市农业局召开苏州市乡镇农技站长会，吴县市各镇（区）乡镇农业公司经理及市局符根良局长、周雪芳科长参加会议。

3月31日—4月4日，吴县市政府组织农业局有关业务科站中级职称以上人员进行水稻群体质量及综合防治技术巡回培训。

5月13日，苏州市农业局来吴县市考察夏熟市级丰产方长势长相，对张庄、华山丰产方进行实地考察，并予以了肯定。

5月15日，全国人大常委会副委员长布赫视察渭塘镇渭南村农业丰产方和吴县市新颖金属材料厂。

5月18日，黄埭镇卫星村创办全省首家城乡联办村级医院。

5月23日，吴县市委、市政府在吴县市农业局召开全市四夏工作会议。

7月10日，吴县市农业局接待世界银行检查团，世行检查团到吴县市检查世行支持中国农业服务（农技推广部分）执行情况。检查团在听取了黄埭镇农技站关于全镇农技推广工作的汇报后，对吴县市的项目执行情况予以充分肯定。

8月，环太湖路堤工程竣工通车。

9月10日，苏州市委、市政府发出《关于加快推进农业产业化的意见》。

10月6日—10日，吴县市农业局受吴县市委、市政府委托对全市各镇（区）进行为期5天的巡回培训。

10月19日，苏州市农业局来吴县市验收省级丰收计划项目，对望亭等镇进行了实地验收，并对吴县市近两年的丰收计划实施工作给予肯定。

12月19日，吴县市农业局组织有关科站分片召开农业公司经理会议，评选先进农科站和优秀农业公司经理。

12月，黄埭中学被确认为江苏省重点中学。

是年，杨乃珍《秦淮月》获文化部第七届文华表演奖。

1998年

1月5日，苏州市农业局召开各县市1997年度科教工作总结会，吴县市农业局科教科被评为先进集体。

2月23日，苏州市政府在吴县市召开全市农村绿化工作会议，加快农村绿化，推进林业产业化。

3月4日—9日，吴县市农业局抽调高、中级技术骨干组成3个巡回培训宣讲团。

3月16日，黄埭镇永昌村村民陈福妹被民政部、劳动部、全国总工会、共青团中央、全国妇联及中国老龄协会等六部门授予"全国敬老好儿女"金榜奖。

3月20日—21日，受寒潮袭击，境内普降大雪，出现罕见的"菜花黄、雷声响、雪花飘"奇观。

3月23日，连日阴雨灾害天气对三麦、油菜生产造成严重影响。

3月，苏州育成的水稻"苏丰粳1号"和"常农粳1号"通过江苏省农作物品种审定委员会审定，被批准予以大面积推广。

6月，"阳澄湖"牌清水大闸蟹规模养殖出口创汇基地被国家质量技术监督局列为"1998年国家级星火计划项目"。

7月7日，境内农村实行"一公开四民主"（村务公开、民主选举、民主决策、民主管理、民主监督）村务公开制度。

7月10日，中共中央政治局常委、中央纪律检查委员会书记尉健行视察渭塘镇渭南村村务公开制度执行情况。

8月14日，全国农技推广中心测报处处长邵振润、江苏省植保站站长陈新来吴县市测报站和渭塘镇渭南村察看。

是日，吴县市政府召开全市稳定和完善农村土地承包关系工作会议，根据中央有关文件精神，明确全市土地承包期从1998年开始延长30年。

9月24日—25日，吴县市农业局组织各业务科站对市级丰产方开展水稻生产第二次考核评比。

10月6日—9日，吴县市农业局对全市秋播技术进行巡回培训。

10月12日，吴县市农技推广中心成立30周年暨农、科、教三结合工作汇报会在吴县市农干校召开。会议期间验收望亭迎湖、通安华山、横泾旺山等地水稻丰产方，并予以高度评价。

11月18日，吴县市纪检委、市委组织部、市委宣传部到吴县市农业局拍摄"党旗飘扬"专题节目。

11月28日，江苏蠡口国际家具城建成开业。

12月3日，苏州农业行政执法支队成立，此为江苏省首家市级执法支队，标志着苏州农业开始走上法治化管理轨道。

1999年

1月26日—28日，吴县市农业局各业务条线召开全市土肥、栽培、种子、植保会议。

2月5日，吴县市首个村民直接选举试点村——陆慕镇夏圩村第五届村民委员会换届选举，选举产生村委会主任1名、委员4名。

3月24日，黄桥镇张庄村接受江苏省环保局、农村能源环保办公室、苏州市环保局农环处验收，被江苏省环保局表彰为首批"百佳生态村"。

4月29日，吴县市农业行政执法大队正式挂牌成立。

4月，陆慕中学被确认为江苏省重点中学。

5月10日，下午4时30分，湘城、太平、陆慕、望亭，东桥一带遭冰雹、龙卷风、暴雨袭击，农作物受灾面积16万亩。

5月20日，苏州市农村工作会议召开，江苏省委常委、苏州市委书记梁保华要求促进农民增收保持农村稳定，推进农业和农村现代化建设。

6月8日—30日，蠡口镇秦埂村2500米圩堤漫水，莫北联圩3000多亩农田受淹。境内受淹农田1.1万多亩，受淹鱼池、蟹池等1.8万多亩，倒塌房屋31间，直接经济损失1.1亿元。

7月6日，上午8时，太湖超警戒水位1.55米。8日，太湖最高水位5.08米，为有历史记载以来最高水位。根据国家防总指令，太浦河和望虞河开闸泄洪。10日，太浦河、望虞河闸加大泄洪流量，太湖水位回落。至11日上午8时，太湖水位为5.04米。

7月9日，中共中央政治局委员、国务院副总理、国家防汛防旱指挥部总指挥温家宝一行在江苏省委书记陈焕友、省长季允石、副省长姜永荣、苏州市委书记梁保华陪同下，视察望虞河工程、望亭立交工程和环太湖大堤等水利设施。

7月20日，入梅以来，苏州地区遭遇了百年不遇的洪涝灾害，农业生产受灾损失严重。

8月19日，吴县市政府召开专题会议，公布电价改革方案，全市实行统一销售分类电价，其中农村居民用电统一为每度0.57元。

8月26日，吴县市农业局科教科被江苏省农林厅评为《当代农业》发行先进集体。

9月8日，吴县市农业新品开发中心正式挂牌。

12月10日，吴县市农业局召开专业技术职务评聘分离动员大会，符根良局长对全系统科技人员做动员。之后对2000年科技人员实施评聘分离，聘期为两年。

2000年

3月13日—15日，吴县市生态农业建设领导小组在江苏省生态农业建设工作会议（南京）上做大会交流发言，江苏省副省长张连珍到会做重要指示。

3月16日，湘城镇陆家村王井刚领取吴县市工商局核发的个人独资企业营业执照，成为《中华人民共和国个人独资企业法》实施以来吴县市第一个个人独资企业业主。

4月30日，苏州市"十大杰出青年"颁奖典礼在苏州市会议中心举行。吴县市阳澄湖镇养殖专业户龚炳根荣膺"十大杰出青年"称号，同时被共青团苏州市委授予"苏州新长征突击手"荣誉称号。

5月23日，苏州市召开农业服务工作暨"双十佳"表彰大会，10位农技人员、10位种田能手受表彰。

6月14日，江苏省粮食厅进行工程项目验收。

是日，苏州市政府召开全市现代化农业示范园区建设工作会议。

7月1日，吴县市实施《苏州市农村集体资产管理》。

8月30日，《苏州市渔业管理条例》经第九届苏州市人大常委会第十八次会议批准，自2000年9月1日起施行。

9月6日，吴县市引进长春君子兰4万余盆。

10月，苏州市农业网正式开通。网站设置"农村论坛""机构设置""名优产品""供求信息"等10个综合性栏目和"结构调整""农业现代化""农业产业化"等8个专题性栏目，全面介绍苏州农业的特点、现状和发展前景。

11月20日，吴县市农业局派有关农科人员参加在苏州举办的农业部跨世纪青年农民科技培训会议。

是日，吴县市农业局植保站张建明参加全国（福州）植保会议。

12月31日，国务院下发《关于同意江苏省撤销吴县市设立苏州市吴中区、相城区的批复》。

是月，"阳澄湖"牌大闸蟹获第六届中国食品博览会金奖。

是年，望亭迎湖村杨根福被评为全国劳动模范。

2001年

1月12日，江苏省政府下发《关于撤销吴县市设立苏州市吴中区、相城区的通知》。

2月28日，吴县市领导干部大会召开，宣布撤销吴县市，设立苏州市相城区、吴中区；

任命顾子然为中共相城区委书记。

3月，全国开展粮食清仓查库，徐州市粮食局（新沂组）检查相城区。同时相城区成立由区发改委等9个部门组成的联合检查组，对盐城市东台市粮食局开展粮食库存检查。

4月3日，江苏省委常委、苏州市委书记陈德铭率市有关部门负责人到相城区调研农村工作。

5月9日，苏州市副市长江浩到相城区调研农业结构调整情况，区委副书记邵雪耕、区政府筹备组成员戴兴根陪同调研。

6月11日—12日，中国人民政治协商会议苏州市相城区第一届委员会第一次会议召开，会议选举邵雪耕为区政协主席。

6月13日，苏州市委书记陈德铭深入相城区等地对农村工作开展调研，要求加快农业产业结构调整，提升农民生活质量。

6月14日—16日，相城区第一届人民代表大会第一次会议召开，选举高生根为区人大常委会主任、宋文辉为区人民政府区长。

6月18日，相城区人民武装部成立。

6月21日，苏州市委、市政府召开全市机构改革动员大会，成立苏州市农业局。苏州市多种经营管理局并入苏州市农业局，挂"苏州市多种经营管理局"牌子；原苏州市水利农机局的农机管理职能划入苏州市农业局，增挂"苏州市农业机械管理局"牌子；不再保留苏州市蔬菜副食品办公室，其职能并入苏州市农业局；并设市农业资源开发办公室。

6月26日，苏州市委决定陆云福任苏州市农业局局长。

7月3日，原苏州市农业局、原苏州市多管局、原苏州市副蔬办领导及办公室人员到原苏州市多管局机关办公地合署办公。2002年8月9日，苏州市农业局更名为"苏州市农林局"，并挂"苏州市农业资源开发局"牌子，撤销"苏州市多种经营管理局"牌子。

7月11日—14日，中国共产党相城区第一次代表大会召开。在区委一届一次全委会上，顾子然当选区委书记。区委提出"建设新相城，迈向现代化，实现富民强区"战略目标，加快城乡一体化进程。

7月14日，中国共产党相城区纪律检查委员会一届一次会议召开，许学良当选区纪委书记。

7月15日，相城区工会第一次代表大会召开。

8月6日，中国共产主义青年团相城区第一次代表大会召开。

8月7日，江苏省粮食局针对广东等地不断发生不法商贩利用霉变大米，通过漂白、抛光、添加矿物油等手段制售假冒优质名品大米，严重损害消费者利益和生命安全的情况，特发《关于加强粮油产品质量监督的通知》。

8月8日，相城区妇女第一次代表大会召开。

9月6日，苏州市委副书记黄炳福来区视察指导农村青年参与农业产业结构调整和开展"三争三创"工作。区领导顾子然、李云龙陪同视察。

9月19日，苏州市政府发出《关于阳澄湖渔业实行统一管理的批复》，按照苏州市政府第69次常务会议精神的要求，为加强对阳澄湖水源水质的保护，促进渔业经济的可持续发展，对阳澄湖渔业实行统一管理，成立阳澄湖渔业管理委员会，同时成立苏州市阳澄湖渔政管理站。

11月，渭塘镇渭东村成立渭泾居民委员会，实行村委会和居委会一套班子、两块牌子的管理体制。

12月13日，相城区委召开镇党委书记座谈会。区委书记顾子然作了重要讲话，区委副书记邵雪耕、顾梅生，区委常委、区政府副区长王勤林分别就农业结构调整、畜牧兽医站下放镇管理等有关工作作了讲话。

是日，苏州市政府下发《批转市农林局关于阳澄湖网围养殖整治的实施意见的通知》，对阳澄湖开展网围养殖整治工作。

12月30日，江苏省委常委、苏州市委书记陈德铭，苏州市委副书记黄炳福，苏州市副市长江浩率市有关部门负责人来区进行农村工作调研。区领导顾子然、宋文辉、邵雪耕、戴兴根陪同调研。

是年，相城区工农业总产值1816999万元，其中工业总产值1688089万元，农业总产值128910万元。全区粮食作物播种面积24.01万亩，粮食产量106672吨。

2002年

1月18日，相城区油脂化工总厂生产的"天竹牌"二级菜油、高级菜籽烹调油获全国首批"放心粮油产品"称号。

是日，江苏省政府下发《关于同意设立江苏省苏州相城经济开发区的批复》。

1月20日，苏州市副市长江浩、市人大等有关部门领导为苏州市阳澄湖渔政管理站、苏州市阳澄湖公安警务站成立授牌。

1月22日，苏州市阳澄湖渔政管理站、苏州市阳澄湖公安警务站成立，挂牌仪式在苏州金龙大酒店举行。

2月28日，陆慕、蠡口两镇撤销，合并成立元和镇。

3月30日，相城区地方储备粮200万公斤于本年3月按时、按质入库。

4月23日，由苏州市新时代农业发展有限公司承担的国家级苏州现代农业特种水产示范项目在相城区生态农业示范园区落户并启动建设。

5月27日，苏州市主要领导到开发区、万达集团和渭南农业科技示范园区调研。

6月11日，苏州市副市长江浩来区就农业结构调整情况进行调研，副区长戴兴根陪同调研并汇报了有关工作情况。

6月19日，苏州市委副书记黄炳福来区围绕农业结构调整、龙头企业发展、新农村建设等方面进行调研，区委书记顾子然、副区长戴兴根陪同调研。

6月26日，渭塘镇成为苏州市第一家知识产权工作示范镇。

6月27日，苏州市主要领导率苏州市政协副主席、苏州市委秘书长孟焕民等一行赴区调研，先后视察了相城经济开发区、渭南农业科技示范园区等7个单位。区领导顾子然、宋文辉陪同视察。高生根、邵雪耕、顾梅生、曹后灵、许学良、蒋炜鼎出席汇报会。

7月4日，苏州市主要领导到吴中区、相城区视察部分农业产业化龙头企业，听取全市农业和农村工作农口部门工作汇报，要求合理利用资源，保护农民利益。

是月，通安镇划归虎丘区。

8月6日，区召开国、省粮食购销企业改革动员大会，区委常委、副区长王勤林，苏州市粮食局副局长唐斌新，苏州市农业局局长矫国兴、副局长徐国良等领导参加，粮食企业转制工作全面开始。

9月11日，相城区第一家社区股份经济合作社——渭塘镇渭北村股份经济合作社诞生。

9月12日，苏州市副市长江浩率市水利局、农林局、环保局等部门负责人来区调研阳澄湖清淤工作，区领导顾子然、邵雪耕、戴兴根参加。

9月24日，相城区随苏州市组团参加江苏省农业国际研讨暨项目合作洽谈会。其间签订1个农业合作项目，合同利用外资1250万美元。

9月28日，区政府举办2002金秋阳澄湖大闸蟹文化美食节。

是月，苏州海关驻相城办事机构对外办理业务。

10月18日—19日，相城区举办阳澄湖大闸蟹文化节。苏州市委副书记黄炳福、市人大副主任万昌立、副市长江浩、市政协副主席林兴成及区四套班子全体领导到会祝贺。中外客商500多人参加开幕式。共签订阳澄湖大闸蟹购销合同1500万元；签订外资农业合作项目12个，合同利用外资1.8亿美元。

10月19日—20日，渭塘举办中国珍珠博览会。苏州市委副书记、市纪委书记沈荣法，市人大副主任谢慧新、市政协副主席黄忆祖及区四套班子全体领导到会祝贺。来自东南亚、香港地区和其他各地的300多位珠宝商参加了博览会。

12月3日，苏州市政府农村绿化重点工程检查组来相城区检查农村绿化重点工程建设情况。区委副书记邵雪耕、副区长戴兴根陪同。

12月5日，苏州市粮食局对全系统政风、行风进行全社会问卷测评，区粮食行业社会综合满意度为98%，高于全市平均值。

12月17日，区一届人大常委会召开第十三次会议，通过顾仙根任副区长、代理区长的决定。

12月21日，江苏省水产业第一个有机食品养殖基地——苏州浦氏蟹王水产有限公司在相城区诞生。

12月，苏州市农林局陆续成立10个市级农业专业协会：阳澄湖大闸蟹行业协会、水产协会、奶业协会、花卉苗木协会、生猪产业协会、果品协会、大米协会、蔬菜协会、食用菌协会、农机行业协会。10个协会共有团体会员336个，个人会员992名，分布在农业、林业、水产、畜牧、农机等战线。

是年，调整完善全区土地利用总体规划，划定各镇基本农田保护区。

是年，湘城麻饼获第十届中国苏州新技术产品博览会金奖。

是年，全区工农业总产值 2134652 万元，其中工业总产值 2003288 万元，农业总产值 131364 万元，全区粮食作物播种面积 30.65 万亩，粮食产量 94031 吨。

2003 年

1月2日，苏州市副市长江浩带队来区调研农村城镇化工作，区领导顾仙根、邵雪耕、戴兴根陪同。

1月6日，江苏省粮食局转发中国农业发展银行《关于进一步加强和完善粮油信贷管理的意见》。

1月6日—8日，中国人民政治协商会议苏州市相城区委员会一届三次会议召开，会议选举顾梅生为区政协主席。

1月7日—10日，相城区人民代表大会一届三次会议召开，会议选举邵雪耕为区人大常委会主任、顾仙根为区人民政府区长。

1月15日，区级机关干部开展义务植树活动，区四套班子主要领导参加。

2月17日，苏州市主要负责人来区调研农业和农村工作情况，听取了我区在产业结构调整、城镇化、农村改革等方面的情况汇报。区委副书记邵雪耕，区委常委、副区长王勤林，副区长戴兴根陪同。

2月20日，苏州市粮食局发出关于开展"放心粮油"监管工作的通知。

2月24日，区委、区政府召开全区绿化工作现场会，回顾总结去冬今春以来绿化工作情况，部署当前绿化工作。区委副书记邵雪耕主持会议，区委副书记、区长顾仙根作讲话，区领导钱志华、戴兴根、徐昕莉出席。

3月6日，江苏省内应用奶牛胚胎移植技术生产的第一头奶牛在东桥奶牛有限公司问世。

3月11日，区委、区政府召开全区农村工作会议，传达贯彻苏州市农村工作会议精神，回顾总结 2002 年农村工作，对 2003 年的农村工作作了部署。副区长戴兴根主持会议，区委副书记、区人大常委会主任邵雪耕作讲话。

3月13日，苏州市委副书记黄炳福、市委副秘书长吴云高等视察相城区绿化工作，区领导顾仙根、邵雪耕、戴兴根陪同。

3月28日，区绿化工作会议召开，会议回顾总结了全区绿化工作情况，对下阶段全区绿化工作作了公开动员和部署。区委副书记邵雪耕作了讲话，区领导戴兴根等出席了会议。

是月，相城区人民调解工作指导委员会成立，各镇成立人民调解委员会。

4月4日，区委、区政府成立非典型肺炎（简称"非典"、SARS）预防控制领导小组和指挥部。在3个月的"非典"防控中，全区无一例"非典"确诊和疑似病例。

4月15日，召开全区经济工作会议，区四套班子全体领导出席会议，与会人员参观了渭塘镇珍珠湖清淤、盛泽荡开发建设等现场。区委书记顾子然作了讲话，区委副书记、区长顾仙根主持会议。

5月9日，苏州市粮食局发出关于开展全市库存粮油检查的通知。

5月15日，全区召开农村工作会议。

5月16日，苏州市副市长江浩率队检查相城区阳澄湖网围养殖整治工作，实地察看相城区网围养殖整治情况。区委副书记、区长顾仙根，副区长戴兴根陪同。

6月4日，区政府在黄埭镇召开全区创建全国生态示范区暨农村"三清"工作会议，部署区创建全国生态示范区建设规划工作和以农村"三清"（清洁庭园、清洁河塘、清洁村庄）为主的爱国卫生工作，并参观了现场。区领导顾仙根、蒋炜鼎、侯耀光分别讲了话，区领导钱志华、徐昕莉出席会议。

6月18日，苏州市政府在相城区举行"四大家鱼"原种培育与放流仪式，此次在阳澄湖、元和塘、娄江河、望虞河共放流"四大家鱼"原种1280万尾。苏州市副市长江浩、市政府秘书长王国祥及相城区领导出席放流仪式。

7月1日，区委、区政府举行行政中心主楼落成启用仪式，区四套班子领导出席。

是日，全区农村养老保险首批试行工作启动，首批11万农村居民参加农村社保，2.1万农村老年居民领到基本生活费。

7月11日，苏州市委、市政府召开全市农村实事工作会议。

7月30日，苏州市相城区第一家民营企业科协——苏州市兴鲁空分设备科技协会成立。

8月7日，江苏省科技厅副厅长朱克江来区调研，实地察看了苏州市冯氏实验动物设备有限公司和苏州赛思生物工程有限公司。副区长张金虎陪同调研。

8月13日，区委、区政府在渭塘、元和、黄桥三个镇同时举行农村社会养老保险待遇发放仪式。区领导顾子然、王勤林等出席发放仪式。

9月8日—10日，苏州市政府在香港地区举办首届阳澄湖、太湖大闸蟹推介活动，副市长江浩到会致辞。此次推介活动得到全国人大常委会委员曾宪梓、全国政协常委张永珍、中联办副主任郑坤生等政界、商界领导的关心和支持，受到了香港地区新闻界的高度关注，对香港市民产生了很好的影响。

9月25日，镇机关公务用车制度改革启动。翌年10月10日，区级机关公务用车制度改革启动。

10月3日—18日，区政府组团随苏州市招商团赴日本、韩国招商。其间，在日本京都市、韩国水原市举行相城区投资环境说明会。

10月8日，苏州市副市长江浩来区调研农村工作，察看北桥苏太猪育种基地、元和公园等。区委副书记、区人大常委会主任邵雪耕作工作汇报，戴兴根副区长陪同调研。

是日，区政府召开农村社区股份合作制改革动员会暨庆贺东桥镇胡桥股份经济合作社成立大会。

10月19日，中央政研室农业部农村固定观察点办公室主任关锐捷一行来相城区考察农村固定观察点工作情况。副区长戴兴根陪同考察。

10月22日—24日，"2003苏州相城经济贸易洽谈会"举行，共签约外资项目71个，注册外资6.95亿美元；签约内资项目21个，总投资22.7亿元。

是月，徐琼获2003年度全国农民歌手大赛（江苏赛区）民族唱法一等奖。

11月17日，区委召开各镇党委书记座谈会，分析当前经济发展形势，研讨应对措施。区委书记顾子然作讲话，区四套班子主要领导出席会议。

11月18日，召开农村社区股份合作制改革动员暨东桥镇胡桥股份经济合作社成立大会。副区长戴兴根主持会议，区委副书记、区人大常委会主任邵雪耕对全区农村社区股份合作制改革进行动员。

11月24日，苏州市委、市政府发出《关于加快建设"绿色苏州"的决定》，就建设"绿色苏州"的指导思想、目标任务、主要措施作了明确的阐述。

11月27日，苏州市委副书记黄炳福调研农业农村工作，实地察看了相城区元和公园、丽水长滩、胡桥生态村等。区委副书记曹后灵、副区长戴兴根陪同调研。

12月12日，区委、区政府召开全区绿化、水利工作动员会，区四套班子全体领导出席会议。

是年，全区工农业总产值2499912万元，工业总产值2393668万元，其中农业总产值106244万元。全区粮食作物播种面积13.35万亩，粮食产量57989吨。

2004年

1月1日，全区实施大病医疗统筹、家庭医疗保健账户和医疗救助三位一体的新型农村合作医疗。至3月31日，全区行政村新型农村合作医疗覆盖率100%，参保率92.1%。

1月6日，相城区红十字会成立。

1月16日，区委、区政府命名、表彰渭西村等24个农村现代化建设先锋村。

1月31日，苏州市重大动物疫病指挥部办公室（简称"动防指办"）凌晨2时12分接江苏省重大动物疫病指挥部来电"关于立即设立临时畜禽运输检查消毒站严防疫情传入的紧急通知"和"从紧控制D病疫苗的函"传真，苏州市动防指办迅速落实有关防疫措施，排出7项薄弱环节，列出10项措施，严防死守，严密布控，全市未发生禽流感疫情。

是月，相城区体育艺术馆建成。

2月1日，苏州市政府召开防治禽流感工作会议。

2月11日，苏州市阳澄湖渔政管理站在沿湖渔业村委领导、渔民代表的监督下，分3次（另两次分别在4月26日、6月18日）在阳澄湖组织放流工作，共放流花白鲢、草鱼、鳊鱼等100万尾、夏花450万尾及螺蛳近100吨，既丰富了湖区水产资源，又有效改善了湖区水质。

2月22日，苏州市畜牧生产现场会在相城区召开。苏州市农林局局长陆云福作讲话。会议期间，与会代表考察了相城区阳澄湖友联生态园艺养鸡场。

2月下旬，区落实省下达的地方粮食储备计划。

是月，相城人民医院建成。

3月5日，相城区召开全区农村工作会议，农口系统副股职以上干部出席。

3月11日，相城区组织350余名机关干部到黄埭镇清水湖（西荡湖）参加义务植树活动。

4月23日,由苏州市新时代农业发展有限公司承担的国家级苏州现代农业特种水产示范项目在相城区生态农业示范园区落户并启动建设。

4月26日,库克群岛总理罗伯特·温顿参观渭塘中国珍珠城。

4月29日,区委、区政府表彰46名2001—2003年度区劳动模范。

4月29日,《苏州食用农产品安全监督管理办法》经苏州市政府第27次常务会议讨论通过,从源头上加强农产品的质量和安全管理,6月1日正式实施。

5月10日,相城区农发局副局长徐国良一行12人赴宿迁市参加省内粮食产销衔接洽谈会,签订意向性粮油购销协议2700万公斤。东桥、黄埭、望亭、阳澄湖、湘城、元和等粮油购销公司总经理及天峰食用油脂有限公司、区粮油饲贸易交易市场主要负责人参加了这次粮洽会。

5月15日,马达加斯加总统马克·马瓦卢纳率政府代表团参观祯祥(苏州)食品有限公司。

6月17日,苏州朗力福保健品有限公司的"朗力福"股票在香港联合证券交易所创业板上市。

6月22日,相城区首届全民运动会开幕,10月结束。

7月1日,苏州市副市长江浩视察相城区农业和水利防洪设施。苏州市农林局、水务局有关领导,区委副书记、区人大常委会主任邵雪耕,区农发局、水务局主要领导陪同视察。

7月5日,苏州市发展计划委员会、苏州市粮食局下达2004年粮食生产基地建设任务。

8月10日,撤销湘城、阳澄湖镇,合并设立阳澄湖镇。

9月6日,全国人大常委会副委员长李铁映视察相城区。

是日,相城区渭塘镇渭西村社区股份合作社正式成立。区四套班子领导到会祝贺。

9月24日,苏虞张一级公路"绿色通道"相城段绿化工程竣工。

10月14日,相城区14家优质农产品企业参加了在连云港举行的2004江苏农业国际合作洽谈会。另有2只外资项目、2只内资项目在洽谈会上签约。

10月20日,国家科技部两大开发项目"阳澄湖原产地优质大闸蟹养殖综合技术的中试与示范项目""苏州市现代农业特种水产养殖培训中心建设项目"落户相城区水产养殖总场。

11月26日,江苏省绿色食品办公室主任张坚勇一行在苏州市农林局有关领导的陪同下前来相城区考察绿色食品基地和品牌建设。

12月16日,相城区祯祥(苏州)食品有限公司出口蔬菜启动电子监管,完成报检、取单等工作。

12月21日,江苏省水产业第一个有机食品养殖基地——苏州浦氏蟹王水产有限公司在相城区诞生。

12月29日,相城区绿化委员会命名"园林式单位和园林式居住区""双园"命名活动启动,首批命名园林式单位23个、园林式居住区8个。

12月29日—31日,相城区举办首届文化艺术节。

12月,区粮食部门开展2003—2004年度"农民满意粮食收购企业"评选工作。

是年，北京天坛祈年殿与颐和园维修工程用御窑金砖1.6万块。

是年，全区工农业总产值3113193万元，其中工业总产值3002016万元，农业总产值111177万元。全区粮食作物播种面积10.69万亩，粮食产量50566吨。

2005年

1月6日，李荣法被江苏省委宣传部、江苏省文明办授予江苏省第八届精神文明建设"新人新事十五佳"荣誉称号。

1月27日，相城区具全国规模的在建大型生态示范园子项目"阳光餐厅"——"阿庆嫂"生态美食园在相城区生态园开业。

2月6日，相城区召开农口系统节前工作座谈会，部署落实"打造百条清水河道、建设百家绿色单位、建设百条（处）生态绿带（园）"的"三百"工程建设工作。农口部门副科职以上干部出席座谈会。

2月17日，相城区免征农业税。

是月，撤销元和、太平两镇，分别设元和、太平街道。

3月2日，全国人大常委会副委员长蒋正华视察望虞河琳桥港口和西塘河引水工程。

3月30日，相城区农发局组织开展"放心农资下乡进村宣传周"及"放心农资与维权知识"广播讲座、电视专题宣传活动。

3月31日，苏州市粮食局检查相城区蠡口粮贸交易市场。

4月15日，江苏省委常委、苏州市委书记王荣考察相城区农村绿化工作。

4月19日，江苏省委常委、苏州市委书记王荣一行视察相城区生态园等绿化建设工程。

4月27日，渭塘镇渭西村邹宝如被评为全国劳动模范。

5月9日，国家质量监督检验检疫总局发布第71号公告，即日起对阳澄湖大闸蟹实施原产地域产品保护。

5月20日，由苏州市水产站和苏州市渔政站共同组织的2005年水产资源增殖放流活动在相城区北渔村拉开序幕，首次放流地方草鲫和草鲤夏花230万尾。6月22日又继续投放大规格"四大家鱼"原种1500万尾。放流场所分别设在苏州市望虞河、元和塘、渭塘河、冶长泾、阳澄湖、娄江、京杭大运河、吴淞江等天然水域。

渭塘镇70多户珍珠经营户成为协会首批会员单位。

5月，创建"消费放心粮油供应站"全面启动。8月底，该活动基本结束。

6月1日，区委、区政府召开创建全国文明城市迎检工作会议。

6月28日，由相城区漕湖水产苗种场繁殖生产的2000万尾原种鱼苗顺利放流全市相关水域。

8月4日，苏州市政府制定《阳澄湖大闸蟹原产地域产品保护试行管理办法》，苏州市阳澄湖大闸蟹原产地域产品保护管理委员会正式组建。

8月6日—7日，"麦莎"台风正面袭击相城区。

8月9日，区农发局组织人员赴莲花岛开展"莲花宝岛行、法律进农家"普法宣传活动。

8月16日，相城区采用"一折（卡）通"将粮食直补资金160余万元发放到全区34867个农户手中。

9月11日—12日，"卡努"台风袭击境内。

9月12日，祯祥（苏州）食品有限公司、江苏阳澄湖大闸蟹股份有限公司被农业部评为2004年度全国大中型农产品加工流通企业。

9月18日，"2005中国相城第二届阳澄湖大闸蟹文化节"开幕。

9月20日，区委、区政府召开全区创建省级村民自治模范区工作会议。

9月26日，渭塘中国珍珠（宝石）城建成开业。珍珠（宝石）城位于珍珠湖畔，占地面积45000平方米。

10月21日，首届中国珍珠博览会在中国珍珠宝石城开幕，300多名国内外客商参加博览会。

是日，《苏州市食用农产品安全监督管理条例》由苏州市第十三届人民代表大会常务委员会第20次会议制定，并经江苏省第七届人民代表大会常务会议于2005年12月1日批准。

10月28日，"2005长三角园林绿化博览会"在相城区开幕。

10月31日，由相城区联手苏州市花木盆景协会举办的"2005长三角园林绿化博览会"下的苏城绿化博览会开幕。来自浙江、福建、广东、东北和本地的250多个花木经营商参展绿博会。

是月，撤销黄桥镇，设黄桥街道。

11月2日，相城区组织15家企业参加2005江苏农业国际合作洽谈会，另有5个项目签约。

12月18日，东桥、黄埭、陆慕、北桥、阳澄湖、太平、黄桥粮管所粮油供应站及天竹粮油供应站获奖励补助。

12月28日，相城区委、区政府举办"艰苦创业铸就辉煌、激情跨越谱写新篇章"主题活动。其间，举办2001—2005年突出贡献创业者表彰暨建区五周年文艺晚会。

是日，相城区生态园农副产品批发市场开业暨相城区优质农产品交易会隆重开幕。

是年，王建江和王嘉良合作缂织的龙袍获第十三届中国国际博览会金奖。

是年，相城区工农业总产值3891877万元，其中工业总产值3774946万元，农业总产值116931万元。全区粮食作物播种面积10.59万亩，粮食产量46802吨。

2006年

1月1日，《苏州市食用农产品安全监督管理条例》正式颁布施行。

1月8日，相城区监控信息中心揭牌，社会治安监控系统一期工程竣工。

1月14日，中国台湾经济文化交流代表团一行48人考察相城开发区。

1月27日，相城区开展畜产品安全监控百日大行动。

是日，江苏省政府授予相城区"2005年度财政收入上台阶先进单位"称号。

2月8日，苏州市发改委发文，苏州市元和米业有限公司、苏州普瑞大有面粉有限公司、苏州阳澄湖米业有限公司被定为苏州市2006年度粮食加工骨干企业。

2月20日，苏州市农村工作会议召开，要求以新型工业化、城市化、经济国际化来推进新农村建设，以新农村建设促进"三化"向更高水平发展，实现"三农"与"三化"互动并进，城乡经济协调发展。

是日，区农发局制定《相城区蠡口粮油公司贸易市场考核暂行办法》。

2月24日—3月2日，区政府举办首届苏州国际珍珠展览投标会。开幕式上举行亚洲珠宝联合会珍珠商会成立揭牌仪式。展览期间，客商中标500多公斤黑珍珠、南洋珍珠。

4月18日，苏州市畜牧兽医局揭牌成立，这是全省第一家高级兽医行政管理机构。

4月19日，中国（苏州）海峡两岸《孙子兵法》学术研讨会在相城区召开。

4月20日，相城区志愿者协会成立。

4月23日，苏州市委、市政府制定并发布《苏州市建设社会主义新农村行动计划》。

4月25日，水产病害防治培训班在阳澄湖镇开班，苏州市水产病害防治专家惠永乐研究员作专题辅导讲座。

4月28日，《苏州市市级救灾备荒种子储备管理办法》的施行，构建了苏州市市级救灾备荒种子储备机制，稳定了全市农业生产。

5月21日，全国人大常委会副委员长路甬祥视察相城区。

5月21日—23日，第三届全国体育大会健美比赛在相城区举行。

5月24日，苏州市委主要领导到相城区调研新农村建设情况。

是月，御窑金砖制作技艺被列入文化部公布的国家级"非遗"代表作品名录。

6月6日，元和街道陆慕御窑旧址被列为江苏省文物保护单位。

6月7日，国家粮油行业协会会长白美清在江苏省粮油行业协会会长吴国梁、苏州市粮食局局长戴锦明等领导的陪同下，专程视察相城区东桥、黄埭放心粮油店。

6月8日，苏州市委领导在区干部会议上宣布顾仙根同志任中共相城区委书记，曹后灵任区委副书记、代理区长。14日，区人大常委会召开第三十七次会议，决定曹后灵任区人民政府副区长、代理区长。

6月11日，渭塘镇通过创建全国环境优美乡镇省级考核验收。

6月22日—24日，中国共产党相城区第二次代表大会召开。在区委二届一次全委会上，顾仙根同志当选为区委书记。中共相城区纪律检查委员会二届一次会议召开，杨新当选为区纪委书记。

7月6日，苏州市农委、市渔政站在阳澄湖、娄江河、元和塘、望虞河等开放性水域开展人工放流活动，放流青鱼夏花246万尾、草鱼220万尾、鲢鱼993万尾、鳙鱼771万尾，总计2230万尾。

7月11日，相城开发区设立漕湖产业园。

7月20日，区委、区政府召开"花城"建设动员会议。

8月15日，苏州市生态休闲观光农业协会成立，141家农业旅游企业成为首批会员单位。

8月16日,苏州市未来水产养殖场被江苏省海洋与渔业局专家组评审认定为省级水产良种繁育基地。

8月,北桥镇北渔社区邵金林被中国企业创新人物表彰大会组委会授予"2006中国企业创新优秀人物"称号。

9月8日,相城区渭塘镇联合珍珠养殖有限公司与上海水产大学共同承担的"培育周氏巴罗克珠关键技术研究项目"通过省级鉴定。该项目培育的珍珠最重的一颗珠达9.83克,直径超过22毫米。

9月26日,首届中国珍珠节暨国际珠宝展览交易会在相城区渭塘镇举行,800多名大陆和港澳地区的珠宝商参会。苏州珍珠宝石首饰国际交易中心同时奠基。"2006中国相城阳澄湖大闸蟹美食节"在阳澄湖镇举行。

10月26日,东桥、黄埭两镇合并为黄埭镇。

10月31日,相城区黄埭镇东桥办事处12家养鸡户自发组建成立苏州市佳灵禽业产销合作社,参与市场竞争。

是月,撤销北桥镇,设北桥街道。

11月20日,相城区开展第二次全国农业普查工作。

11月27日,沪宁高速公路绿色通道相城段工程通过由江苏省林业局组织的省级验收。

12月12日,历时两个多月的"2006中国相城阳澄湖大闸蟹美食节"落幕。本次美食节接待游客达百万人次,仅莲花岛接待游客就超过15万人次。阳澄湖镇大闸蟹收入超过5亿元。

是年,相城区被中国科学技术协会列为第三批(2006—2010年度)全国科普示范区创建单位。2010年,相城区被命名为"全国科普示范区"。

是年,相城区工农业总产值5151879万元,其中工业总产值5030117万元,农业总产值121762万元。全区粮食作物播种面积9.86万亩,粮食产量48427吨。

2007年

1月11日—13日,相城区人民代表大会一届七次会议选举曹后灵为区人民政府区长。

2月9日,相城区水产工作会议在阳澄湖镇召开。

2月26日,苏州市委、市政府召开全市农村工作会议,提出苏州市新农村建设三大任务,强调富民是核心,强村是关键,建设现代农业是重要内容。1400多名各级党组织书记和2000多名相关部门干部参加。

3月12日,区四套班子领导、区级机关各单位到生态园花卉植物园开展植树栽花活动。

3月28日,千亩湿地生态公园荷塘月色破土动工。

4月5日,苏州市水产健康养殖促进会在东吴饭店召开。相城区12家企业、21名个人加入该会。

4月10日,中国文联副主席、中国民间文艺家协会主席冯骥才考察相城区民间文化产业,将御窑金砖、元和缂丝、陆慕泥盆等誉为"相城十绝"。

4月24日—25日,在镇江召开的江苏省第四届产销衔接会上,相城区6家重点粮食经营加工企业签订粮食购销意向合同2850万公斤。

是月，相城区启动荷塘月色、花卉植物园、迎湖优质水稻示范区、虞河蔬菜、消泾高效渔业等五大现代农业规模化示范区建设。

是月，黄桥街道张浙慧获国际柔道锦标赛女子78公斤级冠军。

5月28日—29日，苏州市人大领导到常熟市、相城区等地就《苏州市食用农产品安全监督管理条例》颁布实施一周年的贯彻、执行情况进行调研。

6月4日，苏州市委、市政府发出《关于进一步加快发展现代农业的意见》，强化推进苏州现代农业的顺利发展。

7月6日，全区规范渔药经营会议在阳澄湖镇召开。34家渔药经营店参加渔药经营备案制工作培训。

7月7日，元和街道杭彬为14岁白血病患者刘某某捐献骨髓，成为大陆向台湾同胞捐髓第一人。

7月10日，相城区举办水产病害测报工作培训，邀请苏州市水产病害专家作专题讲座。

7月11日，阳澄湖镇清水村办理苏州市第一张农民专业合作社法人营业执照。

8月18日，省级高效渔业养殖基地建设项目"阳澄湖池塘虾蟹规模化养殖技术开发"通过省、市专家组验收。

9月1日，苏州市农林局开展为期4个月的农产品质量安全专项整治活动。

9月10日—11日，苏州市政府召开全市农村绿化建设研讨会。

9月12日，相城区农业发展局组织各镇（街道）农服中心主任及渔技员一行60余人赴金坛参观微孔增氧技术在水产养殖中的应用。

9月17日，农业部副部长牛盾和国家渔业局局长李建华、江苏省海洋渔业局局长宋家新等一行到阳澄湖了解大闸蟹种质保护和蟹苗养殖情况。

9月22日—24日，组织企业参加第九届（2007）江苏省农业国际合作洽谈会。

9月24日，发生于2006年年末的望虞河苏锡交界水域重大渔业污染事故调解结束，相城区和常熟市的养殖渔民均得到了经济赔偿。

9月29日，国内第一部总结农村改革历程和经验的地方著作《苏州农村改革30年》一书首发式在北京举行。中共中央政治局原委员、国务院原副总理回良玉为该书作序。全国人大常委会副委员长顾秀莲、全国政协主席黄孟复及国家有关部委办局领导和苏州市委、市政府主要领导等出席首发式。

10月1日，荷塘月色湿地公园建成开园。2008年9月，荷塘月色湿地公园通过国家AAA级景区验收。

10月13日—17日，祯祥（苏州）食品有限公司被选派到德国参加科隆国际食品展。

10月，民政部确定相城区为全国农村社区建设实验区。

11月23日—25日，相城区组织企业参加第五届江苏名特优农产品（上海）交易会。

11月30日至12月5日，由中国文联、中国民间文艺家协会（简称"民协"）、江苏省文联、苏州市人民政府主办，中国民协、江苏省民协、苏州市文联、相城区人民政府承办的第八届中国民间文艺山花奖颁奖典礼在相城区举行。相城区被中国民协授予"中国民间文艺之乡"称号。

11月，太平街道徐海林制作的郑和宝船船模获第八届中国民间文艺山花奖。2010年2月28日，郑和宝船船模被香港海事博物馆定购，并被送往德国参加欧洲大型航海贸易展。

12月4日，以全国政协委员、《澳门日报》总编陆波为代表的澳门地区部分全国政协委员和江、浙两省政协委员一行6人来苏州阳澄湖考察。

12月6日，区委、区政府确定每年12月6日为"相城区绿化日"。在相城区首个绿化日，区四套班子领导、区级机关各单位到S227省道分流线北延段参加植树栽花活动。

12月10日，苏州市政府发出《关于阳澄湖网围养殖整治工作实施意见的通知》。

12月18日，相城区公共交通有限公司成立暨"村村通公交"首发仪式举行。

12月21日—23日，相城区组织企业参加苏州市第六届农交会。

12月24日—27日，中国人民政治协商会议相城区委员会二届一次会议召开，会议选举王勤林为区政协主席。

12月25日—28日，相城区第二届人民代表大会第一次会议召开，选举邵雪耕为区人大常务委员会主任、曹后灵为区人民政府区长。

是月，相城区启动围网养殖整治工作。相城区拆除阳澄湖西湖、东湖西湾湖区围网。至翌年3月，全区共拆除围网养殖面积计49766亩，涉及4个镇（街道）33个行政村的1626户养殖户。至此，围网养殖面积减至1.6万亩。

是年，共青团中央授予相城区"全国团建先进区"称号。江苏省委、省政府授予相城区"社会治安安全县（区）和江苏省质量兴区先进区"称号。

是年，相城区工农业总产值6545243万元，其中工业总产值6417815万元；农业总产值127428万元。全区粮食作物播种面积8.83万亩，粮食产量38745吨。相城区常住人口361082人，外来暂住人口379261人，外来人口首次超过常住人口。

2008年

1月2日，区政府召开"花城"建设推进会。区人大常委会主任邵雪耕就做好下阶段"花城"建设工作提出要求。区委常委、副区长戴兴根主持会议。

1月23日，区政府公布将黄埭香水西瓜子炒制工艺和湘城麻饼制作工艺列入区第一批非物质文化遗产名录。

1月26日，区委、区政府召开"花城"建设第二次推进会。

1月26日至2月2日，境内接连4次暴雪，全区积雪普遍超过20厘米。针对冰雪灾害，区农业发展局组织开展抗灾救灾和生产自救。

1月30日，区农发局会同区财政局组织开展阳澄湖网围整治资金支付培训会议。

是月，相城区举行"2008苏州相城中国珍珠节"暨世界休闲小姐总决赛启动仪式。6月18日—26日举行总决赛。

2月20日，苏州市副市长周玉龙视察阳澄湖网围养殖整治工作。

2月26日，区农业发展局正式实施苏州市相城区粮食应急预案。

2月29日，相城区农业污染源普查工作动员大会在区农发局召开。会上成立了区农业污染源普查领导小组和工作班子。

3月12日，区四套班子领导、区级机关各单位到S227省道分流线北延段开展植树栽花活动。

3月14日，望亭虞河蔬菜产销合作社等4家农产品龙头企业参加市"绿色风"食品安全行活动。

3月27日，区政府组织收听收看全国农业和粮食生产工作电视电话会议。区委常委、副区长戴兴根出席会议。

3月—4月，区农业发展局根据全国粮食清仓查库要求，对储备单位账、表、卡、实物从数量到质量及安全措施等进行检查，未发现重大问题。

4月12日，苏南地区首家乡镇级评弹艺术陈列馆在黄埭镇落成。

4月16日，阳澄湖消泾村组织实施省级高效渔业项目"池塘虾蟹规模化养殖基地建设"，并通过省、市专家组验收。

4月18日，京沪高速铁路相城段开工建设。

4月，区农发业发展局参加在宿迁召开的江苏省南北粮食产销对口衔接洽谈会。订购粮食2600万公斤，充实区粮食储备。

5月14日—16日，组织祯祥（苏州）食品有限公司到上海参加2008法国SIAL中国国际食品展览会。

5月15日，区农业发展局召开田容田貌整治工作会议。

5月16日—22日，5·12四川汶川大地震发生后，区农业发展局积极组织全局广大党员干部职工踊跃捐款，缴纳特殊党费，全力支持灾区人民抗震救灾。

6月5日，区人大组织代表对全区"花城"建设进行督查。

6月13日，区农业发展局在望亭镇迎湖村优质水稻示范区组织召开全区机插秧现场会。

6月18日，江苏省农林厅副厅长张坚勇率职能处站负责人一行前来相城区督查农业面源污染防治工作。

7月14日，苏州市致公党、苏州市农林局、苏州市财政局领导一行前来相城区考察、检查农民"致福工程"培训工作。

7月24日，江苏省绿色食品办公室副主任展金奇等一行在区农发局领导的陪同下，对阳澄湖消泾虾蟹产销合作社等4家企业（基地）进行实地考察和指导。

7月30日，相城区政府与苏州市旅游局在上海联合举办"苏州相城·休闲天堂"旅游休闲新产品推介会。

7月，区粮食部门继续实行小麦托市收购政策，促进夏购工作顺利进行，共收购小麦137万公斤，全部充实区级地方储备。

同月，全区落实签订水稻价外补贴订单，6镇（街道办、开发区）、25个村、138户农民预交晚稻391.4万公斤。

8月1日，区政府召开第七次常务会议，研究区绿化管理实施意见。

8月底，区农业发展局与8个粮食加工经营企业签约，落实应急储备成品粮106万公斤（其中大米85万公斤，面粉21万公斤），成品油脂19.5万公斤，完成年度考核目标。

9月20日—22日，组织企业到徐州参加第十届（2008）江苏省农业国际合作洽谈会。

9月19日—25日，中国烹饪协会、江苏省经贸委、苏州市政府联合主办的第三届中国苏州美食节在相城区举办。

9月30日，全国人大常委会副委员长严隽琪视察相城区生态环境建设。

是月，区农业发展局按照区委、区政府的指示要求，主动应对"三鹿奶粉事件"，保障全区生鲜牛奶生产和质量安全。

10月6日，江苏省海洋与渔业局局长唐庆宁、苏州市农林局副局长朱伟新等领导在区农业发展局领导的陪同下，视察阳澄湖消泾村高效渔业示范基地。

是月，"纪念改革开放30周年——首届中国农民文艺会演"在相城区举行，12个省、市、自治区的千余名演员参演。阳澄湖镇的舞蹈《村女》获首届中国农民文艺会演银穗杯奖。

11月5日，苏州市委农办、苏州市农林局领导一行到阳澄湖镇调研该镇农业社会化服务体系建设。

11月28日—30日，组织企业参加第六届江苏名特优农产品（上海）交易会。

12月8日，区粮食部门共收购晚粳稻谷383万公斤，占合同数的95%，种粮农户履约率90%左右。

12月11日，相城区渔业科技入户项目通过省级专家组的验收。

12月19日—21日，组织企业到高新区国际会展中心参加苏州市第七届农交会。

12月底，两季粮油收购期间，区农业发展局会同物价局、工商局加强粮食监督检查，全区无一例举报。该年度，苏州市下达1100万公斤储备规模，区粮食部门按时、按质、按品种、按数量足额到位。

是年，相城区划拨汶川特大地震援建专项资金7187万元。

是年，相城区工农业总产值7760785万元，其中工业总产值7619337万元，农业总产值141448万元。全区粮食作物播种面积6.84万亩，粮食产量32743吨。

2009年

1月8日，苏州工业园区与相城区创业投资合作暨建立湘城基金签约。

1月14日，江苏省太湖水污染目标责任书检查考察组一行来相城区查看油废水回收站及环太湖生态沟渠拦截建设等情况。副区长茅冬文陪同。

2月1日，相城区市民服务中心建成启用。

2月15日，区政府召开全区奶牛A型口蹄疫防控工作紧急会议。区委常委、副区长戴兴根讲话。各镇（街道）、开发区农业分管领导、兽医站长、区农口部门负责人参加。

2月18日，苏州市阳澄湖生态休闲旅游度假区成立。2013年，阳澄湖生态休闲旅游度假区被批准为省级度假区。

2月26日，相城区农业发展局成立相城区农业志编纂委员会，并召开编纂工作会议，相城区农业发展局各科室站负责人和具体编写人员参加。

2月27日，区政府召开粮食清仓查库动员会。

是月，阳澄湖实行禁渔区和禁渔期制度。

3月，区农业发展局组织粮管企业自查，及时整改自查中暴露的问题。

3月8日，阳澄湖现代农业产业园开工建设。该产业园规划面积5万亩，涉及消泾、车渡等5个行政村。

3月10日，区政府召开全区整治奶牛业发展工作会议。区委常委、区政府副区长戴兴根讲话。各镇（街道）、开发区农业分管领导、兽医站长、区农口部门负责人参加。

3月11日，江苏省农林厅农业环境监测与保护站副主任管永祥来区督查太湖流域农业面源污染防治项目实施情况，察看兴稼有机复合肥厂、望亭新埂生态拦截项目。

3月15日，组织虞河蔬菜产销合作社等4家农产品龙头企业参加苏州市"绿色风"食品安全行活动。

3月16日，苏州市领导徐建明、周玉龙来相城区调研农业和农村工作。区领导曹后灵、许学良、戴兴根陪同。

3月26日—27日，相城区农业发展局组织人员深入联系点渭塘镇塘角村、渭西村五家企业及10个联系户，开展"联村、进企、访户"主题实践活动。

3月27日—28日，区委、区政府召开全区农村工作会议。会议组织参观吴中区和浙江省嘉兴市嘉善县新农村建设及城乡一体化发展现场。

3月，全国粮食清仓查库，江苏省粮食局组织循环交叉检查。

4月4日，区农业发展局召开各镇（街道）农业服务中心主任会议，部署2009年全区农民培训工程。

4月20日，江苏省绿色食品办公室副主任等一行考察相城区望亭优质水稻示范基地。

4月22日，苏州市副市长谭颖来相城区调研阳澄湖水源水质保护项目落实情况。

4月23日，相城区农业发展局召开深入学习实践科学发展观心得交流会。

4月，三角嘴湿地公园开工建设。公园规划总面积18242亩，其中水域面积8151亩，为苏州市域内最大的湿地公园。

5月10日，扬州大学园艺与植保学院杨益众院长等一行到望亭新埂蔬菜示范区出席挂牌仪式并签约建立产学研基地。

5月31日，区政府公布刘一鸣、吴招妹等19人为第一批区级"非遗"项目传承人。

是月，苏州缂丝织造技艺、苏派刘家砖雕技艺、渭塘淡水珍珠加工工艺、太平船模制作技艺、青铜器失蜡铸造工艺、水乡草编工艺被苏州市政府列入市级"非遗"代表作品名录。

6月5日下午3时，境内遭狂风暴雨袭击，最大风力11级。北桥街道灵峰村一在建厂房墙体倒塌，3名施工人员身亡。

6月18日，苏州市渔业资源增殖放流启动仪式在相城区举行。

7月6日，苏州市农林局组织对相城区的"三品"蔬菜基地、畜产品、超市的蔬菜及猪肝进行检测。

7月8日，第23届全国荷花展暨中国荷花学术研讨会开幕式在荷塘月色湿地公园举行。苏州市副市长周玉龙、中国花卉协会副秘书长陈建武、中国花卉协会荷花分会会长陈龙清等出席。

7月17日，江苏省苏州市节能环保科技园在漕湖产业园挂牌。

7月，区农业发展局在粮食清仓查库工作中受到苏州市人民政府表彰，其中5位工作人员被评为先进个人。

8月20日，邀请挂钩相城区高效园艺类科技入户工程的省级专家、副教授陈素娟及苏州市作栽站推广研究员郁寅良，为相城区农业科技入户技术指导员及部分科技示范户授课。

8月21日，国家及省级渔业科技入户专家组周刚一行来相城区指导渔业科技入户工作。

8月26日，挂钩相城区水稻高产增效创建万亩示范区的省级专家戴其根及苏州市作栽站站长郁寅良来相城区为农业科技入户技术指导员及种植大户授课。

是月，组织虞河蔬菜产销合作社参加苏州市首届葡萄节暨第三届优质果品评比，参评的葡萄品种"夏黑""藤稔"分获银奖和优胜奖。

9月12日—20日，第四届"中国·苏州美食节"暨首届中国苏式月饼文化节在相城区举办。

9月24日—26日，组织12家企业参加第十一届（2009）江苏农业国际合作洽谈会。

9月，全区7个镇、27个村、199户种粮规模经营户签约，涉及14400亩，共获补贴104余万元。

10月19日，出席全国和谐社区建设工作会议代表参观北桥街道灵峰村社区服务中心。相城经济开发区泰元社区被评定为全国和谐社区建设示范社区。

10月22日，在第十一届全运会上，黄桥街道的张浙慧获得柔道女子78公斤级金牌。

10月31日，江苏省作栽站站长邓建平、江苏省作物研究所所长王才林在苏州市农林局有关领导陪同下，考察相城区万亩高产创建示范基地和农业科技入户工程项目进展情况。

是月，相城生态农业示范园被评为全国农业旅游示范点。

11月2日，江苏省农委江苏农村经济杂志社赴相城区采访"挂县强农富民工程"实施情况。

11月11日，中国汽车零部件（苏州）产业基地在渭塘镇产业园揭牌。

11月，全区秋季稻谷入库1100万斤，为地方储备粮充实新粮入库完成年度计划奠定了基础。

是月，区政府制定《相城区生态补偿管理办法（试行）》，将太湖、阳澄湖沿岸纵深1千米范围内的17个村（社区）纳入生态补偿范围。

12月7日，本区开展"相城区绿化日"植树栽花活动。

12月25日，苏州轨道交通2号线开工建设，2号线起于京沪高铁苏州北站，相城段长11.8千米，设7个站。该线于2013年12月28日运营。

12月，区农业发展局根据区政府关怀民生工作的指示精神，用15万多元解决了粮管部门老上访户、20世纪60年代下放职工的生活困难，解决了转制企业老职工的历史遗留问题。

是年，阳澄湖现代农业产业园成立。2010年7月16日，江苏省政府办公厅批准其为江苏省现代农业产业园。翌年3月，农业部批准其为国家级中华绒螯蟹、青虾标准示范区，江苏省农委批准其为省级农业产业化重点龙头企业。

是年，全区工农业总产值8739590万元，其中工业总产值8550125万元，农业总产值189465万元。全区粮食作物播种面积6.53万亩，粮食产量30815吨。

2010年

1月18日，相城区农业发展局更名为"相城区农业局"，相城区畜牧兽医局的职责划入区农业局，不再保留"相城区畜牧兽医局"牌子。

2月2日，区委常委、副区长蒋炜鼎主持召开全区沪宁城际铁路沿线绿化和环境整治动员会。会议对沪宁城际铁路沿线绿化和环境整治工作作了部署，并与有关乡镇签订目标责任状。

3月19日，阳澄湖镇、渭塘镇被国家环保部命名为"全国环境优美乡镇"。

3月19日—21日，2010海峡两岸（苏州相城）农业博览会在苏州市相城区体育艺术馆成功举办。博览会由相城区人民政府主办，苏州市农业委员会协办，苏州市海峡两岸农业交流协会、相城区农业局承办。苏州市领导徐建明、周玉龙等出席开幕式。

3月21日，副区长屈玲妮出席"小生命、大行动——放养花白鲢，呵护阳澄湖"活动并致辞。

是月，全省开展粮食库存检查。根据苏州市粮食局精神，吴中区粮食局检查我区库存，相城区成立检查组对常熟市粮食局开展库存检查。

4月3日，第三届"阳澄湖畔·油菜花节"开幕。

4月15日，出席"中国—欧盟农业生态补偿合作项目苏州示范点技术研讨会"的中外官员、专家，考察望亭新埂村大学生科技生态创业园、新埂村现代农业示范区虞河蔬菜示范园、迎湖村生态拦截项目及望亭沿太湖水稻有机生态圈等6个示范点。

4月28日，渭塘苏州珠宝国际交易中心试营业。

4月30日，区人大督查全区"花城"建设。

6月8日，苏州市农委副主任王伯明一行5人前来本区督查夏收夏种、农产品质量安全建设、秸秆还田等工作。

6月10日，全国人大常委会副委员长、民进党中央主席桑国卫视察望亭镇迎湖现代农业示范区。

7月9日，第三届江南采莲节在荷塘月色公园开幕。

7月23日，苏州市人大常委会主任杜国玲率市人大督查组前来本区督查生态文明建设。

督查组实地察看了三角咀湿地公园、漕湖湿地公园等湿地的保护情况,并听取了我区工作汇报。

7月30日,兴化市副市长顾国平率该市乡(镇)党委书记、乡(镇)长及农口部门负责人等来相城区阳澄湖现代农业产业园参观现代渔业建设情况。

8月16日,苏州市政协主席王金华在区委书记顾仙根、区政协主席王勤林等的陪同下考察阳澄湖现代农业产业园。

9月16日,美国、英国、西班牙等21国驻华使节和夫人考察开发区漕湖产业园和荷塘月色湿地公园。

是日,苏州相城阳澄湖旅游节开幕。

9月27日,全区组织优质农产品企业参加第十二届(2010)江苏农业国际合作洽谈会。

10月8日—12日,相城区承办第八届中国国际民间艺术节颁奖典礼暨"走进相城"中外艺术家大联欢活动。

10月14日,区委书记顾仙根主持召开绿化工作推进会。

11月5日,苏州市市长阎立在区委书记顾仙根,区委副书记、区长曹后灵等的陪同下考察阳澄湖现代农业产业园。

11月24日,区政府召开全区"花城"建设推进会。区人大常委会主任邵雪耕讲话,区委常委、副区长戴兴根主持会议。

11月,全区夏季收购入库地产小麦410万斤,油菜籽入库155万斤,秋季入库地产稻谷590万斤,为地方储粮充实新粮入库、完成年度计划打下了基础。

12月6日,开展"相城区绿化日"植树活动,共植树45575棵,其中美人蕉28000棵。

12月17日—20日,组织区内优质农产品企业参加"2010苏州市农交会"。

12月18日—19日,相城区通过国家考核验收组对国家生态区创建工作的评估验收。

12月29日,苏州市农业委员会召开全市农林工作会议。

12月30日,区委召开全区"花城"建设推进会,区委书记顾仙根作了讲话,各镇、街道、开发区、度假区作交流发言。

是月,北桥街道灵峰村分别被中央文明委及江苏省委、省政府命名为"全国文明村镇创建工作先进村"和"江苏省文明村标兵"。

是年,民政部授予相城区"全国农村社区建设实验全覆盖示范区"称号。

是年,王嘉良缂织的两件仿清龙袍缂丝工艺品分别获第五届中国民间工艺品博览会金奖和江苏省艺术博览会金奖。

是年,全区工农业总产值10709887万元,其中工业总产值10505128万元,农业总产值204759万元。全区粮食播种面积5.48万亩,粮食产量25485吨。

2011年

1月12日,南京土壤研究所研究员、中科院院士朱兆良到望亭镇新埂村考察现代农业。

2月20日,全国劳动模范常德盛到望亭镇新埂村调研。

3月23日,"中国—欧盟农业生态补偿政策研讨会"在望亭镇新埒村结题。

3月,全省粮食库存互查。

4月1日,苏州阳澄湖生态休闲旅游有限公司(阳澄湖莲花岛)被江苏省旅游局评为江苏省四星级乡村旅游区。

4月16日,区阳澄湖现代农业产业园承担的省级现代农业生产发展项目——"相城区阳澄湖虾蟹养殖标准化鱼池改造"通过专家组验收。

5月10日,原南京军区副司令员徐承云中将、原南京工程兵学院院长施元龙少将等8位将军参加"共和国将军走进新农村"系列北桥行活动,访问灵峰村和庄基村。

5月12日,相城区渔业科技入户项目工程启动。

是月,阳澄湖镇的刘利平获第十六届全国跆拳道锦标赛女子49公斤级冠军。

6月3日,京沪高速铁路开通运营。

6月10日,全国人大常委会副委员长桑国卫、全国政协副主席陈宗兴到望亭镇新埒村考察智能农业和生态农业建设,对相城区发展现代农业给予充分肯定。

是日,农工民主党中央领导率团视察望亭镇新埒村现代农业。

6月24日,境内出现强雷电、雷雨大风和短时强降水等强对流天气,还出现局地龙卷风和冰雹。共有445家企业、1028间房屋、5120亩农田和562亩鱼塘受淹,4处房屋倒塌,1万余只禽畜死亡,1.33万株树木损毁,直接经济损失1.25亿元。

6月25日,中共相城区委三届一次全委会召开,曹后灵当选区委书记。中共相城区纪律检查委员会三届一次会议召开,顾鉴英当选区纪委书记。

7月13日,中澳太湖水污染治理试点项目——"面源污染评估和管理培训研讨班"在苏州开班,与会中外专家考察了望亭镇新埒村项目现场。

7月,经区人民政府批准,区农业局湘城粮库南栈、北栈两处库点的产权从区农业局转移到阳澄湖镇人民政府。

8月1日,相城区农业局出台《相城区关于闲置农田复耕复种的实施意见》。

8月11日,相城区等外小麦价差返农户,全区共涉及2个镇、16个村、39户种粮农户,总共返回4.52万元。

9月初,全区共有190户农田产销签约,实种水稻1.56万亩,大户订单面积占全区水稻面积的53.2%。

9月23日—25日,相城区参加第十三届江苏省农业国际合作洽谈会。

10月13日,来自中国农业部天津环科所及英国的专家到相城区调研太湖流域农业面源污染防治工程项目的实施情况。

10月12日—14日,中澳"太湖水污染治理试点项目"专家组代表大卫·纳什(维多利亚第一产业高级研究科学家)、汤姆·卡兰德(澳思太湖水污染治理项目项目经理)与苏州市农委领导等讨论形成了"贝叶期模型概念图"。

10月21日,农业部副部长牛盾到相城区阳澄湖镇消泾村调研。

10月21日—22日，第七届全国城市运动会自行车公路赛在漕湖湿地公园举行。

10月26日，中澳环境发展伙伴项目整合专家组莅临望亭镇新埂村指导工作。

11月，区农业局阳澄湖镇消泾粮库的产权全部无偿划拨给阳澄湖镇人民政府。

11月，两季收购，全区夏季收购入库地产小麦480万斤，油菜籽入库145.4万斤，秋季收购入库地产稻谷710余万斤。

12月1日，"2011中国·苏州渭塘珠宝节"开幕。

12月16日—19日，相城区组团参加第十届苏州优质农产品交易会，望亭迎湖生产的"金香溢"大米获得苏州地产大米金奖。

12月，蠡口市场共销售成品粮油35000吨，其中成品粮31000吨，成品食用油4000吨，粮油价基本稳定。

是月，苏州市迎湖科技发展有限公司朱伟琪被国务院授予"全国种粮售粮大户"称号。

是年，区粮食部门加强粮食仓储建设。湘城粮库进行了改造，黄埭维修了仓库和烘干机，北桥新建了整晒水泥场等。

是年，全区工农业总产值12536170万元，其中工业总产值12301988万元，农业总产值234182万元。全区粮食作物播种面积4.71万亩，粮食产量22564吨。

2012年

1月11日，苏州高铁新城管理委员会举行揭牌暨项目开工仪式。

是月，相城区被农业部定为国家现代农业示范区。

是月，"苏州工业园区—相城区合作经济开发区"（简称"苏相合作区"）揭牌。

是月，阳澄湖风力发电厂在阳澄湖现代农业产业园开工建设，2014年6月13日并网发电。

3月1日，相城区农业局召开阳澄湖半封闭增殖放流专题会议。

3月8日，江苏省海洋与渔业局副局长沈毅赴相城区国家现代农业示范区调研现代渔业产业园区建设情况。

3月15日，区农业局提出大力实施"七大工程"，抓好3万亩水稻建设，抓好1万亩特色林果、2万亩地产蔬菜、3万亩永久性水稻、4万亩生态片林、5万亩高效渔业的现代农业规划布局。

3月25日—28日，中国人民政治协商会议苏州市相城区委员会三届一次会议召开，王勤林当选区政协主席。

3月26日—29日，相城区第三届人民代表大会第一次会议召开。会议选举曹后灵为区人大常务委员会主任、查颖冬为区人民政府区长。

3月，接受全省粮食库存互查。

4月6日，副区长钱志华到区农业局调研农业工作，区农业局局长顾敏就农业局的基本情况和全区现代农业建设情况作了汇报。

4月7日，相城区农业局召开基层农业服务中心主任会议，专门部署2012年度农产品质量安全监管工作。

4月15日—16日，江苏省农委农业局局长倪锡林赴相城区阳澄湖现代农业产业园和望亭万亩水稻示范区调研现代农业园区的建设与管理，苏州市农委党委书记秦建国陪同。

4月19日，区人大王长生副主任来区农业局调研农业工作，局领导作工作汇报。

4月21日，钱志华副区长在区农业局主持召开村级经济发展座谈会。

4月25日，相城区新时代特种水产养殖场成功繁殖出1.8万尾长江胭脂鱼鱼苗，填补了苏州市渔业关于胭脂鱼养殖的空白。

5月12日，全省现代渔业建设工作座谈会在相城区阳澄湖镇北部湾召开。

5月14日，区农业局在阳澄湖产业园北部湾培训中心召开2012年渔业科技入户会议。

5月18日，江苏省农委副主任蔡恒在苏州市农委党委书记秦建国、相城区副区长钱志华的陪同下来望亭御亭现代农业产业园调研。

5月26日，元和街道籍评弹演员张建珍表演的中篇苏州弹词《孙武与胜玉》获首届江苏省文华表演奖。

5月28日，苏州市召开全市夏购工作会议和收购指导价协调会。

5月30日，区农业局召开全区粮食夏购工作动员会，局长顾敏到会并作讲话，并提出了具体要求。

6月1日，苏州市政协副主席、苏州市农委主任蒋来清率农产品质量安全督查组来区进行检查指导。

是日，全区农业工作会议召开。

6月4日，苏州市涉渔船舶管理座谈会在相城区召开。

6月8日，江苏省委常委、苏州市委书记蒋宏坤，苏州市委副书记、代市长周乃翔等调研苏州三角嘴湿地公园相城片区。

是日，钱志华副区长考察了苏虞张公路改线建成段（凤北荡公路—常熟）的绿化恢复准备工作。

6月15日，相城区中医院在望亭镇开业。

6月20日，江苏省粮食局局长王元慧一行视察相城区粮食工作。

6月25日，区水稻种植面积2.95万亩，以南粳46号为当家品种。全区机插秧种植面积2.67万亩，占总面积的90.5%。

6月28日，区农业局在黄埭镇召开"五有"乡镇农业服务中心建设现场推进会议。

截至6月底，全区共收购小麦620万斤，入库油菜籽150万斤。上半年，报区批准，轮换销售小麦560万公斤。全区17家市级农业产业化龙头企业实现销售收入12.21亿元，同比增长10.80%，实现利润7477万元，上缴利税4077万元，带动农户4.2万户，龙头企业科研投入达1700万元，全区农业产业化发展态势良好。

7月3日，区政府在南京举办江苏省苏州市相城区国家现代农业示范区建设总体规划论证会。江苏省农委副主任张坚勇、江苏省海洋与渔业局副局长沈毅、江苏省农科院副院长郑建初、江苏省农委农业局局长倪锡林及南京农业大学有关专家出席。

7月6日，相城区首次渔业资源增殖放流仪式在盛泽荡湖举行。

是日，阳澄湖镇籍的中国航天飞船系统副总设计师查学雷于在水一方大酒店为家乡人民作专题报告。

7月13日，苏州御亭现代农业产业园发展规划专家论证会在相城区召开。中科院院士朱兆良、农业部农业资源与农业生态保护总站常务副站长高尚宾、南京农业大学副校长胡锋等出席。

是日，陆慕高级中学徐沸考上清华大学首届飞行员班，成为当年江苏省内唯一被录取的考生。

7月19日，水产技术推广站联合农业执法大队、渔政站开展渔药市场专项执法行动。

7月20日，苏州市农委副主任陈桂娟实地考察相城区京沪高铁绿色廊道建设情况。

7月27日，《苏州市相城区生态文明建设规划》在北京通过专家论证。

7月29日，由匈牙利水产协会（MASZ）主席拉斯兹罗·瓦那迪博士率领的考察团来区未来水产养殖场考察。

是月，《阳澄湖四季情歌》（阳澄渔歌）参加中国民间文艺家协会、广东省文联在东莞举办的中国首届水上民歌大赛总决赛，获银奖。

是月，统计数字显示，上半年本区共发放农机购置补贴资金92.555万元，农机总投入达228.16万元。

8月2日，相城区农业局召开廉政教育专题会议，局主要领导上了专题党课。

8月6日，苏州市举办第六届地产优质果品评比展示展销会。相城区有4个"三品"基地生产的5个果品获得了金奖。

8月7日，由黄桥诚信奶牛场投资的田园牧歌鲜奶吧正式开张。

是日，区政协主席王勤林带领区政协全体领导专题调研、协商全区现代农业科技创新情况。

8月8日，相城区农业局成立抗险应急小组，应对"海葵"台风来袭。

8月9日，由苏州市农委党委书记秦建国带队、苏州市监察局和苏州市财政局有关人员组成的检查组实地检查相城区蔬菜基地建设项目。

8月15日，苏州市农委纪委书记温金祥等赴黄埭新巷林果基地、望亭新埭蔬菜基地进行现场指导。

8月16日，区委常委蒋炜鼎、副区长钱志华主持召开京沪高铁沿线绿化工作会议。

8月23日，相城区区长查颖冬到望亭御亭现代农业产业园调研。

8月底，区粮食部门与各承储单位签订地方储备粮保管承诺合同，成品粮油应急储备251万斤。

9月18日，本区职业农民"果树园艺"初级工职业技能鉴定会在黄埭镇新巷村举行。

9月21日，扬州市举办第十四届江苏农业国际合作洽谈会（2012），相城区副区长钱志华带领阳澄湖现代农业发展有限公司、中国珍珠宝石城等16家企业、50多个优质特色农产品参会。

9月22日—23日,"2012苏州阳澄湖大闸蟹开捕节"暨苏州相城阳澄湖旅游节在阳澄湖生态休闲旅游度假区大码头开幕。

9月28日,区农业局"天安行动"领导小组组织多部门开展中秋、国庆节前农产品安全联合执法行动。

9月29日,由望亭虞河蔬菜产销专业合作社牵头,区内多家优质特色农产品生产、加工企业(基地)加盟的区首家绿色农产品展销中心暨虞河蔬菜直供店在百购购物广场开业。

9月,区农业局与基层所村206户大户签合同,涉及面积17102亩,价格补贴合同收购800万公斤。

10月9日,区委常委蒋炜鼎来局里调研2012年农业秋收秋种相关情况,区农业局局长及各有关科站分别作工作汇报。

10月10日,苏州市农委主持召开相城区(第二批)古树名木专家审定会。

10月12日,苏州市农委有关处室来阳澄湖镇、度假区检查指导"菜篮子"供销对接工作。

10月12日,林浩然、毛康森等5位院士考察相城区国家现代农业示范区核心区。

截至10月15日,本区新增各类农业机械320台套,财政补贴资金总量达295.244万元,其中国家及省级以上资金207.284万元,市级补贴资金14.06万元,区级资金73.9万元,受益农户和专业组织达70家。

10月23日,2010年省级现代农业产业园区奖励资金通过专家组验收。

是日,江苏省农委、南京农业大学、苏州市科技局组织中国农业科学院等来相城区望亭镇迎湖村示范方开展水稻超高产示范方实产验收。经专家组实产验收,示范方平均每亩单产855公斤,最高每亩单产达到955.4公斤,创造了苏州市水稻单产新纪录。

10月26日,"江苏省苏州市相城区国家现代农业示范区"揭牌。农业部副部长牛盾、苏州市副市长徐明、中共相城区委书记曹后灵等参加。该示范区已聚集了阳澄湖现代农业园、望亭御亭现代农业产业园等23个现代农业园区(基地),总面积达9.78万亩。

11月2日,苏州市农委质监处对2012年下达相城区农产品质量检测室进行复查验收。

11月13日,苏州市农委、苏州市畜牧兽医站、扬州大学等单位相关领导来相城区考察调研奶牛业生产情况。

是日,司法部、民政部命名北桥街道灵峰村为"全国民主法治示范村"。

11月15日,苏州市专家组对本区7家养殖场创建项目进行验收。

11月16日—18日,相城区组织区内的中国珍珠宝石城、苏州市黄老五土特产食品有限公司参加海峡两岸农博会(张家港),取得圆满成功。

11月20日,举行华润万家农产品超市对接阳澄湖大闸蟹基地揭牌仪式。

11月21日,阳澄湖镇北前村(阳澄湖大闸蟹)被农业部认定为第二批全国一村一品示范村。2014年7月31日,度假区莲花村(阳澄湖大闸蟹)被农业部认定为第四批全国一村一品示范村。

11月23日，苏州市财政局、苏州市农委通过北桥街道和望亭镇项路村为苏州市基本实现农业机械化示范镇村。

11月23日—25日，相城区组织区内苏州市人和园食品厂、苏州台山食品工业有限公司参加上交会。

11月26日，副区长钱志华、区人大常委会副主任王长生等来局调研苏州市农业四个"百万亩"有关情况。

11月27日，苏州市农委副主任马刚等对相城区"五有"乡镇进行现场检查。

11月份，区农业局阳澄湖镇消泾粮库的产权全部无偿划拨给阳澄湖镇人民政府。

12月4日，"江苏省相城现代农业产业园区高效渔业建设项目"和"相城区阳澄湖镇消泾村养殖池塘生态化、标准化改造项目"通过验收。

12月7日，湖北省武汉市东西湖区农业局局长戴晓春等来相城区考察学习。

12月9日，"金香溢"牌大米赴第十一届中国优质稻米博览交易会参展。

12月15日，渭塘镇被国家卫生和计划生育委员会命名为"国家卫生镇"。

是年，苏州漕湖现代农业产业园规划建设1万亩，一期规划1200亩，计划投资3060万元。已建成连栋大棚1万平方米、钢管大棚10万平方米、防虫网10万平方米，配送中心、喷滴灌正在加紧建设或安装。

是年，相城区国家现代农业示范区的核心区——阳澄湖现代农业产业园已建成30000亩高效渔业区。

是年，相城区度假区新建美人腿生态农业园。

是年，苏州新巷特色林果产业园建成。该产业园占地1580亩，其中果品870亩，花卉60亩，苗木650亩。

是年，通过本地收购、外购和异地储备，完成地方储备粮2100万公斤，落实成品粮油应急储存251万斤，并同有关粮油经营、加工单位及粮油市场签订了合同，可应急调出供上。

是年，全区工农业总产值12855995万元，其中工业总产值12601266万元，农业总产值254729万元。全区粮食作物播种面积5.18万亩，粮食产量24331吨。

2013年

1月10日，区农业局按照区委要求，于2013年实施十大重点项目：(1) 实施苏虞张公路绿化修复工程；(2) 实施京沪高铁生态景观廊道建设工程；(3) 实施S227省道城区段绿化景观提升工程；(4) 实施环太湖风景带建设工程；(5) 加大"五大"规模农业基地建设；(6) 编制农业规划，有效保护"四个百万亩"；(7) 建设高标准农田；(8) 实施"品牌农业"发展战略，打响"国家现代农业示范区"牌子；(9) 鼓励开设地产农产品直销店和放心粮油店；(10) 筹备建设万吨中心粮库。

1月12日，区农业局在望亭镇主办"鱼菜共生技术：历史，现状和未来"知识讲座。

1月14日，"虞河"牌蔬菜、"阳澄湖"牌大闸蟹成功入选江苏省绿色食品协会主办的

"放心吃——江苏省优质农产品企业联盟网"。

1月15日,"江苏省苏州市相城区蟹虾生态高效立体养殖标准化实施示范项目"通过验收。

1月16日,区农业局渔政监督大队荣获苏州市"2012年度水产品质量安全执法先进单位"称号。

2月5日,区创建消费放心办、工商局、农业局领导共同为虞河蔬菜平价直销店(百购店)"放心粮油"专柜举行了授牌仪式。

2月6日,"五有"乡镇农技推广综合服务中心项目通过验收。

3月18日,苏州市四套班子领导、市级机关、驻苏部队共40多个单位近1000名干部官兵在相城区高铁地区开展春季义务植树活动,现场栽种18种树木,共2000多株。

3月25日,区渔业科技入户项目组举办"虾蟹养殖双七五模式及其养成关键技术"培训班。

3月26日,副区长钱志华考察开发区兴稼生物有机复合肥有限公司。

3月,全省粮食库存互查。

4月1日,望亭虞河蔬菜基地获苏州市"2012年度省农产品质量安全控制示范基地"称号。

4月1日,由江苏省林业局副局长钟志勤带队的省督查小组对京沪高铁相城段绿化建设情况进行督查。

4月9日,苏州市粮食局局长戴兴根、书记谢国珍等一行来本区调研粮食工作。

4月10日,副区长钱志华、农业局局长顾敏等一行到苏州白洋湾金仓粮食中转储备库参观学习。

4月11日,区政协主席王勤林带领区政协有关领导到区农业局就区政协三届二次会议1号提案《关于加强生态文明建设,打造城市生态品牌的建议》的办理工作召开专题协商会议。

是日,由区纪委、监察局牵头,区农业局等相关部门组成约谈小组,对227省道绿化景观建设工程各施工单位进行廉政约谈。

4月17日,区委、区政府召开全区"四个百万亩"落地工作会议,对"四个百万亩"落地工作进行动员、部署和推进。

同日,局专题布置动物疫病春防和H7N9型禽流感的防控工作。

4月19日,江苏省铁路办领导督查京沪高铁绿化建设工程。

4月26日,局召开227省道绿化景观建设工程建设推进会,要求8月底工程全面竣工。

4月下旬,局开展放心农资下乡活动,将全区1.7万亩的农药和化肥分配量分送到8处农资定点发放场所和部分大农户手中。

4月,根据苏州市小麦价外补贴规定,相城区农业局粮油购销公司同全区151户大户1.47万亩耕地签订小麦441万公斤。实际交售210万公斤价外补贴合同,价外补贴42.1411万元。

5月8日,区绿委办召开全区绿化养护管理工作会议。

5月14日，江苏省检查验收组检查验收京沪高铁沿线（相城段）环境整治和绿化工作。

5月23日，苏州市农委党委书记秦建国、纪委副书记韩永林一行来本区调研"四个百万亩"工作落实情况。副区长钱志华陪同调研。

6月14日，苏州市农委夏收夏种工作督查组来相城区督查工作。

6月15日止，全区共收购小麦2780吨，创近10年新高。全区已入库小麦556万斤，油菜籽160万斤。

6月24日，"中英可持续集约化农业养分管理和水资源保护项目"专家组来相城区调研。

6月25日，苏州市农委纪委书记温金祥及各市区粮作站负责人到望亭万亩水稻高产增效创建示范片实地考察。

6月27日，"吴中—相城渔业科技入户互动交流会"在阳澄湖北部湾培训中心召开。

7月份开始，全区对储备稻谷进行轮换，分三批进行，共轮换储备稻谷1475万公斤。

7月19日，钱志华副区长带队到吴江区、高新区学习考察沿太湖绿化景观建设；并召开会议，专题研究该段绿化景观建设工作。

是年年初，苏州市下达给本区"四个百万亩"总任务数为22万亩，其中：优质水稻3万亩，特色水产8.3万亩（其中池塘4.6万亩），高效园艺2.7万亩（其中常年菜地1.2万亩、花果茶桑苗木1万亩），生态林地8万亩。截至7月底，相城区实际完成落地上图面积总计22万余亩，并按要求完成了各类分项任务。

7月底，全区聘用技术指导员23位，遴选科技示范户450户，示范面积16325亩，辐射户数6872户，辐射面积7.2万亩。

2013年年初起，区渔政监督大队全面启动我区重要河道的围网鱼簖拆除工作。至7月底，共洽谈200余次、出动渔政执法300余人次、快艇200余次，共计拆除渔民60户、鱼簖300余条、围网40多万平方米、住家船及其他捕捞船300多条。阳澄湖水质得到好转。

8月3日，局区农业局组织推荐的"漕湖滩"牌巨玫瑰葡萄和"新巷"牌贵妃葡萄获苏州市第六届地产优质果品评比展金奖。虞河蔬菜产销专业合作社生产的"虞河"牌夏黑葡萄在苏州市第六届地产优质果品评比中获金奖。

8月8日，区渔业科技入户项目专家组与苏州市水产技术推广站专家组到阳澄湖镇车渡村、阳澄湖现代农业发展产业园、北桥未来苗种场养殖户塘口进行现场指导和交流。

8月21日，区蔬菜协会在望亭镇项路村召开区蔬菜协会第三届会员大会暨理事会换届选举大会。

8月30日，苏州市园林和绿化工作座谈会在相城区召开。

9月1日，本区实行动物检疫电子出证全覆盖。

9月3日，苏州市粮食局副局长施德明来相城区指导3万吨中心粮库建设规划设计及前期准备工作。

9月4日—5日，渭塘镇人民政府在苏州市和相城区分别召开了苏州渭塘凤凰泾现代生态农业产业园规划论证会，并邀请南京农业大学、江苏省农科院等单位的领导和专家予以指导。

9月5日，望亭镇金香溢农机服务专业合作社被评为三星级农机专业合作示范社。

9月6日—8日，由区农业局承办的"2013海峡两岸（苏州·相城）农业博览会"暨首届苏台果品节顺利举办。

9月13日，区农业局和开发区管委会召开"千亩特色农业基地"建设联席会议。

是日，局代表队在全市农产品质量安全检测技能竞赛活动中获集体三等奖；虞河蔬菜产销专业合作社快检员荣获农残快检竞赛二等奖。

9月17日，本区2012年度测土配方施肥项目通过苏州市农委的验收。

9月26日—27日，副区长钱志华带队参加了在江苏省盐城市举办的第十五届江苏国际农业合作洽谈会。

9月，区粮油购销公司与基层180户大户2.4万亩耕地签订收购量900万公斤的价外补贴合同。

10月初，区政府重点工程"S227绿化景观提升工程"全面竣工。

三季度，相城经济开发区项目占地总面积达1173.35亩，一期建设805.66亩。

10月9日—10日，苏州市农委"水稻新品种示范及高产增效创建现场考察评比活动"考察望亭镇水稻新品种及高产增效创建万亩示范片建设，创建效果显著。

10月10日，农业部检查组随同苏州市动物卫生监督所一行，对本区元和、黄埭生猪定点屠宰场进行瘦肉精抽检。

是日，江苏省海洋与渔业局副局长汤建鸣、计财处处长石纪章等来本区阳澄湖产业园调研。

10月11日，"中英可持续集约化农业养分管理和水资源保护项目"专家交流会在望亭镇举行。

10月11日—15日，新巷猕猴桃、阳澄湖大闸蟹等农产品参加全国绿色食品博览会展示展销。

10月21日，区四套班子及有关部门考察了S227快速路绿化景观提升工程现场。

10月23日，区动物卫生监督所联合区财政局相关科室对本区已建成的病死畜禽无害化处理设施（沉尸井）进行验收。

是日，经中国农业科学院、中国水稻研究所、华中农业大学、江苏省农业科学院等单位专家实地测定，望亭镇迎湖村百亩水稻超高产示范方亩产885.4公斤，其中最高产量田块亩产995.4公斤。

10月24日，区政府召开"四个百万亩"落地推进会。

10月31日，凤凰泾高效农业示范园与中国餐饮三十强之一的"水天堂"餐饮连锁签约，成为其无公害蔬菜直供基地。

11月21日，江阴市渔政监督大队来本区考察打击电力捕鱼等非法捕捞工作。

11月24日，江苏省农牧科技职业学院和滨海县农委组成省专家组，对由本区区政府和太湖地区农业科学研究所承担的"挂县强农富民工程项目"实施情况进行绩效考评。

11月28日，望亭镇、度假区成功创建为"苏州市率先基本实现农业机械化镇"。

12月6日—8日，境内连续出现重度霾。2013年全年霾日152天。

12月4日，河北省承德市考察团一行到望亭镇御亭现代农业产业园调研考察。

12月13日，相城区农业局召开"四个百万亩"水稻落地工作推进会，全面部署水稻落地工作，各农业服务中心负责人参加。

12月20日，区政府召开3万吨（规划5万吨）区级粮食储备库规划方案论证汇报会，副区长钱志华及相关单位负责人参加。

12月26日，2012年省级资源环保项目"湖泊渔业资源增殖放流项目"顺利通过苏州市农委验收。

12月29日，黄埭、望亭镇被全国爱国卫生运动委员会评为"国家卫生乡镇"。

2013年7月，苏州市迎湖农业科技发展有限公司生产的"金香溢"系列优质大米获相城区首张"有机水稻"认证证书。2013年12月获得"苏州市知名商标"称号。

是年，苏州漕湖生物农业示范园打造的优质农产品品牌被评为苏州市名牌农产品。2013年8月获苏州市第七届地产果品评比金奖。

是年，阳澄湖镇洋沟溇梨业专业合作社种植生产的"洋沟溇"牌翠冠梨获评为苏州市名牌产品。

2013年，区绿委办按照"绿色苏州"的部署，结合"三区三城"建设，在积极促进相城区生态绿化建设新发展中取得显著成效。

是年，阳澄湖生态休闲旅游度假区被批准为省级度假区。

是年，全区工农业总产值13450531万元，其中工业总产值13170815万元，农业总产值279716万元。全区粮食作物播种面积5.22万亩，粮食产量24471吨。

2014年

1月10日，阳澄湖现代农业产业园区被认定为"江苏省农村信息化应用示范基地"。

1月28日，阳澄湖现代农业发展有限公司"阳澄湖"牌大闸蟹荣获第十一届中国国际农产品交易会参展产品金奖。

是日，《相城全面完成"四个百万亩"落地上图任务》被评为2013年相城十大新闻之一。

4月2日，全区新增5个苏州名牌产品，分别是"洋沟溇"牌梨、"漕湖滩"牌蔬菜、"阳澄湖"牌阳澄湖大闸蟹、"新巷"牌水果、"星湖岛"牌阳澄湖大闸蟹。

5月14日，"苏州漕湖生物农业产业园规划"获区政府批准。

5月22日—24日，局组织有关食品企业参加在上海举办的第八届中国国际有机食品博览会。

7月1日，相城区国家现代农业示范区建设综合测评排名全国第九。

7月31日，相城区阳澄湖生态休闲旅游度假区莲花村（阳澄湖大闸蟹）被农业部认定为"全国一村一品示范村"。

8月7日，北河泾街道、漕湖街道成立。北河泾街道辖常楼村、朱泾、胡巷、清漪社区等；漕湖街道辖下堡、上浜等 5 个村及漕湖花园一、二社区。

9 月 1 日，国家信息安全工程技术研究中心江苏分中心落户相城区。

9 月 13 日，区委书记曹后灵当选 2014 年度"全国国防后备力量建设十大新闻人物"。

9 月 30 日，相城区在相城区烈士纪念馆举行烈士纪念日公祭。

10 月 12 日，元和街道朱土生入选 2014 年 9 月的"助人为乐中国好人榜"。

10 月 16 日，黄桥街道胡湾村李荣法、李玉兰父女入选"中央电视台 2014 年寻找最美村官"。

10 月 17 日，苏州市市长周乃翔、副市长陆留生一行来我区调研"菜篮子"工程建设。

10 月 27 日，经国务院批准，江苏相城经济开发区升级为国家级经济技术开发区，并定名为"相城经济技术开发区"，实行现行国家级经济技术开发区政策。

11 月 10 日，中国曲艺家协会授予相城区"中国曲艺之乡"称号。

11 月 13 日，区委、区政府出台《相城区促进城乡低收入家庭增收实施办法》。

12 月 18 日，相城区通过全国文化先进单位 5 年一次的复查，蝉联"全国文化先进单位"称号。

2014 年，消泾村成为全省首批农村电子商务示范村。

是年，全区工农业总产值 14599663 万元，其中工业总产值 14300968 万元，农业总产值 298695 万元。全区粮食作物播种面积 4.97 万亩，粮食产量 23426 吨。

2015 年

3 月 3 日、17 日、18 日，中央电视台七套《农广天地》播出了"从农田到餐桌——走进相城"系列专题片，全景扫描了我区绿色优质农产品。

4 月 8 日，农业部对国家级"一村一品"示范村——北前村进行实地调研。

4 月，望亭御亭现代农业产业园和阳澄湖现代农业产业园被认定为首批苏州市"智慧农业"示范基地。

5 月 3 日，第 53 届世乒赛在苏州落下帷幕，相城区"漕湖滩"牌蔬菜和"叽嘟嘟"牌活鸡作为指定直供农产品、"金香溢"牌大米供应世乒赛使用均以优良的品质顺利完成保供任务。

6 月 11 日，农业部发展计划司司长叶贞琴、副司长张辉，发展处处长彭廷军一行来区就调整优化农业结构进行专题调研。

7 月 11 日，2015 年苏州国际精英创业周相城分会场活动开幕，全区共有 8 个现代农业项目签约。

9 月 11 日—13 日，相城区组织参加由江苏省人民政府主办的第十七届（2015）江苏农业国际合作洽谈会。

10 月 27 日，阳澄湖农业产业园大闸蟹首单中国香港。

12 月 23 日，"虞河"商标、"阳澄湖"商标入选苏州市十大农产品商标。

是年，全区工农业总产值 14816215 万元，其中工业总产值 14503702 万元，农业总产值

312513万元。全区粮食作物播种面积5.39万亩,粮食产量26745吨。

2016年

3月7日—10日,区农业局联合浙江大学成功举办"互联网+农产品"电子商务及品牌建设培训班。

3月24日,苏州市农委植保站对区进行小麦、油菜田间管理调查和现场指导。

4月24日,中央电视台七套农业频道《科技苑》栏目组至阳澄湖现代农业产业园围绕"长江三鲜"之一的"鲥鱼"这一主题制作专题节目"奇怪的鲥鱼"。

6月27日,农业部副部长张桃林一行至望亭御亭现代农业产业园考察相城区新型职业农民培育工作。

6月28日,中国水科院院长张显良一行至相城区考察调研现代渔业工作。

7月11日,"双轮驱动·智创阳澄"2016年苏州国际精英创业周相城分会场专场活动在阳澄湖现代农业产业园举行。

8月24日,浙江省湖州市农业局与苏州市农委科教处至相城区考察,学习对新型职业农民的培育工作。

12月1日,中央电视台第四频道《走遍中国》栏目报道御亭产业园的新青年。

12月20日,区农业局赴中国水产科学院淡水渔业研究中心河蟹选育基地考察交流,共建产学研基地。

是年,全区工农业总产值15133912万元,其中工业总产值14850926万元,农业总产值282986万元。全区粮食作物播种面积3.67万亩,粮食产量22396吨。

第一卷 农村变革与发展

概 述

中华人民共和国成立后,境内农村开展土地改革,废除封建土地所有制。后经历互助组、农业合作化历程,1958年,境内建有11个人民公社。1978年,农村开始实施改革。是年,油泾公社10大队尝试实行定额包工农业生产责任制。1981年,太平公社、蠡口公社进行家庭联产承包制试点。1983年,境内各乡全面推行家庭联产承包责任制。1985年,境内试行土地适度规模经营。1988年起,开始农业现代化镇村建设。1998年,进一步明确农民土地承包权,稳定完善土地承包关系,境内各镇发证到户承包耕地共250156亩。

2001年建相城区,区委、区政府把农村社区股份合作、农村土地股份合作、农民专业合作作为新时期农村改革重点。翌年,渭塘镇渭北村首先组建农村社区股份合作社。2005年,全区农村社区股份合作社发展到30家。是年,全区以"生产发展、生活宽裕、乡风文明、村容整洁、管理民主"为标准,开展创建新农村建设示范村(社区)。2008年实施城乡一体化建设,确定渭塘镇、阳澄湖镇为苏州市城乡一体化综合配套改革试点工作先导区。2010年,全区有土地股份合作社13家,入股土地20770亩,6407户农民拥有土地股份。2013年,全区有农民专业合作社58家,社区股份合作社94家,9.44万户农户、30.12万农民拥有股权。现代农业得到快速发展,全区完成中低产田土地治理、生态农业示范园区综合开发土地治理、绿色农副产品产销批发市场、农业产业化经营等农业综合开发项目建设21个。

第一章 农村体制变革

第一节 土地占有与使用

中华人民共和国成立前,农村土地归私人所有,地主占地多,贫苦农民占地少。据解放初土改资料统计,境内土地,地主、富农和工商资本家占有63%,其中22.4%的土地被占总户数1.05%、占总人口1.35%的地主占有。浒关区望亭望东、望西、华巨等3个乡,总户数4515户,土地41872亩。其中,地主95户(约占总户数的2.2%),占有土地14341亩(约占总土地的34.25%),户均约151亩;贫雇农2627户(约占总户数的58%),占有土地6582亩(约占总土地的15.72%),户均2.50亩,地主户均占有土地为贫雇农的60.4倍。阳城(澄)区湘城、湘东、陆巷、西浜、白渡5乡,共有土地40420亩。其中,地主、富农和工商资本家占总有土地的51.8%,富裕中农、中农和下中农占有总土地的33.61%,占总人口80%的贫雇农占有总土地不足15%。按中华人民共和国成立之初的土改资料计算,境内人均占有土地(所有权)1.22亩,使用土地(耕种权)2.13亩。其中,地主家庭人均占有土地20.18亩,人均使用土地5.05亩;贫农家庭人均占有与使用土地分别为0.52亩、1.56亩;雇农家庭人均占有与使用土地分别为0.22亩、0.78亩。黄埭区北桥、南桥、石桥、芮埭、毛巷、樊店等6个乡,贫雇农6874户,有土地8740亩,户均1.27亩(人均0.3亩),贫雇农除自耕少量土地外,主要靠租种土地和出卖劳动力来维持生计。

1950年土地改革期间,陆墓区溇泾乡对本乡各阶层土地占有与使用情况作了调查,调查情况如表1-1所示。

表1-1 1951年陆墓区溇泾乡土地改革前各阶层占有与使用土地情况表

项目	本乡居民					占有土地/亩					佃入田/亩	使用土地(自耕田加佃入)/亩		
	户数/户		人口/人			自耕田/亩	出租田/亩	合计				面积/亩	占总亩数/%	每人平均/亩
	户数/户	占总户数/%	人数/人	占总人口/%	外出人口/人			面积/亩	占总亩数/%	每人平均/亩				
地主	30	2.94	178	4.25	14	709.10	409.58	1118.68	33.70	6.29	5.50	714.6	9.61	4.01
工商资本家	6	0.59	43	1.03	21	58.93	73.04	131.97	3.98	3.07	—	58.93	0.79	1.37

续表

项目		本乡居民					占有土地/亩					使用土地（自耕田加佃入）/亩		
		户数/户		人口/人			自耕田/亩	出租田/亩	合计			佃入田/亩		
		户数/人	占总户数/%	人数/人	占总人口/%	外出人口/人			面积/亩	占总亩数/%	每人平均/亩		面积/亩	占总亩数/%	每人平均/亩
小土地出租	工人	1	0.10	5	0.12	4	4.33	—	4.33	0.13	0.87	12.70	17.03	0.23	3.41
	小贩	3	0.29	12	0.29	6	16.60	4.78	21.38	0.64	1.78	7.53	24.13	0.32	2.01
	其他职业	1	0.10	3	0.07	—	—	1.90	1.90	0.06	0.63	10.52	10.52	0.14	3.51
	鳏寡孤独	2	0.20	6	0.14	—	14.68	15.00	29.68	0.90	4.96	29.14	43.82	0.59	7.30
	小计	7	0.69	26	0.62	10	35.61	21.68	57.29	1.73	2.20	59.89	95.5	1.28	3.67
富农	富农	25	2.45	174	4.16	—	381.94	59.57	441.51	13.34	2.54	448.90	830.84	11.18	4.78
	半地主式富农	2	0.20	8	0.19	—	17.59	24.83	42.42	1.27	5.30	40.70	58.29	0.78	7.29
	小计	27	2.65	182	4.35	—	399.53	84.40	483.93	14.61	2.66	489.60	889.13	11.96	4.88
中农		181	17.76	918	21.95	—	834.48	30.75	865.23	26.07	0.95	1933.47	2767.95	37.28	3.02
贫农		666	65.36	2538	60.67	—	603.44	—	603.44	18.21	0.24	2190.47	2793.91	37.63	1.10
雇农		30	2.94	47	1.12	—	4.52	—	4.25	0.14	0.10	10.05	14.57	0.16	0.31
其他		66	6.48	238	5.69	—	51.47	—	51.47	1.55	0.22	42.55	94.02	1.26	0.40
未划分成分		6	0.59	13	0.32	—	0.50	—	0.50	0.01	0.03	1.74	2.24	0.03	0.17
总计		1019	100	4183	100	45	2697.58	619.45	3316.76	100	0.80	4733.27	7430.85	100	1.78

第二节 土地改革

减租、查黑田 1949年10月，吴县人民政府规定所有出租土地，其租额应按照原来的收租额减低25%～30%。黄埭区根据规定采用三种减租方法：贫农、雇农、中农租种地主、富农的"盖头田"，先按原租额减30%，再根据1949年的收成打七折缴租；出租土地的业主不属地主，可按原租额减30%；对每亩收租1.3～1.5石米的高租额，则掌握实缴租额不得超过当年收成的35%。先在琳桥乡对耕种地主、富农"盖头田"的佃户实行减租，共减去租额1444.5石米。11月，境内各地组织查田组、丈田组、密报组，全面开展清查黑田工作。黄埭区通过先公布田亩后发动群众查报黑田的方式，至12月底共查出黑田2269亩。

土地改革 1949年8月，中共苏南区党委派出农村工作团土改工作队进驻黄埭，开展土地改革试点工作。1950年1月，吴县成立土地改革委员会。6月下旬起，阳城区、黄埭区、陆墓区选派区、乡、村干部，分3批参加吴县土地改革委员会组织的训练班，学习土地改革有关政策。6月28日，中央人民政府颁布《中华人民共和国土地改革法》。7月至9月下旬，由苏南农村工作团和先期训练的骨干组成的第一批农村土改工作团进驻各乡、村。10月，第二批农村土改工作队进驻各乡、村。1951年1月中旬，第三批农村土改工作队进驻各乡、村。2月底，境内农村土地改革结束。5月起，发证整籍，检查验收。

土地改革中，贯彻党的"依靠贫农、雇农，团结中农，孤立富农，打击地主"政策，陆墓区黄桥、占上乡和黄埭区渔耕乡共召开大小斗争会31次，参加斗争会群众26390余人次，斗争地主恶霸47人次。法院依法判处罪大恶极地主恶霸死刑5人，有期徒刑2人。发动群众诉苦。土改工作组组织农会成员揭发地主阶级各种剥削罪行，激发阶级感情。划分阶级成分。根据《中央人民政府政务院关于划分农村阶级成份的决定》和补充决定，土改工作组发动群众自报公议，划定地主、富农、中农、贫农、雇农、小土地出租者、工商资本家、其他劳动者（包括手工业工人、小商人、演员、医生、作家、艺术家等）和其他（如贫民、游民、宗教职业者等）阶级成分，经农会小组、村农民协会、乡农民协会三级审议认定，出榜公布，并报区政府审定批准公布。东桥乡、金坞乡、湾里乡共有农户3324户，14187人，划定地主64户，富农167户，中农1119户，贫农1668户，雇农163户，小土地出租者17户，工商资本家92户，其他劳动者25户，其他9户。黄埭境内共有农户6965户，划定地主29户，富农191户，贫农、雇农4276户，中农2283户，小土地出租、自由职业、其他186户。同时没收、征收和分配土地及"四大财产"（粮食、房屋、耕畜、农家具）。东桥乡、金坞乡、湾里乡共没收地主耕地8361.14亩。黄埭区占上乡、黄土桥乡共没收、征收地主耕地2953.66亩，内塘鱼池418只、3567亩，粮食3518.5公斤，房屋284间，农渔家具928件。经农会小组、村农民协会、乡农民协会评议，全部分配给贫苦农民。在土改复查验收中，黄埭区占上乡和黄土桥乡漏划地主7户，错划地主1户；依法退回土地5.8亩，房屋5.5间，农具4件，家具31件。同年，陆墓区漕泾乡列出人口、阶级成分、没收、征收土地及抽动佃入土地等情况如表1-2、表1-3、表1-4所示。

表1-2 1951年陆墓区漕泾乡人口、阶级成分表

项目	地主	富农	中农	贫农	雇农	小土地出租者	工商资本家	其他劳动者	未划分成分	合计
户数/户	30	27	181	666	30	7	6	66	6	1019
占全乡总户数/%	2.94	2.65	17.76	65.36	2.94	0.69	0.59	6.48	0.59	100
农业/人	164	182	918	2538	47	6	22	238	13	4128
非农业/人	14	—	—	—	—	20	21	—	—	55
合计	178	182	918	2538	47	26	43	238	13	4183
占全乡总人数/%	4.25	4.35	21.95	60.67	1.12	0.62	1.03	5.69	0.32	100

表1-3 1951年陆墓区溇泾乡没收、征收土地和"四大财产"情况表

项目	居住本乡内		没收征收						
	户数/户	人口/人	自耕田/亩	出租田/亩	粮/公斤	房屋/间	耕畜/头	家具/件	农具/件
地主	28	164	463.10	415.08	12540	220	25	987	627
工商资本家	6	22	33.83	73.04	—	—	—	—	—
小土地出租者	7	26	—	39.16	—	—	—	—	—
富农	2	8	—	63.12	—	—	—	—	—
合计	43	220	496.93	590.40	12540	220	25	987	627

注：房屋含陆墓集镇上的29间，农具包括船、水车、牛车盘、犁耙、栈条、匾等。

表1-4 1951年陆墓区溇泾乡抽动佃入土地和"四大财产"分配情况表

项目	土改前各阶层佃入应没（征）收佃田数			抽动数			"四大财产"分配数						
	户数/户	人数/人	佃入土地权/亩	户数/户	人数/人	佃入土地/亩	户数/户	人数/人	粮食/公斤	房屋/间	耕畜/头	家具/件	农具/件
地主	26	159	392.81	26	159	392.81	—	—	—	—	—	—	—
工商资本家	4	18	34.88	4	18	34.88	—	—	—	—	—	—	—
小土地出租者	5	20	58.41	5	20	56.41	—	—	—	—	—	—	—
富农	25	134	448.90	25	124	224.50	—	—	—	—	—	—	—
半地主式富农	2	8	20.40	2	8	18.70	—	—	—	—	—	—	—
中农	181	918	1933.47	147	776	702	4	10	—	—	—	—	6
贫农	666	2538	2190.40	73	241	146	550	2209	11107	143	19	—	470
雇农	30	47	10.05	2	2	1.70	30	47	1137	23	6	180	141
其他	66	238	42.55	3	8	9.20	20	30	295	5	—	—	10
合计	1005	4080	5131.87	287	1356	1586.20	604	2296	12539	171	25	180	627

注：1. 抽动佃入土地为土地变动涉及数（复数）。
2. "四大财产"没收征收数与分配数之差为分留给地主自用和保留公有及未分配数。

第三节　互助组合作社

一、农业生产互助组

在土地改革中获得土地的农民生产积极性高涨，但在生产过程中，由于劳动力强弱不匀、耕牛、农具等生产资料不均衡，以及缺乏生产资金等，部分农民遇到一定的困难。黄埭区北桥乡黄泾村农民顾秋里，土改中分到耕地8亩，这8亩地跨2个县、3个乡，隔4条河、7个茬口，农具仅有1部人力水车，顾秋里难以种好田。少数地方一度出现土地转租转让，借债放

债，甚至变卖土地、房屋等现象，贫富再度分化。

1951年9月，陆墓区试办农业生产互助组，即农民自愿结合，"以伴当做"、换工等方式，互相帮助，及时耕种。1952年春，境内贯彻党的过渡时期总路线和中共中央《关于农业生产互助组的决议》精神，号召农民组织起来，走互助合作化道路。1953年，黄埭区堰里乡有农户1194户、4784人，组织伴工互助组184个，入组863户、3443人，入组户数和人数分别占总数的72.27%和71.97%，随后伴工互助组逐步发展为常年互助组。陆墓区王世芳、顾仁富等组织起来的一批常年互助组，参加人员相对稳定，有简单的生产计划和某些技术农活分工，并逐步添置了少量公共财产，农业和副业并举发展。"王世芳常年互助组"成为吴县县委工作组在陆墓区徐庄乡黄泥浜村试点的重点组（又称"中心组"），入组农户17户，土地180亩，当年水稻亩产530斤，比黄泥浜村同时组织起来的13个互助组高1～2成，高于单干户3成多。据统计，1953年年末，陆墓区徐庄、善济、新泾、澋泾、娄北等乡共办常年互助组121个，入组农户972户；临时互助组40个，入组农户292户。1954年，常年互助组215个，入组农户1792户；临时互助组103个，入组农户1145户。

二、初级农业生产合作社

1953年2月，吴县县委选择陆墓区徐庄乡黄泥浜村王世芳互助组，派驻工作组试点搞规模较小的合作社。4月5日，吴县第一个初级农业生产合作社——陆墓区徐庄乡新民初级农业生产合作社（简称"新民社"，下同）成立。王世芳、李阿大为正副社长，周根土为会计。全社有社员28户，其中贫农23户、中农5户；入社土地236.2亩，有公有耕牛4头、农船2条、犁耙1套，私有牛车7.25部、人车13.5部、犁耙8套、农船2条。1954年春，新民社社员96户，入社土地976亩。1956年，新民社社员456户，入社土地4387亩。

初级农业生产合作社农户以土地入股，民主评定股份；耕牛及农船等大型农具私有公用（支付租金）；社员缴纳一定数额的股份基金（对于贫困社员国家给予贷款），作为社内集体生产资金；社员民主选举社务管理委员会，设社长、副社长、会计各1人。社务管理委员会负责组织生产，规划作物种植布局。社长、副社长负责安排日常各项农事，会计负责管理财务。社员参加集体生产劳动，根据农活难易、劳动强度、数量与质量，民主评定工分，发工分票。一年两次分配，夏季预分，年终统一收益，决算分配。收益分配按全年总收入，扣除当年生产成本支出，提留公积金、公益金和必要的管理费，得出纯收入。纯收入一般按土地40%、劳力60%（简称"土四劳六"，也有"土四五劳五五"或"土三劳七"）的比例，根据社员入股土地面积和劳动工分数核算分配到户。正副社长和会计同样参加劳动，年终适当补贴。国家对合作社优先提供生产贷款，供应豆饼、菜饼、化肥等，并给予农业税减免优惠。

1955年年末，境内有初级社1334个。其中，黄埭区占上乡、黄土桥乡建有初级社59个，农户入社94%；浒关区望东、望西、华巨等3个乡建有初级社100多个，入社农户超6000户，仅有几十户仍维持互助组形式。

三、高级农业生产合作社

1955年12月22日,吴县县委派工作组在陆墓区试办高级农业生产合作社(简称"高级社")。1956年1月26日和2月9日,陆墓区徐庄乡新民一社和陆墓区陆墓镇新民二社相继成立高级社,两社由13个初级社组成,共441户,男女劳动力1021个,耕地3928.17亩。同时,以村、社结合形式,把村内所有农户(包括地主、富农)统一组织入社,按土地连片要求兑换零星土地,根据自然村划分为若干生产队(组),打破原土地归属界限,就近划地生产劳动。通过选举,分别建立社务管理委员会和监理委员会。社务管理委员会设农业生产、副业生产、财务管理、文化福利、治安保卫等5个小组(委员);监理委员会设经济、生产、纪律等3个监察小组(监察员),监察社务管理工作,社务管理人员不参加监理委员会。

1956年1月,传达《全国农业发展纲要(修正草案)》后,有重点地开展并(初级)社、扩(大)社和升(高级)社工作。黄埭区裴圩、永昌、堰里、琳桥、倪汇等5个乡和市镇共80多个初级社合并为28个高级社(时称"向前1—27社"和"渔业社"),入社社员6938户,占总户数的99.6%,入社人口29049人,劳动力13948个,共设451个生产队。高级社改变土地私有制为集体所有制,取消土地分红;耕牛及大中型农具折价归社,分期补偿;以生产队为单位,实行"三定一奖赔"(定产、定工、定本、超减产奖赔)制度;男女劳动力分等定级,评工记分,收益分配,按劳取酬。1957年下半年,开展"社会主义宣传教育"整社运动,纠正农业合作化运动中出现的问题,及时解决"三闹"(分社、退社、分配)现象。吴县县委工作组在陆墓区徐庄乡新民社试点推行"四定三包"奖励制度。"四定"为固定生产队,固定耕作区,固定耕牛农具,固定劳动定额;以生产队为单位实行"三包",即包工、包产、包本,超产省工节本奖励,反之赔偿。是年年末,境内建有高级社278个,入社农户数占总户数的98%。

第四节 人民公社

一、组织体制

1958年8月,中共中央《关于在农村建立人民公社问题的决议》颁布。是年9月13日,望亭乡成立望亭人民公社,这是吴县成立的第一个人民公社,时有农户6090户,25411人,41144亩耕地,划分为11个工区,63个农业生产队。撤销行政建制,由公社党委一元化领导,实行政社合一,工、农、商、学、兵"五位一体",农、林、牧、副、渔"五业结合",统一管理政权、生产、生活的体制。至10月,陆墓、蠡口、太平、湘城、浒泾、渭塘、黄埭、北桥、黄桥、东桥、通安等乡相继成立人民公社(简称"公社",下同)。随后,公社推行"组织军事化、行动战斗化、生活集体化"管理体制,按军队建制,公社建团,大队建营,生产队建连,生产组建排、班。同时根据农时和专业生产需要,将劳动力分设若干个兵团,如秋收兵团、深翻兵团、水利兵团、钢铁兵团等，采用"大兵团作战"方式搞生产。

1961年5月，根据中共中央《农村人民公社工作条例（草案）》（即"60条"）以及《关于农村人民公社基本核算单位问题的指示》精神，境内人民公社分设公社、大队、生产队三级管理机构。公社设党委会、管委会和群团组织。党委书记全面领导，副书记一般兼管委会社长。公社是基层政权和生产管理机构，统一管理党政、农业、副业和工业生产、流通以及文教、卫生、武装保卫等事务。大队设党支部和管委会，大队党支部书记全面负责，副书记一般兼管委会大队长，在公社的统一领导下管理农业、副业、工业生产和社员政治、文化及社会福利事务，调解民事纠纷。生产队是农村生产和核算的基本单位，由队长、副队长、会计等3～5人组成队委会，组织生产，安排社员生活。

1966年开始后，公社武装部主持工作。1968年4月，公社三级管理机构改称"人民公社革命委员会""大队革命委员会""生产队革命领导小组"。1981年恢复原称谓。1982年，境内设有11个人民公社党委、管委会，272个大队党支部、管委会，3337个生产队委会。

1983年4月，蠡口公社完成政社分设试点工作。从5月起，分批实施政社分设，7月完成乡级体制改革。公社改称为"乡"，设乡党委、人民政府和公社经济联合委员会（简称"经联会"）。8月，村级体制改革结束，撤销农村生产大队，改称"行政村"，设村党（总）支部、村民委员会和经济合作社，生产队改建为村民小组。是年末，境内建有11个乡、246个行政村、3054个村民小组。

1991年1月—3月，完善农村合作经济管理体制，撤销公社经联会，组建乡（镇）农工商总公司，人民公社组织体制消亡。

二、经济核算

1958年9月，土地、水面、树木、水利设施以及工场、仓库、大中型农机具等生产资料全部归人民公社所有，实行公社一级核算。取消按劳分配，兴办公共食堂。实行"一大二公"（管理经营规模大，生产资料全部归公社所有）、"一平二调"（在公社范围内实行贫富拉平平均分配；县社两级无偿调走生产队及社员个人的某些财物）政策，生产上推行高指标、放卫星、打擂台，管理推行共产风、浮夸风、命令风、生产瞎指挥风和特殊风"五风"管理，严重挫伤社员的生产积极性，加上自然灾害，造成粮食生产严重减产，社员生活普遍困难。1960年，境内出现因浮肿病死亡现象。

1961年1月，贯彻中共中央《关于农村人民公社当前政策问题的紧急指示信》（即"12条"）精神，纠正"五风"错误，退赔"一平二调"款，整风整社。同年5月，贯彻《农村人民公社工作条例（草案）》（即"60条"）以及《关于农村人民公社基本核算单位问题的指示》精神，进一步纠正"一平二调"和"五风"错误做法，确定实行公社、大队、生产队三级集体所有，以生产队为基本核算单位，生产计划、劳动、财物和分配"四大管理"的经济管理制度，解散公共食堂，重新划分社员自留地，鼓励社员搞好集体生产，发展家庭副业。1962年，农业各业生产产量开始回升。1964年，粮食产量大幅增长，农村经济困难局面得到根本扭转。

1966年"文化大革命"开始,突出政治,"抓革命,促生产",片面强调"以粮为纲",盲目改革农业耕作制度,推行"大寨式"管理制度,挫伤了社员生产积极性,造成"高产量、高成本、低分配"状况。1976年年末起,开始调整农村各项政策,鼓励社员搞好生产,发展副业。是年年末,重新调整、划分社员,详见表1-5。

表1-5　1976年湘城公社19大队第六生产队社员自留地调整表

单位：亩

社员姓名	实有人口/人	应划分自留地人口/人	现有自留地			对比		划出类型		划进类型		调整后自留地		
			面积	其中		划出面积	划进面积	旱地	水田	旱地	水田	面积	其中	
				旱地	水田								旱地	水田
李凤林	6	6	0.77	0.21	0.56	—	0.85	—	—	—	0.85	0.85	0.19	0.66
李水全	5	5	0.73	0.17	0.56	0.18	—	—	0.18	—	—	0.71	0.16	0.55
李根兴	5	5	0.36	0.08	0.28	—	0.35	—	—	0.08	0.27	0.71	0.16	0.55
李全根	3	3	0.18	0.04	0.14	—	0.24	—	—	0.05	0.19	0.43	0.10	0.33
李振勇	6	6	0.73	0.17	0.56	—	0.12	—	—	0.02	0.10	0.85	0.19	0.66
李森林	4	4	0.18	0.04	0.14	—	0.39	—	—	0.09	0.30	0.57	0.13	0.44
顾小妹	4	4	1.09	0.25	0.84	0.52	—	0.25	0.27	—	—	0.57	0.13	0.44
李兴仁	2	2	0.55	0.13	0.42	0.26	—	0.06	0.2	—	—	0.28	0.06	0.22
李小龙	4	4	0.73	0.17	0.56	0.16	—	0.04	0.12	—	—	0.57	0.13	0.44
李根林	5	5	0.23	0.06	0.17	—	0.48	—	—	0.10	0.38	0.71	0.16	0.55
李根宝	4	4	0.64	0.15	0.49	0.07	—	0.02	0.05	—	—	0.57	0.13	0.44
李阿长	1	1	0.18	0.04	0.14	0.04	—	0.01	0.03	—	—	0.14	0.03	0.11
李岳琴	3	3	0.73	0.17	0.56	0.30	—	0.07	0.23	—	—	0.43	0.10	0.33
李东方	4	4	0.73	0.17	0.56	0.16	—	0.04	0.12	—	—	0.57	0.13	0.44
李福全	5	5	0.49	0.13	0.36	—	0.23	—	—	0.03	0.19	0.71	0.16	0.55
李莲方	5	5	0.67	0.15	0.52	—	0.03	—	—	0.03	—	0.71	0.16	0.55
李阿佛	4	4	0.18	0.04	0.14	—	0.39	—	—	0.09	0.30	0.57	0.13	0.44
李惠明	1	2	0.55	0.13	0.42	0.26	—	0.06	0.2	—	—	0.28	0.06	0.22
李恂安	5	5	0.50	0.13	0.37	—	0.26	—	—	0.03	0.22	0.71	0.16	0.55
李阿桂	3	3	0.18	0.04	0.14	—	0.24	—	—	0.05	0.19	0.43	0.10	0.33
李如德	1	1	0.18	0.04	0.14	0.04	—	0.01	0.03	—	—	0.14	0.03	0.11

注：调整自留地总面积15.194亩,总人口107人,平均每人0.142亩;表中列出调整人数实为80人,其他27人有平均调整数。

三、经营管理

（一）生产计划管理

1958年人民公社建立初期,实行"一大二公""一平二调"政策,严重破坏了生产计划管理。1962年,实行以生产队为基本核算单位后,按上级下达的指标,生产队围绕年度生产计划制订作物布局、副业生产、增产节支、收支分配计划,俗称"一年早知道"。"文化大革命"期间,生产计划服从"以粮为纲""两熟改三熟""亩产超双纲"（800公斤）的目标,以种植

"双三熟制"为主制订每季收、种、管计划。1979年,恢复"一年早知道"的生产计划管理,年初制定增产、增收、增贡献、增积累、增分配、降低生产费用、降低人口出生率的"五增二降"7项指标。是年,7项指标完成得较好的生产队约占总数的95%以上。

(二) 劳动管理

1958年,境内成立人民公社,取消按劳分配制度。1962年,实行以生产队为基本核算单位后,对生产队内的劳动力按农事需要,分别设立"季节性""临时性""专业轮流""常年专业"作业组等4种劳动组织形式,分组作业,定额管理,规定每个劳动力每年应完成的基本劳动日、基本工分和基本肥料的"三基本"制度。社员劳动生产实行"按件记工",男女同工同酬。"文化大革命"初期,推行"突出政治,为革命种田"的"大寨式"评工记分,即按政治思想好、出勤足、农活质量高、工效快的要求,确定标兵和标兵工分,其他社员以标兵为样板,自报互评应得工分。因矛盾较多,1967年,绝大多数生产队即不再实行"大寨式"评工记分制度,而恢复"按件记工"制度,只有少数试点生产队仍坚持"大寨式"评工记分。1977年,农村劳动管理恢复"三基本"制度和定额记工,实行"五定一奖"(即定人员、定任务、定质量、定消耗、定报酬,超产奖励,减产赔偿)责任制。农村小手工业者(木匠、泥水匠、竹匠、漆匠、裁缝,俗称"五匠")、常年在外务工者定基本工交钱记工分,临时外出务工者按日交钱记工分。农村民办教师,多数地方按所在生产队以高于同等劳力10%记工分。农村大小队干部实行误工、定工补贴。生产队队长、会计、副队长等干部因公误工,参照同等劳力,实行误工补贴。大队干部实行定工补贴,规定大队支部书记、大队长、大队会计每年参加劳动不少于120天,其他副职干部(民兵营长、团支部书记、妇女主任、大队农技员等)实行误工补贴。1970年,湘城公社在19大队对主要农活还定了定额标准(表1-6),规定大队定工干部定工加补贴,年总收入相当于强劳力年总收入。1976年,规定大队定工干部年总收入可以高于强劳力年总收入20%,跨大队(于其他大队任职)定工干部高于强劳力年总收入30%。

表1-6 1970年湘城公社19大队主要农活定额标准表

种类	农活名称	质量要求	单位	工分
播种	耕田(牛)	稻板田:形成轮,无脱耕	亩	12
		红花田:同"稻板田"	亩	12
		麦板田、菜花田:无脱耕,深浅一致	亩	10
		水田:无脱耕,护岸反复耕	亩	6
	插秧	双三熟:符合亩穴数,无浮棵,连铲、挑秧	亩	15
		单季稻:符合亩穴数,无浮棵,连挑秧	亩	12
	拔秧	无断根,整齐,大小一致	百个	4
	撩麦子	上下碎土,无露籽麦,轮型好,自撒麦子	亩	25
	种菜花	劈横、带肥、壅土好,自拔菜秧,连浇水	亩	20

续表

种类	农活名称	质量要求	单位	工分
收割脱粒	割稻	稻管短，稻把整齐	亩	8
	捆稻	柴捆稻，稻个适中	亩	4
	收稻	连扣担、装船，卸船，直接上场视路程另定	亩	8
	收麦	连扣担、装船，卸船，直接上场视路程另定	亩	7
收割脱粒	脱粒	稻：干净，单季稻加20%	亩	5
		麦：干净	亩	4
		油菜：干净	亩	8
积肥	罱泥	去水，以4吨水泥船为标准	舱	12
	添塘	自运柴，铡短，兼量泥	舱	2
	拖青苔	自己堆成方	方	20
	稻草渣	自己堆成方	方	18
	开潭	圆整，潭岸做结实	方	6
	运肥	路程60米为标准	百担	12
	翻潭	分层加猪灰、绿肥，连挑水，保持有水3天	方	8

四、财物管理

1958年人民公社初期，土地、树木、农具、水利设施以及工场、仓库等生产资料全部归公社所有，实行公社一级经济核算；对劳动力、生产资料乃至某些生活资料均可无偿调用。是年9月，各地修筑灌溉渠，无偿锯取社员房屋木料做运土工具。10月，湘城公社办饲养场，拆除张家宅基等自然村，用民房砖瓦、木料搭建猪舍、鸡棚等；三营（三大队）占用"田都里"（自然村）民房办饲养场，社员均搬迁到南斜宅。各地无偿"平调"耕牛、农船等物资数量较大。1961年，明确以生产队为基本核算单位，清理各项平调财产物资，退赔股份基金、公积金、公益金和农民的财物。

1962年，建立各项财务制度和财物保管制度。生产队设置现金日记账、分类账、粮食账、工分账（即"四账"），产品登记簿、社员投肥簿、预分登记簿、库存及物资登记簿、无价证券登记簿（即"五簿"），社员工分手册、往来手册（即"二册"），建立会计、保管员、采购员"三不见面"的现金财物保管制度。实行定期公布账目、设监察员监督财务、重大事项交社员会讨论的民主理财制度。

1963年7月，开展清钱、清粮、清物、清工的财务"四清"运动。1964年3月，试行《吴县人民公社生产队财务管理守则》，生产队建立贫协小组，以贫协小组组长为主建立贫协民主理财小组，大队、公社建立一月一会审、半年一检查的财务检查制度。1967年，生产队统一使用现金收付账、农副产品收付账、分类明细账、工分账和固定资产登记簿、物资登记簿。1971年，清查生产队财务，惩处贪污、盗窃人员。1981年实行分工分组承包责任制。

1983年，实行家庭联产承包责任制，生产队农具、仓库等折价给农产，由行政村统一管理资金。

五、分配管理

1958年，境内成立人民公社后，取消按劳分配制度，实行供给制和工资制相结合的平均分配制度，当时群众称"吃饭不要钱（供给制），每月几元钱（工资制）"。伙食实行供给制，按月发放5元生活费，还试行理发、幼托、看病、读书等"几重免费"。1962年停办公共食堂，废弃供给制和工资制相结合的分配制度，恢复按劳动工分计酬方法。生产队实行夏、秋两次分配制度，夏季分配称"预分"，冬季分配称"总分"或"年终分配"。年终分配由生产队制订分配方案，生产队全年总收入扣去总成本得纯收入，再将纯收入在国家（税金）、集体（积累、预留下年度支出）、社员（报酬）三者之间进行分配。社员报酬以可分配总额除以总劳动工分得劳动日值（元/10分）。社员家庭总收入由劳动工分报酬加猪窠灰、黄粪等投肥收入组成。分配时扣除夏季预分现金、平时借款及集体分配的实物（鱼、肉等）和粮、油、柴折合的金额，实得应分现金，有些社员还要扣除上年欠款。生产队制订好分配方案后，由大队、公社审批，最后实施分配。泗泾公社14大队第四生产队，耕地182亩，有农户28户、95人，1972年，社员上年欠生产队集体839.91元，当年集体分配社员菜油272.25公斤，元麦747公斤，小麦2980.5公斤，双季稻谷5279.25公斤，晚稻谷22968.4公斤，麦柴10450公斤，晚稻柴34776公斤。社员全年劳动工分报酬10997.89元，人均收入约为115.77元；社员投入集体肥料折金额1018.02元。年终分配时，扣除夏季预分现金以及分配实物折合金额，实际分配现金2187.78元，人均分配现金约23.03元；当年社员欠生产队357.19元。详见表1-7。

表1-7　1972年泗泾公社14大队第3生产队社员（选户）往来明细账

收付说明	现金往来/元				产品预分和分配				
	收入金额	付出金额	结数		实物品名	数量/公斤	单价/元	金额/元	金额累计/元
			小队欠社员	社员欠小队					
上年结转	—	66.53	—	66.53	麦柴	500	0.03	15	—
预付猪窠款	—	1.50	—	—	菜油	13.75	1.56	21.45	—
医药费	—	0.74	—	68.77	元麦	41.50	0.20	8.30	—
小猪15.5	—	6.98	—	—	小麦	156	0.22	34.32	—
换米余款	3.36	—	—	—	青蚕豆	62.50	0.06	3.75	82.82
预付猪窠款	—	3	—	—	籼谷	268.25	0.18	48.29	131.11
预付猪窠款	—	3	—	—	晚稻谷	1049.1	0.20	209.82	—
装石头借款	—	2	—	80.39	晚稻柴	840	0.04	33.60	374.53
夏分借支	—	9	—	89.39	—	—	—	—	—
装氨水借款	—	1							
借款	—	3							

续表

收付说明	现金往来/元				产品预分和分配				
	收入金额	付出金额	结数		实物品名	数量/公斤	单价/元	金额/元	金额累计/元
			小队欠社员	社员欠小队					
修船借款	—	2	—	95.39	—	—	—	—	—
加工费	—	4.16	—	—	—	—	—	—	—
医药费	—	3.50	—	103.05	—	—	—	—	—
饲料打浆费	—	0.25	—	—	—	—	—	—	—
小队鱼款	—	3.95	—	—	—	—	—	—	—
大队鱼款	—	1.25	—	—	—	—	—	—	—
南瓜款	—	2.40	—	—	—	—	—	—	—
小猪款	—	3.15	—	—	—	—	—	—	—
装粪借款	—	1	—	115.05	—	—	—	—	—
实物冲入	—	374.53	—	—	—	—	—	—	—
工分报酬	407.52	—	—	—	—	—	—	—	—
投肥款	36.65	—	—	—	—	—	—	—	—
年终分配	—	—	—	45.41	—	—	—	—	—

注：资料来源于郑中良。

1978年起，生产队规模缩小，自主经营权扩大，富余劳动力允许搞多种经营，生产队收入有所增加。1981年，湘城公社平斜村第六生产队有农户15户（其中1户为知识青年，户口已不在生产队，但仍有经济往来）、49人，1980年年末，有11户农户共欠生产队2903.05元；当年农户劳动收入总数为7315元，人均约149.29元；农户投入集体肥料折合现金1110元。年终分配，扣除已支付农户现金1225元，分配农户粮食20730公斤（折合现金3382元）、柴草12250公斤（折合现金381元）。当年有余款农户13户，余款金额3518元；农户欠生产队1户，欠款81元；归还生产队上年欠款的有9户。实际分配现金2707.47元，人均55.25元。详见表1-8、表1-9。

表1-8　1981年湘城公社平斜大队第六生产队年终经济分配归户计算表

序号	社员姓名	人口/人	收入部分				应扣除部分					当年对比		归还透支	分配结果	
			在队参加按劳分配		归还投肥	当年收入合计	已登社员往来账		应再分		当年上支出合计				余款	超支
			工分	金额			上年超支	已支现金	粮食/元	柴草/元		余	缺			
1	李根宝	5	17000	850	110	960	—	125	353	39	517	443	—	—	443	—
2	李阿长	1	4400	220	80	300	—	25	78	8	111	189	—	—	189	—
3	李东方	4	16800	840	90	930	48.46	100	302	31	433	497	—	48.46	448.54	—
4	李福泉	5	19000	950	110	1060	15	125	366	39	530	530	—	15	515	—

续表

序号	社员姓名	人口/人	收入部分				应扣除部分							分配结果	
			在队参加按劳分配		归还投肥	当年收入合计	已登社员往来账		应再分		当年上支出合计	当年对比		归还透支	余款	超支
			工分	金额			上年超支	已支现金	粮食元	柴草元		余	缺			
5	李连方	4	12000	600	90	690	143.53	100	283	31	414	276	—	143.53	132.47	—
6	李阿佛	4	11000	550	90	640	—	100	265	31	396	244	—	—	244	—
7	李惠明	1	5000	250	—	250	—	25	81	8	114	136	—	—	136	—
8	李荣根	1	—	—	—	—	490.98	25	48	8	81	—	81	—	—	571.98
9	李寿生	4	11000	550	110	660	30.73	100	272	31	403	257	—	30.73	226.27	—
10	李阿桂	3	6000	300	60	360	54.50	75	196	23	294	66	—	54.50	11.50	—
11	李根元	4	12000	600	90	690	804.53	100	271	31	402	288	—	230	58	574.53
12	李招根	5	12600	630	110	740	1103.87	125	347	39	511	229	—	183	46	920.87
13	李阿三	4	8500	425	100	525	34.60	100	247	31	379	146	—	34.60	111.4	—
14	邹雪泉	4	11000	550	70	620	70.71	100	272	31	403	217	—	70.71	146.29	—
15	顾侍民	—	—	—	—	—	106.14	—	—	—	—	—	—	—	—	106.14

注：劳动报酬单价为每10工分0.5元。

表1-9 1981年湘城公社平斜大队第六生产队年终粮食、柴草分配归户计算表

序号	社员姓名	人口	全年应分粮食/斤										柴草分配/斤			
			口粮							小计	饲料粮	粮食合计	粮食折合金额/元	应分柴草			柴草折合金额/元
			平均粮		独生子女粮		基本粮		劳动粮						基本数	照顾数	合计	
			人	斤	人	斤	人	斤	工分	斤								
1	李根宝	5	—	—	1	483	4	1932	17000	1110	3525	700	4225	422.5	2500	—	2500	39
2	李阿长	1	—	—	—	—	1	483	4400	297	780	500	1228	122.8	500	—	500	7.8
3	李东方	4	—	—	—	—	4	1932	16800	1090	3022	650	3672	367.2	2000	—	2000	31.2
4	李福泉	5	—	—	—	—	5	2415	19000	1240	3655	700	4355	435.5	2500	—	2500	39
5	李连方	4	1	600	—	—	3	1449	12000	780	2829	700	3529	352.9	2000	—	2000	31.2
6	李阿佛	4	—	—	—	—	4	1932	11000	720	2652	650	3302	330.2	2000	—	2000	31.2
7	李惠明	1	—	—	—	—	1	483	5000	330	813	—	813	81.30	500	—	500	7.8
8	李荣根	1	—	—	—	—	1	483	—	—	483	—	483	48.30	500	—	500	7.8
9	李寿生	4	1	600	1	600	2	966	8500	550	2716	700	3416	314.60	2000	—	2000	31.2
10	李阿桂	3	1	600	—	—	2	966	6000	390	1956	500	2456	245.6	1500	—	1500	23.4
11	李根元	4	—	—	—	—	4	1932	12000	780	2712	600	3312	331.2	2000	—	2000	31.2
12	李招根	5	2	1200	—	—	3	1449	12600	820	3469	700	4169	416.9	2500	—	2500	39
13	李阿三	4	—	—	—	—	4	1932	8500	550	2482	700	3182	318.2	2000	—	2000	31.2
14	邹雪泉	4	1	600	1	600	2	966	8500	550	2716	550	3266	326.6	2000	—	2000	31.2

注：劳动粮单价为0.65斤/10分。实际计量单位是斤（500克）。

第五节　联产承包责任制

一、家庭联产承包责任制

1978年，沺泾公社10大队第九生产队尝试农、副、工三业分组，实行定额包工的农业生产责任制。1981年年初，太平公社、蠡口公社进行家庭联产承包责任制试点，坚持集体所有制不变、按劳分配原则不变、基本核算单位不变和统一种植、统一经营、统一管理、统一投资，农、副、工三业分开，以生产队为单位把土地按农业劳动力承包到户，分户作业，联系粮油产量计酬，包干分配。境内各公社分别试点；望亭率先在全公社推行家庭联产承包责任制。是年，实行分组联产承包责任制的生产队占总数的68.8%，实行联产到劳承包责任制的生产队占总数的30.6%，实行其他形式的联产承包责任制的生产队占总数的0.6%。1982年12月26日，吴县县委、县政府发出《关于吴县农村经济改革的意见》，全面部署家庭联产承包责任制。1983年7月，在坚持分组联产承包"三不变，四统一"原则的基础上，将原来的方式改变为划分"三田"，即按人口分口粮田，按劳动力分责任田，按生猪派购任务分饲料田（简称为"人分口粮田""劳分责任田""猪分饲料田"），明确"三定"政策，即定粮油产量、定口粮、定交售粮油定购任务，包干到户。农户与村签订土地承包合同，合同规定：农户必须完成国家粮食征购、定购任务，自愿交售议购粮后余粮自主支配；油菜籽完成定购任务后按出油率返还食油；农户按承包土地面积缴纳水电费、机耕费和集体提留款后，经济收入全部归农户所有。

附一

1982年湘城公社平斜大队第六生产队农业（大组）联产责任制合同[①]

根据中共中央（80）75号文件精神，为了进一步巩固集体经济，发展农业生产，本队决定，从1982年起，实行"三业分开，专业承包，统一经营，联产计酬"生产责任制。现经甲方（生产队）与乙方（组或劳）商定订立合同。

（一）双方协定的农业承包的形式、规模

1. 承包代表双方协定，乙方按大组联产的形式承包。
2. 承包劳力29个，折合正劳力250成。
3. 承包土地：乙方承包集体土地92.5亩，其中责任田（　　）亩，机动田（　　）亩，（　　）亩，（　　）亩。

[①] 本联产责任制合同系原湘城乡平斜村提供，为保持历史档案原貌，以上所录材料，除将繁体字、不规范简化字改为规范文字外，其余语句、文法、数字等均未作改动。

（二）乙方向甲方承包任务

全年粮食总产	年亩产	大麦			元麦			小麦			三麦合计			
		亩	单	总	亩	单	总	亩	单	总	亩	单	总	产值
102120	1275	—	—	—	26	350	9100	27.3	443.2	12100	53	400	21200	3056

前季稻			单季稻			后季稻			水稻合计				油菜			
亩	单	总	亩	单	总	亩	单	总	亩	单	总	产值	亩	单	总	产值
28	600	16800	57.5	810.8	46620	35	500	17500	92.5	874.8	809020	8455	14	250	3500	1400

红花				柴草						其他种植收入				
亩	留种			按斤粮标准	稻麦柴/担	上交/斤				自留	什边			合计上交
	亩	单	总			麦柴	前季	单后	合计		亩	单	总	
9.4	1.5	100	150	0.4 0.5	510	10600	8400	32000	51000	—			—	—

以上在上场①后统一核产、出售、结账。

（三）甲方向乙方提供工本

项目		包本/元							其中间接包干费/元			
		三麦	油茶	前季	单季	后季	其他	合计	集体猪灰	修船费	农机修理	尼龙
标准	每亩	20	15	40	26.70	45	5	65				
	每百斤	5.0	—					5.90				
合计		1060	210	1120	1539	1620	463	6012	1300	150	400	200

项目		包工						其他	
		三麦	油茶	前季	单季	后季	合计	什边	小计
标准	每亩	15	14—20	28—30	57.5—30	35—30	92.5	1.0	1.0
	每百斤	—							
合计		795	28	840	1440	1050	4153	20	4173 工×20＝83460 分

（四）双方协定，实行如下奖赔

1. 定产奖赔：粮食作物超一斤，奖励0.204元，或工分（　）分；减一斤赔钱0.204元，或工分（　）分。油茶超产，每斤奖0.54元，减产每斤赔0.54元。

2. 粮质奖赔：粮油实行优质优价结算。承包者所出售的粮油，应由生产队规定具体品种和数量，并按国家标准价结算，优质超价部分奖给乙方，劣质差额部分由乙方赔偿。

3. 定本奖赔：增产节本，每亩奖0.40元，超本每亩赔0.10元。其中修船费、农机修理超支不补，节余收回小队。

4. 定产奖励指标按大包干产量指标打九折，总产91900计算。

---

① 指作物成熟后收获；斤粮标准，指每斤粮食可得柴草重量；什边，指零星隙地。

（五）双方协定，应遵守如下原则

1. 坚持"三不变"（生产资料所有制不变，基本核算单位不变，产品归队统一分配不变），"五统一"（由生产队统一指导，统一布局，统一安排农机具，统一调度劳动力，统一财务管理和核算分配）。

2. 坚持三业分开，专业承包，联产计酬。农副工各联各的产，各得各的奖。社队利润返回和粮食奖金，统一由集体分配，同时，要协调三业基本报酬，正确处理国家、集体、个人三者关系。

3. 甲方要加强领导，正确指导，具体帮助；乙方要坚决服从领导，保证完成国家下达的粮油包干任务，自觉遵纪守法，维护集体经济利益，坚持粮、油、草、产品交队分配，决不擅自安排处理，同时发扬团结互助精神，共同搞好集体经济。

4. 劳力变化后规定：经生产队根据确实情况变更。

5. 完成全队性的生产建设任务的规定：（无）

6. 其他规定：（无）

本合同一式三份，甲乙双方与鉴证单位各执一份，自签订日起生效，具有法律效力，分夏秋两季结算，年终坚决兑现。

大队（印）生产队（印）

见证单位甲方乙方（印）

代表（印）队长（印）

一九八二年三月二日订

各户代表签名盖章：李根宝　李东方　李福全　李连方　李阿佛　李惠明

　　　　　　　　　李寿生　李阿桂　李根元　李招根　李阿三　邹雪元

1984年，区域内农民实行联产承包制后，粮食产量得到了提高，表1-10是湘城乡平斜村第十二队亩产实情。

表1-10　1984年湘城乡平斜村第十二队农户联产承包田面积、粮食产量表

户主姓名	全家		核定面积/亩			核定产量/斤			
	人口	劳力成数	实量亩	附加亩	合计	按实量总产	附加产量	合计总产	平均年单产
李凤林	4	35	10.1594	0.666	10.8254	11223	702	11925	1101.6
李根兴	5	35	7.02	0.46	7.48	7717	483	8200	1096.1
李泉根	3	20	4.82	0.316	5.136	5259	329	5588	1088
李水泉	4	17	8.955	0.587	9.542	9781	612	10393	1089.2
顾小妹	3	10	4.76	0.312	5.072	5243	328	5571	1098.4
李森林	4	20	6.77	0.444	7.214	7319	458	7777	1078
李振荣	6	20	8.2	0.538	8.738	9054	567	9621	1101.1

续表

户主姓名	全家		核定面积/亩			核定产量/斤			
	人口	劳力成数	实量亩	附加亩	合计	按实量总产	附加产量	合计总产	平均年单产
李岳琴	3	10	4.022	0.264	4.286	4273	267	4540	1259.3
李阿五	3	20	6.45	0.423	6.873	6968	436	7404	1077.3
李祖根	3	—	2.07	0.136	2.206	2224	139	2363	1071.3
邹雪根	4	20	6.33	0.415	6.745	6766	424	7190	1066
李小龙	5	35	11.89	0.78	12.67	13215	827	14042	1071.1
李根林	5	30	9.46	0.62	10.08	10299	644	10943	1088.3
李如德	1	—	0.97	0.356	1.326	1099	69	1168	1133

注：本表系原湘城乡平斜村提供。为保持历史档案原貌，以上所录材料，除将繁体字、不规范简化字改为规范文字外，其余语句、文法、数字等均未作改动。

二、稳定完善土地承包关系（确权发证）

1998年8月，境内落实中共中央办公厅、国务院办公厅颁布的《关于进一步稳定和完善农村土地承包关系的通知》。是月，黄埭镇建立发放土地承包经营证书工作领导小组，并在潘阳村试点，然后全面展开。黄埭全镇有村民小组486个，享有承包耕地农户12541户，实有人口39424人，发证承包户耕地面积35766.29亩。签订土地流转协议书348份，签订农户自愿放弃土地承包协议书68份。9月底完成确权发证工作。10月，全面完成完善农村土地承包关系、发放土地承包经营权证书工作。是年，境内有耕地面积263754亩，确权发证到户250156亩，集体预留"机动田"5995亩，农户弃权1614亩，属经济田之类未确权发证5989亩，详见表1-11。

表1-11　1998年10月黄埭镇发放土地承包经营权证书情况表

村名	村民小组/个	享有土地承包权		"二轮"确权发证耕地/亩	签订土地流转协议书		签订农户自愿放弃土地承包权协议书		
		户数/户	人口/人		份数	面积/亩	份数	人数/人	面积/亩
长泾	30	937	2934	1966.97	12	190.68	5	19	10.75
青龙	25	712	2147	1522.39	16	225.25	3	8	2.19
倪新	33	641	2037	2225.43	29	490.86	7	9	12.21
鹤金	21	555	1771	1563	19	368.82	2	4	3.11
堰里	21	557	1691	1189.04	14	255.28	1	2	0.68
潘阳	29	674	2130	2400.91	26	484.45	4	7	3.5
裴圩	23	576	1775	1473.39	6	44.45	3	9	7
西巷	12	343	912	720.81	7	90.43	—	—	—
斜桥	17	460	1414	1406.57	14	219.97	6	10	5
上浜	14	422	1314	1242	14	291.70	1	3	2.6

续表

村 名	村民小组/个	享有土地承包权		"二轮"确权发证耕地/亩	签订土地流转协议书		签订农户自愿放弃土地承包权协议书		
		户数/户	人口/人		份数	面积/亩	份数	人数/人	面积/亩
琳桥	20	468	1444	1630.47	14	310.79	—	—	—
下堡	35	1089	3533	3511.32	24	619.04	—	—	—
由巷	20	412	1309	1594.78	15	313.27	1	1	0.5
万安	22	446	1371	1625.76	17	367.40	3	7	3.5
永昌	20	424	1390	1530.50	20	580.44	6	13	14.2
湖林	20	533	1710	1747.72	20	441.36	10	39	9.77
新兴	20	429	1379	1310.41	19	316.97	4	11	9.93
汤浜	18	525	1593	1628.63	18	545.64	5	12	11.6
陆严	13	323	1037	736.08	6	80.02	2	7	3.65
任浜	13	344	1121	975.68	9	190.90	3	5	2.5
倪汇	28	659	2104	1589.11	6	168.50	—	—	—
卫星	32	1012	3308	2176.93	23	615.62	2	2	1

三、农业服务

1983年实行家庭联产承包责任制，太平乡进行配套完善农业服务试点，为农民提供机耕、植保、灌水、育种、农技辅导等服务。是年，各乡（镇）先后建立经营管理办公室、农业服务公司、多种经营服务公司、工业公司（简称"一室三公司"）；村建立农（渔、果）业服务站，农机、管水（电）、农技、化肥农药服务组（简称"一站四组"）。黄桥乡张庄村建有"五有六统一"农业服务网络，即有健全的组织、有固定的服务人员、有相应的农机具、有配套的水利设施、有规范的财务制度和统一作物布局、统一供应良种、统一农机作业、统一灌溉排水、统一防病治虫、统一肥药供应的农业社会化服务体系。至1993年，境内村级"五有六统一"农业服务体系建设达到95%以上。同时推行"村集体包农业服务、农户包粮食任务"的双向承包责任制和农业科技（技农联姻，定点挂钩）承包责任制等农业社会化服务。2000年，境内11个农业服务公司为农户提供良种36万公斤，化肥4.97万吨，农药717吨，农用塑料薄膜54吨，农用柴油3709吨。签订农业科技（技农联姻，定点挂钩）承包责任书128份。2001年，全区新建灌溉站6座，改造灌溉站8座。引进并推广种植水芹、裙带豇、圣女果等优良蔬菜品种，各镇建立农业服务中心，区农业技术推广站于望亭镇迎湖村建种子田300亩，指导蔬菜基地种植户搭建蔬菜大棚2000平方米，推广使用防虫网、遮阳网1200平方米。2005年，全区建成无公害农产品基地11个，新建、改建圩区"三闸"28座，灌溉排涝站27座。2007年，通过"科技入户工程"，培育科技示范户1000户，示范种植"常优一号""嘉33"水稻新品种1.01万亩；辐射带动农户1万余户种植水稻新品种2.5万亩。2010年，全区有镇级农业服务中心8个，建排涝机房388座。当年组织提供良种1.2万公斤、化肥1.44万、农药225吨、农用塑料薄膜23吨、农用柴油1510吨。

第二章 现代农业发展

第一节 适度规模经营

一、承包土地调整

1983年推行家庭联产承包责任制时,按人口划分口粮田、按劳动力划分责任田和按生猪派购任务划分饲料田,地块分散零乱,同时农户人口、劳动力及土地使用状况发生变化,存在农户之间承包面积不合理等矛盾。1983年秋种前,陆墓公社孙埂大队、湘城公社沈周大队等进行第一次承包土地调整试点;随后由点到面地按照"大稳定、小调整"和因地制宜原则,在尊重农民意愿的基础上,通过协商,逐队、逐户、逐块地开展承包土地的调整。至1984年年底,第一次承包土地调整结束。调整后,户均承包土地3~4处,方便了农户耕种,基本解决了土地抛荒和半抛荒现象。

二、土地规模经营

1983年实行家庭联产承包责任制后,农村劳动力向非农产业转移增多,少数农户的承包土地开始向种田大户集中。1985年秋,蠡口乡登云村2组顾金和承包村农科队粮田60.69亩。1988年,蠡口乡登云村、渭塘乡渭西村、黄桥乡张庄村、占上村、陆墓镇韩村等农业现代化试点村,探索和发展土地适度规模经营。1990年,黄埭乡共有种田大户11个,承包土地427.9亩。1994年,黄埭镇成立农业种田大户协会。1995年,种田大户增加到122户,承包土地6853亩(表2-1)。是年10月6日,中共江苏省委农工部、江苏省农业现代化办公室在黄埭镇召开农业适度规模经营会议。1996年,黄埭镇农业种田大户向国家交售粮食4560吨,占全镇粮食定购任务的55.4%。1998年,试行农户口粮田、责任田"两田分离":口粮田由农户自种;责任田实行规模经营,由种田大户耕种。2000年,湘城镇有种田大户120个,承包土地8093亩,占全镇责任田总面积的51.7%。

表 2-1　1988—2000 年黄埭镇土地适度规模经营情况表

年份/年	全镇耕地面积/亩	适度规模经营		
		户数/户	承包土地/亩	占总耕地面积/%
1988	41088	2	64.1	0.16
1989	41088	3	146.9	0.36
1990	41088	11	472.9	1.15
1991	41088	18	810.5	1.97
1992	40000	30	1554.8	3.89
1993	39920	55	2898	7.26
1994	39342	84	4521	11.49
1995	39766	122	6853	17.23
1996	39566	144	7626	19.27
1997	39566	163	7966	20.13
1998	39000	168	7211.9	18.49
1999	37500	175	8491	22.64
2000	34025	132	5926	17.42

至 2010 年，全区有 50 亩以上种植规模经营户 95 个，种植面积 13538 亩；花卉苗木种植大户 25 个，种植面积 7592.41 亩；水产养殖大户及水产养殖农民专业合作社 51 个，养殖面积 37050 亩。

三、土地流转管理

1996 年 7 月，苏州市委、市政府颁布《关于加强农村集体承包土地流转管理的意见》，要求按照"依法、自愿、有偿"原则，探索以土地承包权作价入股与使用权转让、转包、租赁、互换、合作的土地规模经营形式，加快农用地有序合理流转。1998 年，在第二轮农村土地承包确权发证时，境内各地农户土地流转面积为 58456 亩。2002 年 12 月 4 日，相城区委、区政府印发《全区农村承包土地使用权流转工作实施意见（试行）》。2003 年 4 月，全区土地流转 135071 亩，其中流转为农业用地的有 64736 亩（包括 1998 年确权发证后新增的 6280 亩）；流转为非农建设用地（主要为非农建设征、使用地）的有 70335 亩（1998 年至 2000 年年底 9335 亩，2001 年至 2003 年 4 月底 61000 亩）。是年 12 月起，土地流转为农业用地的，土地流转补偿费由村返回给农户；土地流转为非农建设用地的，除征用土地按国家规定执行外，统一提高补偿标准，分年补偿，取消一次性买断做法。2006 年，全区耕地 121504 亩；农用地流转 55756 亩，其中委托集体流转 35918 亩，农户间流转 1137 亩，入股土地 17994 亩，其他 707 亩（表 2-2）。2010 年年末，全区土地规范流转 6.36 万亩，其中：流转为粮油作物用地 1.43 万亩，养殖业用地 0.03 万亩，瓜果蔬菜用地 0.98 万亩，花卉苗木用地 1.79 万亩，其他用地 2.13 万亩。

表2-2　2006年相城区农村土地流转情况表

单位：亩

单　位	耕地面积	流转情况				
		农用地流转面积	其中			
			委托集体流转面积	农户间流转面积	入股土地面积	其他
望亭镇	16139	9139	1748	236	7155	—
黄埭镇	18004	6364	5036	420	908	—
阳澄湖镇	37122	12263	10184	255	1384	440
渭塘镇	8427	4922	4832	90	—	—
北桥街道	17930	8282	8282	—	—	—
黄桥街道	1459	8547	—	—	8547	—
元和街道	4398	2770	2757	13	—	—
太平街道	5362	2869	2869	—	—	—
开发区	12663	600	210	123	—	267

第二节　农村合作经济组织

社区股份合作社　2002年，渭塘镇渭北村通过清产核资、资产评估、合理设置股权，将集体经营性净资产972万元全部量化到人，设置集体股334股，个人分配股1337股，股均5800元。是年9月11日，组建相城区第一家社区股份合作社——渭塘镇渭北村社区股份合作社。

2003年9月15日，区委、区政府办公室下发《关于社区股份合作制改革的指导性意见》。11月18日，东桥镇胡桥村社区股份合作社成立，集体经营性净资产3447万元全部折股，量化到人，统一流转农民承包土地907亩，纳入股份，设置土地优先股，集中经营，进行生态村建设。不设集体股，每股保底分红300元，年终收益按股分配。至2005年11月，全区累计组建社区股份合作社30家，量化集体经营性净资产5.78亿元，2.63万户农户、8.24万人拥有股份。同时推行农民承包土地经营权折价换股权的办法，入股土地由合作社统一经营，农民享有资源共享股，年终收益按股分配。

2007年，因村制宜，有经营性净资产且年终收支有余的村，资产量化到人，实行股份分红；尚无经营性净资产、年终收不抵支的村，实行先固化（先将股民资格确定下来）、暂不量化（待村级经济发展到一定程度后再行量化到人）的做法，加快推进农村社区股份合作制改革。是年年底，全区96个村（社区）全部完成股份合作制改革，共量化村级集体经营性净资产8.038亿元，9.44万户农户、30.12万名农民拥有股权。2013年末，全区94家社区股份合作社股红分配8836万元。

2013年，全区农民人均纯收入达21232元，比2012年增长10.9%。

土地股份合作社　2002年，区委、区政府办公室下发《关于推进农村土地使用权制度改革的意见》，并在北桥镇庄基村进行试点。庄基村将北桥希望工业园规划范围内的978亩土地全部实行土地承包经营权折价入股，2003年3月18日组建成北桥镇庄基村土地股份合作社。这一举措共涉及农户385户，每亩折价1万元，每股5000元，共设置1956股，委托北桥希望工业园开发有限公司经营，每股红利300元。是年，北桥镇结合北桥希望工业园二、三期开发建设，对规划开发建设范围内所涉及的庄基、芮埭、北丰等3个村共6202亩土地，按原定办法全部流转折价入股，分别组建庄基村土地股份合作社（二期），入股土地4340亩；芮埭村土地股份合作社，入股土地994亩；北丰村土地股份合作社，入股土地868亩。至2005年末，全区组建土地股份合作社4家，入股土地8864亩，2929户农民拥有土地股份。2008年，全区新组建土地股份合作社9家，入股农户3478户，入股土地11906亩。2010年年底，全区累计有土地股份合作社13家，入股土地20770亩，6407户农民拥有土地股份。

农民专业合作社　2004年，区政府重点引导农业龙头企业、专业生产大户组建农业生产销售合作社。2007年年末，全区累计组建各类农民专业合作社16家。2008年，按照《农民专业合作社法》和《专业合作社工商登记管理条例》，农民专业合作社进行工商登记的有19家。2013年，全区有农民专业合作社58家。详见表2-3、表2-4。

表2-3　2013年相城区"三大合作"情况表

单位	行政村数	社区股份合作社						土地股份合作社		农民专业合作社		
		个数	总资产/万元	净资产/万元	经营性净资产/万元	分红个数	分红金额/万元	个数	入股土地/亩	个数	入社农户	入股金额/万元
望亭镇	7	7	27303	18597	9261	7	156.94	2	922	6	565	1159
黄埭镇	14	14	23539	14730	4879	4	144.30	1	450	5	452	170
阳澄湖镇	10	10	24964	11529	3590	1	38.05	1	365	12	1198	3140
渭塘镇	8	8	50114	47133	30600	8	1203.67	—	—	1	10	10
北桥街道	10	10	34402	23171	8871	5	222.46	6	16032	9	398	1500
黄桥街道	9	9	34870	12884	7149	9	225.17	—	—	1	51	6
元和街道	12	12	38386	30924	14953	13	780.47	—	—	3	208	260
太平街道	9	9	43683	6179	1433	9	258.36	—	—	2	151	509
开发区	10	10	25129	17025	4636	3	188.57	1	902	2	213	19
度假区	5	5	6442	2431	1123	2	25.60	2	2099	18	1975	1447

表2-4　2013年相城区农民专业合作社基本情况表

序号	乡镇	合作社名称	理事长	成立时间	入社农户数	入股金额/万元	经营行业
1	度假区	阳澄湖莲花村蟹业专业合作社	顾金元	2008年9月	101	5.1	渔业
2		苏州市相城区阳澄湖镇南湖蟹业合作社（阳澄鱼嫂）	徐永耕	2006年8月	50	12.44	渔业
3		苏州市相城区阳澄湖镇洋沟溇梨业专业合作社	李福兴	2008年1月	126	80	种植业
4		阳澄湖清水庙港蟹业生产经营专业合作社	胡建华	2007年8月	120	30	渔业

续表

序号	乡镇	合作社名称	理事长	成立时间	入社农户数	入股金额/万元	经营行业
5	度假区	相城区阳澄湖镇后荡湖生态渔业生产经营合作社	张建忠	2007年5月	380	21	渔业
6		苏州市相城区清澄生态旅游专业合作社	胡建华	2008年12月	6	20	渔业
7		阳澄东湖养殖专业合作社	吴金飞	2009年3月	107	5.6	渔业
8		苏州市相城区阳澄湖镇中塘水产专业合作社	姚永林	2009年2月	430	150	渔业
9		苏州市阳澄湖美人半岛生态果林专业合作社	王建明	2011年6月30日	222	50	渔业
10		苏州莲花村农机专业合作社	张春林	2012年2月22日	8	98.56	服务业
11		苏州市致富大闸蟹专业合作社	金全福	2012年3月29日	12	50	养殖业
12		苏州莲花村岛生态农业专业合作社	徐振华	2011年3月28日	8	24	种植业
13		苏州市美人半岛齐力生态农产品专业合作社	金全福	2012年3月28日	10	50	种植业
14		苏州市清水村生态农副产品生产经营专业合作社	葛巧官	2012年3月29日	8	50	种植业
15		苏州市相城区阳澄湖鑫湖农机专业合作联社	杨晓明	2013年4月8日	356	200	服务
16		苏州市百溇水产养殖基地专业合作社	邱奇元	2013年4月3日	13	50	养殖
17		苏州市丰澄农业专业合作社	张建中	2013年4月2日	5	500	种植
18		苏州市新泾村农业基地专业合作社	浦建洪	2013年4月7日	13	50	种植
1	阳澄湖	阳澄湖镇十图水产专业合作社	朱银龙	2007年7月	103	25.5	渔业
2		阳澄湖消泾虾蟹产销合作社	吴和平	2007年4月	239	264.18	渔业
3		阳澄湖镇车渡养殖专业合作社	袁祥元	2008年4月	267	305.97	渔业
4		阳澄湖镇北前水产专业合作社	宋小龙	2008年5月	206	213.57	渔业
5		苏州市相城区阳澄湖镇清湖水产专业合作社	宋晓红	2009年4月10日	7	300	渔业
6		苏州市相城区阳澄湖镇杨家湾水产专业合作社	许一民	2009年4月20日	89	88.5	渔业
7		苏州市相城区阳澄湖镇里湖生态水产专业合作社	高培龙	2009年4月26日	130	92	渔业
8		苏州市相城区阳澄湖镇剑成水产生态养殖专业合作社	干剑	2009年6月3日	126	600	渔业
9		苏州市相城区济民塘生态专业合作社	顾巧根	2011年4月1日	8	500	渔业
10		苏州市相城区圣堂鱼场生态专业合作社	瞿云龙	2011年4月1日	10	500	渔业
11		苏州市相城区阳澄湖前浜湾渔业专业合作社	郑洪元	2012年7月4日	6	50	渔业
12		苏州市相城区澄中香农机服务专业合作社	陆林根	2013年3月	7	200	农机服务
1	北桥	相城区盛丰苗木产销合作专业合作社	吴进法	2008年4月	8	20	种植业
2		相城区北渔特种养殖专业合作社	周仁根	2009年3月	44	80	渔业
3		苏州市相城区鹅真荡农家养殖专业合作社	张晓寇	2009年5月	32	600	渔业
4		苏州市相城区漕湖生态葡萄专业合作社	沈林根	2010年10月	53	80	种植业
5		苏州市相城区兴湖生态农业专业合作社	尤红惠	2011年6月24日	113	90	种养

续表

序号	乡镇	合作社名称	理事长	成立时间	入社农户数	入股金额/万元	经营行业
6	北桥	苏州市相城区漕湖农业机械专业合作社	徐浩杰	2012年6月3日	8	180	农机服务
7		苏州市相城区锦湖农副产品专业合作社	钱兴明	2012年7月2日	109	50	渔业
8		苏州市相城区双湖优质大米专业合作社	葛双乐	2012年8月13日	10	200	种植业
9		苏州市新庄基农副产品专业合作社	毛建忠	2013年1月5日	21	200	其他
1	望亭	虞河蔬菜产销合作社	吴钰明	2005年5月	356	727.8	种植业
2		望亭亚欧葡萄产销合作社	吴宝根	2008年9月	52	65	种植业
3		苏州市相城区为民食用菌产销合作社	葛伟明	2007年7月	78	130	种植业
4		苏州市相城区金香溢农机服务专业合作社	朱伟琪	2009年8月	10	128.22	农机服务
5		苏州市相城区望亭御亭果品专业合作社	盛建男	2010年10月	61	60	种植业
6		苏州市迎湖育秧专业合作社	朱伟琪	2012年7月3日	8	48	农机服务
1	黄埭	苏州佳灵禽业产销合作社	李丽	2006年10月	252	8	畜牧业
2		石新苗木产销专业合作社	张新如	2008年5月	170	12	种植业
3		苏州市相城区三埂蔬菜专业合作社	董文良	2012年8月12日	16	50	种植业
4		苏州市相城区桑园农产品专业合作社	毛建兴	2012年8月12日	7	50	畜牧业
5		苏州市相城区盛胡特种养殖专业合作社	王建良	2012年8月15日	7	50	种植业
1	元和	相绿农产品产销合作社	周瑛	2005年5月	60	24	畜牧业
2		苏州市相城区蠡北农产品产销合作社	严伟华	2006年7月	5	10	其他
3		相城区曹庄水产养殖专业合作社	潘惠荣	2009年4月	143	226	其他
1	开发区	相城经济开发区上浜苗木专业合作社	朱金德	2007年8月	10	15	种植业
2		黄埭禽业合作社	李福兴	2005年5月	203	4.36	畜牧业
1	太平	太平蟹业专业合作社	张德洪	2008年8月	151	509.18	渔业
2		苏州市西湖水产生态养殖专业合作联社	张德洪	2013年1月28日	37	3402	渔业
1	黄桥	苏州古月水湾绿化园艺专业合作社	韦宗基	2010年12月	51	6	种植业

第三节 农业综合开发

产业结构调整 1995年，境内各镇根据市场需求，依托资源优势，调整农业产业结构，发展高效种养项目，调高农业整体产出效益。阳澄湖、湘城、太平、渭塘等镇，大面积发展池塘养虾、蟹。1997年秋播，调减粮油种植面积，推进水产、畜牧和蔬菜、茶果、苗木园艺业。2000年，农林牧渔总产值6.58亿元，其中农业产值占总产值的70.8%，林木渔业产值占总产值的29.2%。2002年，阳澄湖镇、湘城镇、太平镇发展特种水产养殖、奶牛饲养业，望亭镇、渭塘镇等发展大棚蔬菜种植。是年，全区共调减粮田面积2.66万亩，发展苗木基地、绿化林带1.3万亩，经济林果1500亩，牧草、青玉米5000亩，特种水产2100亩，蔬菜5000亩。全区经济种养面积31.54万亩，水产养殖面积14.55万亩，其中特种水产养殖面积7.80万亩（是年新增8000亩），占水产养殖面积的53.6%；养殖南美白对虾面积从2001年的700亩发展到3000亩，大约增加了3.3倍；粮经比例为42∶58。2005年，农林牧渔总产值11.69亿元，粮经比例为17.6∶82.4。2006年起，继续调整农业产业结构，发展蔬菜规模种植业、观光农业、旅游农业和农林牧渔服务业。2010年，全区粮食作物种植面积5.48万亩，经济作物种植面积3.62万亩。农业总产值20.48亿元，其中林、牧、渔业及农林牧渔服务业产值18.53亿元，粮经比例为10.9∶89.1。

项目 2001年，全区上报2002年农业开发项目3只。2003年至2004年，黄埭镇卫星村、北桥镇改造中低产田土地治理（花卉苗木）项目被列入国家农业综合开发示范区项目。

2005年至2010年，全区申报并经批准列为国家农业综合开发项目的有13只。其中主要项目建设单位为相城区生态农业示范园区、北桥街道灵峰村、望亭镇迎湖村、新埂村、阳澄湖镇消泾村、渭塘镇凤凰泾村。2001年至2010年，全区共有农业综合开发项目18只，其中国家级项目15只，建设面积71500亩，总投资8690.86万元。详见表2-5。

表2-5 2003年至2010年相城区农业综合开发重点项目表

年份/年		项目名称	级别	建设面积/亩	投资情况/万元				
					中央	省	苏州市	相城区	自筹
2003	1	黄埭镇卫星村改造中低产田土地治理	国家	5000	50	12	18	30	25
2004	2	北桥镇改造中低产土地治理	国家	4000	50	15	10	25	35
2005	3	生态园综合开发土地治理	国家	15000	240	120	48	72	163.5
2008	4	生态园绿色农副产品农业产业化经营	国家	12000	230	115	46	69	138
	5	苏州市农业职业技术学院相城科技园							
	6	荷塘月色湿地公园							
	7	望亭虞河蔬菜产销合作社							
2009	8	北桥街道灵峰村土地治理	国家	25000	330	140	55	85	5674
	9	望亭镇迎湖村土地治理							
	10	望亭新埂村土地治理							
	11	阳澄湖镇消泾村生态规模化高效水产养殖							
	12	生态农业示范园区花卉苗木基地建设							
2010	13	望亭村迎湖村土地治理	国家	10500	317.50	158.75	56	102.75	270.41
	14	渭塘镇凤凰泾村土地治理							
	15	黄埭镇新巷村苗木专业合作社							

主导产业培育 2003年,全区调整农业规划布局,培育和发展养殖阳澄湖大闸蟹、奶牛,种植花卉苗木、大棚蔬菜等主导产业。建成沿阳澄湖以蟹、虾为主的特种水产养殖区。引导发展新兴奶牛业,加强综合管理,奶牛存栏量从2002年的1116头发展到万头以上;完成与天香乳业龙头企业相配套的养殖基地建设。建设沿路绿化林带和花卉苗木基地带,发展花卉苗木业。培植发展特色、反季蔬菜瓜果业,新增蔬菜瓜果种植面积5000亩。发展农业产业化企业。2010年,水产养殖面积11万亩,水产品总产量2.66万吨,渔业总产值84958.75万元;其中,以虾蟹为主导的特种水产品养殖面积6.17万亩。出栏肉猪13.1万头,家禽44.43万羽,猪肉产量7860吨,禽肉产量666吨,牛奶产量2.06万吨,禽蛋产量463吨。生猪、家禽、奶牛等畜禽的规模养殖比重分别为88%、92%和100%。蔬菜瓜果种植面积3.10万亩,其中常年蔬菜种植面积1.16万亩,季节性蔬菜种植面积0.5万亩,复种面积3.08万亩;年总产量3.67万吨,产值1.15亿元。

第三章 新农村建设

第一节 农业现代化试点

1988年年初,黄桥乡张庄村和占上村、陆墓乡韩村、蠡口乡登云村、渭塘乡渭西村等四乡五村为首批农业现代化建设试点村。1992年,江苏省、苏州市两级农业现代化建设试点村为黄桥乡张庄村和占上村,县级农业现代化试点村为黄埭镇卫星村、渭塘乡渭南村,并在渭塘、黄埭、蠡口、黄桥等4镇形成农业现代化建设试验区。1994年9月,通过国家农业部专家组现代化建设试点镇村验收。1995年3月,陆慕镇,渭塘镇和渭塘镇渭西村、渭南村,黄埭镇卫星村,北桥镇北渔村,黄桥镇张庄村,陆慕镇吕池村被列为农村现代化建设试点镇、村。1997年,境内有试点镇、村8镇52村,人口约32.9万人,耕地约23万亩。至2000年,试点镇、村建成旱涝保收耕地面积20.7万亩,农业机械化综合程度80%,粮田基本实行规模经营,国内生产总值增长121.3%。

第二节 示范镇村创建

1995年,境内乡镇开展加强农村基层组织创建、加快农村现代化示范村("双加")建设活动。1997年,渭塘镇、陆慕镇、黄桥镇和北桥镇庄基村、灵峰村为重点创建镇、村。至1999年年末,渭塘镇,北桥镇北渔村、庄基村、灵峰村,渭塘镇渭西村、渭南村、骑河村、凤凰泾村、渭北村、娄泾村,黄埭镇卫星村、青龙村,黄桥镇张庄村、占上村、青台村、永兴村、黄桥村,湘城镇枪堂村、戴娄村、圣堂村,太平镇旺巷村,陆慕镇花南村、文陵村、夏圩村、凌浜村、吕池村,望亭镇迎湖村、何家角村,东桥镇胡桥村等镇、村先后被苏州市委、市政府命名为苏州市级"双加"示范镇、村。

2002年,在全区农村开展争创现代化建设先行村活动。2004年,经江苏省农村现代化试验区领导小组办公室审核批复,渭塘镇和渭塘镇渭西村、北桥镇灵峰村、望亭镇迎湖村分别被列为江苏省省级农村现代化先行示范镇、村。2005年,中共苏州市委授予元和街道、渭塘镇、望亭镇和元和街道娄北村等16个村市级"先锋镇(街道)""先锋村"称号。区委授予渭塘镇渭西村等20个村(社区)区级"先锋村(社区)"称号。

2006年至2007年，相城区政府先后确定渭塘镇渭西村、凤凰泾村，北桥街道灵峰村、庄基村，阳澄湖镇清水村、莲花村、消泾村，太平街道沈桥村、黎明村，望亭镇何家角村、迎湖村，东桥镇胡桥村，黄桥街道占上村、生田村，黄埭镇潘阳村、长泾村，开发区采莲村、上浜村，元和街道娄北社区、朱泾村等20个村（社区）为创建新农村建设示范村（社区）。2008年初，确定第三批新农村建设示范村11个，其中整治改造型9个，集中居住型1个，生态自然型1个。是年，苏州市委、市政府分别授予渭塘镇渭西村等19个村（社区）"苏州市社会主义新农村示范村"称号；授予渭塘镇渭西村、北桥街道灵峰村"苏州市新型集体经济十强村"称号；授予渭塘镇凤凰泾村"苏州市村级人均可支配收入十佳先进集体"称号；授予黄桥街道、元和街道、阳澄湖镇"苏州市社会主义新农村先进镇（街道）"称号；相城区荷塘月色休闲观光农业示范区、望亭镇迎湖村优质水稻示范区、虞河蔬菜示范区被评为苏州市现代农业规模化示范区建设先进单位。中共相城区委、区政府获苏州市建设社会主义新农村组织奖。

第三节 城乡一体化

2008年，实施城乡一体化建设，确定渭塘镇和阳澄湖镇为苏州市城乡一体化综合配套改革试点工作先导区。

一、基础设施建设

2001年至2005年，实施区域供水工程。至2008年，累计铺设自来水主管道84千米、二级管道348千米、三级管道2800千米；建成方浜、凤凰泾两个自来水增压站；完成总投资4.5亿元，实现村村通自来水，农户自来水普及率98.5%以上；同步推进农村污水处理工程，工业污水处理达标率80%；结合创建卫生村、"三清"（清洁村庄、清洁家园、清洁河道）及民房拆迁，取缔露天粪坑7596只，改厕户81771户，卫生户厕普及率79.3%。改建农村特危道路桥115座；新建改建农村道路287.8千米，沟通区、镇、村的等级化、灰黑化道路框架基本形成，全区实现村村通公交。根据城乡一体化建设"住向城市化集中"的规划，2009年，渭塘镇首期规划建设43.9万平方米安置房，涉及42个自然村、2211个农户，并启动渭西村安置小区24万平方米建设。阳澄湖镇规划启动安置小区建设。2010年，建成阳澄湖污水处理厂、望亭污水处理厂，开工建设城西污水处理厂、漕湖污水处理厂和北桥污水处理厂。全区新增生活污水管网42千米，完成农村生活污水处理点42个。全区78个村庄采用SBR（序列间歇式活性污泥法）和生态湿地污水处理设施的生态处理技术，解决农村生活污水直排河、湖的污染问题。抓好城乡一体化建设：2012年，完成9个市级城乡一体化重点项目工程，涉及7个乡镇；区级项目64个，全区10个板块；验收全区9个市级城乡一体化建设项目和部分区级城乡一体化建设项目。2013年，申报10个市级城乡一体化重点项目工程，确定区级项目41个，涉及全区10个板块。

二、生态农业建设

2001年，启动相城区生态农业示范园区建设。2004年，全区稳定水稻种植面积7.96万亩；建设年交易量超过2.5万吨的蠡口粮油饲交易市场；与区外商品粮基地实现对接；完成地方粮食储备1500万公斤。2002年，新发展林地、绿地面积1.77万亩，新增牧草、青玉米5000亩，蔬菜5000亩，特种水产养殖面积8000亩。2005年，粮食作物播种面积10.59万亩，粮食总产量4.68亿吨。至2006年，以望亭镇迎湖优质水稻示范基地为主体，建成优质水稻示范基地；以黄埭镇上浜村花卉苗木基地、新巷村猕猴桃基地为依托，建成花卉、苗木、林果示范基地面积7100亩，发展花卉、苗木、林果生产；以相城区生态园花卉植物园为核心，建成生态、休闲、观光农业示范区；以望亭镇新埂村、北桥街道灵峰村、渭塘镇凤凰泾村为依托，建成设施农业示范基地，发展反季节蔬菜、水果、特色农产品种植。2009年，确定渭塘镇、阳澄湖镇和相城区生态农业示范园区、开发区漕湖产业园城市森林公园为一体的万亩生态、休闲、观光农业示范区和望亭万亩优质水稻示范区为先导区试点。是年，组建成立相城区城乡发展投资有限公司，公司注册资本6.5亿元，融资到账7.3亿元；启动渭塘镇凤凰泾村高效农业示范区建设，阳澄湖镇重点建设现代农业产业园，总规划面积5万亩，首期启动标准化鱼池改造3000亩。至2010年，全区完成元和街道、黄埭镇农户621户、企业10家及黄桥街道500多户农户、近20家企业的拆迁，建成1.5万亩规模高效渔业区，完成望亭万亩优质水稻示范区建设，面积1.08万亩，总投资3000万元，完成一、二期区域4800亩高标准农田基础设施建设。

三、环境建设

2001年，开展环境保护和以绿化植树造林为主的环境建设。2002年，专项治理黄桥电镀、电路板工业污染源，加强畜禽养殖污染治理，完成黄埭镇、元和镇噪声达标区和烟尘控制区的"双控小区"建设。至2004年，全区绿化面积13.5万亩，其中绿色通道5.35万亩，绿色基地3.58万亩，绿色家园4.57万亩，绿化覆盖率17.1%（建成区29.2%）；建成生态公园、开放式市民公园及小游园64个，创建区级园林式单位23家、园林式居住区8家。全区设置垃圾桶（箱）1.04万只，建成垃圾中转站、收集点162个，配备保洁人员1425名。不定期开展农村环境卫生整治，重点清理暴露垃圾，整治乱搭乱建和占道（路）经营等，落实长效管理措施。配备河道保洁船337条、保洁员713人。2005年，全区开展"万亩生态林"建设，新增绿地1.01万亩，新建生态绿带（园）120处，绿化覆盖率20.3%（建成区36.8%）。2008年，建成苏州花卉植物园、荷塘月色湿地公园、盛泽湖月季公园、葫芦岛公园等生态公园，有市级绿化示范村64个。投入2.3亿元，综合整治1185个自然村的环境。2010年，全区有苏州市级绿化示范村70个，环境综合整治自然村累计1205个，绿色学校28所。渭塘镇、阳澄湖镇被江苏省人民政府命名为"国家环境优美镇"。2013年，共组建13家村级联合发展公司或合作联社，吸纳90个村入股，累计投资建设项目40余个，总投资15亿多元。

四、农村科教文卫事业建设

2003年建成区体艺馆和全民健身工程（点）149个，全区公共文体基础设施面积2.14万平方米，人均公益文化设施面积超0.06平方米，人均体育设施面积1.02平方米。组建文艺宣传、体育健身等团队184个，基本实现评弹书场、民间特色场馆、广场文化、数字电影、村级图书室、文化信息工程共享点"六个全覆盖"。新建区人民医院，改建、扩建镇级医院7家，建成社区卫生服务中心10个、社区卫生服务站74家。实施45周岁以上的参保居民免费体检，34万城乡居民建立个人电子健康档案。2004年，区成立现代农民教育工作领导小组，实施现代农民教育工程和农村劳动力转移培训工程。全区培训农村劳动力14.87万人次，农村实用技术员3.8万人次，农村致富带头人3266人次。新建区行政服务中心，全面清理行政审批事项，统筹推进城镇社区和农村社区建设。2010年，建成镇（街道）级社区服务中心8个，城镇社区服务中心31个，农村社区服务中心68个，开通"968895"便民服务热线，实现城乡全覆盖，镇（街道、区）全面建立城市管理执法大队，执法管理延伸到村。

五、富民惠民工程建设

2001年，全区农民人均纯收入5825元。2003年，全区实施新的户籍登记管理制度；健全农村宅基地管理制度，制定《苏州市相城区农村房屋预拆迁实施办法（试行）》，在城区、城镇规划区内不再新批农民住宅用地，鼓励农民进城居住，采取预拆迁、定销房安置办法；城区供地1000余亩，建造安置房206万平方米。是年，取消对农村劳动力就业的限制，用人单位招用城乡劳动力，统一办理登记备案手续，依法签订劳动合同，建立劳动关系，实行同工就业、同工同酬，参加社会保险，构建城乡一体化劳动就业服务体系。2004年，减轻农民负担，村主要干部报酬实行统筹政策，全区纳入村主要干部的有409人，月工资总额49.24万元，其中区、镇、村分别承担20.5%、27.7%、51.8%。建立健全农村各类保障制度，农村最低生活保障覆盖率100%；农村基本养老保险村级覆盖率99%，农民参保率90.3%；农村新型合作医疗村级覆盖率100%，农民参保率92.1%。2005年，全区完成农村住房建设（包括拆迁安置房）建筑面积4.73万平方米，平均每户年末使用房屋面积208平方米。是年，开展集体经济薄弱村帮扶。区委、区政府将村级经济收入不足15万元的26个行政村和2004年按苏州市要求村级可用财力不足50万元的23个行政村，列为区、镇重点帮扶对象。经过财政扶持、机关（企业）挂钩，望亭镇华阳村，北桥街道漕湖村、新北村，黄埭镇金龙村，太平街道盛泽村、莲港村等6个行政村实现"脱贫"目标。

2011年，重点开展农村住宅置换商品房和城乡建设用地增减挂钩专项规划实施情况调查。全区共完成拆迁农户10544户，全区累计拆迁农户34387户，农民集中居住率达36%。2011年，4个村被命名为"新农村建设省级示范村"。

2013年全区村均可支配收入970万元，比上年增长15.53%；农民人均纯收入21232元，比上年增长10.9%。

第四章 农村经济管理

第一节 集体资产监管

1990年,各乡(镇)组建农工商总公司,农村集体资产分别由乡(镇)总公司和村经济合作社负责经营和管理。1991年10月,乡(镇)农工商总公司设置董事会。2001年,各镇农工商总公司撤销,改由集体资产管理委员会(简称"资管委")和集体资产经营公司(简称"经营公司")经营管理本级所属集体资产。资管委行使镇级集体资产经营和管理职能,并指导、协调、服务、监督村级集体资产经营管理;经营公司进行工商注册登记,取得企业法人资格,具体负责集体资产经营、管理;经营管理办公室具体负责镇级集体资产的日常管理和指导、协调、服务,监督村级集体资产经营管理。

一、产权制度改革

1995年,在乡镇企业承包经营责任制和经营机制转换基础上,乡镇企业分别实行风险抵押、资产增值承包、租赁经营等形式。1996年,境内根据《中华人民共和国乡村集体所有制企业条例》和国家农业部《乡镇企业产权制度改革意见》,以规范化股份制、股份合作制、租卖结合和拍卖等四种形式,推进乡镇企业产权制度改革。2001年,全区34家尚未改制的乡镇企业实施产权制度改革,其中改制为有限责任公司的有3家,改制为股份合作制的有8家,转为股份有限公司的有1家,转为民营企业的有3家,减少集体资本金的有4家。2003年,转为民营企业的有15家。至2004年,乡镇企业产权制度改革全面完成。

二、双层经营,分级管理

1999年,境内实行农村集体资产"双层经营,分级管理"体制,乡(镇)村集体经济组织和企业(经济主体)实施集体资产经营,集体经济组织行使资产所有权和经营监督权、收益分配权等。县(市)农村集体资产管理办公室间接管理全县(市)乡(镇)村农村集体资产;乡(镇)农工商总公司、村经济合作社分别管理本级所属集体资产。2001年乡(镇)农工商总公司撤销,乡(镇)集体资产改由农村集体资产管理委员会和经营公司经营管理本级所属集体资产,村级不变。当年全区镇级集体资产增值的有11个镇,增值总额4656万元。

269 个行政村中，增值的有 207 个，增值总额 5893 万元；保值的有 33 个村；减值的有 29 个村，减值总额 770 万元。71 家集体投资企业中，增值的有 56 家，增值总额 2374 万元；保值的有 6 家；减值的有 9 家，减值额 638 万元。是年年末，全区镇、村两级集体资产总额 19.65 亿元，其中镇级 8.8 亿元，村级 10.85 亿元；农村集体净资产 13.3 亿元，其中镇级 6.75 亿元，村级 6.55 亿元。2010 年年末，全区镇村两级集体资产总额 66.43 亿元，其中镇级 29.55 亿元，村级 30.88 亿元；农村集体净资产 37.8 亿元，其中镇级 19.34 亿元，村级 18.46 亿元（表4-1）。2013 年，加强镇级集体资产管理，做好 2013 年度省级农村土地规模流转项目、社区股份合作社项目的申报和资金下达工作。

表 4-1　2010 年相城区农村集体资产情况表

单位：万元

单位	镇级			村级		
	总资产	经营性总资产	净资产	总资产	经营性总资产	净资产
望亭镇	31287	29782	27303	27303	11332	18597
黄埭镇	11739	9164	9813	23539	7793	14730
阳澄湖镇	41275	39263	33248	14964	9590	11529
渭塘镇	54393	53193	17521	60114	46374	47133
北桥街道	56300	53427	44733	34402	11244	23171
黄桥街道	27219	26800	24870	34870	19149	12884
元和街道	66885	62780	31831	58386	17586	30924
太平街道	6392	5571	4081	13683	7656	6179
开发区	—	—	—	35129	10971	17025
度假区	—	—	—	6442	1207	2431

第二节　村级经济管理

一、会计委派

1990 年，境内 11 个乡镇建立会计管理站，管理镇、村企事业单位主办会计、出纳会计、材料会计和统计员，主要职责是贯彻执行会计法规、会计制度，制定会计人员岗位责任制并进行考核，开展会计人员业务培训和技术职称审核，以及会计工作升级考核、会计档案和会计事务管理等。1995 年，蠡口镇进行会计委派试点，随后在镇办企业和部分村办骨干企业中逐步推开。2000 年起，镇、村集体企业产权制度改革基本结束，企业会计委派终止。

二、村务公开

村务公开包括正常业务收支、专项业务收支和其他村务等三项内容，重点是财务公开。1998 年，境内乡镇全面实行村务公开。2003 年 9 月，按人口集聚情况增设公开栏，全面公开村重大事务。2010年,全区95个行政村(社区)均建立村务公开制度。

三、财务代理

2000年12月,黄埭镇实施村级财务代理制,建立村级财务代理记账中心,受村经济合作社委托,代为建账、记账、算账、报账和管账。2001年11月,相城区政府下发《关于村级财务代理记账的实施意见》;是年年底,全区11个镇全面实行村级财务代理记账制,共设代理会计40人,负责258个村的村级财务管理工作,并逐步实现电算化记账。2010年,全区95村(社区)实行村级财务代理记账制,有代理会计22人。

四、非生产性费用包干

2004年7月23日,区委、区政府"两办"下发《村级非生产性费用包干的实施意见》,要求严格控制非生产性开支。因工作需要的招待费、通信费和交通费,年初核定包干指标(基本费用分档核定),一月一报,年终结算,超包干基数部分由个人负担,节余部分则在年终统一兑现奖励。村级财务代理记账中心设置村级非生产费用包干专户,专款专支,并接受纪检监察机关的监督检查,发现问题及时查处,除处以违纪金额的5倍罚款外,还予以公开曝光,并视情节轻重予以党纪、政纪处分。是年8月—12月,全区村级非生产性费用包干支出491万元,比上年同期减少支出48.8%。2010年,全区村级非生产性费用包干支出1858万元。

五、农村财务管理合格镇(村)创建

2006年,全区开展创建农村财务规范化管理合格镇、村活动,建立健全村财会人员,村级财务收支预决算,货币资金,财务审批、收支结报、票据,债权债务,集体资产,民主理财、村务财务公开及会计档案等管理制度。是年,全区有渭塘镇、黄埭镇、元和街道和12个行政村分别申报为省、市级创建农村财务规范化管理达标镇、村。2007年,全面完成创建任务,全区9个镇(街道、开发区)、96个行政村农村财务规范化管理合格达标率100%。2010年,全区有5个镇、21个行政村农村财务规范化管理达省级标准。

第三节 农民负担监督管理

一、负担减控

1983年,境内农村实行家庭联产承包责任制后,继续实行农民向国家上缴农业税,向集体缴付公积金、公益金及其他费用的负担制度。1991年12月7日,国务院颁发《农民承担费用和劳务管理条例》。是年,境内各乡镇农民合同内承担的费用为人均32.52元,占1990年农民人均纯收入的2.82%,其中太平乡最低,为1.30%;但合同外负担仍较重。1995年,境内各乡镇农民合同内承担的费用为人均27.84元,占上年农民人均纯收入的0.90%,较1991年

分别下降 4.68 元和 1.92 个百分点。

2000 年，境内农民承担村提留、乡统筹费 385.44 万元，劳务（"两工"）以资代劳 28.78 万元，两项合计 414.22 万元，农民人均负担 13.20 元。2001 年起，继续加强农民负担监督管理，至 2004 年，全区农民合同内负担实现了"零负担"。

二、税费改革

2001 年 4 月，根据《中共中央、国务院关于进行农村税费改革试点工作的通知》精神，全区推行农村税费改革。是年，全区农业税按计税面积 25.88 万亩，计税常产 667 公斤，税率 7%，计税价格按每公斤原粮 1.1 元计算，税费总额为 1562.26 万元（其中农业税附加 233.81 万元），比税改前 2000 年的 2015.78 万元减少 453.52 万元，减负率 22.5%；农民不再承担费用和劳务，比税改前的 2000 年净减 414.22 万元。以上合计减少农民税费负担 867.74 万元，人均减负 27.7 元，总减负率为 35.7%。2003 年，《苏州市农业税征收办法改革实施意见》下发，要求取消农业特产税及附加和农业税附加，改革农业税征收办法。是年，全区应征农业税 1008.86 万元，由镇（区）、村代缴，政府补贴，即区补贴 40%（403.54 万元），镇、村补贴 60%（605.32 万元）。2004 年，调整计税面积和农业税税率后，应征农业税 523.5 万元，由区负担 210.21 万元，镇、村负担 313.29 万元，同时区级财政转移支付 314.35 万元。2005 年 2 月 17 日，江苏省人民政府下发《关于全面免征农业税的通知》，农民不再缴纳农业税。

第二卷 农业

概 述

　　元明时，境内形成水稻、小麦两熟制。清末至民国，因战乱及水旱、病虫等灾害，境内农业发展缓慢。新中国成立后，政府相关部门致力于改善生产条件，改革耕作制度，推广先进技术。1955年，渭塘、浒泾、望亭等地试种双季稻。1958年，修筑灌溉水渠，建造机电灌溉站。60年代后期，境内排涝、灌溉基本实现机电化，耕作、收获、植保、脱粒等作业机械化与半机械化并举。1968年，推行三熟制。70年代，渭塘、黄埭、黄桥、太平、蠡口、北桥和湘城等地建设丰产田。1983年，恢复两熟制，建设丰产方、丰产线和吨粮田。1995年，境内建有县级丰产方、丰产线2.16万亩。2000年，境内耕地32.27万亩，水稻亩产557公斤，三麦亩产201公斤，粮食总产量15.04万吨。2001年，调整农业产业结构，建立粮食生产标准化生产示范片，推进现代农业产业化经营，发展花卉、苗木、林果、蔬菜种植和畜禽养殖及休闲观光农业。2010年，全区有区生态园等现代农业基地23个、农业产业化经营重点企业16家、绿色食品生产基地12个，有3个省级名牌农产品和19个市级名牌农产品。全区有耕地24.1万亩，粮食总产量2.55万吨；成片造林5.7万亩，"四旁"植树折算面积2.59万亩，栽种2亿多株花卉；有农业机械4121台（套），总动力6.15万千瓦。

第一章 种植业

概 述

境内地处中亚热带北缘,为太湖大网平原的一部分。四季分明,气候温和,雨量充沛,日照充足,无霜期较长,为发展农业生产提供了十分有利的条件。境域毗邻的唯亭草鞋山一带出土的新石器时代的炭化粳、籼稻谷表明,早在6000年前境内先民就已开始种植水稻。清同治四年(1865),吴县、长洲、元和三县共课平米336810百斗,实征本色米173594石,苏州成为全国粮赋重地之一。

历史上境域内水稻品种多、良莠差异较大。清代相沿种植籼、粳、糯米三类计79个品种。一般耕地种植稻麦两熟,秋熟水稻、夏熟小麦。但由于境内历来洪水频繁,如宣统三年(1911)农历七月发大水,中稻基本上颗粒无收。

民国时期,境内开始稻作试验,推广机电灌溉。但由于受封建生产关系的束缚,中华人民共和国成立前,农业生产方式落后。

中华人民共和国成立后,实行土地改革,兴修水利,改善农业生产条件,改革耕作制度,推广先进技术,农业生产发展较快。1956年,县内粮食总产达376960吨,比1949年增长94%。1958年起遭遇严重困难,粮食连续三年减产。60年代初,实行以生产队为基本核算单位,纠正"大跃进"中"左"的错误,农业生产得到恢复和发展。

水稻种植中,境内自1960年开始引种双季稻。1962年后,境内望亭等地历时数载,推广全国劳动模范陈永康的水稻高产经验,粮食总产得到提高。1965年后,逐渐扩大种植双季稻。1974年,全面改种双季稻,两熟制改为三熟制。由于农时季节和劳力的矛盾突出,很难解决后季稻受严寒侵袭而减产的问题,加上种植双季稻成本大、用工多、米质差、折率低、增产不增收等问题,种植双季稻得不偿失。1976年,南方十三省水稻现场会在本境域内举行。1978年,全国农田基本建设会议代表来境内作现场参观。1985年,境内全部恢复种植单季稻,仍一年两熟制。

三麦种植中,20世纪60年代后,境内扩大推广早熟大元麦,以适应一年三熟制早茬的需要。1985年,恢复种植单季稻,大元麦种植面积逐年减少。至1988年,境内基本全部种植小麦。

20世纪60年代至90年代末,境内油菜种植面积基本保持稳定。但在2001年建区后,随着城乡一体化的推进,油菜种植面积迅速下降。2001年,油菜种植面积为57780亩;2009年,油菜种植面积为5403亩。

党的十一届三中全会后,境内进行农村经济体制改革,全面推行家庭联产承包责任制,调动了农民种粮积极性,水稻单产得到了提高。20世80年代,一度出现粮食结构过剩和卖粮难现象。1998年,境内水稻亩产达到600公斤以上。

2001年建区后:2001年,水稻总产101157吨;2002年,水稻总产84303吨;2003年,水稻总产50646吨;2004年,水稻总产44809吨;2005年,水稻总产40192吨;2006年,水稻总产41266吨;2007年,水稻总产30566吨;2008年,水稻总产25874吨;2009年,水稻总产24487.4吨;2010年,水稻总产17522吨;2011年,水稻总产17522吨;2012年,水稻总产17942吨;2013年,水稻总产17621吨。

第一节 土壤耕地面积

一、耕地面积

民国三年(1914),全县有耕地181.14万亩。民国十三年(1924)6月,已垦田地182.29万亩。民国十九年(1930)4月,全县19个区(未包括苏州城区)共有耕地163.55万亩,农户15.39万户、64.12万人,户均10.63亩,人均2.55亩。

因邑境变更,1949年,全县实有耕地126.53万亩,人均1.84亩。土地改革以后,农民响应政府号召,筚路蓝缕、拓荒垦殖。1954年,全县实有耕地增至129.33万亩,5年净增2.8万亩。50年代中期始,大搞沟、渠、路、河等农田水利基本建设,占用耕地较多。1960年,耕地面积锐减为120.61万亩。此后,耕地增辟多于占用量,全县实有耕地面积有所回升。70年代相反,全县实有耕地面积又呈下降趋势。80年代以来,随着乡(镇)村工业的崛起,公交工程、社员盖房占地,全县实有耕地面积续有减少。1987年,全县有耕地117.97万亩,比1949年净减8.56万亩。按农业人口105.75万人计,人均耕地1.12亩。1995年,境内有耕地36.40万亩。按总人口计,人均耕地1.04亩;按农业人口计,人均耕地1.19亩。此后,耕地面积继续减少(表1-1)。

表1-1 1995年至2013年相城区及建区前境内耕地面积表

年份/年	耕地面积/万亩	总人口平均/亩	农业人口平均/亩	集体经营地/万亩	农业自营地/万亩
1995	36.40	1.04	1.19	—	—
1996	36.69	1.05	1.20	—	—
1997	32.41	0.93	1.07	—	—
1998	32.35	0.93	1.07	—	—
1999	32.32	0.94	1.09	—	—

续表

年份/年	耕地面积/万亩	总人口平均/亩	农业人口平均/亩	集体经营地/万亩	农业自营地/万亩
2000	32.27	0.94	1.09	—	—
2001	32.77	0.95	1.20	31.28	1.49
2002	30.66	0.91	1.13	29.19	1.47
2003	30.07	0.89	1.11	28.62	1.45
2004	29.67	0.86	1.10	28.24	1.43
2005	27.86	0.80	1.02	26.55	1.31
2006	26.79	0.75	0.99	25.67	1.12
2007	26.16	0.74	0.96	25.14	1.02
2008	25.59	0.70	0.94	—	—
2009	25.30	0.69	0.93	24.20	1.10
2010	24.10	0.67	0.84	23.20	0.90
2011	21.96	0.58	0.82	21.16	0.80
2012	19.76	0.51	0.76	18.98	0.78
2013	17.79	0.45	0.71	17.02	0.77

2001年，全区耕地面积32.77万亩，人均耕地0.95亩；2002年，全区耕地面积30.66万亩，人均耕地0.91亩。随着城市化、工业化建设的推进，全区耕地面积持续减少。2006年，全区耕地26.79万亩，人均耕地0.75亩。2007年，全区耕地26.16万亩，人均耕地0.74亩。2008年，全区耕地25.59万亩，人均耕地0.7亩。2009年，全区耕地25.3万亩，人均耕地0.69亩；2010年，全区耕地24.1万亩，人均耕地0.67亩；2011年，全区耕地21.96万亩，人均耕地0.58亩；2012年，全区耕地19.76万亩，人均耕地0.51亩；2013年，全区耕地17.79万亩，人均耕地0.45亩。

第二节　农业区划

1978年，政府开展农业资源调查。1981年，根据自然社会经济条件以及地域特征，境内大致被划分为阳澄淀泖平田、半高田区，元和塘低洼圩田区和西部高平田区三大综合农业区划。2001年3月相城区农业发展局成立后，根据全区经济发展规划，逐步调整原有区划产业结构，重点发展生态农业、农业（水稻、三麦）标准化生产、旅游业、特种水产养殖业和蔬菜种植。

一、阳澄淀泖平田、半高田区

位于境域东部，地处阳澄湖湖区。1981年时，包括湘城、太平、泊泾等3个公社。2005年调整行政区划后，阳澄淀泖平田、半高田区包括阳澄湖镇、太平街道和阳澄湖休闲旅游度假区。区划内地势低平，一般田面高程（吴淞基面，下同）3～4米；河道众多，有利于灌溉、调蓄、养殖、积肥和运输，但雨季水流汇注，易发生洪涝灾害。土壤以黄泥土为主，肥力较高；乌栅土、青泥土分布在消泾、陆巷东北部圩区，不利于作物生长。主要种植水稻、三麦、油菜，兼水产养殖。2006年起，调整产业结构，重点发展生态农业、旅游业和特种水产养殖业。

二、元和塘低洼圩田区

位于境域中南部。1981年时，包括黄埭、黄桥、北桥、渭塘、蠡口、陆墓等6个公社。2003年至2004年调整行政区划后，元和塘低洼圩田区包括黄埭镇、黄桥街道、北桥街道、渭塘镇、元和街道。区划内湖荡密布，周围略高，高程4～4.5米；中间较低，一般在3～3.5米，以低洼圩田为主，汛期易遭水患。平田以粉质黄泥土为主，土壤肥力低；低洼圩田区以乌栅土为主。区划人多地少，主要种植水稻、三麦、油菜，兼内塘养鱼和河蚌育珠。内塘养鱼历史悠久，黄桥青鱼（粉青）为名特农产品。渭塘、黄埭河蚌育珠养殖面积较大。2004年起，调整产业结构，主要开发生态农业，依托漕湖滨水资源，发展临湖休闲旅游观光农业、生态农业和花木林果栽培、蔬菜种植和珍珠养殖。

三、西部高平田区

位于境域西北部，包括东桥（2006年与黄埭合并为黄埭镇）、望亭镇。区划地势平坦，高程4～6米。除京杭大运河外，区划内多系小河小浜，湖塘较少，水网密度低于其他农业区。土壤以黄泥土为主，肥力较高，"土劳负担"（耕地与劳动力之比）较轻，是生产粮、油为主的农业区。区划蚕桑生产历史悠久，刺绣、编织为传统家庭副业。2002年起，调整产业结构，主要发展农业（水稻、三麦）标准化生产、蔬菜种植和太湖临湖水产养殖。

第三节　种植制度

民国时期，境内以一年稻、麦两熟为主，低洼圩区一年一熟。夏种秋熟以粳稻为主；秋播夏熟以三麦（小麦、元麦、大麦）为主，油菜次之，种植少量蚕豆、绿肥。

新中国成立初期，农业一年两熟种植制度基本未变。1953年起，水稻种植逐步实行"籼改粳""早改晚""中改晚"；对晚稻育秧、移栽，推行晚播晚栽避螟。晚粳稻种植面积上升，中粳稻种植面积相对压缩。1955年至1957年，渭塘、油泾、望亭等地利用冬闲田、绿肥茬口进行双季稻种植试验，后因用工大，产量与单季稻相比不高，未能推广。1965年，双季稻栽种面积扩大。1968年，双季稻从绿肥茬口发展到麦、油菜等三熟制茬口，逐步形成绿肥—稻—稻、油菜—稻—稻和麦—稻—稻的种植制度。1969年起，全面推行"三熟制"。"三熟制"因投工、投本、投肥多，劳动强度大，经济效益下降。1977年，根据"土劳负担"，调整部分"三熟制"种植比例。1983年农村实行家庭联产承包责任制，"三熟制"种植面积大幅度缩减。1985年全面恢复一年两熟种植制度：夏种秋粮，主要是粳稻；秋播夏熟小麦为主、油菜次之，搭配一定量的蚕豆、绿肥。2001年以后，实施农业种植结构调整，开发冬季农业，推广粮食作物、经济作物、饲料作物三元种植模式。2013年，全区基本种植制度为油菜—稻，或麦—瓜—稻（白菜），或冬季蔬菜—稻—菜；其他种植形式有稻—冬季牧草，蚕豆—稻，毛豆—秋玉米—包菜等。

第四节 作物栽培

一、水稻

（一）面积与产量

民国三十八年（1949），境内水稻平均亩产约为180公斤。1950年，经过土地改革，农民种田积极性提高，粮食连年增产。1954年，因受水灾、台风等灾害影响，水稻亩产为220公斤。1956年农业合作化期间，水稻亩产为247.50公斤。1958年，因搞高指标，浮夸风，粮食减产。1961年，水稻亩产199.6公斤。1963年起，粮食产量逐步回升。1965年，水稻亩产402.58公斤。1979年，水稻亩产524.05公斤。

20世纪80年代后，境内农村进行经济体制改革，全面推行家庭联产承包责任制，在稳定粮食生产的前提下，调整农村产业结构，改变单一经营、高产穷区的局面，农村经济格局发生深刻变化，出现了农、副、工三业协调发展，农、林、牧、副、渔全面兴旺的可喜景象。1985年，全面恢复种植单季稻，水稻亩产384.6公斤。尽管境内粮田面积逐年递减，由于各级政府及有关部门加强对粮食生产的领导，指导农户科学种田，引进（研发）、推广和应用新品种、新农艺、新肥药，组织和鼓励农户开展高产竞赛和丰产方（带）建设活动，粮食单产有了较大幅度提高（表1-2—表1-5）。其中1995年，境内水稻种植32.27万亩，总产量17.55万吨，亩产544公斤。1998年，水稻单产达到600公斤以上。建区的2001年，全区水稻总产101157吨。之后随着城乡一体化的推进，粮田面积不断下降。2001年起，水稻种植17.23万亩，总产量10.12万吨，亩产587公斤。2008年，粮食总产25874吨。2010年，全区水稻种植面积3.24万亩，总产量1.923万吨，亩产594公斤；2011年，全区水稻种植面积2.94万亩，总产量1.75万吨，亩产595公斤；2012年，全区水稻种植面积2.95万亩，总产量1.79万吨，亩产607公斤；2013年全区水稻种植面积2.88万亩，总产量1.762万吨，亩产612公斤。

表1-2　1986年至1994年相城境内水稻产量表

年份/年	总产/吨	面积/亩	单产/公斤·亩
1986	160622.4	342681	469
1987	156046.1	334618	466
1988	166924.7	340796	490
1989	172491	340879	506
1990	179441.2	340651	527
1991	176763	337084	524
1992	166898.1	333785	500
1993	155454.7	302266.7	514
1994	174100.9	321600	541

表1-3　1995年至2006年相城区及建区前境内水稻面积和产量表

年份	1995年			1996年			1997年			1998年		
面积单产总产	面积/亩	单产/(公斤·亩)	总产/公斤	面积/亩	单产/(公斤·亩)	总产/公斤	面积/亩	单产/(公斤·亩)	总产/公斤	面积/亩	单产/(公斤·亩)	总产/公斤
合计	322665	544	175457	317550	564	179233	316309	576	182336	307344	600	184319
望亭	32464	547	17768	32464	568	18430	32464	571	18530	31000	601	18628
东桥	28749	545	15508	28449	560	15943	28549	575	16421	27500	603	16572
里口	25837	545	14076	25837	551	14226	25619	566	14505	24600	581	14285
陆慕	23423	551	12904	23223	567	13158	22893	569	13028	21000	599	12585
黄埭	39766	533	21199	39566	589	23312	39566	608	24059	39000	615	23977
北桥	37367	546	20383	32952	556	18332	32952	571	18816	32335	585	18909
黄桥	11397	549	6262	11397	554	6309	11397	564	6430	11000	590	6487
湘城	31197	549	17112	31197	578	18016	31197	598	18671	31197	619	19311
阳澄湖	30368	536	16277	30368	551	16730	30368	566	17188	30000	595	17841
太平	32797	543	17815	32797	554	18170	32797	560	18376	31500	595	18755
渭塘	29300	551	16153	29300	567	16607	28507	572	16312	28212	602	16969

年份	1999年			2000年			2001年			2002年		
面积单产总产	面积/亩	单产/(公斤·亩)	总产/公斤	面积/亩	单产/(公斤·亩)	总产/公斤	面积/亩	单产/(公斤·亩)	总产/公斤	面积/亩	单产/(公斤·亩)	总产/公斤
合计	273429	546	149444	223687	557	124645	172250	587	101157	147900	570	84303
望亭	27346	540	14764	25149	583	14669	25922	557	14426	22182	641	14210
东桥	26000	550	14305	23906	552	13186	23099	519	11992	17257	564	9726
里口	20500	550	11282	19000	575	10925	14972	547	8194	13105	550	7210
陆慕	18000	575	10346	12551	543	6815	6750	556	3751			
黄埭	37500	528	19800	33436	545	18236	29345	531	15575	23500	565	13287
北桥	32214	551	17737	26863	500	13442	22000	520	11449	20112	592	11904
黄桥	8000	548	4386	9000	562	5058	7168	544	3899	5434	566	3076
湘城	29940	540	16168	17889	573	10250	15536	540	8391	10590	559	5920
阳澄湖	24000	541	12979	14000	570	7980	7000	561	3926	7000	560	3923
太平	24098	530	12762	20840	567	11816	15630	529	8268	13198	536	7074
渭塘	25831	577	14915	21053	583	12268	16396	544	8912	15561	564	8776

年份	2003年			2004年			2005年			2006年		
面积单产总产	面积/亩	单产/(公斤·亩)	总产/公斤	面积/亩	单产/(公斤·亩)	总产/公斤	面积/亩	单产/(公斤·亩)	总产/公斤	面积/亩	单产/(公斤·亩)	总产/公斤
合计	90321	561	50646	79350	565	44809	81002	496	40192	72417	570	41266
望亭	14416	558	8044	13211	540	7134	13541	472	6391	12315	575	7081
东桥	10194	564	5746	13190	556	7328	12896	496	6396			

续表

年份	2003年			2004年			2005年			2006年		
面积单产总产	面积/亩	单产/(公斤·亩)	总产/公斤	面积/亩	单产/(公斤·亩)	总产/公斤	面积/亩	单产/(公斤·亩)	总产/公斤	面积/亩	单产/(公斤·亩)	总产/公斤
里口	4470	548	2448	3442	558	1921	3013	555	1671	2266	580	1314
陆慕												
黄埭	17080	560	9558	12674	558	7072	14023	480	6731	25314	553	13999
北桥	13044	582	7585	10936	596	6515	11637	584	6793	11617	601	6984
黄桥	2320	563	1305	895	573	513	250	556	139			
湘城	6920	555	3841									
阳澄湖	5000	550	2750	10878	557	6063	10775	469	5054	7558	571	4314
太平	6668	562	3747	6025	560	3374	6451	465	2999	5366	534	2865
渭塘	8585	589	5056	8088	604	4889	8416	478	4019	7981	590	4709

表1-4 2007年至2010年相城区及建区前境内水稻面积和产量表

年份	2007年			2008年			2009年			2010年		
面积单产总产	面积/亩	单产/(公斤·亩)	总产/公斤	面积/亩	单产/(公斤·亩)	总产/公斤	面积/亩	单产/(公斤·亩)	总产/公斤	面积/亩	单产/(公斤·亩)	总产/公斤
合计	59048	519	30566	44976	575	25874	41478	590.4	24487.4	32400	594	41478
望亭	11132	556	6189	8356	569	4758	7842.36	604	4736.8	7304	606	7842
东桥												
里口												
陆慕												
黄埭	15257	492	7501	16353	570	9321	16012.69	585	9367.4	13038	580	16013
北桥	11722	506	5931	9146	612	5602	7643.4	618.2	4725.1	7142	620	4430
黄桥												
湘城												
阳澄湖	5515	528	2911	2492	565	1408	1525.8	584	891.1	619	602	373
太平	4003	539	2158	3172	545	1729	2424	558	1352.6	1642	559	917
渭塘	4300	578	2487	577	540	312	470	572	268.8	120	543	65
开发区	7119	476	3389	4880	560	2733	4256	565	2404.6	9431	611	5762
度假区							1304.03	568.2	740.9	213	574	122

表 1-5 2011 年至 2013 年境内水稻面积和产量表

年份	2011 年			2012 年			2013 年		
面积单产总产	面积/亩	单产/(公斤·亩)	总产/公斤	面积/亩	单产/(公斤·亩)	总产/公斤	面积/亩	单产/(公斤·亩)	总产/公斤
合计	29400	596	17522	29479	607	17942	28824	611	17621
望亭	7348	606	4453	7442	612	4554	7012	624	4375
东桥									
里口									
陆慕									
黄埭	11903	580	6904	12353	605	7473	12353	610	7535
北桥	6934	626	4338						
黄桥									
湘城									
阳澄湖	1120	590	661	1120	600	672	1120	600	672
太平	852	561	478	450	562	253	756	563	426
渭塘	300	560	168	210	552	116	810	560	454
开发区	7156	624	4471	6049	626	3788	3901	632	2464
度假区	687	565	388	1855	585	1086	2872	590	1695

注：开发区包括北桥数据。

(二) 水稻品种

历史上境内种植的水稻品种繁多，良莠并存。据民国《吴县志》载，清代时境内相沿种植的有籼、粳、糯三类共 79 个品种。民国二十二年（1933），推广的粳稻有"软秆青""半夏稻""麻子鸟""鸟须稻"；糯稻有"铁秆早黄糯"。1937 年，农业推广所推广改良种"314"。

新中国成立初期，境内籼稻有"六十日""黄瓜籼""九十子""杜子籼""太湖籼""帽子头""红壳籼""芦籼"等，早粳稻有"一时兴""早黄稻""早石稻""黄早十日""大禾稻""奎稻""薄稻"，中晚粳有"314""412""早中秋""凤凰稻""一粒芒""荒三石""木樨球"，晚粳有"晚野稻""芦花白""立冬稻""铁粳青""矮子粳""牛毛黄""灰藻""老晚稻"，糯稻有"麻筋糯""白壳糯""红壳糯""香粳糯"等，计 77 个品种。1952 年，境内从松江县引进晚粳良种"老来青""261"，推广望亭稻作试验场的"853""苏稻 1 号"。1954 年，又从江阴引进中粳"黄壳早甘日"。上述品种为 20 世纪 50 年代中后期境内单季稻的当家品种。1956 年，区内试种双季稻，引进"有芒早沙粳""无芒早沙粳""青森 5 号""公社 17 号"等，其中"有芒早沙粳"成为 50 年代末前季稻当家品种。后季稻品种以"老来青""芦花白""853"为主。

1959 年，引进"农垦 58"。1965 年，"农垦 58"普及全境域，成为当家品种，占晚稻面积的 80% 以上。一向为农民交口称誉的"芦花白"（"种田种到头发白，勿要忘记芦花白"）、

"矮子粳""苏稻1号"等品种逐渐被淘汰。60年代，引进中粳"农垦57"（金南风）、"桂花黄"。糯稻品种"金坛糯""荒三石糯""细柴糯""虹糯"亦为群众所欢迎。1964年，从浙江省引进双季稻品种"矮脚南特号""莲塘早""陆财号""团粒早"，代替原来的"有芒早沙粳"等品种。不久，上述品种又为"矮南早1号""二九南1号""辐矮早20""矮南早39""圭陆矮3号""广陆矮4号"等品种所代替。后季稻引种"沪选19""武农早""东方红1号""宇红号"。

20世纪70年代，大力发展双季稻、三熟制。先后引进的前季稻当家品种有"二九青""原丰早""中秆早"和农科所选育的"吴广早"；后季稻品种以"农虎6号"当家，搭配种植"农虎3-2"；糯稻有"江丰3号""京引15号"等；单季稻品种以"苏粳2号""农虎6号""农虎3-2"为主，"农垦58"因多年种植混杂退化严重被淘汰。1976年，区内一度引进推广过杂交稻，品种有"南优2号""汕优3号""汕优6号""威优""泗优"等。

1980年，全境域有前季稻品种25个、后季稻品种66个。前季稻以"原丰早"为主，"吴广早""浙辐802"为辅；后季稻以"农桂早3-7"和"武复粳"当家，搭配种植"义稻6号""东亭3号""复虹糯6号"。恢复种植单季稻，并以"昆农选16"当家，搭配种植"昆稻2号""早单八""盐粳2号""紫金糯"等。1985年后，开始推广晚粳良种"秀水04"。1987年，"秀水04"成为水稻当家品种，搭配品种"早单八""单鉴31""昆农选16""武复粳""武香粳""苏粳2号""晚单11""秀水48""秀水06""农桂早3-7"等均有零星种植。糯稻以"紫金糯""83-25""84-84"良种为主。1988年，"秀水04"种植面积占全区水稻总面积的75%。

1990年，引进示范常规粳稻品种"丙88-122"和杂交粳稻"寒优1027"。1992年，"丙88-122"一跃成为水稻当家品种。1994年，"丙88-122"种植面积占全境域水稻种植面积的70%。同年，扩大示范"丙91-17""太湖粳2号""9-92""88-03""辐88-2"等苗头性的新品种。1996年，"太湖粳2号"成为区内水稻当家品种，"丙91-17""9-92"成为搭配品种，引进种植"93-31""93-25""93-63"等新品系和杂交粳稻"8优161""泗优422"，糯稻以"太湖糯"为主。1999年，水稻新品种"武运粳7号"成为当家品种，占全区水稻种植面积的70%左右，并积极示范"97-46""苏香粳1号""优辐粳""99-15"和杂交粳稻"申优1号"等新品种（系）。

2001年以后，相城区优化水稻品种结构，大力推广优质高产品种。2002年，水稻品种以"97-46"为当家品种，占全区水稻种植面积的40.7%，搭配品种为"苏香粳1号""优辐粳""97-07"和杂交粳稻"常优1号""申优1号"等优质高产品种，糯稻以"太湖糯"为主。2004年起，全区实施水稻良种补贴项目，大力示范和推广"武粳15""嘉991""嘉33"和杂交粳稻"常优1号""甬优8号"等，再次将推广优质高产水稻品种推向高潮。从2006年起，全区90%以上的水稻种植面积种植优质高产水稻品种已连续三年。2013年，全区优质水稻品种"南粳46"的种植面积达95%以上。

（三）种植方式

民国时期，一般均育秧移栽，以冬闲田和绿肥田作为秧田，秧田不分畦。新中国成立后，开始推广合式秧田，以利于灌溉、排水、施肥和病虫防治。20世纪80年代初，采用过半自动手工插秧机，因浮棵多、缺棵多，故未推广。90年代中后期，采用过直播稻和抛秧，虽省工，但因草害较重、产量不高而被逐年淘汰。相城区建区后，逐步推广小苗机插秧。

栽培

1. 育秧：一般在立夏前后浸种，传统旧式秧田做法简单，一块大田经过耕翻、捣碎、灌水、用门板压平即可播种。1952年后，秧田改做"合式秧田"，即秧田内每隔4～5尺开一道沟，沟深4～5寸。秧田和大田比例为1：8～10，每亩秧田播种量60～120公斤。种植双季稻期间，采用温水浸种催芽、塑料薄膜育秧、小苗条寄等育秧方法，对抢季节、保早熟有较好效果。20世纪90年代后，育秧采用新农艺：一是尼龙秧盘育秧。采用这种方法在莳秧时可以抛秧。二是旱育稀植。具体做法是，播种后不上水，用尼龙覆盖，上面覆盖稻草，一星期揭膜上一次水，以后以旱为主，为节水型育秧方式。

2. 移栽：新中国成立前后，早熟品种在5月底6月初移栽，中熟品种在6月下旬移栽。种植密度较稀，每亩1.3万穴左右。农民俗语说："尽手一托（3.6尺），尽脚一缩。"1953年，推广陈永康小株密植经验，每亩1.6万穴左右。50年代后期，水稻田大体为5×5寸方型。双季稻密度较高，一般株行距为3×4.5寸长方型，每亩4.4万穴，如此延续到双季稻被淘汰为止。90年代，逐步推行宽行条栽新技术，株距3.7寸，行距6寸，每亩2.6万穴，每穴栽3～4苗，每亩基本苗9万～10万。90年代后期后，常规粳稻行距6寸，株距5寸，每亩1.8万～2.0万穴，每穴栽3～4苗，每亩基本苗7万～8万；杂交粳稻行距7.5寸，株距4.5～5寸，每亩1.6万～1.8万穴，每穴栽1～2苗，每亩基本苗5万～6万。机插秧行距9寸，株距4寸，每亩1.6万穴，其中杂交粳稻每穴栽1～2苗，每亩基本苗3万左右；常规粳稻每穴栽3～4苗，每亩基本苗7万～8万。

3. 大田管理：1963年，境内开始推行全国劳动模范陈永康在望亭公社奚家大队水稻高产样板经验，秧田采用薄泥浆播种育壮秧，每亩秧田播种量减少到65公斤。大田根据苗色"三黄三黑"变化进行肥水管理，重点是中期使用长粗肥，后期普施长穗肥。1982年开始，以改变施肥技术为突破口，致力于单季稻高产栽培技术的研究，至1987年逐步形成：（1）培育壮秧。秧田与大田之比1：8～10。每亩秧田播种量50公斤左右。在施足基肥的基础上，二叶一心施断奶肥，看苗施用接力肥，拔秧前重施起身肥。（2）合理密植（同上）。（3）科学管理。栽后深水活棵，活棵后浅水勤灌促分蘖，分蘖末期脱水搁田，孕穗前后和灌浆期保持浅水层，后期干湿交替，收割前一星期放水落干，保持水稻活熟到老。施肥采用平衡促进法，即在施足基肥的基础上，栽后一星期内早施分蘖肥，叶色褪淡时施用长粗肥，穗肥看苗施肥，以早黄早施、晚黄晚施为原则。

中耕除草：20世纪50年代前后，中耕除草一般进行3次。莳秧后半个月左右开始耥稻、竖稻和耘稻。大暑搁田后，上水后拔一次草。立秋前后拔一次草。60年代后，采用工具耥稻和人手耘稻相结合的方法。70年代后,使用药剂除草。在莳秧后3~4天,将除草醚(每亩0.5公斤)拌土散撒入田内,保持深水3天,杂草即除净。80年代后至截稿时止,均在栽后5~7天结合分蘖肥同时施用除草剂,即在分蘖肥中拌入乙草净等药剂同时撒入田内,保持深水3天。

(四)收获

双季稻在7月底收获,双季晚稻在11月初收获。单季稻在10月底11月初收获。90年代中期前,一般均采用人工割稻。20世纪90年代中期后,机器收割面积逐步增多。2010年,人工和机器收割各半。至2013年,水稻收割机械化达到了90%以上。

二、三麦

(一)面积与产量

民国三十八年(1949),三麦亩产约为41公斤。1954年,受灾害影响,三麦亩产为57公斤。1956年农业合作化期间,三麦亩产61公斤。1961年,三麦亩产59公斤。1965年,三麦亩产121.3公斤。1979年,三麦亩产246.56公斤。

20世纪80年代后,境内农村进行经济体制改革,全面推行家庭联产承包责任制,在稳定粮食生产的前提下,调整农村产业结构,改变单一经营和高产穷区的局面,农村经济格局发生深刻变化,出现了农、副、工三业协调发展,农、林、牧、副、渔全面兴旺的可喜景象。1985年,全面恢复发展,三麦亩产达166公斤。1995年,境内三麦种植22.31万亩,总产量5.96万吨,亩产267公斤。尽管境内粮田面积逐年递减,但由于各级政府及有关部门加强对粮食生产的领导,指导农户科学种田,引进(研发)、推广和应用新品种、新农艺、新肥药,组织和鼓励农户开展高产竞赛和丰产方(带)建设活动,粮食单产有了较大幅度提高。其中小麦单产2008年达到280公斤以上。2001年,全区小麦总产9724吨。以后随着城乡一体化的推进,粮田面积不断下降。2008年,小麦总产6665吨。2013年,小麦总产6850吨。建区前后境内各年三麦面积产量汇总如表2-6、表2-7所示。

表2-6 1986年至1994年相城境内三麦产量表

年份/年	总产/吨	面积/亩	单产/(公斤·亩)
1986	60400.4	241961	250
1987	54199.8	234959	231
1988	62197.9	261403	238
1989	52289.3	257307	203
1990	66670	261392	255
1991	61696.9	256229	241
1992	72629.2	252452	288
1993	62770.9	227309	276
1994	59492.6	226710	262

表 2-7　1995 年至 2006 年相城区及建区前境内三麦面积和产量表

年份	1995 年			1996 年			1997 年			1998 年		
面积单产 总产	面积/亩	单产/(公斤·亩)	总产/吨	面积/亩	单产/(公斤·亩)	总产/吨	面积/亩	单产/(公斤·亩)	总产/吨	面积/亩	单产/(公斤·亩)	总产/吨
合计	223090	267	59602	219356	272	59645	222986	268	59811	199974	145	29036
望亭	22100	254	5612	21185	255	5412	21740	252	5475	20000	153	3061
东桥	20880	256	5343	20000	260	5205	21080	266	5609	18500	155	2871
里口	19480	251	4893	19480	252	4915	19480	252	4911	15200	152	2316
陆慕	16260	275	4478	16260	274	4455	16260	270	4392	12300	143	1759
黄埭	29700	287	8524	29700	298	8856	29550	280	8286	29834	131	3911
北桥	26740	258	6900	26740	260	6963	26580	256	6802	23210	120	2783
黄桥	7660	279	2139	7660	280	2146	7660	280	2146	7600	151	1146
湘城	19720	277	5460	19720	276	5441	20420	290	5912	18000	152	2727
阳澄湖	19500	260	5043	19000	273	5195	19000	273	5185	18000	179	3218
太平	21080	278	5867	21080	279	5887	21560	275	5930	19000	157	2973
渭塘	19970	268	5343	18532	279	5170	19656	263	5163	18330	124	2271
年份	1999 年			2000 年			2001 年			2002 年		
面积单产 总产	面积/亩	单产/(公斤·亩)	总产/吨	面积/亩	单产/(公斤·亩)	总产/吨	面积/亩	单产/(公斤·亩)	总产/吨	面积/亩	单产/(公斤·亩)	总产/吨
合计	169658	264	44800	128246	201	25750	68300	147	9724	60800	158	9594
望亭	16500	283	4667	14690	231	3387	17473	220	3837	11281	190	2143
东桥	15000	263	3948	15120	217	3288	15197	211	3210	9861	153	1513
里口	10714	251	2693	6597	200	1322	3090	150	462	2150	149	321
陆慕	8400	270	2270	5039	189	953	950	160	152			
黄埭	29000	276	8012	22622	173	3905	19652	215	4219	11000	167	1837
北桥	21000	261	5477	18000	142	2547	10228	156	1599	10214	125	1278
黄桥	4600	278	1289	4000	213	851	998	154	154	505	190	96
湘城	14628	253	3701	10000	237	2370	8794	194	1707	3360	155	521
阳澄湖	16589	260	4320	9000	235	2115	2000	190	380	1500	192	288
太平	16565	249	4125	12356	230	2842	7010	140	981	5344	134	716
渭塘	16662	258	4298	10822	201	2170	5852	153	895	5079	151	769
年份	2003 年			2004 年			2005 年			2006 年		
面积单产 总产	面积/亩	单产/(公斤·亩)	总产/吨	面积/亩	单产/(公斤·亩)	总产/吨	面积/亩	单产/(公斤·亩)	总产/吨	面积/亩	单产/(公斤·亩)	总产/吨
合计	38310	154	5869	22650	222	5025	24900	255	6349	26132	274	7161
望亭	6180	137	848	3610	220	794	5191	275	1427	6135	267	1638
东桥	4800	165	791	4874	222	1080	5500	258	1419			

续表

年份	2003年			2004年			2005年			2006年		
面积单产总产	面积/亩	单产/(公斤·亩)	总产/吨	面积/亩	单产/(公斤·亩)	总产/吨	面积/亩	单产/(公斤·亩)	总产/吨	面积/亩	单产/(公斤·亩)	总产/吨
里口	1385	150	208	805	150	121	340	150	51	290	260	75
陆慕												
黄埭	8130	154	1250	4205	264	1111	4300	281	1208	12531	281	3525
北桥	6148	156	960	3518	236	829	4073	265	1079	3456	285	985
黄桥												
湘城	2910	151	439									
阳澄湖	2000	220	440	2580	233	602	2710	251	680	2180	267	582
太平	3450	135	466	1511	160	242	1000	175	175	800	234	187
渭塘	2628	149	392	1140	165	188	840	220	185	740	228	169

表1-8 2007年至2013年相城区及建区前境内三麦面积和产量表

年份	2007年			2008年			2009年			2010年		
面积单产总产	面积/亩	单产/(公斤·亩)	总产/吨	面积/亩	单产/(公斤·亩)	总产/吨	面积/亩	单产/(公斤·亩)	总产/吨	面积/亩	单产/(公斤·亩)	总产/吨
合计	29234	280	8179	23431	284	6665	23233	272.4	6328	22350	280	6257
望亭	7610	315	2397	7610	330	2511	6381	315	2010	6561	301	1975
东桥												
里口												
陆慕												
黄埭	9403	260	2445	10030	260	2608	8757	275	2408.1	8116	280	2273
北桥	4159	314	1306	3257	277	901	2931	264.4	775	3033	272	824
黄桥												
湘城												
阳澄湖	2075	257	533	1396	260	363	625	279	174.4	511	256	131
太平	936	259	242	625	260	163	744	274	203.9	497	276	137
渭塘	1331	230	307				430	242	104.1	120	240	29
开发区	3720	255	949	513	233	119	2800	233	652.4	6134	263	1615
度假区							565	266.5	151	375	262	98

年份	2011年			2012年			2013年		
面积单产总产	面积/亩	单产/(公斤·亩)	总产/吨	面积/亩	单产/(公斤·亩)	总产/吨	面积/亩	单产/(公斤·亩)	总产/吨
合计	1770	285	5042	22139	288	6389	23385	293	6850
望亭	4669	303	1415	6976	326	2274	6843	299	2046
东桥									

续表

年　份	2011 年			2012 年			2013 年		
里口									
陆慕									
黄埭	7738	281	2174	7761	275	2134	8684	298	2588
北桥	4137	275	1139	4577	282	1290	4754	286	1360
黄桥									
湘城									
阳澄湖	95	256	24	545	251	137	920	270	248
太平	395	282	111	779	261	203	475	270	128
渭塘	120	232	28	120	242	29	120	275	33
开发区	4528	273	1235	4577	282	1290	4826	286	1378
度假区	205	262	54	1381	233	322	1517	283	429

＊开发区包含北桥数据。注：表中平均单产取值为整数。

（二）品种

1. 小麦

解放前后境内有"火烧麦""茧子头""早十日""和尚头""有芒紫皮""抢水黄""白长棋""红长棋""有芒菜子黄""玉皮"（1922 年引入，1933 年推广）和"黄皮麦"等品种。20 世纪 50 年代中期，"菜子黄""红长棋"种植面积占境内小麦种植总面积的 60%。1954 年，引进"华东 6 号"。1956 年，推广"南大 2419""矮粒多""大方六柱"，其中"大方六柱"适应性广、早熟稳产。1961 年，其种植面积已达境内小麦种植总面积的 85%。60 年代初，先后引进早熟、中熟良种"望麦 15 号""望麦 17 号""吉利""阿夫""万年 2 号""内乡 5 号""矮秆红""山农 205""丹农 1 号"。1965 年，以"华东 6 号""望麦 17""扬麦 1 号"（"871"）种植面积最大。70 年代，以"扬麦 1 号"为主，其次是"武麦 1 号"。1976 年至 1978 年，这两个品种小麦的种植面积占境内小麦种植总面积的 85%。搭配种植"安徽 11 号""庆九""鉴 140""鄂麦 6 号""宁麦 3 号""扬麦 2 号"等。80 年代初，以"扬麦 3 号""扬麦 4 号"为主，同时调入高产优质品种"扬麦 5 号"。1987 年，"扬麦 5 号"上升为当家品种，占境内小麦种植总面积的 50% 以上，搭配品种有"扬麦 4 号""扬麦 3 号""扬麦 2 号"等。1995 年，"扬麦 5 号"占境内小麦种植总面积的 50% 以上，搭配"扬麦 158""扬麦 3 号"等品种，并引进示范"苏麦 6 号"。1996 年，"苏麦 6 号"上升为当家品种，占境内小麦种植总面积的 60% 以上。2001 年后，因"苏麦 6 号"容易发生秋播时淤种烂芽和夏收时穗发芽的现象，其种植面积迅速下降。建区初全区小麦仍以"扬麦 5 号"为当家品种。至 2013 年，逐年示范种植"扬麦 10 号""扬麦 14 号""扬麦 16 号"等新品种。目前，"扬麦 16 号"已成为我区小麦主栽品种。

2. 大麦

民国时期，境域内主要种植"紫秆麦""有芒大麦""紫皮大麦"等。新中国成立后，从太仓引进"赶程大麦"及"尺八大麦"。20 世纪 60 年代，推广浙江"无芒六棱"和"两棱矮白洋"。70年代初,分别由南通、上海、盐城三地引入"2-14大麦""早熟3号""盐辐矮早三大麦",以适应三熟制早茬的需要,"早熟3号"为当家品种。80年代初,为防止黄花叶病危害,调入"泾大1号""泾大2号""沪麦4号"。1986年,引进"苏啤1号"。1987年,全区仍以"早熟3号"为主,占境内大麦种植总面积的80%以上,其余为"盐辐矮早三""舟麦1号""沪麦1号""苏啤1号""泾大1号"等。

3. 元麦

民国期间,境内有"四柱头""六柱头""老来光"等品种。新中国成立初期,上述品种相沿不替。后引进"黑六柱"。20世纪60年代初,推广浙江省萧山县的"立夏黄"。1965年至1976年,以种植"米麦757""矮脚早元麦"为主,其次是"立新1号""立新2号"。1978年,以"海麦1号"元麦和"浙1-14"为主栽品种,搭配种植"村农1号"和"村农2号",推广"80-23白"元麦。1984年,境内大都种植二棱元麦"浙1-14"。1987年,其种植面积占境内元麦种植总面积的90%以上。

(三)栽培

三麦是小麦、元麦(裸粒大麦)和大麦(有壳大麦)的统称。新中国成立前境内麦类生产粗耕粗种,小墒宽沟,不施基肥,白田下种,播种为撒播。种后很少管理,亩产仅15~30公斤。新中国成立初期,耕作方式沿袭旧习,只是用肥有所改进,冬前浇河泥、粪水,开春施粪肥。20世纪60年代后,注重精耕细作,改进栽培技术,学习常熟种麦能手经验,实行阔墒深沟,薄片深翻,精捣细斩,提高秋种质量,确保全苗。管理强调早施苗肥,施足腊肥(浇水河泥、搭配速效肥),补施拔节孕穗肥(每亩化肥2~4公斤),同时注意沟系配套、防止渍害。70年代,推广沙洲塘桥三麦高产栽培技术。耕作薄片深翻,全层碎土,精细作墒,深沟配套。一般深耕13~15厘米,墒宽1.5~2米,做到"一方麦田,两头出水,三沟配套,四面脱空"。立冬前播元麦,立冬后播小麦、大麦。基肥推广底、中、面三层施肥法,氮、磷、钾三肥配套。追肥针对碳铵易于挥发的特点推行打洞穴施,以提高肥效;普施拔节孕穗肥;后期推广根外追肥,以防早衰,增加粒重。同时还强调冬前拍麦加工等管理,进行三麦撒播改条播、闸条移栽、绿麦隆化学除草等多种试验。80年代后,三麦栽培技术改变较大,重点是:(1)选用优良品种。(2)改耕翻麦为板田麦(免耕麦)。1980年,境内在相关公社农科站率先进行"扬麦3号"小麦免耕试验,并获得成功。该方法具有产量高、生育期早、省工降本、苗数多等特点。1987年,境内95%以上的三麦为免耕麦。(3)改进施肥技术,推广两头重、中间控"V"字形施肥法(70%化肥作基肥,30%作拔节孕穗肥)。(4)推广复合肥施用。90年代,逐渐推广三麦套播麦,以利于晚稻养老稻,三麦抢墒播种不误季节,达到稻麦双丰收。

(四)收获

5月底6月初收获。20世纪80年代中期前,一般均采用人工割麦,80年代中后期开始用机器收割三麦,之后机割麦快速推进,至2010年已全部为机割麦。

三、油菜

(一) 面积与产量

20世纪80年代后,境内农村进行经济体制改革,全面推行家庭联产承包责任制,在稳定粮食生产的前提下,调整农村产业结构,改变单一经营和高产穷区的局面,农村经济格局发生深刻变化,出现了农、副、工三业协调发展,农、林、牧、副、渔全面兴旺的可喜景象。尽管境内粮田面积逐年递减,由于各级政府及有关部门加强对粮食生产的领导,指导农户科学种田,引进(研发)、推广和应用新品种、新农艺、新肥药,组织和鼓励农户开展高产竞赛和丰产方(带)建设活动,油菜单产有了较大幅度提高。其中1996年油菜单产达到156公斤以上。2001年,油菜总产4115吨。之后随着城乡一体化的推进,粮油面积不断下降。2008年,油菜总产742吨。2013年,油菜总产326吨。建区前后境内各年油菜面积、产量见表1-9。

表1-9 相城区及建区前境内油菜面积和产量表

年份	1995年			1996年			1997年			1998年		
面积单产总产	面积/亩	单产/(公斤·亩)	总产/吨	面积/亩	单产/(公斤·亩)	总产/吨	面积/亩	单产/(公斤·亩)	总产/吨	面积/亩	单产/(公斤·亩)	总产/吨
合计	56054	145	8123	58387	156	9108	56758	120	6832	60933	43	2600
望亭	5816	123	713	5269	133	701	5800	91	528	5860	40	235
东桥	5500	115	633	5300	125	663	5300	100	530	5000	75	375
里口	3000	120	361	3000	135	405	3305	125	413	4200	47	198
陆慕	3600	168	606	3900	197	769	3900	164	640	6000	31	183
黄埭	6000	130	780	6300	149	937	6300	120	756	5600	40	224
北桥	6019	132	792	5500	131	721	5800	108	626	5133	43	217
黄桥	1500	116	173	1500	219	329	1510	155	234	1500	48	72
湘城	6000	172	1020	6300	186	1171	6300	135	850	7000	42	294
阳澄湖	8330	125	1041	8330	119	992	5960	98	584	8000	40	320
太平	6286	152	911	6050	179	1082	6500	126	819	6500	40	260
渭塘	4003	174	1093	6938	193	1338	6083	140	852	6140	36	222
年份	1999年			2000年			2001年			2002年		
面积单产总产	面积/亩	单产/(公斤·亩)	总产/吨	面积/亩	单产/(公斤·亩)	总产/吨	面积/亩	单产/(公斤·亩)	总产/吨	面积/亩	单产/(公斤·亩)	总产/吨
合计	56686	134	7602	62501	109	6796	57780	71	4115	45600	65	2958
望亭	6400	136	870	8308	98	814	4837	134	649	6829	60	410
东桥	6000	140	840	5095	110	560	4680	201	941	5035	65	327
里口	3955	136	534	5921	100	592	4427	76	336	3781	77	291
陆慕	6270	129	809	6302	96	605	5930	59	348			
黄埭	5500	130	715	6762	125	845	4640	91	421	6200	80	496

续表

年 份	1999 年			2000 年			2001 年			2002 年		
面积单产总产	面积/亩	单产/(公斤·亩)	总产/吨	面积/亩	单产/(公斤·亩)	总产/吨	面积/亩	单产/(公斤·亩)	总产/吨	面积/亩	单产/(公斤·亩)	总产/吨
北桥	4500	147	662	5085	90	458	4518	76	343	3727	55	205
黄桥	2500	135	338	1870	115	215	1077	123	132	480	95	46
湘城	4735	135	639	4600	127	584	4717	95	448	4990	70	349
阳澄湖	4220	140	591	4000	125	500	3000	60	180	2000	75	150
太平	5905	115	679	6864	108	738	6821	75	512	7050	65	458
渭塘	6701	138	925	7694	115	885	5580	116	645	5544	52	288

年 份	2003 年			2004 年			2005 年			2006 年		
面积单产总产	面积/亩	单产/(公斤·亩)	总产/吨	面积/亩	单产/(公斤·亩)	总产/吨	面积/亩	单产/(公斤·亩)	总产/吨	面积/亩	单产/(公斤·亩)	总产/吨
合计	31960	67	2137	20700	108	2242	24500	116	2852	21046	118	2478
望亭	4585	50	229	2648	130	344	2669	140	374	3160	140	442
东桥	2320	60	139	2820	110	310	3500	90	315			
里口	1828	60	141	500	78	39	230	78	18	115	75	9
陆慕												
黄埭	4320	85	367	2230	80	178	2900	83	241	5467	99	542
北桥	4145	60	282	3106	120	374	3284	126	413	2048	125	257
黄桥												
湘城	4250	80	298									
阳澄湖	2500	67	200	4370	111	487	4665	131	611	3585	110	394
太平	4120	70	247	3104	110	341	5000	115	575	4906	120	589
渭塘	3892	68	234	1900	89	170	2135	143	305	1765	139	245

表 1-10　2007 年至 2013 年相城区及建区前境内油菜面积和产量表

年 份	2007 年			2008 年			2009 年			2010 年		
面积单产总产	面积/亩	单产/(公斤·亩)	总产/吨	面积/亩	单产/(公斤·亩)	总产/吨	面积/亩	单产/(公斤·亩)	总产/吨	面积/亩	单产/(公斤·亩)	总产/吨
合计	8304	121	1002	5914	125	742	5403	127	685	5400	132	712
望亭	838	120	101	838	130	109	357.5	135	48.3	101	140	14
东桥												
里口												
陆慕												
黄埭	2313	120	278	1473	120	177	1132	110	124.5	1178	125	147
北桥	127	118	15	403	139	56	394.8	116.5	46	425	119	51
黄桥												

续表

年份	2007年			2008年			2009年			2010年		
面积单产总产	面积/亩	单产/(公斤·亩)	总产/吨	面积/亩	单产/(公斤·亩)	总产/吨	面积/亩	单产/(公斤·亩)	总产/吨	面积/亩	单产/(公斤·亩)	总产/吨
湘城												
阳澄湖	2081	113	235	1467	120	176	1465	130	190.5	1200	122	146
太平	1955	126	246	1688	130	219	1553	138	214.3	1666	139	232
渭塘	246	140	34									
开发区	745	125	93	45	100	5	300	100	30	738	123	91
度假区							201	156.5	31.5	537	152	82

年份	2011年			2012年			2013年		
面积单产总产	面积/亩	单产/(公斤·亩)	总产/吨	面积/亩	单产/(公斤·亩)	总产/吨	面积/亩	单产/(公斤·亩)	总产/吨
合计	3150	123	387	2500	131	334	2343	139	326
望亭	1840	115	212	300	110	33	421	126	53
东桥									
里口									
陆慕									
黄埭	754	120	90	685	149	102	642	150	96
北桥	10	121	1	70	129	9			
黄桥									
湘城									
阳澄湖	25	126	3	575	125	72	200	150	30
太平	250	140	35	70	157	11	150	156	23
渭塘							180	130	24
开发区	10	121	1	70	129	9			
度假区	300	151	45	800	134	107	750	134	100

＊开发区包含北桥数据。注：单产取的是整数。

(二) 品种

民国时期，境内油菜以白菜型本地种为主，品种有"黄种""黑种""鸡蛋白""六占姆""藏菜""大叶黄""宴菜花"等。

中华人民共和国成立初期，一些地方品种继续延种。1954年，境内引入甘蓝型品种"早生朝鲜"，亩产倍增。1957年，该品种在境内普及，本地种基本被淘汰。1959年，调种"泰县油菜"，以适应茬口搭配。20世纪60年代，改种甘蓝型"胜利52""胜利青梗""早熟23""川农长荚"等，亩产达85公斤。70年代，推广"新华油菜""宁5-49""宁油5号""宁油6号""宁油7号"。80年代初，境内以种植吴县良种场选育的早熟高产品种"吴油早1号"及江苏省农科院选育的"宁油7号"为主。1985年、1986年，引植"82-1"和双低品系"荣山选2"。1987年后,主要油菜品种有"宁油7号""胜利油菜""荣山选2""82-1"等。1992年后,境内推广"2-26",该品种的种植面积占境域油菜种植总面积的80%以上。1994年,从上海引进油菜新品"汇油50"。1996年,油菜种植品种呈现双雄格局,"汇油50"和"中油821"的种植面积分别占境内油菜种植总面积的44%和43%。1997年后,境内开始引进示范优质双低油菜"苏油1号"。2000年,"苏油1号"成为当家品种,其种植面积占境内油菜种植总面积的45%以上。

2001年建区后,境内一直以"苏油1号"为主栽品种,搭配种植"汇油50"。至2007年,境内开始全部种植双低优质品种"苏油1号"。

(三)栽培与收割

民国时期,境内于秋分时播种油菜,选择十分隙地育苗,不间苗,苗质瘦长。霜降、立冬间多用石制圆锤(菜花榔头)打潭移栽;无苗床育苗的在寒露前后用早茬口田打潭直播,三尺塍一尺沟,每亩3000~4000潭,每潭栽2~3株苗。基肥用猪羊灰或黄粪泥浆点施潭内,亦用鸡粪直接穴施。随栽随浇活棵水,活棵后松土一次。冬季追施泥肥或黄粪,抄沟垄土。开春削平除草,施春肥。清明前后摘菜苋。小满前后收获,大多不选种。

1954年,境内引进、推广抗毒素病的甘蓝晚熟品种,栽培技术亦相应改进,全面实行育苗移栽。选择土壤肥松、管理方便的十边地或早茬口田作为菜秧田,浅翻多晒,捣碎泥块,拾净残渣草根,开沟作塍,厩肥作底层肥。20世纪60年代推广磷肥作中层肥,粪肥作盖籽肥。9月下旬播种,每亩播种0.5~0.8公斤。播后常浇水,保持土壤湿润,以利全苗。齐苗后即开始间苗,3叶期定苗,一尺见方留健壮苗13~15株。苗肥追施前促后控,2叶期施粪肥或化肥水,移栽前6~7天重施起身肥,拔除杂草,防治病虫。大田翻土前,以自然肥作底肥,碳铵或过磷酸钙作中层肥,全层碎土,沟系配套,阔塍狭沟。在推广三熟制阶段,小雪时移栽。20世纪80年代移栽时间提前到立冬前后,劈行刀栽。普施随根肥,亩栽6000~8000株,苗小的栽10000株。边栽边浇活棵水,活棵后查苗补缺棵,以保全苗。冬季施用腊肥,结合中耕,抄沟壅土,以利于保肥增暖、发根。立春前后施返青肥,抽薹前施抽薹肥,见花后施临花肥。经常清理沟系。5月底至6月初收获。从80年代开始,推广免耕板田油菜,在水稻收割后不耕翻,用铁铲插缝等距条栽,采用这种方法油菜活棵快,冬前生长量大。移栽后在两棵之间穴施基肥,注意肥害,以防伤根。目前大多采用该方法。

20世纪90年代,利用早茬口推广稻田套播(直播)油菜,一般在水稻收购前5~7天播下,时间在10月20日—23日。水稻收割后抓紧腾茬,有利于油菜小苗生长,加工、肥水、管理跟上。立春后重施返青肥,有利于壮苗开盘,为高产打基础。目前该方法已被淘汰。

5月中下旬收获,一般采用人工收割。

四、蔬菜

(一)蔬菜种类

民国时期,境内蔬菜种植主要是农户在家前屋后、空闲地零星栽种,以自食为主,少量上市。1958年人民公社初期，多数公社生产大队设副业生产队，大面积种植蔬菜。1962年起，副业生产队撤销，农户自留地以种植蔬菜为主。"文化大革命"期间，农户自留地蔬菜种植受到限制。20世纪80年代起，各乡镇出现蔬菜种植专业户，并采用尼龙覆盖保温直播和大棚栽种技术。2005年，渭塘、黄埭、阳澄湖、望亭等蔬菜基地推广使用防虫网、遮阳网、滴灌、喷灌栽培技术。水生蔬菜主要种植茭白、芡实、莲藕、菱角等。

境内蔬菜品种繁多，季季上市，俗语有"杭州不断笋、苏州不断菜"。民国时期主要有苏州青、芥菜、尖叶莴苣、雪里蕻、茼蒿、韭菜、长秆菜、尖叶菠菜、大蒜、洋葱、丝瓜、黄瓜、豇豆、辣椒、茭白、荸荠、藕等60多个蔬菜种类。

中华人民共和国成立后，境内蔬菜品种不断增多。20世纪50年代，引进麻皮塌棵芥菜、红苋菜、晚熟丝瓜、棉条茄、钉头辣椒、晚熟10月茭白、秋熟藕等；60年代，引植常州乌塌菜、南京瓢儿菜、杭州塌棵菜、圆顶青甘蓝、城阳青大白菜、长条丝瓜、短头丝瓜、圆果茄、大红番茄、杭州荸荠等；70年代，引种矮脚黄青菜、矮白菜、上海大白菜、南京高桩菜、无锡三月大白菜、城阳青二号大白菜、香丝瓜、羊角茄、紫红茄、白皮茄、牛奶番茄、粉质大番茄、早熟黄瓜、上海甜椒、南京大菜椒、四月早熟茭白、早熟花藕等；80年代，引进白叶菜、半早儿、晚熟油冬、二月蔓、三月蔓、四月白、四月蔓、蚕白菜、黑叶菜、上海小儿叶、合肥黄心乌、圆叶莴苣、平顶青甘蓝、早春花芽菜、杂交药芹、浙大长萝卜、日本结球生菜、紫兰花、枝豇28-2、短板白菜、青梗白菜、合肥小叶菜、矮脚乌、江门白菜、短叶13萝卜、一点红萝卜、浙江2号萝卜、南京白皮莴苣、美国药芹、圆顶花芽菜、牛心甘蓝、连丰白菜、青杂中丰、青杂3号、城青2号、小青口、福山包头等。1987年，境内蔬菜品种增至200余种。

至2008年，全区蔬菜种植主要有以下7种类型：（1）叶菜类，包括青菜、大白菜、小白菜、菠菜、甘蓝、旱芹、金花菜、蕹菜、苋菜、茼蒿等；（2）茄果类，包括茄子、西红柿、菜椒等；（3）豆类，包括蚕豆、长豇豆、菜豆、扁豆、豌豆等；（4）瓜果类，包括黄瓜、丝瓜、冬瓜、南瓜、瓠瓜等；（5）葱蒜类，包括大蒜、韭菜等；（6）根茎类，包括萝卜、莴苣、马铃薯等；（7）水生类，包括茭白、莲藕、水芹、菱角、芡实、荸荠等。

（三）主要品种

苏州青 一年四季均可播种，根据不同时期生长程度，可以分为大青菜、小青菜、小尚（上）菜，春天可以产菜苋（菜薹）。20世纪五六十年代，主要由农户于家前屋后、自留地上种植。80年代，望亭、黄桥、渭塘、太平、湘城等地蔬菜种植专业户大面积栽种苏州青，面积在1000亩左右，亩产1500～5000公斤。2010年，全区种植苏州青2780多亩。

五月青毛豆 多数在田埂两旁、空闲地、家前屋后零星种植，主要供作菜肴。2000年起，蔬菜专业户成片栽种，亩产350～400公斤。2010年，全区种植2000亩左右。

裙带豇 20世纪80年代，境内农户有少量栽种，一般以自食为主。2001年起，蔬菜基地均种植裙带豇，亩产1000～1250公斤。2010年，全区约种植300亩。

番茄 20世纪50年代后期，境内农村有少量种植。60年代，境内番茄种植面积逐年扩大。80年代，蔬菜种植专业户种植番茄，面积约3000亩。2001年起，引进"圣女果""珍珠"等品种，利用大棚栽种技术种植番茄。2010年，全区种植番茄约800亩。

黄瓜 农户家前屋后、自留田均有种植。2000年起，太平、渭塘、望亭、东桥等地蔬菜种植专业户大棚种植黄瓜，冬春季上市，一般亩产在1500～2500公斤。2010年，全区黄瓜种植150亩左右。

茄子 农户零星种植，以自食为主。2000年起，引进"苏X宁"一代，蔬菜种植专业户大棚种植。2010年，全区茄子种植面积120亩左右。

莴苣 为境内传统种植蔬菜。20世纪90年代起，境内蔬菜种植专业户大棚种植莴苣，亩产1000～1250公斤。2010年，全区种植莴苣约500亩。

丝瓜 为境内传统种植蔬菜，以零星种植为主，亩产3000公斤左右。

苋菜 境内种植较广，品种有青苋和红苋，亩产1000～1250公斤。2010年，全区种植约400亩。

萝卜 为境内传统种植蔬菜，种植面积较大。品种有长颈萝卜、青头萝卜等，少量种植红皮萝卜、胡萝卜。20世纪60年代，由于粮食紧缺，境内有较多农户种植胡萝卜，以此代粮。80年代起，胡萝卜有少量种植。2010年，全区种植萝卜820余亩。

菠菜 为境内传统种植蔬菜。10月上旬播种，12月上市。20世纪90年代，境内引进圆角菠菜。2010年，全区菠菜种植面积700多亩。

雪里蕻 又名"雪里青"，境内农户传统种植蔬菜。20世纪90年代起，境内蔬菜种植专业户大面积栽种。2010年，全区种植雪里蕻300亩左右。

马铃薯 俗称"土豆"。20世纪60年代，境内农户始种植，后种植面积逐步扩大。70年代初，提倡"瓜菜代粮"，土豆为主要副食品，又作菜肴。90年代起，土豆又作蟹饲料。2010年，全区种植土豆1000亩左右。

白菜 20世纪60年代引进种植。70年代初，境内生产队大田种植白菜作为多种经营项目之一，品种有"清华1号""青杂3号""87114"等。2000年起，主要由蔬菜专业户种植，面积逐年增加。2010年，全区种植白菜1310亩左右。

青蚕豆 新中国成立时期至20世纪50年代初，境内成片种植蚕豆主要作绿肥用，沟岸畦头种植的蚕豆留种。农业合作化后，改在灌排两用沟和杂边地上种植蚕豆。境内蚕豆皮薄、肉酥、味甜，有一品种所产豆粒较大，俗称"牛踏扁豆"。2010年，全区种植青蚕豆1000亩左右。

茭白 水生蔬菜，20世纪50—60年代陆墓、渭塘等地低洼田成片大面积栽种较多，其他地方多在沟渠、河滩零星种植。茭白为根栽植物，须年年选种，以防止出现雄茭或灰茭。在发芽长出嫩叶4～5寸时，于早春栽种，分株移植。80年代引进夏秋两熟茭白。夏茭于5月上市，秋茭在9月、10月、11月上市。2010年全区种植茭白340余亩。

芡实 俗称"鸡头米"。1998年，陆慕镇毛泾、花南、玉成三村种植芡实95亩。2001年后，黄桥街道部分农户有少量种植。

莲藕 莲藕种植主要在望亭、北桥、黄埭等镇。2006年，全区种植莲藕100余亩。早熟花藕品种，4月份栽种，7月下旬开始采收。中熟慢荷种，4月下旬栽种，8月下旬采收。目前，大面积种植莲藕主要在相城生态农业示范园（荷塘月色）。2010年全区种植莲藕90亩。

菱角 20世纪50年代，境内各地均于河、湖、塘、滩、潭栽种菱角。传统菱角品种有"湘城小白菱""黄埭元宝菱"，其余有"水红菱""沙角菱""和尚菱"等。一般4月下旬将育有短芽的菱种撒入水中，7月、8月为生长旺期，9月至10月为采摘收获期。20世纪60年代，境内种植面积约1万亩，亩产500~600公斤。80年代起，多数水面为水产养殖户承包经营，菱角种植面积减少。2000年，菱角种植面积约5000亩。2010年，全区菱角种植面积不足1000亩。

（三）蔬菜基地

相城区建区后，加快了蔬菜基地建设步伐，以适应本区城郊型农业发展的需要（表2-10）。全区先后建成了渭塘现代农业示范园、黄埭镇农服中心、阳澄湖镇清水村、望亭虞河蔬菜产销专业合作社等4个蔬菜生产基地，总面积达1965亩。其中渭塘、黄埭、望亭三个基地建无公害蔬菜基地面积1065亩。至2010年，基地总投资达2000多万元，设施面积1060亩。

表2-10 2001年至2013年相城区蔬菜、瓜类面积和产量表

年份/年	面积/千公顷	单产/（公斤/千公顷）	总产/吨	备注
2001	2.73	23816	65018	
2002	2.93	25900	75887	
2003	2.04	26103	53250	
2004	2.3	25152	57850	
2005	2.3	25152	57850	
2006	2.64	25152	66401	
2007	2.25	29370	66083	
2008	2.35	22897	53808	
2009	1.85	20062	37115	
2010	2.05	17902	36700	
2011	2.60	19845	51597	
2012	2.70	23131	62454	
2013	2.80	23250	65100	

全区规模最大的蔬菜基地望亭虞河蔬菜产销专业合作社位于望亭镇新埂村，2005年由356户本村农民出资或土地折价入股，总投资为1500多万元，通过这几年的努力，该合作社基本实现了基础设施规模化。合作社建水泥道路4400米，U型沟渠8946.8米。该社生产设施现代化，1000多亩基地全部建成了全自动喷滴灌系统。已建钢管大棚650亩，钢竹混合大棚100亩，防虫网400亩，连栋大棚10亩。已有20个蔬菜通过"绿色产品"认证，14个蔬菜通过"无公害产品"认证。该村在保护水资源、消减氮磷排放量、推进生态农业生产模式、循环利

用生活污水等方面成效显著,于2009年5月被列为"中国—欧盟农业生态补偿合作项目"的全国四个试点之一。

渭塘现代农业示范园是相城区建区后第一个建设的现代化蔬菜生产基地,位于渭塘镇渭南村,建于2001年。蔬菜基地面积540亩,总投资450万,基本实现了基础设施规模化。该园建水泥道路近6000米,两旁建绿化设施,建钢管大棚350亩,其中连栋大棚3亩,地膜覆盖200多亩,防虫网4亩,基地全部建成了全自动喷滴灌系统。有2个蔬菜通过了"无公害产品"认证。

阳澄湖镇蔬菜基地位于阳澄湖镇清水村,建于2005年。蔬菜基地面积200亩,总投资32.2万,建钢管等设施大棚50亩。

黄埭农服中心蔬菜基地位于黄埭镇汤浜村,建于2001年。蔬菜基地面积225亩,建钢管等设施大棚20亩;有2个蔬菜通过了"无公害产品"认证。2010年,该基地已被拆迁征用。

全区现有20个蔬菜通过了"绿色产品"认证,18个蔬菜通过了"无公害产品"认证。

五、其他经济作物

(一) 瓜果

境内种植的瓜果主要有西瓜、香瓜、草莓、桃、橘子、葡萄、梨等。2006年,黄埭镇新巷村引进种植猕猴桃,种植面积100余亩。2009年,阳澄湖现代农业产业园引进种植翠冠梨,种植面积200余亩。

西瓜　民国时期,境内农户有零星种植,品种以"平湖""黑皮"瓜较多。新中国成立后,先后引进"解放""华东6号"等品种。20世纪60—70年代,境内生产队将种植西瓜作为副业。80年代起,境内瓜农大面积种植西瓜,品种有"8424""京欣"等。西瓜栽培,一般在清明前后播种育秧,5月上旬移栽,多于早熟品种麦田套种塘栽或条栽。移栽前整理塘或畦,施足基肥。20世纪80年代起用地膜覆畦栽种,每亩基本苗600株左右。管理主要为整理瓜蔓、人工授粉、重施坐瓜肥、雨季排除积水、大伏天干旱抗旱、用药防治枯萎病和炭疽病。2010年,全区种植西瓜1646亩,亩产3000~4000公斤。

香瓜　民国时,境内香瓜品种有深黄、淡白两种,黄名"蜜露",白名"小白娘",皆瓤脆香甜(民国《相城小志》),其余有"黄金瓜""十条筋""苹果瓜"等,其中以"十条筋""苹果瓜"品质最为优良。境内农户主要在杂边地、自留地上零星种植。20世纪80年代,瓜农大面积种植甜瓜,约1000亩。2000年起,甜瓜种植面积减少。2010年,全区种植甜瓜600多亩。

草莓　20世纪80年代中期,望亭、东桥、黄埭、太平等地试种草莓获得成功。90年代初,农户在责任田上种植草莓,品种主要有"日本宝交"和"美国6号",均为露地加地膜种植,面积共50余亩。2000年起,多采用地膜加大棚栽培技术,以延长草莓采果时间,提高产量;并引进"丰香草莓""奶油草莓"等品种。2010年,全区种植草莓500多亩。

葡萄　民国时期,境内农户、居民于庭院中零星栽种,品种多为"野生刺葡萄""紫葡萄""秋葡萄"。20世纪50年代，葡萄种植户增多。80年代中期，湘城乡有5家农户在责任田上种植葡萄，面积8亩，引进"巨峰""白香蕉""黑奥林"等品种，亩产120公斤左右。2000年起，望亭、北桥、太平等镇种植葡萄专业户增多，共种植约130亩，品种有"醉金香""黄蜜""永优""夏黑""美人指""巨玫瑰"等。2004年，望亭亚欧葡萄园吴根宝用钢管大棚设施种植葡萄，培育"欧亚""欧美"两个系列18个品种，当年种植葡萄64.06亩，亩产1000余公斤。2007年，在苏州市绿色优质果品展示展销中，亚欧葡萄园种植的葡萄获银奖。2009年，在首届葡萄节暨苏州市第三届地产优质果品评比中，亚欧葡萄园培育的"夏黑"和"藤稔"两个葡萄品种获金奖。2010年，"夏黑""无核四号"葡萄获苏州市第四届地产优质果品评比优胜奖。2010年，望亭、北桥共种植葡萄686.3亩。

（二）杂粮

境内传统种植杂粮品种主要有玉米、红豆、绿豆、豌豆等，均为农户于家前屋后、田埂、沟渠边等空闲地零星种植。其他还种植甘薯（山芋）、南瓜等。

甘薯 俗称"山芋"。民国时期，境内开始种植。20世纪五六十年代，多数农户均利用空闲地栽种，作为口粮补充。1957年，陆墓乡种植甘薯67.67亩。1999年，江阴人袁炳成承包陆慕镇娄北村旱地5亩种植甘薯，亩产5000多公斤。2001年后，闲置旱地逐年减少，全区仅有少数农户零星种植。

南瓜 2000年前，境内农户均有种植。4月下旬育苗，5月初移栽，9月采摘，产量较高，自食为主，少数上市。2006年起，境内南瓜种植逐年减少。2010年，全区仅有少数农户在家前屋后种植。

（三）食用菌

境内食用菌种植品种主要为蘑菇、平菇，少量种植香菇、金针菇、鸡腿菇等。1971年，望亭、黄埭、东桥、陆墓、北桥、湘城、油泾等公社从上海梅陇菌种厂引进蘑菇菌种，当年试种成功，次年扩大种植面积。1975年，各公社供销社成立蘑菇收购站。之后，逐年扩大种植面积。太平公社成为当时苏州市4个蘑菇主要种植公社之一。1981年，望亭公社团结大队一农户在收割后的稻田里种植地平菇，获得成功。1982年至1983年，各生产队将菇房和用具租给农户，或联合经营，或独户经营。各地多种经营服务公司负责组织物资，传授技术，收购产品。大部分乡建立菌种场。太平、湘城办盐水蘑菇厂。1987年起，因蘑菇降价，销路不畅，种植面积大幅下降。蘑菇种植以稻草为原料，7月—8月在场地加饼肥堆积发酵，9月左右移入屋内多层床架，种植菌种。平菇以地栽为主。

2000年，福建省福鼎县农民投资180万元，在望亭镇迎湖村8组租地50亩，组建食用菌种植基地（后并入"苏州市为民食用菌产销专业合作社"），实种蘑菇74万平方米，年产蘑菇、平菇50万公斤。2001年，望亭镇新埂村蔬菜合作社在发展蔬菜生产的同时发展食用菌生产。2007年成立苏州市为民食用菌产销专业合作社。2010年，该合作社占地150亩，生产面积13.3万平方米，总产量875吨。

第五节 土壤与肥料

土 壤

一、土壤种类

水稻土是经过长期水旱轮作熟化过程形成的。其特点是土体长期周期性干湿交替,氧化作用频繁,铁锰物质氧化还原剧烈,土壤剖面中物质淋溶淀积明显,并具有特殊的层次发育。由于成土条件、水分状况不同,水稻土类中的土属组合有黄泥土、乌栅土、青紫泥土、青泥土、乌泥土、乌散土、粉沙黄土、粉沙白土、黄泥白土等土种。境内主要土种有以下几种。

（一）黏质黄泥土

高平田地区的望亭分布广泛。由黄土状母质发育而成,黏壤质或轻黏土,黏粒含量为25%～30%,渗渍层发育明显,为 A—P—W—Bg 构型的水稻土,渗渍层厚度超过30厘米,垂直节理明显,棱块结构面有灰色胶膜,断裂面多铁锰锈斑,斑淀层为斑状黄色,无青泥潜育层次出现。根据土体中铁屑层、灰色埋藏层、夹沙层含量的多少,分为铁屑黄泥土、灰底黄泥土和夹沙黄泥土。

（二）乌散土

分布于高平原的黄埭镇近村。为高平原地区黄土母质发育而成的土种,受人为影响深刻,土壤剖面中有乌灰色层次或侵入层,铁锰物质少,无明显的垂直节理,比较疏散,为近村的高产熟化土壤。

（三）粉质黄泥土

分布在漕湖、阳澄湖圩区地势较高的部位,主要在北桥、黄桥、渭塘、浒泾、湘城、太平、蠡口、陆慕等乡镇,黄埭镇也有一定面积分布。由圩区高地的湖积母质发育而成,受湖相冲积母质再沉积的影响,质地较平原土壤疏松。粉沙质多,粗粉沙大多超过40%,土壤剖面构型同平原黄泥土,为 A—P—W—Bg 构型,由于地下水位稍高,渗渍层发育较平原地区黄泥土差,铁锰较少。根据土壤剖面中夹沙层、沙底层、夹螺蛳壳层、灰色埋藏层等不同的附加层,分为夹沙粉质黄泥土、沙底粉质黄泥土、螺蛳壳粉质黄泥土和灰底粉质黄泥土等土种。

（四）白土

分布于高平田地区的望亭,分布部位在地面高程3.5米以上。高平原地区的土壤剖面中黏粒和铁锰物质被漂洗,形成白土层,其下为黏土层。黏粒含量在40%,成 A—P—E—W—Bg 构型的水稻土称"白土",白土层<10厘米的为黄泥白土,超过10厘米的为白土。

（五）小粉土

在圩区的黄埭有分布。圩区粉质的脱潜型土壤,渗渍层发育不明显,粉粒含量在50%以上。

（六）乌栅土

主要分布于东北部圩田地区的黄桥、北桥、蠡口以及阳澄湖地区的湘城、油泾等区域。圩区脱潜，开始发育初期渗渍层，但潜育层还能明显看到，成为A—P—Wd—D—G构型。粉砂含量在40%左右，黏粒含量在25%以下。剖面中有柱状结构发育的乌泥层即为竖头乌栅土，有夹沙层的为夹沙乌栅土。

（七）青泥土

分布在湘城等圩田地区最低部位。静水湖积母质发育，土体潜育化，质地从重壤到重黏，多粉砂，黏粒含量在30%左右。剖面中青泥层脱水黄化发育，有初步渗渍层Wg，成A—P—Wg—G构型的叫"青紫泥土"；无Wg发育，为A—P—G或A—G构型的为青泥土。这些土壤长年积水，从表面看有机质含量较高，但养分不易释放，易产生有毒物质。由于土壤排水能力差，三麦、油菜等旱作物长期受渍，生长不利。改种茭白、慈姑、水芹等水生作物比较适宜。

（八）灰罗土

分布于湘城、蠡口、黄埭、北桥等圩田低洼地区。土壤剖面中有泥炭埋藏层，为A—P—Dp构型。

园田土类 境内各镇、村周围的蔬菜田和宅基地多为此类土壤。经人工堆叠或长期耕作，熟化程度高。有肥力高且结构好的蔬菜园田土、含碎瓦块的瓦碎土及滨湖的粉沙质橘园土壤。

二、土壤利用分区

全区地带性土壤为黄棕壤，由于地貌类型不同，成土母质的差异和水分条件的变化，发育着不同的土壤。相城区湖滨滩地因常年受湖水涨落和近代湖相沉积母质的影响，发育成小粉沙土，呈中性或微酸性反应；平原地区和围垦的滩地发育成典型的水稻土。湖荡洼地由于受江河泛滥物的影响，一般发育为粉质或壤质黄泥土。

土壤利用分为三大综合农业区。

（一）阳澄淀泖平田、半高田区

位于境域东部，地处阳澄湖湖区，包括阳澄湖镇、太平街道和阳澄湖休闲旅游度假区。土壤以黄泥土为主，肥力较高；乌栅土、青泥土分布在消泾、陆巷东北部圩区，不利于作物生长。区域内以粮、油为主，兼水产养殖。

（二）元和塘低洼圩田区

位于境域中南部。元和塘纵贯南北，包括黄埭镇、黄桥街道、北桥街道、渭塘镇、元和街道。平田以粉质黄泥土为主，土壤肥力低；低洼圩田区以乌栅土为主。主要种植水稻、三麦、油菜兼内塘养鱼和河蚌育珠。

（三）西部高平田区

位于境域西北部，包括东桥多（2006年与黄埭合并为黄埭镇）、望亭镇。土壤以黄泥土为主，肥力较高，是生产粮、油为主的农业区。

肥 料

一、有机肥料

有机肥料是农业传统使用的肥料,俗称"农家肥",有猪粪、羊粪、兔粪、草塘河泥、红花草(绿肥)、人粪、豆饼、菜饼和其他杂肥等 20 多种。以猪粪、草塘河泥为大宗。20 世纪 60 年代后期,境内多数生产队去上海、苏州等地扒垃圾当肥料。1988 年以后,农家肥施用减少。

(一) 绿肥

水浮莲、水花生、水葫芦、绿萍俗称"三水一绿",为 20 世纪 60 年代新增的水生植物肥源。绿萍可作为一种繁殖快、易沤腐的水生有机肥料,一般 4 月—5 月放养。在秧苗大田移栽 15 天后,即排水干田"倒萍"(附着泥浆沤腐为肥)。望亭公社是绿萍繁殖基地。1966 年至 1975 年,境内各公社均推广稻田放养绿萍,面积有 15 万亩左右。后因双季稻、三熟制种植面积扩大,绿萍放养用工多,70 年代后期不再放养。"三水"植物于春季利用河塘水面养殖,至夏季以河泥沤制用作绿肥,作为后季稻和麦田基肥,亦可作饲料。80 年代起,恢复单季稻种植,植物肥源充足,加上大量使用化肥,"三水"不再大面积放养,部分河港自生的水浮莲、水花生、水葫芦被用作猪、奶牛的饲料。90 年代起,水花生成为农田草害之一。

(二) 柴(草)塘泥

20 世纪 60 年代起,为夏熟作物主要基肥。柴塘河泥,冬天以河泥加稻草沤制。次年春天开挖直径 4 米、深 1.5～2 米的泥潭,用柴塘泥加入猪窠灰、绿肥沤制。草塘泥是 5 月中旬用河泥加绿肥(主要是红花草)沤制而成的自然肥料。泖泾、太平、湘城、渭塘、北桥、陆墓(慕)等地于春夏间到阳澄湖耖草渣、拖青苔,加河泥沤制而成的自然肥料,也是草塘泥的一种。1983 年起,境内农户不再使用柴(草)塘泥作夏熟作物基肥。

(三) 堆肥

20 世纪 70 年代初,境内多数生产队用草皮、垃圾混合堆积成土墩,上面浇河泥密封发酵,作麦田基肥或盖籽肥。因堆肥肥力不高,70 年代中期起不再制作堆肥。

(四) 厩肥

主要为猪灰、羊灰。20 世纪 50—90 年代,厩肥是有机肥料的主要来源。一般作水稻、三麦的基肥,也可用于三麦的盖籽肥或当腊肥施用。厩肥氮、磷、钾齐全,有"养猪不赚钱,回头看看田"之说。2000 年起,境内农户养猪量减少,厩肥不再作为重要肥源。

(五) 人粪尿

主要用于水稻、三麦、瓜果、蔬菜追肥。20 世纪 60 年代,化肥使用量小,境内各公社供销社于上海、苏州市区组织采购人粪尿,分配给生产队。70 年代末,供销社停止人粪尿采购业务。

（六）秸秆

20世纪70年代初起，麦、油菜及"双三熟"稻收割后，多数生产队将秸秆直接还田作肥料。80年代，农村推行联产承包责任制后，仅"大农户"用秸秆还田机将收割后被雨水淋湿的麦、油菜秸秆粉碎后还田。2000年起，不再将秸秆直接还田作肥料。

（七）饼肥

指豆饼、菜饼，即大豆、油菜籽榨油后剩下的渣子压成的饼形状物。民国时期，农户一般将饼肥用作水稻追肥。20世纪50年代中期，豆饼主要用于养猪，少量作肥料使用；菜饼仍作肥料。80年代起，农户不再将菜饼作肥料使用。

二、无机肥料

（一）氮肥

20世纪30年代，境内望亭少数农户曾使用化学肥料。新中国成立初期，吴县供销社在陆墓、蠡口推广使用化肥，后使用量逐年增加。最早使用的氮肥为硫酸铵、硝酸铵，60年代使用氯化铵数量较大。70年代种植双季稻期间，前季稻除用有机肥作基肥外，前季稻追肥、后季稻基肥主要使用碳酸氢铵和氨水，少量使用尿素。70年代，麦田曾用碳酸氢铵"穴施"，肥效较好，但用工很大，后停用。80年代后，尿素使用量激增。1990年，境内尿素销售达1.50万吨。2001年为2.25万吨。后随着境内耕地的减少，氮肥使用量逐年减少。2007年，为9161吨。2008年，推行测土配方施肥技术，作物施肥趋向用复合型肥料。2010年，全区氮肥使用量为2520吨；2011年，全区氮肥使用量为2510吨；2012年，全区氮肥使用量为2354吨；2013年，全区氮肥使用量为2297吨。

（二）磷肥、钾肥、复合肥

1964年，境内开始施用过磷酸钙，当年境内销售量为3483吨，亩均施用量3.87公斤。1973年，磷肥增至3915吨，亩均施用量4.35公斤。1974年，硫酸钾、氯化钾等钾肥和复合肥投入使用。80年代，提出节氮、增磷钾施肥法。1985年，推广氮、磷、钾三元素复合肥，主要用于夏熟作物。1987年，磷肥（主要是过磷酸钙）亩均施用9.25公斤，钾肥亩均施用0.34公斤；氮、磷、钾三元素复合肥亩均施用6.50公斤。2001年，全区复合肥用量16108吨，磷肥用量909吨，钾肥用量186吨。2010年，全区复合肥用量1288吨，磷肥用量253吨，钾肥用量104吨。2011年，全区复合肥用量2631吨，磷肥用量85吨，钾肥用量51吨。2012年，全区复合肥用量2315吨，磷肥用量62吨，钾肥用量48吨。2013年，全区复合肥用量2280吨，磷肥用量46吨，钾肥用量47吨。

三、主要农作物肥料施用量

指每年实际用于稻、麦、油菜作物生产的肥料数量，包括有机肥、氮肥、磷肥、钾肥和复合肥（表2-11）。肥料施用量计算方法有两种。第一种是折标准肥计算。例如：20世纪60年代每亩施尿素7.5公斤，折标准肥15公斤；70年代，每亩施碳酸铵80公斤（折标准肥40公斤），施尿素10公斤（折标准肥20公斤），每季共施标准肥60公斤；1985年恢复种植单季稻后，每亩施碳酸氢铵40公斤（折标准肥20公斤），施尿素25公斤（折标准肥50公斤），施复合肥40公斤（折标准肥27公斤），全年单季稻共施标准肥每亩90~100公斤。第二种计算法是按折纯量计算数量。折纯法是指把各种肥料分别按含氮、含五氧化二磷、含氧化钾的成分折算成百分比后的数量。

表2-11　相城区稻、麦、油菜不同年份肥料施用量汇总表

单位：公斤/亩

年份/年	三麦			油菜			水稻		
	纯氮	P_2O_5	K_2O	纯氮	P_2O_5	K_2O	纯氮	P_2O_5	K_2O
2002	12.585	3.928	5.561	15.04	4.842	6.475	19.770	2.7665	4.003
2003	16.2802	3.6965	5.4916	15.09	4.6611	6.0255	19.038	2.964	4.341
2004	15.9145	3.7966	4.9470	15.418	4.7412	5.9035	18.638	3.580	4.936
2005	14.8766	4.0525	4.2939	15.088	4.1523	5.1549	18.053	3.3803	4.9072
2006	16.0645	4.4286	4.6750	15.54	4.4078	5.723	18.3118	3.6615	5.1939
2007	16.3936	3.9898	5.6695	15.799	5.4943	6.6906	18.4361	3.5183	5.3044
2008	15.7047	3.1913	6.7909	15.6538	5.5475	6.3826	16.8588	2.9021	4.0487
2009	15.7548	3.4875	4.5985	15.4851	5.1485	6.2148	19.0125	4.5286	5.5487
2010	16.0489	3.6789	4.5174	15.6258	5.2654	6.2358	18.7465	4.9548	6.2147
2011	16.4562	3.5489	4.5147	15.2147	5.1478	6.1266	18.3574	4.5149	6.2154
2012	16.3259	3.6587	4.5897	15.3256	5.2146	6.4251	18.2153	4.6157	6.3278
2013	16.2812	3.6217	4.5523	15.1458	5.1136	6.2251	18.1457	4.5314	6.2568

2008年，苏州市相城区农发局农技推广站承担了农业部下达的"苏州市相城区测土配方施肥技术推广项目"。通过实施部级测土配方施肥补贴项目，本区稻、麦等主要农作物的产量有所提高，传统施肥习惯正在改变，同时又减少了施肥对环境的污染，促进了生态环境建设。本区在科学施肥上做到了以下几点：第一，引导农民增施有机肥。积极推广应用商品有机肥，通过增施有机肥促进土壤有机质含量提升，弥补化学钾肥投入的不足。第二，控制氮肥施用总量。第三，适当调减磷肥用量。稻麦轮作、稻油轮作亩施磷（P_2O_5）量要控制在3.5~5公斤范围以内。第四，优选肥料品种。第五，科学肥料运筹。总体要求是：按照"增加产量、提高效益、保护环境"的要求，努力做到"科学、经济、环保"用肥。

第六节　病虫害防治

苏州市相城区境内的自然条件适宜病虫害、草害滋生繁衍。民国时期，水稻主要病虫害有稻蝗、螟虫、蠓虫（稻飞虱）、稻蜻象、烂脚瘟（纹枯病）、捏颈病（穗颈稻瘟）等。麦类病虫害主要有蚜虫、黏虫、蝼蛄黑稻病、赤霉病、锈病等。政府虽有农事机构，但对病虫害防治

不力。农民则或用供神拜佛的方式祈求减灭灾害,或采取拍、赶、捉等办法,后者收效甚微。

新中国成立后,病虫害的发生和防治不断变化。20世纪50—60年代,水稻病虫害主要是三化螟、褐飞虱、稻瘟病、纹枯病;三麦以黏虫、蚜虫和锈病虫为主,赤霉病间隙流行。1969年,大面积发展三熟制后,病虫害发生种类不断增多,发生程度日益严重,发生面积逐年上升。据1973年、1974年的调查,当时粮油作物发生的重要病虫害达20余种。80年代,随着农业生产水平的不断提高,病虫种类有所增加,仅常发性病虫害就达30多种。21世纪初,新发生的病虫草害快速增多。据2001年至2002年普查,区内主要作物有害生物种类达百余种,其中粮油作物有害生物有50余种。

自古以来,病虫草害一直是农业发展的主要制约因素之一。新中国成立前,农民广种薄收,常因病虫害造成严重损失,甚至颗粒无收。新中国成立后,各级党和政府十分重视农作物病虫害的防治工作,先后建立并逐步完善了病虫测报体系、农业植物检疫防疫体系、新技术开发与推广应用体系、社会化服务体系、新技术培训体系、病虫害测报技术,对农作物病虫害的预警能力、信息传递、测报管理均取得显著进展,防控能力明显提高,阻截和延缓检疫性有害生物传播蔓延的技术水平不断提升,植保技术研究与推广应用取得重大进展,高效低毒低残留新农药得到推广应用,科学用药持续发展和环境安全的贡献份额不断提高。病虫灾害得到持续有效控制,防灾减灾成效显著,基本做到病虫草害大发生年景不成灾、中等发生年景不减产。

测 报

一、病虫测报

1959年,境内各公社建病虫害测报组;1965年,各公社配备植保员1~2人,大队配有农技员1人,形成公社(乡、镇)、生产大队(村)病虫害测报网络。2001年,相城区建植保植检站,设有阳澄湖、太平、望亭等3个病虫害测报联系点,进行重大病虫调查监测,掌握主要农作物、绿化病虫及草害发生动态。2005年,区植保植检站有人员2人,乡(镇、街道)农业服务中心植保员兼任,负责病虫测报工作,村农技员主要由村主任或副主任兼任,负责病虫测报信息发布工作。

二、测报对象

民国十五年(1926),本域内有采用点灯诱测三化螟蛾子的记载。

1959年,随着境域内农业作物病虫测报站的相继建立,测报对象扩展到水稻瘟病、水稻螟虫、稻飞虱、麦类赤霉病、麦黏虫、油菜菌核病、油菜蚜虫等三大作物12种病虫害。

1967年,测报工作开始放松,时断时续。1983年,苏州种植业病虫害预测预报开始步入正轨。吴县测报站更名为"吴县植保植检站",工作内容从病虫测报拓展到信息发布、植物检疫、技术培训、技术研究、技术推广和指导等,测报对象覆盖水稻、小麦、油菜、蔬菜等作物。20世纪90年代以来,根据农业生产发展的需要,境域内确定水稻系统测报对象10余个、小麦5个、油菜2个。2002年，相城区统一实施农业综合植保工作，职能从常规的粮油拓展到瓜豆类、绿化果树等作物，监测对象又有增加。

三、测报技术

1985年，各乡镇农业技术推广站综合应用灯诱（白烘灯、黑光灯）、性诱（活体、雌性激素）、物诱（柳条把、稻草把）、色诱（黄板）等方法诱捕成虫，对主要农作物设置预测围和定田定点进行系统观察，通过查病虫、拍虫、摘卵（查卵）、剥查、镜检，结合测报点提供的病虫信息，对照历年相关资料作综合分析，发布农作物主要病虫害发生动态与相应的防治措施信息（病虫情报）。2001年至2010年，相城区植保植检站添置佳多自动虫情监测灯2台，并安装电脑等信息化处理设备，对水稻、小麦、油菜、蔬菜及绿化苗木等30多种植物的主要病虫草害开展测报，作出中期或短期预报。

四、测报范围

2000年前，主要开展稻、麦、油三大作物病虫测报。2001年起直至本志截稿年2013年止，逐步扩大至蔬菜、绿化苗木病虫测报。

病虫害防治

一、水稻病虫害及防治

水稻虫害主要有纵卷叶虫、螟虫（二化螟、三化螟）、灰飞虱、褐飞虱、白背飞虱等。病害主要有条纹叶枯病、纹枯病、稻曲病、稻瘟病等。水稻病虫害的发生和危害，主要受气候条件、水稻品种、外地虫源迁入量、本地虫源累积量、农药使用情况、害虫抗药性等综合因素影响，年度间发生程度的波动很大。

（一）纹枯病

民国时期，作物栽种密度稀，施肥量少，发病轻。20世纪50年代初，病害较重，为间歇性流行。60年代中期，因密植过度，化肥用量增大，纹枯病成为常发性病害。70年代推行三熟制，两熟制病害较三熟制重。境内纹枯病发病最严重的年份为1992年、1998年、2004年，发病率为水稻种植面积的30%左右。2010年病害较轻。

防治。20世纪50—60年代，主要采取搁田、控制作物生长来防治纹枯病。70年代起，通过科学水浆管理和应用井冈霉素、稻脚青防治。2000年起，加强田间水浆管理和施肥管理，合理使用井冈霉素、纹枯净药剂防治。

（二）白叶枯病

20世纪50年代曾流行，1959年大发生，造成境内水稻严重减产。1965年，引进优良品种，基本没有发病。1977年起种植杂交籼稻，发病趋势回升。1983年，恢复单季稻种植，从此年起至2010年，境内均未大面积发病。

防治。20世纪50—60年代用赛力散、石灰粉喷撒。70年代后，采取选用抗病品种、种子消毒，结合使用药剂叶枯净、敌枯双等综合防治方法。2000年起，全面推广抗病品种，无须用药防治。

（三）条纹叶枯病

由灰飞虱带毒传播，1968年、1983年、2006年和2007年曾在境内大流行。2007年越冬，代灰飞虱带毒率18.7%，病株率5.3%，严重田块28.6%，全区水稻面积6.02万亩受灾，减产15.70万公斤。

防治。20世纪70—80年代，用叶蝉散、甲胺磷、乐胺磷治虫控病。90年代后，用扑虱灵、吡虫啉防治。2005年至2010年，用毒死蜱、吡蚜酮治虫控病。

（四）稻瘟病

20世纪50年代，稻瘟病以叶稻瘟为多。1952年、1953年曾大发生。20世纪60—80年代，以稻颈瘟、枝梗瘟为主。1983年，稻颈瘟发病率高，前季稻、单季稻和后季稻病穗率分别为25.89%、47.59%和10.61%。20世纪90年代至2010年，稻瘟病未流行。

防治。推广选用抗病品种"秀水04""丙88-122""太湖粳2号""武运粳7号""申优1号""常优1号"；20世纪80—90年代用农药三环唑、富士一号、稻瘟净防治。90年代后期至2010年，在水稻破口期使用稻病宁防治稻颈瘟。

（五）稻曲病

水稻在偏重施用氮肥时，或在孕穗至抽穗期天气多雨、多雾、多露时，稻曲病发病较多。20世纪50—60年代，境内水稻稻曲病发病较轻；70年代后期加重，严重田块发病率在30%以上。

防治。选用抗病品种，合理施肥，少施氮肥，在水稻破口前3～5天用井冈霉素、稻病宁防治。

（六）螟虫

主要有三化螟、二化螟、大螟，其中三化螟对水稻危害最大。20世纪50年代初，境内早籼稻遭到大面积危害，致使减产70%～80%。60年代临近河道稻田曾遭到危害，采用综合防治后，三化螟危害得到控制。二化螟二代（枯心苗），1979年境内曾大爆发。20世纪80—90年代得到控制，2000年至2003年发病率有所回升。大螟主要危害田埂边行和沿河田块稻苗。

防治。20世纪50年代初，采用挖掘稻根的方式消灭越冬螟虫；或在田间点灯诱蛾，消灭螟蛾成虫。同时采用推迟插秧期、淘汰早籼稻品种、选用晚熟品种的方式避螟。60年代后，采摘虫卵，消灭繁殖源，同时除去稻田周边杂草，消灭螟虫寄生繁殖条件；使用1605、敌百虫、乐果、甲胺磷、乐胺磷等农药防治螟虫。2000年起，推广应用"三唑磷+阿维菌素"复配剂防治，水稻螟虫危害程度回落。2010年，望亭、北桥等地仅有零星危害。

（七）纵卷叶虫

20世纪50—60年代，境内仅间歇发生。70年代为常发生性虫害，一年发生3代。80—90年代，大发生频率为45%。2001年至2013年，境内纵卷叶虫害大发生，其中2007年最严重。

防治。20世纪60年代，用敌百粉剂防治。70年代后，用杀蝉、虫杀手、乐胺磷药剂防治。2002年至2013年，用BT及复配剂、毒死蜱药剂防治。

（八）稻苞虫

1950年普遍发生，1955年中熟类稻受害占55.6%；60—80年代，年年有发生，但成灾年份极少；90年代以来，轻微发生。

防治。主要用"六六六"、敌百虫、1.5%甲基一六〇五、3%"六六六"混合粉农药防治。

（九）稻飞虱

主要有褐飞虱、灰飞虱、白背飞虱三种。本地以褐飞虱危害严重。20世纪50—60年代，以单季稻危害为主，属偶发性害虫，危害轻。60年代末期，吴县推广双熟制，稻飞虱危害严重。1968年，境内水稻后期发生面积109万亩次，"冒穿"（田块大面积受害）净面积10.80万亩，损失稻谷4050万公斤。70—90年代，稻飞虱大发生暴发频率60%，其中1975年、1980年、1987年和1991年为特大发生年份。2005年，出现四代褐飞虱回迁，全区水稻爆发稻飞虱危害8.1万亩，"冒穿"净面积1002亩，粮食损失28.3万公斤。

防治。20世纪60年代，以边滴柴油边用人工使稻飞虱跌落水面杀虫方法为主；70—80年代，以速灭威、混灭威粉剂及乐胺磷、甲胺磷等农药防治稻飞虱；20世纪90年代至2005年，使用扑虱灵、吡虫啉及复配剂；2006年至2013年，选用毒死蜱、吡蚜酮药剂防治稻飞虱。

二、三麦病虫害及防治

三麦病害主要有赤霉病、白粉病、小麦纹枯病等。虫害主要是蚜虫和黏虫。21世纪初，三麦病虫害以赤霉病、白粉病为主。在防治上推广使用多宁粉霉净于抽穗扬花期防治，效果明显。蚜虫、黏虫对麦子生长及产量的影响较小。

（一）赤霉病

为麦子生长中期、后期最严重的病害，流行频率高，损失大。1957年、1958年、1973年、1977年、1983年、1987年，三麦赤霉病在境内大流行，导致三麦减产20%～40%。1989年、1990年，病穗率75%以上，三麦减产40%左右。2000年后，病情发生程度下降。2003年至2013年，三麦赤霉病轻微发生。

防治。20世纪50年代，主要以2.5%赛力散粉剂和2%西力生粉剂防治；60年代，用赛力散、赛民隆、二硝散等药剂；70年代后，使用多菌灵；90年代起至2013年，用麦病宁、多宁粉霉净，在小麦齐穗扬花期用药1～2次，防治效果一般在70%～80%。

（二）白粉病

20世纪70年代以来，随着耕作制度的改革，扬麦系统品种的推广，以及施肥水平的提高，白粉病由次要病害上升到重要病害。1973年至1975年，境内大元麦发病严重。1981年，境内小麦种植面积26万亩，发病率100%。1989年、1990年、1992年、1996年、1997年、1999年、2000年大流行，发病率67%。2001年至2010年，发生程度均在中等以下，发病率为30%左右。

防治。选用抗病品种，减少氮肥用量，增施钾、磷肥。20世纪70年代，用多菌灵硫黄胶合剂药剂防治。1983年起，推广使用粉锈宁，在小麦孕穗期和齐穗期各用药1次，一般年份在抽穗期用药1次。20世纪90年代至2013年，使用多宁粉霉净防治白粉病，与赤霉病兼治。

（三）纹枯病

1978年，境内首次于"宁麦3号"小麦田发病。随着麦子播种期的提早和品种的更换，蔓延扩展较快，危害逐年加重。1987年，境内小麦发病面积50.80万亩，占境内小麦种植总面积的95.24%，主栽品种"扬麦五号"自然发病株率99.3%，枯白穗率6.5%，生长后期造成倒伏，亩均损失100公斤，成为麦子的常发性病害。

防治。采用种子处理和井冈霉素防治纹枯病。大田在3月中旬、下旬用药2次。

（四）蚜虫

常年发生，在麦穗期危害为重，其次为苗期。苗期以麦二叉蚜和禾缢管蚜为主，穗期以麦长管蚜、玉米蚜和禾缢管蚜为主。

防治。在抽穗期与赤霉病兼治。20世纪60—70年代，用乐果药剂防治。80年代，用甲胺磷、乐胺磷防治。20世纪90年代起至2013年，用吡虫啉药剂防治。

（五）黏虫

3月下旬至4月中旬为南方成虫迁入盛期。危害盛期为4月下旬至5月上旬。20世纪80年代中期起，黏虫每年发生量较少；至2010年，其间均为轻发生。

防治。20世纪70—80年代，用敌百虫、甲胺磷药剂防治。90年代起至2013年，不单独用药剂防治黏虫。

三、油菜病虫害及防治

主要有菌核病、病毒病、霜霉病，5月份为病害高发期。境内油菜病害发病率一般在3%~5%。防治方法为，根据病情用多菌灵加水喷洒。

油菜虫害主要为蚜虫，影响油菜生长和结荚。防治方法为，根据虫情用吡虫啉等低毒农药加水喷洒。

四、草害及其防治

（一）水稻田

主要有稗草、牛毛草、野荸荠、千金子、莎草、鸭舌草、瓜皮草等。20世纪70年代起，水花生成为稻田主要顽固性杂草。

稻田杂草防治。20世纪60年代起，采用轮作换茬方法，一般为麦—瓜—稻、油菜—稻、绿肥—稻轮作。第一，人工防治的方法主要有：稻种浸种时用盐水或泥水选种，以清除草籽；在秧田拔除稗草等；在耥、耘过程中清除稻田杂草；搁田后拔除稗草、野荸荠等。草害严重年份，在稻穗灌浆后期拔除稗头（稗草抽穗籽穗）。防治水花生草害的主要方法是，在水稻移栽前用拖拉机旋耕后人工捞挖。第二,药物防治。20世纪80年代起,多用除草剂防治稻田杂草。秧田期间,用丁恶合剂、幼禾葆、直播宁等兑水喷雾;大田期用除草醚、丁草胺、杀草丹、苄黄隆、乙苄等药剂兑水或拌土均匀撒施。2013年,全区稻田未发生草害。

(二)麦田

有看麦娘、日本看麦娘、繁缕、稻茬菜等。20世纪80年代,推广免耕麦,草害每年发生情况均较严重。

麦田除草,传统为人工拔除,同时用轮作方法减轻草害。20世纪80年代起,多用药剂防治。冬季选用绿麦隆、绿黄隆、异丙隆、高渗异丙隆;春季用丁草胺、二甲四氯,6.9%骠马补除。禾本科杂草、阔叶杂草用20%使它隆防治。至2013年,全区麦田草害未大面积发生。

(三)油菜田

主要有看麦娘。油菜田的传统除草方法主要有冬季开沟压泥、春季削土除草、人工拔除杂草等。20世纪80年代起,使用盖草能、稳杀得等药剂除草。2000年起,用精禾草克、丰山盖草灵等药剂防治油菜田杂草。2013年,全区油菜田草害轻微。

第七节 丰产方建设

中华人民共和国成立后,党和政府注重发展农业生产。1950年1月至1951年3月,全面实施土地改革,解放农村生产力。1952年开始推行农业合作化运动,从初级到高级社,农业产量日益提高。"文革"中,受"左"的思想影响,农业生产一度停滞不前。改革开放后,推行家庭联产承包责任制,进一步调动了农民种粮积极性。

20世纪70年代,境内各公社启动丰产方、吨粮田、高产田块建设。1972年,黄桥公社生田大队平整田块,建设高产稳产田,三麦亩产301.5公斤,其中丰产方、示范田最高亩产400公斤,生田大队也因此成为三麦高产样板大队。1976年,生田大队按照苏州地区制定的挡得住、排得快、降得好、灌得好、园田化、配套全等"六条标准"建设吨粮田。1979年,黄桥公社张庄大队丰产方稻麦亩产451.5公斤,该大队因此成为县级农业生产先进大队。1988年5月,陈俊生视察张庄大队粮田丰产方。1989年起,陆墓、蠡口、渭塘、黄埭、黄桥等地分别建成千亩丰产方、万亩丰产线。

20世纪90年代始,境内各乡镇把丰产方、线和吨粮田建设作为农业局工作的重中之重(表2-12)。吴县县委、县政府每年均专题召开丰产方、丰产线所在村书记会议,县农业局成立由业务骨干组成的丰产方、丰产线技术指导小组;并对20余个丰产方确定专人定点指导,专人蹲点,切实加强农业技术指导和服务工作,取得了十分显著的成效。农业丰产示范方是规定范围,通过农业技术试验、高产典型推广,从而指导家庭联产承包责任制下的农民耕作的一种示范方式,目的是全面实现粮食增产。1992年,陆墓、蠡口、渭塘、黄埭、黄桥等5个镇连片建成6000亩县级农业现代化试验区,望亭建成高标准吨粮田。渭塘镇溇泾、渭南、沿塘、凤凰、麒麟等5个行政村1300多亩丰产方建衬砌沟渠9000多米;沿塘村陈家浜投资3万元

（县补助1.5万元）建4米口径防洪闸1座；渭西村投资9.36万元（县补助2万元），在双凌河建排涝站1座。黄埭镇卫星村投资11.84万元（县补助8.2万元）建水泥空心砖防渗沟渠1000米，块石护坡800米；汤浜村投资11.84万元（县补助8.2万元），建水泥空心砖防渗沟渠1100米，块石护坡800米。望亭镇华阳村、奚家村投资18.5万元（县补助1万元）建防渗沟渠3935米。东桥乡旺庄村投资6万元（县补助2万元）建衬砌沟渠1000米。

表2-12 1995年境内丰产方、丰产线基本情况表

名称	镇（线）名	村名、村数/个	农户/户	田块/块	面积/亩
丰产方	黄桥	张庄	202	197	324
	北桥	毛巷	171	132	317
	渭塘	渭南	250	444	592.41
		渭西	24	158	250
	黄埭	卫星	195	210	403.30
		汤浜	162	176	306
	太平	西浜	29	153	303
	蠡口	胡巷	1（村办场）	160	304
	望亭	迎湖	93	231	400
丰产线	苏常线	12	1523	1927	3262.93
	苏黄线	15	1971	2628	4359.53
	蠡太线	18	1430	2340	3976.20
	湘渭线	8	607	823	1516.70
	凤北线	6	485	934	1699.86
	蠡张线	4	243	253	431.10
	埭东线	4	391	768	1167.12
	312国道线	9	815	1371	2003

1993年，陆墓、蠡口、渭塘、黄埭、黄桥等5个乡镇的县级6000亩吨粮方工程被水利部誉为"苏南水利高水平模式是农村水利建设的发展方向"。1994年，全县有丰产方2.9万亩；1995年为4.5万亩。其中：20个市级丰产方3133.1亩三麦，平均单产314.3公斤，比大面积增长14.6%；7403.1亩水稻，平均单产605.6公斤，比大面积增长7.4%。18条丰产线2.2万亩三麦平均单产302.5公斤，3.9万亩水稻平均单产578.6公斤，分别比大面积增长10.3%和2.6%。同年，建成望亭镇迎湖村及蠡口镇胡巷村、朱泾村、蠡西村丰产示范方4600多亩。1995年，渭塘镇继渭南丰产方向骑河村扩展成千亩丰产方后，开始建设渭北村千亩丰产方；望亭镇建成望湖路丰产线；太平镇在黎明、青漪、盛泽等3个村的低洼地建设丰产方1000余亩。1996年，黄桥镇张庄村筹措200多万元，填没鱼塘8个、小河浜9条，增加土地面积41亩，在原有吨粮方基础上新建村南吨粮方660亩；建防渗沟渠4600米，块石护坡2100米，灌溉站1座，农桥3座。1996年至1998年，境内实施沪宁高速公路沿线境内乡镇丰产方建设，

建成东桥镇西桥高岗，陆慕镇花南、徐庄，蠡口镇农科站丰产方。1999年，黄桥镇张庄，渭塘镇渭南、骑河、渭北，黄埭镇卫星，蠡口镇胡巷，望亭镇迎湖、项路，东桥镇西桥高岗，陆慕镇徐庄等乡镇丰产方被列为吴县市市级丰产方，总面积12.05万亩。1999年，丰产示范及吨粮田建设又有新进展，全市改造低产田、续建高标准吨粮田2万余亩。其中市级中心丰产方三麦、水稻单产分别比大面积增长24%和5.9%，在农业高产高效综合示范竞赛中获奖4项。1997年至2000年，境内因农业产业结构调整而累计调减水稻面积5540亩、三麦面积4030亩、油菜面积1010亩。2000年，丰产示范及吨粮田建设又取得了新进展，全市改造低产田、续建高标准吨粮田2万亩，在苏州市组织的优质高效农业示范竞赛中，吴县全县获奖4项，获结构调整示范方奖2项。2001年后，农业种植结构调整，丰产方建设重视示范、辐射作用。2009年开始，在望亭镇创建省部级万亩高产示范片1个，总面积10895亩。

一、黄埭丰产方

1988年至1991年，黄埭乡每村建水稻种植示范方，制定配套的管理制度，实行统一品种布局、统一播种期、统一农艺耕作、统一使用肥料、统一水浆管理、统一防治病虫害管理模式。1991年，全乡23个行政村共有水稻示范方面积1229.90亩，亩产569.20公斤。1992年，设9个镇级水稻丰产方，面积1290.6亩，亩产为564.20公斤。1994年在汤浜、卫星村设2个镇级丰产方，面积共有603.30亩，亩产610公斤。1995年，长泾、青龙、倪新、汤浜、倪汇、卫星等6个村在埭卫公路沿线规划、建设丰产线。是年，丰产线种植水稻3850亩，亩产561公斤；种植三麦2800亩，亩产327公斤。同年起，汤浜、卫星村2个镇级丰产方上升为县级丰产方，其中：汤浜村丰产方种植水稻306亩，亩产620.9公斤；卫星村丰产方种植水稻403.3亩，亩产610公斤。1998年，汤浜村、卫星村两个丰产方水稻亩产分别为634公斤、654公斤。1999年起，因种植业结构调整，粮食种植面积减少，多数村的丰产方撤销，只保留卫星村丰产方，面积为303亩。1999年、2000年，该丰产方平均亩产分别为584.40公斤、593公斤。2001年起，相城区利用卫星村示范方基础进行标准化建设。2001年至2003年，水稻示范方种植面积203亩。2004年至2006年，水稻示范方种植面积减缩至50亩。2008年，丰产方撤销。

二、渭塘渭南村农业示范区

1990年建，面积824亩，渭南村共投资265.35万元（时吴县补助100.4万元），修筑防渗沟渠1.51万米、建砌圩内块石护坡4300米，铺设道板路500米、沙石路1200米，新建"闸加桥"1座，另建道路葡萄架1970米。1992年，坦桑尼亚联合共和国总统阿里·哈桑·姆维尼、马里共和国总统阿尔法·乌马尔·科纳雷曾先后参观渭南村农业示范区。1994年6月，温家宝视察渭塘镇渭南村农业示范区。同年，境内黄桥张庄大队投资200万元改造建设200亩农田，成为全国农业现代化试点单位。1995年，渭塘丰产方向骑河村延伸，面积321亩。1996年7月，视察渭塘镇渭南村丰产方。1999年，渭塘镇的渭南村、骑河村再次投入资金307.43

万元（时吴县市补助118.91万元），修建防渗渠1.79万米，混凝土机耕路5000米，内外护坡3310米，防洪闸、泵站3座，疏浚河道土方2500立方米，复垦土方1.50万立方米；另建道路葡萄架3530米。1996年，渭南村农业示范区核心丰产方三麦亩产超过400公斤，水稻核心丰产方种植新品种"8优161"150亩，亩产获全省水稻高产竞赛第一名，被誉为"江南第一方"。胡锦涛、温家宝、宋平、尉健行、布赫等也曾视察渭南农业示范区。2000年，渭南村农业示范区规划为村工业区，示范方撤销。

三、望亭万亩高产增效示范片

2007年4月，望亭镇迎湖村投资1100多万元，建成沟、渠、路等设施全面配套优质水稻生产示范区1035亩，当年建设当年实施。2007年、2008年，水稻亩产分别为602.50公斤、671.30公斤，分别比镇大面积水稻平均亩产增产25.5%和17.9%。2008年至2009年，再次投入资金2400多万元，在迎湖、项路两村建设万亩高产增效示范片，做到土地平整、格田成方，农田设施道路标准化，主要机耕路面硬化，主干道两旁绿化配套。2009年，小麦平均亩产336公斤，较全区大面积小麦平均亩产增产23.3%。2009年，万亩高产增效示范片经江苏省高产增效创建领导小组核准，水稻平均亩产699.10公斤，较全区大面积水稻平均亩产增产18.4%。2010年，示范片水稻亩产676公斤，较全区大面积水稻平均亩产增产13.8%。2011年，示范片水稻亩产685.37公斤，较全区大面积水稻平均亩产增产14.8%。2012年，示范片水稻亩产814公斤，较全区大面积水稻平均亩产增产35%，其中核心方百亩超高产示范方平均亩产855.4公斤，创造了太湖稻区水稻产量最高纪录。2013年，示范片水稻亩产743.1公斤，较全区大面积水稻平均亩产增产18.3%。

第二章 林 业

概 述

明清时期，境内诸山林木茂盛，山农以树艺花果为业。民国十九年（1930），除城区和陈墓、陆墓、黄埭、浒泾外，其他15个区均有木材、木柴外销苏沪各埠。

抗日战争时期，山林及四旁树木均遭日寇破坏。

中华人民共和国成立后，人民政府重视植树造林。吴县有林业用地153463亩，其中有林地58241亩，宜林荒山95222亩。有林地占林业用地面积的38%，绿化覆盖率3.4%。当年林业产值19万元，占农业产值的0.2%。

1962年全县山地面积269586亩，林业用地242992亩。有林地占林业用地的66%，绿化覆盖率6.6%。林木蓄积29937立方米，全县人均0.04立方米。1975年，全县林业用地252728亩，其中有林地207287亩，有林地占林业用地的82%，绿化覆盖率8.5%，林木蓄积107682立方米，全县人均0.10立方米。

1987年，全县林业用地254566亩，其中有林地171446亩，疏林51099亩，荒山9643亩，其他用地22378亩。有林地占林业用地的67.36%，绿化覆盖率达9%。林木蓄积215948立方米，毛竹蓄积237万株，全县人均林木0.19立方米、毛竹2株。全县林业收入2830.10万元，占多种经营收入的3.1%。

2002年，全区林业用地7.49万亩，森林覆盖率10.53%，完成林业产值2.1亿元。

2010年，全区绿化、森林面积12.3万亩，绿化率14.95%。

2011年，全区绿化、森林面积13.7万亩，新增绿化面积13997亩，绿化率16.02%。

2012年，全区绿化森林面积14.5万亩，新增绿化面积8022亩，绿化率15.33%（统计绿化率系数全市调整）。

2013年，全区绿化森林面积14.9万亩，新增绿化面积4030.7亩，绿化率15.58%。

第一节 林业资源

全区林业用地面积为455.6公顷，其中有林地77.2公顷，疏林地9.8公顷，未成林地147

公顷，苗圃地221.6公顷（表2-1）。

表2-1　2001年至2012年林业绿化面积表

年份/年	绿地面积/万亩	总人口平均/（亩/人）	农业人口平均/（亩/人）
2001	5.9443	0.16	0.19
2002	7.5752	0.22	0.28
2003	9.8072	0.29	0.36
2004	11.6280	0.34	0.43
2005	13.7961	0.40	0.50
2006	15.0903	0.43	0.56
2007	16.8375	0.47	0.62
2008	18.7117	0.49	0.64
2009	20.5117	0.52	0.66
2010	22.3137	0.55	0.67
2011	23.7134	0.57	0.69
2012	24.5134	0.58	0.71

注：数据来自相城区林业站档案。

从建区初到2002年底，全区绿化共新增绿地总面积21829.6亩，累计绿化总投资2亿余元。其中，新增道路、河道生态景观防护林带4862.4亩，新增小城镇建成区绿化地3328.5亩，新增园林苗圃10240亩，新增果树经济林2379亩，新增农村四旁植树1020亩，新增生态防护林2597.5亩，城镇建成区新增绿地3065.5亩。

2003年，全区共新增各类绿地22320.8亩，其中生态防护林3562.7亩，道路、河道绿化2779.4亩，果树经济林669.5亩，苗圃基地10993亩，城镇新增绿地4316.2亩。绿化覆盖率由2002年的10.53%提高至2003年的13.67%，提高了3.14%，全面超额完成了2003年度目标任务。

2003年新建城区38平方千米范围内绿化建设共新增各类绿地3610余亩。其中：城区生产绿地1064410平方米，计1598余亩。区级机关行政中心广场绿地，总投资1000余万元，绿地总面积150000平方米，计225亩，投入资金1100余万元；其他单位及住宅区绿化10000平方米，计15亩。合计单位、住宅区绿化160000平方米，计240亩。其他绿地1772亩。

2004年，全区累计新增各类绿地25244.8亩，其中生态防护林5969.5亩，道路、河道绿化5412.1亩，果树经济林484亩，苗圃基地5404亩，城镇新增绿地7975.2亩，绿化覆盖率由2003年年底的13.67%提高到16.23%。

2005年，全区新增绿地面积12750亩，其中"绿色通道"面积9021亩，"绿色家园"面积3728亩，新增公园、小游园16座，面积746亩，完成了区委、区政府年初下达10000亩绿化目标任务的127.5%。目前，全区陆地绿化覆盖率达到22.6%。

2006年，全区共完成绿化面积12530亩，其中，完成"绿色通道"建设面积9580亩，完成"绿色家园"2950亩，新增"绿色单位"100家，新建面积10亩以上小游园38座，超额完成了苏州市政府下达的新增绿地10000亩的目标任务。

2007年，全区已完成绿化面积9460亩，其中：完成"绿色通道"建设4300亩；完成"绿色家园"建设2660亩；完成"生态绿地"建设2500亩。其中"花城"建设种植木本花193万株、露地草本花283万株、水生花57万株。全区绿化总投资已达1.26亿元，其中区级财政投入4000万元，镇级财政投入8600万元。

2008年起至2009年3月止，全区已完成绿化面积9967亩，其中：太湖、阳澄湖生态重建修复工程372亩，村庄绿化示范工程1251亩，环镇村花卉林木基地建设2866亩，绿色水廊创建工程957亩；道路绿化延伸工程2790亩；大型片林示范区建设工程230亩，城镇绿化提升1501亩。共栽植各类花卉3200万株。

第二节　森林分类区划

公益林与商品林的地类、权属、林种等结构状况如下所述。

一、公益林

重点公益林与一般公益林。

建区以来，在生态优先原则的基础上，全区共划重点公益林134.8公顷，占公益林总面积的80.8%；一般公益林32公顷，占公益林总面积的19.2%。

（一）公益林的地类结构状况

公益林166.8公顷，其中有林地10公顷，占公益林总面积的6%；疏林地9.8公顷，占5.9%；未成林地147公顷，占88.1%。

（二）公益林区划的权属结构状况

（1）国有林业用地159.4公顷。生态公益林159.4公顷，占国有林业用地总面积的100%其中：有林地10公顷，占6.3%；疏林地9.8公顷，占6.1%；未成林地139.6公顷，占87.6%。

（2）集体林业用地296.2公顷。生态公益林7.4公顷，占集体林业用地总面积的2.5%。其中：有林地67.2公顷，占23.3%；苗圃地221.6公顷，占76.7%。

二、商品林

（一）商品林的地类结构状况

商品林288.8公顷，其中：有林地67.2公顷，占商品林总面积的23.3%；苗圃地221.6公顷，占76.7%。

（二）商品林区划的权属结构状况

集体林业用地296.2公顷。

商品林 288.8 公顷，占集体林业用地总面积的 97.5%。

第三节　营林生产

一、采种育苗

（一）苗圃

苗木基本现状是：截至 2007 年 9 月 3 日，相城区全区苗圃总面积为 12912 亩，其中花卉基地 557 亩、苗木基地 12355 亩。

10～30 亩大农户：38 户。

31～50 亩大农户：10 户。

50 亩以上大农户：44 户。

（二）花卉苗木基地

4000 亩花卉苗木基地已规划完成，待时实施建设。

二、造林

1980 年，吴县宜林地 22.5 万亩，已绿化面积 15.6 万亩，占宜林地面积的 69.3%。

1981 年，吴县完成造林 0.148 万亩。

1982 年，吴县各公社完成造林面积 0.3617 万亩。

1983 年，吴县林业用地 1.6698 万亩，年末有林地蓄积量 9357 立方米，全年造林面积 0.0727 万亩。

1984 年，吴县国营林业造林面积 0.0623 万亩。

1985 年，吴县国营林业造林面积 0.3426 万亩，用材林 0.3426 万亩，封山育林面积 0.2 万亩，育苗面积 0.24 万亩。

1986 年，吴县多管局发布毛竹笋竹两用林培育技术要点。

1988 年，吴县完成造林面积 0.02 万亩，封山育林面积 0.7 万亩。

1991 年，吴县全县完成山区造林 0.8007 万亩，完成农田林网 3.12 万亩，完成四旁植树 56.13 万株，完成市镇绿地 8.17 万平方米。

1992 年，吴县全县完成育苗 0.027 万亩，造林 0.07 万亩。

1995 年，吴县城镇绿化总面积达 128.6 万平方米，全县绿化覆盖率达 13%，林木蓄积量达 23 万立方米，竹木蓄积量达 237 万株。

1996 年，吴县全县完成造林面积 6 公顷，其中用材林完成 6 公顷。

1997 年，吴县全县完成造林面积 0.31 万亩，其中经济林 0.02 万亩。

1999 年，吴县全县完成石山造林 0.13 万亩，林相改造 0.17 万亩，完善农田林网 8.66 万亩。

第四节 绿化工程系列建设

一、森林公园

2007年10月,太平街道为营造和恢复阳澄湖周边地区的绿色生态景观风貌,在旺巷村里河潭实施以生态绿化、湿地保护、农家休闲为主题的相城区葫芦岛建设。

葫芦岛位于太平街道镇区东面,阳澄湖西湖的西面,苏嘉杭高速公路西湖服务区南面,交通区位条件优越,自然环境优美。

葫芦岛区域面积为800亩,项目总投资8000万元左右,包括福星岛、禄月岛、桃花岛、芙蓉园、湿地观赏区、农产品采摘园、田园风光、垂钓中心、荷塘盛景、水生植物观赏区、渔船人家、茶园小酌、游船码头、水上世界等30

葫芦岛生态园规划图

个景观区。建成后的葫芦岛是一座"和谐、生态、惠民、有序"的旅游生态岛。它有四大特色:尊重场地特色;营造生态—休闲—服务场所;体现区域文化;挖掘水土的商业价值。

2008年1月20日,环湖路工程全部完工;福星岛、禄月岛土方工程全部结束,进入木屋基础工程建设。3月底前,木屋搭建全部结束。木屋基础工程结束后,加快进行岛内道路建设和绿化,正式启动生态停车场、垂钓中心、主题广场建设,加紧种植葫芦岛东岸沿线绿化,加快推进西岸沿线土方工程。完成葫芦岛入口处绿化种植。葫芦岛芙蓉园设计总土方量为138000立方,完成土方量为110400立方,2008年5月1日开园。

二、湿地公园

荷塘月色湿地公园(详见本志第七章第一节)

三、生态公园(小游园)

盛泽湖休闲度假区生态月季公园。

盛泽湖休闲度假区紧邻阳澄湖,拥有盛泽湖水域5平方千米,距苏州市中心20千米,距绕城高速渭塘入口处3千米,距苏嘉杭高速阳澄湖入口处3千米,交通便捷,自然条件优越。2010年,已建成人工堆岛3个,建成别墅、休闲会所等近10万平方米。已有北京中咨公司等有关开发项目落户度假区。

盛泽湖生态月季公园位于盛泽湖南岸,占地800亩,总投资6500万元。区政府在对原砖瓦厂挖废地进行整治的基础上,综合考虑生态修复和湿地保护,建设一个以"月季"为主题、自然与文化相融合的生态休闲公园。该园于2007年10月开工建设,2010年该工程完工。

全园主要分婚纱摄影区、花卉观赏区、游艇码头区、休闲运动区和湿地保护区等五大功能区,内设野外烧烤、露天垂钓、自行车运动、野生水鸟观赏、果岛采摘和休闲餐饮等休闲娱乐项目。园内有三条道路贯穿全园,以沥青路为主线,供游人乘园内电瓶车观赏;木栈道曲径通幽,两侧遍布竹林、乡土树种和成片的月季;沿湖小园路蜿蜒曲折,游人可漫步欣赏盛泽湖美景。

公园突出"月季"主题,以特色月季为主,种植藤本月季、地被月季、丰花月季、大花月季、微型月季、树状月季等各类月季600多种、100多万株,配以其他乔灌木200多种、11万棵,做到高矮搭配,疏密结合,色彩丰富,花开四季。整个公园环境优美,设施完备,是广大市民休闲度假的新场所。

四、河道绿化

黄埭河绿化。

黄埭河是相城区绿色水廊建设工程的示范段之一。全长3.5千米,绿化面积为320亩。根据苏州市创建绿色水廊标准和区"花城"建设的要求,打造沿河风景景观林带,既要求体现整个河道的景观,同时亦要求与"荷塘月色"二期景观融为一体,因此在设计方案中融合了两种观念:一是沿河以高大乔木为背景,体现生态景观效果。主要绿化品种有香樟、白玉兰、桂花、石楠、榉树、樱花、紫薇、垂丝海棠、雪松。二是作为荷塘月色湿地公园景观的组成部分,内侧绿化按照"花城"建设的要求特别增加了一些观花植物,如月季、美人蕉、茶梅等;为满足"花城"建设的要求,还增加了绿化的景观性。

该项目于2008年4月开始招标,苏州工业园区苏新园林绿化景观建设有限公司和苏州枫桥花木有限公司分别中标。

黄埭河建设工程资金总投入约为500万元,其中租地资金50万元,规划资金20万元,绿化资金310万元,管护资金80万元。工程于2008年完成。

黄埭河绿化工程以生态、景观、长效定位,按照标准建设,绿量足,树木生长健康,无严重病虫害,生态功能强,视觉效果好。

五、道路绿化

(一)江苏省227省道分流线(以下称"207省道")北延段绿化

227省道分流线北延段绿化工程位于相城区澄阳路以北,总长13.4千米,绿化总面积2200亩。2008年4月底绿化全面竣工。总投资达5000万元,其中绿化工程3800万元,土方工程1200万元,是相城区"花城"建设的又一力作。

227省道分流线分车绿带、路侧绿带的合理布局以及植物品种的选用充分考虑了不同植物、不同开花时间,尽量做到合理配置,完美体现"花城"特色。

1. 分车绿带

分车绿带宽2米，主要设计树种为球形毛鹃、球形月季、矮生紫薇，适当配以多品种多年生草本植物和宿根花卉。分车绿带设计充分考虑人的视觉特性和规律，以提高视觉质量。分车绿带的植物配置重点考虑美化作用，做到形式多样、色彩丰富，并有一定的高度变化。它不仅用来分隔来往的车流，阻挡相向行驶车辆的眩光，缓解司机的视觉疲劳，而且也为城市增加了一道美丽的风景线。

2. 路侧绿带

路侧绿带分行道树绿化和背景主体绿带。行道树绿带宽2米，主要功能是为行人和非机动车庇荫。行道树呈单行点状种植，品种为胸径15厘米的香樟。树形要求全冠，分枝点高2.5米左右。地被为矮生百慕达。

背景主体绿带宽30～50米不等，在绿地中堆土形成自然的山形。2007年9月开始进行地形改造。2008年2月全面完成土方施工，总计完成土方工程量100万立方米。绿化设计采用自然式种植，以香樟、栾树、榉树、朴树、乌桕、吴患子、合欢、青桐、楝树等乡土树种为基调树种，树种总量超过130种。乔木与灌木、地被组成自然群落，以提高绿地功能和艺术效果。在植物配置方面，乔木种植疏密有致，适当配置灌木、地被植物。地被植物选择茎叶茂密、生长势强、病虫害少和易管理的木本或草本观叶、观花植物，以美人蕉、鸢尾、月季、毛鹃和大花萱草为主。美人蕉、鸢尾、月季花色品种丰富，开花频繁且花期长。在绿地宽度和条件允许的情况下，成片种植形成大色块，并形成一定的缓坡，使绿地更加生动，后面配置的背景树种为雪松、慈孝竹等，形成花开不断、层次分明、错落有致的景色。

全路段保持绿化景观效果的连续性与完整性，创造出城市的山林和丰富的植物景观。

（二）澄阳路绿化

相城区澄阳路位于区行政中心东侧，是区东部贯穿相城经济技术开发区南北走向的主干道之一。它南起阳澄湖东路，北至凤阳路，全长16千米，两侧绿带宽8～20米，绿化总面积近42万平方米，投资2000余万元。其中，阳澄湖东路至新蠡太路段绿化工程于2002年3月开始施工。绿化整体由一条中间绿化隔离带、两条机动和非机动车道绿化隔离带及两侧绿化景观带构成。绿化面积115800平方米。主要树种有18～20厘米胸径全冠香樟、6厘米干径樱花、500～600厘米高度的雪松，再加上红叶李、桂花、含笑、樱花等花灌木点缀，金叶女贞、毛鹃、金边黄杨等色块组团，基本达到植物品种配置丰富，乔、灌、草布局合理，视观感觉舒适的效果。

新蠡太路至渭塘镇凤阳路段绿化工程于2004年4月开始施工。设计方案基本延续了前段绿化风格，只是在树种配置上做了调整。主要植物有杜英、香樟、雪松、海滨木槿、红叶李、垂丝海棠、石楠、葱兰等。绿化面积近30万平方米。

（三）采莲路绿化

采莲路是城区南北向的骨干道路，其因两路夹一河的设计风格，被称为相城区的"干将路"。采莲路南起日益路，规划设计北至相城区太阳路，全长约7千米。目前已绿化15万平方米，投入绿化资金1500万元。

采莲路位于规划城区商贸中心，绿化设计要求较高，植物配置采用高大乔木为主景。主要采用银杏、香樟、桂花、玉兰、樱花、红叶李、造型五针松、造型罗汉松、苏铁、红枫等高档园林绿化苗木布局。下层为大色块及草坪。重点地段点缀有景观小品。

小品建筑有可供游人休闲小憩的现代化膜亭，有可供市民健身娱乐的小广场等。园路蜿蜒于绿化和小品建筑之间，逶迤曲折的河道景观与现代化的新城区建筑完美结合，形成了"水相城、绿相城、现代相城"的雏形。

（四）春申湖路绿化

春申湖路东起相城经济开发区S227复线，西至黄桥镇苏埭路，是相城区东西走向的主干道，全长5千米左右。目前已绿化15万平方米，投入绿化资金约1000万元。

春申湖路绿化分东、中、西三个路段。绿化由一条中间绿化隔离带、两条机动、非机动车道绿化隔离带及两侧绿化景观带构成。其中春申湖东路绿化在布局上以乐昌含笑、杜英为主。中路是城区中心地段，绿化设计上树种比东路更丰富，层次也更分明，主要有广玉兰、桂花、红枫、雪松等30余个品种。春申湖西路采用胸径18～20厘米的广玉兰作为行道树，与中间绿化隔离带中的雪松、香樟、法国冬青、美人蕉等苗木相得益彰。道路两侧为各15～20米宽的绿化景观林带，主要植有雪松、金合欢、樱花、红叶李等。地被植物为白三叶草。另外，在春申湖路与相城大道、苏虞张一级公路交叉路口的绿地做了重点布局设计，以形成小游园式的绿化。并在采莲路东侧建香溢园，此为春申湖路绿化的一大特点。

（五）华元路绿化

华元路东起S227复线，西至齐门外北大街，全长约4000米。华元路绿化的最大特点就是沿徐图港南岸形成了30～40米宽的开阔绿带，力争使该绿化工程成为赏心悦目的精品。

该绿化工程于2004年4月开工建设，绿化方案由区绿化办自行设计，并经过多方论证，才付诸实施。绿化工程共填土方50000立方米，投入资金2000余万元，其中绿化投入1500万元、小品建筑投入500万元。绿化地形高低起伏，大规格的香樟、银杏、金合欢郁郁葱葱，雷竹、慈孝竹清新雅致，樱花、五针松、罗汉松、苏铁、红枫、桂花等造型优美。廊桥、广场、膜亭、园路等小品建筑精心布局，沿河每隔不等距离便设计一处亲水平台。高羊茅草坪和白三叶草坪被园路自然区分，体现了以人为本的设计理念。

（六）227省道（太阳路—凤阳路）绿化工程

227省道（太阳路—凤阳路）绿化工程，建筑面积40平方千米。工程建设采用疏林草坪与局部精致绿化组团相结合的方式，充分利用色叶树种与乡土树种相结合，常绿与落叶树种相配搭，形成了以乡土树种为主、色叶树种点缀的高低搭配、错落有致、疏密结合的景观（建设中利用了原有的大量绿化树种）；利用沿线水域、植物群落和硬质景观，使之实现融合，形成开阔的水面、精致的植物群落组团以及富有相城特色的局部硬质景观，形成了带状立体景观效果。整个工程体现了水与绿化、水与硬质景观的交相辉映，使人感到自然、生态、和谐，提高了人的舒适度。

（七）凤阳路（相城大道—227省道）绿化工程

凤阳路（相城大道—227省道）绿化工程，建筑面积15平方千米。在景观规划上，科学选取适合本地气候条件的高大乔木作为行道树，并注意灌木和地被植物的合理搭配，营造出一条节奏鲜明、层次丰富的绿色景观大道。

（八）清水通道绿化工程

清水通道绿化工程，建筑面积5平方千米。景观设计从整体着眼，突出地方特色。在植物配置上，将乔木、灌木与地被植物有机结合，形成复合植物群落，创造出一条层次分明、特点彰显、丰富多变的绿色景观大道。

（九）广济路（阳澄湖西路—太阳路）绿化工程

广济路（阳澄湖西路—太阳路）绿化工程，建筑面积20平方千米。绿地规划以绿化为主，启用大量乔木、灌木的配植，在做到与周围环境统一、协调的前提下，加强和丰富景观效果，突出城市园林的生态功能，力求创造出"景观优美、生态平衡、布局合理、格调高雅"的现代化景观生态园林。

（十）东太路绿化工程

东太路绿化工程，建筑面积50平方千米。工程充分考虑道路景观与周围环境的相互映衬，植栽配植以本地植物为主，在凸现区域特色的同时，保证景观的整体性、延续性和协调性。植物种类的选择凸现地方特色和多样性，以创造层次丰富、四季分明的绿化景观。

（十一）广济北路（太阳路以北）绿化工程

广济北路（太阳路以北）绿化工程，建筑面积50平方千米。工程应用现代城市规划设计的理念与方法，体现道路绿地的特有风格，创造具有城市文化底蕴的道路景观绿地。充分了解基地现状资源，评价各方面综合条件，最大限度地挖掘现有可利用资源，处理好与周边环境间的关系，通过有机整合，运用提优改劣的方法，发挥基地优势。根据道路规划和现状，结合区域用地性质，统筹兼顾，合理安排，协调道路沿线各地块的总体景观建设，保证城市绿化体系结构，以良性的整合发展保证道路绿化体系的完整与统一。

（十二）春申湖路以北中央商贸城内道路绿化

春申湖路以北中央商贸城内道路绿化，建筑面积15平方千米。工程大力提升了生态环境，种植的树种以乡土树种为主，以组团式绿化建设方式，落叶树种与常绿树种搭配，色叶树种混杂。同时，还注重绿化层次的搭配，采用红花檵木、毛鹃、金边黄杨等地被植物，以果岭草为草坪植被，形成高、中、低多层次搭配，再与建设的景观相衔接，兼顾生态环境与景观性。

（十三）安元路绿化工程

安元路绿化工程，建筑面积3平方千米。采用规整性与流线型相结合的设计手法，形成既有序列感又交替变化的景观视觉空间。在植物选择上着重突出道路空间的季相变化和彩叶树以及花灌木的搭配种植。乔木、灌木、植被、草皮的合理搭配，使绿化更具层次感。

（十四）金源路绿化工程

金源路绿化工程，建筑面积3平方千米。根据道路规划和现状条件，结合区域用地性质，统筹兼顾，合理安排，协调道路沿线各地块的总体景观建设，保证城市绿化体系结构得以良性地整合发展，保证道路绿化体系的完整与统一。充分考虑道路景观与周围环境的相互映衬，植栽配植以本地植物为主，在凸现区域特色的同时，保证景观的整体性、延续性和协调性。

（十五）玉成路绿化工程

玉成路绿化工程，建筑面积3平方千米。在道路绿化设计中引入"城市绿色廊道"的概念，运用乡土树种创造生态景观，通过乔木、灌木、草被的植物配置方式，形成简洁、大气的群落植物景观，使玉成路成为一个"车在树中行，路在草中延"的"城市绿色廊道"。

（十六）苏虞张公路（凤阳路以北）绿化修复工程

苏虞张公路（凤阳路以北）绿化修复工程，建筑面积15平方千米。工程建设采用疏林草坪与局部精致绿化组团相结合、色叶树种与乡土树种相结合、常绿树种与落叶树种相结合的手法，形成了以乡土树种为主、色叶树种点缀的高低搭配、错落有致、疏密结合的景观。

（十七）227省道（苏州市福利院以南）绿化景观提升工程

227省道（苏州市福利院以南）绿化景观提升工程，建筑面积60平方千米。本条道路采用总体方案设计符合相城区规划发展的特色并结合考虑其他已设计路段实况，突出本次规划的"生态性、现代性"设计原则，注重现代人的审美感受和时代特色，同时注意吸收生态性景观绿化种植之精华，使道路绿化在简洁流畅、富有节奏的现代氛围中又具有生态性气息，从而创造出一条具有现代性的生态景观道路。

（十八）相城大道（春申湖路—太阳路）绿化修复工程

相城大道（春申湖路—太阳路）绿化修复工程，建筑面积20平方千米。工程应用现代城市规划设计的理念与方法，体现道路绿地的特有风格，创造具有城市文化底蕴的道路景观绿地。充分考虑使用者的多重感受，构建合理的空间结构，以满足使用者的多样需要。植物种类的选择凸现地方特色和多样性，以创造层次丰富、四季分明的绿化景观，实现城市道路绿化体系的总体建设目标；建设高标准的城市道路绿化体系，构成兼顾景观与生态功能的绿色长廊；坚持生物多样性，充分考虑应用生态技术，实现生态建设目标。在注重景观和功能的同时，尽量实现社会效益、经济效益和环境效益的有机统一。

（十九）采莲路绿化改造工程

采莲路绿化改造工程，建筑面积25平方千米。采莲河绿化景观改造工程充分考虑了与轨道交通2号线的结合，首先对整个河道进行清淤，并对河道两侧的原有驳岸进行修复。绿化景观改造，利用起伏的地形营造小组团的细致景观。采用多层的植物群落，结合道路慢性系统，打造一条城市滨水景观带。充分考虑以人为本的理念，把道路景观与相城区的水文化特色相融合。

六、政府实事工程建设

（一）相城区行政中心绿化工程

相城区行政中心位于相城大道东侧，占地面积24万平方米，绿化总面积近9.6万平方米，总投资 2500 万元。

行政中心绿色工程从 2003 年 3 月开始施工，主要施工单位为苏州怡城园艺有限公司、苏州藏书园林绿化建设有限公司、苏州市吴林园林绿化工程有限公司等。整个行政中心为开放式办公布局，绿化设计手法以现代园艺理念与"水相城、绿相城"特色相结合，从高大乔木、开阔草坪、曲折园路到精致小品，处处体现以人为本的设计宗旨，基本做到植物品种配置丰富，乔、灌、草布局合理，视观感觉舒适。主要树种有 20～30 厘米胸径全冠香樟、20～30 厘米胸径实生银杏、500 厘米高度的雪松等高档园林绿化苗木，再加上金叶女贞、毛鹃、金边黄杨等色块组团。此外，在主要景观路口，布局设计用四季草花予以点缀，形成公园式景观绿化。

（二）苏州（中国）花卉植物园

见本志第七章第一节。

第五节　古树名木

相城区自建区以来共发现 8 棵古树、3 个品种，分别是位于元和街道的银杏，位于太平街道的银杏，位于黄桥街道的银杏，位于黄埭镇的银杏、柏树，位于东桥镇的黄杨。其中树龄最长的是太平街道的银杏，约有 1000 年；树龄最小的是位于东桥镇桑浜村的黄杨，树龄约 110 年。下为两棵古树的介绍。

一、吕池村桥东岸古银杏树

该银杏树位于五龙镇（现名"众泾镇"）以南，古桥含秀桥旁边（乾隆五年，即 1740 年建造）。据百岁老人王阿毛所述：该古银杏树地块原为地藏王庙遗址。清代时庙宇规模宏大，有五开间两进，两个夹厢，庙内有十殿阎王，香火旺盛。到民国时，地藏王庙为吴县公安第八分局第九守望所所在地。解放初期为众泾乡乡公所所在地。"文化大革命"后，该地块改为学校——众泾小学。

该银杏树一直存活至今，生长良好，只开花不结果，树高约 13 米。据百岁老人反映，该银杏树树龄有 130 余年，先有银杏和庙宇，后建含秀桥。

二、黄桥张庄银杏树

相城区黄桥街道张庄社区银杏树位于张庄小学校园西南角，树龄有上百年。古树鼎盛时期高 19.34 米，直径近 1 米。树身挺拔，周边没有粗大的枝丫，犹如铁塔般矗立。这棵银杏树是张庄全村之最，曾被确认为航标。1998 年夏，该树遭雷击，现仅残存树身，高 5 米左右，至 2010 年仍活着，而且每年都结果。

以下为苏州市相城区古树名木资源统计（表 2-2）。

表 2-2　苏州市相城区古树名木资源统计表

编号	原编号	行政区划	树种	地址	树龄/年	保护等级	胸围（厘米）	冠幅（米）	高度（米）	管护责任单位/人	位置	区域	权属	生长状况
1	1	元和街道	银杏	吕池村五组桥东岸	130	2	360	14	13	众泾小学	单位	农村	集体	旺盛
2	2	太平街道	银杏	老街猛将堂前	1000	1	204	15	50	太平街道办事处	道路	农村	国有	旺盛
3	3	黄桥街道	银杏	张庄村张家庄	150	2	65	9	9	张庄小学	单位	农村	集体	较差
4	4	黄埭镇	银杏	北村白果园	500	1	143	15	15.6	黄埭镇人民政府	村庄	农村	集体	旺盛
5	5	黄埭镇	柏树	黄埭中学	300	1	45	2	11	黄埭中学	单位	农村	国有	一般
6	6	黄埭镇	柏树	黄埭中学	250	2	31	1.8	10	黄埭中学	单位	农村	国有	一般
7	7	东桥镇	黄杨	董巷村一组四图东	120	2	22	5	3	沈建林	住宅	农村	个人	旺盛
8	8	东桥镇	黄杨	桑浜村五组	110	2	60	8	8	叶根金	住宅	农村	个人	旺盛

第三章 畜禽业

概 述

境域内畜牧业历史悠久,早在清乾隆十二年(1747),《苏州府志》就有境内饲养奶牛的记载。

中华人民共和国成立后,相城区境域内属吴县,当时吴县将各乡镇民间的103个半农半医民间兽医组织起来,成立了34个公社兽医站,负责管理全县畜牧生产工作。

改革开放后,境内政府部门加大对生猪养殖的政策扶持,生猪养殖得到长足发展。1987年,东桥乡诞生了境域内第一家饲养5.5万羽肉鸡的专业型生产合作社。1990年,境内被农业部称为"商品瘦肉型猪基地"。

2001年,全区设立奶牛养殖小区、生态养殖示范基地等。到2008年年底,全区有专业奶牛养殖小区1个,生猪、奶牛、家禽的规模养殖比重分别达到87%、96%、80%。

同时,境内政府部门扎实做好禽流感、新城疫、口蹄疫等重大动物疫病的防控和畜产品质量安全监管工作,严格动物防疫和检疫工作,确保重大动物疫病免疫密度达到100%,确保人民群众的生命安全。

相城区在确保畜牧生产的前提下,切实做好畜禽养殖污染防治工作,对全区养殖污染物进行回收再利用,同时对大型畜禽养殖场进行水环境综合工程治理,切实减少区内养殖污染,保护人民群众的生存环境。

2008年,全区奶牛饲养量8000多头,生产鲜奶30000吨以上。生猪饲养量16万头,存栏6.4万头。家禽全年出栏41.16万羽,存栏11.67万羽。

2009年开始,区政府重视辖区内环境保护工作,之后畜禽饲养量逐渐减少。

第一节 家畜饲养

畜禽养殖为境内农户传统的家庭副业,主要有猪、羊、牛(耕牛)、兔、鸡、鸭、鹅等的养殖。20世纪80年代起,奶牛业在境内兴起。

一、猪

20世纪80年代末，随着人工授精的推广，商品型瘦肉型苗猪普及。1988年至1993年，吴县每年有50多万头苗猪销往上海、安徽、浙江、辽宁、山东、河北等地。1988年，饲养生猪88.61万头，母猪存栏4.59万头，养猪专业户（场）451户，饲养生猪5.48万头。1989年，饲养生猪88.90万头，母猪存栏4.89万头，养猪专业户410户，饲养生猪8.26万头。1990年，饲养生猪84.27万头，母猪存栏5.12万头，养猪专业户432户，饲养生猪8.97万头。进入90年代后，集体猪场转制，全国各地瘦肉型苗猪普及。1993年后，苗猪外销急剧下降。1994年，饲养生猪60.30万头，母猪存栏3.68万头，专业户458户。1995年吴县撤县建市，随着城市化、工业化进程的加快，农村耕地面积减少，养殖业发展受到了一定影响。当年饲养生猪53.61万头，母猪存栏3.01万头，专业户为305户。1996年，饲养生猪53.35万头，母猪存栏2.52万头，专业户297户。1999年，饲养生猪52.44万头，专业户417户。2001年，吴县市撤市建区，相城区当年生猪饲养量18.6万头、存栏6.5万头，专业户151户。2002年，本区生猪饲养量20.3万头，存栏6.1万头。2003年，生猪饲养量16.1万头，存栏3.2万头。2004年，生猪饲养量10.5万头，存栏5.3万头。2005年，生猪饲养量26.2万头，存栏8.5万头。2006年，生猪饲养量23.2万头，存栏8.8万头。2007年，生猪饲养量16.8万头，存栏6.6万头。2008年，生猪饲养量16.1万头，存栏6.4万头。（表3-1）

表3-1　2001年至2010年相城区生猪、奶牛饲养情况表

	生猪			奶牛	
	当年饲养/万头	年末存栏/万头	当年出栏肉猪/万头	年末存栏/头	当年生产鲜奶/万吨
2001	18.60	6.50	12.10	1164	0.32
2002	20.30	6.10	14.20	5200	1.10
2003	16.10	3.20	12.90	8217	1.80
2004	10.50	5.30	5.20	6917	1.80
2005	26.20	8.50	17.70	5943	1.80
2006	23.20	8.80	14.40	5544	1.90
2007	16.80	6.60	10.20	7217	2.70
2008	16.10	6.40	9.70	8039	3.00
2009	16.90	6.50	10.40	5278	2.34
2010	20.90	6.70	14.20	5633	2.30

二、牛

历史上由于耕地、灌地，境内很早就存在水牛、黄牛。新中国成立后牛存栏最多的年份为1955年，有29780头。20世纪70年代，由于农村机耕、电灌普及，耕牛使用价值下降，饲养数量逐步减少。80年代末，耕牛被淘汰。

相城区奶牛业历史悠久，最早记载见清乾隆十二年（1747）《苏州府志》。改革开放后的20世纪80年代末，集体奶牛场和私人专业户并存。1988年，奶牛存栏330头，生产鲜奶1000吨。1989年，奶牛存栏409头，生产鲜奶1230吨。进入90年代后，当地政府（乡、镇）鼓励发展奶牛业，出台了相应的优惠政策。1990年，奶牛存栏522头，生产鲜奶1827吨。1991年，奶牛存栏525头，生产鲜奶1838吨。1992年，奶牛存栏756头，生产鲜奶2466吨。1993年，奶牛存栏788头，生产鲜奶2758吨。1994年，集体奶场逐步转制，饲料价格上涨，饲养成本上升，奶农经济效益下降，奶牛业受到一定影响。当年奶牛存栏236头，生产鲜奶944吨。1995年，奶牛存栏170头，生产鲜奶680吨。1996年，奶牛存栏162头，生产鲜奶648吨。1997年，饲料价格稳中有降，奶农养奶牛信心逐步恢复，当年奶牛存栏339头，生产鲜奶1356吨。1998年，奶牛存栏532头，生产鲜奶2128吨。随着人民生活水平的提高，鲜奶产品需求量增加，鲜奶收购价上升，奶农收入可观。1999年，奶牛存栏1271头，生产鲜奶5084吨。2000年，奶牛存栏1941头，生产鲜奶7764吨。2001年，吴县市撤市建区，全区当年奶牛存栏1164头，生产鲜奶3200吨。2002年，奶牛存栏5200头，生产鲜奶11000吨。2003年，奶牛存栏8217头，生产鲜奶18000吨。2004年，奶牛存栏6917头，生产鲜奶18000吨。2005年，奶牛存栏5943头，生产鲜奶18000吨。2006年，奶牛存栏5544头，生产鲜奶19000吨。2007年，奶牛存栏7217头，生产鲜奶27000吨。2008年，奶牛存栏8039头，生产鲜奶30000吨。

2001年，相城区成立奶业协会，由区畜牧兽医站负责管理，有44名个人会员和11个企业会员加入协会。成立奶业协会的目的是，通过协会组织奶业的产前、产中、产后服务，从事奶业的每个业主"责任共担，利益共享"；通过协会积极协调市场主体利益，提高市场资源配置效率，体现自我服务、自我协调、自我监督、自我保护的意识和要求。协会及时为会员和会员单位提供奶业的饲养技术和市场供求信息，组织行业培训，召开行业会议，协调行业内部的生产经营和技术合作，以促进奶业生产技术发展，提高经营管理水平。

阳澄湖奶业有限公司为本区养牛大户，该公司于1997年成立，至2002年已拥有3个大型奶牛场，存栏奶牛超过1500头。该公司还开设收奶站，与475户养牛户签订收奶合同，并与上海光明、蒙牛等奶制品企业签订常年供奶合同，年产值达到5000多万元。在该公司的带动下，本区一些民间资本纷纷投入资金建立奶牛场，分别成立了东桥奶源有限公司、太平牧场等一批大型奶牛养殖场，使奶牛业在2003年成为本区投资热点，当年全区奶牛存栏达到7600头，为建区前的6倍，年提供鲜奶2万多吨。

奶牛"两病"无害化处理。奶牛结核病、布鲁氏杆菌病（简称"两病"）为奶牛的慢性传染病，属于人畜共患病。2004年，为确保全区"两病"净化，人民群众身体健康，区政府出台并实施《奶牛两病无害化处理办法》，对检测出的"两病"阳性奶牛，由区、镇两级政府财政各承担2500~1500元予以补贴。2004年至2009年共检测奶牛46442头，检测出"两病"阳性奶牛1345头（其中布氏杆菌病852头、结核病493头），相关部门派专人监管、专车专运，对"两病"阳性奶牛定点集中进行无害化处理。

三、羊

境内主要为农户自养,品种以山羊为主,有少量绵羊。20 世纪 60 年代,空闲地被开垦为粮田,羊的饲养量减少。80 年代起,境内兴起饲养绵羊。1990 年,羔羊皮停止收购,羊的饲养量逐年减少。1992 年起,境内农民基本不再饲养绵羊。2000 年起,境内各集镇开办羊肉餐饮店,饲养山羊的农户增多。2005 年,羊饲养总产值 43 万元。至 2010 年,境内农户已很少养羊。

第二节　禽类饲养

一、境内饲养的禽类

(一) 鸡

境内历史上以饲养本地草鸡为主,其中以中型黄鸡为地方优良品种。20 世纪 70 年代至 90 年代,境内先后引进"白洛克""来航""芦花""罗斯""海佩科""希塞西""海星""星布罗""爱拔益加(AA)鸡""新浦东""迪卡""伊沙""罗曼""红育""红宝""艾维茵""红波罗"等优良高产蛋、肉种鸡。21 世纪初先后引进"天目山草鸡""萧山草鸡""仙居草鸡""太湖鸡""雪山鸡""贡宫黄草鸡"等地方品种。

(二) 鸭

中华人民共和国成立前,境内饲养鸭以娄门鸭、绍鸭为主。中华人民共和国成立后,从国外引进部分种鸭。21 世纪初,主要饲养品种有"樱桃谷鸭""康贝尔鸭""北京鸭""高邮鸭""绍鸭""昆山麻鸭"等。

(三) 鹅

历史上境内以饲养地方品种太湖鹅为主。21 世纪初,饲养的品种有"太湖鹅""扬州大白鹅""四季鹅""杂交鹅"等。

二、境内禽类饲养量

改革开放后,政府扶持养殖业发展。1988 年,吴县全县家禽存栏 182.7 万羽,鸡、鸭、鹅之比为 79.1∶14.4∶6.5。上市禽蛋 500 吨,专业户 633 户,饲养户 1400 户。1989 年,家禽存栏 119.46 万羽,上市禽蛋 405 吨,专业户 750 户,饲养量 47.6 万羽。1990 年至 1993 年,养禽业相对稳定,年均存栏 153 万羽,上市禽蛋年均 600 吨,专业户 400 户,年均饲养量 86 万羽。1994 年,饲料价格上升,竞争激烈,销售价格下降,养禽业出现亏损现象,养殖户积极性下降。当年家禽存栏 75.94 万羽,上市禽蛋 680 吨,专业户 353 户,饲养量 123.05 万羽。1995 年,家禽存栏 72.08 万羽,鸡、鸭、鹅之比为 73.7∶17∶9.3,上市禽蛋 610 吨,专业户 336 户,饲养量为 126.7 万羽。1996 年后,养禽业相对平稳,年均存栏 70 万羽,上市禽蛋年均 500 吨,专业户 330 户。2001 年,吴县市撤市建区,相城区当年家禽饲养量 33.21 万羽,存栏12.36万羽，出栏20.85万羽，鸡、鸭、鹅之比为14.98∶5.47∶12.76，上市禽蛋700多吨，禽肉产品20吨，规模场户（肉禽年出栏2000羽以上，蛋禽年存栏500羽以上）52户。2002年、2003年相对稳定，家禽饲养量分别为32.92万羽和35.21万羽。2004年，农业产业结构调整加快，生态草鸡养殖开始崛起，当年家禽饲养量22.7万羽，生态草鸡出栏10万羽，小型养殖慢慢减少，当年规模场户只剩47户。2005年，家禽饲养量52.78万羽，生态草鸡出栏20万羽，上市禽蛋100吨，禽肉产品30吨，规模场户70户。2006年，家禽存栏22.98万羽，全年饲养量达到55.3万羽。2007年，家禽饲养量为55.87万羽，存栏17.31万羽。2008年，全年家禽出栏41.46万羽，存栏11.67万羽，鸡鸭鹅之比为9.6∶0.8∶1.25。

三、苗禽

新中国成立前，境内采用母禽抱孵方式育苗，每只母鸡一次孵化20只蛋。新中国成立后，集体哺坊一般采用炕孵法，每缸约200只至300只蛋。后逐渐被电孵法代替，每次孵5000~10000只蛋。20世纪80年代后期至90年代初期，苗禽生产进入高峰。1988年，吴县全县有25个哺坊，142台电孵箱，25只孵炕，苗禽386万羽。1989年，有25个哺坊，160台电孵箱，25只孵炕，苗禽423万羽。之后逐年下降。1995年，有10个哺坊，61台电孵箱，7只孵炕，苗禽211万羽。2001年，吴县全县有1个哺坊，2台电孵箱，苗禽8000羽。

表3-2 2001年至2010年相城区家禽饲养情况表

年份/年	规模养殖场户/个	饲养量/万羽		
		鸡	鸭	鹅
2001	52	25.41	3.21	4.59
2002	50	24.24	3.56	5.12
2003	49	25.35	4.23	5.63
2004	47	15.14	2.15	5.41
2005	70	38.14	4.02	10.62
2006	66	42.32	3.52	9.46
2007	64	43.35	2.91	9.61
2008	37	39.19	4.52	9.32
2009	35	46.37	7.85	12.96
2010	33	31.45	6.52	11.23

五、特种养殖

（一）犬

境内素有养殖家犬的习俗。20世纪80年代起，水产、家禽等养殖专业户养殖护塘、护场犬数量增多。2000年起，家庭养殖宠物犬兴起。2009年，元和街道成立元和城北藏獒养殖场和扎西德勒藏獒养殖场，年养殖藏獒300多头。2010年，养殖场藏獒存栏312头。

（二）梅花鹿

2005年，北桥街道王志芳饲养梅花鹿40头。2009年起不再饲养。

（三）鸽

20世纪90年代起，随着餐饮业、旅游业的发展，境内有少数家禽饲养专业户养殖肉用鸽。1992年，引进美国白羽王鸽种鸽1万对、丹麦鸽种鸽5000对。

（四）孔雀

2001年，元和街道有2户养殖户饲养孔雀。2004年，仅存1户饲养孔雀，存栏40羽。2009年自然关闭。

（五）大雁

2010年，北桥街道沈卫星养殖大雁3000羽。

第三节　疫病防治

动物疫病的防治随着社会的发展不断发生变化，中华人民共和国成立以来至1995年，境内动物疫病的防疫以猪瘟、新城疫防疫为主。随着基础防疫工作从原来的每年春、秋两次防疫转变为常年防疫，再加上每年春、秋两次突击防疫，较早流行的动物疫病得到控制，但新的疫病随之而来，国内外口蹄疫（W病）、高致病性禽流感呈爆发趋势，狂犬病死亡率逐年递增，高致病性猪蓝耳病等动物病的防疫防控也发生了变化。

一、禽流感病的防治

禽流感是由A型流感病毒引起的一种禽类传染病。其中高致病性禽流感是极为严重的禽类传染病之一，其发病率和死亡率高、危害巨大，而且还可以感染人类，国家将高致病性禽流感列入一类动物疫病病种名录。

2003年下半年以来，我国及世界多个国家相继暴发了高致病性禽流感疫情，对当地经济社会发展造成极大影响，也对人的生命安全构成了严重威胁。为此，本区根据国家重大动物疫情防控应急工作精神，坚持"加强领导、密切配合、依靠科学、依法防治、群防群控、果断处置"的方针，全面落实各项防控措施：

（1）加强组织领导。成立相城区防治重大动物疫病指挥部，各镇（街道）成立相应的领导小组。

（2）加强责任落实。每年区政府与各镇（街道）业务主管部门、基层防疫部门及养殖场层层签订防疫责任状。

（3）加强基础免疫。在常年防疫的基础上，每年开展春、秋两季突击免疫会战大行动，确保免疫密度达100%。2001年至2008年共注射高致病性禽流感疫苗308.4万毫升。

（4）加强免疫监测。相城区生态园农副产品活禽批发市场每星期进行1次家禽棉拭子抽样监测，随取抽样3个经商点，每点采样5羽禽。同时每月对各镇（街道）禽养殖场进行高致病性禽流感免疫效果监测，确保免疫质量。

（5）加强应急处置力度。制订《相城区高致病性禽流感应急预案》，建立区、镇两级疫情应急处置预备队，全区共有成员95人。

（6）加强部门配合。在区防治重大动物疫病指挥部的统一领导和协调下，各职能部门各司其职，协同作战，具体负责各项工作的组织实施稽查，统筹做好禽流感防治工作。

二、口蹄疫（W病）的防治

口蹄疫是由口蹄疫病毒引起的偶蹄动物的一种急性、热性高度接触性传染病。本病是现有家畜传染病中最复杂、最受重视的疾病之一，其传染性强、传播快，往往会造成大面积流行，招致巨大经济损失，因此被国家列入一类动物疫病病种名录。

1995年开始，相关部门按照国家防控要求，全面实施"防、检、消、杀"综合防治技术，并进行"猪口蹄疫综合防治配套技术推广"研究。

"防"：推行边割边防边加施免疫标识的常年防疫程序，即在苗猪阉割时注射猪瘟和口蹄疫疫苗，并加施免疫标识。到苗猪上市交易时，再进行口蹄疫的加强免疫。对引进的外来生猪在进圈前注射口蹄疫疫苗。牛羊每季注射1次免疫疫苗。在口蹄疫常年防疫的基础上，再开展春、秋两季的突击防疫，确保免疫密度100%。每个季度开展口蹄疫免疫效果监测，对未达标准的及时做好补免工作，确保免疫质量。1995年至2000年推广应用猪口蹄疫疫苗173.34万毫升，牛羊口蹄疫疫苗6.58万毫升。2001年至2008年，推广应用猪口蹄疫309万毫升，牛羊口蹄疫19.26万毫升。

"检"：加强了产地检疫、市场检疫、运输检疫、屠宰检疫，严禁病死牲畜流通上市。

"消"：加强消毒工作，建立严格的消毒制度，开展夏季高温消毒灭源等行动，阻断病源的传播。

"杀"：对病死牲畜严格实施深埋、焚烧等无害化处理。

通过综合防治措施的推广实施，全面控制了口蹄疫疫病在本区的发生。"猪口蹄疫综合防治配套技术推广项目"获江苏省农林厅科技进步二等奖、苏州市科技进步二等奖。

1997年10月，境内率先实施动物免疫标识管理技术，即动物在实施免疫后佩戴特制的免疫标识。这一新技术实施后，逐步在苏州市、江苏省及全国推广。农业部制定了《动物免疫标识管理办法》。境内"推广生猪免疫标识管理技术"获江苏省农林厅科技进步三等奖、苏州市科技进步三等奖。

三、狂犬病的防治

狂犬病俗称"疯狗病"，是由狂犬病病毒引起的人兽共患的急性传染病，人感染后致死率100%。

2001年起，全区全面开展狂犬病防治工作，全年分春、秋两季集中突击免疫，由各镇（街道）具体组织实施，各村社区配合动物防疫部门逐村、逐户、逐只开展免疫注射。所需经费由镇（街道）财政负担。2001年到2008年，全区狂犬病防疫共计有100214只。

四、猪蓝耳病的防治

猪蓝耳病（PRRSV）是近两年在我国爆发的一种猪传染病，又称"猪生殖与呼吸综合征""蓝耳病""猪弓形体""猪伪狂犬病""猪链球菌""猪瘟疫"等，我国将其列为二类传染病。本病是一种高度接触性传染病，呈地方流行性。PRRSV只感染猪，不同年龄和不同品种的猪均可感染，死亡率极高，对社会经济的发展会造成很大影响。此病已被列入重大动物疫病防控范围。2007年至2008年，全区共使用防高致病性猪蓝耳病疫苗57.6万头次。

第四节　畜禽质量建设

相城区以规模化、标准化、规范化生产为突破口，大力推行畜牧业标准化生产，加快无公害生产基地建设步伐，提高了畜产品质量安全水平，有力地促进了全区现代畜牧业发展的进程。

一、规模发展

以养殖小区建设为载体，大力发展规模化养殖。全区将标准化养殖小区建设作为现代畜牧业的发展重点，制定出台了一系列优惠政策；区成立了技术专家组，编印了《相城区畜禽养殖建设技术指南》。区内以苏州市东桥胡桥种养基地（蒋小弟）、东桥佳绿生态草鸡养殖场（李丽）、苏州市阳澄农业科技有限公司（吴阿五）、苏州市相城区阳澄湖奶业有限公司（干生元）、相城区长新牧业有限公司（薛建忠）、黄桥奶牛养殖有限公司（胡海明）为代表的标准化养殖小区达到32个。

二、标准化生产

在鼓励、引导养殖小区（场）进行标准化建设改造的同时，区有关部门要求相关企业严格按照无公害畜产品生产技术组织生产，做到定期消毒、免疫接种、疫病监测、科学合理使用兽药、添加剂饲料。同时，区畜牧兽医局与各镇（街道）兽医站30名技术人员进行对口联系，定期开展技术培训、技术指导和技术服务，解决生产中遇到的技术难题，从而使全区畜禽生产标准化程度有了显著提高。

三、规范化管理

加大巡查力度，不断强化畜产品质量监管力度。强化生产销售环节监管，重点检查饲料、兽药、生鲜奶的质量生产以及经营企业的饲料、兽药购销情况，发现问题即依法进行严厉查处。在加强标准化硬件建设的同时，更加注重养殖场（小区）软件建设，帮助各养殖场（小区）完善各项饲料管理制度、无公害畜产品生产技术操作规程、无公害畜产品质量控制措施，建立完整的生产记录和养殖档案，严格按规定使用畜产品投入制度，严禁使用瘦肉精、三聚氢胺等违禁药品，全区有11家养殖企业通过无公害畜产品产地认定和产品认证。

四、瘦肉精的监测制度

克伦特罗又叫"瘦肉精",是一种β2-受体激动剂,因人摄入了瘦肉精后心脏和支气管会有不良反应而被农业部禁用。2004年6月9日,本区根据上级精神,在渭塘首次举办瘦肉精检测操作培训班,参加对象有区、镇(街道)二级技术骨干共60人。6月10日开始在全区范围内开展生猪瘦肉精尿样残留抽检工作,相关人员严格按照要求进行操作,做到了取样、登记、保存的完整性。2004年6月起至2008年,全区共抽样104233份,检出瘦肉精阳性猪49批1248头,阳性检出率为1.19%;并进行了无害化有效处置。2009年至2013年继续实行监测制度,检出的瘦肉精阳性猪均为外地调入猪源。瘦肉精监测制度的贯彻落实杜绝了肉食品在本区中毒的发生,保障了人民群众的肉食品安全。

第五节 畜禽养殖污染防治

2007年年底,根据江苏省政府通知精神,全省开展农业污染源普查工作。2008年年初,苏州市农林局召开了全市农业污染源普查培训班。本区于3月7日举办培训班,将普查行动各项任务分解到各镇(街道)。各镇成立专门班子,确定人员数量。区站在普查中配备2名专职普查指导员,对各镇(街道)普查工作进行指导和督查。4月初,基本完成了清查工作,清查共涉及101家养殖户,其中望亭16户、黄埭23户、开发区28户、北桥5户、阳澄湖19户、黄桥2户、渭塘2户、太平6户。区站以综合整治保水源、保供给、保利益的"三保"为原则,实施三种处理方式,即关闭一批、迁移一批、整治一批。一是对饲养奶牛不足50头、猪存栏不足50头、禽不足1万羽的养殖场实施关闭。二是对猪存栏50头以上、500头以下的企业实施迁移。三是对奶牛50头以上、猪500头以上、禽1万羽以上的企业进行综合整治,实行零排放。根据本区畜禽养殖实际建一个20万吨级的有机肥料厂,将全区的畜禽粪便集中由黄埭兴稼生物肥料厂加工生产成优质有机肥。通过专业化收集、无害化处理、颗粒化造肥、商业化运作,实现物业化管理,最终解决畜禽养殖带来的污染问题,真正达到市场保供、养殖保洁、养户保利的"三赢"目标。

附记:

1958年,吴县各乡镇将散居在农村的半农半医民间兽医组织起来,成立了34个公社畜牧兽医工作站,有兽医103人,其中民间兽医32人、在编兽医71人。1959年5月,吴县畜牧兽医站成立。1960年,部分公社兽医站解散,兽医下放。1961年,各个大队设1~2名防疫员。"文化大革命"期间称其为"赤脚兽医",形成了县、公社、大队三级兽医防疫灭病网络。县级每年对赤脚兽医和公社兽医站人员进行技术培训。1984年,从村畜技员中选择录取一批合同工,充实乡镇兽医站。1987年,境内各乡镇建乡镇畜牧兽医站。1990年至1994年,各乡镇畜牧兽医站由县市多管局和各乡镇政府双重领导。2001年,相城区有12个乡镇畜牧兽医站,有在编人员48人。后经区委、区政府决议,将乡镇兽医站下拨至乡镇管理。现相城区畜牧兽医站有编制人员6名,各乡镇现有兽医技术人员编制28名。

第四章　农业机械

概　述

在人类历史长河中，农村主要使用传统旧式农具，靠人力、畜力作业。早在石器时代，境内便使用石犁耕种，石镰收割。春秋战国时期的青铜镰做工精细、考究。民国四年（1915年），境内农村出现戽水机船，流动为农户抽水灌溉，开创境内农业机械的先例。1919年，出现机械轧米。1929年，望亭、东桥试用电力灌溉农田。30年代，西部地区有少数农户购置人力轧稻机。1949年，全县共有灌溉、轧米和烘茧的柴油机219台，电动机93台，计3597千瓦；人力轧稻机4344架。

中华人民共和国成立后，农机具推广使用迅速。1956年6月，陆墓建立苏州地区第一个拖拉机站，使用进口拖拉机作田间耕作试验。1958年，各公社均开始建电力灌溉站（机房）。1964年至1974年，望亭农业机械试验鉴定站对国产和进口农业耕作机械、脱粒机械作对比试验。1979年3月15日，国家农委、国家科委确定在黄桥进行农业现代化综合科学试验；1985年，苏州市将渭塘乡渭西村列为农业现代化先行村，农机具推广使用率有所提高。1949年至1987年，农机具的发展采用机械化与半机械化并举、中小型机具并举，以小型为主，机、人、畜力工具相结合，农机与农艺结合的原则。这一阶段的农机具以排灌机械为主，脱粒、粮饲加工、植保、耕作、运输机械次之。

1988年至2013年，境域内围绕稻、麦、油菜生产主要作业环节的机械化发展应用各种农机具（表4-1、表4-2）。政府对中型拖拉机（简称"中拖"）及其配套机具、联合收割机、割晒机、植保机、插秧机、水稻直播机、三麦条播机、开沟机等农机具实行补贴。1988年至1993年，县财政补贴30%左右。1994年至2000年，县、市、实行"三三四"补贴政策，即市财政补贴30%，乡镇补贴30%，购机单位或农户自筹40%；市级财政对进口联合收割机每台补贴5万元。

表 4-1 1988 年至 2013 年吴县（市）、相城区农业机械年末拥有量统计表

年份/年	农业机械总动力/千瓦	中型拖拉机/台	小型拖拉机/台	中小拖配套机具/部	机动插秧机/台	农用水泵/台	喷灌机械/套	联合收割机/台	机动收割机/台	机动脱粒机/台	机动喷雾机/部	农用运输车/辆	渔业机械/台	推土机/台
1988	639745	51	8605	12294	32	10706	61	35	27	57520	1540	—	13880	9
1989	686458	60	8768	12063	37	10513	50	45	40	65878	3487	194	15794	11
1990	730890	91	8689	12020	50	10923	217	48	55	68894	3906	254	19028	11
1991	755795	124	8876	12359	54	11529	116	66	58	69366	4019	335	19916	9
1992	782116	197	8986	12370	53	11495	100	106	55	70983	4014	580	20872	53
1993	800707	267	9113	12590	49	8738	207	161	66	73278	3949	640	21313	58
1994	779270	266	7550	10668	50	9548	205	205	65	76179	3312	1292	18519	53
1995	796405	397	7409	9995	55	7912	231	376	153	78418	3292	1378	18335	53
1996	806818	547	6780	10013	56	8845	228	548	273	82264	3394	1347	18321	53
1997	814823	620	6590	10026	58	10268	228	672	293	82108	3336	1355	18727	53
1998	814560	659	6372	9809	48	9230	230	727	296	82115	3240	1339	18462	56
1999	824256	690	6442	9958	69	8153	230	793	286	80963	3005	1278	19164	56
2000	817147	648	6323	9244	35	7953	226	744	265	81640	2814	1369	21367	61
2001	214107	380	2488	4306	4	2682	3673	450	78	28111	1899	179	4356	8
2002	169800	244	1398	2246	10	1994	2482	266	41	19160	1142	284	4264	6
2003	164010	179	979	1592	12	2004	2307	197	41	14554	1019	716	3942	5
2004	163194	114	630	1016	4	1372	2146	109	20	12213	816	697	3432	7
2005	160963	111	600	920	4	1386	2054	79	20	11085	781	670	3472	7
2006	158734	102	506	882	4	1039	2050	73	3	8184	745	700	3221	7
2007	144951	97	382	447	7	1203	2973	67	3	4820	693	691	2926	7
2008	80882	91	385	255	10	1362	1362	61		2293	145	507	3265	7
2009	68000	99	340	266	15	1047	1220	60	—	2041	159			
2010	61470	99	206	268	21	1001	1159	22	—	1138	211			
2011	58800	113	189	283	39	832	1152	31	—	—	222	406	3000	7
2012	56700	117	147	241	43	963	963	46	—	—	229	330	3702	7
2013	56055	96	116	372	45	965	965	53			236	272	3499	7

注：资料来自吴县（市）、相城区水务局档案资料。

表 4-2　1988 年至 2013 年吴县（市）、相城区农机作业情况统计表

单位：万亩

年份/年	机耕面积	机播面积	其中			机械开沟面积	机械收获面积	其中		机械植保面积
			机插水稻面积	机播水稻面积	机播三麦面积			机收三麦面积	机收水稻面积	
1988	93.00	0.44	0.15	—	0.29	1.30	0.80	0.38	0.42	74.15
1989	90.44	0.91	0.20	—	0.71	4.50	1.24	0.68	0.56	75.00
1990	92.41	0.77	0.25	—	0.52	10.35	1.51	0.66	0.85	134.40
1991	90.40	1.63	0.23	0.06	1.34	19.11	2.15	1.12	1.03	120.90
1992	90.20	3.32	0.17	0.15	3.00	27.15	3.10	2.13	0.97	123.00
1993	88.50	0.71	0.09	0.26	0.39	30.00	4.17	3.20	0.97	88.95
1994	70.80	0.81	0.11	0.34	0.36	26.10	5.13	3.60	1.53	97.95
1995	71.00	1.04	0.50	0.22	0.32	33.00	14.40	9.40	5.00	97.95
1996	71.00	1.37	0.60	0.71	0.06	35.03	25.01	14.90	10.11	102.00
1997	72.00	3.24	1.77	1.22	0.25	38.01	42.96	28.00	14.96	102.00
1998	67.22	0.37	0.20	0.12	0.05	29.93	41.50	25.00	16.50	204.00
1999	59.55	1.06	0.53	0.49	0.04	26.00	43.07	25.11	17.96	210.00
2000	51.45	0.80	0.50	0.30	—	20.30	42.11	24.00	18.11	79.00
2001	26.40	—	—	—	—	3.80	17.84	8.28	9.56	19.46
2002	16.96	0.005	0.005	—	—	3.42	11.76	5.60	6.16	12.22
2003	14.59	0.020	0.020	—	—	2.01	12.21	3.60	8.61	8.74
2004	9.69	0.068	0.068	—	—	1.88	9.33	2.03	7.30	8.06
2005	9.39	0.085	0.085	—	—	2.04	9.57	1.85	7.72	8.03
2006	9.64	0.085	0.085	—	—	1.96	9.50	2.70	6.80	7.99
2007	8.67	0.082	0.082	—	—	—	8.50	3.15	5.35	8.27
2008	6.97	0.12	0.12	—	—	—	6.52	2.25	4.27	6.90
2009	7.16	0.25	0.23	0.02	—	—	7	2.20	4.80	
2010	5.09	2.78	2.74	0.04	—	—	5.4	2.21	3.19	
2011	4.164	2.644	2.644	—	—	1.77	4.96	1.77	2.89	5.09
2012	5.685	2.76	2.79		80	2.47	5.67	2.472	2.95	5.42
2013	5.063	2.32	2.32		1515	2.325	5.1	2.47	2.58	4.85

1988 年至 1995 年，吴县全县共投入农机资金 8339.75 万元，其中直接用于购置农机具的资金为 5690.22 万元。1988 年，全县农机总动力 64 万千瓦，拥有小型拖拉机（简称"小拖"）8605 台、中拖 51 台、联合收割机 35 台、割晒机 27 台和机动喷雾机 1540 台；全县完成机耕作业面积 93 万亩，机收割面积 0.8 万亩，机插秧面积 0.15 万亩，机播三麦面积 0.29 万亩，机开沟面积 1.30 万亩，机植保面积 74.15 万亩。1995 年，全县农机总动力 79.64 万千瓦，拥有小拖 7409 台、中拖 397 台、插秧机 55 台、联合收割机 376 台、割晒机 153 台、机动喷雾机 3292 台和开沟机 1171 台；全县完成机耕面积 71 万亩，机耕率 98%；机播面积 1.04 万亩；机开沟面积 33 万亩，机开沟率 68.5%；机收面积 14.40 万亩，机收率 11.96%；机植保面积

97.95万亩。

1996年至2000年,县、市共投入农机资金8160.11万元,其中用于购置农机具的资金为7488.81万元。2000年,全市农机总动力81.71万千瓦,拥有中拖648台、小拖6323台、联合收割机744台、割晒机265台、开沟机1260台和植保机2814台;全市完成机耕面积51.45万亩,机耕率98%;机播水稻面积0.8万亩;机收面积42万亩,机收率54.7%;机开沟面积20.30万亩,机开沟率76.3%;机植保面积79万亩;农机化综合水平80.20%。

相城区建区前原属吴县（市）,相城境内农业机械由吴县水利局主管。直属单位有吴县（市）农机化研究所（农机技术推广站）、农机安全监理所、农机公司和各水利（农机）管理服务站,构成了农机管理、推广应用、教育培训、农机供应、维修保养、安全监理等农机化管理服务体系。1986年至1991年,境域被农牧渔业部列为全国第一批5个农业机械化综合试点区域之一。

2001年2月28日,经国务院批准,设立相城区。相城区农业机械由相城区水务局主管,其职能部门有农机管理科,直属单位有相城区农机安全监理所和各水务（农机）管理服务站,构成了农机管理、推广应用、维修保养、安全监理等农机化管理服务体系。相城区继续围绕稻麦生产主要作业环节的机械化发展应用各种农机具。同时,随着城市化进程的发展、农业产业结构的调整,发展特色农业机械。

2001年,全区农机总动力21.4万千瓦,农机化总投入350万元（直接用于购置农机具）。全区完成机耕作业面积16.96万亩,占应耕面积的98%;机收三麦8.28万亩,小麦机收割率93.3%;机收水稻9.56万亩,水稻机收割率47.8%;机植保面积19.46万亩。

随着相城区城市化建设进程的加快,农田作业面积大幅度减少,相当部分农机具退役、转卖或报废,至2008年,全区农机总动力8万千瓦,全区农机化总投入102万元（直接用于购置农机具）,完成机耕作业面积6.97万亩,占应耕面积的98%。高性能联合收割机的使用和引进外地联合收割机参与本地作业,提高了机械化收获水平。2008年,机收三麦2.25万亩,机收割率96%;机收水稻4.27万亩,水稻机收割率95%;机植保面积6.9万亩。2010年,全区农机总动力6万千瓦,完成机耕作业面积5.09万亩,机收三麦2.2万亩、水稻3.19万亩,机植保面积5.46万亩。2012年,全区农机总动力5.67万千瓦,完成机耕作业面积5.69万亩,机收三麦2.47万亩、水稻2.95万亩,机植保面积5.42万亩。2013年,机收三麦2.31万亩,机收割率100%;机收水稻2.585万亩,水稻机收割率100%;机植保面积4.85万亩。

第一节 农 机 具

一、传统农机具

（一）耕作机具

铁䦆 主要耕作工具之一,系用金属制成。旧时,由私营铁铺制造。一般为4齿,也有3

齿的，分满缝、菱形、尖齿、板齿、钉齿等。重1~1.5公斤，也有3~4公斤的。装上竹（木）柄即可使用。用于翻土、碎土、整地、开塘、开沟、装卸等。至今仍为农户的必备农具之一。

犁 石器时代境内就已使用石犁了。汉朝有"秦犁汉耙之称"。至唐代，铁木结构的犁耙已较为完备，与新中国成立后的耕犁几无区别。1955年，推广双轮双铧犁，当年吴县购进366部。1957年发展到2500部，后因不适合境内田地耕翻而废止。1958年，推广人力绞关深耕犁达8722部，后因费力、低效而淘汰。随着拖拉机的推广，畜力犁逐渐减少，以耕牛为例：1959年，全县有29244头；1982年，剩3702头；1987年，仅为11头；1987年起，传统犁因被拖拉机耕作替代而淘汰。

耙 有刀耙和木（竹）齿耙两种。耙身为木制矩形框架，框内装一带有短刀把或短木（竹）齿的轴，以畜力拖拉。刀耙主要用于秋播时粉碎土块，木齿耙主要用于夏种时水田整平和粉碎土块。20世纪50年代，耙的使用较广泛；60年代，木（竹）齿耙尚使用；70年代，境内不再使用刀耙、木（竹）齿耙。

铧超 铁制，装配竹木柄，用于开沟、铲土等。20世纪70年代，曾推广使用沙洲（今张家港市）塘桥铧超。塘桥铧超狭（8~10厘米）长（25~30厘米），脊背为弓形，用于开挖深排水沟。2000年尚使用，2010年已很少使用。

其他耕作工具有大耥耙、竖稻耥、铁锴、板齿、锄头、闸欠等。

（二）积肥工具

罱泥网杆、罱泥网 农村常用的积肥工具。网杆为两支竹竿，长8~9米；粗的一根称"下杆"，细的一根称"上杆"。网由布（20世纪50年代为苎麻织物）与线网（网顶）组成。罱泥网杆、罱泥网到20世纪80年代已很少使用，90年代绝迹。

拖草网 在湖河中拖捞草渣、青苔等肥源的农具。网宽1.2~1.5米，长1.8~2米；网口系铁柱10~12只；网口上方系木棍横档。操作时，用一8~10米粗长绳，一头系于网口木棍横档上，沉入水中，一头系在船上，网沉到河、湖底，随船拖行。该工具在20世纪60—70年代使用较广泛，80年代后不再使用。

铡刀 沤肥时铡短稻草、绿肥等的农具，由上下两片刀具组成。

其他积肥农具有乌草镴耙、耥草渣网、镰刀、绞草杆等。

（三）排灌工具

水车 即"龙骨车"。用手牵拉戽斗汲水的称"牵车"，脚踏动戽斗汲水的称"踏车"，以牛牵动戽斗汲水的称"牛车"，以风力带动戽斗汲水的谓"风车"。水车主要由车身（长5~6米）、戽膝、斗板、下水轴组成；踏车戽斗汲水时再装上车轴，牛车、风车戽斗汲水则须另配车盘。境内以人力踏车、牛车最为常见。农业合作化时期，水车被作为大型农具作价入社；1957年时，有风车（扬风车）。70年代后，不再使用水车。

（四）收割脱粒工具

镰刀 最为常见的收割工具。据考古发掘，石器时代境内已出现了石镰；春秋战国时期境内出现了青铜锯镰,其做工精细、纹路均匀,后被铁镰取代。陆墓五众泾邢泰丰铁铺生产的锯齿镰刀,在20世纪30年代就已是名牌农具,销往无锡等地。1958年,曾试行站立推搡的收割工具,因无法操作而未能推广。1969年,吴县农具厂生产的锯齿镰刀远销福建、江西等地;1978年起,还对坦桑尼亚、几内亚等国出口。直至1987年,镰刀仍为收割的主要工具,使用镰刀收割的农田占当年收割面积的99%以上。2010年时,镰刀仅为割草工具。

稻床 脱粒掼稻、掼麦的农具。竹木结构,中间呈弯弓形,床面嵌毛竹片20根左右。20世纪60年代初,境内仍有地方使用稻床,70年代绝迹。

风扇车 扇谷、麦所用的农具。具体使用方法是,将谷或麦放入漏斗,用手摇动风车手柄,使实粒与瘪粒分开。20世纪80年代,境内仍有少数地方使用风扇车,多数为电风扇所替代。

其他脱粒用农具有栲栳、筛等。

(五)粮油加工工具

木砻 民国时农村大户会有此农具。主要部件有砻床、砻盘,配以车轴、车盘。以牛力牵引木砻,将谷粒脱壳后,所得即为糙米。20世纪50年代后这一工具绝迹。

臼 将糙米加工成精白米的工具。陶土烧制,高80厘米左右,上口直径1米左右,底直径30厘米左右,下半截埋在土中,配木制脚踏舂米架。一次可舂精白米1石(75公斤)。旧时境内中等富裕农户均有这一工具。至20世纪50年代末时已极少见。小型的臼用石头制成。

油榨 将油菜籽加工成菜油的工具。油榨作坊一般设于集镇,民国时湘城、陆墓、望亭、黄埭等镇有油榨坊18家,20世纪50年代后绝迹。

其他粮油加工工具有小石磨等,20世纪60年代后很少见。

二、耕作机械

(一)小型拖拉机(手扶)

1956年在陆墓建立吴县第一农业机器拖拉机站,配备5台(混合台)中型拖拉机和7台机引农具,当年为陆墓、唯亭等区农业生产合作社代耕农田5127亩。1964年至1968年,首先在唯亭使用国产工农-7A型和东风-12型手扶拖拉机。1964年,拥有5台。

20世纪70—80年代,境域内以东风-12型手扶拖拉机为主(简称"手拖"),各生产大队均购置3~5台手扶拖拉机,配套双铧犁、旋耕机、开沟机、盖麦机、压麦机和三麦条播机等,完成耕地、整地及三麦种植作业。

1978年,吴县全县有手扶拖拉机5464台。1987年,有手扶拖拉机8539台,计75331千瓦。1988年,吴县全县拥有小拖8950台,其中从事农田作业小拖6000台。1995年起,手扶拖拉机多数被改装为运输车。1995年,吴县市拥有小拖7409台,其中东风-12型7405台,从事农田作业4796台。2000年,吴县市拥有小拖6323台。2001年,相城区拥有小型拖拉机2488台,其中东风-12型2405台,从事农田作业1034台。2010年,相城区有小型拖拉机206台,1812千瓦,配套农具68部。2012年,有小型拖拉机147台,1284.8千瓦,配套农具73

部。2013年,相成区有小型拖拉机115台,1012千瓦,配套农具73部。

(二)中型拖拉机

1987年,吴县全县拥有中型拖拉机40台,1364千瓦,加上小型拖拉机,当年机耕92.5万亩,占应耕面积的78.4%。90年代起,乡镇购置中拖,主要机型有上海50型、江苏504型轮式拖拉机。与中拖配套的主要机具有七铧犁、旋耕机、水田驱动耙、开沟机,并能与背负式联合收割机配套。2001年,相城区有中拖380台。由于农业产业结构调整,耕田面积减少,中拖保有量逐年下降,至2008年,全区有中型拖拉机91台。是年,政府对农业政策性补贴力度加大,农民购机积极性提高。2008年至2009年,全区新增中型拖拉机21台,其中,50~60马力中型拖拉机11台,60~70马力中型拖拉机3台,70马力以上中型拖拉机5台,大棚王拖拉机2台。2010年,全区有中型拖拉机99台,总动力3723千瓦,配套农具200部。2012年,全区有中型拖拉机117台,其中50马力以上113台、70马力以上22台、80马力以上中拖3台,总动力4833.59千瓦,配套农具241部。2013年,全区中型拖拉机96台,其中50马力以上93台、70马力以上26台、80马力以上中拖3台,总动力4166千瓦,配套农具272部。

(三)耕整地机具

1988年,吴县全县拥有小拖配套的双铧犁5564台、旋耕机6083台,中拖配套的七铧犁39台、旋耕机39台、驱动耙18台。1995年,吴县市拥有小拖配套的双铧犁3709台、旋耕机4097台,中拖配套的七铧犁322台、旋耕机270台、驱动耙219台。2000年,吴县市拥有小拖配套的双铧犁3003台、旋耕机3338台,中拖配套的七铧犁423台、旋耕机530台、驱动耙395台。

相城区与中拖配套的耕整地机具主要有七铧犁、旋耕机和水田驱动耙。2001年,相城区拥有中拖配套的七铧犁410台、旋耕机599台、驱动耙99台。2008年,相城区拥有中拖配套的七铧犁72台、旋耕机92台、驱动耙30台;2009年新增多功能田园管理机2台。2010年,全区有耕整机9台,机引犁72台,旋耕机102台,机引耙36台。2012年,全区有耕整机15台,机引犁87台,旋耕机135台,机引耙39台。2013年,全区有耕整机16台,机引犁87台,旋耕机148台,机引耙39台。

2001年,相城区完成机耕面积26.4万亩,占应耕面积的98%。由于城市化进程速度的加快,机耕作业面积减少,2008年,全区完成机耕面积6.97万亩,占应耕面积的98%。2012年,全区完成机耕面积5.685万亩,占应耕面积的100%。2013年,全区完成机耕面积5.06万亩,占应耕面积的100%。

(四)开沟机

吴县时期,三麦播种后均需开沟作业,并用沟泥盖籽覆土。1988年,全县拥有与手拖配套的1KSQ-35型小刀盘开沟机217台,开沟面积1.30万亩。1991年,全县引进与中拖配套的盘式开沟机13台,开沟面积0.41万亩。1995年,全县拥有手拖开沟机1032台和中拖开沟机139台,开沟面积分别为26.70万亩和6.30万亩。2000年,吴县市拥有手拖开沟机999台和中拖开沟机230台,开沟面积分别为11.90万亩和8.40万亩。2001年,相城区拥有开沟机538

台，机开沟面积 3.8 万亩；2002 年，全区拥有开沟机 215 台，机开沟面积 2.3 万亩；2003 年，全区拥有开沟机 183 台，机开沟面积 2 万亩；2004 年，全区拥有开沟机 124 台，机开沟面积 1.9 万亩；2005 年，全区拥有开沟机 132 台，机开沟面积 2 万亩；2006 年，全区拥有开沟机 86 台，机开沟面积 1.9 万亩。2006 年后，农田作业面积减少，除了农机大户进行作业外，开沟机数量锐减。

2009 年，望亭农机合作社购进开沟复式作业机 3 台。2010 年，全区有开沟机 6 台。至 2012 年，全区拥有复式开沟机 18 台。至 2013 年，全区拥有复式开沟机 25 台。

三、种植机械

（一）水稻插秧机

1986 年，境内引进延吉产 2ZT-7358 型小苗带土机动插秧机 3 台。1988 年，吴县拥有该机 33 台，主要分布在吴县先行村和农业大户中，机插面积 0.15 万亩。1995 年，吴县市拥有该机 55 台，机插面积 0.50 万亩。1997 年，全市拥有该机 58 台，机插面积 1.77 万亩。2000 年，吴县市新增高速插秧机 3 台、育秧设备 2 套；是年，吴县市良种场机插面积为 605 亩。

为了适应农业产业结构的调整，提高水稻种植机械化水平，彻底改变原始耕作方式，相城区政府出台了插秧机购置补贴政策，以示范、推广的形式提高本区的水稻机械化种植水平。2002 年，相城区黄埭镇新增 PF455S 步行式机动插秧机 1 台，机插面积 47 亩，亩产 1180 斤。2003 年，望亭镇首次引进东洋 PF555S 步行式机动插秧机 2 台，机插面积 200 亩，早稻产量 1130 斤/亩，后季稻 950 斤/亩。2004 年，望亭镇新增 RR6（洋马）乘坐式机动插秧机 1 台，机插面积 680 亩。2007 年，望亭迎湖村新增步行式高速插秧机（PF455S）2 台，井关 PG6 乘坐式插秧机 1 台，机插面积 820 亩。2008 年，望亭项路村新增乘坐式高速插秧机（SPU-68C）2 台，机插面积 1200 亩。2003 年至 2010 年，望亭镇购置步行式、乘坐式机动插秧机 19 台，育秧播种机 1 台套。2010 年，全区共有各种型号的插秧机 21 台，总动力 177 千瓦。2012 年，全区有步进式插秧机 6 台、高速插秧机 37 台，总动力 367.44 千瓦。2013 年，全区有育秧播种机 4 台套，有步进式插秧机 6 台、高速插秧机 38 台，总动力 381 千瓦。

（二）水稻直播机

1988 年，吴县全县拥有水稻直播机 4 台。1993 年，全县新增沪嘉 J-2BD-10 型水稻直播机 10 台，全县总计拥有 13 台，完成机直播水稻面积 0.26 万亩。1997 年，吴县市机直播水稻 0.29 万亩。2000 年，吴县市良种场有 0.30 万亩水稻，其中机直播面积 0.24 万亩。

（三）水稻抛秧机

1996 年起，境域内引进太湖 2ZPY 型水稻抛秧机，这种抛秧机适于专用塑料穴盘育的秧苗进行抛秧作业。至 1998 年，吴县市拥有 14 台抛秧机。2005 年，相城区有抛秧机 5 台。后因农民不接受抛秧播种水稻方式而停止使用抛秧机。

四、排灌机具

始于1915年的私人戽水机船,沿河流动为农户灌溉。1925年,苏州电气公司浒关办事处首先试办电力(电动机泵船)灌溉农田,曾为东桥、望亭灌溉农田。1929年,吴县全县电灌面积已达2万亩,抗战爆发后电力灌溉停办。1934年,望亭牡丹村黄家庄黄珊和购买柴油机戽水机船。1949年,境内拥有戽水机船160台(条)。1952年发展到373台(条)。1958年,有7个公社共建电力灌溉站(机房)25座。1962年已达786台(条),10748.6千瓦。1957年,开始举办电力灌溉。1959年,有4个公社建电力灌溉站(机房)13座。1965年,吴县全县电力灌溉面积达14.21万亩,超过了机灌面积。1983年,全面推行家庭联产承包责任制后,采用流动电动泵船灌溉农田,多数机房以排涝为主。1987年,吴县全县拥有农用灌溉动力机械10234台,100797千瓦,当年灌溉面积为107.93万亩。

2001年,相城区有排灌机械3673套。2002年起,因耕地面积逐年减少,多数机房被拆除。2009年5月,境内第一座机房——湘城机房被拆除。2010年,全区有农用排灌机械1159套,总动力2.28万千瓦。2012年,全区有柴油排灌机械50台套、电动排灌机械913台套,总动力1.975万千瓦。2013年,全区有柴油排灌机械50台套、电动排灌机械915台套,总动力2万千瓦。

五、植保机具

民国时期无植保可言。1950年,境内推广诱蛾灯,挖稻根器。1953年,使用手摇喷雾器和喷粉器治虫。60年代后,推广背负式喷雾器和往复式高压喷雾器。1987年,吴县全县喷雾器拥有量为142182部。

(一)机动喷雾器

20世纪60年代中期使用机动植保机,1969年,全县拥有机动植保机63部;70年代中期,境内使用苏州市农业药械厂产、配套F165-4马力工农36型机动喷雾器,保有量近40台。80年代,使用上海产、配套165-3马力汽油机沪动03型喷雾器,共有近10台;使用吴县防爆电机厂产、配套170型4马力解放22型机动喷雾器,1987年年末的保有量为7台,后逐步淘汰。

1987年,全县拥有各种型号的机动植保机1467部,当年机械植保面积为72.45亩,占植保总面积的40.9%。

撤县建区前的2000年,吴县市拥有东方红18型和工农36型喷雾机的数量分别为2691台和113台。建区后,2001年,相城区全区拥有机动喷雾机1899台。2006年至2008年,望亭镇、黄埭镇新增机动喷雾机28台,全区新增高效担架式植保机20台。2008年,全区拥有机动喷雾机145台。2010年,全区机动喷雾器保有量50余台。

(二)机动喷粉喷雾机

1976年,境内各地多数使用东方红18型弥雾喷粉机。1983年,吴县保有量500余台。农村实行家庭联产承包责任制后,农户基本不用机动喷粉喷雾机防治病虫害。90年代,境内湘城、黄埭等乡镇种粮大户购置机动喷粉机54台。2003年，相城区绿化养护公司购置机动喷粉机20余台。2010年，全区机动喷粉喷雾机保有量为150余台。2012年，全区机动喷粉喷雾机保有量为229台。2013年，全区机动喷粉喷雾机保有量为236台。

（三）飞翔式植保机

1987年，境内有飞翔式植保机10余台，后逐步淘汰。至2000年，不再保有。

六、收割脱粒机具

（一）联合收割机

2001年度，相城区拥有联合收割机450台，其中洋马37台、久保田24台、东洋25台、湖州10014台、桂林350台。由于粮食种植面积减少，机械化收割作业面积减少，相当部分机具被转卖。至2008年，全区联合收割机拥有量为61台，其中高性能联合收割机23台、桂林收割机38台。2010年，全区有高性能联合收割机22台，总动力715千瓦；桂林收割机报废。2012年，全区有高性能联合收割机46台，总动力1904.59千瓦。2013年，全区有高性能联合收割机53台，总动力2456千瓦。

（二）脱粒机

1949年，吴县拥有人力（木制）轧稻机4344架。

20世纪60年代初，吴县（含境内）有铁制人力稻麦脱粒机，1961年为16771架。后发展为牛力、电动机拖带多台木制稻麦脱粒机。随着机、电动力脱粒机的发展，人力轧稻机被逐渐取代，1987年仅有28架。

70年代起，境内全部使用铁制电动力脱粒机，木制脱粒机被淘汰。1983年起，全面推行家庭联产承包责任制，农户均自置2人、3人电动力脱粒机。

吴县市撤市建区前，2000年，全市拥有机动脱粒机81640台。2001年，相城区有机动脱粒机28111台。2002年，高性能联合收割机投入使用量增大，收割、脱粒同时完成，机动脱粒机数量减少，相当部分机器不再使用。2004年起，多数农户不再种植稻、麦，脱粒机被当作废铁卖掉。2008年，全区脱粒机保有量2293台。后因粮食收获季节多采用高性能联合收割机收获，脱粒机逐渐退出。

（三）割晒机

1987年，吴县（含境内）引进福建龙江-140型圆盘集束式割晒机，该机能将割下的作物一束一束整齐地铺放在田间，便于捆扎。1988年，从苏州市农业机械公司购进18台，吴县全县拥有27台，机割稻麦面积0.21万亩。1995年，吴县市引进湖北仙桃-130型割晒机65台，全市拥有割晒机153台，机割稻麦面积4万亩。1997年，吴县市引进浙江东安-120A型割晒机7台。1998年，吴县市拥有多种型号割晒机293台，机割稻麦面积7.51万亩。2000年，吴县市拥有割晒机265台，投入使用24台，机割稻麦面积0.20万亩。

2001年，相城区拥有割晒机78台；2002年，全区拥有割晒机41台。由于高性能联合收割机的使用，割晒机逐渐退出（2003年41台，2004年41台，2005年20台，2006年3台）。

至 2007 年，全区割晒机保有量 3 台。

（四）烘干机

2004 年，相城区望亭镇项路村引进 New PR-60 低温烘干机 1 座。2009 年，望亭镇迎湖村引进 NEWPRO-120H 低温烘干机 1 座。2010 年，全区有烘干机 5 座。2012 年，全区有烘干机 6 座。2013 年，全区有烘干机 7 座。

七、粮饲加工机械

民国十六年（1927），湘城陆巷俞阿四开办丰德米厂。民国十七年（1928），境内湘城姚元根、李少亚办正兴米厂。至民国三十八年（1949），境内有许正隆、立昌、石聚记、公记、乾泰、三和、马骥记、裕元、三元、新丰等 10 家米厂，碾米坊 4 家、面粉公司 1 个。新中国成立后，粮饲加工机械发展较快。20 世纪 60 年代，各公社均办有碾米厂。70 年代，各生产大队均办有粮饲加工厂，配有碾米机、小钢磨、粉碎机、打浆机等机械设备。1983 年起，有流动碾米船为农户加工粮食。90 年代后期，各镇碾米厂转制。2001 年起，相城区有较大规模粮饲加工企业 4 家，分别为：苏州普瑞大有面粉有限公司，有磨粉机 8 台；苏州市相城区黄埭粮食面粉加工厂，有磨粉机 3 台、制面机 1 台；苏州恒腾米业有限公司，有砻机 1 台、米机 1 台；苏州市美佳饲料有限公司，有混合颗粒机 3 台。2010 年，全区有粮饲加工机械 548 台，其中粮饲加工机械 320 台、畜牧饲草料加工机械 228 台。2013 年，全区有畜牧养殖机械 159 台，其中畜牧饲草料加工机械 129 台、挤奶机 30 台套。

八、运输机械

（一）农船

原系农村主要运输工具。1949 年，吴县全县有农船 21674 条。新中国成立后继续发展。1963 年，境内陆墓拖拉机站首先使用 3 吨和 5 吨载重拖车各 1 辆。1969 年，境内望亭农机厂（后改名为"吴县挂机厂"）试制船用挂机获得成功。1972 年，望亭农机厂有船用挂机 261 台（条），该机以 S195 柴油机为配套动力，配置于 3～5 吨的木质或水泥农船，人称"水上列车"。到 1982 年，吴县有农船 5619 台（条）。1987 年，发展到 10923 台（条），农机总动力达 615571 千瓦，基本实现了耕地、灌溉、植保、脱粒、农副产品加工、运输等的机械化。

（二）小型拖拉机

从事运输的手拖配 1 吨拖斗，从事纯运输或兼业运输（农忙耕地、农用运输）。小四轮是配 1 吨拖斗的方向盘拖拉机。

（三）变型拖拉机

这是一种形似汽车的运输机。

2001 年，相城区拥有小型拖拉机 2488 台、变型拖拉机 179 台。2002 年，全区拥有小型拖拉机 1398 台、变型拖拉机 284 台。随着相城区城市化建设步伐的加快，农田作业面积减少，一部分小型拖拉机退役，运输拖拉机发展迅速，变型拖拉机的保有量增长加快。2003 年，全区拥有小型拖拉机979台、变型拖拉机716台。之后，对变型拖拉机的安全监管力度加大，至2008年，全区拥有小型拖拉机385台、变型拖拉机507台。2012年，全区拥有小型拖拉机143台、变型拖拉机330台。2013年，全区拥有小型拖拉机111台、变型拖拉机272台。

九、特色农业机械及设施

相城区从2002年开始发展特色农业机械。

（一）秸秆粉碎还田机

2002年，太平镇、湘城镇水务站确立秸秆机械化还田及综合利用项目。2003年，新增秸秆粉碎还田机11台、反旋灭茬机5台、埋茬起浆机7台。2010年，全区有秸秆粉碎还田机28台。2012年，全区有秸秆粉碎还田机79台。2013年，全区有秸秆粉碎还田机88台。

（二）渔业机械

20世纪80年代起，境内渔业生产单位、水产养殖专业户开始使用增氧机。2000年，各乡镇有增氧机约500台。2005年至2007年，新增渔业机械155台，其中增氧机152台、投饵机3台。2010年，全区有渔业机械3063台，1.68万千瓦，其中增氧机904台（2521千瓦）、投饵机611台，其他渔业机械1548台。2012年，全区有渔业机械3702台，1.45万千瓦，其中增氧机1424台（3515千瓦）、投饵机1122台，其他渔业机械1156台。2013年，全区有渔业机械3499台，0.78万千瓦，其中增氧机1431台（3541千瓦）、投饵机1126台，其他渔业机械942台。

（三）果蔬保鲜库

2003年，苏州佳和食品有限公司在相城区东桥镇投资6万多元建设小型果蔬冷藏保鲜库，库容量138.6立方米。2005年，相城区生态园建设果蔬冷藏保鲜库8座，苏州欧亚葡萄园建设（三项工程）BZL型果蔬冷藏保鲜库1座。2006年，望亭镇的苏州市相城区虞河蔬菜产销合作社新建配套果蔬冷藏保鲜库3座。2007年，新增果蔬冷藏保鲜库1座。2009年，东桥新增果蔬冷藏保鲜库3座。2010年，全区有保鲜储藏设备20台（套）。2012年，北桥现代农业示范园新增2家菌菇合作社，增添简易冷藏保鲜设备72座；全区共有保鲜储藏设备96台（套）。2013年，增添简易冷藏保鲜设备5座，全区共有保鲜储藏设备101台（套）。

（四）大棚蔬菜基地

2006年，市级农机化项目"无公害蔬菜大棚设施机械"望亭镇虞河蔬菜产销合作社建设大棚蔬菜基地500亩。其中节水灌溉250亩，配置大棚机械12台套，包含果蔬冷藏保鲜库3座。

第二节 农机管理

一、机构

中华人民共和国成立后，境内农机均由吴县农业部门及吴县农机公司管理。1954年至

1957年，各乡农机由1名乡干部兼管，无专职管理机构。1960年起，各公社建立了地方国营机电管理站。1970年，改称"公社机电管理站"。1974年，改称"公社农机水电管理站"。1984年，改称"乡农机水利管理站"。1993年起，农业机械由各乡镇农业服务公司下设的农机服务站负责管理。

2001年，根据相政办〔2001〕33号《关于印发〈苏州市相城区水务局职能配置内设机构和人员编制方案〉的通知》设立苏州市相城区水务局农机管理科，对全区各镇农机工作实行目标管理。

根据相编办〔2001〕1号文，相城区乡镇水利管理服务站更名为"苏州市相城区水务站"，履行相关职能（农机）。

农机管理科的职能主要有：

（1）拟定全区农机化发展战略、中长期发展规划和年度计划。

（2）参与制定农机化法规、规章，制定相应的农机化管理政策、标准并负责监督管理。

（3）负责全区农机化项目专项计划的编报并组织实施。

（4）负责全区农机化发展预测和统计工作。

（5）指导基层农机服务体系建设。

（6）负责农机系统供销、维修行业的宏观管理和农机维修网络建设。

（7）负责全区农村用油的需求预测和供应工作，监督农用柴油市场，指导全区农机供油网络建设和经营活动。

（8）拟定全区农机产品质量监督实施意见，参与拟定农机科学技术发展规划，组织农机科研、鉴定和技术推广工作，负责引进农机具和农机技术的消化吸收工作。

二、农机化发展

（一）政策指导

苏州市人民政府《关于加快农业机械化发展的意见》明确要求各市、区政府要相应设立农业机械化发展专项资金，以每年不少于100万元和50万元的资金投入农机发展。

2001年起，苏州市农机管理局下达年度农业机械化管理指导性目标，对各地农机化工作（主要农作物农机化综合水平、主要农机装备水平、农机化管理服务、农机法制化管理、农机化综合示范、宣传信息及其他工作）实行目标管理。

全区农机管理职能部门按照主管局要求开展全年的农机化管理工作。

2001年12月8日，江苏省农机局下达《关于推广"人民号"联合收割机以奖代补资金的通知》继续实行"人民号"联合收割机以奖代补的鼓励政策，相城区市级补贴金额为每台500元，县级补贴金额为每台1000元，以提高水稻机械化收获水平。

2002年4月28日，苏州市农机补贴标准为：高速插秧机10000元/台，手扶插秧机3000元/台。

（二）农机化发展资金

2002年9月，为贯彻落实苏州市人民政府《关于加快农业机械化发展的意见》精神——各市、区政府要相应设立农业机械化发展专项资金，以每年不少于100万元和50万元的资金投入农机发展，相城区水务局提交区人民政府《关于加快我区农业机械化发展的意见（初稿）》。

2007年11月30日，相城区水务局向区政府申请设立每年不低于50万元的农机化发展专项资金，以全面提高本区的农业生产综合机械化水平。

2008年，相城区首次设立50万元农机化发展财政专项资金。农机职能部门根据相关文件要求，做好本地区农业机械购置补贴资金的管理工作。区水务局通过同各镇水务站签订农机购置补贴管理工作目标责任状，落实目标责任，确保专款专用，充分发挥各级财政补贴资金的引导作用，促进本区农机化全面发展。

三、新机具示范推广及购机补贴

2001年撤市建区后，农机作业面积逐年减少，区农机管理部门积极引导农户及服务组织购买先进、适用、高效的水稻机械。

（一）2001年度

相城区共投入农机资金350万元，直接用于购置农机具，其中财政补贴2万元，其余为个人投资。由私人投资52万元购买久保田2台、"人民号"联合收割机1台。黄埭卫星村一农户购买久保田1台，本地和跨区作业共收获水稻1083亩，收入8.5万元。良好的经济示范效应调动了农户购买农机的积极性，拓展了农机市场。

（二）2002年度

新增"久保田"新机2台、旧机2台，"人民号"新机1台，"东洋"旧机1台。

2002年9月27日，落实农机推广试验项目——引进东洋PF455S步行式插秧机1台。区农机安全监理所插秧机试验推广项目补贴资金1.3万元。黄埭水务站插秧机推广及农机修理设备补贴资金3万元。资金管理按《苏州市农机推广基金使用管理办法（试行）》执行。

2002年，开展"水稻不同播栽方式配套技术效能研究项目"相城区黄埭镇试点——黄埭镇万安村种粮大户薛生荣机插水稻总面积47亩，亩产1180斤。水稻品种为粳稻新品"99-15"，机插秧（东洋PF455S步行式插秧机）与人工栽插结合。机插成本比人工栽插节省11.41元/亩，机插比人工栽插增产97.9斤/亩。

2002年10月16日，有以下农机推广试验项目获得资金补贴：（1）"区农机安全监理所秸秆机械化还田及综合利用项目"，补贴资金3万元。（2）"太平镇水务站秸秆机械化还田及综合利用项目"，补贴资金6万元。（3）"湘城镇水务站秸秆机械化还田及综合利用项目"，补贴资金5万元。

2002年，全区共投入直接用于购置农机具的农机资金362万元，其中财政补贴2万元，其余为个人投资。

（三）2003年度

（1）望亭镇双白巧首次引进2台PF455S东洋手扶机动插秧机，开创了由大户购买、市场化操作、社会化服务的新模式。购机者为机插户提供"耕翻、育秧、除草、插秧"一条龙服务，镇农业服务中心、水务站提供技术保障。机插水稻面积200亩。夏收结束，早稻产量1130斤/亩，后季稻950斤/亩，都超过了当地水稻产量平均水平，真正实现了水稻生产低成本、低强度、高效率、高产量的目标，推动了相城区西部地区实现水稻全程机械化进程。

（2）新增秸秆粉碎还田机12台，其中反旋灭茬机5台、埋茬起浆机7台。

（3）根据苏州市的项目要求，在东桥投资6万多元建设保鲜库1座。这座保鲜库在食品生产、蔬菜保鲜经营中取得了良好的经济效益。

2003年，全区共投入直接用于购置农机具的农机资金960.1万元，其中：财政补贴10.1万元，个人投资950万元。

（四）2004年度

（1）望亭镇项路村引进RR6型洋马高速插秧机1台、低温烘干机1台。5月26日，苏州市农机局、苏州市农机推广站在相城区望亭镇召开全市推广站长机插秧现场会，插下了苏州市夏种的第一株水稻秧苗。《苏州日报》、苏州电视台作了报道。机插户基本实现了"耕翻、育秧、除草、插秧"一条龙服务。10月1日前，经低温烘干，首批35亩"不落地大米"提前1个多月亮相市场，取得了良好的经济和社会效益。各新闻媒体对此作了报道。2004年，机插面积为680亩。

（2）完成东桥（苏州佳和食品有限公司）小型果蔬冷藏保鲜库建设项目，该保鲜库的库容量为138.6立方米。

2004年，全区投入直接用于购置农机具的农机资金为340万元，其中：财政补贴30万元，个人投资280万元，其他投入30万元。

（五）2005年度

（1）以发展特色农机为突破点，加快发展林牧渔业生产机械化。围绕城郊型农业、生态农业、观光农业发展，积极引进推广林、牧、副、渔业生产和农产品加工机械。重点发展果蔬保鲜库9座（欧亚葡萄园1座、相城区生态园8座）、增氧机4台，逐步形成农、林、牧、副、渔机械化全面发展的格局。

（2）望亭新增New PR-60低温烘干机1台。2005年，全区共投入直接用于购置农机具的农机资金278.4万元，其中：财政补贴32.4万元（省市级投入28.4万元、县级投入2万元、乡级投入2万元），集体和单位投入20万元，个人投资120万元。

（六）2006年度

（1）新增久保田联合收割机2台、拖拉机2台。

（2）新增高效担架式植保机15台。

（3）完成苏州市相城区望亭虞河蔬菜产销合作社的2006年市级农机化项目"无公害蔬菜大棚设施机械"，发展和扶持大棚蔬菜基地500亩，其中节水灌溉250亩，配置大棚机械12台套、果蔬保鲜库3座。

（4）利用复耕整治土地建设的望亭镇望虞河边，有优质的水资源和农家有机肥，具有培育无公害蔬菜的天然条件。相关部门通过25万元财政投入，实现了农机化技术创新与升级，形成了产业化，并辐射带动了周边地区农机化的发展。这项工作满足了人民群众对无公害蔬菜的需要，拓宽了农民就业渠道，增加了农民收入，具有较好的经济和社会效益。

2006年，全区共投入直接用于购置农机具的农机资金145万元，其中：财政补贴10万元，集体和单位投入15万元，个人投资120万元。

（七）2007年度

（1）望亭镇迎湖村新增井关PG6乘坐式高速插秧机1台、东洋PF455S手扶式插秧机2台。

（2）积极引进推广林牧渔业生产机械，新增渔业机械151台，其中增氧机148台、投饵机3台。

（3）新增担架式高效植保机5台。全区合计有20台。

该年度市级财政补助6.04万元，其中：乘坐式插秧机1台，补贴1.5万元；步进式插秧机2台，补贴0.6万元；增氧机145台，补贴2.9万元；投饵机2台，补贴0.04万元；保鲜库1台，补贴1万元。

2007年，全区共投入直接用于购置农机具的农机资金122万元，其中：财政补贴37万元，集体和单位投入20万元，个人投资65万元。

（八）2008年度

加快引进适用的新机具。全年共接受购置插秧机、高效植保机等类机具的申请26份，各类机具总数为29台。经核实，与用户签订财政资金补贴的农业机械管理合同16份，实际购买机具18台套，其中：高性能插秧机2台、高效植保机8台、多功能管理机2台、中型拖拉机5台、挤奶机1台套。

补贴资金：省级14.86万元，市级2.72万元，县区级16.4万元。

2008年，全区共投入直接用于购置农机具的农机资金102.335万元，其中：财政补贴33.98万元，集体投入2.66万元，个人投资65.695万元。

（九）2009年度

新增中拖8台，新增插秧机5台（其中高速插秧机有4台），高性能半喂入联合收割机1台，烘干设备1台；果蔬保鲜库7座，田园管理机3台，畜禽粪便处理机7套，挤奶机2台。

2009年，全区共投入直接用于购置农机具的农机资金265万元，其中：财政补贴115万元，个人投资150万元。

（十）2010年度

新增中拖10台（配套秸秆粉碎还田机13台、开沟机2台、旋耕机3台），新增高速插秧机6台，增氧设备66台，田园管理机2台，挤奶机2台。

2010年，全区共投入直接用于购置农机具的农机资金357.4万元，其中：财政补贴120.6

万元，集体投入 16.8 万元，个人投资 220 万元。

（十一）2011 年度

新增高速水稻插秧机 18 台，联合收割机 14 台，20 马力以上大中型拖拉机 13 台（其中大鹏王 2 台），秸秆粉碎还田机 38 台、旋耕机 4 台，简易冷藏保鲜设备 2 座，复式开沟机 7 台，田园管理机 4 台，喷滴管设备 1 台套，增氧机 232 台。

2011 年，全区共投入直接用于购置农机具的农机资金 856 万元，其中：财政补贴 397.5 万元，集体投入 336.9 万元，个人投资 121.6 万元。

（十二）2012 年度

新增高速水稻插秧机 4 台，联合收割机 15 台，65 马力以上大中型拖拉机 9 台（配套秸秆粉碎还田机 13 台、旋耕机 13 台），简易冷藏保鲜设备 74 座，施肥机 5 台，复式开沟机 5 台，田园管理机 2 台，增氧机 182 台（其中微孔曝气增氧机 44 台）。

2012 年，全区共投入直接用于购置农机具的农机资金 816.54 万元，其中：财政补贴 331.52 万元，集体投入 253.64 万元，个人投资 231.38 万元。

（十三）2013 年度

新增大中型拖拉机 9 台（配套秸秆粉碎还田机 8 台、旋耕机 13 台，复式作业开沟机 7 台），育秧播种机 2 台，高速插秧机 1 台，高性能联合收割机 11 台，谷物低温烘干设备 1 台；简易冷藏保鲜设备 5 座，渔业增氧设备 35 台；高效设施园艺机械 12 台套。

全年共投入用于购置农机具的农机资金 501 万元，各级财政资金 247.33 万元，其中：中央和省级资金 104 万元，市级资金 57.8 万元，区级农机化发展资金 85.5 万元。

2001 年至 2013 年，全区共投入直接用于购置农机具农机资金 5452.6 万元。设立农机化专项资金后，全区新增主要农业机械有：大中型拖拉机 57 台（配套秸秆粉碎还田机 72 台），高速插秧机 36 台，育秧播种机 5 台套，高性能联合收割机 42 台，谷物低温烘干机 7 台，大棚蔬菜种植机械 12 台套。

四、农机服务

（一）跨区作业

撤市建区后，相城区水务局农机管理职能部门积极做好本地区的跨区作业工作，在完成本区三麦、水稻收获的基础上，组织和引导本地区联合收割机跨区作业，及时了解市场信息，按规定发放跨区作业证，落实配件供应。

2001 年度，与苏北作业区联系业务，组织近百台"洋马""久保田""东洋"等型号的联合收割机赴河南、安徽、浙江、四川、苏北等地作业，完成跨区收割三麦和水稻 38218 亩（其中水稻 20000 亩），跨区收入 362 万元。渭塘镇农机专业户徐京生、望亭镇农机专业户丁三林、黄埭镇农机专业户徐京生、朱永华全年农机经营收入均超过 10 万元，成为农机致富大户。

2002 年度，区农机管理部门根据跨区作业市场信息，与外地作业区联系业务，全年有 168 台次"洋马""久保田""东洋"等型号的联合收割机赴河南、安徽、浙江、四川、苏北等地作业，完成跨区收割三麦和水稻9.4万亩（其中水稻6.7亩），跨区收入501万元。

望亭2002年上半年新开辟了扬州市宝应作业区。从6月2日到6月10日，出动进口联合收割机15台、桂林联合收割机18台，奋战8天，共跨区作业6690亩，收入33.3万元。下半年该镇机手跨区作业投入早，27台联合收割机全部投入跨区作业，台机作业量达800亩，总收入118.8万元。该镇吴建康、潘永祥、缪金祥、蒋金男等农机专业户年均收入10万元。渭塘镇农机专业户徐京生拥有高性能联合收割机2台（新增久保田1台）、中拖1台套，年收入22万元。跨区作业已成为农民增收的重要途径。

黄埭镇水务站组建了农机跨区服务队，站长金惠兴任队长，负责跨区作业任务并落实机组人员。该镇11台联合收割机参加农机跨区服务队，横跨四川、安徽、河南、苏北。跨区作业面积达1.2万亩，作业收入60多万元，取得了较好的经济效益和社会效益。

区农机安全监理所加强了外来跨区联合收割机的检查力度，检查"三证"（驾驶证、行驶证、跨区作业证），同时发放"相城区农业机械跨区作业联系卡"，公布农机管理科、农机安全监理所、各镇水务站、进口联合收割机配件供应商联系电话，确保跨区作业。

2003年度，及时按规定发放了跨区作业证，组织全区联合收割机108台次赴东北、河南、安徽、四川、苏北等地作业。跨区作业前区农机安全监理所向每位机手发了《致全区跨区作业机手的公开信》，及时提醒广大机驾人员在"非典"时期应注意的有关事项。全年跨区作业面积7.5万亩，跨区作业总收入608万元。渭塘镇驾驶员俞万林带领4台联合收割机（1台东洋机、3台"人民号"）从10月18号到11月2号赴安徽无为农场收割水稻，共收割2400亩，单价55元/亩，扣除运费2.5万元，毛利达10万元。

2004年度，区农机管理部门及时按规定发放跨区作业证，组织全区联合收割机108台次赴东北、河南、安徽、四川、苏北等地作业，跨区作业面积8万亩，全区跨区作业总收入452万元。

2005年度，相城区执行农机作业进度网上直报工作，各水务站进一步为跨区机手服务，区农机及时按规定发放跨区作业证。全区40台次进口联合收割机赴安徽、浙江、苏北等地作业，跨区作业面积3.1万亩，跨区作业总收入162万元。

2006年度，全区38台次进口联合收割机赴安徽、浙江、苏北等地作业，跨区作业面积2.8万亩，跨区作业总收入142万元。

2007年度，区农机管理部门按规定发放跨区作业证，组织全区47台次进口联合收割机赴安徽、河南、苏北等地作业，跨区作业面积4.2万亩，跨区作业总收入244万元。

2008年度，区农机管理部门及时发放跨区作业证，组织全区联合收割机55台次赴安徽、河南、苏北等地作业，跨区作业面积3.5万亩，跨区作业总收入240万元。

2009年，区农机管理部门发放跨区作业证19张，跨区收割机19台。上半年跨区作业面积1.5万亩，跨区作业总收入90万元。

（二）优质服务

区级农机管理部门组织区、镇两级农机管理人员进一步拓展农机服务领域，在夏秋大忙中，积极开展以"六保证、三满意"为主要内容的农机优质服务活动，提供农机优质服务。区农机主管部门通过媒体向社会公布服务承诺；各基层站坚持24小时服务，确保常用配件不脱销。

望亭镇农机维修服务工作主要有：大忙前，望亭水务站与本镇拥有中拖的驾驶员签订了维修承包合同，站长、农机辅导员食宿在站里，维修车间职工24小时值班。农机出现故障不能到维修车间修理的，相关人员必须在24小时内赶到现场。

2001年，区水务局成立工作检查组。全区各镇农机执法人员对当地农机配件供应点进行检查。查处伪劣配件和无推广许可证的脱粒机械，并重点打击拼装机窝点，确保农机作业安全生产，维护了农机消费者的合法权益。

2002年，秋忙中，全区接受来人来电技术咨询108人次，指导解决技术问题82个，抢修机具127台次，送货下乡31车次，送货下乡行程3900千米，运送机件及配件910件，价值37万元。

2003年，大忙中广大农机人员坚守岗位，做到故障机具随到随修。大忙中全区共接受来电技术咨询108人次、抢修机具105台次。全区投入作业机具中拖190台、进口联合收割机74台，基本实现了耕作、收割机械化。

2004年，大忙中全区共接受来电技术咨询65人次、抢修机具台98次。全区投入作业机具中拖100台、进口联合收割机50台。

2005年，大忙中全区广大农机人员坚守岗位，做到故障机具随到随修。大忙中全区共接受来电技术咨询97人次、抢修机具21台次。全区投入作业机具中拖100台、进口联合收割机35台，机收面积9.54万亩，基本实现了耕作、收割机械化。

2006年，大忙中全区共接受来电技术咨询60人次、抢修机具30台次。全区投入作业机具中拖80台、进口联合收割机36台，机收面积9万亩。

2007年，全区投入作业机具中拖80台、进口联合收割机29台，机收面积8.5万亩，基本实现了耕作、收割机械化。区农机管理部门积极做好年度农机"优先加油卡"的发放工作，及时了解本区柴油供应情况，共发放加油卡29张，其中收割机18张、中拖11张，并及时做好信息反馈工作。

2008年，全区投入作业机具插秧机6台、中拖80台、联合收割机30台，完成水稻机插面积1200亩，耕作、收割基本实现机械化。区农机管理部门进一步为跨区机手服务，及时按规定发放跨区作业证20张，并提供了跨区作业信息。及时了解相城区农用柴油供应情况，积极做好农机"优先加油卡"的发放工作，共发放加油卡97张，其中收割机24张、中拖73张，缓解了作业机具加油难问题。

2013年，区农机管理部门发放"双优加油卡"10张。

第三节 农机监理

20世纪60年代起,境内中型拖拉机手、机修工参加苏州地区技术培训,考核合格者领取驾驶证,实行有证驾驶。由工业等有关部门抓场头脱粒用电等农业机械安全操作检查,并采取必要的安全防范措施。70年代开始,先后要求手扶拖拉机和农用挂浆机船实行有证驾驶。1978年5月,建立吴县农业机械安全监理所,进一步加强农机安全监理工作。1981年共发生农机事故40起,比1977年减少237起。1987年,发生农机事故7起。1981年,因事故死亡10人。1987年,因事故死亡1人,造成经济损失5296元,比1981年减少损失25104元。

一、机构及其沿革

1978年以前,农机监理工作由农机主管部门直接负责,无专门机构。1978年5月,吴县农水办公室发文,成立吴县农业机械安全监理所,办公地点设在吴县农机局内,确定职工干部,无单独编制,日常工作由农机局管理股负责。

1984年9月,吴县县政府发文,确定吴县农业机械安全监理所为全民性质的事业单位,人员编制核定为10名,办公地点在吴县农机化研究所内,各乡也确定配备安全监理人员;明确吴县农机监理所隶属农机管理部门领导,独立行使农业机械的安全监理权;同时要求乡、村设立农机安全员(兼职)。

1987年年底,吴县农机安全监理所已配备专职副所长1名、工作人员2名,其中大学文化1名、中专文化2名。

2001年2月28日撤市建区后,相城区农机安全监理所成立,为具有行政管理职能的行政管理类差额预算事业单位,定编5人,负责全区农业机械及其驾驶操作人员的安全监理工作,为全区农机安全生产行政执法。

农机安全监理的执法职能主要有:

(1)宣传贯彻国家有关农业机械安全生产的法律法规、方针、政策和技术标准,根据实际情况制定相应的农业机械安全生产制度,开展经常性的安全知识教育。

(2)负责对农业机械及其驾驶操作人员办理登记、入户、安全技术检验,核发统一的牌、证照和换证、定期审验。

(3)参与改型、改装的农业机械的安全技术性能审核和安全鉴定。

(4)负责农业机械的安全检查工作,纠正查处违章行为,配合公安交管部门开展上道路拖拉机的道路交通安全管理。

(5)负责上报和处理农业机械事故,做好档案管理工作。

(6)按国家规定收取和管理农业机械监理费。

(7)做好法律、法规、规章和上级部门规定的其他工作。

(8)依法对农机驾驶操作人员的违法违章行为给予行政处罚。

二、农业机械安全生产及专项整治

（一）安全生产

1970年以前，农机安全监理工作主要由交通、公安部门负责，如发放轮式拖拉机的牌、证及年度审验等；其他农机具（包括场头机具）的安全操作属机务管理的工作范围。1966年6月，境内对（电动机、脱粒机、戽水机、粉碎机）进行安全生产（操作）大检查，发现的问题有：戽水机210台，带病运转占25.7%；粉碎机160台，带病运转占32.5%。参加大检查的干部、技工采取边变差边宣传（安全操作重要性）边分析（故障、隐患原因）边维修的"四边办法"，就地解决检查出的问题。

1970年以后，农机管理部门开始对农用拖拉机、挂浆机船等进行考核发证工作。1974年9月，吴县农机局发出通知，要求各公社（乡）农机站对手扶拖拉机驾驶员进行技术培训，然后再发给田间操作证。

1976年1月，苏州地区农机局、公安局、交通局联合在东山镇召开农机人员培训、考核、机具检验示范会议。

1976年2月26日，吴县革命委员会生产指挥组在东山镇召开农机检验、人员考核、监理工作会议。会议讨论了农机（手扶拖拉机、挂浆机、排灌机械）检验、人员考核、监理工作实施细则；以及如何进行手扶拖拉机农田驾驶证和公路驾驶证的年审工作。

1976年8月11日，苏州地区农机局分发安全监理专用章，并于本年9月1日正式启用。

1976年9月12日，吴县农机水利局发出通知，要求各公社农机水电管理站建立"农机监理员"制度，规定了农机监理员职责和农机监理员呈批表，报上级审批手续等。规定要求对农田用拖拉机实施考核发证工作；对用于公路运输的拖拉机，则由交通、公安部门负责考核，发给公路行驶证件（农机部门协助）。考核合格者发给农用机械操作证、驾驶证。凡未办理年度审验盖章的操作人员和挂机船，一律不准行驶，违者按无证驾驶论处。

1976年10月之后，吴县对拖拉机、农用挂浆机船和机驾人员全面进行了考核发证。证件分为农业机械操作证、学员证、待理证、农用挂浆机船通航证和安全监理证等5种。规定从1977年1月1日起，对拖拉机、农用挂浆机船实行有证驾驶。至1980年7月止，境内持证者占应发证人数的69%。

1982年起，挂浆机船管理工作移交给交通部门管理。1982年开始，年检年审、考核发证工作结合农机修理、质量验收和安全生产检查同时进行。吴县农机安全监理所从1986年开始与吴县公安局、吴县供电局联合印制脱粒机登记表和安全使用证各5万份，发至乡农机站。持该证者占应发证人数的57.4%。

1987年年底，吴县全县核发手扶拖拉机操作证2549张，占保有量的29%，年检年审2828人，年检率33.1%；中型拖拉机驾驶员参加年检年审者有5人，占总人数的31.5%。

撤市建区后，区农机管理部门制定了《相城区农机监理行政执法公示》，向社会公布服务承诺标准。在夏收夏种、秋收秋种农忙期间，农机监理所布置本区域的农机安全生产事宜，以杜绝事故隐患。

2001年6月22日，下发《关于〈运输拖拉机及驾驶员年检年审〉的通知》，把好拖拉机变型运输机的入户关。

2001年9月4日，成立相城区农机安全生产领导小组，组长薛云良，副组长许福明。

2001年10月11日，下发《〈关于做好秋收秋种农机服务准备工作〉的通知》，以抓好安全生产，重点检查望亭、渭塘、湘城农业机械安全性能127台次。

2002年1月28日，下发文件要求贯彻执行《江苏省农业机械安全监理工作规范（试行）》。

2002年6月4日，相城区水务局就变型拖拉机的管理作出规定：变型拖拉机上牌和年检地点固定在黄埭镇水务站、渭塘镇水务站，非法拼装机一律停止年检。

2002年10月17日，转发《苏州市农业机械安全监理所〈关于做好秋季农机安全生产工作的通知〉的通知》，落实乡镇安全生产责任制。

2003年，区农机安全监理所切实抓好常规管理工作，扎实开展拖拉机驾驶员培训。会同物价部门在渭塘设立驾驶员培训点，加强理论和实践技能培训。

2004年，贯彻执行农业部关于《拖拉机登记规定》《拖拉机驾驶证申领和使用规定》《关于印发〈拖拉机驾驶证业务工作规范〉和〈拖拉机登记工作规范〉的通知》。

2006年，苏州市农业机械安全监理所贯彻《〈关于规范拖拉机、联合收割机登记及驾驶证申领和使用管理有关事项〉的通知》，加强拖拉机、联合收割机及驾驶人的源头管理，启用新式牌证、表格和标志，强制实施第三者责任险。区农机监理所要求辖区内拖拉机参检必须提供交强险凭证。

2007年，转发《农业部 中国保监会关于切实做好拖拉机交强险实施工作的通知》，全区范围的道路拖拉机按参检年度全部投保交强险。

2008年7月起，对区内的变型拖拉机实施上线检测，查验"变拖"交强险投保情况。是年，共签订农机安全生产责任状673份，排查隐患车65辆，共有675人次参与农机安全生产宣传教育活动。

至2010年，全区累计发放拖拉机驾驶证137张，拖拉机交强险参保人员2611人。

（二）农机安全互助协会

2001年3月23日，成立相城区农机安全互助协会，协会的主要职能是对机驾人员进行思想、职业道德和法规教育，开展农机生产优质服务、安全生产经验交流活动，提高机驾人员的安全操作技能，增强安全意识。

2001年4月10日，通过《苏州市相城区农机安全互助协会章程》《苏州市相城区农机安全互助协会实施细则》，选举产生了相城区农机安全互助协会第一届理事会。协会依据《苏州市相城区农机安全互助协会章程》开展活动。

2007年8月23日，区农机安全互助协会召开第二届第一次代表大会，选举产生第二届理事会。会议决定对因意外发生农机事故的受害者进行补助。

（三）农机安全生产责任制

1975年10月1日开始，根据农林部的规定，农机部门每月5日报送伤亡事故综合报表。如发生重大人身伤亡事故，随时向省级相关部门电告。每年定期逐级报送安全生产半年报和年报表。

1976年5月4日，吴县农机水利局按苏州地区农机局通知，从1976年第一季度起，对重大农机事故执行季报；要求各单位准时上报县农机水利局，然后再上报地区农机局。

1981年开始，建立健全安全生产责任制，将安全生产作为岗位责任制百分考核和目标管理的重要内容，每年进行1~2次考核评比，评定安全生产单项先进并进行奖励。对稻麦场地脱粒等机具，也先后制定了用电、用机、防火等安全防范措施。

1984年后，各乡镇每季将安全生产情况上报给吴县农机安全监理所，再上报给苏州市农机安全监理所。

1985年，学习和贯彻执行农牧渔业部转发的《全国农机安全监理工作经验交流会议纪要》和《农机安全监理人员守则》，进一步明确农机安全监理工作的要求和责任。

1985年至1995年6月，吴县农机安全监理所与苏州市农机安全监理所签订年度农机安全生产责任状；吴县农机安全监理所与吴县各乡镇水利站（农机站）签订年度农机安全生产责任状。

1995年7月至2001年2月，吴县市农机安全监理所与苏州市农机安全监理所签订年度农机安全生产责任状；吴县市农机安全监理所与吴县市各乡镇水务站签订年度农机安全生产责任状。

2001年3月至2013年12月，相城区农机安全监理所与苏州市农机安全监理所签订年度农机安全生产责任状；相城区农机安全监理所与相城区各乡镇水务站签订年度农机安全生产责任状。

（四）农机安全生产（变拖）专项整治

1977年3月和1978年2月，吴县连续两年组织人员参加苏州市农机局、苏州市公安局、苏州市交通局统一组织的以挂桨机船为重点的全地区安全生产大检查，并在吴县设立6个检查点。在检查期间凡发现牌照等证件不全的机船，均按规定不得放行。

1979年，先后组织全县性的安全生产大检查，以分片对口突击抽查等方法，促进两机（挂桨机、拖拉机）安全操作和安全行驶。对农机的年检、年审工作也由县集中年检延伸到分片年检。1980年起，年检、年审工作改由各公社（乡）农机站以乡为单位进行，并由县农机监理部门统一发放试题及复习提纲，由乡农机站在根据要求组织集训后复习考核。

1985年5月15日，吴县农机安全监理所制定了"脱粒机安全检查标准"，以保证操作人员的人身安全。具体检查标准是：整机破烂、有严重缺件、不能正常工作的为不合格；皮带盘固定不牢靠，无防护罩、网或木栅的为不合格；工作部位严重损坏，用绳索和铁丝捆扎的为不合格；电源开关无箱壳或无其他防护设施、电线破损的为不合格。

2002年，农业机械安全生产专项整治做了以下工作：

3月25日，成立相城区农业机械安全生产专项整治工作协调小组，组长戴兴根（区政府副区长）；副组长薛云良（区水务局局长）、陆建男（区政府办公室副主任）。

4月2日，召开全区农机安全生产工作会议，布置自查自纠工作。

4月19日，协调小组召开协调会，就联合整治行动提出具体意见。

4月26日，区农业机械（变拖）安全生产专项整治工作协调小组组织区公安分局、区交警大队、区水务局、区安全生产监督局，开展农业机械安全生产专项整治联合执法统一行动。共出动执法人员127名，检查拖拉机285台，暂扣拖拉机26台，处罚违章36人次，发出限期整改通知书2份，从而有力地打击了"黑车非驾"，维护了道路交通安全秩序。

2003年，区农机监理所及时与区安监局、公安交警大队等有关部门取得联系，制订详细的工作方案。

2005年，区农机监理所下发《关于〈开展上道路拖拉机交通秩序专项整治工作〉的通知》。9月21日、23日、26日分3个片由区农机安全监理所、交警中队、水务站联合上路开展上道路拖拉机交通秩序专项整治。共出动警察、辅警、农机监理员25名，检查拖拉机165辆，当场处罚8人，暂扣驾驶证7本，其中无证驾驶2人，补检拖拉机23台。

2008年，成立相城区变型拖拉机专项整治工作领导小组，共发出600余封《致全区拖拉机变型运输机驾驶员（车主）的一封信》，对车主或驾驶员送发"友情提示卡"500多张；7月起，委托吴中区农机安全监理所对辖区内的变型拖拉机实施上线检测，严格查验变拖交强险的投保情况，从源头防范事故的发生。

三、农机安全监理档案管理

全区农机安全监理业务档案管理按照《江苏省农机安全监理行政执法档案管理办法》执行。

四、农机安全监理行政许可业务

（一）行政许可依据

《中华人民共和国行政许可法》等12个法规。

（二）收费依据

苏价费〔1997〕148号、苏价费〔2000〕318号。

2001年9月14日，下发《关于运输拖拉机规费收取项目及标准》的通知，还有苏价费〔2003〕100号、苏价费〔2004〕478号；苏财综〔1997〕54号、苏财综〔2000〕172号、苏财综〔2003〕33号、苏财综〔2004〕164号，以及发改价格〔2004〕2831号等文件。

（三）农机安全监理进驻行政中心

2005年4月12日起，根据区政府统一要求，农机（监理）行政职能进入区行政中心。

（四）农机安全监理信息系统启用

省所开发了江苏省农机安全监理网络管理系统软件，2005年10月正式运行。

五、农机安全监理统计

2001年建区后，相城区农机安全监理所继续按照省、市级农机安全监理部门的要求，负责本区域农机安全监理的统计月报、季报、半年报、年报报表及农业机械事故统计报表上报工作。

六、农机事故

（一）农机事故应急预案
（二）农机事故报告制度
（三）农机事故网络报送系统

2008年12月29日，江苏省农机安全监理所发文要求进行道路外事故月报的上报工作。2009年2月1日起，定人、定岗正式启用报送系统。

（四）农机事故案例（档案）

1980年2月10日，吴县蠡口公社丝织厂沈金根无证、无照驾驶挂机船，在丝织厂时与黄埭公社供销社的机船相撞，坐在中舱的随船人员顾荣发被撞成重伤，抢救无效死亡。

1980年11月8日，吴县湘城公社第五大队第六生产队安排无证人员林金荣、李金元和两个社员开一条无通航证的4吨挂机船拖带一条4吨水泥船，林、李两人装了7吨重的米车配件，至阳澄湖时，遇五级以上大风，因超载加之风浪大，船舱进水下沉，李金元、李良初（社员）两人落水溺死。

2001年5月25日，相城区望亭镇中拖驾驶员张祖兴驾驶上海-50中拖收割作业时，其妻子不慎给水箱内的蒸汽烫伤。

2001年5月26日，相城区渭塘镇中拖驾驶员宋建国驾驶江苏-504中拖收割作业，上桥倒车时拖拉机向后仰翻入沟中，致使拖拉机右前轮半轴损坏。

2001年6月12日，相城区渭塘镇中拖驾驶员汪金龙驾驶江苏-504中拖田间转移时向左翻入鱼塘中，中拖四轮向上。

2001年6月19日，相城区黄桥镇中拖驾驶员秦大男驾驶中拖左转时与一辆小货车相撞，造成车辆部分损坏。

2003年6月14日，相城区渭塘镇中拖驾驶员阙玉香驾驶江苏-504中拖旋耕作业时，不慎将中拖驶出路面翻入右侧荷花池内，车主被压在中拖下溺水身亡。

2004年2月6日，相城区渭塘镇中拖驾驶员徐建兴驾驶江苏-504中拖与二轮摩托车相撞，造成事故。

2007年11月11日，相城区渭塘镇中拖驾驶员徐京生驾驶江苏-504中拖在回机库途中，因避让自行车行人急打方向，致使前轮驶出路面，中拖翻入新开河中。

七、农机污染源普查工作

2008年1月至6月，区水务局专门成立了由分管局长任组长，区农机职能部门、区农机安全监理所为成员的相城区农机排气污染源普查工作办公室，负责农机排气污染源普查。普查工作调查了9个乡镇，统计各类农田作业动力机械1045台，总功率15169.7千瓦。

附　注

一、农机化示范村建设

2003年，在相城区政府和苏州市农业机械管理局的大力支持下，选择在相城区望亭镇项路村建设农机示范村。

为了加快示范村建设，成立了相城区望亭镇项路村农机化示范村建设领导小组。成员单位有：区水务局农机科、镇财政所、镇水务站、镇农业服务中心。建设前期在市局协调下，建设领导小组多次召开协调会。示范村于2003年上半年开工建设，并已完工。示范村占地面积2.5亩，其中房屋建筑面积456平方米、水泥场面960平方米、围墙112米。全村现有农机总动力383千瓦，其中联合收割机自走式2台、背负式8台，中拖8台、手拖30台、RR6型洋马高速插秧机1台、手扶式插秧机3台、机动喷雾机40台、低温烘干机1座、精米加工设备1套，已初步具备了从耕整、播种、移栽、植保、收割到干燥、加工全程机械化的能力。资金投入情况为：市级财政23.5万元，镇级财政18.5万元，村级30.6万元，个人投入55.8万元。本地作业收入16万元，跨区作业收入9万元。

2005年，区水务局支持配套资金2万元，项路村早落实、早布置，1台RR6型洋马高速插秧机、3台东洋手扶插秧机齐出动，包机到大户，大户带周边农户。包机者为机插户提供"耕翻、育秧、除草、插秧"一条龙服务，每亩收费130元，服务大户10个、农户20个；实插水稻面积850亩，其中早稻50亩。

2006年，继续抓好农机示范村建设，推进水稻全程机械化。实插水稻850亩，其中早稻50亩。机插水稻平均亩产达600公斤。当年生产"不落地"大米12500公斤。

2007年，继续抓好农机示范村建设，实插水稻820亩，其中"不落地"大米50亩。

2008年，继续抓好农机示范村建设，实插水稻1200亩。

2010年，项路村有农业机械总动力520千瓦。

2012年，创建率先基本实现农业机械化示范村，验收通过。

二、农业机械化示范镇

2012年，北桥街道创建率先基本实现农业机械化示范镇，验收通过。

2013年，望亭镇、阳澄湖休闲旅游度假区创建率先基本实现农业机械化镇，验收通过。

三、成立农机合作社

（1）2009年8月，望亭镇迎湖村成立"苏州市金香溢农机服务专业合作社"。合作社由10户农民以农业机械作为出资方式合股成立，主要从事机耕、机收、机插等农田作业和农业服务知识培训及各类咨询服务，同时示范、推广农业机械新技术和新机具。

（2）2013年年底，共有望亭金香溢农机服务专业合作社、阳澄湖鑫湖农机专业合作社、度假区莲花村农机合作社、望亭巨庄生态农场农机服务专业合作社、北桥漕湖农机合作社、阳澄湖澄中香农机专业合作社等6家农机合作社。

四、农机合作社机库建设项目（省、市级）

（1）望亭金香溢农机合作社省级农机服务体系建设项目通过。
（2）北桥漕湖农机合作社市级机库建设项目通过。

五、区域性农机维修中心建设（市级）

望亭金香溢农机合作社区域性农机维修中心建设通过市级验收。

六、望亭农机服务组织

望亭镇是相城区农机拥有量最大的一个镇，该镇从1988年开始发展大中型机具。高峰时全镇拥有中拖68台、进口联合收割机29台、手拖105台、上道路运输机250台、机动弥雾机179台，固定资产1500万元以上。1993年前，望亭农业机械的发展主要由市、镇、村三级投资，以村级集体经营为主。1993年后，大中型机具开始由私人购买、集体少量补贴过渡到完全由私人投资。望亭水务站从贷款、选型、提货、上牌、培训、机库建造到维修提供一条龙服务。当地涌现了一批年收入超10万元的农机专业户。

为适应市场经济，从1995年开始，望亭水务站购置维修设备26万元，建造农机维修车间和柴油加油站，逐步从过去的无偿管理模式转化到适合市场经济的管理模式。每年年初水务站与本镇60多位机手签订农业机械维修合同，每台收取人工费500元，实行保修；大忙中实行24小时服务；机具发生故障必须在2小时内赶到现场抢修。在跨区作业方面，望亭水务站在保证机手多作业、多出效益的同时，在农机维修、配件供应、油料供应等方面每年为本站创造经济效益10多万元，实现了农机管理和经济效益双赢。

七、优秀农民操作手、先进个人

（一）优秀农民

1. 张惠林

黄埭卫星村人（黄埭卫星村是苏州市农业先进典型），也是市丰产方主要领导挂名人。从事农机行业8年，投资30万元，年净收入10万元。2000年8月，投资24.8万元（其中政府补贴3万元)购买久保田收割机1台。2001年3月从村里转制江苏-504中拖1台套（包括桂林2号联合收割机、七华犁、驱动耙、开沟机各1台），为其他农民致富起了带头和示范作用，也为探索农民增收途径做出了一定的贡献。他刻苦钻研驾驶操作技术，及时参加苏州市农机推广中心举办的培训班，熟练掌握各项技术，在多年的实践中，积累了丰富的农机维修保养、驾驶操作等方面的经验。他遵循"优质、高效、低耗、安全"的原则，保证机具在良好的技术状态下工作，以优质的服务、安全的操作赢得了农户的信任，也赢得了市场。在转制当年，桂林2号联合收割机收割小麦300多亩，耕田、耙田的作业量为450亩，比同镇的其他农户多作业近20%，作业收入达2.5万元左右；久保田收割机收割水稻达1600亩，其中跨区收割水稻1000亩左右，比同类机具多作业近20%。2000年至2001年年底，久保田累计收割水稻达3500亩，作业净收入18万元。张惠林的投资经验起到了良好的示范作用。至2001年年底，黄埭镇投资购买联合收割机的农民达13人，投资达280多万元，作业区域横跨四川、安徽、浙江、福建、苏北等地，实现农机经营利润达100多万元，农机产业化在黄埭镇发展迅猛。

2. 潘永祥

望亭镇迎湖村人，从事农机行业21年。1995年上半年，投资30万元购置新型农业机械上海-50中拖1台套（包括桂林2号联合收割机、七华犁、驱动耙、开沟机各1台，获政府补贴2.5万元）、洋马"人民号"收割机1台（其中政府补贴6万元）。潘永祥思想解放、勇于开拓、乐于接受新事物，从最早的小型拖拉机到中型拖拉机、进口联合收割机等，他都是较早的尝试者。在购置新型农业机械后，他及时参加苏州市农机推广中心举办的培训班，熟练掌握各项技术。

在20多年的实践中，潘永祥积累了丰富的农机驾驶、维修保养工作经验，遵守"优质、高效、低耗、安全"的原则，保证机具在良好的技术状态下工作。他以优质的服务、安全的操作，赢得了农户的信任，也赢得了市场。1996年，潘永祥购买了中拖。是年，收割小麦、耕田、耙田的作业量均达到了300亩，比同镇其他农户多作业近20%，作业收入超过2万元。次年，三项作业的作业量达到400亩；洋马"人民号"收割机年收割水稻约1500亩，在本镇收割750亩左右、跨区收割750亩左右。至2001年年底，收割机实现净利近20万元。两台新型农机使用3年即基本收回投资，比其他农户提前近1年。

潘永祥投资农机的成功经验，起到了良好的示范作用。至2001年年底，望亭镇个人投资农机行业的资金达1000万元，实现利润350多万元。全镇新型农业机械作业面积达18万亩（包括跨区作业）以上，跨区作业包括上海、四川、安徽、浙江、福建、河南、苏北等地，农机行业呈现欣欣向荣的景象。

3. 徐京生

苏州市相城区渭塘镇渭南村人，农机大户。徐京生的机具拥有量：PRO488久保田联合收割机1台、中型拖拉机3台、桂林联合收割机3台、配套机具6件。

1987年，徐京生参加吴县市第二届中拖型驾驶员培训；1989年，担任村机工辅导员；1990年，参加中拖维修培训班；1992年，参加江苏省农机修理培训班。徐京生曾被评为江苏省"十佳"农机操作手。1999年村农机产权转制时,徐京生以13.5万元竞拍购得江苏-504中拖4台、桂林联合收割机3台、手拖2台以及中拖开沟机、旋耕机、驱动耙等配套机具14件。1999年10月份,徐京生自筹7.5万元、贷款6万元购买HL3550型东洋联合收割机1台(其中政府补贴5万元)。2002年,徐京生卖掉东洋联合收割机1台,农机原值60万元。

徐京生常年聘用机手2人,短期的有2人。常年聘用人员农忙前后参加机具维修和清洗入库,其他时间参加村级电网维护、自来水管道维修等工作。2002年,常年的发工资1.5万元;季节性机手按作业面积计酬;临时的按天计酬,30～40元/(天·人)。全年机耕面积1200亩,机收割面积800亩、机开沟面积70亩。作业毛收入12万元,净收入6万元。

2001年3月17日,徐京生在"'九五'期间农机操作手农田作业竞赛"中被评为优秀农机操作手(苏农机管〔2001〕6号文件《关于表彰2000年度全省优秀农机操作手的通报》)。

(二)先进个人

薛水明,2002年度获苏州市水稻机插秧技术示范推广工作先进个人奖。

施文琪,获2001年度江苏省农机安全监理先进个人奖。

金惠兴,获江苏省农机跨区作业先进个人奖。

胡玉梅,获2004年度江苏省农机安全监理统计工作先进个人奖。

第五章 农业科技

概 述

据文献记载，早在6000年前，境内先民已掌握了麻织和水稻种植技术。光绪三年（1877）从国外引进奶牛，研究奶牛养殖技术。民国时期，原吴县办起了农业学校、蚕业学校、农事实验场、农业推广所、蚕桑场等。民国五年（1916），苏州农校从日本引进水稻和果树（如水蜜桃）的优良品种，从美国引进玉米、小麦的良种等。民国二十五年（1936），江苏省立稻作实验场吴县分场育成"三一四"无芒晚粳良种，品种亩产550斤，增产15%。

中华人民共和国成立后，大力推广良种，建立良种自繁、自育、自供推广体系。20世纪50年代起，在种植业中，先后引进、推广"老来青""桂花黄""昆农选16号""单鉴31号""元丰早""秀水04"等水稻优良品种和"华东6号""鄂麦16号"等小麦良种，还推广"苏蜜1号"西瓜良种。大力推广高效、低毒、高产、价廉的化肥、农药和化学除草剂。稻麦病虫害微生物防治技术、化学治螟技术、呋喃丹粉剂在秧田的使用技术、氮磷钾复合颗粒肥的使用技术等在农业生产中不断得到推广应用。50年代，对农技和耕作制度进行了改革。六七十年代后，对水稻高产栽培经验，双三熟制、放养绿萍、水稻学龙桥、三麦学塘桥等高产栽培经验，化学除草法和三麦、油菜免耕技术及水稻叶龄模式栽培技术等逐步进行试验并加以推广。2007年，通过农民科技入户工程，推广种植优质高产杂交粳稻"常优1号"和常规稻"嘉33"新品种以及品种优质高产栽培技术模式、旱育稀植、机插秧等轻型栽培技术。

2001年建立相城区后，针对相城区"花城"建设的需要，先后引进了树状月季、荷花新品种、荷兰郁金香、洛阳牡丹等名贵花种。相城区花卉植物园还从外省引进种植了具有400多年树龄的桂花王、800多年的棠棣、800多年的重阳木等，而其中最大的亮点当数"镇园之宝"——一株生长超过千年的"紫薇王"。

畜禽养殖业技术推广方面，一是以"苏太·大约克""太湖猪·杜洛克·大约克"为主的三元瘦肉型杂交组合技术、三元瘦肉型猪饲养管理技术、三元瘦肉型猪饲料配制技术、三元瘦肉型猪疾病综合防治技术的推广；二是奶牛"两病"综合防治技术的推广；三是畜禽追溯系统的建设。

水产技术推广方面，包括：自1959年开始的家鱼繁殖技术，草鱼出血病的免疫防治，漕湖 1.02 万亩水面精养高产，连片池塘配套技术，三角帆蚌人工育苗、河蚌育珠技术，美国珍珠鳖养殖获得成功，"太湖 1 号"青虾的引进，"优鲈一号"苗种繁育。

2001 年至 2013 年，共有 26 项成果（含专利技术）先后获得省、市、区科技进步奖等奖项，其中农业技术推广项目 6 个；畜禽养殖技术 3 项获推广二等奖。

第一节　种植业科技推广

一、建立良种推广体系

20 世纪 50 年代起，吴县先后引进、推广"老来青""桂花黄""二九青""沪选""农桂早""团粒早""矮南早 39""广陆矮 4 号""昆农选 16 号""单鉴 31 号""元丰早""秀水 04"等水稻优良品种和"华东 6 号""望麦 17""扬麦 1～5 号""鄂麦 16 号"等小麦良种，还推广"苏蜜 1 号"西瓜良种。

推广单季稻品种"昆农选 16 号"。1981 年，从昆山县引进"昆农选 16 号"，进行试验和多点示范试种。1982 年种植"昆农选 16 号"水稻 4.25 亩，普遍获得高产。1983 年至 1984 年进一步推广"昆农选 16 号"水稻，使其成为单季稻当家品种。

推广单季稻品种"秀水 04"。"秀水 04"具有较强的抗倒伏和抗穗颈稻瘟病特征。1984 年，境内从浙江嘉兴地区引进试种。1986 年实种 44 万亩，占单季稻种植总面积的 50% 以上。平均每亩比"昆农选 16 号"增产 50.5 公斤，合计增产 2222 万公斤；每亩增收 25.25 元，合计增收 1111 万元。

推广"单鉴 31 号"高产栽培技术。"单鉴 31 号"是用"农桂早 3 号"与"越丰"杂交选育出来的一个早熟晚粳新品种，是当时中等肥力条件下较为理想的单季稻品种。1983 年开始栽培技术试验，取得了较好的效果。

应用推广西瓜良种"苏蜜 1 号"和地膜覆盖、复合肥料技术。1986 年，全县种植西瓜良种"苏蜜 1 号"3.23 万亩，占全县西瓜种植总面积的 42.54%。比"华东"瓜每亩增产 172.3 公斤，纯收入比"华东"瓜每亩增加 146.63 元，增长 88.7%。同时推广了地膜覆盖、复合肥料等新技术。1986 年，地膜覆盖西瓜苗 38671 亩，占西瓜田的 50%。用复合肥料的西瓜田有 34790 亩，占全县西瓜田的 46.3%。每亩增产 166.5 公斤，增长 21.7%。

二、推广高效、低毒、高产、价廉化肥、农药、化学除草剂

主要有稻麦病虫害微生物防治技术、化学治螟技术、呋喃丹粉剂在秧田的使用技术、氮磷钾复合颗粒肥的使用技术等的推广应用。

在秧田应用推广呋喃丹粉剂。呋喃丹粉剂防治效果好，残效长，能促进秧壮叶多，提高秧苗素质。1977 年开始推广应用。

推广粉锈宁防治小麦白粉病。粉锈宁防治小麦白粉病有效期长，使用方便，具有省工、省

药、降本、增产的优点。吴县于1980年至1983年进行测定和示范试验。1983年，全县使用15%粉锈宁5410公斤，推广种植面积161550亩，占当时全县小麦种植总面积的55.7%，效果显著。

三、耕作制度、栽培管理技术的推广

吴县于20世纪50年代开始农技和耕作制度改革，试种双季稻，用药剂防治病虫害，大力推广深耕细作、合理密植、看苗施肥等先进技术措施。60年代重点推广水稻专家陈永康的水稻高产栽培经验，探索并推广双"三熟制"、放养绿萍等。70年代全面改革耕作制度，科学搭配品种，合理布局，百分之百地推行"三熟制"，提高复种指数，推广水稻学龙桥、三麦学塘桥的高产栽培经验。80年代，推广化学除草法和三麦、油菜免耕技术及水稻叶龄模式栽培技术等，并进行"麦豆稻"新"三熟制"中间试验等。

四、新品种新技术的推广

主要有杂交粳稻"常优1号"和常规稻"嘉33"新品种及品种优质高产栽培技术模式、旱育稀植、机插秧等轻型栽培技术的推广。2007年，通过农民科技入户工程在全区7个镇（街道）、1个产业园选择55个村培育1000户科技示范户，示范种植"常优1号"和常规稻"嘉33"新品种，面积10119.96亩，占全区水稻种植总面积的17.1%；辐射带动农户10000余户，受辐射种植面积2.5万余亩，占全区水稻种植总面积的40%以上。2009年开始推广优质稻米品种"南粳46"，每年推广种植面积占全区水稻种植总面积的50%以上，最多的年份达80%。2010年至2012年，在高产示范方推广"甬优"系列高产品种。2014年以后又陆续推广了"武运粳30""南粳5055""苏香粳100"等优质水稻品种。

2007年，全区水稻平均单产519.3公斤，总产量为30666.3吨。通过对科技示范户水稻产量典型进行调查后得知，水稻平均单产553.3公斤；望亭镇迎湖村1035亩区级"常优1号"高产示范区在水稻生产遭受台风灾害的情况下平均产量仍达602.5公斤。科技示范户的水稻产量比全区平均产量高34公斤，增产6.5%；比前三年统计局汇总的全区水稻平均产量543.6公斤高9.7公斤，增产1.8%；比前三年典型户调查的平均产量526.9公斤高26.4公斤，增产5%；与大面积典型户调查的平均产量487.3公斤相比高65.7公斤，增产11.5%，户均增产666.88公斤，户均增收1227.1元。据对1万户辐射带动户典型调查，户平均增粮96.5公斤，户均增收117.56元；全区整个入户工程实现增粮162.98万公斤，增收299.88万元（按2007年的市场价1.84元/公斤计算）。

表5-1 相城区农业技术推广成果

获奖年度	成果名称（含专利技术）	第一研制单位	奖项名称	颁奖单位	奖励等级
2001年	农田温室气体排放过程和观测技术研究	李老土	国家科技进步奖	国务院	二等奖（14人）

续表

获奖年度	成果名称（含专利技术）	第一研制单位	奖项名称	颁奖单位	奖励等级
2002 年	水稻二化螟控制技术的研究与推广	区植保植检站	科技进步"双杯奖"	苏州市科学技术协会、经贸委、人事局、劳动社保局	攻关奖
2003 年	杂交粳稻优质高产高效栽培技术研究	吴登宽	科技进步奖	苏州市人民政府	二等奖
2003 年	高效经济作物品种引进示范及推广	吴登宽	科技进步奖	苏州市人民政府	二等奖
2004 年	生物农药的开发与利用	区植保植检站	市科技进步奖	苏州市人民政府	二等奖

第二节　林业科技推广

一、树状月季的引进

为了提升"花城"建设水平，相城区于 2007 年 11 月从河南南阳月季基地引进树状月季，主要种植在城区各主干道及盛泽湖月季公园内。

树状月季又称"月季树""玫瑰树"，它的直立树干和树冠是通过两次以上嫁接手段达到的。它主要有以下优点：

第一，观赏效果好，形状独特、高贵典雅、层次分明，在视觉效果上令人耳目一新；造型多样，有圆球形、扇面形、瀑布形等。既保留了一般月季的花香浓、花期长、花色多样等优点，又表现得更新颖、更高贵、更热烈，因此具有更高的审美价值。

第二，绿化用途广。在环城行道、公园、风景区、小区庭院等一切有绿地的地方，树状月季都能起到画龙点睛的美化功效。

第三，适应性强。树状月季的花冠比一般花卉离地面远，不容易感染土壤病虫害。树状月季的树干取材于蔷薇，根系发达、生命力极强，特别是碱性偏高地区，种植普通月季困难，树状月季能填补其空白。

二、荷花新品种引进

荷花为多年生水生植物，是中国的十大名花之一。根茎（藕）肥大多节，横生于水底泥中。叶盾状圆形，表面深绿色，被蜡质白粉，背面灰绿色，全缘并呈波状。叶柄圆柱形，密生倒刺。花单生于花梗顶端、高托于水面之上，有单瓣、复瓣、重瓣及重台等花型；花色有白、粉、深红、淡紫色或间色等变化。2006 年 10 月，相城区规划面积 5000 亩建设以"荷花"为主题的荷塘月色湿地公园，从国内外引进荷花 300 多个品种，其中包括丹绣球、红牡丹、点额妆、绿房含珠等名贵荷花，集红色、粉色、白色、花色、橙色、复色等五彩缤纷的花色和单瓣、复瓣、重瓣、重台、千瓣等多个花型于一园。

三、牡丹、郁金香花种的引进

牡丹属灌木木本，是重要的观赏植物，原产于中国西部秦岭和大巴山一带山区，以洛阳、菏泽牡丹最负盛名。牡丹有不同花色，如红、紫、紫红、粉、白、蓝、绿、黄、黑和复色等；也有不同花型，如单瓣型、荷花型、皇冠型、楼子型、绣球型等；并具有抗旱、耐寒、耐热、耐湿等特性。2007年，相城区投资建设占地3000亩的花卉植物园，其中牡丹专类园占地30亩，由牡丹之都河南洛阳的牡丹种植专家提供技术支持，早花型、中花型、晚花型合理搭配，引种了洛阳红、状元红、青山贯雪等61个名贵品种。

郁金香又名"洋荷花""草麝香""金香"等，为百合科多年生草本植物，是世界著名花卉，又是风靡世界的著名球根花卉，可作一次性观赏及鲜切花种植，在我国西部及欧洲地中海地区有广泛栽培。我国每年要进口郁金香种球3000万头以上。从1998年起，苏州农业职业技术学院在苏州地区首先引进郁金香，开始试验示范种植并获成功。为了"花城"建设的需要，2007年相城区生态园从荷兰引进郁金香10多个品种，种植规模达15万支之多。

四、高档花木和珍稀古树引进

相城区花卉植物园作为相城区生态园的一个主体，于2010年10月正式开园。园内已经新添各类高档花木3万余株，其中包括新增的本地8分枝以上大月季、由四川引进的独本木芙蓉，还有双荚决明、大型酸枣、蜡梅、巨紫荆、红玉兰、红豆木等。在花卉植物园的"镇园之园"花王角内，种植有百年以上花王200余株，有400多年的桂花王3株，还有800多年的棠棣、800多年的重阳木等，而其中的最大亮点当数"镇园之宝"——一株生长超过千年的"紫薇王"。

这棵直径超过2米、主干高超过4米的千年紫薇王是由四川温江引进而来，在苏州绝无仅有！这棵紫薇王造型独特，在它的根部有一个半人多高的洞，远远看去仿佛是一个张着大口的猛虎。为了陪衬这棵紫薇王，花卉植物园特选精致太湖石放于其旁边。奇石加奇木，周围再配以湖泊垂柳，成为植物园内一道独特的亮丽风景。

第三节　畜牧业科技推广

一、新品种、新技术推广

主要有以"苏太·大约克""太湖猪·杜洛克·大约克"为主的三元瘦肉型杂交组合技术、三元瘦肉型猪饲养管理技术、三元瘦肉型猪饲料配制技术、三元瘦肉型猪疾病综合防治技术的推广。2006年，通过农业科技入户示范工程，推广以"苏太·大约克""太湖猪·杜洛克·大约克"为主的三元瘦肉型杂交组合技术、三元瘦肉型猪饲养管理技术、三元瘦肉型猪饲料配制技术、三元瘦肉型猪疾病综合防治技术。在全区8个镇选择65个村，培育500个畜牧科技示范户，辐射带动6000个养殖户。通过科技入户、主体培训和示范推广，实现科技示范户先进实用技术入户率和到位率达到90%以上，示范户养殖收入比前三年平均水平增长10%以上。积极推广生猪重大疫病防控技术，控制重大动物疫病的发生和传播，提高生猪存活率，发病死亡率降低5%以上。2013年，通过中央太湖水污染治理项目，苏州苏太企业有限公司作为建设单位，申报"苏州市国家级太湖猪保种场发酵床建设项目"。该项目建造发酵床猪舍6栋，建筑面积约2300平方米。通过推动发酵床生态养殖技术的推广应用，推进我区畜禽养殖健康发展，提升我区养殖废弃物综合利用率。

二、奶牛"两病"综合防治技术的推广

奶牛"两病"是指奶牛结核病和奶牛布鲁氏菌病。结核病是一种由结核杆菌引起的传染病，引起人类结核病的主要是人型和牛型结核杆菌。布鲁氏菌病是近年来再度肆虐的传染病，是由布氏菌属细菌引起的主要侵害人和动物生殖系统的人畜共患传染病。相城区自2001年建区以来非常重视对奶牛"两病"的防治，通过各种形式的讲座和培训，推广奶牛"两病"综合防治技术。技术主要包括加强环境控制，奶牛饲养殖场生产区与生活区隔离，出入口处设置消毒池，内置3%~5%来苏尔溶液或20%石灰乳等有效消毒剂，每年对牛场进行大消毒。检出疫情后，对病牛、阳性牛、可疑牛的牛床及其食槽等每天进行一次消毒，饲养工具使用后及时消毒，粪便等排泄物单独收集并进行无害化处理。此外还有净化受污染牛群被确诊为"两病"病牛或检出"两病"阳性牛的牛群（场）为牛"两病"污染群（场）等一系列技术。通过建立基层监测站加强对奶牛"两病"的监测。

三、畜禽追溯系统的建设

2009年在全区逐步建立起畜禽追溯体系。该体系主要是指在畜禽的养殖生产过程中，将畜禽生产的品种、质量、规格、产地、养殖地、养殖单位、法人代表等信息采集在便携数据采集器中，各种信息都能一目了然。针对该技术，区畜牧兽医局组织全区畜牧兽医站近50人进行了专门培训。通过该体系的建立，我区畜禽养殖生产的现代化管理水平得到了提高，在一定程度上保障了畜禽产品的质量，满足了人们对于畜禽产品安全、生态、健康的要求。

表5-2 相城区畜禽养殖科研成果

获奖年度/年	成果名称（含专利技术）	第一研制单位	奖项名称	颁奖单位	奖励等级
2003	苏太猪推广利用及其产业化实施	王泉林	江苏省农业技术推广奖	江苏省农业技术奖励基金管理委员会	一等（24人）
2003	优质肉用羊高效饲养技术	王泉林	农业丰收奖	江苏省农林厅	二等（17人）
2006	高产奶牛自然胚胎移植技术开发	王泉林 杨建国 周荣元	科技进步奖	苏州市人民政府	三等

第四节 水产科技推广

一、水产科技成果与推广

表 5-3 相城区水产技术推广成果

获奖年度/年	成果名称（含专利技术）	第一研制单位	奖项名称	颁奖单位	奖励等级
2001	翘嘴白鱼的驯化及繁殖技术研究	龚宏伟	科技进步奖	苏州市人民政府	一等
2001	美国大口胭脂鱼的苗种培育、幼苗放流技术研究	龚宏伟	科技进步奖	苏州市人民政府	三等
2001	太湖银鱼池塘人工繁养殖技术的开发	龚宏伟	科技进步奖	苏州市人民政府	三等
2002	大口鲶鱼的原种引进、人繁及饲养技术研究	龚宏伟	科技进步奖	苏州市人民政府	三等
2002	网箱高效集约化养殖特种水产产品技术开发	龚宏伟	科技进步奖	苏州市人民政府	三等
2002	淡水石斑鱼人工繁殖及苗种培育试验	张倩等	自然科学优秀学术论文	相城区人民政府	三等
2003	全价配合饲料养鱼技术开发	龚宏伟	科技进步奖	苏州市人民政府	三等
2003	史氏鲟的养殖技术开发	龚宏伟	科技进步奖	苏州市人民政府	三等
2003	暗纹东方鲀选育及大规格苗种培育技术的研究	阙林林 陆建平	科技进步奖	苏州市人民政府	攻关奖
2004	史氏鲟的养殖方式探讨	龚宏伟	自然科学优秀学术论文	相城区人民政府	一等
2006	长江胭脂鱼开口饵料的研究	龚宏伟	自然科学优秀学术论文	苏州市人民政府	二等
2006	中华绒螯蟹无公害及其标准化生产技术	徐盘英	科技进步奖	苏州市人民政府	三等
2006	蟹池大面积套养鳜鱼综合技术推广及应用	徐盘英	农技推广奖	江苏省农业技术奖励基金管理委员会	二等
2006	长江胭脂鱼养殖技术开发	龚宏伟	科技进步奖	苏州市人民政府	三等
2008	暗纹东方鲀选育及大规格苗种培育技术研究	苏州市相城区水产养殖总场	科技进步奖	相城区人民政府	二等
2009	梭鲈健康养殖技术研究	苏州市相城区新时代特种水产养殖场	科技进步奖	相城区人民政府	二等
2010	优质河蟹养殖技术培训	苏州市相城区新时代特种水产养殖场	科技进步奖	相城区人民政府	二等

（一）家鱼人工繁殖

1959年，水产养殖场人工繁殖家鱼鱼苗成功，1960年起推广。60年代中期，境内鱼苗全部自给；70年代，培育的苗种有部分外销；80年代开始商品性生产。1987年，生产鱼苗总数达13.20亿尾,其中"四大家鱼"7.40亿尾。所产鱼苗已销往黑龙江、吉林、内蒙古等地。由专机空运的鱼苗,成活率从50%提高到90%以上。

(二)水产养殖病害监测网

在阳澄湖东湖、中湖、西湖和漕湖等地设立4个测报点,重点监测水域环境和省级高效渔业养殖区域的细菌性和寄生性水产养殖病害,并上报省局。建立2个市级直报点,每个点选取3只测报池塘,以河蟹、青虾、白鲢、花鲢为测报品种,辐射池塘养殖面积10000亩左右,将水产品生长及病害发生情况直报苏州市水产技术推广站。

(三)草鱼出血病免疫防治

长期以来,境内草鱼出血病蔓延,死亡率高,一般成活率仅为20%~30%,影响商品鱼生产的发展。针对该病制备的免疫疫苗还推广到黄桥、蠡口等乡镇。

(四)万亩外荡精养高产

漕湖有1.02万亩水面,1983年开始采用围网养鱼,用网箱繁殖鲤鱼、鲫鱼,并在网箱中培育鲢鱼、鲤鱼、鲫鱼、鳊鱼的鱼种。1985年产鲜鱼123.65万公斤,比1982年增加62.45万公斤,亩产从60公斤增加到121.25公斤,全湖鱼种自给率达到50%以上,鱼产量进入全国同类型水体的先进行列。1985年,阳澄湖6万亩水面和沿太湖的有关乡村推广该项技术,阳澄湖西湖的产量从近5000公斤上升为12.5万公斤,沿太湖的产量从亩产4公斤上升到20公斤。

(五)连片池塘配套

黄桥乡5000亩连片鱼塘,采取改造鱼池、改变鱼种规格、调整优质鱼放养比例及饲料精草结合等措施,达到国内同类型连片高产池塘养殖的先进水平。所开发的8个村5384亩鱼池,1985年亩产603.3公斤,比1982年增加366.8公斤,3年共增产391万公斤。1985年,黄桥乡8个村应用该项技术到外地开展技术服务,联合经营池塘6541亩,总收入900多万元,8个村直接收入90多万元。1987年,通过推广该项技术,池塘亩产从300公斤提高到404公斤。

(六)三角帆蚌人工育苗及河蚌育珠

1965年,太湖地区水产中心试验站(现苏州市水产研究所)在蠡口公社渔业大队进行三角帆蚌育珠试验,1967年获得珍珠125克,1968年全面推广。1973年,三角帆蚌人工育苗试验取得成功,1980年全面推广。1973年至1985年,共产珍珠94吨,位列全省第一。1987年,人工育出幼蚌3.38亿只,除自给外,还售至外地。

(七)加州鲈+花鲢

2002年至2003年,区水产技术推广站承担江苏省水产三项工程项目PJ2002-3"优良水产品健康养殖新技术的示范与推广"的子项目"加州鲈+花鲢"。加州鲈人工驯化、吞食小杂鱼块和颗粒饲料,花鲢摄食水中的浮游生物,净化水体,两者共生互补。2002年,项目组在渭塘、黄埭建立示范区112亩,平均亩产324公斤(其中亩产加州鲈275公斤,完成了指标的110.0%;花鲢49公斤,完成了指标的163.3%),亩均效益1408元,完成了指标的117.3%。2003年,在渭塘、黄埭建立示范区208亩,平均亩产330公斤(其中亩产加州鲈277公斤,完成了指标的110.8%;花鲢53公斤,完成了指标的176.7%),亩均效益1453元,完成了指标的121.1%。建立推广区1153亩，亩产加州鲈263公斤、花鲢52公斤，亩均效益1216元。2003年12月15日，项目在渭塘示范区通过江苏省农业厅、江苏省财政厅、江苏省海洋与渔业局专家组验收。

（八）异育银鲫+黄颡鱼

2002年至2003年，区水产养殖特种分场承担江苏省水产三项工程项目PJ2002-3"优良水产品健康养殖新技术的示范与推广"的子项目"异育银鲫+黄颡鱼"。异育银鲫生活在水体中下层，偏杂食性，黄颡鱼营底栖生活，且可清除银鲫身上寄生的锚头鳋，能生态防病。2002年，项目组在朱泾村建立示范区98亩（5户18口塘），平均亩产异育银鲫360公斤，完成了指标的98.6%；亩产黄颡鱼12.5公斤，完成了指标的83.3%；亩均效益950元，完成了指标的95%。2003年，在朱泾村建立示范区215亩（11户36口塘），平均亩产异育银鲫385公斤，完成了指标的105.5%；亩产黄颡鱼16.5公斤，完成了指标的110%；亩均效益1100元，完成了指标的110%。同时在元和镇3个村、北桥2个村建立推广区536亩（62口塘），亩产异育银鲫395公斤，完成了指标的108.2%；亩产黄颡鱼15.1公斤，完成了指标的101.1%；亩均效益1050元，完成了指标的105%。是年11月20日，项目在朱泾村示范区通过江苏省农业厅、江苏省财政厅、江苏省海洋与渔业局委派的专家组验收。

（九）养蟹种草轮作

2002年4月至2004年12月，阳澄湖蟹王水产有限公司承担苏州市科技农业招标项目ZN0208"中华绒螯蟹无公害及其标准化生产技术"。项目组在阳澄湖11000亩大闸蟹生产基地采用养蟹种草轮作模式，维持水域生态平衡，此蟹病防治技术符合国家无公害农产品标准及规定。基地分别被国家质量检验检疫总局和农业部认定为国家级水产动物出口基地和无公害农产品生产基地。三年中，公司销售无公害蟹659吨，总产值8949.5万元，总效益3940.5万元。2005年4月28日，项目通过苏州市科技局组织的专家组验收。

（十）克氏螯虾高产养殖

2003年3月至2005年，区水产技术推广站承担苏州市农业科技推广项目SNT-0302"克氏螯虾池塘高产养殖示范基地"。项目实施以防逃、移栽水草为主，同时掌握龙虾的养殖和防病技术、成虾的起捕时间及方法等。项目示范区在区养殖总场漕湖分场北桥苗种场和黄埭镇，示范面积320亩；推广区在阳澄湖和黄埭两镇，推广面积1200亩。示范区亩产克氏螯虾620公斤，亩产鲢鱼、鳙鱼123公斤，亩效益1750元。2005年12月18日，项目通过苏州市科技局组织的专家组验收。

（十一）优质大规格阳澄湖蟹养殖

2004年至2007年，阳澄湖富荣蟹业有限公司和区水产技术推广站承担苏州市科技局项目SN20412"优质大规格阳澄湖蟹的关键养殖技术研究"。2004年1月，项目租用区水产养殖总场特种养殖分场的700平方米大棚温室池，将常规方法育成的扣蟹（规格为每公斤140只）移入温室培育池饲养，水温18℃，扣蟹能在冬季继续蜕壳生长。翌年四五月间，将扣蟹移出温室，进入围网养成。2005年至2007年，项目组在蟹苗池旁搭建塑料大棚700平方米，改以太阳光加温，阴雨天辅以电加热，棚内水温比棚外水温高出10℃左右。经大棚温室培育的扣蟹，出池规格为每公斤28～58只。项目组在公司的阳澄湖养殖基地落实网围50亩进行成蟹养殖试验，养殖成活率88.7%（设计指标为75%），围网产出优质外贸蟹55.5%（常规养成率为35%）。2007年12月，项目通过苏州市科技局组织的专家组验收。

（十二）池塘虾蟹规模化养殖

2007年6月至2008年6月，阳澄湖镇消泾虾蟹产销合作社承担江苏省高效渔业项目"池塘虾蟹规模化养殖基地建设"。项目在消泾村十亩滩建立1000亩养殖示范核心区，选定阳澄湖镇、太平街道、黄埭镇作为项目辐射区，面积12000亩，户数450户；采用鱼池清淤、基础设施改造、技术培训、调优养殖结构、推广增氧机等手段。2007年年底，基地平均亩产142公斤，其中河蟹75公斤（核心示范区80公斤）、青虾55公斤、其他鱼类12公斤，亩均效益2850元（核心示范区3130元），比实施前（亩均效益2300元）增长23.9%。2008年4月，项目通过江苏省农业厅、江苏省财政厅、江苏省海洋与渔业局委派的专家组验收。

（十三）漠斑牙鲆池塘养殖

2007年至2008年，新时代特种水产养殖场承担苏州市农业科技攻关项目SNG-0701"无公害漠斑牙鲆池塘养殖技术研究"。2007年7月，从南通引进规格为5～6厘米的漠斑牙鲆苗种2220尾，放在4只6米×6米×1米的水泥池中。20天后，苗种达8厘米左右，收获2040尾，成活率91.9%。8月，转放入2号土池（2240平方米）进行成鱼养殖。还引进8厘米左右的苗种2700尾，直接放入1号土池（2240平方米）进行成鱼养殖。项目组对海水漠斑牙鲆进行淡水驯养、池塘养殖、池水生物净化，并进行全价绿色环保饲料的研究。2008年11月起捕，漠斑牙鲆成鱼平均规格381.5克，亩产量226.35公斤，成活率84.2%；每亩还收获白鲢29.8公斤、锦鲤44.6公斤。2009年1月12日，项目通过苏州市农业科技专家组验收。

（十四）美国珍珠鳖养殖获得成功

2008年，美国珍珠鳖养殖在相城区苏州市未来水产养殖场养殖获得成功，并取得了较好的养殖经济效益，成为相城区高效渔业养殖的一大亮点。

美国珍珠鳖又称"佛罗里达鳖"，主要分布在美国中部、南部地区，我国于近几年开始引进养殖。因其肉质鲜嫩，营养价值和药用价值都较高，所以其养殖发展前景非常看好。

2008年3月，苏州市未来水产养殖场引进800只美国珍珠鳖苗种进行池塘养殖，养殖5个月后每只美国珍珠鳖的个体体重平均超过500克以上，并且成活率达到了80%以上。这一成功，填补了苏州市在美国珍珠鳖养殖方面的空白，也为苏州市水产产业结构的调整以及丰富苏州市民的"菜篮子"做出了贡献。

（十五）连片池塘应用综合技术培育出口大闸蟹

2008年5月至2009年，区水产技术推广站和阳澄湖镇消泾虾蟹产销合作社承担苏州市农业科技攻关项目SNG0805"连片池塘应用综合技术培育出口大闸蟹"。2008年5月至6月，项目组改造消泾村十亩滩连片河蟹养殖池塘，完成500亩池塘进、排水沟修筑及水处理池建设；通过螺蛳、水草以及阿科蔓生态基等设备对池水进行生物净化，实现养殖尾水的达标排放和循环使用；

通过蟹种选育、放养、养殖管理和病害综合防治，提高河蟹品质，实现池养大闸蟹出口外销，建成大闸蟹出口生产基地。项目实施期间，500亩养殖基地平均年产蟹29吨、虾14吨、鳜鱼2吨，每亩平均产值6500元。2009年12月30日，项目通过苏州市农业科技专家组验收。

（十六）池塘循环水养殖技术

2009年至2010年，苏州市阳澄湖消泾虾蟹产销合作社与苏州市水产技术推广站合作承担省级项目"池塘循环水养殖技术在太湖流域的集成与推广"，在阳澄湖镇消泾村示范推广面积24800亩，其中示范区3400亩。项目采取进排水分离、营造人工湿地等措施，通过沉淀、吸附、过滤等物理方法及水生植物、微生物、贝类、滤食性鱼类等生物的转换和利用，减少养殖中有机废物的排放。养殖池全年平均总氮、总磷水平低于阳澄湖入水口同期水平，养殖尾水达标排放。项目区河蟹产量70公斤/亩，河蟹品质达到绿色食品标准。2011年6月，项目获江苏省农业技术推广三等奖。

（十七）"太湖1号"青虾落户

2010年3月，3000斤左右"太湖1号"青虾亲本陆续被投放到阳澄湖现代农业产业园池塘中，这些虾种在那里安家落户，繁育后代。"太湖1号"青虾是中国水产科学院淡水渔业研究中心经多年攻关、通过全国水产原良种审定委员会审定的性状优良的杂交青虾新品系，与本地青虾相比，"太湖1号"青虾具有生长速度快、个体大、产量高、体色漂亮等优良性状，具有较好的养殖前景。

2012年8月3日，苏州市农业委员会组织有关专家，对相城区承担的江苏省水产三项工程"'太湖1号'青虾苗种规模化繁育技术示范项目"进行现场测产检查，经档案查阅和采用抄网方式现场打样测定，虾苗亩产量超过85万尾，比上年同期增长70%以上。

二、水产科技入户示范

2008年，相城区实施渔业科技入户示范工程，请苏州大学水产研究所、吴江病防所的专家和技术人员每周对典型池塘进行水样和水产养殖病害检测，请中国科学院淡水渔业中心专家给示范户上课，组织专家、技术人员、示范户深入塘口，现场指导养殖户应用枯草芽孢杆菌等微生态制剂来调节水质和防治病害等。是年6月，在阳澄湖镇车渡村举办相城区第一期"渔业科技入户技术指导员"培训班，吴江市鱼病防治中心专家讲授河蟹的健康养殖、池塘河蟹养殖的病害防治等技术，阳澄湖镇车渡、北前和消泾等3个村的63名水产养殖示范户参加培训。7月，在区水产养殖总场举办区第二期"渔业科技入户技术指导员"培训班，江苏省水产技术推广站专家作"河蟹健康养殖技术"专题讲座，传授河蟹养殖中"选择池塘""选用良种""放养前的准备""科学放养""饲养管理""病害防治"等健康养殖的关键技术。

2009年7月24日，在阳澄湖镇陆巷村举办"水产健康养殖技术"培训班，乡镇渔技员、科技入户指导员、养殖大户56人参加。苏州水产技术推广站专家给示范户讲解了"八字精养法"及在高温季节做好水质调控、病害防控、安全用药等健康养殖事项。是年，阳澄湖镇车渡、消泾、陆巷等3个村成为区渔业科技入户工程的重点实施单位，共有420户科技示范户，技术指导员主要由镇、村推荐，并从优秀养殖户中选聘一部分。

2010年4月，相城区"渔业科技入户示范工程项目"专家组在苏州市未来水产养殖场进行亲鱼冲水法刺激和科学投喂等技术指导，促使亲鱼性腺发育正常；5月，区"渔业科技入户示范工程项目"组在养殖场调研指导。是年7月至8月，区"渔业科技入户示范工程项目"组分别在阳澄湖大闸蟹股份有限公司、阳澄湖镇车渡和陆巷两村、太平街道、度假区举办"'太湖1号'青虾养殖技术""渔业实用技术""水质调控""浅水湖泊的生态增养殖技术"培训班，配备技术指导员21名、区级专家7名，全区遴选示范户420户，其中内塘养殖户360户、阳澄湖网围养殖户60户，辐射户6467户，辐射面积54673亩。2010年，全区共开展技术培训58期，其中区级培训16期、培训1258人次，镇村级培训42期、培训2616人次，发放技术资料33988份；科技示范户实用技术入户率和到位率在98%以上，示范户亩均收益2804元（周边养殖户亩均为2488元）。是年，"渔业科技入户示范工程项目"通过省级验收。

2011年3月22日，在太平镇旺巷村举办"养大蟹，赚大钱"培训班，区渔业科技入户首席专家作专题讲座，太平街道周边地区60余名水产养殖示范户、养殖专业合作社以及"三品"基地有关负责人参加了培训。是年，举办虾蟹生态健康养殖技术、水质调控技术、病害防治技术等技术培训13期，培训1306人次，印发技术资料3000份。

2012年3月28日下午，在阳澄湖北部湾培训中心会议室举办"河蟹高效健康养殖技术"培训班，来自阳澄湖消泾、陆巷、车渡以及周边地区的100多位示范户、养殖户参加了培训。江苏省水产技术推广站专家讲解了河蟹早期肥水，水草的栽培和养护，蟹种的选择、运输和下塘，饲养管理，微孔增氧和水质调控剂使用等技术。2012年5月20日，在阳澄湖北部湾培训中心举办"'太湖1号'青虾池塘生态养殖技术"培训班，阳澄湖镇、北桥街道、太平镇的120余位技术指导员、科技示范户、辐射户和养殖大户参加了培训。江苏省水产技术推广站专家对青虾池塘生态养殖技术进行了讲解。是年，举办各类技术培训56期，其中区级培训15期、培训1302人次，镇村级培训51期、培训2009人次，发放技术资料11000份。

2013年6月15日上午，在阳澄湖莲花岛村会议室举办"围网养蟹实用技术"培训班，阳澄湖度假区渔业村、莲花村及周边地区的50余位示范户、辐射户参加了培训。江苏省水产技术推广站专家讲解围网养蟹蟹种放养、水草种植和养护、河蟹脱壳期间的管理及投饲管理等技术。2013年3月11日，在区行政中心9号楼4楼会议室举办"水产品质量安全"培训班，渔药店负责人及养殖示范户等40余人参加了培训。苏州市执法支队队长讲解水产药品的经营、使用及生态养殖，鱼药逐渐为生物制剂和水质调改剂取代等。2013年3月25日上午，在黄埭镇农服中心4楼会议室举办"虾蟹养殖双七五模式及其养成关键技术"培训班。苏州大学专家讲解了扣蟹放养、青虾放苗、水质调控、水草管理、药物使用等方面的知识。2013年9月，在北桥街道、阳澄湖镇陆巷村举办职业渔民培训5期，课程涵盖虾蟹健康养殖以及大闸蟹市场营销策略、渔业法律法规等内容。470名养殖户获得了"职业渔民"证书。是年，举办区级培训16期、培训1246人次，镇村级培训46期、培训1011人次；发布《水产简讯》《病害通讯》等技术指导信息8篇，编写《相城渔业科技报》4期，印发资料5000余份。

第六章　农产品质量建设

概　述

民以食为天，食以安为先。农产品质量安全是保障人民群众身心健康和生活质量的前提，是构建和谐社会的基础，也是提高农业竞争力和政府公信力的关键。为适应农业发展新阶段的要求，全面提高农产品质量安全水平，保护农业生态环境，促进农业可持续发展，相城区积极发展无公害农产品、绿色食品和有机食品。

建区以来已认定无公害农产品种植业、水产养殖生产基地57669亩，通过认证的省级无公害农产品39个；建成绿色食品生产基地25个，认定绿色食品种植业、水产养殖生产基地11004亩，完成了57个绿色食品的认证；建成有机食品基地1个。省、市质量检测中心抽检我区"三品"基地农产品，检测合格率均为100%。

在农业标准化示范区建设上，以无公害农产品、绿色食品和有机农产品生产基地为重点，加强农产品产地环境建设和保护，积极发展循环农业、生态农业，促进农业可持续发展，目前已建成苏州市相城区虞河蔬菜产销专业合作社、苏州市相城区迎湖农业标准化实施示范点、相城生态农业示范园区、相城区现代农业新巷示范区和阳澄湖现代农业产业园等五大生态农业示范区，为我区农产品质量建设奠定了基础。

第一节　农产品质量安全建设

农产品质量安全是保障人民群众身心健康和生活质量的前提，是农业生产自身发展的需要。农业生产力的提高使农产品供应得到极大丰富，农业生产由满足数量需求转变成量、质并举。相城区是农产品的主要供应地。建区以来，我区依托产业化经营，严格过程监管，狠抓市场开拓，发展"三品"生产，在发展"三品"生产中，以提高农产品质量安全为核心。自2008年开始，经省、市质量检测中心抽检，我区"三品"基地农产品检测合格率均为100%。

"无公害农产品"标志

一、无公害农产品

无公害农产品是指产地环境符合无公害农产品的生态环境质量,生产过程符合规定的农产品质量标准和规范,有毒有害物质残留量控制在安全质量允许范围内,安全质量指标符合《无公害农产品(食品)标准》,且经省农业主管部门认定,许可使用无公害农产品标识的农、牧、渔产品(食用类,不包括深加工的食品)。无公害农产品认证采取产地认定与产品认证相结合的方式。

自2003年农业部启动无公害农产品认证工作以来,到2013年为止,相城区建成无公害农产品生产基地17个,认定无公害农产品种植业、水产养殖生产基地57669亩,通过认证的省级无公害农产品39个,其中畜产品6个、蔬菜类25个、水产品1个、水果7个(表6-1),已认定无公害农产品产地和产品的到期续展率达80%以上。

表6-1 相城区无公害农产品生产基地

序号	基地名称	归类	产品名称	批准产量/吨	批准年份/年
1	江苏阳澄湖大闸蟹股份有限公司	水产品	大闸蟹	500	2004
2	苏州市相城区虞河蔬菜产销专业合作社	蔬菜	黄瓜	180	2007
3	苏州市相城区虞河蔬菜产销专业合作社	蔬菜	番茄	375	2007
4	苏州市相城区虞河蔬菜产销专业合作社	蔬菜	四棱豆	446	2007
5	苏州市相城区虞河蔬菜产销专业合作社	蔬菜	毛豆	500	2007
6	苏州市相城区虞河蔬菜产销专业合作社	蔬菜	豇豆	263	2007
7	苏州市相城区虞河蔬菜产销专业合作社	蔬菜	茄子	540	2007
8	苏州市相城区虞河蔬菜产销专业合作社	蔬菜	菠菜	113	2007
9	苏州语林生态果园有限公司	水果	葡萄	135	2010
10	苏州语林生态果园有限公司	水果	翠冠梨	160	2010
11	苏州市相城区望亭御亭果品专业合作社	水果	黄桃	135	2010
12	苏州市青漪生态农业科技有限公司	蔬菜	黄瓜	380	2011
13	苏州市青漪生态农业科技有限公司	蔬菜	茄子	230	2011
14	苏州市青漪生态农业科技有限公司	蔬菜	萝卜	400	2011
15	苏州市旺庄南玉葡萄园	水果	葡萄	260	2011
16	苏州市相城区渭塘镇凤凰泾农业发展有限公司	水果	葡萄	100	2011
17	苏州市相城区渭塘镇凤凰泾农业发展有限公司	蔬菜	青菜	100	2011
18	苏州市相城区东桥克伦生葡萄生态园	水果	葡萄	250	2011
19	苏州市长新牧业有限公司	畜产品	生鲜乳	2000	2012
20	苏州市相城区黄埭镇东桥康达牧场	畜产品	生鲜乳	2500	2012
21	苏州市相城区桑园农产品专业合作社	畜产品	草鸡	40	2013

续表

序号	基地名称	归类	产品名称	批准产量/吨	批准年份/年
22	苏州市华一农业庄园	畜产品	草鸡	10	2013
23	苏州市华一农业庄园	畜产品	草鸡蛋	40	2013
24	苏州市阳澄农业科技有限公司	畜产品	草鸡	40	2013
25	苏州骑河果蔬有限公司	水果	水蜜桃	4	2013
26	苏州凤远农副产品有限公司	蔬菜	青菜	12	2013
27	苏州凤远农副产品有限公司	蔬菜	萝卜	15	2013
28	苏州市相城区兴湖生态农业专业合作社	蔬菜	菜瓜	20	2013
29	苏州市相城区兴湖生态农业专业合作社	蔬菜	生菜	60	2013
30	苏州市相城区兴湖生态农业专业合作社	蔬菜	黄瓜	50	2013
31	苏州市相城区兴湖生态农业专业合作社	蔬菜	茄子	60	2013
32	苏州市相城区兴湖生态农业专业合作社	蔬菜	丝瓜	50	2013
33	苏州市相城区兴湖生态农业专业合作社	蔬菜	长豇豆	50	2013
34	苏州市相城区兴湖生态农业专业合作社	蔬菜	苋菜	13	2013
35	苏州市相城区兴湖生态农业专业合作社	蔬菜	空心菜	100	2013
36	苏州市相城区兴湖生态农业专业合作社	蔬菜	土豆	25	2013
37	苏州市相城区兴湖生态农业专业合作社	蔬菜	韭菜	40	2013
38	苏州市阳澄湖现代农业产业园农耕俱乐部有限公司	蔬菜	黄瓜	150	2013
39	苏州市阳澄湖现代农业产业园农耕俱乐部有限公司	蔬菜	玉米	150	2013

二、绿色食品

绿色食品是指遵循可持续发展原则,按照特定生产方式生产,经专门机构认定,许可使用"绿色食品"标志的无污染安全、优质、营养类食品。绿色食品必须符合四个条件:(1)产品或产品原料产地必须符合绿色食品生态环境质量标准;(2)农作物种植、畜禽饲养、水产养殖及食品加工必须符合绿色食品生产操作规程;(3)产品必须符合绿色食品标准;(4)产品的包装、贮运必须符合绿色食品包装贮运标准。

"绿色食品"标志

建区以来,相城区大力推广农业标准化生产、机械化操作、规模化经营,严格农业投入品的使用和监管,禁销禁用高毒高残留农药、兽药、渔药,规范农产品生产操作规程,提高设施农业建设水平,加快建设绿色食品生产基地。到2013年为止,全区建成绿色食品生产基地25个,认定绿色食品种植业、水产养殖生产基地11004亩,完成57个绿色食品的认证,其中畜产品2个、水产品20个、蔬菜26个、粮食3个、果品6个,已认定的绿色食品的到期续展率达90%以上(表6-2)。

表6-2　相城区绿色食品生产基地

序号	基地名称	归类	产品名称	产品商标	批准产量/吨	批准年份/年
1	苏州浦氏蟹王水产有限公司	水产品	阳澄湖大闸蟹	阳澄之王	125	2003
2	苏州市相城区阳澄湖三湖大闸蟹有限公司	水产品	清水大闸蟹	碧波	25	2004
3	苏州市相城区阳澄湖三湖大闸蟹有限公司	水产品	阳澄湖大闸蟹	阳澄之岛	6	2004
4	苏州市阳澄湖金澄蟹业有限公司	水产品	阳澄湖大闸蟹	金澄	50	2004
5	苏州市阳澄湖鑫阳农业科技有限公司	水产品	阳澄湖大闸蟹	鑫阳	45	2005
6	苏州市阳澄湖鑫阳农业科技有限公司	水产品	中华鳖	鑫阳	18	2005
7	苏州市阳澄湖湖中岛大闸蟹有限公司	水产品	阳澄湖大闸蟹	湖中岛	45	2005
8	苏州市莲花岛大闸蟹有限公司	水产品	阳澄湖大闸蟹	湖司令	16	2005
9	苏州汕泾阳澄湖大闸蟹有限公司	水产品	阳澄湖大闸蟹	洋澄	16	2005
10	苏州阳澄湖水中王水产养殖有限公司	水产品	阳澄湖大闸蟹	水中王	22	2005
11	苏州市相城区东桥佳绿生态草鸡养殖场	畜产品	林地活草鸡	叽嘟嘟	15	2005
12	苏州市相城区东桥佳绿生态草鸡养殖场	畜产品	林地草鸡蛋	叽嘟嘟	80	2005
13	苏州市阳澄湖一品莲花蟹业有限公司	水产品	阳澄湖大闸蟹	莲花岛	20	2006
14	苏州市阳澄湖水天堂大闸蟹养殖场	水产品	清水大闸蟹	姑苏水乡	60	2006
15	苏州市阳澄湖镇莲花村蟹业合作社	水产品	阳澄湖大闸蟹	莲花村	120	2007
16	苏州市相城区虞河蔬菜产销专业合作社	蔬菜	鸡腿菇	虞河	20	2007
17	苏州市相城区虞河蔬菜产销专业合作社	蔬菜	茶树菇	虞河	15	2007
18	苏州市相城区虞河蔬菜产销专业合作社	蔬菜	姬菇	虞河	20	2007
19	苏州市相城区虞河蔬菜产销专业合作社	蔬菜	金针菇	虞河	15	2007
20	苏州市相城区虞河蔬菜产销专业合作社	蔬菜	蘑菇	虞河	20	2007
21	苏州市相城区虞河蔬菜产销专业合作社	蔬菜	花菜	虞河	8	2007
22	苏州市相城区虞河蔬菜产销专业合作社	蔬菜	萝卜	虞河	8	2007
23	苏州市相城区虞河蔬菜产销专业合作社	蔬菜	茼蒿	虞河	4	2007
24	苏州市相城区虞河蔬菜产销专业合作社	蔬菜	樱桃番茄	虞河	180	2007
25	苏州阳澄湖消泾虾蟹产销合作社	水产品	清水大闸蟹	菊花牌	84	2008
26	苏州市迎湖农业科技发展有限公司	粮食	优质大米	金香溢	1200	2009
27	苏州市相城区阳澄湖镇车渡水产养殖专业合作社	水产品	清水大闸蟹	车渡	35	2009
28	苏州市相城区虞河蔬菜产销专业合作社	蔬菜	土豆	虞河	60	2009
29	苏州市相城区虞河蔬菜产销专业合作社	蔬菜	韭菜	虞河	28	2009
30	苏州市相城区虞河蔬菜产销专业合作社	蔬菜	苋菜	虞河	60	2009
31	苏州市相城区虞河蔬菜产销专业合作社	蔬菜	包菜	虞河	75	2009
32	苏州市相城区虞河蔬菜产销专业合作社	蔬菜	长豇豆	虞河	75	2009
33	苏州市相城区虞河蔬菜产销专业合作社	蔬菜	迷你冬瓜	虞河	70	2009
34	苏州市相城区虞河蔬菜产销专业合作社	蔬菜	西葫芦	虞河	80	2009

续表

序号	基地名称	归类	产品名称	产品商标	批准产量/吨	批准年份/年
35	苏州市相城区虞河蔬菜产销专业合作社	蔬菜	蒲瓜	虞河	120	2009
36	苏州市相城区虞河蔬菜产销专业合作社	蔬菜	丝瓜	虞河	40	2009
37	苏州市相城区虞河蔬菜产销专业合作社	蔬菜	水果黄瓜	虞河	200	2009
38	苏州市相城区虞河蔬菜产销专业合作社	果品	葡萄	虞河	225	2009
39	苏州市相城区阳澄湖镇洋沟溇梨业专业合作社	果品	梨	洋沟溇	100	2010
40	苏州市项路生态农场	粮食	优质大米	巨美	630	2011
41	苏州市新巷农艺科技园	果品	葡萄	新巷	100	2011
42	苏州市新巷农艺科技园	果品	猕猴桃	新巷	50	2011
43	苏州市阳澄湖蟹天堂水产有限公司	水产品	清水大闸蟹	八神	22	2011
44	苏州市相城区虞河蔬菜产销专业合作社	蔬菜	白菜	虞河	50	2011
45	苏州市相城区虞河蔬菜产销专业合作社	蔬菜	莴笋	虞河	25	2011
46	苏州市相城区虞河蔬菜产销专业合作社	蔬菜	荠菜	虞河	15	2011
47	苏州市相城区虞河蔬菜产销专业合作社	蔬菜	金花菜	虞河	15	2011
48	苏州市相城区虞河蔬菜产销专业合作社	蔬菜	胡萝卜	虞河	15	2011
49	苏州市相城区虞河蔬菜产销专业合作社	蔬菜	芹菜	虞河	25	2011
50	苏州市相城区虞河蔬菜产销专业合作社	蔬菜	蒜苗	虞河	20	2011
51	苏州市阳澄湖现代农业产业园特种水产养殖有限公司	水产品	清水大闸蟹	阳澄湖	600	2012
52	苏州市相城区虞河蔬菜产销专业合作社	果品	草莓	虞河	50	2013
53	苏州市相城区虞河蔬菜产销专业合作社	粮食	稻鸭共育大米	虞河	63	2013
54	苏州益友园林建设发展有限公司	果品	枇杷	益友牌	250	2013
55	苏州市阳澄湖蟹将军大闸蟹养殖场	水产品	蟹将军大闸蟹	蟹将军	3.6	2013
56	苏州市相城区阳澄东升大闸蟹养殖场	水产品	大闸蟹	消泾之王	3.6	2013
57	苏州市相城区阳澄湖镇龙鹏大闸蟹有限公司	水产品	阳澄湖大闸蟹	龙鹏	15	2013

三、有机农产品

有机农产品是纯天然、无污染、安全营养的食品，即根据有机农业原则和有机农产品生产方式及标准生产、加工，并通过有机食品认证机构认证的农产品。有机农业的原则是，在农业能量的封闭循环状态下生产，全部过程都利用农业资源，而不是利用农业以外的能源（化肥、农药、生产调节剂和添加剂等）影响和改变农业的能量循环。

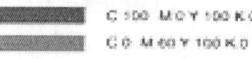

有机农产品的认证标准相对比较高，到2013年为止，相城区通

过有机农产品认证的农产品为1个（表6-3）。

表6-3 相城区通过有机农产品认证的农产品

序号	基地名称	归类	产品名称	产品商标	批准产量/吨	批准年份/年
1	苏州市迎湖农业科技发展有限公司	粮食	金香溢大米	金香溢	100	2011

第二节 名牌农产品培育创建

为推动相城区农业企业实施品牌战略，发展名牌农产品，我区根据科学发展观规律，把实行农业标准化和树立农产品品牌化作为农业和农村工作的一个主攻方向，强调政策引导与政府推动相结合，市场引导和产业化发展相结合，广泛实施标准化与突出特色产业名牌化相结合，着力推进农产品品牌建设。

相城区通过加大政策资金及项目扶持的力度，打造农产品品牌。通过提高企业农业生产科技水平，扩大优质农产品生产规模，增强市场竞争力，保障市场供给，促进全区农业产业化建设。

相城区依靠发展现代农业打科技牌，以科技领先为目标，不断提升全区农业品位，拓展农业发展新品牌。建区以来，获得市级以上科技荣誉23项（表6-4），其中"农田温室气体排放过程和观测技术研究"课题获国家科技进步三等奖，"蟹池大面积套养鳜鱼综合技术推广应用"课题获江苏省人民政府农业技术推广二等奖，有力地促进了全区农产品品牌建设的健康发展。到2009年为止，全区申请农副业商标注册56个，优质农产品总数36个，涌现了"阳澄湖""阳澄之王""金澄""鑫阳""碧波"等一批阳澄湖大闸蟹品牌，还有"虞河""埭绿""劲松""呆头""相水""金香溢""姑苏""叽嘟嘟"等一大批其他农产品品牌，其中19个农产品获评为市级名牌产品（表6-4、表6-5）。苏州市相城区阳澄湖三湖大闸蟹有限公司"碧波"牌中华绒螯蟹、苏州市阳澄湖鑫阳农业科技有限公司"鑫阳"牌中华绒螯蟹分别获评为省级名牌产品，苏州市相城区阳澄湖镇消泾村"菊花"牌清水大闸蟹获评为省级名牌农产品。中国珍珠（宝石）城正在申报国家驰名商标。

表6-4 相城区名牌农产品培育创建获奖成果汇总表

序号	成果名称（含专利技术）	奖项名称	颁奖单位	奖励等级	获奖年份/年	第一科研单位
1	翘嘴白鱼的驯化及繁殖技术的研究	科技进步奖	苏州市人民政府	一等	2001	龚宏伟
2	美国大口胭脂鱼的苗种培育及幼苗放流技术研究	科技进步奖	苏州市人民政府	三等	2001	龚宏伟
3	网箱高效集约化养殖特种水产产品技术开发	科技进步奖	苏州市人民政府	三等	2002	龚宏伟

续表

序号	成果名称（含专利技术）	奖项名称	颁奖单位	奖励等级	获奖年份/年	第一科研单位
4	淡水石斑鱼人工繁殖及苗种培育试验	自然科学优秀学术论文	相城区人民政府	三等	2002	张倩等
5	全价配合饲料养鱼技术开发	科技进步奖	苏州市人民政府	三等	2003	龚宏伟
6	史氏鲟的养殖技术开发	科技进步奖	苏州市人民政府	三等	2003	龚宏伟
7	暗纹东方鲀选育及大规格苗种培育技术的研究	科技进步奖	苏州市人民政府	攻关奖	2003	阙林林
8	史氏鲟的养殖方式探讨	自然科学优秀学术论文	相城区人民政府	一等	2004	龚宏伟
9	长江胭脂鱼开口饵料的研究	自然科学优秀学术论文	苏州市人民政府	二等	2006	龚宏伟
10	中华绒螯蟹无公害及其标准化生产技术	科技进步奖	苏州市人民政府	三等	2006	徐盘英
11	蟹池大面积套养鳜鱼综合技术推广应用	农技推广奖	江苏省农业技术奖励基金管理委员会	二等	2006	徐盘英
12	长江胭脂鱼养殖技术开发	科技进步奖	苏州市人民政府	三等	2006	龚宏伟
13	农田温室气体排放过程和观测技术研究	国家科技进步奖	国务院	二等（14人）	2001	李老土
14	水稻二化螟控制技术的研究与推广	科技进步双杯奖	市科学技术协会、经贸委、人事局、劳动社保局	攻关奖	2001、2002	区植保植检站
15	小麦白粉病测报与防治技术	科技进步双杯奖	市科学技术协会、经贸委、人事局、劳动社保局	攻关奖	2002	区植保植检站
16	杂交粳稻优质高产高效栽培技术研究	科技进步奖	苏州市人民政府	二等	2003	吴登宽
17	高效经济作物品种引进示范及推广	科技进步奖	苏州市人民政府	二等	2003	吴登宽
18	生物农药的开发与利用	市科技进步奖	苏州市人民政府	二等	2004	区植保植检站
19	苏太猪推广利用及其产业化实施	省农业技术推广奖	江苏省农业技术奖励基金管理委员会	一等（24人）	2003	王泉林
20	优质肉用羊高效饲养技术	农业丰收奖	省农林厅	二等（17人）	2003	王泉林
21	高产奶牛自然胚胎移植技术开发	科技进步奖	苏州市人民政府	三等	2006	王泉林

表6-5 相城区名牌农产品汇总表

序号	企业名称	产品名称	证书	获得年份/年
1	苏州市相城区东桥佳绿生态草鸡养殖场	"叽嘟嘟"牌草鸡、草鸡蛋	有	2007
2	苏州中国珍珠宝石城有限公司	珍珠、宝玉石销售	有	2007
3	苏州市阳澄湖鑫阳农业科技有限公司	"鑫阳"牌中华绒螯蟹	有	2008
4	苏州市相城区阳澄湖三湖大闸蟹有限公司	"碧波"牌中华绒螯蟹	有	2008
5	苏州市相城区虞河蔬菜产销合作社	"虞河"牌樱桃番茄	有	2008
6	苏州市相城区阳澄湖镇消泾村	"菊花"牌清水大闸蟹	有	2008
7	苏州市相城区阳澄湖镇莲花村蟹业合作社	"莲花村"牌阳澄湖大闸蟹	有	2008
8	苏州黄埭瓜子有限公司	"三笑"牌黄埭西瓜子	有	2008
9	苏州市相城区阳澄湖镇浅水湾蟹业有限公司	"水中之霸"牌阳澄湖大闸蟹	有	2008
10	苏州市苏太太食品有限公司	"苏太太"牌炒货	有	2008
11	苏州袁氏乳业生物有限公司	"创开"牌果味饮料、含乳饮料及植物蛋白饮料	有	2008
12	苏州长发食品有限责任公司	"津津长发"牌中式糕点	有	2008
13	苏州市相城区黄埭天福食品厂	"天福"牌黄埭西瓜子	有	2008
14	苏州金扁担食品有限公司（复评）	"金扁担"牌蜜饯、炒货	有	2008
15	苏州市相城区湘城供销合作社老大房食品厂	"澄鹤牌"麻饼	有	2008
16	苏州市相城区虞河蔬菜产销专业合作社	"虞河"牌蔬菜	有	2009
17	苏州市阳澄湖水天堂大闸蟹养殖场	"姑苏水乡"牌阳澄湖清水大闸蟹	有	2009
18	苏州市莲花岛大闸蟹有限公司	"湖司令"牌阳澄湖大闸蟹	有	2009
19	苏州市迎湖农业科技发展有限公司	"金香溢"牌大米	有	2009
20	苏州市相城区阳澄湖镇洋沟溇梨业专业合作社	"洋沟溇"牌梨	有	2013
21	苏州市阳澄湖星湖岛水产养殖有限公司	"星湖岛"阳澄湖大闸蟹	有	2013
22	苏州漕湖实业发展有限公司	"漕湖滩"牌蔬菜	有	2013
23	苏州市阳澄湖现代农业产业园特种水产养殖有限公司	"阳澄湖"牌阳澄湖大闸蟹	有	2013
24	苏州市新巷农艺科技园	"新巷"牌水果（猕猴桃、葡萄等）	有	2013

第七章　现代农业示范园建设

概　述

2003年，中共相城区委、区政府决定设立相城生态农业示范园区（简称"生态园"）。生态园东至元和塘、南临东挺河、西连永凤路、北依京沪高速铁路，含黄埭镇鹤泾，元和街道秦埂、莫阳，黄桥街道方浜、生田、张庄等村；规划总面积2万亩。

同时起，相城区先后建成了一批规模大、机制新、效益好的现代农业园区和示范基地。2011年，相城现代农业产业园被农业部确定为全国唯一以渔业为主的国家级现代农业示范区，并成功入选江苏省现代农业产业园区、江苏省现代农业科技园和苏州市十佳现代农业示范园区。

至2012年，全区拥有省、市、区、镇四级现代农业园区（基地）23个，规模达9.78万亩；拥有省级现代农业产业园区1个，省级农业科技园1个，省级农业标准化示范区2个，市级现代农业规模化示范区3个，农业部水产健康养殖示范场3个，市级以上农业龙头企业19个，省、市名牌农产品21个。

同年，园区总产值达到38710万元，利润总额15230万元。2012年，相城现代农业产业园范围内农民人均纯收入19662元，高于相城区和苏州市的平均水平。至2012年，相城现代农业产业园入驻农业企业18家，其中省级龙头企业2家、市级龙头企业2家，注册资金52075万元；现有水产养殖专业合作社3家，2012年平均每户分得2100多元，年度平均工资为25600元，实现了农业增效、农民增收。

2013年，区农业局做好农产品应急保供工程，稳定粮、油、菜供应。在科技兴农工程中，以科技驱动农业发展。在现代农业园区建设中，建造现代农业园区，建造优质水稻、特水产、高效园艺、生态林地22万亩。在强化农业质量监督上，打造特色产品品牌，提高农产品增值能力和市场竞争能力。在加大对外宣传方面，不断扩大对农业工作的影响，实现农业新跨越，寻找发展新机遇。

一、项目建设

2004年1月，完成现代农业示范园的规划设计。2004年2月起，整治改造生态园区的域内沟岸、河塘、田地、路桥。是年，搬迁农户801户，拆除农户住房建筑面积19.97万平方米；搬迁企业61家，拆除厂房建筑面积12.65万平方米；挖填土方250余万立方米，地面平均标高从原来的0.8米填高到2.2米；新增耕地1000多亩，水域面积500亩，建成标准农田4100亩。2005年，新建园中路及园内樱花路、玉兰路、秦埂路4条，总长5.5千米；新建桥梁13座，其中游览区木质桥梁2座，总长195米；架设供电线路5千米，电信线路6千米；铺设自来水、雨水排放、污水排放管道总长20千米。

2003年至2007年，生态园中心启动区已全面建成，花卉植物园一期竣工，初具规模，引进农副产品批发市场及在苏州市有一定知名度的4家餐饮企业。

2007年，设计建造了代表市场形象的大型门楼，有力地促进了市场的发展，农副产品批发市场日均交易额超100万元。是年，建设了4个重点项目，分别是生态园集宿楼、太湖流域吴农耕文化博物馆、生态园农副产品批发市场二期、园区办公楼，总投资近6000万元。累计园区绿化面积已达3100亩，地埋式污水处理设施已于当年动工建设。

2008年，园区投入1800万元建成建筑面积达11000平方米的集体宿舍楼，可解决园区入驻企业所有员工的居住问题。

农副产品批发市场经营面积超过5000平方米。投入500万元，建成了2247平方米的办公楼。投入150万元，建造了日处理能力600吨的地埋式污水处理厂。是年，农副产品批发市场日均交易额从2007年的100万元增加到130万元，年交易额超5亿元。

2008年10月五亭山建设开工；2009年5月完成山体堆建，10月完成山体绿化、配套山门、休息亭、上山游路建设，10月底对外开放。一期工程总投资2700万元，占地面积80亩，山体高度30米。

2010年4月，园区开发公司与自然人董相永签订了建设"永文明村"协议书。该项目总投资2亿元人民币，注册资本1000万元人民币，通过对园区区域内黄埭鹤泾村民房进行改建，从事文化创意产业经营。

2011年，植物园花卉专类园已达63个，花王拥有量400余株。规划总面积3000亩，总投资2亿元。已启动面积2000亩，种植各类花卉植物1800多个品种，80多万株。

同年五亭山二期山体堆建完成，进行山体绿化及相关配套设施建设。上半年完成投资4500万元。

2012年上半年，市场检测中心共检测蔬菜10000多批次，检测总量12000吨，食品合格率达98%。是年，农副产品批发市场日均交易额在上年同期230万元的基础上增至250万元，年交易额超8亿元。

2013年工作：猪肉追溯体系建成；关闭禽类交易区，配合做好新型禽流感预防工作；市场检测中心全年检测蔬菜20000余批次，食品安全率近99.9%。2013年，农副产品批发市场日均交易额达到260万元。

设在生态农业示范园区的苏州农业职业技术学院相城科技园建有6000平方米的温室大棚和组织培训室，收集600多份球根花卉种质资源，推广新品种6个，推广新品种与新技术到8

个省市,累计推广面积达到1.2万亩。已培训农户1000余户,为服务"三农"做出较大贡献。

二、业绩荣誉

生态园区已成为优质生态农业的重要科研基地,推广现代农业技术的示范基地,现代化农业生产与交易示范基地,休闲观光农业示范基地。以现代生态农业开发为核心,充分发挥农业示范、科普教育、生态观光、休闲配套四大功能,将生态环境保护、资源开发利用、生态产业发展、基础设施建设和生态文化建设有机结合,逐步向万亩植物园、大花园方向发展,建设具有相城特色、园林化、可持续发展的青少年科普教育示范基地。

2005年11月28日,江苏省海洋与渔业局授予生态园为"江苏省级休闲农业示范点"。

2006年4月29日,苏州市发展和改革委员会授予生态园为"苏州市第三批粮棉油产业化龙头企业"。11月20日,江苏省农林厅授予生态园为首批"江苏省观光农业园"和"江苏省农家乐专业村"。12月4日,国家农业部授予生态园农副产品市场为"第十二批农业部定点市场"。

2007年,生态园被评为江苏省现代农业示范区。

2008年,生态园被评为省级青少年科普基地。是年,生态园区亩均增效2000多元,新增就业岗位3500个,带动区域农民人均增收500多元,上缴税收400多万元。

2009年3月,生态农业示范园区被评为全国农业旅游示范点。2009年5月至10月,生态园接待游客30余万人次。是年,农副产品批发市场日均交易额超190万元,全年交易额突破7亿元。

2010年,农副产品批发市场日均交易额超200万元,年交易额7.5亿元,被江苏省人民政府定为省级农业龙头企业。是年4月,五亭山二期计划总投资3500万元,共计完成土石方50万方,堆高40米,完成投资1800万元。

第一节 生态农业示范园区

一、苏州(中国)花卉植物园

苏州(中国)花卉植物园(简称"植物园")是生态农业示范园区的一个重点项目,总投资2亿元,已启动面积2000亩,种植各类花卉植物1800多个品种、80多万株,建设了杜鹃、茶梅、芙蓉、牡丹、樱花、花果、蔷薇、黑松、竹园、家乡树种等18个专类花卉园(角),占地15000平方米。

植物园位于相城区农业生态示范园内。2003年,一期工程启动,总面积3000亩。2007年,生态园区管委会根据区委、区政府建设"四城"的精神,以"水城""花城"建设为突破口,以现代生态环境建设为核心,以"绿色花园、湖光水色"为特色,狠抓苏州(中国)花卉植物园建设,创建全国农业旅游示范日,重点建设景观山五亭山和景观温室花卉展。经过4

年多的努力，花卉植物园一期工程竣工。

2006年，生态园规划建设苏州（中国）花卉植物园。植物园由中国科学院植物研究所规划设计，占地4000亩，设计有杜鹃、芙蓉、茶梅、蔷薇、花带、国花、酸枣、琼花、花王、山茱萸、锦带、古桂花、双荚决明、蜡梅、红豆角、牡丹、月季、水生植物、家乡树种、樱花、黑松、竹园、玉兰、海棠、玫瑰园、桃花岛、梨花岛等28个专类花卉角、园、岛，因地制宜种植水生、中生、旱生各类花卉树木1800多个品种，80余万株世界各地名贵花卉和古树名木。是年，植物园启动专类花卉角、园、岛建设，先后建成杜鹃角、芙蓉角、茶梅角、花带角、国花角、酸枣角、琼花角、花王角，以及牡丹园、月季园、水生植物园、家乡树种园等。

2007年，建成水相城垂钓俱乐部和顺南水乡垂钓中心。2007年，植物园首期建设150亩，投资580万元，一期工程竣工，建有牡丹园、玉兰园、樱花园、海棠园、月季园等10个特色园。2008年3月迎客。是年，全面启动二期建设。至2013年止，植物园启动建设面积已达2000亩，是年建成杜鹃角、茶梅角、芙蓉角、蔷薇角、花王角、花果角、花带角等7个功能区。至此，植物园功能区已增至18个，花卉品种从上年的150个增加到1500多个，花卉数量从10万株发展到70余万株。同时，与之配套的植物园南入口门楼、风车、木栈道、休息亭等景观小品相继建成，休息茶室已投入使用，咖啡屋已完成土建，富民景观山正在进行山体堆建，温室花卉展示厅已完成前期方案。

至2009年，种植各类花卉植物1800多个品种、80多万株，建有杜鹃、茶梅、芙蓉、牡丹、樱花、花果、蔷薇等18个专类花卉园（角）。2010年新添各类高档花木3万余株，其中包括新增的本地8分枝以上大月季、由四川引进的独本木芙蓉，还有双荚决明、大型酸枣、蜡梅、巨紫荆、红玉兰、红豆木等。在花卉植物园的"镇园之园"花王角内，种植树龄百年以上金桂200余株，其中树龄超过400多年的金桂有3株；另有由四川温江引进，直径超过2米、主干高超过4米、生长超过千年的紫薇1株。

2010年，植物园扩建面积达1600余亩，新增琼花角、锦带角、象牙红角、独本木芙蓉、望春玉兰、紫花槐角等20个花卉专类园。引进百年以上花王100多棵，花王拥有量已达330棵。至此，植物园专类园已达47个。

2011年，新增花卉园16个，花卉专类园已达63个，引进百年以上花王60株，花王拥有量已达400余株；尤其引进了本地罕见的稀有品种，如梓树、苦楮、流苏、青檀等。总投资2亿元。已启动面积2000亩，种植各类花卉植物1800多个品种，80多万株。购置观光电瓶车4辆、巡逻电瓶车2辆；并聘请旅游景区管理专家对工作人员进行专业培训。同时还加强与苏州、上海、无锡、泰兴、南通等旅游重点目标城市旅行社的合作。是年，植物园开园售票。

网络营销：2013年，网上散客销售达5000多人次，团队销售达6万余人次。举办花事活动，吸引游客20余万人次。

二、荷塘月色湿地公园

"荷塘月色"湿地公园地处相城区中南部，园中多数陆地较低洼，有占公园总面积三分之一的水面,是典型的"水乡泽国"。它位于相城区太阳路以南,苏埭路以东,苏虞张一级公路以西,方蠡路以北。区规划353公顷,从苏州古城以北至常熟白峁的地质沉降带,计有鱼塘400余只,水体面积占78%。该地多为粉灰土,地质结构复杂,平均黄海高程不足0米,常年平均水位1.3米左右,为苏州中心城区总体规划的生态走廊区域,现属相城区黄桥街道管辖范围。

2006年,区政府作出建设荷塘月色湿地公园的规划。黄桥街道以保护水乡湿地生态环境为目的,通过改造方浜、生田、张庄三村周围沉降低洼地、鱼池及河浜,于黄桥街道方浜、生田、张庄三村交界处,沿太阳西路南规划建设以"荷花"为主题,集生态旅游、休闲观光、科普教育、荷文化产业于一体的荷塘月色湿地公园。荷塘月色湿地公园总投资6亿元,由中国科学院武汉植物院完成设计。2006年10月,以"荷花"为主题的荷塘月色湿地公园启动建设,从国内其他地方及国外引进荷花300多个品种,集红色、粉色、白色、花色、橙色、复色和音瓣、重瓣、重台、千瓣等品种的荷花于一园,其中包括丹绣球、红牡丹、点额妆、绿房含珠等名贵荷花(表7-1)。目前,园内已建有荷香阁酒楼、水芸坊茶楼、荷文化长廊、荷花仙子、观景塔、浮香铁索桥、水趣园、王莲观赏池、莲香品茗馆、荷韵栈桥等多个景点。

表7-1 荷塘月色湿地公园主要荷花品种名录

序号	品种名称	花色	序号	品种名称	花色
1	太空莲	红色	21	碧台莲	复色
2	白洋淀红莲	红色	22	大红壳	红色
3	中国古代莲	复色	23	粉青莲	复色
4	大贺莲	红色	24	白洋淀红莲	红色
5	迎宾芙蓉	粉红色	25	解放红莲	红色
6	孙文莲	红色	26	粉楼春	粉红色
7	尼赫鲁莲	粉红色	27	嵊县粉莲	粉红色
8	中日友谊莲	红色	28	粉芙蓉	粉红色
9	青莲子	复色	29	嫣红	红色
10	重水华	粉红色	30	冬瓜莲	白色、红色
11	白芍药莲	白色	31	湘莲	复色
12	粉千叶	粉红色	32	白心湘莲	白色
13	秋水长天	粉红色	33	白湘莲	白色
14	佛座	白色	34	粉牡丹	粉红色
15	红千叶	粉红色	35	红湘莲	红色
16	玉绣莲	红色	37	大洒锦	复色
17	红芍药莲	红色	38	红台莲	红色
18	红万万	粉红色	39	红花建莲	红色
19	白寿星桃	白色	40	舞妃莲	复色
20	白万万	白色	41	出水黄鹏	黄绿色

续表

序号	品种名称	花色	序号	品种名称	花色
42	友谊牡丹莲	淡黄色	57	重瓣粉红莲	粉红色
43	白天鹅	白色	58	长瓣小桃红	粉红色
44	白千叶	白色	59	绍兴红莲	红色
45	红牡丹	深紫红色	60	粉红莲	粉红色
46	功勋莲	复色	61	即非莲	红色
47	露粉珠	白色	62	素牡丹	粉红色
48	东山红壳莲	红色	63	一丈青	白色
49	黔灵白莲	白色	64	台阁寿星	复色
50	红娃娃莲	红色	65	红莲	红色
51	红壳莲	粉红色	66	小洒锦	复色
52	美洲黄莲	浅黄色	67	青莲姑娘	复色
53	大碧莲	白色	68	飞虹	粉红色
54	东湖红莲	红色	69	天娇	粉红色
55	西湖红莲	红色	70	大满江红	粉红色
56	娇容三变	复色	71	满江红	粉红色

2007年2月，荷塘月色湿地公园一期建设区域位于永丰路以西，面积为153公顷，完成投资2.5亿元，挖填土方350万立方米。种植广东三水荷花"中山莲""金雀"，杭州"西湖春色""友谊红莲""鼓浪小红"，武汉"楚都晓霞""惜红衣""露华浓"，青岛"火花""舞妃莲"，以及日本"大贺莲"、埃及"蓝睡莲"、南美洲"亚马孙王莲"等各类荷花152个品种。按荷花品种分类，有荷花观赏池塘13个，种植荷花面积50公顷。2008年年初开工建设二期核心区域200公顷，年底建设完成。建成钢木结构双桥、浮香铁索桥、荷花水景植物展示观光防腐木栈道、观光塔等，完成莲香品茗馆（荷叶茶）、水芸坊茶楼、荷香阁酒楼、荷韵长廊、菱香舟影、荷塘迷宫、水趣园、文化展示馆、荷塘垂钓中心、游船码头等设施的建设，并于荷花池置"荷花仙子"汉白玉雕塑1座。同时建成水上森林、桃花岛、梨花岛、芦苇荡、水车、牛车传统农具布置等景点。置碰碰船、脚踏船、水雷船等观光船5艘，游览车10辆。

2008年6月18日至26日，荷塘月色湿地公园承办世界休闲小姐巡游活动。是年，荷塘月色湿地公园被国家旅游局评定为"AAA级景区"。

2009年3月，荷塘月色湿地公园划归生态园托管。7月，承办第二十三届全国荷花展开幕式，26个省、市、自治区共86个单位选送500余种1万盆（缸）荷花参展。其间进行碗莲栽培技术评比和"弘扬荷花，开拓荷花产业"学术研讨会。荷塘月色湿地公园还先后承办了"魅力相城 光影荷塘"摄影大赛、苏州儿童绘荷才艺比赛、盛夏江南采莲节等文化活动。

2009年年底"荷塘月色"整体建设内容基本完成。该公园汇集世界各地500多个荷花品种，成为中国荷花种源库。

2010年7月至9月，新建部门管理用房并扩建荷香苑饭店，新建通往荷花仙子的木栈道和观景台。是年7月至9月，公园举办了第二届江南采莲节。是年，公园共接待游客20余万人次，并顺利通过国家AAA级景区复检。

2011年，公园与苏州市农业科学院合作，新建荷花种质资源库，项目一期建成，引进荷花品种282个。是年，公园荷花品种逾700个。

2011年4月，该项目被评为江苏省农业科学院首批"农业科技自主创新核心示范基地"。是年，荷塘月色湿地公园举办第四届江南采莲节，与名城苏州、科普网、拍客网和吴门影苑合作开展摄影宣传游园活动。仅6月第一周，荷塘月色湿地公园就售出网上团购订票逾千张。是年接待游客超20万人次。

2012年，荷塘月色湿地公园推出了江南采莲节、荷花生日节等系列活动，联合创建国家AAAA级旅游景区计划，促进旅游事业发展。开展买门票送荷苗和儿童掷纸飞机比赛送盆花等旅游促销活动，收到较好效果。公园再次被江苏省农业科学院评为"农业科技自主创新核心示范基地"。是年，两个景区已接待游客超过50万人次。

建设资金筹措方面，至2013年11月，荷塘月色湿地公园实现融资3.29亿元。

三、盛泽湖休闲度假区生态月季公园（盛泽湖月季园）

盛泽湖地区位于相城区东北部，规划总面积23.15平方千米，涉及周边的太平、渭塘、阳澄湖三镇。盛泽湖地区开发建设的投资主体是区属国资公司阳澄湖投资有限公司。

盛泽湖休闲度假区紧临阳澄湖，距苏州市中心20千米，距绕城高速渭塘入口处3千米，距苏嘉杭高速阳澄湖入口处3千米，交通便捷，自然条件优越。2009年，已建成人工堆岛3个，建成别墅、休闲会所等近10万平方米。已有北京中咨公司等有关开发项目落户度假区。

盛泽湖水面面积为5平方千米，设区前由于湖水养殖面积不断扩大，盛泽湖的水质污染日趋严重，沿岸芦苇、水岸生态退化。为改善盛泽湖湖体水质，合理开发利用淤泥资源，2003年，相城区政府决定实施盛泽湖湖区生态清淤取土工程，通过实施退渔还湖、湖底清淤、植被恢复、生物放养等措施，构建健康的盛泽湖水生态系统。

盛泽湖生态月季公园位于盛泽湖南岸，占地800亩，总投资6500万元。在对原砖瓦厂所挖废地进行整治的基础上，综合考虑生态修复和湿地保护，建设一个以"月季"为主题、自然与文化相融合的生态休闲公园。

2004年制定了《盛泽湖地区保护与规划》，2007年修编制定《相城区盛泽荡地区控制性详细规划》。2003年6月启动湖底清淤，结合退渔还湖工程建设，清退鱼塘5000余亩、企业30余户、民房678户，平整储备土地近3000亩。在湖底清淤工程完工后，2006年委托区水产养殖总场对盛泽湖实行生态养殖，通过人工放流鱼、蟹苗种，推进盛泽湖水生生物品种多样性，修复盛泽湖生态环境和水生资源。

全园主要分婚纱摄影区、花卉观赏区、游艇码头区、休闲运动区和湿地保护区等五大功能区，内设野外烧烤、露天垂钓、自行车运动、野生水鸟观赏、果岛采摘和休闲餐饮等休闲娱乐项目。园内有三条道路贯穿全园：以沥青路为主线，供游人乘园内电瓶车观赏；木栈道曲径通幽，两侧遍布竹林、乡土树种和成片的月季；沿湖小园路蜿蜒曲折，游人可沿湖漫步欣赏盛泽湖美景。

公园突出"月季"主题，以特色月季为主，种植藤本月季、地被月季、丰花月季、大花月季、微型月季、树状月季等各类月季600多种、100多万株，配以其他乔灌木200多种、11万棵，做到高矮搭配，疏密结合，色彩丰富，花开四季。整个公园环境优美，设施完善，是广大市民休闲度假的新场所。

2007年10月公园开工建设，2008年5月建成。盛泽湖月季园建设完工后免费开放1年。2009年4月，经苏州市相城区物价局批准，景区普通门票价格为20元/人，并将每年6月1日（国际儿童节）定为景区免费开放日。2009年5月28日正式对外收费营业。

由于景区湖、园一体，生态环境、湿地保护较好，因此景区还是以"月季"为主题的青少年环保科普基地。2011年，盛泽湖月季园被列入江苏省第五批"环境教育基地"名单；2012年成功创建国家"AAA级旅游景区"。

四、三角咀杜鹃湿地公园

苏州市三角咀杜鹃湿地公园是经苏州市委、市政府批准的苏州城区最大的湖滨湿地公园，也是苏州"四角山水"空间布局的重要组成部分。随着苏州城市北扩步伐的加快，以及生态城市建设进程的不断推进，苏州市政府本着"定位科学、特色鲜明、适度开发、基本平衡"的原则，决定对主要位于相城区黄桥街道北庄村附近的三角咀、西岘栅、尹家荡片区进行综合开发，作出了把三角咀建设成为城市生态湿地公园的规划。

三角咀杜鹃湿地公园位于苏州市相城区黄桥街道永芳路以西、朝阳河以南、沪宁高速公路以北、西塘河以东，总面积6.43平方千米。

三角咀在旧时也称"长荡湖"，是苏州古城区北部与相城区黄桥交界处的一个天然湖泊。传说春秋时期范蠡归隐时便与西施在此退水筑埝蓄水驯养家鱼。多年来这里一直以荒废鱼塘面目示人，常年耗塘养殖。由于地处沉降带，开发前这里已是淤泥存积，塘埂坍塌，原生植物被人为耗尽，大多已成废塘废池，生态环境极为恶劣。

2009年上半年，区政府正式把对三角咀湿地公园开发建设工程作为相城区重点项目和政府实事工程。当年3月开工建设，由相城区农业局、区城市投资公司负责园区的土方工程、绿化种植、景观设施和道路建设、公共配套设施等项目工程的实施。

三角咀杜鹃湿地公园的开发建设，以生态修复的手段，还原该地早期广阔天然的湖泊境地。工程坚持就地取土，鱼池清淤，营造自然起伏的山地形状，勾勒出开阔的水面，形成自然生态湿地功能；恢复生物多样化环境，形成多通道去污体系，陆地水生植物群落恰当配置，重建江南典型湿地植被体系，恢复湿地自净功能，成功塑造陆地与湿地景观的完美融合。

2011年4月完成了湿地公园一期投资额2.87亿元的开发建设，共完成湿地公园土方工程改造建设6500亩，绿化工程2000亩，道路工程10千米，桥涵工程2座，休闲配套用房、停车场等 10000 平方米，建成 24 个景区。

三角咀杜鹃湿地公园以百万株杜鹃花和宽阔的湖面水系为景观主线，目前园内已种植四大类杜鹃共 120 余万株。

公园种植有灌木类植物 100 余个品种、200 余万株，乡土树种 10 余万棵。通过生态岛、湖岸生态带、生态旅游和休闲娱乐等三大功能区的建设，"林""湖""池""园"完美结合形成多个景区。三角咀杜鹃湿地公园鸟语花香、碧水蓝天，已变成了一个集休闲观光、娱乐科普、湿地保护、跑步健身、公益活动于一体的大型多功能城市湖滨湿地公园。同时作为苏州城北最大的一个净化水体、生物栖息、防洪蓄水的园林综合体，它有着不可替代的作用，苏州中心城区的绿肺作用正在进一步形成。

2011 年 5 月 1 日，苏州三角咀杜鹃湿地公园正式开园，区委顾仙根书记、区人大邵雪耕主任、区政府蒋炜鼎副区长、黄桥街道胡玉庆主任、区城建公司王正东董事长及区农业局、城管局等部门领导一行前来参加开园仪式。

2012 年相城区提出，力争三年内把湿地公园建设成像金鸡湖那样充满活力、环境优美、生态平衡、适宜人居的大型城市湖滨湿地公园。

五、阳澄湖湿地公园

苏州阳澄湖湿地公园位于相城区东部阳澄湖地域，东邻昆山、北接常熟、南望苏州工业园区，属典型的湖泊湿地生态系统，包括湖泊、河流、人工等多种类型。总规划面积为 628.1 公顷，其中湿地总面积为 453.5 公顷（湖泊湿地 432.8 公顷、人工湿地 15.9 公顷、河流湿地 4.8 公顷）。区域生态环境类型丰富，生物多样性高，是水生动植物、鸟类栖息、觅食、育肥和繁衍的理想场所。莲花岛是阳澄湖湿地公园核心区，位于阳澄湖东湖与阳澄湖西湖之间，四面环水，西与阳澄湖中岛的阳澄湖度假区美人腿半岛隔湖相望，总占地面积有 9420 余亩。

苏州市阳澄湖生态休闲旅游度假区于 2009 年成立后就开始了生态湿地建设。当年对阳澄湖湿地公园范围内的河道进行疏浚整治，对水体黑臭、水流不畅的河道进行了疏浚、清淤。2010 年，整治莲花岛环湖浅滩，种植了长 14 千米、宽 5 米至 15 米的芦苇带，在水车阵景点湖岸、西渚生态公园湖岸等处种植菖蒲、美人蕉等植物。2012 年，开展岸线生态修复工程建设，对莲花村和清水村进行岸线生成修复，完成岸线加固 9.06 千米，绿化种植面积 5.5 万平方米。以上措施改善了水环境质量，提升了阳澄湖水质保护的设施条件。

阳澄湖湿地公园核心区莲花岛，因岛的形状似莲花，古称"莲花垛"。莲花岛充分利用自然地理优势，大力发展乡村旅游事业，建成了莲花岛景区。建有沿湖观光栈道、游船码头、过岛桥梁等设施和展示渔家风情的"忆园"农博馆、三元府第、水车阵、牛打水表演及大地彩绘等一批旅游景点。2011 年 10 月建成西渚生态公园，园内种植木本植物伞房决明花 300 多棵。开辟了阳澄湖环湖旅游项目，供游客观赏阳澄湖风光。

阳澄湖湿地公园自成立以来，共投资约 2 亿元，建成了"三元府第""忆园"农博馆等观光景点，新建游船码头及配套设施 10 处、停车场近百亩，采购游船 30 余艘、电动观光车 34

辆、观光小火车5辆，新建沿湖景观道路2.5千米。

公园内无厂矿企业，产业以种植业、渔业和特色渔家乐、民宿为主，公园内共有优质水稻田800余亩，大闸蟹养殖池塘700余亩，湖泊养殖围网2600余亩。结合本地特产如优质大米、阳澄湖大闸蟹等，公园每年举办油菜花节、彩稻节、开捕节、渔获节等特色文化节庆活动，吸引游客到湿地公园参观游玩。近年来，公园每年接待游客90余万人次，门票、车票、船票收入近千万元。

加快了苏州市湿地公园建设步伐，推进了湿地保护工作。

2009年6月，苏州市阳澄湖生态休闲旅游度假区莲花岛（莲花村）被评为"苏州十大生态旅游乡村"，8月被上海世博局评为"长三角世博体验之旅示范点"。

2011年4月，苏州市阳澄湖生态休闲旅游度假区莲花岛（莲花村）被江苏省旅游局批准为四星级乡村旅游区（点）。

2012年2月，苏州市阳澄湖生态休闲旅游度假区莲花岛（莲花村）被苏州市人民政府批准为首批旅游标准化单位。

2012年12月，经苏州市人民政府批准，建立了苏州阳澄湖湿地公园（市级）。

2013年12月，苏州市阳澄湖生态休闲旅游度假区莲花岛（莲花村）被江苏省旅游局、江苏省环境保护厅批准为江苏省省级生态旅游示范区。

第二节　相城区现代农业示范区

一、五大园区

（一）阳澄湖现代农业产业园

阳澄湖现代农业产业园于2009年3月启动建设，园区涉及消泾、车渡、北前等3个行政村。产业园的运作模式是：把土地一次性流转到所在行政村，农民以土地入股，组建土地股份合作社，由产业园统一归口管理、开发和经营。这种模式为产业园的长期稳定发展奠定了基础。

核心区采用"一次规划、分步推进"的方式，以"科技农业、旅游农业"为目标，以"特种水产养殖"为特色，以"规模化、集约化"为理念，以"高科技、高投入、高产出"为定位，采用"政府搭台、企业运作、科技推动、农民受益"运作模式，投资2.5亿元，成立苏州市阳澄湖现代农业发展有限公司等两大总公司，负责核心区的基础设施建设和生产经营管理。公司为江苏省河蟹产业技术创新战略联盟理事长单位，苏州鱼之源生物科技有限公司刘青华2012年入选国家"千人计划"；已建刘筠院士企业工作站，并设立了企业博士后工作站，通过了ISO9001：2000质量管理体系认证，荣获"江苏省农业产业化重点龙头企业"称号。公司注册经营的"阳澄湖"牌系列农产品获评为中国名牌食品。"阳澄湖"牌、"菊花"牌系列农产品先后获得"江苏省名牌产品"等称号，并通过国家绿色食品、无公害食品和出口许可认证。

2008年6月,该单位前身获"江苏省农业标准化示范区"称号;2009年12月,被江苏省海洋与渔业局评为江苏省渔业科技成果转化基地;2010年1月,获农业部"水产健康养殖示范场"称号;2010年7月,获科技部"星火计划"项目证书;同年同月,被江苏省农委、江苏省海洋与渔业局评为江苏省海洋与渔业科技先进单位;2011年,荣获农业部国家级"中华绒螯蟹、青虾标准化示范区"称号。

2009年,核心区启动一期5000亩建设,形成了高效生态渔业区、农耕体验区、休闲垂钓区、农业科技研发区等四大功能区。

2010年9月底,核心区入园企业共有11家,其中省级龙头企业1家、市级龙头企业2家,注册资本总额达3.21亿元。2010年合计销售额达3.95亿元。有入区农民专业合作社4家,其中省级"五好"农民专业合作社1家、市级农业龙头企业1家,注册资本总额达975.5万元。2010年合计销售额达3110万元。

2010年,核心区启动二期10000亩建设,形成了名特优水产品种质繁育基地、工厂化养殖基地、阳澄湖大闸蟹良种繁殖生产基地和F1代青虾良种培育基地等四大基地。

2010年底,核心区已经完成14000亩池塘的标准化、连片化、生态化、规模化改造,并且已经正式投产,形成了大小标准统一、规模连片集中、进排管道独立、道路纵横笔直、电力线路整齐、绿化环境优美的现代渔业新景象。

同年,六个功能区总产值约为1.32亿元,利润0.38亿。加上项目扶持和政府财政贴息,2010年利润约0.53亿元。同年,产业园总产值达19880万元,利润7870万元。

2011年6月底,核心区累计引进新品种10个,推广新品种7个,引进新技术7项,推广新技术6项,制定操作规程和行业标准各1个,培训人员累计达10000多人次。

2011年,继续推进15000亩池塘标准化改造工程,从而建成29000亩连片高效渔业养殖基地,累计建有标准化池塘1100多个,铺设进排水管道18.66万米,架设高低压线路5.45万米,新建主次干道10.91千米,新建桥梁8座,新增500KVA变压器14座,新建水利泵房19座,新建尾水净化区2500亩。

2011年年底,核心区当年实际完成投资2.83亿元,实际建成18000亩区域,其中包括高效生态养殖基地15000亩和高效水稻基地2000亩。

2011年年底,共建成高效生态虾蟹养殖、农耕体验、休闲垂钓、农业科技研发、名特优水产品种繁育、工厂化养殖、阳澄湖大闸蟹良种繁育、"太湖1号"青虾良种培育和优质高效水稻种植等九大基地。

阳澄湖现代农业发展有限公司还大胆走出去,化被动销售为主动营销,在全国开设了122家连锁加盟店,市场网络遍布全国26个省、市、自治区。根据农产品保鲜保质的特点,产业园还对接55家大中型超市,与华润万家、家乐福等超市共建"农超对接"基地;新建6个网络营销平台,重点开展电子商务营销。产业园自创"6个统一"管理模式,即统一苗种供应、统一饲料投喂、统一病害防治、统一技术指导、统一品牌包装和统一市场营销,通过对生产流程和营销方式的精准化、一体化、系统化控制，从源头上加强农产品质量安全监管，有效提升农产品质量，维护产业园品牌声誉。

截至2012年年底，核心区已建成高效生态渔业区29000亩，累计建有标准化池塘1171个，铺设进排水管道18.66万米，架设高低压线路5.45万米，新建主次干道10.91千米，新建桥梁8座，新增500KVA变压器14座，新建水利泵房19座，新建尾水净化区2600亩。

2012年，已在全国开设77家连锁加盟店、5家网络旗舰店。

2009年4月至2012年，阳澄湖现代农业发展有限公司先后与中国水产科技研究院淡水渔业研究中心、上海海洋大学、江苏省淡水水产研究所、苏州大学等12家科研院校开展产学研合作，成功引进了淡水鲴鱼、松江鲈鱼、太阳鱼、澳洲宝石鲈、沙塘鳢等8个水产新品种。通过这种方式，产业园已经自主研发了循环水生态养殖、名特优鱼类全人工繁育、水质在线实时监测、仿生态智能型工厂化养殖等6项新技术，并全部获得国家发明专利。产业园注册的"阳澄湖"牌大闸蟹已通过国家"绿色食品"认证、"出口许可备案"认证。

2012年产业园总产值达38710万元，利润15230万元；2012年产业园范围内农民人均收入19662元，比2009年增加近7000元；先后搬迁了境内20多家小型工业企业，杜绝了阳澄湖沿岸的工业污染。同时，大力开展水系改造和环境整治，沿湖、沿河、沿路补种水生植物和景观植被，建设生态防护绿地，有效修复了生态湿地，在阳澄湖北岸构筑了一道生态屏障。

产业园（2012年3月成立阳澄湖现代农业发展有限公司）自开发建设以来，先后与中国水产研究院、上海海洋大学、江苏省水产技术推广站、江苏省淡水研究所和苏州大学等12家科研院校建立产学研合作，以项目为纽带，定点挂钩，定期合作，使产学研项目落到实处、见到实效。产业园建立了刘筠、雷霁霖2个院士企业工作站，还设立了企业博士后工作站，吸引各类农业高级人才来公司工作。

截至2012年年底，核心区累计完成投资6.32亿元。2012年，核心区主营业务收入21483.16万元，利润总额8416.17万元，总资产171809.87万元。核心区辐射带动周边30000亩区域、近3000户农户开展高效生态养殖，不仅有效保护了阳澄湖地区水质水源环境，而且有利于促进当地农业增效和农民增收。

同年，核心区建立江苏省河蟹产业公共技术研发中心、苏州市水产动物繁育与养殖工程技术研究中心和苏州市水产实验基地等3个公共服务平台，累计举办培训班22期，培训人员11000多人次，带动周边3000多户农民组建合作社经营现代农场，农民除了获得农场打工1500元/月保底工资外，还可以享受合作社14%的保底分红。

（二）苏州御亭现代农业产业园

苏州御亭现代农业产业园位于望亭镇。2008年7月，苏州市迎湖农业科技发展有限公司成立，主要从事小麦和水稻的种植、加工、销售。2011年年底，望亭新埂村经济合作社、项路村经济合作社、宅基村经济合作社、迎湖村经济合作社共同注资成立苏州御亭现代农业产业园。

2012年产业因规划2万亩，落地水稻7073亩，设施蔬菜2324亩，林果1013亩，生态林10564亩；拥有万亩水稻良田示范区、苏州市永久性蔬菜基地、食用菌基地、鱼菜共生实验基地、家庭农场等众多专业农业产业基地。

2013年，产业园投入4000多万元加强各项基础设施建设。

（1）建设集总体监控、规划展示、概念展示、体验互动、办公服务、科研开发、实验检测等七大功能于一体的管理总控中心2906平方米。

（2）建设蔬菜保鲜加工配送中心615平方米。

（3）建设水稻加工仓储物流中心1500平方米。

（4）新建设施蔬菜500亩。

（5）构建智慧农业管理系统。

同年，产业园内有以苏州御亭现代农业产业园发展有限公司、苏州市相城区虞河蔬菜产销专业合作社和苏州市迎湖农业科技发展有限公司为代表的农业企业（包括合作社和家庭农场）21家，龙头企业2家。

2005年，望亭镇新梗村建成苏州市相城区虞河蔬菜产销专业合作社，总面积2000余亩，其中钢管大棚1449亩，防虫网520亩，连栋大棚20880平方米，水生沟渠塘20亩。虞河蔬菜基地均获得"无公害产地"认证和"绿色食品基地"认证，同时拥有33个"无公害农产品"认证和24个"绿色食品"认证（表7-2）。

表7-2 苏州御亭现代农业产业园荣誉

序号	时间	荣誉名称	颁发单位
1	2005年8月	苏州市市属蔬菜基地	苏州市人民政府
2	2007年8月	苏州市现代农业规模化示范区（相城区望亭镇虞河蔬菜示范园）	苏州市现代农业建设办公室
3	2007年12月	苏州市第六届优质农产品交易会最佳企业奖	苏州市优质农产品交易会组委会
4	2008年1月	首届江苏省农民合作社产品展销会畅销产品奖	江苏省农民合作社产品展销会组委会
5	2008年2月	苏州市现代农业规模化示范区建设先进单位	中共苏州市委员会、苏州市人民政府
6	2008年8月	苏州市农业龙头企业	苏州市发展和改革委员会办公室
7	2008年12月	苏州市"绿色风"食品安全行先进单位	苏州市农林局、《城市商报》
8	2009年7月	江苏省"四有"农民专业合作社示范建设单位	江苏省供销合作总社
9	2009年12月	"虞河"被评为苏州市知名商标（2009年12月—2012年12月）	江苏省苏州工商行政管理局
10	2010年1月	苏州市农产品质量安全工作先进集体	苏州市农业委员会
11	2010年5月	江苏省农业标准化示范区	江苏省农业委员会
12	2010年12月	江苏省农机化科技示范基地	江苏省农业机械管理局
13	2010年12月	2010年度"绿色风"食品安全行先进单位	苏州市农业委员会、《城市商报》
14	2011年2月	苏州市十佳农村新型合作经济组织	中共苏州市委员会、苏州市人民政府

续表

序 号	时 间	荣誉名称	颁发单位
15	2011年5月	苏州市相城区望亭镇迎湖村爱心基金会会员单位	望亭镇迎湖村村民委员会
16	2011年10月	科技部国家"星火计划"项目	科学技术部星火计划办公室
17	2011年11月	最受苏州老百姓喜爱的地产大米金奖	苏州市农业委员会、《城市商报》
18	2011年12月	2011年度AAA级资信企业	江苏中诚信信用管理有限公司
19	2011年12月	江苏省绿色食品示范企业	江苏省绿色食品协会
20	2011年12月	江苏省物联网应用示范工程建设单位	江苏省经济和信息化委员会、江苏省财政厅
21	2012年2月	2011年度望亭镇社会责任奖	中共苏州市相城区望亭镇委员会、苏州市相城区望亭镇人民政府
22	2012年10月	江苏省农民专业合作社示范社	江苏省农业委员会
23	2012年10月	苏州市"菜篮子工程"直供基地	苏州市农业委员会、苏州市"菜篮子"工程建设领导小组
24	2012年12月	苏州市"菜篮子"工作先进集体	苏州市农业委员会
25	2012年12月	"虞河"被评为苏州市知名商标（2012年12月—2015年12月）	江苏省苏州工商行政管理局
26	2012年12月	2012年度AAA级资信企业	江苏中诚信信用管理有限公司
27	2012年12月	第十一届中国优质稻米博览交易会优质产品	中国优质稻米博览交易会组委会
28	2013年1月	2012年度"绿色风生态文明行"活动先进单位	苏州市绿色食品行业协会
29	2013年1月	品牌建设十佳企业（粮油行业）	苏州市人民政府
30	2013年1月	江苏省名牌农产品（"虞河"）	江苏省农业委员会、江苏省海洋与渔业局
31	2013年1月	江苏省绿色食品示范企业	江苏省绿色食品协会
32	2013年1月	江苏省放心吃企业	江苏省绿色食品协会
33	2013年1月	江苏省名牌农产品（"金香溢"）	江苏省农业委员会、江苏省海洋与渔业局
34	2013年1月	苏州市"绿色风生态文明行"活动先进单位	苏州市绿色食品行业协会
35	2013年1月	品牌建设十佳企业	苏州市人民政府
36	2013年3月	2012年度江苏省农产品质量安全控制示范基地	江苏省农业委员会
37	2013年6月	高校研究生社会实践定点接收单位（2013年—2015年）	苏州市相城区人力资源和社会保障局
38	2013年6月	全国"科普惠农兴村"先进单位	中国科协、财政部
39	2013年8月	苏州市人才科技工作示范基地	苏州市人才工作领导小组办公室、苏州市科学技术局

2013年种植水稻2086亩，稻谷年产量达1000吨以上。

2013年年底，产业园内水稻年产量4500吨，年效益1215万元；蔬菜10000吨，年效益

700万元；果品600吨，年效益600万元。同时辐射至整个望亭镇，带动农民年均增收18000元/人。

（三）苏州漕湖生物农业产业园

苏州漕湖生物农业产业园（简称"产业园"）位于北桥街道西北部的鹅湖、漕湖周边地带，以粮油、蔬菜种植及水产养殖为主导产业。

产业园始建于2009年，由北桥街道、兴湖农业专业合作社、苏州市农发集团等三方共同出资建设，注册资本2000万元，规划建设农田1.82万亩，涵盖北桥街道灵峰、新北等6个行政村。产业园按"一心、两带、三基地"的总体布局，以稻米（规划面积5618亩）、水产（规划面积4572亩）、蔬菜（规划面积3057亩）为主导产业，实行现代企业管理制度，打造以生物产业、生物技术模式为载体的现代生物农业园区。

产业园园区拥有苏州市农业产业化龙头企业1家，并与南京林业大学合作共建博士后工作站，"漕湖滩"牌农产品获"苏州市名牌产品"称号，拥有"无公害农产品"11个，"绿色产品"3个。2012年，园区建成农产品农药残留快速检测站，月检蔬菜100批次。

1. 基地生产设施建设

2011年，建成总面积2200亩，其中：蔬菜合作社种植基地1000亩，精品林果合作社种植基地500亩，优质水稻基地200亩，特种水产基地300亩，畜禽类养殖基地200亩。

截至2013年年底，产业园建成单体大棚650亩，连栋大棚100余亩，防虫网150余亩，钢竹混合大棚100亩，生态塘、生态沟渠30亩，并全部配套喷滴灌系统、泵站进行节水灌溉；已建道路8615米，其中观光道路1254米，U型沟5621米；基地建有包装车间1000平方米，建仓库及办公用房800平方米，保鲜库260立方米，电力设施等齐备。为保证农产品质量安全，基地还配套了相关检测设备，如农药残留测定仪等，并使用保鲜库、中耕机械、"菜篮子工程"车等现代农业设备。

2. 种植技术建设

产业园现有高、中、初级专业技术人员和管理人员13人；同时，产业园还注重科学生产，先后引进农学专业的大学生5名，南京林业大学、南京农业大学、浙江大学、苏州市蔬菜研究所、江苏省太湖地区农业研究所、苏州市农业科学研究所均为产业园的技术依托单位。产业园制定了10项无公害农产品的企业生产技术规程，执行产品标准17项，严格按照技术规程生产；并组织技术员等参加栽培技术培训，邀请专家作技术指导讲座（截至2013年，共培训18次，800多人次）。

3. 品牌建设

2012年年底，产业园拥有无公害认证产品10个。2013年，"漕湖滩"牌蔬菜系列获评为苏州市名牌产品，"漕湖滩"牌葡萄在苏州市第七届优质果品评比展销活动中获金奖。

4. 管理建设及其荣誉

产业园实行统一布局，统一管理，统一供种、供肥，统一按标准组织生产，统一技术培训，统一包装储运，统一商标、统一销售，实施全程质量控制。

产业园坚持充分发挥市场机制与政府宏观调控相结合，生态农业深度开发与发展产业化经营相结合，产业开发与人才、技术开发相结合，公司与农户相结合，资源的充分合理利用与保护环境、维护生态平衡相结合的"五个结合"总体思路，遵循"政府搭台、业主唱戏、突出特色、创立精品"的基本方针，实行政府统一规划和宏观引导、业务部门协调服务与技术支撑、业主和农户根据市场导向经营的"三位一体"建设模式，充分调动和保护业主、农户及农技部门等各方面的积极性。

2012年，产业园被评为区级先进工作集体，并被认定为苏州市"菜篮子工程"直供基地。

（四）渭塘现代农业示范园

渭塘现代农业示范园位于相城区北部的渭塘镇，其前身为20世纪90年代的渭南水稻丰产方，具有标准化稻田建设及高产高效的优势。2001年又在此基础上建成500亩的渭塘现代农业科技示范园，为全区首个省级标准化现代农业园区。2009年7月，渭塘镇政府联合城乡公司、凤凰泾村委建设渭塘凤凰泾高效农业示范园，建设面积3500亩。2012年开发凤阳二期1500亩，为相城区五大现代农业园区之一，也是苏州市"四个百万亩"现代农业的发展建设模式之一。

园区基本情况及运作模式

2009年7月成立相城区渭塘凤凰泾农业发展有限公司，管理凤凰泾区域面积3500亩，公司集水产养殖、花卉、瓜果、蔬菜种植于一体。2013年东拓1500亩建设园区二期（由相城区渭塘凤阳凤源农业发展公司规划建设）。当年9月份建设现代农业示范点，按现代农业经营模式管理、经营，有蔬菜瓜果1200亩、水产1000亩、花卉苗木1200亩。2013年建设二期凤阳区域1500亩，主打休闲观光农业，建设稻田风光、历史文化名人刘珏馆、美丽村居、盆景文化创意园等。

1. 渭塘凤凰泾农业发展有限公司

2009年7月成立，由渭塘镇政府、城乡公司及凤凰泾村委三资建设管理，注册资金4000万元，管理3500亩园区，实行规模经营，统一规划、统一品牌销售，成功引进怡田园草花、佳城园艺、绿化公司、金氏花卉、红枫、月季、君子兰等多家花木公司；有500亩无公害蔬菜基地，580亩淡水虾蟹养殖基地，100亩"老末兔"葡萄园，200亩华测桃园，50亩设施草莓园。

2. 渭塘凤阳凤源农业发展有限公司

2012年9月成立，由相城区渭塘镇凤阳村社区股份合作社、相城区渭塘城乡发展有限公司合资建设管理，注册资金3000万元，主要规划开发建设二期凤阳区域1500亩园区，进行水稻种植、美丽村居建设、休闲观光农业建设及农业开发等，并辟有历史文化名人刘珏馆。

3. 园区建设情况

2013年9月成立渭塘现代农业示范园，总面积5000亩，其中花卉苗木1200亩、淡水水产养殖1000亩、蔬菜瓜果1200亩、水稻500亩，以及盆景创意园、历史文化名人刘珏馆等，并建有连栋大棚31136平方米。

业绩

1. 实施农业综合开发土地治理项目

2010年1月至2011年6月，园区实施"农业综合开发土地治理项目"。项目总投资364万元，建造排灌站1座，输变电线路配套8千米，衬砌渠道20千米，喷灌180亩，机耕路5.97千米。

2. 小型农田水利节水灌溉示范工程

2011年3月修建沟渠20.9千米、灌溉站3座，实施节水灌溉300亩，项目总投资403.02万元，改善了3000亩地的生产排灌及节水灌溉功能。

3. 盆栽小菊优质高效精准栽培

2012年1月至2012年3月，园区建立了育苗体系。2012年1月至2012年6月，开展新品种优质种苗标准化生产。2012年7月至2012年12月，初步建立标准化生产技术体系。2012年年底建立了标准化生产技术体系。2013年1月至2013年6月，确立了新品种优质种苗标准化生产及轻基质精准栽培技术体系。2013年7月至2013年12月，实施新品种及其配套栽培技术的示范生产、人员培训及推广应用。

4. 第五期太湖水治理项目池塘循环水养殖

2011年3月，凤凰泾农业发展有限公司实施1000亩的蟹塘改造、河塘清淤、供排水渠（管）、道路、养殖净化池塘建设及植物种养、设备配套、生物放养等工程。

5. 园区荣誉

2010年度获区农业局"现代农业建设先进基地"称号。2011年成为江苏省无公害农产品基地。2012年，获得"苏州市现代高效农业三八示范基地"称号。2013年，获得"江苏省巾帼现代农业科技示范基地"称号。2013年9月，为相城区蔬菜协会副会长理事单位。

（五）苏州市黄埭循环农业示范区

苏州市黄埭循环农业示范区位于苏州市相城区黄埭镇绕城高速以西北区域。区域总面积约16700亩，包括冯梦龙村、旺庄村、西桥村、胡桥村和三埂村等5个行政村。其中优质稻米7000亩，高效园艺3500亩，特色水产590亩，生态林地3400亩，打造"一心一带六基地"的产业布局。

示范区依托生态文明建设与新型城市化发展新机遇，建成相城区黄埭镇冯梦龙智慧农业物流网数据平台。突出生态循环与田园家园融合共生的特色与优势，构建绿色经济、宜居宜业、美丽休闲、都市体验的乡村生态循环农业产业集群，全面提优升级，把黄埭镇建成长三角区域最具特色的循环农业示范区。

控制中心：循环农业控制中心总建筑面积2871.59平方米。其中一楼设有示范区监控中心、服务中心、放映厅、农副产品展示厅、销售部、冷库、农副产品检测中心，二楼设有展馆区和办公区，三楼设有培训中心、博士后工作站、办公区。

新能源玻璃大棚：新能源玻璃大棚建设面积3072平方米，采用全太阳能发电，所有供电设备都通过太阳能板提供电能。新能源玻璃大棚的建设将清洁能源与绿色农业发展紧密结合，同时解决了新能源设施、无土栽培技术、水肥一体化技术、农业物联网技术等一系列先进农业科技的高度融合与应用难题，扫清信息技术科技与农业生产间的各种障碍。目前，大棚主要采用无土栽培、盆栽技术种植草莓、地产蔬菜及铁皮石斛等。

农机服务：园区成立了苏州市双桥农副产品专业合作联社和农机服务站，统一育秧，统一施肥，统一农田管理。农机服务实行机械化一条龙，添置了一批大型播种机、插秧机、收割机、烘谷机等农业机械，从育秧、插秧到收割全部实现机械化作业。

农耕文化园：冯梦龙农耕文化园于2016年7月初开工，总占地面积650平方米左右，其中房屋面积占地450平方米。该园的实物展体记载了很多和吴地农耕文化相关的农事节气，以及各种民间风俗，如对美好生活的祝福，劝人尊老爱幼、与人为善，传统的农耕生产方式，与大自然生态相处的生活方式，古代吴地人家的生活状态等，再现了冯梦龙故里的农耕文化。

林果基地：林果基地面积1000多亩，品种有猕猴桃、葡萄、翠玉梨、东魁杨梅、草莓、冬枣、黄桃等。其中猕猴桃近800亩，品种有"红阳""武植3号""金霞""金魁""金桃""软枣系列"等。2012年，猕猴桃基地被苏州市农业委员会授予"苏州市果树高效示范基地""苏州市级果树标准园"荣誉称号。该基地生产的葡萄、猕猴桃等均已获得"绿色食品"认证和"苏州名牌产品"认证。"黄玫瑰"葡萄在苏州市第五届地产优质果品评比活动中荣获银奖，"贵妃玫瑰"葡萄在苏州市第七届地产优质果品评比活动中荣获金奖，"新巷"牌翠玉梨在2013年江苏省第七届"神园杯"优质水果评比中荣获银奖。

开心农场：开心农场总面积约3500平方米，被划分为40个约80平方米的小区块，在区块与区块之间留有一条0.5米的田间小道，每个区块内安装一个电磁阀，用于肥水灌溉。同时，每个区块还架设一只监控摄像头，以观察植物的生产状况和设备的使用情况。其他智能设备还有智能控制柜、远程操控的灌溉系统和农业小型气象站。黄埭冯梦龙智慧农业物流网数据平台的主要功能是水质的过滤和肥水的输送，种植用户可以利用农业物联网和手机App远程对自己的农作物进行精细化的肥水灌溉控制。农业小型气象站可以监测温度、湿度、风力、风向、气压、雨量和太阳辐射等各种气象参数，并通过物联网将这些参数反馈到用户的手机上，以供管理参考。当遇到恶劣天气时，手机App会给每个用户发出生产预警。种植者们不仅随时可以使用App对开心农场内的果蔬进行观测和远程浇水施肥，还可以启用它的智能托管功能，如输入"除草""修剪"等植物维护信息，通知农场工作人员按照要求对农作物进行养护，确保自己享用到绿色环保、放心的有机果蔬。

二、三大现代农业基地

（一）太平农业基地

2013年委托南京农业大学制定"苏州市太平现代生态农业园区"规划，园区规划范围为济民塘以东，区域总面积1.85万亩，规划建设现代生态农业湿地12500亩。

2013年4月成立苏州市相城区太平社区股份合作联社，开始由联社经营基地。截至2016年12月底，联社从各村接收土地2013.18亩，完成了"四个百万亩"水稻落地任务。

农业设施建设情况。2013年，合作联社复垦复种沈桥蚬山水稻基地215亩。2014年，各村土地复垦、清表约1200亩，投资35.8万元；新建灌溉土沟约13990米，投资22.8万元；在建标准沟渠3800米，投资101万元；新建道渣路1485米，投资18.45万元；在建标准道路1680米，投资135万元；完成灌溉机房14座，投资25万元；完成箱式板房28间及相应电力设施投资64万元；在建现代农业配套设施投资54.5万元。2015年，为完成"四个百万亩"水稻落地任务，联社复垦港毛庄地块78.8亩，铺设农用简易道路650米，灌溉土沟约1150米；复垦莲港黄泥楼地块60亩，铺设农用简易道路300米，灌溉土沟约1200米，建设灌溉机房1座；新增盛泽村22.5亩水稻田。合计投资28万元，按高标准水稻田要求建设。2016年，建设旺巷高标准水稻基地建设面积212.7亩，建设机房1座20万元；水泥道路600米，投资15万元；标准灌溉沟渠1100米，投资25万元。以上三项合计约60万元。莲港毛庄178.8亩水稻田铺设农用建筑垃圾道路650米，莲港黄泥楼60亩水稻田铺设农用建筑垃圾道路300米，投资约5万元。

（二）苏州市阳澄湖生态休闲旅游度假区农业基地

苏州市阳澄湖生态休闲旅游度假区农业基地位于新泾村朱家舍，占地面积120亩，由度假区渔业村丰澄合作社向新泾村村民委员会租赁。度假区渔业村丰澄合作社于2012年8月完成规划并实施建设。建设内容主要有田间整理、河道清淤、配套用房建设（500平方米）、停车场建设（800平方米）、青砖路铺设2400平方米、连栋大棚1600平方米、防虫网大棚1800平方米、简易大棚3240平方米（6米跨度，30米长，18只）、喷灌设施覆盖面积40亩，以上项目总投入约240万元，于2013年6月全部完成。

（三）倪汇千亩特色农业基地

倪汇千亩特色农业基地于2013年年初定位启动，规划总面积1173亩，位于漕湖产业园倪汇村（出风口处）。该基地北临永昌泾，东临广济路，西临汤浜路，南临漕湖大道，四周环水，区域位置得天独厚，又处通风带，农业特征明显，规划总面积1173.35亩，分期开发，一期建设805.6亩。

2013年年底完成的主要工作内容有建设高标准农田160亩、北入口景观工程、内部湿地生态开发、梨和枇杷等8种新品种水果的种植、配套电力设施500kW，建造标准鱼塘247.44亩，设置变压器2座，铺设沥青主干道2200米，投入1737万元。

开展园内整体绿化及基础建设、基础配套设施建设、高科技智能温室大棚建设等三大模块建设。整体绿化及基础建设包括南片区域的景观鱼塘和水生植物，配套建设步行道、木栈道、景观廊架、观光台、亲水平台、绿地草坪、路灯设施，共栽种林木2000多棵，下拨草坪绿地面积12.2万平方米，田间步道6200米，改造景观鱼塘129亩，投入1306万元。基础配套设施建设包括园内新建销售处、停车场、厕所等基础设施，造价为172.3万元。建设高科技智能温室大棚，造价1498万元。

成功申报了城市田园小综合体项目。采用人工授粉技术为园区内10亩梨园进行授粉，并引进3万只异色瓢虫进行生物防治实验（这项实验效果好，成功控制了园区内害虫的繁殖）；

成功举办了枇杷采摘节、杨梅亲子采摘活动、翠冠梨的采摘销售等活动，完成了城市田园小综合体项目及西侧主入口的建设。基地建设总投入4713.3万元。

第三节　相城现代农业（水上）产业园

2007年，相城区现代农业示范区阳澄湖消泾高效渔业核心示范区一期工程在消泾十亩滩实施，面积1000亩，以养殖虾、蟹为主。养殖水源采用一级、二级生物预处理及养殖池水循环使用和尾水达标排放，亩均效益达3500～5000元。2008年，投资200万元实施示范区二期工程，整治土方3500立方米，整改鱼池200亩，铺设进排分离配套水系1000米，扩容400KVA电力设施，新建一级净化池30亩、二级净化池45亩，新增微管增氧设施面积250亩。采用阿科曼生物膜净化后，实现了养殖尾水达标排放及养殖池水的循环利用。是年，阳澄湖消泾高效渔业核心示范区被评为江苏省农业标准化示范区。

2009年，江苏省相城现代农业产业园区（以下简称"园区"）建立，消泾高效渔业核心示范区并入园区，园区规划范围覆盖阳澄湖镇的消泾、北前、车渡等6个行政村及3950多农户、12700多人，规划建设面积57600亩，总投资约20亿元。园区投资2.5亿成立苏州市阳澄湖现代农业发展有限公司，负责园区整体的基础设施建设，当年完成一期工程（5000亩）建设，建成高效生态渔业区、农耕体验区、休闲垂钓区和农业科技研发区等四大功能区。是年，园区被苏州市委、市政府评为"十佳现代农业示范园区"，被江苏省海洋与渔业局评为省渔业科技成果转化基地。

2010年7月，江苏省人民政府批准确定相城现代农业产业园区为"江苏省相城现代农业产业园区"。

截至2011年年底，产业园已完成一期、二期、三期共33000亩地的建设。建成高效生态虾蟹养殖（10000亩），农耕体验、休闲垂钓（400亩），农业科技研发（5000平方米），名特优水产品种质繁育、工厂化养殖（10000平方米），阳澄湖大闸蟹良种繁育（1200亩），"太湖1号"青虾良种培育（800亩），以及优质高效水稻种植，共九大基地。获得"国家级中华绒螯蟹、青虾标准化示范区"，农业部"水产健康养殖示范场"，科技部"'星火计划'项目"，"江苏省渔业科技成果转化基地""江苏省河蟹产业公共技术研发中心""江苏省农业标准化示范区"等称号。

2012年，获评为"江苏省苏州市相城区国家现代农业示范区"。2012年10月26日上午，农业部副部长牛盾、江苏省海洋与渔业局局长唐庆宁、苏州市副市长徐明、苏州市相城区委书记曹后灵共同为"江苏省苏州市相城区国家现代农业示范区"揭牌。该示范区由农耕体验区、休闲垂钓区、自助小厨、高效渔业示范区、北部湾休闲度假中心、青草水岸、农业科技研发基地、渔业科技中心、老粮仓、抗战史迹陈列馆、阳澄县抗日纪念碑、油菜花田等10余个特色景点组成。

一、四大功能区

(一) 高效生态渔业区

2009年创建，由苏州市阳澄湖现代农业产业园特种水产养殖有限公司经营管理。建设面积4000亩，有蟹苗培育区、成蟹养殖区、消毒区、尾水净化与处理区。成蟹区中华绒螯蟹种质资源保护基地3000亩养殖池的水先通过水生植物和螺蛳的净化，再通过阿科蔓生态基的净化，然后回到养殖池再次利用。该基地并配备微管增氧设施、尾水净化设备、水质在线监测系统和病害远程诊治系统。2010年1月，基地被农业部评为"全国水产健康养殖示范场"和"国家级中华绒螯蟹、青虾标准化示范区"。2011年，高效设施渔业面积达3.2万亩。渔业机械化养殖技术不断推广，新增微管增氧系统52套、投饵机270台，全区微管增氧总面积达到6510亩。

(二) 农耕体验区

2009年创建，占地面积700亩。详见本章。

(三) 休闲垂钓区

2009年创建，占地面积200亩，由苏州市阳澄湖现代农业产业园垂钓有限公司经营管理。垂钓区内放养大青鱼、大花鲢、大鲫鱼、大鳜鱼等，定期举办垂钓比赛，并组织拉网捕鱼等活动。

(四) 农业科技研发区

2009年创建，占地面积100亩，位于阳澄湖中湖北岸沿线。建筑面积12000平方米，设有科研、会议、餐饮、住宿、观光、娱乐等功能区。聘请了中国海洋大学雷霁霖院士及其团队、中国水产科学研究院淡水渔业研究中心主任徐跑等多名技术顾问；并引进了水产养殖专家刘青华博士和鲍宝龙博士。建立了刘筠院士企业工作站；设立了江苏省企业博士后创新实践基地；与江苏省淡水水产研究所、中国水产科学研究院淡水渔业研究中心、中科院南京土壤研究所、中国海洋大学、苏州大学等科研机构或大专院校建立了"产、学、研"合作基地。研发循环水生态养殖、名特优鱼类人工繁育等6项新技术，获得"一种循环水养殖系统及其应用""一种池塘红膏蟹的养殖方法"等28项国家专利。

二、四大基地

(一) 名特优水产品种质繁育基地

2010年创建，占地面积2000亩，由苏州市阳澄湖辉煌科技中心有限公司经营管理。主要进行黄颡鱼、塘鳢鱼、鲈鱼、鳜鱼等阳澄湖名贵鱼类苗种的繁育和成鱼养殖。与省内外多家科研单位、大专院校合作开展亲本驯养、人工繁殖、苗种培育，用以保护阳澄湖地区地产水产品种质资源。

(二) 工厂化养殖基地

2010年创建，占地面积20000平方米，由苏州市阳澄湖辉煌科技中心有限公司经营管理。

该基地运用仿生态循环水养殖技术,成功养殖了金斑鱼、太阳鱼、鲥鱼、宝石鲈、鳕鱼、长江刀鱼等名特优水产品新品种。是年,引进每尾12000元的美国金斑鱼亲鱼22条,育出5万尾金斑鱼。

2011年10月,农业部牛盾副部长在视察阳澄湖现代农业产业园智能化试育的长江刀鱼时称其"在工厂化养殖场里进行智能化特种水产养殖,走出了一条高效渔业发展的新路"。阳澄湖现代农业产业园智能化、工厂化养殖,已成功培育和养殖了淡水鲥鱼、金斑鱼、太阳鱼等名贵鱼类,有部分品种已经上市,大多数产品在进行深加工后出口欧洲、美国等国家和地区。

(三)阳澄湖大闸蟹良种繁殖生产基地

2010年创建,占地6000亩,其中苗种繁育基地1000亩、标准化养殖基地5000亩,由苏州市相城区阳澄湖大闸蟹集团公司经营管理。生产基地在开展虾、蟹、鱼、贝、草多品种混养模式的基础上,应用生物净化技术、循环水养殖技术、微管增氧技术、高效环保饲料应用技术、微生物制剂运用技术和水质在线实时监测技术,提高了水产品质量和产量,并有效保护了水质水源。

(四)阳澄湖"太湖1号"青虾良种培育养殖基地

2010年创建,建设面积2000亩,由苏州市阳澄湖青虾良种场有限公司经营管理。"太湖1号"青虾是由中国水产科学院淡水渔业研究中心培育的杂交青虾新品系。"太湖1号"青虾具有生长速度快、个体大、产量高、体色漂亮等优良性状。是年3月,基地采用湿法运输,引进"太湖1号"原种(F0代[①])900公斤,成功培育出F1代虾苗10113万尾(折亩产为36.1万尾);年底,完成800亩良种培育养殖基地建设,并投入使用,其中100亩放养F0代,700亩放养F1代。

2010年至2012年,基地生产"太湖1号"青虾F1、F2、F3苗种共计28216公斤,约2.97亿尾。2012年,推广"太湖1号"青虾养殖面积18000亩,其中主养面积3000亩,混养面积15000亩。

2013年,基地繁育规格1.2厘米以上的杂交青虾"太湖1号"虾苗5.67亿尾。

---

① 原种为F0代,其产的下一代为F1代,以此类推。

第八章　农业法治与渔业管理

随着改革的逐步深入，社会主义市场经济体制逐步形成，国家法治建设不断深化，农、林、牧、渔行政主管部门的管理方式由过去的行政手段为主转为以法治手段为主，实行依法治农、依法护农、依法兴农。

第一节　法制建设

随着农业法制建设的不断深入，全区涉农法律体系不断完善，从中央到省市的法律、法规等涉及农业种质资源保护、农业投入品监管、农业机械化推广、渔业生产管理、动植物防疫检疫、毒鼠强、转基因生物、农产品质量安全、森林防火等方面，为依法兴农、依法护农创造了有利条件。

区农业执法部门积极配合上级农业行政执法机关及法律法规授权内容开展执法工作，围绕各阶段农资供应和农产品市场情况，有重点地开展肥料、种子、农药、兽药、饲料和饲料添加剂等农业投入品市场专项整治活动和农产品质量安全执法活动，打击制售假冒伪劣农资的违法行为，保护农民合法权益，保障农产品食品安全，促进农业发展，不断提高依法治农的水平。

普法方面，随着"一五"普法至"六五"普法及"学法律、促和谐、迎接党的十八大"主题宣传的推进，市民、农民对农业法律法规的认知程度不断深入，守法意识逐步增强。

一、农业法制工作机构

随着时代的发展，改革的深化，农业行政主管部门机构不断演变。1983年，苏州地、市合并，农业管理职能分别由苏州市农业局、水产局、多管局行使，没有专设农业法制工作机构。

1997年7月19日，苏州市水产局与苏州市多管局合并，成立新的苏州市多管局，并成立法制处。

2001年10月12日，苏州市相城区编制委员会批准在区农业发展局内设苏州市相城区农业行政执法大队，定编4名。2001年12月19日，区农业发展局成立局依法治理领导小组，强化部门综合执法、保留授权专业执法、依法实施行政管理，按照"精简、统一、效能"的原则，在农林行政主管部门承担的职责职能范围内，把法律、法规赋予农业行政主管部门的执法权限集中起来，实行行政处罚权与法制监督权的分离。

区农业行政执法大队受区农发局（区农业局）委托，具体实施农业、林业、畜牧业、粮食、农业机械、农产品质量安全行政综合执法工作。

法律法规单独授权的执法组织。2002年12月20日，区农发局还成立了苏州市相城区动物防疫监督所。

二、农业普法

制定普法宣传规划，将普法工作持之以恒。2001年10月22日，相城区农发局制定"依法治区2001—2005规划"，坚持依法治国与以德治国相结合，着眼实际，突出重点，执法与普法并举，深入开展"四五"普法，全面实施依法行政，促进"三农"工作法治化。

（一）开展对干部职工的普法培训，认真组织领导干部和执法人员学法

2008年5月，区农业行政执法大队的执法工作人员参加了全省农业行政执法骨干法规知识培训。6月，对全区农药监管员进行了培训，并请苏州市有关执法人员作农药法律法规专题辅导讲座，颁发农药监管员聘书，普及有关法律知识，促进执法队伍建设。

（二）开展普法下乡宣传活动

2001年4月17日，区农业行政部门特邀吴县电视台记者赴望亭对该镇农业服务站、生产资料部及宅基村农业服务站开展农资专项检查与普法宣传活动，宣传《农业法》《农业技术推广法》《农药管理条例》等文件精神，并印发宣传材料。

2002年年初，区农发局自编《相城区农资经营普法资料》150册，下乡开展普法宣传活动，征订《农林牧渔实用法规汇编》《农业标准化基本常识》《江苏法制报》等相关法制刊物376册（份），发放《关于禁止销售和使用高毒高残留农药的通告》200余份，促进基层普法工作深入开展。

2004年4月，区农发局系统组织综合执法大型展示活动，用图版制成图、表、照片等揭示假冒伪劣农资等。在8月组织的展示活动中，宣传如何正确识别真假农药、肥料、种子，还有禽流感预防问答、有关使用鼠药的安全常识等，受到好评。

（三）结合专项整治，宣传相关法律知识

2009年3月，为配合春季农资打假专项整治行动，特印发《专家教你辨别真假农资小窍门》《农资识别方法》等宣传资料10000份，分发给各农户；并订制农资打假宣传横幅95条，悬挂在各镇街道。

2010年，做好"五五"普法工作五年的普法台账资料整理工作，并通过区政法委等部门的验收。

（四）利用大型活动，开展普法宣传

2012年，在全区组织开展"学法律、促和谐、迎接党的十八大"主题宣传教育活动，发放与农产品质量安全相关的法律法规资料，培训"六五"普法宣传工作人员，进一步宣传《食品安全法》《农产品质量安全法》等法律、法规。

2013年，全局开展"六五"普法主题宣传教育活动，印发了2.5万元的各类宣传品，汇

编并下发了有关农业方面的法律法规知识手册，进行农业投入品台账登记知识培训，组织区农业局在编人员执法证换证和非新证申领考试等。

三、法制监督

加强对执法人员的管理，建立健全法律顾问制度，不断提高规范性文体的编制、制定质量。深化政务公开、扩大政务公开范围、规范政务公开内容、创新政务公开形式，增强行政执法的透明度，转变政府职能，做到依法决策、民主决策、科学决策。

严格行政执法主体和人员的资格管理，形成持证上岗、定期轮岗、不合格者下岗的管理机制，提高行政执法队伍建设水平，建立依法行政权力的制约机制，把廉政建设纳入法制化轨道。

建章立制，自觉规范执法行为。坚持从制度着手，高起点、高标准规范和强化内部管理，加强对执法人员的监督管理，规范执法行为。2002年1月，相城区农发局制定《行政执法责任制实施方案》《农发局行政执法公示制度》《行政执法错案追究制度及赔偿办法》《行政执法投诉暂行规定》《行政执法监督检查制度》《区农发局局长行政执法岗位责任制》《副局长行政执法岗位责任制》《农发局农业技术推广行政执法岗位责任制》《农发局种子管理行政执法岗位责任制》《农发局重大行政处罚决定备案审查制度》《农发局行政执法证件管理制度》《农发局行政处罚（处理）卷宗管理制度》等13个区行政执法制度，促进依法行政；并将《执法人员守则》等公示上墙，增强农业行政执法透明度，接受社会监督。

第二节　行政执法

一、执法机构

2001年10月12日，经相城区机构编制委员会批准，成立相城区农业行政执法大队，核定事业编制4名。其主要职能是：受区农发局委托，依照国家颁布的有关农业法律法规具体实施农业行政执法活动。

2004年，据苏州市及苏州市相城区行政管理类事业单位改革的实施意见，执法大队被定为行政管理类事业单位，其主要职能是：受区农发局委托，宣传并贯彻执行国家、省、市、区有关农业、林业、畜牧业、渔业的法律、法规、规章和办法，具体实施农业、林业、畜牧业、渔业行政综合执法活动，协助开展农业行政综合执法人员的岗位培训工作。

二、执法业务

区农业行政执法大队自成立以来，积极推行依法行政，建立了一整套行政执法责任制，向社会公示执法大队的工作职能、执法依据和农业行政处罚程序，公布投诉举报电话，自觉接受社会监督。同时，明确执法人员的工作职责，贯彻执行农业部"六条禁令"，坚持以事实为依据，以法律为准绳，经常性地开展农药、种子、肥料、兽药、渔药、饲料和饲料添加剂、毒鼠强、转基因生物、农产品质量安全、林业、粮食等领域的执法活动，查处了一批坑农、害农、伤农的违法案件，打击制售假冒伪劣的违法行为，维护农业投入品市场的正常秩序，保护农民的合法权益和消费者利益。

2001年，区农业行政执法大队在加强法制宣传的同时，认真做好各类执法检查60余次，出动人员120多人次，检查农药生产企业2家、肥料生产企业2家，省、区级农资经营单位各1家，镇级农资经营单位24家，村级农业服务站60多家。检查各类农药110余种，检查化肥20余种，规范了农资生产经营秩序。为东桥农民受有毒废水损害稻苗赔偿损失1.7万元，帮助北桥姚浜村农业大户因未知而不当使用农药受损获赔2.3万元，维护了农民的切身利益。

2003年，执法大队坚持打假护农，整顿和规范市场秩序。开展拉网式检查，出动执法人员14人次，检查经营单位36家次，查获高毒农药甲胺磷、甲胺乐411公斤，立案查处3起。开展种子专项检查，共查种子经营单位9家。查处黄埭吴中保健药业有限公司、渭塘朗力福公司区农药登记2起，共罚没款2万余元。实施产地生猪检疫26.57万头次，实施屠宰检疫18.6万头次，检疫检验率达100%，检出疫猪142头，病猪内脏864件，有效控制了病畜流入市场。在铲除毒鼠强会歼战中，开展地毯式执法清查180人次，检查整顿各类市场38个，检查经营单位151个，清查收缴毒鼠强433包；确定农村杀鼠剂定销单位11个。

2004年10月18日，召开全区毒鼠强专项整治紧急会议，成立以戴兴根区长为组长，区府办副主任陆建男、区农发局钱林兴为副组长的毒鼠强专项整治工作领导小组，区农业行政执法大队作为办公室常设机构，开展日常工作。全区11个镇（区）先后成立了镇级毒鼠强专项整治领导小组。

2004年11月7日，东桥龙安村村民韩泉坤慑于法律、政策的威严，主动上交极毒鼠药"三步倒"113包、"闻到死"267包。太平、湘城不少村民也主动上交"三步倒""闻到死"及其他杀鼠剂63包。全区深挖毒源，不留死角，对11个镇（区）开展毒鼠强专项执法检查，出动150辆次车、330人次，检查农贸市集50余个，农药经营（代销）点60余家，检查整顿经营单位（含个体工商户）300余家、摊位250余个。

2008年，经专项执法检查，对本区2个农药生产企业，10个农药经销单位，2个农产品生产基地，6个园林绿化、养护单位进行暗访、调查，均未发现库存和使用禁销的此类农药产品。对各镇（街道）农贸市场进行检查，也未发现此类问题。在严厉打击滥用三聚氰胺活动中，查处三聚氰胺饲料5吨并及时进行了查封销毁，净化了市场。

2009年，全区对"三品"基地进行了高毒高残留、生产台账、农药过渡期的专项检查。一年来，出动60多辆车次、执法人员140多人次进行检查，未发现违法违纪使用农药现象。对农药经营店出动30多辆车次、执法人员80多人次检查，也未发现有甲胺磷等"五甲"违禁农药销售。出动执法车辆30余次、执法人员60余人次对"毒鼠强"进行突击检查，未发现其销售现象。

2013年，根据省、市农产品质量安全专项整治的要求，区农业局多次召开农资打假、"天安行动"执法查案工作联席会议，对区内的农贸市场、"三品一标"（无公害农产品、绿色食品、有机农产品、农产品地理标志）基地、兽药经销点、渔药经销点、农资经销点、养殖场所、屠宰场、饲料、农药、化肥生产企业等重要场所进行执法检查或执法抽检。区农业行政执法大队会同法律法规受权执法单位区农产品质量监督科、区畜牧兽医站、区农技推广站、区水产技术推广站等多次联合执法，并在重大节日联合进行大检查，对区内5家有证照兽医经营店、22家渔药经营店、8家农药经营店、3家肥料生产企业、2家饲料生产企业、3家农药生产企业、6家个体经营店进行定期或不定期的检查，全年出动执法车辆180余辆次，出动执法人员968人次，完成抽样送检230余批次。

大力开展农资打假活动，加强了对种子、农药、肥料等重要农资的监管，确保假冒伪劣农资不入库；以排查禁用农药为重点，建立健全销售台账，加强农资使用环节的监管。同时对区内种子、农药经营门店、经营农资产品及销售甲胺磷等5种高毒农药的部门开展违法、违规行为的检查，全区全年未发现因农资不合格产生纠纷和假农资坑农、害农现象。

第三节　渔业管理

一、资源保护

（一）人工放流

新中国成立前，境内渔民大部分利用鱼类因产卵形成的鱼汛捕捞。20世纪60年代，为保护鱼类的繁殖和生长，逐步限制和淘汰此法，待鱼类繁殖后的子代个体达到上市规格后再捕捞，同时人工放流青鱼、草鱼、白鲢、花鲢、鲤鱼、鲫鱼等鱼种，以补充湖区鱼类的不足。1967年，阳澄湖水产资源繁殖保护委员会成立，其工作职能是进一步保护阳澄湖的水产资源。1968年，在阳澄湖人工放流草鱼、白鲢、花鲢、鲤、鲫、鳊等鱼种234万尾，夏花鱼苗676万尾；全湖当年捕捞1550吨，比上年增产三分之一。1985年，人工放流鱼种44.5万尾（折重10180公斤）、鲤鱼夏花100万尾。1986年，人工放流鱼种45.8万尾（折重10936公斤）、鲤鱼夏花150万尾。1987年，人工放流鱼种78.9万尾（19500公斤）、鲤鱼夏花100万尾、蟹苗196公斤。

2004年至2008年，苏州渔政站城北分站在阳澄湖相城区水域放流鱼种38538万尾，其中花鲢3816万尾、白鲢12728万尾、草鱼9061万尾、鲫鱼6900万尾、青鱼1672万尾、鲤鱼1645万尾、鳊鱼2716万尾。2008年5月9日上午在阳澄湖大东湖水域放流蟹苗50万只，与蟹苗同时放流的还有100吨螺蛳。是年，阳澄湖发生蓝藻。翌年，经阳澄湖渔业管理委员会规划同意，在相城区管辖的后荡湖、阳澄西湖、阳澄中湖等蓝藻特别严重的地区开展围栏生态养殖，面积共5万亩，主要增加鲢、鳙等鱼类的养殖，以抑制蓝藻的发生。2010年6月，苏州市渔政管理站城北分站在相城区水域放流鱼种241万尾，其中白鲢鱼苗100万尾、花鲢鱼苗100万尾、草鱼鱼苗25万尾、鲫鱼乌子约16万尾。

2012年12月，相城区农业局在漕湖放流鳙鱼种14423公斤；鲢鱼种25000公斤；黄颡鱼种6万尾；麻花鱼+骨鱼种10万尾。湖泊渔业资源增殖放流经费为50万元，其中直接用于购买鱼种资金45万元，运输、宣传、组织、仪式、专家论证、效果跟踪等费用5万元。

（二）封湖禁渔

1978年起，东太湖18万亩水面春季禁捕一个月；1984年，经江苏省人民政府批准，每年从2月1日起至8月31日止，全太湖封湖育鱼。但为照顾小型渔具渔民的生产生活需要，从5月1日到翌年1月31日，特许小钩、大钩、抄季郎鱼入湖捕鱼及人工扒蚌、人力耥螺蚬；从5月10日起到翌年1月31日，允许入湖捞割水草，专业渔民抄虾和使用虾笼捕虾；6月10日起到翌年1月31日，允许兼业农民入湖抄虾和使用虾笼捕虾。

2009年2月，苏州市农林局和苏州市阳澄湖渔业管理委员会办公室在阳澄湖实行禁渔区、禁渔期制度，规定：饮用水源地取水口一级保护区和阳澄东湖西湾放生区为禁渔区，禁止一切渔业活动；每年1月1日至8月31日为阳澄湖丝网生产禁渔期，阳澄湖全年禁止鱼簖生产，鱼簖生产仅限于沿湖港口，鱼簖设置向湖区延伸不得超过30米；每年2月1日至4月30日

为港口鱼簖生产禁渔期；每年3月1日至5月31日为贝类、水草生产禁渔期（半封闭型增殖放养区除外）；禁止使用电、毒、炸、麻醉品、药物等严重破坏渔业资源的方法进行捕捞，其他捕捞生产渔具必须符合资源保护的要求，渔具的大小尺寸、网目规格也必须符合相关要求。

二、渔政管理

（一）渔政机构

1982年，沺泾乡渔政管理组成立，隶属于吴县水产局。1984年9月，改名为"沺泾乡渔政管理站"，隶属于吴县渔政管理站，管辖阳澄湖西湖11000亩和阳澄湖中湖、东湖34000亩水面，保护自然增殖、实施人工放流；保护湖区水域，限制围垦和使水质不受污染，促进渔业生产良性循环；禁止破坏水产资源的渔具渔法，推广先进的捕捞、养殖方法；优先安排本湖区渔民捕养，合理收取水资源增殖费，建立良好的生产秩序，并在南消村后塘湖口设立一座航标，派专人管理，以保障渔船安全。2000年，阳澄湖镇渔政管理站有渔政船1艘、快艇2艘。

2001年，成立相城区渔政管理站。阳澄湖中湖由境内渔政站管理。是年，在阳澄湖东中湖绞口设立阳澄湖资源繁殖保护区，面积6500多亩，是全国阳澄湖大闸蟹标准化示范区的中心区域。每年放流鱼种，实行禁捕期，定期开放捕捞。2002年2月，撤销相城区渔政管理站，

相城区渔政由苏州市渔政管理站城北分站（以下简称"城北分站"）管辖。是年，城北分站将在阳澄湖东湖和中湖从事养殖、捕捞的678条渔船纳入管理，建立渔船档案、检验船只，完成检验发证工作；苏州市渔政管理站在元和塘及邻近水域投放近200万尾鲤鲫小鱼种。2003年7月，城北分站组织水上执法突击检查行动，查获无证捕捞7起（其中外来渔民5起、本地渔民2起）、非法电力捕鱼12起，依法对当事人进行经济处罚，放流全部没收的渔获物。2004年至2007年，城北分站签办捕捞许可证700户；处理污染事故34起，渔民获赔567.3万元，上缴国家财政罚款7.5万元、上缴国家财政"国家资源赔偿款"17.45万元；处理水工建设纠纷38起，渔民获赔849.8万元，上缴国家财政"国家资源赔偿款"11万元；查处电捕65起、无证捕捞41起。2009年2月，城北分站为相城区93户渔民办理捕捞许可证签证，对73艘机动渔船和78艘非机动渔船进行船舶检验。3月，对相城区阳澄湖镇清水、莲花、渔业、洋沟溇、新泾、消泾等6

个村从事围网养殖的620艘机动渔船进行船舶检验，并办理船东互保1240份。12月，苏州市渔政管理站在渭塘镇西湖村举办渔业船舶职务船员培训班，共有24位渔职人员参加培训。2010年1月，城北分站对相城区元和塘、黄埭塘、春申湖、渭塘河等水域展开全面检查，查获使用电力进行拖网作业渔船1艘，清理违规设置鱼簖1条。

2010年4月，经苏州市相城区机构编制委员会批准，苏州市相城区农业局新组建成立相城区渔政管理站（渔船检验站、渔港监督站），承担综合协调相城区湖、河等渔业水域的监测、科研、开发利用和渔业管理责任；主要负责渔政、渔港监督管理、渔船检验、组织指导渔业安全生产、渔业无线电通信管理、协调渔业纠纷、调查处理渔业水域污染事故等工作。

2013年3月，经苏州市相城区农业局批准，苏州市相城区渔政管理站更名为"苏州市相城区渔政监督大队"，并报苏州市相城区机构编制委员会审批。

2013年8月下旬，相城区渔政监督大队对阳澄湖镇现代农业产业园养殖的大闸蟹进行抽样检测，共检测样品23份，结果均为合格，未发现有使用孔雀石绿、呋喃唑酮代谢物、氯霉素等违禁药物的现象。

2013年11月25日，相城区渔政监督大队在阳澄湖登船检查了捕捞渔船船体安全性能、捕捞作业工具安全运行情况、人员救生设备配备情况、消防设施配备情况等安全状况，并发放《渔业安全生产手册》，现场指导捕捞作业人员在低温情况下安全生产的注意事项。

2013年12月25日，相城区渔政监督大队举行禁用渔具集中销毁仪式。区农业局分管领导、市支队、渭塘镇、太平街道、阳澄湖镇、北桥街道、开发区渔政管理中队负责人及各乡镇渔政协管员参加了该仪式，相关人员将打击非法捕捞整治行动中没收的544只电瓶、442只逆变器、1艘铁皮船、2艘塑料船等违禁渔具全部销毁。

（二）湖区渔业管理

1965年6月，阳澄湖渔业生产管理委员会成立，办公室设在境内陆墓镇。湖区渔业管理的职责主要为保护和增殖湖区水产资源。1986年10月，阳澄湖渔业生产管理委员会办公室由陆墓镇迁至位于苏州市胥门的苏州市渔政管理站内。2001年年底，阳澄湖实际网围养殖面积11.74万亩，阳澄湖原有生态环境遭受破坏。2002年起，阳澄湖渔管部门加强宣传引导，加大渔业综合行政执法力度，保护阳澄湖水源水质和渔业生态环境。2007年，苏州市政府要求整治阳澄湖网围养殖；12月，成立相城区阳澄湖网围养殖整治工作领导小组（简称"网围整治小组"），成员由区农办、农发局、信访局、财政局、公安分局等部门和沿湖各镇（街道）政府（办事处）及苏州市渔政管理站、苏州市阳澄湖渔政管理站等组成，下设阳澄湖网围养殖整治工作办公室（设在区农发局），各镇（街道）政府（办事处）成立相应的工作班子；制定《相城区阳澄湖网围养殖整治工作实施意见》，印发5000份《相城区关于阳澄湖网围养殖整治工作实施意见的通知》，使养殖户清楚网围养殖整治工作的要求及补偿标准。阳澄湖有网围养殖86365亩（包括后荡湖6575亩），其中相城区纳入整治面积的有50404.5亩，涉及4个镇、街道的33个行政村，共1626户养殖户。整治要求全面拆除阳澄西湖和后荡湖区域内的所有网围养殖设施，设立为半封闭型的增殖放流区域，阳澄湖东湖、中湖网围养殖面积要压缩至16000亩。2008年1月20日至2月5日，网围整治小组与全体养殖户签订网围拆除协议，并开始网围拆除工作。3月6日，指定区域内网围全部被拆除。阳澄湖渔政站进行GPS遥感测量、合理规划，按每户5~20亩不等的网围养殖水面重新安置698户专业养殖户，总安置面积16000亩，其中阳澄湖中湖11000亩、阳澄湖东湖5000亩；区财政按时将补偿资金发放给养殖户，全区水面补偿资金1.37亿元，生产生活设施补助经费6412.92万元；因网围养殖整治而失去水面的原渔业村村民被纳入基本生活保障范围；各镇建设安置房，解决原住家船渔民住房问题。阳澄湖保留3.2万亩网围养殖区（其中相城区有1.6万亩），其余水域划分为四大功能区，分别为近6万亩的半封闭型增殖放养区、5000亩饮用水源保护区、沿湖300~1000米范围内的湿地保护区及数万亩开放水域。

2012年8月21日上午，相城区渔政管理站召开打击非法捕捉走私经营利用水生野生动物专项执法行动会议，出席会议的有相城区农业局领导、各镇（街道）的渔政协管员以及相城区全体渔政员。渔政管理站站长针对保护珍稀濒危水生野生动物专项执法行动进行具体部署。渔政管理站并制作宣传横幅12幅，发放宣传资料120份，以提高公众保护水生野生动物的关注度和参与度。

第九章　行政管理机构

概　述

2001年2月，经国务院批准，原吴县市撤市建区，分设成立苏州市吴中区、相城区。同月，相城区建立农业发展局筹备组，筹备组由矫国兴、徐国良、陈水男等3位同志组成。矫国兴任组长，徐国良、陈水男任副组长。同年3月1日，相城区各级政府职能部门正式开始履行行政管理职能，相城区农业发展局筹备组同步开始工作。根据《中共苏州市委、苏州市人民政府关于相城区机构设置和人员编制配备的批复》（苏发〔2001〕8号）文件精神，组建苏州市相城区农业发展局。该局为区政府工作机构，正科级建制，全面承担全区农业与农村工作，涵盖种植业、林业、畜牧业、渔业、粮食、农经等。

原吴县市水产养殖总场（事业单位性质），建区时划归相城区管理。2004年下半年，启动区属生产经营型事业单位转企工作，原事业单位性质的相城区水产养殖总场进行转企改制。2005年3月，成立新的国有企业——相城区水产养殖总场。2005年4月25日（按区委抄告单，区委农村工作办公室的成立时间应为2004年12月），农村工作、农经职能整体划归新组建的区委农村工作办公室。

2008年2月，成立相城区畜牧兽医局，副科级建制，隶属区农业发展局管理。

2010年1月18日，根据《中共苏州市相城区委、相城区人民政府关于印发〈相城区人民政府机构改革实施意见〉的通知》（相委发〔2010〕1号）精神，相城区农业发展局更名为"相城区农业局"，同时将区畜牧兽医局职责划入区农业局，不再保留"相城区畜牧兽医局"的牌子。

相城区农业局作为相城区政府组成部门，全面承担全区种植业、林业、园艺业、畜牧业、渔业、粮食、农业资源开发和农业机械化等农业综合职能。全区建有较为完善的区、镇两级农业服务体系，区农业局是全区农业行政主管部门，同时，对镇级农业服务机构进行指导。镇级农业服务机构主要设有农业服务中心、畜牧兽医站、粮管所，有些乡镇还设绿化站。

第一节 相城区农业局

一、主要职责

（1）拟订种植业、林业、园艺业、畜牧业、渔业、农业资源开发和农业机械化等现代农业各产业（以下简称"农业"）的中长期发展规划和年度计划，经批准后组织实施。

（2）贯彻执行农业法律、法规、规章和各级支农扶农政策；指导监督农业行政执法工作。

（3）会同有关部门编制农业产业化龙头企业发展规划，协调有关扶持政策的落实。

（4）发布农业最新发展动态；加强农产品产需调控，引导农业产业结构调整，促进农产品有效供给和总量平衡、结构合理。

（5）指导农产品基地的规划、开发、建设、保护和管理工作；负责农产品质量安全监督管理工作；培育、保护和发展农产品品牌；参与制定并组织实施农业技术标准；指导名特优农产品原产地保护和农业植物新品种的保护工作；指导农业检验检测体系建设。

（6）组织拟订农业科研、培训、技术推广及其队伍建设的发展规划；组织重大农业科研和技术推广项目的遴选及实施；指导农业教育和农业职业技能开发工作。

（7）负责生态农业建设；组织、协调、指导和监督全区湿地保护工作，负责全区湿地规划、保护与管理；指导农业生态环境保护工作和休闲观光农业建设工作；负责保护和提高耕地的质量和综合生产能力。

（8）拟订农业资源、宜农滩涂和农村可再生能源综合开发规划并组织实施；负责农业系统外经外贸工作；组织有关农业项目对外招商引资等经济技术交流与合作。

（9）拟订林业产业体系建设规划和森林资源保护政策，经批准后组织实施；负责全区农村绿化工作；负责森林资源和林地、林权的管理；组织协调、指导监督森林防火工作。

（10）依法开展农作物种子（种苗）、种畜禽、种鱼苗、肥料、农药、兽药、饲料及饲料添加剂等的许可与监督管理工作；组织、指导和监督农作物重大病虫草害的防治、外来有害生物的防控以及动植物的防疫检疫工作，发布疫情并组织扑杀。

（11）承担综合协调全区湖、河等渔业水域的监测、科研、开发利用和渔业管理的责任；负责全区渔业生产指导、疫病防控指导和渔业资源评估、监测、增殖、保护、开发和合理利用工作；负责渔政、渔港监督管理和渔船检验工作；依法保护和管理水生野生动物资源；组织指导渔业安全生产、渔业无线电通信管理工作；协调渔业纠纷，调查处理渔业水域污染事故。

（12）保障全区粮食供应安全，承担粮食省长负责制下的市县长分级负责制有关粮食流通的具体实施工作；拟订全区粮食宏观调控、总量平衡以及粮食流通产业发展的中长期规划和地方粮油储备计划，经批准后组织实施；贯彻落实国家粮食流通法律、法规和粮食购销政策，组织实施政策性粮食收购，指导全区粮食购销工作，指导和协调粮食产销衔接；负责全区粮食市场监测预警和应急保供工作；负责全区粮食市场体系建设；负责区级储备粮油管理；指导全区粮食行业管理；负责全区粮食流通监督检查工作。

（13）负责农机安全生产，会同有关部门加强农机系统技术监督管理；负责农机维修行业管理及网络建设；负责农机安全技术检验和农机事故调查处理等工作；负责防灾减灾农机用油计划申报、分配、监督和抗灾救灾机具的调度；负责农用柴油市场的协调和监管。

（14）承办区政府交办的其他事项。

二、历届党组主要成员更迭情况

书　记　矫国兴　2001年6月—2006年4月

书　记　杨荣林　2006年4月—2012年1月

书　记　顾　敏　2012年1月—2016年2月

书　记　许国荣　2016年3月—2016年12月（本章截至2016年度）

副书记　陈水男　2007年3月—2012年1月

纪检组组长　徐国良（正科兼）　2001年6月—2007年11月

纪检组组长　陈玉庆　　　　　　2008年1月—2011年12月

纪检组组长　钱林兴　　　　　　2012年1月—2016年11月

三、历届正副局长更迭情况

局　长　矫国兴　2001年6月—2006年4月

局　长　杨荣林　2006年4月—2012年1月

局　长　顾　敏　2012年1月—2016年2月

局　长　许国荣　2016年3月—2016年12月（本章截至2016年度）

副局长　徐国良　2001年6月—2007年11月

副局长　陈水男　2001年6月—2002年4月

副局长　钱林兴　2001年6月—2016年11月

副局长　姚建敏　2002年1月—2004年12月

副局长　王泉林　2002年4月—2007年11月

副局长　顾永元　2002年7月—2004年12月

副局长　王金生　2004年1月—2007年3月

副局长　陈水男（正科）　2004年12月—2012年1月。2004年12月—2007年，兼相城区生态农业示范园区管委会副主任、区生态农业示范园区开发有限公司总经理。

副局长　杨凤根（正科）　2007年11月—2016年12月（本章截至2016年度）

副局长　孙伟强　2008年1月—2016年11月，兼相城区生态农业示范园区管委会副主任、区生态农业示范园区开发有限公司副总经理。

副局长　施文琪　2012年6月—2016年12月（本章截至2016年度）

副局长　龚宏伟　2014年9月—2016年12月（本章截至2016年度）

副局长　朱雪花　2016年11月—2016年12月（本章截至2016年度）

相城区畜牧兽医局（二级局）

局　长　陈水男（兼）　2008年6月—2010年1月

副局长　周荣元　　　　2008年10月—2010年1月

相城区绿化委员会办公室（二级局）

主　任　钱林兴（兼）　2001年8月—2003年3月

主　任　王金生　　　　2003年3月—2007年3月

主　任　曹玉林　　　　2007年11月—2011年2月

主　任　吴建明　　　　2012年1月—2013年12月

相城区水产养殖总场

场　长　姚建敏　2001年6月—2005年3月

场　长　陆建平　2012年7月—2016年12月（本章截至2016年度）

第二节　内设机构

2001年3月，相城区农业发展局设7个职能科室，分别是办公室、农业科、林牧科、粮油科、水产科、农经科、科技教育科。

2005年，区组建区委农村工作办公室后，农经科整体划入区委农村工作办公室。

2008年11月，根据《进一步加强和改进全区行政审批与服务工作的意见的通知》（相政发〔2008〕61号）精神，经区机构编制委员会调整，区农业发展局设办公室、农业科、粮油科、水产科、科技教育科、农业行政许可服务科等6个职能科室，撤销林牧科。

2010年，区政府机构改革，区农业局共设内设机构7个，增设农产品质量监督科，均为正股级建制。

一、办公室

办公室是撤市建区时设立的局内设机构。

主要工作职责：组织协调机关日常政务工作；负责机关日常文电、会务、机要、保密、档案、财务、政府采购等工作；负责农业信息化和政务公开工作；负责机关干部职工吸纳、调动、离退休工作；负责干部人事、劳动工资等工作；组织、承办和协调综合性会议与重要活动；参与人大、政协建议提案办理工作；拟订机关管理制度并监督实施；参与机关行政效能建设、精神文明建设等工作；参与党务、工会、妇联等群团工作；承担机关接待和后勤服务工作。

主　任　杨益人　2001年3月—2009年4月

主　任　李老土　2009年5月—2011年5月

主　任　苏彩霞　2011年12月—2016年6月

副主任　陈建中　2001年3月—2013年12月
副主任　李老土　2007年11月—2009年5月
副主任　苏彩霞　2009年5月—2011年11月
副主任　卫灿灿　2015年6月—2016年12月（本章截至2016年度）
副主任　孙　鹏　2014年10月—2016年12月（本章截至2016年度）

二、农业科

主要工作职责：指导编制、筛选、评估、申报农业资源开发和对外招商项目，经批准后组织实施；负责农业资源开发项目的资金管理、项目建设和档案管理工作；指导农业系统涉外工作，组织开展对外经济技术交流与合作；承担农业资源开发项目、对外招商项目的各项经济指标的统计工作；组织参与国家、省、市等各级各类农博会、农交会。组织编制农业产业化龙头企业发展规划，协调有关扶持政策的落实。

科　长　李老土　2011年4月—2015年3月
科　长　黄日峰　2015年5月—2016年12月（本章截至2016年度）
副科长　张晓红　2010年9月—2013年3月
副科长　陈永其　2013年3月—2013年12月

三、粮油科

主要工作职责：贯彻落实国家粮食流通法律法规和粮食购销政策，组织实施政策性粮食收购，指导全区粮食购销工作，指导和协调粮食产销衔接；负责全区粮食市场监测预警和应急保供工作；负责全区粮食市场体系建设；负责区级储备粮油管理；指导全区粮食行业管理；负责全区粮食流通监督检查工作；加强财会、统计、仓储数据报表资料的汇总、业务管理工作，提供行业服务；负责粮食系统国有资产监督管理工作。

科　长　朱兴雄　2001年3月—2009年4月
科　长　杨益人　2009年4月—2012年8月
科　长　戴沈虎　2012年8月—2015年3月
科　长　陈永其　2015年3月—2016年12月（本章截至2016年度）
副科长　祝瑞生　2009年4月—2016年8月
副科长　蒲文春　2014年10月—2016年12月（本章截至2016年度）

四、水产科

主要工作职责：拟订全区渔业发展规划和年度计划，经批准后组织实施；指导渔业结构调整、示范园区建设、渔业捕捞、渔业生产；负责辖区内渔业资源、水生野生动植物、水产种质资源的保护；协调处理渔业纠纷、渔业污染事故和渔业生产安全事故；组织协调重大水生动物疫病防控，指导监督水生动物防疫检疫工作；指导全区水产种苗生产体系建设；负责产业统计、形势分析和产业信息宣传工作；参与市场监管工作。

2012年8月，根据苏州市相城区机构编制委员会《关于区农业局增设农产品质量安全监管机构的批复》（相编办〔2012〕11号），撤销水产科，其职责并入农业科。

科　　长　周根元　2001年3月—2011年12月

副科长　黄　鸣　2004年8月—2006年4月

五、科技教育科

主要工作职责：拟订农业科技、培训、技术推广、农产品质量建设规划；组织重大科技项目攻关与技术开发；承担农业科技成果转化与推广工作；指导农技推广服务体系建设；指导农业标准化生产；指导农业面源污染的防控与治理；负责地产食用农产品质量监管，指导农产品检验检测体系建设、农业投入品监管、农产品质量检测等工作；负责系统内干部职工、基层农技人员及农民等的培训教育工作；负责农技人员职称职务的晋升、考核等工作；负责科技项目的申报办理及相关工作；负责农产品"三品"基地认定和"三品"认证申报审核工作。

科　　长　陈林根　2001年3月—2007年10月

科　　长　黄　鸣　2007年11月—2011年4月

科　　长　黄日峰　2011年4月—2015年3月

科　　长　李老土　2015年3月—2016年12月（本章截至2016年度）

副科长　黄　鸣　2006年4月—2007年10月

副科长　金　良　2007年11月—2012年10月

六、农业行政许可服务科（政策法规科）

农业行政许可服务科是2008年11月相城区机构编制委员会办公室批准设立的局内设机构。2010年机构改革，增设政策法规科，两块牌子一套班子。

主要工作职责：负责农业法律、法规、规章贯彻执行情况的监督检查工作；负责协调农业综合执法和重大案件的查处；指导法制宣传，督促农业行政执法工作；负责局农业行政许可服务事项；承办农业行政复议。

科　　长　戴沈虎　2008年11月—2009年4月

科　　长　陈建中　2009年4月—2015年3月

科　　长　张　倩　2015年3月—2016年12月

七、农机管理科

2010年机构改革，原区水务局农机管理职能整体划入区农业局，组建区农业局农机管理科。

主要工作职责：负责全区农业机械化发展规划的拟订，并组织实施；指导拟订农机新产品、新技术试验示范与推广计划；指导机械化农业生产、服务和经营活动，协调农机跨区作业，负责农机维修行业管理及网络建设；负责农用机油需求预测、农用柴油市场监管和协调工作，负责防灾抗灾农机用油计划的申报、分配和监督。

科　长　施文琪　2010年8月—2012年6月

八、农产品质量监督科

2012年8月，根据苏州市相城区机构编制委员会《关于区农业局增设农产品质量安全监管机构的批复》（相编办〔2012〕11号），成立农产品质量监督科，正股级建制。

主要职责：负责本区域农产品质量建设规划的拟订并组织实施；参与拟订农产品生产和质量标准，指导农业标准化生产；负责无公害农产品、绿色食品和有机食品等优质农产品的登记、申报等管理和原产地保护工作；负责地产食用农产品质量监管，协调指导农产品检验检测体系建设、农业投入品监管、农产品质量检测等工作。

科　长　梁菊荣　2008年9月—2015年3月
科　长　戴沈虎　2015年3月—2016年11月

第三节　直属事业单位

原区农业发展局直属事业单位12个，其中相城区畜牧兽医局、相城区绿化委员会办公室为二级局，其余均为正股级建制。2001年年底，相城区渔政管理站整体划归苏州市农林局。2002年8月，因区划调整，通安木检站整体划归苏州市高新区。2005年，区组建区委农村工作办公室，相城区农村财务指导站整体划入区委农办。2010年区政府机构改革，组建区农业局，撤销区畜牧兽医局，区农业局现有直属事业单位10个。

一、相城区农业行政执法大队

主要工作职责：

（1）宣传贯彻国家和省、市农业的方针、政策以及有关法律、法规和规章；履行法律、法规和规章赋予农业行政主管部门的执法职能。

（2）负责本区范围内农业生产资料经营单位的经营资格审查。

（3）负责检查农药、化肥、种子生产企业生产的产品是否为经过登记、审定和批准推广的品种，包装是否符合规定；负责检查经营单位所经营的农资产品的质量、标识、包装是否符合法律的规定，是否为本区决定推广使用的品种。

（4）参与对本区范围内的生态环境进行检测、监督管理。

（5）抓好执法队伍的政风和廉政建设，提高农业执法透明度，规范行政执法行为，做到公开、公正、公平，推动农业行政执法工作健康发展。

（6）负责对农资、农药使用、经营进行监督、检查，依法打击假、伪劣质和坑农、害农事件，对违法案件进行核查、立案、查处，协助局属有关执法单位开展行政执法，配合抓好执法人员的综合管理。

大 队 长　曹玉林　2001 年 3 月—2005 年 4 月

大 队 长　谭荣祥　2007 年 11 月—2009 年 4 月

大 队 长　戴沈虎　2009 年 4 月—2012 年 8 月

大 队 长　勾起洪　2012 年 8 月—2015 年 3 月

大 队 长　梁菊荣　2015 年 3 月—2016 年 12 月（本章截至 2016 年度）

副大队长　徐克英　2001 年 3 月—2009 年 4 月

副大队长　谭荣祥　2005 年 4 月—2007 年 11 月

二、相城区绿化委员会办公室（二级局）

主要工作职责：

（1）拟订全区绿化造林和花卉产业发展的规划并组织实施。抓好城区绿化建设的规划、设计、招投标、施工和养护，建好相关档案，确保城区绿化成果。

（2）贯彻执行相关法律、法规、法令，加强宣传教育，推动各级组织和广大群众履行植树绿化的义务，遵守保护树木绿地的法令，树立爱护绿化的社会风尚，达到发展绿地、巩固绿化成果的目的。

（3）负责绿化重点工程的绿化质量监督工作。

主　任（副主任）　王金生　2001 年 3 月—2007 年 4 月

主　任　曹玉林　2007 年 11 月—2011 年 2 月

主　任　吴建明　2012 年 1 月—2013 年 12 月

副主任　王　力　2003 年 9 月—2005 年 4 月

副主任　曹玉林　2005 年 4 月—2007 年 11 月

副主任　沈军伟　2007 年 11 月—2009 年 12 月

副主任　吴建明　2010 年 12 月—2012 年 1 月

副主任　金　良　2012 年 10 月—2015 年 3 月

副主任　陈建中　2015 年 3 月—2016 年 12 月（本章截至 2016 年度）

三、相城区林业站

主要工作职责：

（1）负责绿化、林果生产的技术指导和服务，提高绿化质量和花卉苗木质量，积极开展科学研究，推广应用林业科技成果，以科技进步促进全区绿化事业和林果生产的发展。

（2）负责对全区林地征占用、林业采伐许可证的审批、发放和管理。

（3）负责林政执法、森林病虫害防治、木材管理、野生动植物管理等工作。

（4）纠正和查处单位或个人违反林业法律法规、规章的行为，并决定行政处罚。

站　长　王金生　2001 年 3 月—2003 年 9 月

站　　长　王　力　2003年9月—2005年4月
站　　长　曹玉林　2005年4月—2007年11月
站　　长　沈军伟　2007年11月—2010年1月
站　　长　吴建明　2010年1月—2011年4月
站　　长　黄　鸣　2011年4月—2015年3月
站　　长　金　良　2015年3月—2016年11月
副站长　王　力　2001年3月—2003年9月
副站长　沈军伟　2003年9月—2007年11月
副站长　吴建明　2007年11月—2010年1月
副站长　盛祥龙　2008年11月—2009年4月
副站长　勾起洪　2009年4月—2012年8月
副站长　沈建新　2010年1月—2011年4月

四、相城区森林植物检疫站

主要工作职责：负责全区花卉、苗木、竹类植物、种子及其繁殖材料、果品药材、盆景植物等森林植物及其产品的出入境检验检疫工作。

站　　长　王金生　2001年3月—2007年3月
站　　长　曹玉林　2007年5月—2013年12月
站　　长　金　良　2013年12月—2015年3月

五、相城区农业技术推广站

主要工作职责：

（1）拟订种植业、植物检疫、种子发展工作计划并组织实施。

（2）负责种植业有关的农业栽培技术推广，重大农业科技推广项目的实施；负责对本区农业生化制剂的试验、示范和推广的指导管理。

（3）负责对本区推广的新农艺、新耕作制度进行试验、示范，确定是否具有先进性和适用性。有则同意，经培训后推广；无则不能推广。

（4）负责种子计划、生产、经营和品种及种子质量的管理；会同有关部门查处违法生产、经营和品种质量的管理。

（5）负责建立基本农田地力与施肥效益和长期定位监测，提出基本农田的保护措施，指导农业生产者使用化肥，采用配方施肥和秸秆还田；负责对基本农田的地力检测、分等定级；监督管理耕地的使用和养护；监督管理复混肥、专用肥、小磷肥的生产、经营。

（6）负责对农业环境污染和农业资源破坏情况进行检查。

站　　长　吴登宽　2001年3月—2009年4月
站　　长　张建明　2009年4月—2016年12月（本章截至2016年度）

副站长　张建明　2001年3月—2009年4月
副站长　孙伟强　2001年3月—2004年12月
副站长　李老土　2004年8月—2007年11月
副站长　黄日峰　2007年11月—2010年9月
副站长　梁菊荣　2009年4月—2012年9月
副站长　张卫卫　2009年4月—2012年9月

六、相城区植保植检站

主要工作职责：

（1）负责植物检疫工作，宣传普及检疫知识。负责全区农作物病虫害预测预报工作，开展检疫普查，掌握疫情虫草的发生动态，负责检疫对象的封锁、控制和消灭工作，开展种子、苗木和其他繁殖材料、繁育基地的产地检疫和调运签证，监督指导有关部门建立无检疫对象的种子、苗木繁育、生产基地。

（2）负责本区范围内农药产品的试验、推广工作，推广使用高效低毒、低残留农药和生物农药，做好本区农药安全合理使用的管理工作。

（3）帮助基层抓好农作物病虫害防治技术指导工作。

站　　长　张建明　2001年3月—2013年12月
站　　长　金　良　2014年11月—2015年3月
副站长　张晓红　2009年4月—2010年9月

七、相城区畜牧兽医局（二级局）

根据相编委〔2008〕1号文件，组建苏州市相城区畜牧兽医局，其属区政府行政机构，副科级建制，隶属农业发展局管理。2010年1月，区政府机构改革，撤销区畜牧兽医局。

主要工作职责：

（1）指导和监督全区重大动物疫病的防控、动物防疫检疫工作。
（2）负责动物产品安全的监督管理。
（3）承担兽医行政、兽药管理、饲料管理等职能。

局　　长　陈水男　2008年10月—2010年1月
副局长　周荣元　2008年10月—2010年1月

八、相城区畜牧兽医站

主要工作职责：

（1）宣传贯彻执行国家有关动物防疫工作的方针政策、决定和动物防疫管理的法律、法规及规章，拟订畜牧业发展计划，并组织实施。

（2）指导畜牧业结构、布局调整，负责畜牧业生产、示范基地建设，提供畜牧兽医技术服务和技术指导。

（3）监督管理兽药、种畜禽、饲料及饲料添加剂的生产、经营、使用活动。

（4）负责畜牧兽医新品种、新兽药、新技术、新工艺等的引进、示范和推广，指导全区畜牧兽医技术队伍建设，开展技术培训，提高技术人员的业务素质。

（5）负责有关动物防疫、兽药管理、种畜禽管理证照的审批、发放和管理；指导和监督动物防疫、检疫工作，掌握疫情并组织扑灭。

（6）负责动物及产品的产地检疫、宰前检疫和宰后检验，对严重危害畜牧业生产和人体健康的动物疫病实施强制免疫。

（7）承担奶牛业的管理，协调区奶牛协会工作。

（8）负责对各镇畜牧兽医站实行监督管理工作。

（9）纠正和处理违反有关法律和行政法规的行为。

站　　长　王全林　2001年3月—2002年12月
站　　长　周荣元　2002年12月—2008年10月
站　　长　杨建国　2008年10月—2013年7月
站　　长　周静华　2013年12月—2015年3月
站　　长　勾起洪　2015年3月—2016年12月
副站长　　周荣元　2001年3月—2002年12月
副站长　　杨建国　2004年8月—2008年10月
副站长　　徐荣兴　2008年10月—2009年4月
副站长　　马苏芬　2008年11月—2013年12月
副站长　　周静华　2009年4月—2013年12月

九、相城区水产技术推广站

主要工作职责：

（1）负责全区水产生产的规划、布局和落实工作。

（2）负责研究水产新品，研究开发和引进新品技术，进行水产技术推广及鱼病防治、检疫。

（3）为全区水产技术服务、人员培训、技术指导提供业务技术咨询。

（4）负责水产生产情况的收集、统计、数据分析。

站　　长　徐盘英　2001年3月—2009年4月
站　　长　龚宏伟　2009年4月—2011年12月
站　　长　张　倩　2012年7月—2015年3月
站　　长　周静华　2015年3月—2016年12月（本章截至2016年度）
副站长　　龚宏伟　2006年4月—2009年4月
副站长　　张　倩　2009年4月—2012年7月

十、相城区农业机械安全监理所

2010年机构改革，原区水务局相城区农业机械安全监理所职能整体划入区农业局。

主要工作职责：

（1）负责对农业机械及其驾驶操作人员办理登记、入户、安全技术检验，核发统一的牌、证照及换证、定期审验。

（2）负责在田间、场院和乡以下道路停放或作业过程中的农业机械的安全检查工作，纠正查处违章行为，配合公安交管部门开展上道路拖拉机的道路交通安全管理。

（3）负责上报和处理农业机械事故，做好档案管理工作。

（4）参与改型、改装的农业机械的安全技术性能审核和安全鉴定。

（5）按国家规定收取和管理农业机械监理费。

（6）依法对农机驾驶操作人员的违法违章行为给予行政处罚。

（7）做好法律、法规、规章和上级政府规定的其他工作。

所　　长　施文琪　2010年8月—2012年7月

所　　长　胡玉梅　2012年7月—2016年12月（本章截至2016年度）

副所长　胡玉梅　2010年8月—2012年7月

副所长　孔　呈　2015年3月—2016年2月

副所长　张卫卫　2016年3月—2016年12月（本章截至2016年度）

十一、相城区渔政站

站　　长　许全官　2001年3月—2001年12月

副站长　顾敏强　2001年3月—2001年12月

十二、相城区渔政管理站（渔船检验站、渔港监督站）

2010年4月，经区机构编制委员会批准，区农业局新组建成立渔政管理站（渔船检验站、渔港监督站）。

主要工作职责：承担综合协调全区湖、河等渔业水域的监测、科研、开发利用和渔业管理的责任；负责全区渔业生产指导、疫病防控指导和渔业资源评估、监测、增殖、保护、开发及合理利用工作；负责渔政、渔港监督管理和渔船检验工作；依法保护和管理水生野生动物资源；组织指导渔业安全生产、渔业无线电通信管理工作；协调渔业纠纷，调查处理渔业水域污染事故。

站　　长　陆建平　2010年9月—2016年3月

副站长　陈永其　2012年7月—2013年3月

十三、相城区渔政监督大队

2013年3月,经苏州市相城区农业局批准,并报苏州市相城区机构编制委员会审批,苏州市相城区渔政管理站更名为"苏州市相城区渔政监督大队"。

大队长　陆建平　2013年4月—2016年12月

副大队长　濮卫峰　2013年4月—2016年12月

十四、通安木检站

站　长　吴林春　2001年3月—2002年8月

第三卷 水产

概 述

相城区东含阳澄湖、西临太湖。境内湖荡密布，河港纵横，水域172.31平方千米。在阳澄湖16.65万亩水面中，四分之三位于相城区境内。阳澄湖水域天然饵料丰富，水产资源得天独厚，盛产70种淡水产品。

早在新石器时代，境内已采用渔具进行深水捕捞。

据《吴越春秋》载，春秋末期（前473），越国大夫范蠡在灭吴后弃官为民，隐居在苏州城北芦苇丛中现张庄、陶村（蠡口）一带，在那里围沟筑岸，凿河泄洪，养殖鲤鱼；并在周定王九年（前460）著有养鱼专著《养鱼经》。李唐时期禁食鲤鱼后，村民在每年鱼汛期间驾舟到长江中下游捞取鱼苗试养，发展新品种，养殖青、鲩（草鱼）、鳙（花鲢）、鲢鱼（白鲢）。

宋代时，境内已普遍饲养青鱼、草鱼、鲢鱼和花鲢（鳙）等"四大家鱼"，并开始混合饲养。明清时期，境内出现了"桑基鱼塘"，以湘城、南北桥、黄埭等处为最盛，池塘养鱼已具相当规模；捕捞渔业亦极盛。

民国时期，鱼虾捕捞主要分布在太湖沿岸的望亭和阳澄湖、漕湖及盛泽荡周边的湘城、泪泾、太平、北桥、黄埭、渭塘等地；池塘养殖以黄桥、蠡口一带为主。中华民国版《吴县水产志》载，"介于阊齐二门之南北庄基，均以畜鱼为业"。黄桥淡水养殖业远近闻名，"庄基粉青"驰名苏沪。

中华人民共和国成立初期，境内有鱼类106种，虾8种，蟹3种，贝类10种，还有龟、鳖等水产品。其中鳜鱼、甲鱼、鲌鱼、鳗鱼、清水虾、大闸蟹为"湖中六宝"。

20世纪50年代，政府从资金、饲料、鱼种、技术等方面扶持渔业生产，修复鱼池，放足鱼种。1958年，各公社成立渔业大队，注重发展渔业生产。

1968年，境内利用池塘、河沟、湖湾发展养蚌育珠，蠡口、黄埭、北桥、渭塘、太平、湘城等地成为淡水珍珠的重点产区。随着鱼、虾、蟹及龟、鳖等人工繁殖和养殖技术的突破（如青鱼、草鱼、鲢鱼、鳙鱼、鲤鱼、鲫鱼、团头鲂、鳜鱼、鲌鱼、黄鳝、乌鳢等鱼类和青虾、河蟹以及龟、鳖等），渔业生产由以天然捕捞为主逐渐转化为以人工养殖为主。

20世纪60年代，人工繁殖"四大家鱼"鱼苗获得成功。

60年代后，政府保护鱼类繁殖生长，规定必须在鱼体达到起捕规格后方可捕捞，还在太湖等地人工放流鱼种。随着水闸等水利建设的发展，部分鱼、蟹等因生殖洄游受阻，部分物种绝迹。后对内港、湖泊等进行蟹苗和鱼种放流，并加强渔政执法力度，渔业资源逐渐恢复。1968年，境内推广河蚌育珠技术。

20世纪70年代，三角帆蚌人工繁殖成功，并全面推广。

1977年，农林部在吴县召开全国第一次商品鱼基地建设会议。其间在相城境内投资148.06万元，建立高产、稳产商品鱼基地，扶持渔业大队和农村社队的内塘等基本建设。

1980年，全面推广珠蚌人工繁殖技术。境内养蚌育珠户主要集中在蠡口、黄埭、北桥、渭塘、太平、湘城等地，当时境内为全国淡水珍珠的重点产区之一。

80年代初，推行家庭联产承包责任制，出现大批养鱼专业组、专业户。1987年，境内水产养殖100845亩，其中池塘26819亩，河沟与湖荡水面74026亩；水产产量15792吨，其中池塘养殖占76.79%。90年代后，阳澄湖实施网围养蟹。

80年代，推广高密度机械化增氧和颗粒饲料养鱼。

90年代，渔业村逐步从捕捞转向养殖，部分渔业村并入农业村。随着鱼、虾、蟹及龟、鳖等人工繁殖和养殖技术的突破，湖泊渔业生产逐步从捕捞向网栏、网围和网箱养殖转移。

同期，建立10大特种水产养殖基地，境内有黄桥张庄科学养鱼示范基地、湘城罗氏沼虾养殖基地、黄埭池塘养鳖基地等池塘养殖基地。

2001年，全区有渔业村14个，共3597户，有709人从事捕捞、6659人从事养殖、495人从事后勤；有捕捞渔船566艘，载重总量1368吨，捕捞产量1076吨；养殖总面积145447亩，养殖产量35939吨。

2010年，全区有渔业村7个，共3350户，有518人从事捕捞、7113人从事养殖、300人从事后勤；有捕捞渔船378艘，载重总量928吨，捕捞产量880吨；全区水产养殖面积124500亩，水产养殖产量25700吨。是年，全区淡水珍珠养殖面积800亩，珍珠产量19.3吨。

2013年，全区有渔业村7个，共3400户，有520人从事捕捞、7100人从事养殖、310人从事后勤；有捕捞渔船124艘，载重总量239吨，捕捞产量1050吨；全区水产养殖面积123015亩，养殖产量27270吨。是年，全区淡水珍珠养殖面积600亩，珍珠产量15.0吨。

第一章 水产资源

20世纪50年代，境内有鱼类106种，隶属硬骨鱼纲的有15目24科71属。1981年水产资源调查时，在阳澄湖水域采集到鱼类标本66种，甲壳类的虾2科4属共8种、蟹3科3属共3种，贝类的腹足类10种、斧足类13种，爬行类有龟、鳖等。时因沿江大型水闸影响鱼苗、蟹苗等进入内港、湖泊，又受工业和生活污水污染，加上使用密网、电捕的超强度捕捞，天然水域水产资源一度受到严重影响。浏河口建闸后，阳澄湖胭脂鱼、河鲀等绝迹，阳澄湖大闸蟹和青鱼、草鱼、鲢鱼、鳙鱼等野生产量锐减。后采用开闸纳苗、苗种放流和人工养殖等措施，渔业资源逐渐恢复。境内水域中，红鱼（蒙古红鳍鲌）、白鱼（翘嘴鲌）、鳜鱼、黑鱼（乌鳢）、鲶鱼、塘鳢鱼、鳑鲏鱼、川鲦鱼等能自然繁殖。

20世纪70年代后期至90年代，境内先后引进罗非鱼、东北鲫鱼、日本大阪鲫（白鲫）、异育银鲫、细鳞斜颌鲴、彩虹鲷、匙吻鲟、俄罗斯鲟、淡水石斑鱼、白鲳、加州鲈鱼、河鲀、花鲈、澳洲宝石鲈、罗氏沼虾、南美白对虾等国内外品种，其中异育银鲫、加州鲈、南美白对虾等形成了一定的养殖规模。进入21世纪，青鱼、草鱼、鲢鱼、鳙鱼、鲤鱼、鲫鱼、鳊鱼（团头鲂）、鳜鱼、加州鲈鱼等鱼类和河蟹、青虾等已成为境内水产资源中的主要种群。

第一节 鱼 类

一、青鱼

青鱼属鲤形目、鲤科、青鱼属。

青鱼居"四大家鱼"之首，其主食为螺、蚬，一般喜居于水体的底层。"青鱼"本地方言称"且鱼"。青鱼所含蛋白质、脂肪、维生素、矿物质等均较高，且味道鲜美，肥而不腻。其可分为"粉青""血青""乌青"三种，"黄桥粉青"久负盛名，是境内池塘养殖的主要品种之一。20世纪80年代黄桥粉青产量最高，平均每年出产成鱼2600吨；1994年，境内养殖产量1490吨；2002年，全区养殖产量1758吨；2010年，全区养殖产量730吨；2013年，全区养殖产量790吨。

二、草鱼

草鱼属鲤形目、鲤科、雅罗鱼亚科、草鱼属。

草鱼为草食性鱼类,本地称"渭鱼"。草鱼肉质细腻、营养丰富,是境内池塘养殖的主要品种之一。1994年,境内养殖产量4349吨;2002年,全区养殖产量8587吨;2010年,全区养殖产量3800吨;2013年,全区养殖产量3902吨。

三、鲢鱼

鲢鱼又叫"白鲢",属于鲤形目、鲤科、鲢亚科、鲢属。

鲢鱼是滤食(浮游生物)性鱼类,以浮游植物为主,亦食一些浮游动物。一般喜居于水体的中上层。其肉质鲜嫩,营养丰富,生长快、疾病少、产量高,多与草鱼、鲤鱼混养。

四、鳙鱼(花鲢)

鳙鱼隶属鲤形目、鲤科、鲢亚科、鳙属。

鳙鱼为滤食性鱼类,以浮游动物为主食,亦食一些藻类。鳙鱼喜欢生活于静水的中上层,动作较迟缓,不喜跳跃。似鲢而黑,头甚大,俗呼"花鲢""鲢胖头"。

鲢、鳙为阳澄湖等大水面人工放流的主要品种和池塘养殖的混养品种。1994年,境内养殖产量5845吨;2002年,全区养殖产量14006吨;2010年,全区养殖产量8758吨;2013年,全区养殖产量9220吨。

五、鲤鱼

鲤,属鲤形目、鲤科、鲤属。

上腭两侧各有二须,喜居于水体的底层,杂食性鱼类。

鲤鱼在相城区水域的河流、湖泊中能自行繁殖、生长,在池塘养殖中也有少量套养。1994年,境内养殖产量2221吨;2002年,全区养殖产量2115吨;2010年,全区养殖产量946吨;2013年,全区养殖产量1127吨。

六、鲫鱼

鲫鱼属鲤形目、鲤科、鲫属。

鲫鱼是杂食性鱼,但成鱼以植物性食料为主,同时喜食小虾、蚯蚓、幼螺、昆虫等。

鲫鱼肉质细嫩,肉味甜美,营养价值很高,每百克肉含蛋白质13克、脂肪11克,并含有大量的钙、磷、铁等矿物质元素。鲫鱼药用价值极高,其性味甘、平、温,入胃、肾,具有和中补虚、除湿利水、补虚羸、温胃进食、补中生气之功效。寒冬鲫鱼最佳,古志上有"冬月味美、寒鲫夏鲤"的记载。

鲫鱼在相城区水域的河流、湖泊中能自行繁殖、生长,人们称为"野生鲫鱼"的均为此物种。1994年,境内养殖产量1939吨。随着异育银鲫的放流,鲫鱼占捕捞产量的比例渐少。

附:银鲫(鲫的近缘亚种)

银鲫属鲤科、鲫属。

20世纪60年代引进的养殖品种,体形及体色与普通鲫鱼极相似,生长速度为普通鲫鱼的2~3倍,且具有肉味佳、营养丰富、经济价值高等优点。

境内大水面养殖和池塘养殖中放养的鲫鱼一般均为异育银鲫,苏州市场称其为"鲫鱼"。1994年,境内养殖产量452吨;2002年,全区养殖产量5483吨;2010年,全区养殖产量3625吨;2013年,全区养殖产量3669吨。

七、长春鳊(鳊)

长春鳊属鲤形目、鲤科、鲌亚科、鳊属。

长春鳊(鳊)体高而侧扁,体呈菱形,头尖小。俗称"鳊鱼"。生活于水体的中上层,草食性。其肉味鲜美,脂肪含量丰富,每百克肉含蛋白质18.5克、脂肪6.6克,是一种较好的经济鱼类。

相城区所属水域原生产的野生鳊鱼均为此物种,是能自繁自育的土著品种。但随着团头鲂鱼种的放流,此物种在捕捞产量中的比例渐少。

八、团头鲂

团头鲂属鲤形目、鲤科、鲌亚科、鲂属。

团头鲂头小,体背部为青灰色,两侧银灰色,为草食性鱼类。

团头鲂俗称"武昌鱼",苏州市场上也称"鳊鱼"。团头鲂系20世纪60年代水产养殖引进品种，相城区内养殖的"鳊鱼"一般均为团头鲂。1994年，境内养殖产量2805吨；2002年，全区养殖产量2608吨；2010年，全区养殖产量2294吨；2013年，全区养殖产量2457吨。

九、翘嘴鲌

翘嘴鲌属鲤形目、鲤科、鲌亚科、鲌属。

翘嘴鲌多生活在流水及大水体的中上层，游泳迅速，善跳跃，以小鱼为食，是一种凶猛性鱼类。其肉质细嫩，鳞下脂肪丰富，营养价值极高。与松江鲈鱼、黄河鲤鱼、松花江鲑鱼并称为"中国四大名鱼"。

翘嘴鲌俗称"白鱼""大白鱼""翘嘴白鱼""翘嘴红鲌"，是在境内水域中能自繁自育的土著品种。2002年，全区白鱼捕捞产量为44吨、养殖产量29吨。2006年，新时代特种水产养殖场承担的"翘嘴红白鱼优质苗种培育及池塘外荡规模化养殖技术开发项目"获苏州市科学技术协会双杯奖。2010年，全区捕捞产量为34吨，养殖产量57吨。

十、日本鳗

俗称"鳗鱼"，属硬骨鱼纲、鳗鲡目、鳗鲡科、鳗鲡属。

鳗鱼的前部近圆筒形，后部侧扁，头尖，体上部黑绿色，腹部灰白色。鳗鱼以小鱼虾和动物尸体等为食，是一种高级食用鱼类，其肉质细嫩、味美，含有丰富的蛋白质、脂肪和维生素A。

鳗苗经长江入海口溯流而上，进入相城水域定居生长，成为阳澄湖"六宝"之一。但20世纪80年代后境内野生鳗极为罕见。1987年，境内采用集约化养鳗技术发展鳗鲡养殖，鳗鱼是特种水产养殖的重要品种。1994年，境内养殖产量35吨；2002年，全区养殖产量115吨；2005年，全区养殖产量65吨。2006年起停止养殖。

十一、黄鳝

俗称"鳝鱼"，属辐鳍鱼纲、合鳃目、合鳃鱼科、黄鳝属。

黄鳝体形细长，类似蛇形，无鳞，体表有黏液分泌。栖息在池塘、小河、稻田等处，常潜伏在泥洞或石缝中。

黄鳝是肉食性鱼类，其肉嫩味鲜，含有丰富的DHA和卵磷脂，是脑细胞不可缺少的营养。黄鳝是境内能自繁自育的高档鱼类。相城区于2005年试养；2006年，全区养殖产量2吨；

2010 年，全区养殖产量 15 吨；2013 年，全区养殖产量 16 吨。

十二、鳜鱼

鳜鱼属鲈形目、鮨科、鳜亚科、鳜属。

鳜体较高而侧扁，背部隆起，口大，体侧具有不规则暗棕色斑点及斑块。其肉洁白、细嫩、鲜美，无小刺而富含蛋白质。

鳜鱼俗称"桂鱼"，苏州话称"居鱼"。鳜鱼是生活在水域底层的食肉性鱼类，以鱼虾为食，是境内河沟、湖泊中能自繁自育的高档土著鱼类，但野生鳜鱼数量较少。鳜鱼为境内特种水产养殖的主养品种，一般单养，也有以河蟹为主、少量搭配鳜鱼的混养。1994 年，境内养殖产量 3.4 吨；2002 年，全区养殖产量为 72 吨；2010 年，全区养殖产量为 50 吨；2013 年，全区养殖产量 50 吨。

十三、加州鲈鱼

隶属鲈形目、鲈亚目、太阳鱼科、黑鲈属。

加州鲈鱼学名"大口黑鲈"，原产于美国加利福尼亚州密西西比河水系，20 世纪 70 年代引进。其肉质鲜美、抗病力强、生长迅速、易起捕，是生长温度范围较广的名贵肉食性鱼类。境内池塘养殖和网箱养殖的鲈鱼均为加州鲈。1994 年，境内养殖产量 19.8 吨；2002 年，全区养殖产量为 209 吨；2010 年，全区养殖产量为 70 吨；2013 年，全区养殖产量 67 吨。

十四、梅鲚鱼

梅鲚鱼，硬骨鱼纲鲱形目、鳀科、鲚属。

梅鲚鱼体长、侧扁，向后渐细尖。其肉质肥嫩，味极鲜美，是"太湖三宝"之一，产量占太湖鱼类总产量的 50% 以上。1994 年，境内捕捞梅鲚鱼 15 吨；2001 年，全区捕捞梅鲚鱼 24 吨。2002 年起，不再捕捞梅鲚鱼。

十五、银鱼

银鱼，属鲑形目、胡瓜鱼亚目、银鱼科、银鱼属。

其形如玉簪，软如丝，色似银，故名。银鱼是太湖捕捞的主要经济鱼类，与梅鲚鱼、白虾并称为"太湖三宝"。1994

年，境内捕捞银鱼5吨；2001年，全区捕捞银鱼11吨。2002年起，相城区退出太湖捕捞区域，不再捕捞银鱼。

第二节 甲 壳 类

一、虾

有白虾、青虾、中华小长臂虾、细螯沼虾、粗糙沼虾、细足米虾、锯齿米虾、钩虾（后6种统称为"糠虾"）等8种，分属2科4属。其中白虾、青虾等为主要捕捞和养殖品种。20世纪90年代，境域引进罗氏沼虾、南美白对虾等品种进行池塘养殖。2002年，全区虾总产量为1388吨，其中野生虾捕捞产量97吨；2010年，全区虾总产量为2468吨，其中野生虾捕捞产量348吨。

（一）白虾

学名"秀丽长臂虾"，隶属十足目、长臂虾科、白虾属。因甲壳较薄、色素稀少，活时透明，死后变成白色而得名。

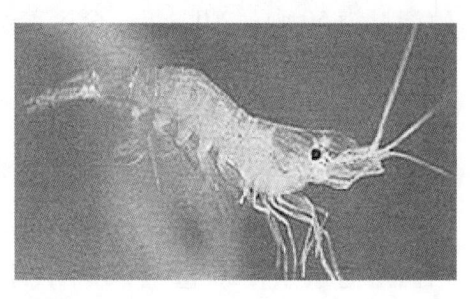

太湖白虾多生活在水草丰盛、风平浪静的浅滩处，其食性是以植物碎片、有机残渣和弱小无脊椎浮游生物为主要食料。

太湖白虾是太湖名产，俗称"水晶虾"，其壳极薄，通体透明，晶莹如玉，肉嫩味鲜，营养丰富。著名菜肴"醉虾"即以太湖白虾为食材，上桌后虾还在蹦跳，吃在嘴里细嫩异常，鲜美无比。1994年，境内白虾捕捞产量为27吨。

（二）日本沼虾

日本沼虾俗称"青虾"或"河虾"，隶属十足目、长臂虾科、沼虾属。

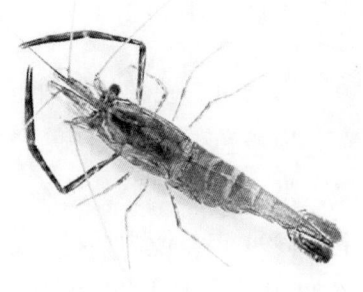

青虾体型粗短，体表有坚硬的几丁质外壳。活时体色青亮，熟时全身通红。青虾属杂食性水产动物，偏食动物性饲料。

青虾是相城水域中的主要经济虾类，也是阳澄湖"湖中六宝"之一。它营养丰富，肉嫩味美，是一种深受人们喜爱的名贵水产品。随着青虾人工繁殖技术和养殖技术的突破，青虾成了相城区特种水产养殖的主要品种。1994年，境内青虾产量为207吨；2002年，全区养殖产量811吨；2010年，全区养殖产量2047吨；2013年，全区养殖产量2382吨，捕捞产量为212吨。

(三) 罗氏沼虾

又名"淡水长臂虾",原产于印度太平洋地区,生活在各种类型的淡水或咸淡水水域。1993年,境内建立罗氏沼虾养殖基地。1994年,境内养殖产量15.4吨。2002年,全区养殖产量480吨;2010年,全区养殖产量为8吨;2013年,全区养殖产量6吨。

(四) 南美白对虾

原产于美洲太平洋沿岸水域,具有个体大、生长快、营养需求低、抗病力强等优点。壳薄体肥,肉质鲜美。2003年起,全区形成规模化养殖。2003年,全区养殖产量为102吨;2010年,全区养殖产量为65吨。2011年起,少量养殖,产量未统计。

(五) 克氏原螯虾

隶属甲壳纲、十足目、蝲蛄科、原螯虾属。俗称"小龙虾"。属于杂食动物,主要吃植物类,也摄食小鱼、小虾、浮游生物、底栖生物和藻类等。枣红色小龙虾机体中天然虾青素的含量是对虾的数倍,虾青素能有效增强小龙虾抵抗恶劣环境的能力并提高其繁殖能力和超强抗氧化能力。

小龙虾是河蟹养殖的"副"产品(是自然生长,非刻意放养)。2006年,全区产量为5吨;2010年,全区产量为70吨;2011年,全区养殖产量70吨;2012年,全区养殖产量72吨;2013年,全区养殖产量70吨。

二、蟹

有中华绒螯蟹、凹背尖额蟹和锯齿溪蟹等3种,分属3科3属。境内主要养殖中华绒螯蟹。

中华绒螯蟹(河蟹)隶属节肢动物门、甲壳纲、十足目、方蟹科、绒螯蟹属。

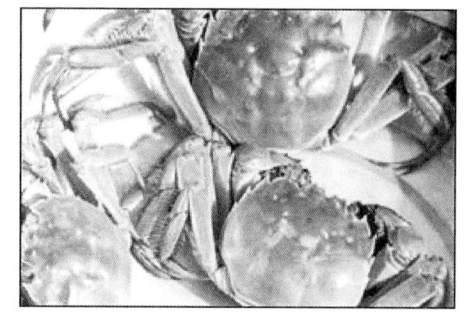

河蟹也叫"螃蟹"或"大闸蟹",常穴居于江、河、湖沼的泥岸,夜间活动,以鱼、虾、动物尸体和水草、谷物为食。河蟹肉质鲜嫩,深受人们喜爱。20世纪80年代,境内人工繁殖蟹苗和网围养蟹获得成功;90年代后期,池塘养蟹获得成功。阳澄湖独特的地理环境使湖内出产的阳澄湖大闸蟹成为境内最主要的特种水产。1994年,境内养殖产量47.3吨;2002年,全区养殖产量1716吨,野生蟹捕捞量3吨;2010年,全区养殖产量2964吨,野生蟹捕捞量22吨;2013年,全区养殖产量3322吨,野生蟹捕捞量16吨。

第三节 贝 类

境内腹足类水生动物有螺蛳（犁形环棱螺、铜锈环棱螺、方形环棱螺）、中国圆田螺、长角涵螺、纹沼螺、光滑狭口螺、方格短沟螺、耳萝卜螺、扁卷螺等10种；斧足类水生动物有三角帆蚌、褶纹冠蚌、河蚬、背角无齿蚌、淡水蛏、圆顶珠蚌、扭蚌、短褶矛蚌、剑状矛蚌、射线裂背蚌、背瘤丽蚌、蚶形无齿蚌、淡水壳菜等13种。2001年，全区贝类捕捞量为56吨；2010年，全区捕捞量为80吨；2013年，全区养殖产量为93吨（其中河蚌为30吨，螺类为63吨），捕捞产量为228吨。

一、环棱螺（螺蛳）

环棱螺隶属软体动物门、腹足纲、栉鳃目、田螺科、环棱螺属，是学名为"犁形环棱螺""铜锈环棱螺""方形环棱螺"等3种螺的统称。

螺蛳是相城水域的优势种群，其营养丰富、味道鲜美，除供人们食用外，也是境内养殖青鱼的天然饵料。

二、中国圆田螺

中国圆田螺隶属软体动物门、腹足纲、栉鳃目、田螺科、圆田螺属。

中国圆田螺是田螺科内个体较大的种类，俗称"田螺"。

田螺是生长在境内水田、池塘中的土著品种，以藻类及水生植物的表皮为食。其营养丰富，味道鲜美，是人们喜食的佳肴。近年来，因受农药、化肥之害，农田中的田螺基本灭绝。

三、蚌、蚬

（一）三角帆蚌

三角帆蚌隶属淡水双壳类软体动物门，属瓣鳃纲、蚌科、帆蚌属。

三角帆蚌壳大而扁平，后背缘有一帆状后翼，使蚌形呈三角状。其以滤食小型浮游生物和细小的动植物碎屑为生。其生活于浅滩泥质底或浅水层中，育成的珍珠质量好，80～120个三角帆蚌可育成无核珍珠500克，还可育有核珍珠、彩

色珠等粒大、色彩晶莹夺目的名贵珍珠。珍珠及珍珠层粉具有泻热定惊、防腐生肌、明目解毒、止咳化痰等功能，是20多种中成药的主要成分。三角帆蚌在境内水域中数量较少。1973年，人工繁殖获得成功。1985年，境内繁殖三角帆蚌幼蚌6万只、褶纹冠蚌幼蚌2804万只。80年代末，境内停止蚌苗生产。

（二）褶纹冠蚌

褶纹冠蚌隶属软体动物门、瓣鳃纲、蚌科。

褶纹冠蚌对栖息环境的要求比三角帆蚌低，其食性同三角帆蚌。褶纹冠蚌是中国淡水育珠蚌之一，其珍珠产量高，成珠快，但质量略次于三角帆蚌产的珍珠。褶纹冠蚌在境内水域中的生产量大于三角帆蚌，除作为育珠蚌外，也作为肉用蚌。

（三）背角无齿蚌

俗称"河蚌"，以浮游生物为食料，生长快，繁殖力强；主要供人们食用。在本区水域中，其产量大于三角帆蚌和褶纹冠蚌。

（四）河蚬

河蚬隶属软体动物门、瓣鳃纲、真瓣鳃目、蚬科、蚬属。

河蚬壳质厚而坚硬，外形略呈正三角形。河蚬穴居于水底泥土表层，以浮游生物为食料，生长快，繁殖力强。

河蚬肉味鲜美，营养丰富。河蚬是本区水产捕捞主要品种之一。1995年，阳澄湖镇在后荡湖将河蚬与鱼、虾、蟹混养，年产河蚬300吨左右。

第四节　两栖爬行类

一、龟

龟属动物界、脊索动物门、爬行纲、龟鳖目。

龟的身上长有非常坚固的甲壳，受袭击时可以把头、尾及四肢缩回龟壳内。大多数龟均为肉食性，以蠕虫、螺类、虾及小鱼等为食，亦食植物的茎叶。龟属半水栖、半陆栖性爬行动物，境内湖荡、河港、池塘、沼泽、稻田均有生长。20世纪70年代后，境内农田开始使用农药化肥，龟的数量遂逐年减少，仅池塘、水潭、浜兜中有少量生存。乌龟是境域的土著品种，可供肉用，也可供养殖观赏。随着乌龟人工繁殖和养殖技术的突破，养鳖场已经能够利用养鳖设施发展乌龟养殖。除养殖乌龟外，也养殖红耳巴西龟。2006年，全区繁殖稚龟30万只；2010年，全区繁殖稚龟20万只，养殖肉用龟5吨；2013年，全区繁殖稚龟21万只，养殖肉用龟3吨。

二、鳖

鳖属爬行纲、龟鳖目、鳖科,鳖属有30多种。

鳖是以肉食为主的杂食性动物,主要食物有小鱼、小虾、螺、蚌、水生昆虫、蚯蚓、动物内脏等,也兼食蔬菜、草类、瓜果等。

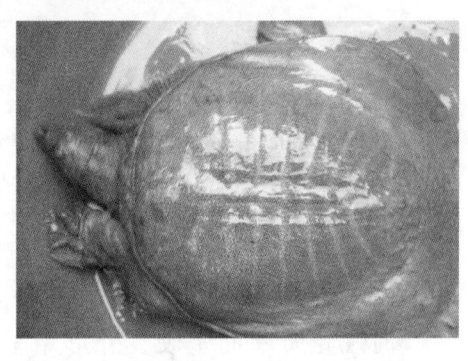

鳖俗称"甲鱼",境内野生鳖较少。1993年,境内在温室或仿生态养鳖,开始工厂化养殖。1994年,境内养殖产量12.0吨;2002年,全区养殖产量15.2吨;2010年,全区繁殖稚鳖80万只,养殖产量70吨;2013年,全区繁殖稚鳖82万只,养殖肉用鳖77吨。

第二章 水产养殖

第一节 苗种繁育

一、鱼苗繁殖

黄桥乡渔业历史悠久，远在清代就已是集中养鱼区和鱼苗鱼种基地。乾隆《苏州府志》有"长洲之北庄基、南庄基育苗的鱼荡尤多"的记载，苏州东乡相关专著中也有鱼秧"细如针缕"的记载。明末清初，境内南庄基、北庄基开始培育鱼苗，但数量甚微。《吴县志》载："鲢鱼产长江内，土人二、三月间往江边，待水发涨时，鲢鱼随流生子，罾得其子，曰鱼花。贮于缸筐，饲以鸭蛋黄，以巨舟载而归，畜于池，俟其大小许，分畜之，曰分鱼种秧。"民国时期及20世纪50年代，境内主要采购汉口、九江、安庆、芜湖、南京等地渔民用弶网从长江中捕获的鱼苗。购鱼苗者制作放鱼苗的竹箩筐，用面筋纸糊箩筐面使其不漏鱼苗。5月份，长江水盛，各种鱼开始产卵，渔民将购得的鱼苗装入箩筐里"挤"（耐氧力强的青草鱼聚集在箩内四周，花白鲢在箩内居中，杂鱼苗因缺氧而死亡），再注入清水，迅速装上大轮，运到南京，再上火车运回家，放入清理干净的小鱼池中养殖，称之为"发塘"。1960年境内推广人工繁殖青、草、鲢、鳙（俗称"四大家鱼"）鱼苗后，外地采购逐年减少。1963年，黄桥北庄河西村花鲢、白鲢人工繁殖成功。1966年黄桥公社建立鱼苗养殖场后，人工繁殖的草鱼、鲢鱼、鳙鱼鱼苗满足了本公社渔业生产所需，从而结束了向长江渔民采购鱼苗的历史。1971年，湘城公社渔场（时称"鱼苗孵化场"）采用模拟激流自然繁殖设施，花鲢、白鲢人工繁殖成功。1979年，黄桥公社养殖场青鱼人工繁殖成功。1984年，湘城公社渔场青鱼、草鱼人工繁殖成功。是年，蠡口渔场人工繁殖青鱼获得成功，境内"四大家鱼"及鲤、鲫、鳊等鱼苗已全部能自行繁殖。1987年，境内生产鱼苗47325万尾，其中人工繁殖鱼苗45530万尾（表2-1）。1991年，境内有苗种场2个，生产"四大家鱼"鱼苗51300万尾（表2-2）。1996年，境内有苗种场2个，全年生产"四大家鱼"鱼苗55390万尾。

表 2-1　1987 年境内苗种生产情况表

单位：万尾

乡镇	鱼苗数	其中人工繁殖鱼苗	鱼种数
望亭	20	0	18
蠡口	20000	20000	871
陆墓	0	0	220
黄埭	1760	1760	1201
北桥	750	400	50
黄桥	22585	22585	466
湘城	1000	0	800
沺泾	160	45	130
太平	120	120	130
渭塘	930	620	363
合计	47325	45530	4249

表 2-2　1991 年、1996 年、2001 年至 2013 年境内及相城区鱼苗繁殖产量表

单位：万尾

年份/年	未来水产苗种场		黄桥水产养殖场		蠡口水产养殖场		新时代特种场		苏州市毛氏阳澄湖水产发展有限公司		合计	
	四大家鱼	特种苗种	四大家鱼	特种苗种	四大家鱼	特种苗种	四大家鱼	特种苗种	四大家鱼	特种苗种	四大家鱼	特种苗种
1991	—	—	17300	—	34000	—	—	—	—	—	51300	—
1996	—	—	14390	—	41000	—	—	—	—	—	55390	—
2001	—	—	35900	20	56500	10	—	—	—	—	92400	30
2002	10600	3	37500	30	60000	10	—	—	—	—	108100	43
2003	13100	330	33000	20	45300	510	—	—	—	—	91400	860
2004	12600	10	45000	20	42000	10	—	—	—	—	99600	40
2005	15000	50	35000	20	41000	30	—	—	—	—	91000	100
2006	34000	3	30000	7	40000	60	—	—	—	—	104000	70
2007	60000	3	40000	—	40000	—	—	—	—	—	140000	3
2008	61600	500	20400	3	—	—	—	—	—	—	82000	503
2009	73000	3	24500	6	—	—	—	—	—	—	97500	9
2010	96230	3	21000	—	—	—	—	—	—	—	117230	3
2011											120000	22100
2012							—	—	—	—	150990	
2013	76200	2050	51136	0	—	—	0	2914	10000	—	137336	4964

注：2008 年，蠡口水产养殖场因土地征用，苗种生产停止。

2001年，苏州市未来水产苗种场成立，实施"四大家鱼"良种更新工程，场内1200组亲本鱼种全部来自江苏省邗江国家级"四大家鱼"原种场。是年，全区"四大家鱼"鱼苗产量9.24亿尾。2010年，全区"四大家鱼"鱼苗产量11.72亿尾，除供应苏州本地外，还远销上海、浙江、新疆和东北三省。2013年，全区鱼苗产量14.23亿尾。

二、虾苗繁殖（表2-3）

本区罗氏沼虾亲虾培育、交配、抱卵、孵化、幼体培育成虾苗并完成淡化的整个虾苗繁殖过程都在相城虾苗场内完成。南美白对虾繁苗分为两个阶段：亲虾培育、交配、抱卵、孵化，获得南美白对虾的蚤状幼体等都在位于海南岛等地的南方虾苗场完成；在相城育苗场内完成蚤状幼体培育成虾苗和淡化。2001年，区内有虾苗育苗场1个，年产南美白虾苗3000万尾。2005年，全区有虾苗育苗场3个，生产南美白对虾苗2.3亿尾、罗氏沼虾苗1亿尾。2010年，全区有虾苗育苗场1个，生产南美白对虾苗8000万尾、罗氏沼虾苗3000万尾。2013年，全区有罗氏沼虾苗育苗场1个，生产虾苗69700万尾；青虾苗育苗场2个，生产虾苗71000万尾。

表2-3　2001年至2013年相城区南美白对虾、罗氏沼虾、青虾育苗情况表

单位：万尾

年份	相城区水产养殖总场		阳澄湖特种水产育苗场		阳澄湖东吴虾苗育种场		苏州市阳澄湖青虾良种场有限公司		苏州市毛氏阳澄湖水产发展有限公司	合计		
	南美白对虾	罗氏沼虾	南美白对虾	罗氏沼虾	南美白对虾	罗氏沼虾	"太湖1号"青虾	青虾		南美白对虾	罗氏沼虾	青虾
2001	3000	—	—	—	—	—	—	—		3000	—	
2002	15000	—	—	—	—	—	—	—		15000	—	
2003	2000	—	2000	14000	—	11000	—	—		4000	25000	
2004	8000	—	300	10000	10000	—	—	—		18300	10000	
2005	10000	—	3000	10000	10000	—	—	—		23000	10000	
2006	—	—	3000	13000	—	—	—	—		3000	13000	
2007	—	—	3000	10000	15000	15000	—	—		18000	25000	
2008	21000	—	5000	10000	6000	14000	—	—		32000	24000	
2009	—	—	10000	20000	4000	—	—	—		14000	20000	
2010	—	—	—	—	8000	3000	—	—		8000	3000	
2011						3500					3500	
2012						69700	—				69700	
2013						69700	65000	6000			69700	71000

三、鱼种养殖

将鱼苗放入发塘池（清理干净的小鱼池）中养殖，二三十天后，鱼苗长成"夏花"，再分到各个鱼种池里饲养，当年年底饲养成1龄鱼种。1龄的鲢鱼、鳙鱼鱼种可放入成鱼池中养殖。1龄的草鱼（3~4厘米）须培养成为2龄鱼种（0.25~0.5公斤）、1龄的青鱼须培养成为3龄鱼种，方可放在成鱼池中养殖。2龄鲢鱼、2龄鳙鱼、2龄草鱼、3龄青鱼亦称为"老口鱼种"或"斤两鱼种"。

1987年，境内鱼种养殖产量为4249万尾（含黄桥乡生产的466万尾）。1994年，境内鱼种养殖产量为3070吨（含黄桥乡生产的958吨）。2001年，全区鱼种养殖产量为6032吨，其中仔口鱼种2859吨、老口鱼种3173吨。2013年，全区鱼种养殖产量为3770吨，其中仔口鱼种70吨、老口鱼种3700吨。

第二节　池塘与工厂化养殖

一、池塘养殖

明清时期，境内池塘养鱼以湘城、南北桥、黄埭等地为最盛，其中有部分为桑基鱼塘。

20世纪50年代，政府从资金、饲料、鱼种、技术等方面扶持渔业生产，修复鱼池，放足鱼种。1956年年底，北庄基（河西村）的周小男被评为全国农业劳动模范，并于1957年4月参加在北京召开的全国劳动模范大会，受到毛泽东、周恩来等国家领导人的接见。同年12月，北庄基（河西村）的唐阿土应邀去北京参加全国群英会，受到刘少奇、朱德等国家领导人的亲切接见。1956年，全乡6149亩成鱼池，平均亩产达到488.3斤。

60年代起，推广黄桥公社北庄基池塘养鱼"水、种、饵、密、混、轮、防、管"八字养鱼经和鱼种"小"改"大"、水质"清"改"肥"、投饵"晚"改"早"、鱼病"治"改"防"的养鱼技术。1964年8月和1965年10月，江苏省水产局投资45万元，在黄桥等地建筑鱼池防洪大堤、护坡和水闸。

20世纪70年代，黄桥公社改造老鱼池、开挖新鱼池，将原来的老鱼池小改大、浅改深、死水改活水。1973年起，张庄大队4年完成土方42万方，将原来748亩池浅、埂狭、浜弯的132只旧鱼池改造成62只池大8亩、池深3米、岸宽4米的新鱼池。其他大队也相继改造鱼池，为池塘养殖高产创造条件。1973年至1980年冬，张庄大队投入300万元，挑挖土方88万立方米，对全村鱼池进行全面改造，使其岸高堤宽、底深池大，方整连片。

1977年，境内池塘养殖面积13601.7亩。1978年冬至1981年，境内新开鱼池4476.5亩，并改造了一批老鱼池（表2-4）。

表 2-4　1978 年至 1981 年境内新挖池塘、池塘面积情况表

公社	国家投资数/万元	新挖池塘/亩	1981 年池塘面积/亩	其中			
				商品鱼基地/亩	集中产区/亩	渔业大队/亩	农村社队/亩
湘城	27.18	1361	1627.5	832	0	310.5	485
太平	25.62	658	861	361	0	50	450
渭塘	21.76	588	1140	259	287	217	377
陆墓	5.39	244.5	498.7	0	0	80	418.7
北桥	10.66	343	1359	0	255	144	960
黄埭	6.82	286	1626	0	1196.2	82	347.8
蠡口	20.02	500	2352	200	1625	76	451
黄桥	30.61	496	7850	278	7522	50	0
浒泾	0	0	443	149	0	107	187
望亭	0	0	321	0	0	0	321
小计	148.06	4476.5	18078.2	2079	10885.2	1116.5	3997.5

20 世纪 80 年代，境内池塘养鱼由原来的春放冬捕发展为轮放轮捕；同时推广高密度机械化增氧养殖技术，鱼饲料也由人工种植逐步发展为喂用颗粒饲料。在饲养管理上，推广黄桥乡张庄村"四定"（定时、定量、定位、定质）、"四看"（看季节、看天气、看水质、看吃食）的高产养鱼经验。

1983 年，黄桥中学开办水产职业高中，开始在全省范围内招收学生，培养养鱼初级技术人员，至 1992 年止，共培养 7 届 300 多名养鱼初级技术人员。

1984 年至 1985 年，黄桥公社改革池塘养殖方法，将稀放清养改为密放肥养，成鱼、种子混放混养，池塘养鱼亩产从 1978 年的 440 斤提高到 1500 多斤。1986 年，张庄村 500 多亩鱼池平均亩产达到 1670 斤。

1987 年，黄桥乡张庄村 748 亩内塘水面，成鱼亩产 1670 公斤，创大面积内塘养鱼全国先进纪录。是年，张庄村被江苏省政府评为省级水产先进单位。

1987 年，境内池塘养殖面积 26819 亩，池塘养殖产量 12126.6 吨，占水产品养殖总产量（15792.4 吨）的 76.79%（表 2-5）。

表 2-5　1987 年境内淡水养殖面积、产量和苗种

公社	淡水养殖面积/亩				养殖产量/吨				鱼苗/万尾	其中人繁鱼苗/万尾	鱼种/万尾	珍珠/千克
	小计	池塘	湖泊	河沟	小计	池塘	湖泊	河沟				
望亭	572	115	205	252	123.1	105	8.1	10	20	0	18	0
蠡口	6227	4116	0	2111	1759.9	1509.9	0	250	20000	20000	871	6700
陆墓	5616	730	4395	491	524.7	258.2	216.5	50	0	0	220	20

续表

公社	淡水养殖面积/亩				养殖产量/吨				鱼苗/万尾	其中人繁鱼苗/万尾	鱼种/万尾	珍珠/千克
	小计	池塘	湖泊	河沟	小计	池塘	湖泊	河沟				
黄埭	6166	2692	1270	2204	1417.5	1143.1	50	224.4	1760	1760	1201	1635
北桥	3215	1651	0	1564	865.0	625	0	240	750	400	50	1000
黄桥	8861	8061	0	800	4250	4155	0	95	22585	22585	466	1000
湘城	22716	3461	15400	3855	2152.2	1495.4	175	481.8	1000	0	800	1000
泗泾	23956	2241	17185	4530	1450	835	470	145	160	45	130	3000
太平	12174	1295	8620	2259	1700	765	450	485	120	120	130	750
渭塘	11342	2457	6200	2685	1550	1235	167.5	147.5	930	620	363	475
合计	100845	26819	53275	20751	15792.4	12126.6	1537.1	2128.7	47325	45530	4249	15580

1993年至1994年，境内建立黄桥张庄科学养鱼示范基地、湘城罗氏沼虾养殖基地、黄埭池塘养鳖基地等池塘养殖基地。1994年，境内池塘养殖面积22988亩，池塘养殖产量13140吨。1998年，阳澄湖镇开挖2000亩池塘发展虾、蟹养殖，黄桥、陆慕等镇将3000亩稻田改造为池塘发展水产养殖；境内推广青虾、异育银鲫、塘鳢和乌鳢养殖等养殖技术。

2002年，全区池塘养殖面积53609亩，占水产养殖总面积138200亩的38.79%；年产量26800吨，占养殖总产量37890吨的70.73%。2010年，全区池塘养殖面积48000亩，占水产养殖总面积124500亩的38.55%；年产量12600吨，占养殖总产量25700吨的49.03%。2013年，全区池塘养殖面积50010亩，占水产养殖总面积123015亩的40.65%；年产量13370吨，占养殖总产量27270吨的49.03%。

二、工厂化养殖（表2-6）

工厂化养殖是在半封闭或全封闭条件下，对养殖生产全过程的水质、水流、水温、投饵、排污、疾病预防、水处理、循环使用等实行半自动化或全自动化管理的一种高效养殖模式。

2002年，全区有工厂化养殖面积2000平方米，生产稚鳖30万只。2010年，相城（阳澄湖）现代农业产业园建成工厂化养殖展示区，拥有5000平方米标准化智能型车间，内有面积30平方米的蓝色玻璃钢圆形水池36只、面积24平方米的水泥池18只、面积20平方米的水泥池8只及面积100平方米的水泥池1只，用于鱼类的亲本培育、苗种培育及成品养殖。配备国内领先的技术和设备，可控制池水的水温、溶氧、水质等，运用仿生态循环水养殖技术模式，成功培育和养殖淡水鲳鱼、金斑鱼、太阳鱼、宝石鲈、鳕鱼等名贵鱼类。是年，工厂化养殖面积115000平方米，生产商品鳖70吨、商品龟5吨，生产稚鳖80万只、稚龟20万只。2013年，工厂化养殖面积115000平方米，生产商品鳖77吨、商品龟3吨，生产稚鳖82万只、稚龟21万只。

表2-6　2001年至2013年相城区池塘及工厂化养殖情况表

年份/年	池塘养殖		工厂化养殖		
	面积/亩	产量/吨	面积/平方米	产量（龟鳖）	
				产量/吨	苗种/万只
2001	56056	23200	2000	—	30
2002	53609	26800	2000	—	30
2003	51990	24900	110000	30	100
2004	49204	18300	110000	32	100
2005	52796	19800	110000	35	120
2006	56106	19800	110000	42	120
2007	49053	15200	110000	46	130
2008	44800	14500	110000	51	125
2009	43500	13000	115000	51	125
2010	48000	12600	115000	75	100
2011	50010	13300	115000	81	100
2012	52005	13730	115000	80	100
2013	50010	13370	115000	82	103

第三节　湖荡养殖与河沟养殖

养殖水域万亩以上的大型、中型湖泊一般命名为"湖"，万亩以下的小型湖泊中有很多被命名为"荡"，而苏州地区水产养殖业则往往将其统称为"外荡"。境内水产养殖湖荡主要有阳澄湖、春申湖、鹅真荡、白荡、漕湖、黄埭荡等，水产养殖河沟主要有元和塘等（表2-7）。养殖方法有栏网养殖、网围养殖和网箱养殖三种。

表2-7　2001年至2013年相城区湖泊、河沟养殖情况统计表

年份/年	面积/亩			其中		产量/吨			其中/吨	
	湖泊	河沟	合计	围栏/亩	网箱/平方米	湖泊	河沟	合计	围栏	网箱
2001	69221	20170	89391	21300	165250	7670	5069	12739	1927	1500
2002	64421	20170	84591	29045	135250	5860	5230	10910	4028	1152
2003	57000	18010	75010	28662	64700	6037	5954	11991	9260	495
2004	52550	17028	69578	23722	27200	6010	4860	10870	7265	356
2005	50880	15338	66218	32322	36200	8938	3287	12225	824	354
2006	52698	11851	64549	30862	35200	10873	2538	13411	889	468
2007	47264	11188	58452	16120	16500	8338	2675	11013	685	602

续表

年份/年	面积/亩			其中		产量/吨			其中/吨	
	湖泊	河沟	合计	围栏/亩	网箱/平方米	湖泊	河沟	合计	围栏	网箱
2008	20250	6828	27078	16120	—	2370	3203	5573	625	—
2009	72300	4995	77295	43650	—	11135	1050	12185	2223	—
2010	73300	3200	76500	43650	—	12100	1000	13100	2580	—
2011	73005	3195	76200	16001	0	12550	1050	13600	1490	0
2012	73005	3990	76995	16001	0	12925	1065	13990	1450	0
2013	69105	3900	73005	15015	0	12850	1050	13900	1178	0

一、湖荡养殖

明清时期，湖荡养殖有放养鱼种精养和种植水生植物的诱鱼粗养两种，分别称为"家荡"和"野荡"。阳澄湖的外荡养殖最先开始于后荡湖。1966年，油泾公社渔业大队从新泾村池家浜东湖滩至莲花村蛇头角筑起一道长1300米的簖，采用种植水生植物诱鱼粗养，到年底用大网捕捞。70年代中期，改为放养鲢鱼、青鱼、草鱼、鲤鱼、鳊鱼、鲫鱼等鱼种，并投喂大麦、菜饼，辅以水草精养，提高了经济收益。1979年，吴县水产养殖场漕湖水产养殖分场增加青、草、鳊、鲫鱼种放养量并投饲精养，实现了万亩湖泊万担鱼。1986年，漕湖水产养殖分场采取网箱育种、围栏养殖、精粗结合等一系列科学手段，完成国家下达的万亩湖泊高产试验课题，亩产120公斤，成为全国大中型湖泊养鱼的高产典型。1987年，境内湖泊养殖总面积53275亩，养殖产量1537.1吨。1988年，水产部门把大水面栏网养殖、网围精养和网箱养鱼"三网养殖"作为水产养殖生产的发展方向，制定免交水面增殖费、免交农林特产税、帮助解决生产贷款及按养殖面积供应平价柴油等优惠政策。1994年，境内湖泊养殖面积55222亩，养殖产量2201吨。

2002年，全区湖泊养殖64421亩，占水产养殖总面积（138200亩）的46.61%；养殖产量5860吨，占养殖总产量（37890吨）的15.47%。2010年，全区湖泊养殖73300亩，占水产养殖总面积（124500亩）的58.88%；养殖产量12100吨，占养殖总产量（25700吨）的47.08%。2013年，全区湖泊养殖69105亩，占水产养殖总面积（123015亩）的56.18%；养殖产量12850吨，占养殖总产量（27270吨）的47.12%。

二、河沟养殖

1956年，境内开始河沟养殖。70年代中期，因养鱼河沟改种水花生、水葫芦、水浮莲等水生植物，并受围湖造田影响，河沟养鱼水面不足70年代初期的10%。1974年起，黄桥乡渔业村自己培育鱼种，增加鱼种放养量，加强管理。三角嘴800亩河沟水面连续4年亩产鲜鱼超过100公斤，1978年达到150公斤，成为吴县全县河沟养鱼高产单位之一。1987年，境内河沟养殖20751亩，养殖产量2128.7吨。1994年，境内河沟养殖16387亩，养殖产量3638吨。

2002年，全区河沟养殖20170亩，占水产养殖总面积（138200亩）的14.60%；河沟养殖产量5230吨，占养殖总产量（37890吨）的13.80%。2010年，全区河沟养殖3200亩，占水产养殖总面积（124500亩）的2.57%；河沟养殖产量1000吨，占养殖总产量（25700吨）的3.89%。2013年，全区河沟养殖3900亩，占水产养殖总面积（123015亩）的3.17%；河沟养殖产量1050吨，占养殖总产量（27270吨）的3.85%。

三、养殖方法

（一）栏网

栏网即用网簖拦住养殖水面的养殖法（网簖的两端连接陆地）。

境内原用竹簖，1980年开始改用尼龙网或聚乙烯网。栏网养鱼以花鲢、白鲢为主，同时也混养鳊鱼、草鱼、鲤鱼等。1984年，阳澄西湖沿湖6个乡镇划分水面面积，进行定权发证，明确水面使用权，打桩筑帘，分段建好栏网，放养鱼种，开展栏网养殖。是年，油泾乡成立水产养殖公司，用栏网养殖2400亩水面，1985年盈利4.5万元；1987年，公司栏网养殖近万亩，年产量175吨，产值22.6万元。1985年，陆墓镇、湘城乡、油泾乡、太平乡、渭塘乡所属栏网44150亩，捕获商品鱼1025吨；1986年，产鱼1146吨，平均亩产26公斤，比栏网养殖前增产1.5倍。2000年，油泾乡栏网面积18000亩。

（二）网围

围养是指在水体中将箔（网）的两端互相连接，围成封闭形状，包围出一个圆形、方形或长方形的水体。面积小则20～30亩，大则有100～200亩。围养通常设置在湖中离开岸边的地方，具有网箱养鱼流水、高密精养和外荡栏养的综合优点和成本低廉的特点。

1980年年末，湘城渔业大队渔民率先在阳澄西湖、中湖承包数十亩至上百亩水面，后来发展到个体网围养鱼、养蟹。1990年，油泾乡水产养殖公司在阳澄西湖发展400亩网围进行鱼、蟹混养获得成功，收获阳澄湖大闸蟹950公斤，亩均获利425元。1991年，湘城乡在阳澄湖发展网围养蟹2800亩。2002年，全区网围及栏网养殖面积29045亩，养殖产量4028吨。2009年，苏州市政府为了治理阳澄湖水质，防治蓝藻，实行大水面围栏增殖放流；相城区湖泊围栏养殖比2008年增加了27530亩，达43650亩。2010年，全区网围及栏网养殖面积43650亩，养殖产量2580吨。2013年，全区网围及栏网养殖面积15015亩，养殖产量1178吨。

（三）网箱

网箱，是四周和底部用尼龙网片围结成，并用毛竹打桩固定在水域内的一种长方体网具。网箱底面积一般在60～100平方米，高度视水深而定。网箱养鱼以鳊、鲫、草鱼为主，饵料为水草或颗粒饲料。20世纪70年代末，开始网箱养殖。1981年，网箱培育花鲢、白鲢鱼种成功。1983年，漕湖水产养殖分场用网箱繁殖鲤鱼、鲫鱼，并在网箱中培育鲢鱼、鲤鱼、鲫鱼、鳊鱼鱼种。1987年，漕湖水产养殖分场用13只网箱养殖，每箱培育4寸鱼种2550公斤，单产每平方米6公斤。1988年，湘城渔业村40户渔民开发河沟网箱养鱼2952平方米，产量突破5

万公斤，户均收入2870元；翌年，发展到300只网箱、12000平方米，产鱼15万公斤。1990年，湘城渔业村承担省"微流水网箱饲养草食性鱼类项目"，河沟网箱主养草食性鱼类，调整鱼种放养比例，增加鱼种放养量，调整饲料结构，加强防逃等措施，平均每亩产量20190公斤，产值99056元，利润31269元；项目获江苏省人民政府颁发的1991年度江苏省科技进步四等奖。是年，境内发展网箱养殖93000平方米。1999年年底，阳澄湖镇南消村龚炳根租赁渔业村后荡湖1200亩水面进行高密度网箱养鱼，投入资金800万元，配置叶轮式增氧器、综合饲料加工厂，放置网箱700只，投入鱼种350吨。第二年产量1600吨，获利200多万元。2000年，湘城镇网箱养鱼面积41000平方米，总产量58万公斤，产值328.8万元。2002年，全区网箱面积135250平方米，产量1152吨。2007年，全区网箱养殖面积16500平方米，产量602吨。2008年起，停止网箱养殖。

第四节 特种水产养殖

1987年，境内建立养鳗场。1992年，吴县水产养殖场漕湖分场网箱养殖加州鲈鱼和黄桥乡下庄村池塘单养淡水白鲳均获得成功。1993年，境内建立黄埭池塘养鳖基地、湘城罗氏沼虾养殖基地、渭塘美国青蛙养殖基地、阳澄湖大闸蟹养殖基地、漕湖特种品系列养殖基地和渭塘珍珠养殖基地等特种水产品养殖基地。1995年，规模化繁育青虾苗种、加州鲈鱼苗种、鳜鱼苗种和幼鳖获得成功；漕湖分场、白荡分场引进澳洲龙虾、台湾甘脂鱼、台湾彩虹鲷等新品种。

2002年，全区特种水产养殖面积7.08万亩，占水产养殖总面积的47.01%；特种水产品产量3900吨，占水产品总产量的9.87%。2006年，相城区特种水产品养殖面积7.65万亩，占水产养殖总面积的63.39%；特种水产品总产量为5403吨，占水产品总产量的15.74%，特种水产品与常规水产品产量比例为1∶6.35；在特种水产品中，河蟹产量为1893吨（占35.0%），青虾产量为1407吨（占26.0%），罗氏沼虾和南美白对虾合计产量101吨（占1.9%），加州鲈和鳜鱼合计产量392吨（占7.3%），甲鱼90吨（占1.7%）。2010年，全区特种水产品养殖面积6.17万亩，占水产养殖总面积的49.6%；特种水产品产量为5547吨，占水产品总产量的21.58%，特种水产品与常规水产品产量比为1∶3.63；在特种水产品中，河蟹产量为2964吨（占53.43%），青虾2047吨（占36.90%），罗氏沼虾和南美白对虾产量73吨（占1.32%），加州鲈和鳜鱼产量120吨（占2.16%），甲鱼70吨（占1.26%），其他273吨（占4.93%）。2013年，全区特种水产品养殖面积67650亩，占水产养殖总面积（123015亩）的54.99%；特种水产品产量为6105吨，占水产养殖总产量（27270吨）的22.39%，特种水产品与常规水产品产量比为1∶3.467；在特种水产品中，河蟹产量为3322吨（占54.42%），青虾2382吨（占39.02%），克氏原螯虾和罗氏沼虾产量76吨（占1.24%），加州鲈和鳜鱼产量117吨（占1.92%），甲鱼和龟80吨（占1.31%），其他128吨（占2.10%）。

境内曾引进、养殖的特种水产品有：甲壳类有河蟹、青虾、罗氏沼虾、南美白对虾、澳洲龙虾、克氏原螯虾等；鱼类有鳜鱼、加州鲈、鳗鱼、鲶鱼、鮰鱼、彩虹鲷、甘脂鱼等；贝类有珍珠蚌等；爬行类有甲鱼、龟等；两栖类有美国青蛙、牛蛙等。引进、推广并达到规模化养殖的主要品种有河蟹、青虾、罗氏沼虾、南美白对虾、鳜鱼、加州鲈、鳗鱼、甲鱼等。

表2-8 2001年至2013年相城区特种水产养殖统计表

年份/年		2001	2002	2003	2004	2005	2006	2007	2008	2009	2010	2011	2012	2013
总面积/亩		72000	70835	68000	67330	66031	76484	84252	56153	55995	61695	64995	66210	67650
总产量/吨		3600	3900	4300	4681	4406	5403	4064	4038	5953	5547	5849	6156	6105
河蟹	面积/亩	39520	60327	49500	54983	54951	53831	73883	52589	53070	58695	61695	63195	62250
	产量/吨	1318	1716	1779	1707	1756	1893	1995	2293	3828	2964	3100	3280	3322
青虾	面积/亩	9540	7773	9075	5301	5883	7985	3490	1178	1305	1200	1500	1500	3000
	产量/吨	581	811	1640	1598	1786	1407	1459	1490	1761	2047	2200	2320	2382
罗氏沼虾	面积/亩	4061	4065	1638	752	251	186	150	（虾蟹混养）未统计					
	产量/吨	729	480	211	127	70	43	20	3	5	8	8	8	6
克氏原螯虾	面积/亩	—	—	—	—	—	未统计							
	产量/吨	—	—	—	—	—	5	5	6	8	70	70	72	70
南美白对虾	面积/亩	—	—	730	1208	954	770	770	750	270	285	0	0	0
	产量/吨	—	—	102	104	107	58	86	66	61	65	0	0	0
鳜鱼	面积/亩	378	655	680	468	88	239	89	60	255	300	300	300	300
	产量/吨	57	72	40	43	16	47	25	10	43	50	45	46	50
加州鲈鱼	面积/亩	699	895	1228	800	617	540	89	105	120	150	150	150	150
	产量/吨	130.6	209	231	199	149	345	173	56	42	70	70	72	67
黄颡鱼	面积/亩	未统计												
	产量/吨				28	28	5	8	77	5	5	7	5	5	4
黄鳝	面积/亩	—	—	—	—	未统计				15	60	60	60	60
	产量/吨	—	—	—	—	—	1	2	2	11	10	15	15	15	16

续表

年份/年		2001	2002	2003	2004	2005	2006	2007	2008	2009	2010	2011	2012	2013
鳗鱼	面积/亩	—	60	60	60	60	—	—	—	—	—	—	—	—
	产量/吨	—	115	115	75	65	—	—	—	—	—	—	—	—
甲鱼	面积/亩	380	371	300	433	494	798	708	438	330	300	300	300	300
	产量/吨	9.9	15.2	6	38	34	90	92	99	95	70	76	75	77

注：鲟、泥鳅、鲑、河鲀、乌鳢、罗非鱼、龟、珍珠蚌等的养殖面积及产量已计入养殖总面积和总产量中；青虾、克氏螯虾混养部分未统计面积。

一、河蟹

河蟹养殖在相城区特种水产养殖中有着举足轻重的地位（第三章：阳澄湖大闸蟹）。

二、青虾

学名"日本沼虾"，为我国重要的淡水食用虾。它营养丰富，肉嫩味美，是一种深受人们喜爱的名贵水产品。

20世纪90年代初，境内开始在鱼塘里套养青虾。不久，从外地购进虾苗在专门的池内养殖。1995年，境内青虾苗种繁育技术过关，青虾养殖迅速推广。1996年，湘城养殖青虾300亩，并在阳澄湖中网箱养殖青虾。2000年，全镇养殖青虾1669亩，产量60吨，产值210万元，养虾专业户发展至1809户。后逐步转化为以河蟹为主、搭养青虾的"混养"模式（虾、蟹混养的养殖面积划入河蟹养殖面积）。2002年，全区青虾养殖面积7773亩，占特种水产养殖总面积的10.97%；养殖产量为811吨，占特种水产养殖总产量的20.79%。2010年，全区养殖面积1200亩，占特种水产养殖总面积的1.95%；养殖产量2047吨，占特种水产养殖总产量的36.90%。2013年，全区养殖面积3000亩，占特种水产养殖总面积（67650亩）的4.43%；养殖产量2382吨，占特种水产养殖总产量（6105吨）的39.02%。

三、罗氏沼虾

又名"淡水长臂虾"，原产于印度太平洋地区，生活在各种类型的淡水或咸淡水水域，1976年自日本引进我国。

1993年，境内建立湘城罗氏沼虾养殖基地。1994年，湘城养殖场在十图村新挖虾池7只，面积100亩，投放罗氏沼虾180万尾，总投资22万元；当年产虾7000公斤，产值35万元。1996年，湘城镇罗氏沼虾养殖面积

180亩，产量19000公斤，产值68.4万元。2000年，养殖面积2100亩，产量50万公斤，产值1050万元。2002年，全区罗氏沼虾养殖面积4065亩，占特种水产养殖总面积的5.74%；产量480吨，占特种水产养殖总产量的12.31%。因罗氏沼虾养殖病害多、成活率低和成虾价格较低等因素，全区养殖面积和养殖产量急剧下滑。2010年，全区养殖面积184亩，占特种水产养殖总面积的0.30%；养殖产量8吨，占特种水产养殖总产量的0.14%。2013年，采用虾、蟹混养，未计面积；养殖产量6吨，占特种水产养殖总产量的0.10%。

四、南美白对虾

原产于美洲太平洋沿岸水域，具有个体大、生长快、营养需求低、抗病力强等优点。其壳薄体肥，肉质鲜美，含肉率高，营养丰富。

2003年，境内开始养殖南美白对虾，全区养殖面积735亩，占特种水产养殖总面积的10.81%；产量为102吨，占特种水产养殖总产量的2.37%。2010年，全区养殖面积285亩，占特种水产养殖总面积的0.46%；产量为65吨，占特种水产养殖总产量的1.17%。2011年起，少量养殖生产，养殖面积、产量未统计。

五、鳜鱼

鳜鱼自古就被列为名贵鱼类之一，可谓"席上有鳜鱼，熊掌也可舍"。俗称的阳澄湖"六宝"中即有鳜鱼。

1986年，湘城渔业村渔民把捉到的小鳜鱼放入网箱养起来，发现鳜鱼生长快，于是开始用网箱专养鳜鱼。1989年，湘城渔业村8户渔民试养鳜鱼，养殖水面800平方米，当年产量500公斤，产值35000元。90年代初，湘城乡鳜鱼养殖网箱有1万多平方米，主要养殖区在阳澄湖中湖。1994年，境内鳜鱼养殖面积80亩，产量3.4吨。1999年，黄埭镇有鳜鱼养殖专业户13户，养殖面积50亩，是年养殖产量6.3吨。2002年，全区鳜鱼养殖面积655亩，占特种水产养殖总面积的0.92%；养殖产量72吨，占特种水产养殖总产量的1.85%。2010年，全区养殖鳜鱼300亩，占特种水产养殖总面积的0.49%；养殖产量50吨，占特种水产养殖总产量的0.90%。2013年，全区养殖面积300亩，占特种水产养殖总面积（67650亩）的0.44%；养殖产量50吨，占特种水产养殖总产量（6105吨）的0.82%。

六、加州鲈

又名"大口黑鲈"，原产于美国加利福尼亚州密西西比河水系，是一种肉质鲜美、抗病力强、生长迅速、易起捕、适温较广的名贵肉食性鱼类。另外，加州鲈鱼可供游客垂钓，所以受到世界各地广大游钓者的喜爱。

1991年，黄埭陆严村养鱼专业户陈盘生养殖加州鲈鱼22亩，放养加州鲈幼鱼2.5万条，获得成功。1992年，吴县水产养殖场漕湖分场网箱养殖加州鲈鱼80平方米，纯收入7733元。1994年，境内加州鲈养殖面积129亩，产量19.8吨。2000年，黄埭镇加州鲈养殖面积350亩，产量50吨；其中陆严村有210亩，成为加州鲈鱼养殖专业村。2002年，全区加州鲈养殖面积895亩，占特种水产养殖总面积的1.26%；产量209吨，占特种水产养殖总产量的5.36%。2010年，全区加州鲈养殖面积150亩，占特种水产养殖总面积的0.24%；产量70吨，占特种水产养殖总产量的1.26%。

2013年，全区加州鲈养殖面积1500亩，占特种水产养殖总面积（67650亩）的2.22%；产量67吨，占特种水产养殖总产量（6105吨）的1.10%。

七、鳗鱼

1984年，望亭发电厂综合服务公司利用电厂的电、水、汽优势，创办望亭鳗鱼养殖场。先后投资260万元，建造室内鳗鱼池15000平方米，放养鳗苗，养殖鳗种和成鳗，并混合养殖尼罗罗非鱼。至1988年，累计产值1046.12万元，税利261.76万元。

1987年下半年，蠡口乡经济联合委员会、大湾村经济合作社和吴县发电厂联合投资，在吴县发电厂东侧建立吴县养鳗场，利用电厂余热养殖鳗鱼。养鳗场建造育鳗水泥池44个，总面积1万平方米，当年生产成品鳗50吨；1988年，成品鳗产量100吨。1994年，境内鳗鱼养殖面积6000平方米，产量35吨。2002年，全区鳗鱼养殖面积60亩，产量115吨。2005年，全区鳗鱼养殖面积60亩，产量35吨。2006年起停止养殖。

八、甲鱼

1993年，黄埭倪汇村养鱼专业户朱学明承包30多亩低洼田，开挖16个鱼塘，放养5000只稚鳖，当年出售成鳖0.8吨，总产值30多万元，获净利近万元。1993年，建立黄埭池塘养鳖基地。1994年，境内甲鱼养殖面积313亩，产量12.0吨。1996年，朱学明自繁自育幼鳖，8000多个甲鱼蛋孵化成活稚鳖7000多只。1997年，湘城小渌村季法祥在金山圩滩上租25亩水面，建成甲鱼池4只，年产稚鳖20000只、商品甲鱼1吨，产值50万元，利润15万元。2002年，全区甲鱼养殖面积371亩，占特种水产养殖总面积的0.52%；产量15.2吨，占特种水产养殖总产量的0.27%。2006年，全区稚鳖产量12.15万只。2010年，全区稚鳖产量80万只；甲鱼养殖面积300亩，占特种水产养殖总面积的0.49%；产量70吨，占特种水产养殖总产量的1.26%。

2013年，全区稚鳖产量82万只；甲鱼养殖面积300亩，占特种水产养殖总面积（67650亩）的0.44%；产量77吨，占特种水产养殖总产量（6105吨）的1.26%。

第五节 观赏鱼养殖

苏州有着悠久的观赏鱼养殖历史，是宫廷金鱼的原发地之一，素有"扬州水泡如皋蝶（尾），南通珍珠苏州头（狮头）"之说。

2002年，黄埭镇青龙村袁建平在黄埭镇埭卫路建立黄埭观赏鱼渔场，渔场占地70亩，养殖面积54亩，主要养殖锦鲤和金鱼的鎏金品种两大类，年产观赏鱼100万尾。2004年6月，蠡口镇秦埂村陈益明向区生态农业示范园租赁水面，建立苏州姑苏观赏鱼养殖基地，注册地址为区生态农业示范园（元和镇莫阳村），注册资金50万元。基地以金鱼系列产品为主。养殖品种有狮头、龙睛（蝶尾）、水泡、珍珠、虎头、绒球、鎏金等七大类，又有红、红白、花、黑、红黑、黑白、兰、紫等50余个品种；并和苏州市水产技术推广站合作开发金鱼新品、鱼病防治等科研项目的试验。是年，基地参与实施江苏省"农业三项工程"项目"特色观赏鱼选育与品种改良技术"和"金鱼、锦鲤选育与养殖配套技术"。基地在建造围墙和进排水系统后，将部分水面分租给养殖专业户，由承租户建造金鱼养殖设施和投入生产，形成基地+农户的开发模式。基地有80%的观赏鱼销往日本、欧美、中东及中国的港澳等地。2005年，相城区观赏鱼养殖面积52200平方米，养殖狮头、绒球、琉金等名贵金鱼品种20多种325万尾。在南京2005年中国金鱼大赛暨江苏省第三届观赏鱼大赛展览会上，相城区的张林兴获得全国大赛奖，其中狮头组三色狮获二等奖，黑白狮和红黑狮分获二、三等奖，龙睛组红蝶获三等奖。2010年，全区观赏鱼养殖面积80000平方米，年产量510万尾。2013年，全区观赏鱼养殖面积60公顷，年产量500万尾。

表2-9　2003年至2013年相城区观赏鱼养殖情况表

年份/年	面积/平方米	产量/万尾	备 注
2003	36000	200	
2004	23000	116	
2005	52200	325	
2006	79600	550	
2007	67000	570	
2008	80000	500	
2009	80000	500	
2010	80000	510	
2011	8000	500	
2012	8000	500	
2013	60公顷	500	

第六节 淡水珍珠养殖

国际市场上有"太湖珍珠,天下第一"之说。

1965年,蠡口公社渔业大队用三角帆蚌育珠获得成功。1968年8月,江苏省水产局和苏州地区多种经营管理局先后在蠡口渔业大队等地举办珍珠技术培训班,推广河蚌育珠技术。1973年,三角帆蚌人工繁殖成功,解决了蚌源和育珠蚌的病害防治等难题。20世纪70年代至90年代,境内养蚌育珠户主要集中在蠡口、黄埭、北桥、渭塘、太平、湘城等地。1994年,境内育珠水面15080亩,产量29.7吨。2001年,全区育珠水面1973亩,产量42吨。2010年,育珠水面800亩,产量19.3吨。2013年,育珠水面600亩,产量15.0吨。

一、蚌苗繁育

1968年开始育珠时,育珠蚌主要从外地购进。1970年,因外购蚌源带入病菌,造成蚌病交叉感染,珠蚌大批死亡。同年,水产技术部门开始了对褶纹冠蚌和三角帆蚌人工繁殖获得的研究。1973年,三角帆蚌人工繁殖获得成功。1976年,渭塘公社渭西大队第一生产队选择成熟的母蚌(三角帆蚌或褶纹冠蚌)并让其排放钩介幼虫,放入黄颡鱼(昂刺鱼)或花鲢等鱼种作寄主,钩介幼虫在鱼体寄生并变态成蚌苗后脱落。蚌苗经4~6个月的培育,长成4~6厘米的幼蚌。当年获幼蚌5万只(以三角帆蚌为主);后用网箱培育,成活1万只;经插片育珠,两年后产珠50公斤。1980年,珠蚌人工繁殖技术全面推广。1982年,国家农委、国家科委授予吴县三角帆蚌人工繁殖农业科学技术推广奖。1985年,境内繁殖三角帆蚌幼蚌6万只、褶纹冠蚌幼蚌2804万只,除供本地培育珍珠外,一半以上的珠蚌供应外地育珠(表2-10)。80年代末,部分蚌农外出浙江、安徽、湖北等地承包鱼池养殖珠蚌、繁殖蚌苗,培育幼蚌,并将生产的幼蚌运回,供境内育珠用,境内停止蚌苗生产。

表2-10 1985年境内人工繁殖幼蚌情况表

单位:万只

	集体		家庭	合	计
	△	≈	△		
蠡口	0	100	0	720	820
陆慕	0	40	0	135	175
黄埭	0	70	0	43	113
北桥	0	75	5	100	180
黄桥	0	0	0	800	800

续表

	集体		家庭	合计	
	△	≈	△		
湘城	0	0	1	435	436
泗泾	0	0	0	11	11
太平	0	0	0	5	5
渭塘	0	120	0	150	270
望亭	0	0	0	0	0
合计	0	405	6	2399	2810

注：△为三角蚌，≈为褶纹冠蚌。

二、人工育珠

1965年，太湖地区水产中心试验站在蠡口公社渔业大队进行人工培育淡水珍珠试验，试育三角帆蚌90只。至1967年，获得珍珠125克。1972年，渭塘公社永沿大队第6生产队在5亩水面吊养7500只珠蚌，获得成功。1974年起，境内利用池塘、河港、湖湾等水面养蚌育珠。1976年，渭塘有63个生产队从外地采购河蚌，吊养50万只珠蚌，放养水面854亩。1980年，黄埭公社500万

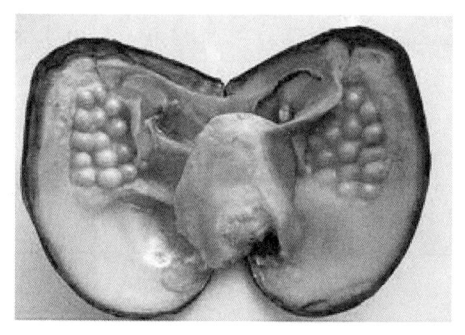

只手术蚌出产珍珠8580公斤，年收入1300万元（吴县全县珍珠年收入2500万元），其中：汤浜大队年产珍珠1300多公斤，收入217万元，人均540元（全大队人均分配715元）；卫星大队育珠一项的人均收入为1200元。1981年，渭塘168个生产小队吊养160万只珠蚌，放养水面4600亩。1981年起出口受阻，珍珠市场供大于求，全县珍珠积压严重。1982年，全县珍珠产量减至240公斤。1983年，渭塘乡珍珠产量35公斤。是年，有人将珍珠加工成项链、耳钉等首饰品，或加工成十二生肖、其他动物、珍珠塔及珍珠粉销售。

1984年后，珠农逐渐恢复珍珠养殖。1985年，贯彻落实全国珍珠生产会议关于提高珍珠质量的精神，扭转珍珠收购、出口中的混乱局面。1986年，淡水珍珠生产贯彻"以销定产、科学育珠、以质取胜"方针。是年，渭塘乡编写河蚌育珠的工艺流程规范，对育珠蚌的选择、小片制作与消毒、插片与整圆、垂养管理、病害防治及珍珠采收等都作了明确规范。1991年，珍珠价格大幅下滑，多数珠农不再在境内养蚌育珠，改到安徽、湖南、湖北和江苏苏北等地租赁水面养珍珠。1994年，境内育珠水面15080亩，其中蠡口5180亩、太平2000亩、黄埭4000亩、北桥800亩、渭塘2000亩、湘城800亩、阳澄湖300亩；珍珠产量29680公斤。2000年年末，渭塘镇有150户育珠专业户，全镇养殖水面880亩，境外养殖水面20000亩，共吊养珠蚌2088万只，珍珠产量4790公斤；朱金元等15户专业养殖户养殖水面超千亩。2002年，相城区养殖育珠蚌4620亩，其中望亭627亩、元和950亩、太平200亩、黄桥1000亩、黄埭

633亩、北桥300亩、渭塘910亩；珍珠产量82.2吨。2008年，育珠蚌养殖面积为915亩，其中元和街道705亩、阳澄湖镇200亩、养殖场10亩；珍珠产量为24.0吨。2010年，育珠蚌养殖面积800亩，珍珠产量19.3吨。2013年，育珠蚌养殖面积600亩，珍珠产量15.0吨。

表2-11 2001年至2013年相城区淡水珍珠养殖情况表

年份/年		2001	2002	2003	2004	2005	2006	2007	2008	2009	2010	2011	2012	2013
面积/亩		1973	4620	2880	1733	1996	1287	1920	915	810	800	600	600	600
产量/吨		42.2	82.2	42.0	24.9	23.35	28.2	25.0	24.0	14.0	19.3	25.0	25.0	15.0
	蠡口	6.9	—	—	—	—	—	—	—	—	—	—	—	—
	黄桥	0.3	15.0	—	2.0	2.0	1.5	—	—	—	—	—	—	—
	黄埭	30.0	16.7	13.0	8.0	6.0	4.5	2.0	—	—	—	—	—	—
	北桥	5.0	5.0	10.0	—	—	—	—	—	—	—	—	—	—
	望亭	—	4.5	—	—	—	—	—	—	—	—	—	—	—
	元和	—	14.0	11.0	8.0	8.0	8.0	8.0	—	—	—	—	—	—
	太平	—	2.0	8.0	—	—	1.0	1.0	1.0	—	—	—	—	—
	渭塘	—	25.0	—	—	7.35	13.0	14.0	13.0	14.0	13.0	25.0	25.0	15.0
	养殖场	—	—	—	6.9	—	—	—	10.0	—	6.3	—	—	—
	生态园	—	—	—	—	—	0.2	—	—	—	—	—	—	—

注：统计表中的珍珠产量含珠农在境外承包水面的产量。

第三章　阳澄湖大闸蟹

第一节　大闸蟹的名称来历及其特性

据历史记载，捕蟹者在港湾间必设一闸，闸是以竹编成的。夜来隔闸置一灯火，蟹见火光，即爬上竹闸，在闸上一一捕之，甚为便捷，这就是"闸蟹"之名的由来。竹闸就是竹簖，簖上捕捉到的蟹被称为"闸蟹"，个头大的蟹就被称为"大闸蟹"。在阳澄湖捕获的就称为"阳澄湖大闸蟹"。

又：将蟹放在清水中煮，苏州地方语称之为"闸"。一般清水中煮的蟹为大蟹，且用清水"闸"出来的蟹原汁原味，故叫卖者称其为"清水大闸蟹"，以招揽顾客。

一、生态环境与外观特点

第一是阳澄湖活水性较好，水体清澄，透明度高，平均值为133厘米，含钙、镁、硅、铝氧比值高；第二是湖底底质好，硬地占65%以上，表层多数呈斑块状的粉沙和沙质泥；第三是水草特别茂盛，它既可净化水质，又可作为河蟹和草食性鱼类的食料；第四是天然饲料丰富，生物量大。

"阳澄湖者最大，壳青、脚红，名金爪蟹，重斤许，味最腴。"（《吴郡志》）

阳澄湖大闸蟹有四大特点：一是青背，蟹壳成青灰色，平滑而有光泽，故称"蟹壳青"。这是清澈的阳澄湖水赋予它的特征。二是白肚，贴泥的肚脐、甲壳晶莹洁白，没有黑色斑点。这是因为清澈的阳澄湖湖底长有茂密的猪鬃草和其他水草，栖息在这里的螃蟹常在水草上爬行，与水草发生摩擦，犹如器皿在清水中不停地洗涮、上光。因此，阳澄湖蟹的白肚在外观上能给人一种玉质般的美感。三是黄毛，即蟹腿上的茸毛都是金黄色的，且长达3～4厘米，根根挺拔。四是金爪，即蟹爪金黄，坚挺有力，放在玻璃上都能八足挺立、双螯腾空。阳澄湖蟹的"金爪"，也是阳澄湖得天独厚的自然环境赋予它的。这里不仅湖水清澄，湖底水草茂盛，而且土质坚硬。蟹在湖底爬行，爪子常插入黄泥砂砾，常踩踏水草，这不仅比在松软的泥浆中爬行洁净得多，而且由于湖底坚硬、平坦，宛如一个天然运动场，蟹在上面爬行自然就练出了与其魁梧身材相称的坚强有力的爪子。

二、生活习性

（一）穴居

河蟹昼伏夜出，喜欢栖居在江河、湖泊的泥岸或滩涂的洞穴里，或隐匿在石砾和水草丛里。河蟹在土质坚硬的陡岸掘穴以防御敌害。

（二）好斗、自切、再生

河蟹天性好斗，当螯足或步足被对方夹住时，能自行脱落（即"自切"）而脱逃；过段时间，又能长出新的螯足或步足（即"再生"），但比原来的要小。

（三）横行

螃蟹的十只脚长在身体两侧。第一对是螯足，是掘洞的工具，也是防御和进攻的武器；其余四对是步足，螃蟹靠其运动，向侧前方运动（即为"横行"）。

（四）趋光

河蟹有趋光的特性。每年捕蟹旺季，渔民利用河蟹趋光的特性，用灯光诱捕。

（五）生殖洄游

河蟹在淡水中生长，在海水中繁殖。成熟的河蟹在秋末冬初开始到海水、淡水混合的近海区产卵，蟹卵孵化发育成蟹苗后，再溯江河而上，在淡水中继续发育长大。这就是生殖洄游。

三、价值

（一）营养

河蟹营养丰富，肉味鲜美。据专家测定，每100克河蟹可食部分中，蛋白质含量14克，脂肪5.9克，铁13毫克，核黄素0.71毫克，碳水化合物7.4克，维生素A 5960国际单位，皆高于一般水产品。

（二）药用

据《本草纲目》和我国古代其他一些医书记载，河蟹具有散热、消食、治胃病的功能。

第二节 捉 蟹

一、丝网捕捉

刺网多用尼龙丝制成（渔民叫"丝网"），每条长50米、高1米左右。网上有浮子，下有沉子，垂直定置于水的中下层，河蟹在水中活动时被缠绕而达到捕获目的。刺网捕获的成蟹规格大，但会使河蟹附肢因被网线缠绕而受伤。

二、徒手捕捉

野生河蟹常在河道河岸与水面交界处开洞筑巢。捉蟹时，手持一根手指宽、米把长的竹片，其一端绕了些磨得锃亮的紫铜丝。先观察蟹洞口，如有蟹粪和蟹出入的爪印，就将铜丝一端慢慢伸入洞中触碰蟹体，蟹被惊扰逃出，即被捉蟹者在洞口用手摁住。

10月份前后，河蟹要生殖洄游，会大量上岸活动，寻找洄游通道，这时可用手直接捕捉。捕捉时应小心谨慎，做到眼疾手快，用食指和大拇指紧扣河蟹背壳两侧，使其双螯无法施展，这样做既安全又不伤蟹体。如果手上戴上手套，效果会更好。切不能直接抓握步足及大螯，否则河蟹会"自切"逃脱，造成蟹体伤残，影响河蟹的品质及销售价格。

三、蟹簖捕捞

蟹簖是一种用竹子编成的拦阻式栅箔类捕蟹工具。在有水流的河港、湖汊等有利地段，设簖拦断河蟹生殖洄游的通道，在簖的上端或底部设置一些呈方形的蟹笼，笼的底部有一两个河蟹的进口及漏斗形的倒须，河蟹只能进不能出。河蟹通过水道迁移时被蟹簖拦截，在其沿簖上爬或钻入蟹笼时被捉。

四、地笼诱捉

地笼网，它有很多节，长度10米至几十米不等，呈长方形，每节有入口和倒须，能进不能出。在每年的9月至10月，将地笼等工具安放在河蟹经常活动的地方或在蟹簖的下方开口与之相联，拦截河蟹的活动路线而迫使其进入笼内。地笼末端有一集鱼袋，每天早晚只要将袋中鱼、蟹倒出，扎好放回原位即可。

在水温适宜时，由于河蟹还在摄食，可以在上述工具中放入诱饵，引诱河蟹入内。池塘养蟹起捕时可采取这种方法，捕蟹前应事先停喂一天，再用饵料引诱。

五、干塘捕捉法

先将塘水快速排浅。若塘中事先未留集蟹槽、集蟹沟，应在水位排至30~50厘米深时临时开挖。第一步，将池底浮泥排去，再向出水口一侧沿池中央开挖一宽度约50厘米的集蟹沟，沟深小于1米，要向出水口一侧逐渐倾斜。面积较大的池塘，可开挖多条集蟹沟。第二步，在出水口处开挖一集蟹槽，长、宽、深各为1米左右，并与集蟹沟相通。由于水位逐步降低，池蟹会顺水流入蟹沟，最后进入蟹槽，这时用手抄网或捞海捕捉即可。若是冬天捕捉，应将池水快速抽干，使河蟹来不及打洞或入泥，也不会冻伤蟹体。天冷结冰时，不但难以捕捉，且会冻伤、冻死河蟹，最好不要捕蟹。

六、搭巢捕捉法

池养河蟹冬天捕捉时，由于气候寒冷，水温较低，河蟹一般都会穴居在洞中或池底淤泥内。先在池底或池边用砖块、瓦片等搭建人工蟹巢，河蟹会自动入巢，这时便可在巢中捕蟹。也可在蟹洞上放置浸湿的草包或稻草，由于草下温暖，河蟹会藏身其中，只要快速掀开草包，即可将其捉住。

七、汽灯照叉

秋夜，船到湖中，汽油灯把阳澄湖水体照得清澈见底。见到湖底螃蟹时，即飞叉入水。善叉者可使叉刺不偏不倚地戳在蟹爪之间的空档中，然后收起鱼叉，将蟹抖落进舱；大多数被戳之蟹都可完好无损。

八、蟹簪提捉

蟹簪是用两片毛竹片或两根细竹竿与一块60~80厘米见方的尼龙网扎成的小网兜。将它系于一长竹竿上，簪中放入小鱼、河蚌、螺蛳肉、鳗鱼肉之类的诱饵，选择水流较为缓慢的河段、港湾等大闸蟹经常活动之处，放下蟹簪，一般一次要放七八只到10多只蟹簪。蟹觅食爬入簪中，一时难以爬出。每隔15~20分钟将簪提起，即可捉到蟹。

第三节　养蟹业的发展

一、灌江纳苗

以产河蟹著称的阳澄湖，20世纪50年代的河蟹常年产量为5万~7.5万公斤。1951年产量最高，为11万公斤。1959年浏河口建闸，阻断了河蟹苗进入阳澄湖的主要通道，河蟹产量锐减。1960年降至2.5万余公斤，1961年只产1.5万余公斤。1962年灌江纳苗后，产量逐年回升。1965年，产量为17.5万公斤。

二、湖区河蟹资源增殖养殖

20世纪60年代，渔民在长江口大量捕捞河蟹苗，开闸纳苗数量日渐减少。1976年起，阳澄湖湖泊管理委员会开始进行蟹苗放养。但由于蟹苗来源不足，其产量受到限制，70年代，阳澄湖河蟹年产量40000~80000公斤。1984年，河蟹人工繁殖成功，河蟹养殖逐渐推广。2008年5月9日，在阳澄湖大东湖水域放流50万只蟹苗和100吨螺蛳，实行网围与生态养殖相结合的养殖模式。

三、河蟹网围养殖

1989年4月至5月，湘泾乡水产养殖公司在阳澄湖西湖400亩水面投入300公斤蟹种和

400公斤鳊鱼种试验鱼、蟹混养，饲料以螺蛳为主，辅以玉米、稻谷、元麦。10月底，捕获成蟹1000多公斤，个体在125克以上的占80%。

进入90年代后，阳澄湖试行和推广网围养殖技术，实施网围养蟹。湖区渔业从原来的单一捕捞发展为养大于捕，形成了以网围养殖大闸蟹为主的新格局。1990年，泖泾乡水产养殖公司在阳澄西湖11000亩定权围栏区内投入535.5公斤蟹苗，年底捕获成蟹8吨。1992年至1994年，泖泾乡渔业村和莲花村200多户螃蟹养殖户养殖螃蟹9000多亩，每户20～50亩，每户年获利1～2万元。1994年，境内湖泊养蟹15718亩，产量43.1吨。

2001年，全区河蟹网围养殖总面积34300亩，总产量1087吨。2006年，阳澄湖河蟹围网养殖面积80600亩，其中相城区35130亩，河蟹产量1203吨（表3-1）。

表3-1　2001年至2013年相城区网围养蟹情况表

年份/年	面积/亩	产量/吨	备注
2001	34300	1087	
2002	38700	1100	
2003	38700	1310	
2004	38787	1188	
2005	36180	1100	
2006	35130	1203	
2007	47727	1285	
2008	16000	1124	
2009	16000	2014	
2010	16000	1389	
2011	16470	825	
2012	16350	818	
2013	16260	813	

为保证河蟹品质和减少河蟹养殖中的自身污染，保护阳澄湖水域周边的自然环境，2007年阳澄湖渔业管理委员会把河蟹围网养殖面积从原有的8.06万亩缩减至3.2万亩，其中相城区从原来的5.04万亩压缩到1.6万亩；同时对阳澄湖非围网区水域放流蟹苗，实行网围与生态养殖相结合的养殖模式。是年，全区河蟹产量为1124吨。2010年，全区河蟹网围养殖

16000亩，河蟹产量1389吨。2013年，全区河蟹网围养殖16260亩，河蟹产量813吨。

四、河蟹池塘养殖

（一）蟹苗繁育及优质蟹种的培育

20世纪90年代初，阳澄湖乡消泾、范浜、强芜、北前、东塘等村开始养育蟹苗。育苗户一般辟一个4~5亩大、深1.5米左右的池塘，四周装上防止蟹苗外逃的铝板，放入从长江口买进的大眼幼体（蟹苗），一两天换一次水，水深保持在1米左右；开始时不投饵，4个月后才投少许小鱼虾及粮食饲料。翌年三四月份长成纽扣般大小的幼蟹（称"扣蟹"）时投入市场。1993年，境内有42户养育蟹苗，养殖面积58亩；2000年，有782户养育蟹苗，养殖面积3763亩。2005年，阳澄湖镇有蟹种培育池8500亩，除自养外，一些专业户还把优质蟹种供应给其他养殖户。

2006年，苏州市两湖中华绒螯蟹良种开发有限公司承担江苏省水产三项更新工程项目"阳澄湖优质蟹种高产培育技术研究及推广应用"（项目编号为：PJ2006—18）。公司从长江蟹中筛选出长江水系特征明显、性腺发育好的河蟹亲本，由合作单位繁殖良种蟹苗；蟹苗由公司蟹种培育基地专池养殖，经严格筛选，培育成优质蟹种（表3-2）。蟹种培育池面积89.74亩，放养良种蟹苗136公斤，收获每公斤100~200只的一龄蟹种16567公斤，平均亩产184.6公斤。2007年，蟹种培育池面积86.43亩，放养良种蟹苗131公斤，收获每公斤100~200只的一龄蟹种16437公斤，平均亩产190.2公斤。一龄蟹育种推广联系户5户，面积424.9亩，放养良种蟹苗710公斤，总产70520公斤，平均亩产166公斤；34户网围成蟹养殖联系户面积1020亩，生产商品蟹41.6吨，平均亩产41公斤，比全湖平均亩产提高5公斤，增收10%。

表3-2 项目试验蟹种生产情况表

年份/年	培育池面积/亩	投放大眼幼体/公斤	收获（100~200只/公斤）一龄蟹种/公斤	折合亩产/公斤
2006	89.74	136	16567	184.6
2007	86.43	131	16437	190.2

（二）蟹池塘养殖

20世纪80年代以来，阳澄湖大闸蟹一度濒临灭绝。1986年，阳澄湖镇陆巷农民在池塘养蟹获得成功。1987年，黄埭汤浜村投资1.2万元，开挖池塘10亩，放养蟹种120公斤，当年收获600多公斤成蟹。1992年，黄埭青龙村薛根寿开挖池塘30亩，放养蟹种15000只，当年盈利近万元。1994年，境内池塘养殖河蟹643亩，产量4.2吨。1998年，阳澄湖镇等地利用围湖田、低洼地及荒滩荒地等发展河蟹池塘养殖，并形成了蟹苗繁育、蟹种培育和成蟹养殖的一体化生产体系。2000年，黄埭永昌村特种水产专业户朱春生开塘养蟹37亩，投资1.1万元，放养幼蟹7500多只，净收入4万余元，成为全镇"十佳致富能手"之一。2001年，全区河蟹池塘养殖总面积为5220亩，总产量231吨（表3-3）。2010年，全区河蟹池塘养殖面积42695

亩，总产量1575吨。2013年，全区河蟹池塘养殖面积45990亩，总产量2509吨。

表3-3　2001年至2013年相城区池塘养蟹情况表

年份/年	面积/亩	产量/吨	备注
2001	5220	231	
2002	21627	616	
2003	10800	469	
2004	16196	519	
2005	18771	656	
2006	18701	690	
2007	26156	710	
2008	36589	1169	
2009	37070	1814	
2010	42695	1575	
2011	46575	2275	
2012	46845	2462	
2013	45990	2509	

五、蟹病防治

河蟹细菌性养殖病害主要有腐壳病、黑鳃病、肠炎、水肿病等，常规采用水体消毒结合内服兽用抗生素的方法治疗。

2002年至2005年，阳澄湖蟹王水产有限公司年承担苏州市科技局ZN0208"中华绒螯蟹无公害及其标准化生产技术"招标项目。2003年，承担国家"星火计划"项目"阳澄湖大闸蟹规模化生态养殖"。2003年至2006年，承担江苏省水产三项更新工程"优质中华绒螯蟹产业化链式开发项目"。项目组在阳澄湖莲花垛养蟹基地控制放蟹密度，网围内移栽轮叶黑藻、伊乐藻等水草，投放活螺蛳；在网围区内采取"品"字型的轮作养殖方式（围网二分之一面积护草休整、二分之一面积养殖河蟹），以增强湖泊的水体自净功能。7月至9月，每隔20天左右，用EM生物制剂或光合细菌等生物活性制剂化水泼洒，以调节水质，改善河蟹生态环境，提高河蟹抗病力。饵料采用两头精、中间青的科学投喂法。养殖高峰期，以防为主，适时投喂药饵。尽量少用药或不用药，确保养殖河蟹的高档品质。

六、养蟹业的发展（表3-4）

1994年，境内在阳澄湖网围养蟹15075亩，年产阳澄湖大闸蟹43.3吨；池塘养蟹643亩，河蟹产量4.2吨。1996年，阳澄湖大水面网围养蟹1.46万亩，年产河蟹288吨。2001年，相城区在阳澄湖网围养蟹34300亩，年产阳澄湖大闸蟹1087吨；池塘养蟹面积5220亩，河蟹产量231吨。2010年，全区阳澄湖网围养蟹16000亩，年产阳澄湖大闸蟹1389吨；池塘养蟹面积42695亩，年产河蟹1575吨。2013年，全区阳澄湖网围养蟹16260亩，年产阳澄湖大闸蟹813吨；池塘养蟹面积45990亩，年产河蟹2509吨。

表3-4　1994年至2013年相城区河蟹养殖情况表

年份/年	小计		池塘养殖		网围养殖	
	面积/亩	产量/吨	面积/亩	产量/吨	面积/亩	产量/吨
1994	15718	47.5	643	4.2	15075	43.3
2001	39520	1318	5220	231	34300	1087
2002	60327	1716	21627	616	38700	1100
2003	49500	1779	10800	469	38700	1310
2004	54983	1707	16196	519	38787	1188
2005	54951	1756	18771	656	36180	1100
2006	53831	1893	18701	690	35130	1203
2007	73883	1995	26156	710	47727	1285
2008	52589	2293	36589	1169	16000	1124
2009	53070	3838	37070	1814	16000	2014
2010	58695	2964	42695	1575	16000	1389
2011	61695	3100	45225	2275	16470	825
2012	63195	3280	46845	2462	16350	818
2013	62250	3322	45990	2509	16260	813

七、品牌效应

全区有阳澄湖大闸蟹注册商标52件（其中阳澄湖镇有46件），占苏州市阳澄湖大闸蟹行业协会商标总数的50%（表3-5）。

表3-5　2010年相城区阳澄湖大闸蟹注册品牌一览表

序　号	注册商名称	注册品牌
1	苏州市相城区阳澄湖三湖大闸蟹有限公司	"碧波"牌
2	苏州沺泾阳澄湖大闸蟹有限公司	"洋澄"牌
3	苏州市阳澄湖鑫阳农业科技有限公司	"鑫阳"牌
4	苏州市阳澄湖镇金色蟹业有限公司	"阳澄绿洲"牌
5	苏州市相城区阳澄湖镇浅水湾蟹业有限公司	"水中之霸"牌
6	苏州市相城区阳澄湖镇三敏蟹业有限公司	"三敏"牌
7	苏州市莲花岛大闸蟹有限公司	"湖司令"牌
8	苏州阳澄湖一品莲花蟹业有限公司	"莲花岛"牌
9	苏州市相城区阳澄湖镇蟹王大闸蟹养殖场	"蟹王"牌
10	苏州市相城区阳澄湖至尊水产行	"秋霸王"牌
11	苏州市相城区阳澄湖强抚水产养殖场	"鑫东湖"牌
12	苏州市相城区阳澄湖清水大闸蟹养殖场	"湖中之王"牌
13	苏州市阳澄湖富荣蟹业有限公司	"金澄"牌
14	苏州市相城区阳澄湖镇湘渔蟹业有限公司	"湘渔"牌
15	苏州市相城区阳澄湖天一水产养殖有限公司	"十月旺"牌
16	苏州市相城区阳澄湖蟹王水产有限公司	"阳澄之王"牌
17	苏州市相城区阳澄湖镇东湖金爪养殖场	"东湖金爪"牌
18	苏州市相城区阳澄湖清源大闸蟹养殖场	"澄泊"牌
19	苏州市相城区阳澄湖镇金东湖大闸蟹有限公司	"金东湖"牌
20	苏州市相城区阳澄湖镇霸王大闸蟹养殖场	"金霸王"牌
21	苏州市相城区阳澄湖镇建福清水大闸蟹养殖场	"阳澄之帅"牌
22	苏州市相城区阳澄湖金鼎大闸蟹养殖基地	"大成金鼎"牌
23	苏州市相城区阳澄湖镇佳澄大闸蟹养殖场	"佳澄"牌
24	苏州市相城区阳澄湖镇莲花岛特种水产养殖场	"水莲花"牌
25	苏州市相城区阳澄湖镇莲花村蟹业合作社	"莲花村"牌
26	苏州市相城区阳澄湖镇徐记水产商行	"阳澄徐记"牌
27	苏州市相城区阳澄湖镇跨阳王蟹业养殖场	"好运澄真"牌
28	江苏阳澄湖大闸蟹股份有限公司	"阳澄湖"牌
29	苏州阳澄湖水中王水产养殖有限公司	"水中王"牌
30	苏州市阳澄湖好来我蟹王水产有限公司	"好来我"牌
31	苏州市阳澄湖绿洲蟹神水产有限公司	"蟹神"牌
32	苏州市阳澄湖湖中岛大闸蟹有限公司	"湖中岛"牌
33	苏州市新澄水产养殖有限公司	"澄中岛"牌
34	苏州市阳澄湖蟹将军大闸蟹养殖场	"蟹将军"牌

续表

序　号	注册商名称	注册品牌
35	苏州市建华蟹业有限公司	"湘城"牌
36	苏州市阳澄湖东港大闸蟹有限公司	"澄品"牌
37	苏州市阳澄湖蟹元帅大闸蟹养殖有限公司	"蟹元帅"牌
38	苏州市宝龙阳澄湖蟹业有限公司	"相阳"牌
39	苏州市阳澄湖顺风水产养殖有限公司	"绿洲之王"牌
40	苏州市阳澄湖金龙蟹业有限公司	"秋实"牌
41	苏州市阳澄湖阳澄之星蟹业有限公司	"阳澄之星"牌
42	苏州市相绿农产品产销合作社	"相绿"牌
43	苏州市永林阳澄湖蟹业有限公司	"澄宝"牌
44	苏州市金祥蟹业有限公司	"金湘螯"牌
45	苏州市中澄阳澄湖蟹业养殖有限公司	"新澄"牌
46	苏州市阳澄湖钱氏大闸蟹养殖场	"金元"牌
47	苏州市阳澄湖水天堂大闸蟹养殖场	"姑苏水乡"牌
48	苏州市阳澄湖清月蟹业养殖有限公司	"清月"牌
49	苏州美澄王商贸有限公司	"大蟹天下"牌
50	苏州市阳澄湖星湖岛水产养殖有限公司	"星湖岛"牌
51	苏州吴王阳澄湖大闸蟹有限公司	"吴王"牌
52	苏州阳澄湖消泾虾蟹产销合作社	"菊花"牌

八、制作防伪标记

2003年，相关部门在蟹壳上打上"阳澄湖大闸蟹"激光标志；2004年，在蟹钳上佩戴小型戒指，材质为普通塑料，其上标有黑白色的"阳澄湖大闸蟹"字样；2005年，在蟹钳上佩戴防伪齿扣，材质仍为普通塑料，齿扣上除有"阳澄湖大闸蟹"字样外，还增加"地理标志保护产品"字样以及防伪查询电话号码和短信防伪查询号码；2006年，在蟹钳上佩戴防伪倒扣（俗称"白金戒指"），并设置一次性暗码防伪，一经刮开就不可

重复使用。2009年12月16日，苏州市政府常务会议审议并通过了《苏州市阳澄湖大闸蟹地理标志产品保护办法》，以政府规章的形式确立了阳澄湖大闸蟹的生产、经营、保护及相关的监督管理，并首次明确了对于假冒行为的惩处。该保护办法于2010年3月1日起实施。

第四节　养殖实体

一、苏州市阳澄湖鑫阳农业科技有限公司

2004年，阳澄湖镇农民养蟹专家俞三男承担苏州市级项目"优质大规格阳澄湖蟹的关键养殖技术研究"，他承租蠡口热电厂旁的特种水产养殖场大棚水池，把即将进入冬眠期的蟹苗分成大、中、小、特小4个规格放入池中养殖，并利用热电厂热能促使蟹苗进食、脱壳、生长，为大规格商品蟹养殖打下基础。经养殖试验，优质大规格商品蟹比例达55.5%，比对照组提高60%。他指导蟹农科学养蟹，向300多户阳澄湖养蟹农供应蟹苗养蟹，并提供河蟹

销售渠道。2004年10月，苏州市阳澄湖鑫阳农业科技有限公司成立，注册资本500万元。2005年，"鑫阳"牌阳澄湖大闸蟹获得中国国际专利与名牌博览会金奖。2006年，鑫阳农业科技有限公司生产的中华绒螯蟹获得中国"有机产品"认证，"鑫阳"牌阳澄湖大闸蟹获得中国"绿色食品"认证；鑫阳渔业公司在北京、青岛、上海、南京、杭州、宁波、苏州等大中城市开设90家连锁店，平均每天销量超过1吨。2007年，"鑫阳"牌阳澄湖大闸蟹获得国家工商管理总局商标局商标注册证书；2008年，"鑫阳"牌中华绒螯蟹获得"江苏名牌产品"称号。2009年，公司与中国科技大学苏州研究院尹雪斌教授合作，在阳澄湖核心区建立280亩大闸蟹健康养殖示范基地，开发富硒蟹饲料，培育出富硒大闸蟹；6月，给240亩水域的螃蟹喂食富硒有机饲料，其余40亩作为对比参照组；9月，经检测，每只富硒大闸蟹体内含硒50微克以上，蟹个体重200克左右，而对照组的蟹为150克左右；是年，"鑫阳"牌中华绒螯蟹获得中国"有机产品"认证证书。2010年，鑫阳公司拥有阳澄湖蟹种培育基地160亩，围网养殖基地500亩，被列为苏州市无公害、绿色农产品标准化生产示范基地，并带动辐射面积2000亩；年产蟹种200万只，年产成蟹100吨。是年，"鑫阳"牌阳澄湖大闸蟹获得中国"绿色食品"发展中心"绿色食品"认证证书。

从2009年起到2012年止，鑫阳农业科技有限公司连续4年被选为阳澄湖大闸蟹行业标杆。

二、苏州浦氏蟹王水产有限公司

1997年，苏州浦氏蟹王水产有限公司在阳澄湖畔成立，公司拥有固定资产500余万元，职工215人，并建成阳澄湖大闸蟹养殖基地14000亩。2002年，公司与苏州市阳澄湖管理委员

会在阳澄湖东湖联合创建阳澄湖大闸蟹出口创汇基地，并与江苏省淡水水产研究所及相城区水产技术推广站合建阳澄湖清水大闸蟹无公害标准化示范基地；是年，蟹王公司生产的"阳澄之王"牌阳澄湖清水大闸蟹获得国家质量监督检验检疫总局"原产地注册"注册证和国家标准化管理委员会"无公害农产品"标志证书，被认定

为江苏省名牌产品和苏州市知名商标。2004年，公司生产阳澄湖大闸蟹400吨，销售收入5850万元，出口创汇160万美元。2006年，该公司和相城区水产技术推广站合作的"中华绒螯蟹无公害及其标准化生产技术项目"获得苏州市科学技术进步奖三等奖；公司生产的"阳澄之王"牌阳澄湖清水大闸蟹通过国家"有机食品"和"绿色食品"A级、AA级认证及"无公害农产品"认证。"阳澄之王"牌大闸蟹在北京、上海、吉林、江苏、浙江等地有一大批固定客户，还远销韩国、日本、东南亚和中国香港、澳门地区。2010年，该公司生产销售阳澄湖大闸蟹120吨，销售收入2160万元，出口创汇180万美元。

三、江苏阳澄湖大闸蟹股份有限公司

江苏阳澄湖大闸蟹股份有限公司于1997年8月注册，公司注册地在湘城镇圣堂村。公司建筑面积256平方米，注册资金100万元，养殖水面4500亩。是年，注册"阳澄湖"牌大闸蟹商标（省级），获得"江苏省著名商标"和"苏州市知名商标"称号，公司为"中国商标十佳企业"之一。2000年12月，"阳澄湖"牌大闸蟹获第六届中国食品博览会金奖。2001年，该公司与阳澄湖镇集体资产经营公司、上海泓鑫置业有限公司、中国水产科学研究院淡水渔业研究中心等法人单位组成股份制企业，从事大闸蟹和其他淡水鱼的养殖、经营，建成11000平方米的湘城阳澄湖大闸蟹交易市场和1000平方米的蟹王水产交易市场。2001年，"阳澄湖"牌大闸蟹被江苏省技术监督局评为"江苏省无公害农产品"和"江苏省名牌农产品"；2002年，获第三届江苏名特优新农产品博览会最佳产品奖；2003年，获"绿色食品"证书。2004年，被认定为"全国水产行业质量放心·国家标准合格产品"；2006年，获评为"全国知名大闸蟹十佳名优品牌"。2009年，公司"阳澄湖"牌商标经国家工商总局注册。2010年，公司注册资本5805万元，有专业技术人员35名，有养殖水面8500亩，建有苏州科技示范园蟹苗培育基地和阳澄湖大闸蟹出口创汇基地，营销网点遍及20个省市，并在北京、上海、杭州、天津、广州等地设有专营店，全年产销"阳澄湖"牌大闸蟹200余吨，营业收入近亿元。

四、苏州市阳澄湖消泾虾蟹产销专业合作社

阳澄湖镇消泾村有667户农户，其中620户以养虾养蟹为业。2007年4月，以村集体资金30万元和个人资金20万元注册成立苏州市阳澄湖消泾虾蟹产销合作社（以下简称"合作

社")。合作社拥有消泾大闸蟹批发市场和620户养殖农户,通过合同契约形式与农户建立利益联结机制。是年,合作社1000亩十亩滩渔业养殖基地被确定为江苏省海洋与渔业局高效渔业示范养殖基地和相城区万亩特色水产养殖基地。2008年,十亩滩渔业养殖基地被确定为江苏省第九批农业标准化示范区。合作社与相城区水产技术推广站合作承担苏州市科技局下达的"连片池塘应用综合技术培育出口大闸蟹项目",引进美国"阿科曼"生物高科技水处理技术,建立水中生物载体群,优化养殖水环境,并把微孔增氧技术应用到1000亩虾蟹混养池示范基地,有效减少了池水中硫化氢等有害物质的含量。公司拥有的"碧波""姑苏水乡""菊花""阳澄之岛"等品牌的阳澄湖大闸蟹先后通过"绿色食品"认证,获得中国绿色食品发展中心颁发的A级证书。2009年,合作社在2930亩标准化池塘里连片养殖大闸蟹和青虾,当年亩均养殖效益3800元。2010年,合作社注册资本500万元,资产总额2210万元(其中固定资产1500万元),养殖面积10150亩,产值5000多万元;消泾虾蟹交易市场有摊位260个,蟹市年交易量为390多吨,成交额2亿多元。

第五节　蟹文化专记

《晋书·毕卓传》记载,晋代毕卓嗜酒,他曾经对人说:"右手持酒杯,左手持蟹螯,拍浮酒船中,便足了一生矣。"从此,人们把吃蟹、饮酒、赏菊、赋诗视为金秋的风流雅事。

清人李斗在《扬州画舫录》中记:"蟹自湖至者为湖蟹,自淮至者为淮蟹。淮蟹大而味淡,湖蟹小而味厚,故品蟹者以湖蟹为胜。"湖蟹有多种,味佳者多在苏州,如阳澄湖之"大闸蟹"、太湖之"太湖蟹"。

吃蟹的好时候是在秋后,所以有"持螯餐菊"之说。俗语"九月团脐十月尖",也就是说农历九月母蟹有黄,十月公蟹才有膏。

一、择蟹

快速鉴别河蟹好坏之四大秘籍:
1. 是否坠手:放在手中沉不沉。
2. 用手按爪以检查蟹的肉质干不干净。
3. 判断蟹膏是否够多的方法是,看蟹的尾端是否饱满或鼓起,如是,则为上品。
4. 如果蟹膏鲜艳,蟹脐两旁会透出红色(行内俗称"红印"),此为好蟹。

二、烹蟹

河蟹的食法有蒸、煮、制作成蟹粉菜肴食用等。在清洗河蟹时,先把河蟹放入淡盐水中,促使其吐出腹内的污物,再放入清水中清洗,一般要清洗两到三次。

(一) 清蒸河蟹

主料：河蟹。

调料：香醋、姜、花椒。

这种烹蟹方法的特点是：蟹肉细嫩，原汁原味。

做法：

（1）将姜洗净切成末放在器皿中，倒入香醋、糖、味精等拌匀待用。

（2）将蟹洗净后，用稻草或棉线、麻线把其螯、肢捆住，放在蒸笼内，隔水蒸煮15分钟左右，壳呈红色时即可食用。备姜、醋、糖调成的佐料，边蘸边吃。

食后可用少许白酒滴于掌心，两手相擦，再用清水冲洗以去腥。在清水中放些茶叶或柠檬汁用来洗手也可去腥。

也有要品大闸蟹原汁原味者，不喜边蘸佐料边吃。吃完蟹后再喝几匙糖醋或一碗姜末白糖汤，既可暖胃，又可去口中腥味。

(二) 水煮河蟹

（1）将姜洗净切成末放在器皿中，倒入香醋、糖、味精等拌匀待用。

（2）将河蟹用水清洗干净，捆扎后放入锅中，加入冷水和姜片，煮15分钟左右，取出装入盘中，蘸姜醋汁食即可。

(三) 蟹粉菜肴

将熟蟹用剥、剔、挑、刮等方法去壳，取出其肉、黄、膏、油，拌和即成蟹粉。用蟹粉制作的菜肴有蟹粉炖蛋、炒蟹粉、蟹粉鱼翅、蟹粉豆腐等；面点有蟹黄包子、蟹黄孔雀饺、蟹黄花篮烧卖、蟹黄菊花酥等。

用蟹粉制作的菜式适合老人、小孩或一些嫌吃螃蟹麻烦的人士。不过，制作蟹粉一定要选用新鲜的螃蟹。

材料：大闸蟹、毛蟹等（拆肉）。

配料：姜米、蒜茸。

调料：花生油、米酒、盐、胡椒粉。

做法：烧镬下花生油，爆香姜米、蒜茸，放入拆好的蟹肉，溅米酒，煮熟，用盐、胡椒粉调味便成。

(四) 面拖蟹

一般选用蟹体较小（50～100克）的螃蟹制作面拖蟹。烹饪前，先将蟹洗刷干净，除去脐、胃、鳃、肠、心脏后，将每只蟹切成两块；然后放入面粉浆中搅拌，使蟹块粘满粉浆，放入油锅内煎至略黄，再加黄酒、姜末、葱、盐、味精等烧煮。有的还放些毛豆籽以增加色泽和香味。面拖蟹蟹体虽小，但面浆极为鲜腴。

（五）醉蟹

取规格在 50~100 克的健壮螃蟹，放在清水中暂养，换水 2~3 次，待蟹排出体内污物后，捞出沥干水分。再放置半小时，让其尽量吐出体内水分，在蟹脐内放入精盐少许。另在清水中加入八角茴香、花椒、精盐、葱、姜、桂花等配料，入锅用旺火烧沸，再用纱布滤去杂质，冷却后，倒入经过消毒、洗净的坛中。再在坛中按一定比例加入白糖、味精、高粱酒，制成醉露。最后将洗净的活蟹浸没在坛内醉露之中，扎紧、封固坛口，待 10 天左右就可食用。

醉蟹味虽鲜美，但制作工艺有一定难度，应谨慎食用。

（六）芙蓉蟹

将蟹洗净，去其爪尖，剥开蟹壳，去其鳃、胃、肠、腹、脐、心脏，每蟹切成 4~6 块。将蟹块放入热油锅中，炸至五成熟时取出。沥干油后，放入锅内煎 3~4 分钟，放入葱末、姜片、料酒、味精、精盐等调料，再将鸡蛋若干打碎调匀，倒入锅内炒 2~3 分钟，淋入麻油，即可装盘食用。

三、吃蟹技巧与食蟹工具

（一）吃蟹技巧

不会吃蟹的人吃螃蟹是连壳带肉一口咬下去，然后嚼几下，再连壳带肉吐出来，这样真正食入肚内的蟹肉很有限。这些人是不懂得食蟹的。

正确的吃法是：先把河蟹身上圆形的盖子揭开，如果是母的，你会在肚子的地方看到黄澄澄的蟹黄，这是河蟹身上最好吃的东西；你也会在两边靠近大腿的地方看到一些白的像刷子毛一样的东西，那是不能吃的蟹鳃。

吃完蟹黄（雌）或蟹膏（雄），就可以吃蟹肉了。蟹肉是白色像鱼肉一样的东西。最好把河蟹掰成两半，这样可以把白花花的蟹肉暴露出来。

一般人最后吃河蟹腿：把蟹大腿两端在关节处剪掉，再用较细的连着蟹爪的一节（也可用食蟹工具中的叉）将蟹大腿中的肉捅出来。蟹腿肉可给老人或小孩吃，也可自己美食一顿。

（二）食蟹工具

明代有能工巧匠发明了一整套小巧玲珑的食蟹工具，初创时共有锤、镦、钳、匙、叉、铲、刮、针等八件，故称"蟹八件"；后又在此基础上发展为十二件。这些工具一般都是铜质，讲究者，则用白银制作。吃蟹的时候，先把蟹放进荷叶盘，用锤具把整个蟹的各个部位敲打一遍，再劈开蟹壳，剪下螯和脚，分别用钎、叉、镦夹出蟹黄、蟹膏和各部分蟹肉。食时先吃斗再吃箱最后吃脚和螯。每吃一部分时先要舀进爵内，再用匙盛上

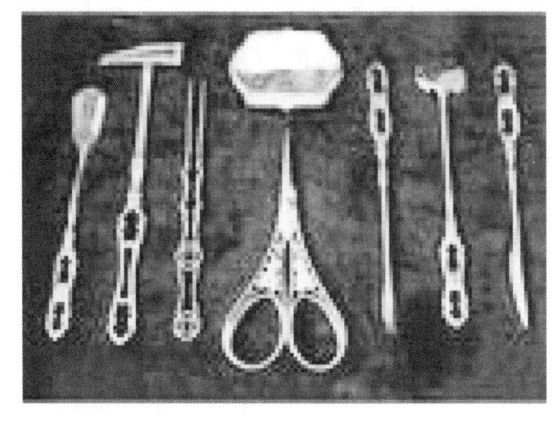

作料，一点一丁地品尝。

四、食蟹忌讳

螃蟹不仅好吃，还含有丰富的维生素，并且有一定的药用价值。但是，有些人食用螃蟹后会产生腹痛、腹泻、恶心、呕吐等症状，因此，吃蟹时应当注意下列八个不宜。

（一）不宜食用死蟹或垂死蟹

河蟹死后的僵硬期和自溶期大大缩短，蟹体内的细菌会迅速繁殖并扩散到蟹肉中，使食者产生呕吐、腹痛、腹泻等症状。新鲜活蟹的背壳呈青黑色，具有光泽，脐部饱满，腹部洁白。而垂死的蟹背壳泛黄色，蟹脚无力，翻正困难。

（二）不宜食用生蟹

河蟹以动物尸体或腐殖质为食，因而蟹的体表、鳃及胃肠道中布满了各类细菌和污泥。有些人未将蟹洗刷干净，蒸煮不透，或因生吃醉蟹或腌蟹，把蟹体内的病菌或寄生虫食入体内，导致生病。因此，食蟹前一定要洗净、蒸熟、煮透。

（三）不宜食用存放过久的熟蟹

河蟹宜现烧现吃，不要存放。万一吃不完，剩下的一定要保存在干净、阴凉通风的地方，吃时必须回锅再煮熟、蒸透。

（四）不宜乱嚼一气

吃蟹时应当注意四清除：一要清除蟹胃，即三角形的骨质小包，内有污沙；二要消除蟹肠；三要清除蟹心，蟹心俗称"六角板"或"六角虫"；四要清除蟹腮。

（五）不宜食之太多

蟹肉性寒，不宜多食。脾胃虚寒者尤应引起注意，以免腹痛、腹泻。

（六）不宜与茶水同食

吃蟹时和吃蟹后1小时内忌饮茶水。因为开水会冲淡胃酸，茶会使蟹的某些成分凝固，这些均不利于消化吸收，还可能引起腹痛、腹泻。

（七）不宜与柿同食

蟹肥正是柿熟时，应当注意忌蟹与柿子混吃。因为柿子中的鞣酸等成分会使蟹肉蛋白凝固，凝固物质长时间留在肠道内会发酵腐败，引起呕吐、腹痛、腹泻等。

（八）某些病人不宜食蟹

（1）伤风、发热、胃痛以及腹泻患者。

（2）慢性胃炎、十二指肠溃疡、胆囊炎、胆结石症、肝炎活动期患者。

（3）蟹黄中胆固醇含量高，患有冠心病、高血压、动脉硬化、高血脂的人应少吃或不吃。

（4）体质过敏的人。

（5）脾胃虚寒的人。

专记

相城区阳澄湖大闸蟹文化节

> 阳澄湖畔唱秋歌，西北风吹蟹起波。
> 白肚青衣甘奉献，江南鲜美聚红壳。
>
> 大闸蟹咏·郑小松

"2002年中国相城第一届阳澄湖大闸蟹文化节"美食活动在苏州市相城区阳澄湖镇拉开帷幕。被誉为"大闸蟹之乡"的阳澄湖镇，利用阳澄湖中四面环水的莲花岛，开发了以"品蟹"为主题的"农家乐"旅游项目，岛上所有蟹农自发布置庭院环境，家前屋后栽种树木花卉，种植瓜果蔬菜，并开出自备的快艇带游客湖上兜风，介绍捕蟹、吃蟹知识，阳澄湖品蟹游成为上海等地游客情有独钟的黄金旅游线路。"最受消费者欢迎的蟹菜蟹点"展评活动也于开幕当天下午在苏州得月楼菜馆举行。来自上述25家餐馆的选手，以"阳澄湖蟹王"为原材料，制作出了近百只特色菜肴与点心参加展评。

2005年10月18日，相城区阳澄湖镇披上了节日的盛装，上千名蟹农和远道而来的食客、游客欢聚在阳澄湖西岸，揭开了"2005中国相城第二届阳澄湖大闸蟹文化节"的帷幕。

在开幕式上，10位身着蓝花布服装的蟹娘现场进行扎蟹大赛。随着一声令下，蟹娘们用左手熟练地将两排蟹脚盘紧，右手将牙齿咬住的棉线绕着大闸蟹作两纵两横捆扎，最后在大闸蟹腹部打上一个漂亮的活扣，动作干脆利落，且蟹脚还不脱落，不一会20只蟹就被棉绳捆扎得结结实实。最终，蟹娘查凤英以两分五十四秒的成绩拔得头筹。镇上经常会组织一些蟹农技能比赛，如捉蟹、扎蟹、鉴别真假阳澄湖大闸蟹等，蟹农们亮出拿手本领，自然也乐在其中。

蟹文化节为期30天，游人们在欣赏阳澄湖畔美景的同时，亲眼一睹渔民们运用多种工具捕蟹的场面，在农家品味清蒸、水煮、酒醉等各形各色的蟹食大餐。

2013年9月16日上午，由苏州市阳澄湖生态休闲旅游度假区管委会主办，苏州阳澄湖生态休闲旅游有限公司、苏州阳澄湖水中王水产养殖公司共同承办的"2013相城区阳澄湖旅游节暨'微游阳澄湖、品味蟹文化'"活动在阳澄湖莲花岛正式启动。

其间开展了"微游阳澄湖、品味蟹文化"，阳澄湖大闸蟹扎蟹比赛，玉米、红菱采摘比赛等形式多样的活动，并邀请了来自北京、上海、苏州等地的微博达人一起"微游阳澄湖"。

第四章 水产生产实体

第一节 渔 业 村

境内渔民由世居渔民、客籍渔民（如来自苏北、浙江等地的渔民）和农民转行渔民三部分组成。在太湖、阳澄湖专事捕捞的渔民，主要分布在望亭、湘城、浒泾和太平等乡镇；在漕湖、盛泽荡、黄埭塘等小型湖泊和河道以捕捞为主兼以养殖的渔民，主要分布在北桥、黄埭、渭塘、陆墓等乡镇。连家船渔民没有房屋和土地，以船为家，以捕捞为生；每户有一艘生活住船和一艘捕捞作业船，部分住船兼作业船。住船一般长不足6米、宽不足2米，船中部是船舱，往往一家三四口人甚至老少三代挤住在一条船上。

1952年，境内各地成立渔民协会。1953年，建立水上户口制度。1957年，各乡成立初级渔业生产合作社。同年年末，改建为高级渔业生产合作社。1958年，境内公社成立渔业大队。1959年，相关部门开始对连家船渔民进行社会主义改造，给连家船渔民分配宅基地或住房，使其逐步实现陆上定居。黄埭公社渔业大队以捕捞、养殖、种植相结合，发展多种经营。1966年2月，连家船的船、网工具等折价归集体，实行劳力统一调度、工具统一使用、鱼产品统一销售、收入统一分配。1976年7月，境内共有渔业大队11个，相关部门划给其一定水面发展养鱼生产，并在陆地建立渔民新村，60%以上的渔民在陆上定居。

20世纪80年代，渔业村将所管辖的水面用网、竹片隔小，承包给渔民养殖、捕捞，走重养兼捕之路。1987年，境内建有渔民新村11个，90%以上的连家船渔民在陆上定居。1994年，境内有阳澄湖、湘城、太平、陆慕、望亭、渭塘、蠡口、黄埭、北桥、黄桥等乡（镇）渔业村12个，共4196户、15510人，有专业劳动力8651人，其中捕捞1139人、养殖7175人、后勤337人。

2001年，全区有湘城、太平、陆慕、望亭、渭塘、阳澄湖、东桥、蠡口、黄埭、北桥、黄桥等乡（镇）渔业村14个，共3597户、15616人；有专业劳动力7863人，其中捕捞人员709人、养殖6659人、后勤495人（表4-1）。2010年，全区有望亭、渭塘、阳澄湖（2个）、黄埭（2个）、北桥等镇、街道渔业村7个，共3350户、18210人；专业劳动力7931人，其中捕捞人员518人、养殖7113人、后勤300人。2013年，全区有渔业村7个，共3400户、18230人；专业劳动力7930人，其中捕捞人员520人、养殖7100人、后勤310人。

表 4-1 2001 年至 2013 年相城区渔业村情况统计表

年份/年	2001	2002	2003	2004	2005	2006	2007	2008	2009	2010	2011	2012	2013
渔业村/个	14	12	8	8	9	8	8	7	7	7	7	7	7
户数/户	3597	3543	5468	3973	3018	3496	3593	3409	3409	3350	3400	3400	3400
总人口/人	15616	15260	25360	18698	18427	18424	18587	18815	18509	18210	18300	18207	18230
专业劳动力/人	7863	7623	13571	13353	13204	13227	13311	8231	8081	7931	7930	7930	7930
其中 捕捞/人	709	509	471	426	410	414	534	608	563	518	520	520	520
其中 养殖/人	6659	6569	12778	12602	12486	12497	12438	7333	7223	7113	7100	7100	7100
其中 后勤/人	495	545	322	325	308	316	339	290	295	300	310	310	310

第二节 专 业 户

1978 年，境内有养鱼专业户 1650 户，养殖水面 13377 亩，产鱼 3040.7 吨，产螃蟹 950 公斤，鱼苗为 1776 万尾，渔民人均年收入 1605 元（同年农民人均收入 934 元）。1983 年起，转由个体户经营水产养殖。1984 年，湘城圣堂村高炳元承包 67 亩水面养鱼和养育珠蚌，全年产鱼 45000 公斤、珍珠 30 公斤，全家收入 4.15 万元，获利 3.9 万元；黄埭供销社（占 2 股）与本乡鹤泾村 17 户养鱼专业户（每户 1 股计 17 股）联营养鱼，向镇湖乡渔场租用鱼池 160 亩，共 19 股，每股 3000 元，当年每股分红 3200 元。1985 年，湘城渔业村将所管辖 8385 亩水面承包给渔民养殖、捕捞。翌年，全村养捕产量 47.58 万公斤，人工繁殖鱼苗 76 万尾，总产值 120 万元。

1992 年至 1994 年，阳澄湖渔业村、莲花村 200 多户螃蟹养殖户共养殖水面 9000 多亩，每户 20~50 亩，一般年获利 1 万~2 万元，收益好的有 4 万~5 万元。1997 年，阳澄湖镇有成蟹养殖户 989 户，养殖水面 31580 亩，年产成蟹 250 吨。2000 年，阳澄湖镇有螃蟹养殖户 1571 户，养殖水面 34487 亩，产量 850 吨；湘城镇有养鱼专业户 3724 户，占农户总数的 52.86%，养殖总水面 26155 亩，其中养鱼户 902 户、养蟹户 805 户、养虾户 1809 户、养甲鱼户 8 户、养鳜鱼户 150 户、养鲈鱼户 20 户、养蚌育珠户 30 户；渭塘镇有养虾、蟹专业户 285 户（面积 2086 亩），养甲鱼专业户 4 户（面积 100 亩）；太平镇养殖总面积为 11324.5 亩（其中养鱼专业户 199 户，养殖面积 3163.5 亩），总产量为 2300 吨；北桥镇有养蟹专业户 35 户，面积 1045 亩，年产蟹约 8 万公斤。

2001 年，相城区有乡（镇）办渔场 2 个，后这两个渔场因改制和相城区发展土地被征用，农业生产队集体养鱼全部被养鱼专业户（或养鱼专业组）代替。2010 年，相城区共有养殖专业户3350户，养殖面积124500亩，养殖产量25700吨。其中：虾蟹专业户2512户，养殖面积60180亩；养鱼专业户830户，养殖面积63420亩；其他特种水产养殖专业户8户，养殖面积900亩。2013年，相城区共有养殖专业户3400户，养殖面积125400亩，养殖产量27270吨。其中：虾蟹专业户3000户，养殖面积65250亩；养鱼专业户320户，养殖面积57750亩；其他特种水产养殖专业户80户，养殖面积2400亩。

第三节 养殖场

一、集体渔场（表4-2）

1978年，境内建有公社、大队办渔场28个，养殖水面27287亩，养殖产量3305.8吨，生产鱼苗40150万尾。1994年，境内有乡、村办渔场42个，养殖水面49087亩，养殖产量4771吨，生产鱼苗37039万尾。2008年，集体养鱼（渔场）全部被养鱼专业户或养鱼专业组代替。

表4-2 1987年、1994年境内乡、村办渔场情况表

乡镇	1987				1994			
	渔场数/个	养殖面积/亩	养殖产量/吨	鱼苗/万尾	渔场数/个	养殖面积/亩	养殖产量/吨	鱼苗/万尾
望亭	0	0	0	0	0	0	0	0
蠡口	1	200	77.5	20000	1	200	67	37000
陆墓	1	67	55	0	2	4458	328	39
黄埭	1	82	9	150	2	152	86	3100
北桥	2	248	108.5	0	16	737	489	70
黄桥	5	1487	994.3	20000	5	1997	1491	25532
湘城	5	16232	636.5	0	6	15920	932	600
阳澄湖	0	0	0	0	3	18035	679	1000
太平	5	7950	875	0	3	7137	474	450
渭塘	8	1021	550	0	4	451	225	990
油泾	1	9800	175	—				—
合计	29	37087	3480.8	40150	42	49087	4771	68781

（一）湘城渔业大队水产养殖场

1961年建立，下设11个捕捞、养殖队。有渔民职工573人、渔用船只275条，动力516匹。1968年，开挖鱼池247亩，外荡养殖850亩，为吴县由单一捕捞转向养捕结合最早的单位之一。1978年，新挖鱼池304亩。1985年，接收与渭塘共管的盛泽荡水面，用竹帘南北分隔成2块。南块约3000亩水面由湘城渔业大队养殖场经营、管理。1987年，养殖场有房屋120间，建筑面积3492平方米，其中楼房42间，计1260平方米；水产产量47.57万公斤，繁殖鱼苗76万尾，收获珍珠35公斤，渔副业产值120万元，人均年收入1000元。90年代后，实

行联产承包责任制，将鱼池、河荡以及所辖的盛泽荡、阳澄湖水面分隔成小块，承包到户。

（二）黄桥水产养殖场

1966年9月建立。黄桥公社投资6000元，各大队筹资3000多元，在方浜划出43亩水面，筑鱼池，建产卵池1只，建草屋4间，从光福水产养殖场引进母鱼。1967年，繁殖白鲢鱼鱼苗300多万尾。1968年，繁殖白鲢鱼苗700万尾，并成功繁殖草鱼苗。1975年，繁殖鱼苗6000万尾。1979年，成功繁殖青鱼苗。1981年，投资5万多元改造孵化环道，增添孵化缸等设施，产量达到1亿尾。1998年水产养殖场转制，由吴根男自主经营。2005年，水产养殖场有养殖水面120亩、产卵池2只、孵化环道6只、大孵化缸90只、200米深井1口及100千伏变压器1只，总资产150万元。鱼苗繁殖品种主要有青、鳙、鳙（花鲢）、鲢（白鲢）、鲤、银鲫、白鲫、鳜鱼，年出鱼苗3.5亿尾，供应苏州地区及东北、北京和新疆地区。2010年，生产"四大家鱼"鱼苗2.1亿尾。

（三）蠡口（公社）养殖场

1967年建立。是年，在秦埭大队开挖40亩鱼池繁殖鱼苗，年产青、草、鲢、鳙等各类鱼苗4000万尾。1976年，扩大养殖场规模，改造老池塘200亩，当年生产商品鱼1.5万公斤，外销鱼苗1.6亿尾、鱼种18万尾；自筹资金30万元，改造人工繁殖设备，在模拟激流条件下自然繁殖青鱼。1987年，养殖场有职工50人、增氧机10台、水泵8台、柴油机10台，生产成鱼59吨、种鱼3吨，产值33万元。1996年，生产"四大家鱼"鱼苗4.1亿尾。2000年，养殖场面积减为160亩，生产成鱼20万公斤、鱼种3.5万公斤、鱼苗5亿尾。2008年，土地被征用，养殖场停止生产。

（四）沺泾公社水产养殖场

建于1973年。在北前、东塘村交界处的中心港开挖250亩池塘，养殖鲫鱼、鳊鱼、草鱼等品种，并孵化培育鳊鱼、鲫鱼鱼苗。1980年，养殖场解散，水面分划给附近大队。

（五）湘城渔场

建于1977年。有池塘养殖水面651亩、渔用船只25条，水泵23台，柴油机21台，饲料机1台。1987年，生产成鱼185吨、鱼种62吨，产值84万元，利润3.4万元，人均年收入2500元。90年代，将313亩鱼池承包给25个专业户养殖，另有338亩水面用于出租。2000年，划归阳澄湖大闸蟹集团公司管辖。

（六）湘城水产养殖总场（八大队养殖场）

建于1978年。拥有鱼池206亩、河沟养殖水面260亩、外荡（含阳澄湖）养殖水面2800亩，有渔用船只15条、水泵35台、柴油机30台，房屋建筑面积2057平方米。1987年，水产总产量300吨，产值60万元，利润20.6万元，人均年收入1040元。1994年，改建为湘城水产养殖总场。1996年，建办蟹种培育基地。2000年年末，划归阳澄湖大闸蟹集团公司。

（七）湘城九大队（河底村）渔场

建于1978年。拥有鱼池水面120亩、外荡养殖（含阳澄湖）水面4560亩。1987年，养捕产量331.7吨，珍珠0.20吨，渔副工总产值431.1万元，人均年收入1300元。新盖住房

410间，建筑面积10450平方米，其中楼房270间，计6750平方米。90年代后期，将鱼池、外荡水面招标承包到户。

（八）太平渔场

建于1981年。养殖总面积2791亩，其中：池塘7只、42亩；种鱼池2只、8亩；河、浜、沟共741亩；成鱼养殖池2000亩。是年，养鱼产量266.4吨。1984年，由集体养殖改为专业户承包养殖。

（九）油泾乡水产养殖公司

1984年，油泾乡成立水产养殖公司，有栏网养殖水面2400亩。1985年，盈利4.5万元。1987年，公司在阳澄西湖栏网近万亩，主要养殖花鲢、白鲢，搭养鳊鱼、草鱼、鲤鱼等；有职工37人、船13艘，年产量175吨，产值22.6万元。1988年4月至5月，公司在阳澄湖西湖辟出400亩水面，用围网进行鱼、蟹混养试验，投入300公斤蟹苗及400公斤鳊鱼苗；10月底，捕获成蟹1000多公斤，个体在125克以上的占80%。1990年，公司又在阳澄湖西湖1.1万亩定权围栏区内投入535.5公斤蟹苗；年底，捕获成蟹8吨。2002年，阳澄湖镇（油泾）水产养殖公司水面划归苏州市渔政站管理，阳澄湖镇（油泾）水产养殖公司的牌子隶属于镇多服公司，即后来的农业服务中心。

1984年，太平乡创办西湖渔场，在阳澄湖太平区域内打桩、围网，进行网箱养殖，渔场养殖面积6631亩。2001年转制，西湖渔场划归苏州市渔政管理站管理，包给太平专业合作社经营至2012年。

二、国营水产养殖场

（一）苏州市相城区水产养殖总场

1952年2月，苏南行政公署农村建设处接管私营光福西崦渔场，建立苏南行署光福水产养殖场（有鱼池120亩）。1954年1月，该场移交给吴县，改名为"吴县水产养殖场"。1956年，在陆墓白荡建立白荡分场（围栏外荡700亩，鱼池28亩）。1957年冬，在北桥漕湖建立漕湖水产养殖分场（面积1.02万亩）。1958年，吴县水产养殖（总）场由光福西崦迁至陆墓白荡。1984年，吴县水产养殖（总）场由陆墓白荡迁入苏州市东大街中军弄7号。

1995年起，吴县市水产养殖场先后引进试养淡水白鲳、罗氏沼虾、澳洲淡水龙虾、台湾甘脂鲷、彩虹鲷等新品种，并利用网箱、网围养殖青虾、鳜鱼等特种水产品，还发展工厂化养鳖。1998年，该养殖场被评为苏州市农业科技型示范企业；1999年至2002年，连续被评为江苏省农业产业化经营龙头型企业；2001年，被苏州市人民政府评为先进集体。

2001年3月，吴县市水产养殖场改名为"农业科技苏州市相城区水产养殖总场"，下设漕湖分场、白荡分场和新时代特种水产养殖分场等3个分场及水产冷藏厂、渔工商物资供销公司（具体生产情况见表4-3）。全场共有养殖水面1.2万亩和网围、网箱面积5万平方米，固定资产5000多万元；有在职职工200多人，其中科技人员50余名。是年，总场与苏州市水产研究所合作的"翘嘴红鲌的驯化及繁养殖技术研究项目"获苏州市科技进步一等奖，"美国大口胭脂鱼的苗种培育及湖荡放流技术研究项目"和"太湖银鱼池塘人工繁养殖技术的开发项目"同获苏州市科技进步三等奖。2002年，区水产养殖总场水产产量1347吨，其中特种水产品27吨。2003年，"全价配合饲料养鱼技术开发项目"和"史氏鲟的养殖技术开发项目"获苏州市科技进步三等奖。

表4-3　2001年至2013年苏州市相城区水产养殖总场生产情况表

单位：吨

年份/年	小计	青鱼	草鱼	鲢、鳙鱼	鲤鱼	鲫鱼	鳊鱼	特种水产品
2001	1063	16	28	900	20	46	26	27
2002	1347	18	51	1140	23	52	45	18
2003	796	40	120	270	25	120	35	186
2004	797	42	126	284	26	126	37	156
2005	2512	18	31	1510	40	80	60	773
2006	4535	25	50	2650	150	75	50	1535
2007	2125	10	15	1000	50	125	50	875
2008	889	10	40	650	70	70	30	19
2009	740	15	12	533	100	30	10	40
2010	792	18	26	540	110	50	20	28
2013	1090	4	5	1045	—	4	2	30

注：表中的"特种水产品"指河蟹、青虾、加州鲈等。

2005年，区水产养殖总场转制。原有职工身份置换（买断工龄）或满30年工龄者提前退休（属事业性质）。相城区水产养殖总场对房屋、土地、水面等采用租赁方式进行经营管理，其中：漕湖分场被租赁后转为生产股份合作制，职工合股、持有股份，成为股东；白荡分场和新时代特种水产养殖分场由原单位职工个人租赁承包。

2006年，总场和苏州大学农业与科技学院协作的"长江胭脂鱼的养殖技术开发项目"获苏州市科技进步三等奖。2010年，总场水产产量792吨，其中特种水产品28吨。2013年，总场水产产量1090吨，其中特种水产品30吨。

（二）苏州市未来水产苗种场

2001年，苏州市相城区水产养殖总场漕湖分场苗种场在北桥镇荮塘泾大桥南成立，同年改名为"苏州市未来水产苗种场"。苗种场主要负责"四大家鱼"良种的繁育与推广，实施"四大家鱼"良种更新，场内现有1200组亲本全部来自江苏省邗江国家级长江系"四大家鱼"原种场（具体生产情况见表4-4）。2002年，该苗种场被列为省级水产良种繁育基地和苏州市水产良种场；是年，该苗种场繁育与推广"四大家鱼"良种鱼苗1.06亿尾。

表 4-4 2002 年至 2013 年苏州市未来水产苗种场鱼苗生产情况表

单位：万尾

年份/年	青鱼	草鱼	花鲢	白鲢	鲫鱼	鲤鱼	鳊鱼	鳜鱼	黄颡鱼	优鲈1号	合计
2002	400	800	4000	2400	1000	—	2000	3			10603
2003	800	3000	3000	6000	—	—	300	10			13110
2004	300	3000	4000	15000							22300
2005	1000	5000	4000	18000	500		500	3			29003
2006	1500	6000	4000	22000	—		500	3			34003
2007	2000	7000	24000	8000	500	500	—	5			42005
2008	2000	9000	40000	9000			800	800			61600
2009	2000	8000	8000	53000	600	400	1000	3			73003
2010	1200	9300	8600	73900	500	30	600	3			94133
2011	500	4367	9959	56423	350	100	140				71839
2012	2235	8638	6092	74575	300						91840
2013	2350	10508	8080	55047	500		—	—	2000	50	78535

2008 年 3 月，苗种场引进了 800 只美国珍珠鳖苗种。试养结果：个体平均超过 1 斤以上，并且成活率达到了 80% 以上，填补了苏州市在美国珍珠鳖养殖方面的空白。

2009 年 7 月，该苗种场承担的江苏省水产三项更新工程"四大家鱼良种繁育与亲本更新项目"通过验收。2010 年，繁育与推广"四大家鱼"良种鱼苗 9.41 亿尾。2013 年，繁育与推广"四大家鱼"良种鱼苗 7.6 亿尾，推广良种面积 15 万亩，带动农户 500 户；繁育黄颡鱼 2000 万尾、"优鲈 1 号"50 万尾。

（三）新时代特种水产养殖场

2001 年 3 月，新时代特种水产养殖场在蠡口镇胡巷村建立。该养殖场系苏州市相城区水产养殖总场的分场，拥有特种苗种温室 2000 平方米、特种新品引种大棚 3000 平方米和特种水产养殖示范推广基地 400 亩。是年，结合"苏州市现代农业特种水产养殖培训项目"在苏州地区推广季浪鱼湖泊养殖，在季浪鱼（麻花鱼＋骨）的人工繁育及养殖方面形成了一整套成熟工艺，并与我国台湾地区的水产科研机构合作开展南美白对虾的养殖与推广研究。该养殖场是江苏省农业产业化重点龙头企业、苏州市现代农业特种水产示范基地、中国水产科学院淡水渔业研究中心和苏州大学重要的产学研基地，也是苏州市科普教育基地。养殖场建有 110 多平方米的科普展示室和一个科普宣传廊，展示有中华鲟、白鳍豚、海龟、白鱀等国家珍稀品种实物标本，以及自制的 40 多种中国名特优水产品标本；每年接待中小学生、机关工作人员、农民技术培训团体和大专院校实习生 2000 多人次。

2003 年，特种水产养殖场与俄罗斯水产科研机构合作开展西伯利亚鲟鱼引种养殖研究。2002 年至 2005 年，引进 15 种国内外特种水产品，其中澳洲淡水龙虾、太阳鱼、淡水石斑鱼、长江胭脂鱼、中华倒刺鲃、白斑狗鱼等 6 个品种作示范推广养殖，创造效益 3000 多万元。

2006年，承担科学技术部下达的"翘嘴红鲌优质苗种培育及池塘湖荡规模化养殖技术开发项目"（项目编号为5722006EA690070）。

2010年，该养殖场与中国科学院朱作言院士合作建立院士工作站，投资近600万元在阳澄湖镇建造2200平方米院士多功能办公科研楼，配套改造温室3500平方米。同年6月15日至21日，朱作言院士带工作站团队6名博士，实施"转基因黄颡鱼选育"项目，获得转基因黄颡鱼1000余尾；至2013年，已成功培育了300多万尾转基因黄颡鱼。

2010年，该养殖场与院士工作站合作培养在读博士1名、和苏州大学合作培养研究生4名。2012年，该养殖场与院士工作站合作培养在读博士3名、与苏州大学合作培养研究生4名。

2011年，成功繁育了胭脂鱼鱼苗。2012年，繁殖培育长江胭脂鱼鱼苗1.8万尾；2013年，繁殖长江胭脂鱼鱼苗11.3万尾，探索出胭脂鱼在河蟹池塘中的套养模式，并推广至阳澄湖、常熟等地区。2013年，新时代特种水产养殖场获得国家水生野生动物驯养繁殖许可证。同年10月，该养殖场被农业部定为珍稀濒危水生动物增殖放流定点苗种生产基地，同时承担苏州市"胭脂鱼高效规模化繁、养殖技术研究与示范"项目（项目编号为SNF201334）。

新时代特种水产养殖场院士工作站、苏州大学生物种研究中心主任王晗教授负责的国家高技术研究发展计划（863计划）课题"鲤突变体构建及肌间刺少的镜鲤优质种质—2011AA100402—2"在相城区新时代特种水产养殖场实施。2012年，项目第一阶段解决了鲤鱼肌间刺、肉质等品质方面的不足问题。2013年，项目第二阶段用18种基因组对受精鱼卵进行注射，采用最新反向遗传学技术改造镜鲤的基因组，快速获得优良性状的镜鲤；筛选出5种适合要求的基因，并成功培育出了鱼苗。

2013年，繁育胭脂鱼11万尾，无鳞鲤鱼3万尾，黄颡鱼1100万尾，"麻花鱼+骨"1800万尾。

第五章 水产捕捞

第一节 渔船

境内捕捞渔船少数为太湖型，绝大多数为黄埭型。太湖型渔船方头平底，船身长约20米，宽3米许，载重量20吨左右，可装2～3道桅帆；拖力大，抗风力强，性能稳定，主要在太湖、阳澄湖等敞水域进行虾拖网、银鱼网、小兜网、罟网等拖网作业。黄埭型渔船船身大多短狭，昂势较大，载重1

吨左右，少数2～3吨；船速快，调头灵活，舱上有硬高棚，能全家居住，一般在近湖、内荡、河港用于河沟拖虾、稍网等作业。有的在船后拖一条小船同行，称为"母子船"。根据捕捞作业方式的不同，又可分为拖、围、刺、敷、钓、杂等类，常见的有拖虾船和围网类的塘网船、刺网类的丝网船、敷网类的杠网船、钓具类的大钓船、杂具类的放鸟船等。1976年，境内渔船安装农用挂桨机，太湖型渔船安装双挂机。1987年，境内有捕捞渔船942艘（机动渔船287艘、非机动渔船655艘），其中湘城乡有捕捞渔船525条。境内渔船最大载重10～20吨，用于在阳澄湖水域拖网作业；2～3吨的船在塘河中进行守簖、张丝网作业；4～5吨的船在湖荡、大河内牵网作业；最小的渔船1吨不到，用于内河稍网、张网等捕捞作业。2001年，全区有渔船5220艘，其中捕捞渔船566艘，载重总量1368吨；2010年，全区有渔船3696艘，其中捕捞渔船378艘，载重总量928吨；2013年，全区有渔船2992艘，其中捕捞渔船124艘，载重总量239吨（表5-1）。

表 5-1　2001 年至 2013 年相城区渔船统计表

年份/年	机动渔船				非机动渔船				
	总数	捕捞渔船			总数	捕捞渔船		连家渔船	
	艘	艘	吨	千瓦	艘	艘	吨	艘	吨
2001	2398	280	635	2505	2822	286	733	532	5861
2002	2328	275	622	2460	2577	287	779	508	5926
2003	2220	270	611	2416	2561	277	960	—	—
2004	2025	260	597	2116	2411	260	892	—	—
2005	1910	250	540	2000	2355	237	768	—	—
2006	1896	240	518	1920	2431	228	739	—	—
2007	1846	215	428	1800	2396	218	639	—	—
2008	1660	193	385	1620	2036	185	543	—	—
2009	1660	193	385	1620	2036	185	543	—	—
2010	1660	193	385	1620	2036	185	543	—	—
2011	956	124	239	1240	2036	0	0	—	—
2012	956	124	239	1240	2036	0	0	—	—
2013	956	124	239	1240	2036	0	0	—	—

注：1. 渔船包括捕捞渔船、养殖渔船、辅助渔船、连家渔船。
　　2. 辅助渔船未统计在内。
　　3. 2003 年起，连家渔船未统计。

第二节　渔具渔法

6000 多年前，渔具中已出现骨制鱼叉、钓钩、枪头、鱼镖等。3000 多年前已出现铜制钓钩。古代甲骨文中有用竿和网捕鱼的象形文字；《易经·系辞下》中有"结绳而为罔罟，以佃以渔"的记载。唐代陆龟蒙在《渔具诗序》中详细描述和区分了当时的渔具和渔法。当今盛行的渔具、渔法是近两三百年间产生和发展起来的，如长带形的流刺网和围网、袋形的拖网和定置网、各种形式的钓渔具等，且均已由小型、简单发展到大型、复杂，渔具材料也被合成纤维及塑料等取代。

20 世纪 50 年代，境内有网、钓、箔、什锦 4 大类 60 种渔具。1962 年调查时，境内有渔具 14 类 33 种。1981 年调查时，境内有渔具 10 类 20 种。20 世纪 70 年代初，境内渔民用尼龙丝制作牵丝网、三层刺网、网箔等网具。2010 年，境内有网、钓、箔筌、杂等 4 大类 54 种渔具。网渔具主要分拖网类（如小兜网、罾网、闸虾网、拖虾网、银鱼网等）、围网类（如背网、踏网等）、抄网类（如抄虾网）、敷网类（如杠网）、掩网类（如撒网）等。钓渔具有空钓（又称"大钓""滚钓"）、饵钓（统称"小钓"）。箔筌渔具主要有迷魂阵和笼篮类渔具。"迷魂阵"原以竹箔为主，20 世纪 70 年代后由网箔代替。笼篮类主要有虾笼、鳝笼等。

表 5-2 2010 年相城区渔具情况一览表

渔具类别	序号	名称	单位	作业季节	渔获对象	作业所需 船只/只	作业所需 劳力/个
网渔具	1	罟网	档	冬至—立春	鲤、鲫等杂鱼	2	5
	2	小兜网	口	全年	梅鲚鱼、青虾、白虾、银鱼等	2	8~10
	3	银鱼网	口	6月—7月	银鱼	2	8~10
	4	拖虾网	档	9月—翌年2月	青虾、白虾、梅鲚鱼	1	3
	5	闸虾网	档	9月—翌年2月	青虾、白虾、梅鲚鱼	1	3
	6	背网	条	全年	红鱼、白鱼等	10	20
	7	剪网	条	全年	红鱼、白鱼、鲤、鲫、鳊等	1	2
	8	踏网	条	全年	鲫、鲤等	2~3	4~6
	9	塘网	条	全年	青鱼、草鱼、鲢、鳙等	8~10	16~20
	10	丝网	串	全年	杂鱼、蟹类	1	2
	11	小丝网	串	全年	杂鱼、蟹类	1	2
	12	三层刺网	条	9月—翌年2月	红鱼、白鱼、鲢、鳙等	2	6~8
	13	快丝网	条	9月—翌年2月	红鱼、白鱼、鲢、鳙等	2	4
	14	线网	条	9月—翌年2月	杂鱼	1	2
	15	条网	条	全年	杂鱼	2	4
	16	扳罾网	口	3月—5月 8月—10月	杂鱼	—	1
	17	杠网	口	全年	鲤、鲫、白鱼等	1	2
	18	天打网（撒网）	口	全年	杂鱼	1	2
	19	簖网	口	全年	鲤、鲫、鳊、黑鱼等	1	2
	20	虾网	口	4月—10月	青虾、白虾等	1	2
	21	夹网	口	全年	鲤、鲫、鳊等	1	2
	22	张虾网	口	4月—11月	青虾、白虾	1	2
	23	野鸭网	口	9月—翌年2月	野鸭、庄鸡	1	2
	24	抄网	口	全年	杂鱼	1	2
	25	抄虾网	口	5月—8月	青虾、白虾等	1	2
	26	赶虾网	口	4月—11月	青虾、白虾、小杂鱼等	1	2
	27	赶网	口	全年	小虾、小杂鱼等	—	2
	28	糠虾网	口	全年	糠虾	1	2
	29	鲈鱼网	口	5月—6月	鲈鱼	1	2
	30	糠螺蛳网	口	4月—11月	螺、蚬等	1	2
钓渔具	31	滚钓	枚	全年	大型鱼类	1~2	2~4
	32	大麦钓	盘	全年	鲫、鲤等	1	2
	33	麦钓	盘	全年	鲤、鲫、鳊等	1	2
	34	卡钓	盘	4月—10月	鲫、鲤等	1	2

续表

渔具类别	序号	名称	单位	作业季节	渔获对象	作业所需 船只/只	作业所需 劳力/个
钓渔具	35	硬钓	根	5月—6月	黄鳝	—	1
	36	黄鳝钓	只	5月—9月	黄鳝	—	1
	37	虾钓	盘	全年	鲫、鲤、红鱼、白鱼等	1	2
	38	蚯蚓钓	盘	全年	鲫、鲤、鳊鱼等	1	2
	39	猪肝钓	只	4月—8月	甲鱼	1	2
	40	田鸡钓	只	全年	黑鱼	1	2
	41	金钓	只	全年	黑鱼、鲤、鲶鱼等	1	2
	42	小钓	盘	全年	鲫、鲤、鲶鱼等	1	2
	43	面团钓	盘	全年	鲤鱼	1	2
箔筌渔具	44	网簖	条	全年	青鱼、草鱼、鲢、鳙、白鱼、虾、蟹、鳗等	1	2
	45	竹簖					
	46	黄鳝笼	只	5月—10月	黄鳝		1
	47	虾笼	只	4月—10月	青虾、白虾	1	2
	48	鳗鲡桥	只	3月—12月	鳗鲡	1	2
	49	退水笼	只	3月—6月	鲫	—	1
杂渔具	50	鲚鱼浮	个	5月—6月	鲚鱼	1	2
	51	鱼窠	个	11月—翌年2月	鲫、鳊、黑鱼等	—	1～2
	52	鱼叉	把	全年	鲢、鳙、黑鱼等		1
	53	虾浮	个	5月—8月	青虾	1	2
	54	鱼罩	只	4月—6月 8月—9月	鲤、鲫、白鱼、塘鳢鱼等	—	1
	55	放鸟船	只	在养殖荡放养前	野杂鱼	1	1～2

一、网渔具

拖网类有小兜网、罱网、虾拖网、银鱼拖网等；围网类有背网、踏网；刺网类有小丝网、三层刺网；抄网类有抄虾网、糙虾网等；另有敷网类的杠网、掩网类的撒网等。

(一) 小兜网

清代沿用至今。捕捞对象为梅鲚鱼、白虾和银鱼。作业时上至水面、下达湖底，拖扫面大。大中型渔船普遍使用，与银鱼拖网、虾拖网、快丝网轮作，日产可达1000公斤以上。生产季节为8月至翌年1月。

(二) 银鱼拖网

主要有双船对拖网，用聚乙烯网布裁剪缝制。全网分为两部分，各有一翼一囊，分别由两只船装备。作业时连接成双翼双囊，双船拖曳，上至水面、下着湖底，网眼密，网型大，拖速慢。可整天生产，按时放舢板至囊网处取鱼即可。渔获物中银鱼约占90%，梅鲚鱼、白虾约占10%。日产100公斤左右。此外，还有单船单网、单船双网（飞机网）等。单船单网是将曳纲系在船尾的舷柱上，然后将网缓缓放入船后水中进行捕捞，网和船的距离在15～20米。单船双网是用竹竿将网具分别撑架在船的左右舷两侧水中进行捕捞。单船单网和单船双网的作业船吨位较小。

（三）虾拖网

原由小船在湖边作业，20世纪50年代后期发展到湖中作业，梅鲚鱼和白虾占渔获物的90%以上。网型较低，拖速不快，捕捞湖底小型鱼虾效果好。作业时间8月至10月，与小兜网、银鱼拖网轮作，日牵虾拖，夜拖小兜，日产300～500公斤。

（四）罟网

每对船拖曳8～10条网，每条网有80～120个小网袋。下缚铁沉子，着底曳行，拖速很慢。捕捞对象以鲤鱼、鲫鱼、花𩽾为主。作业时间为11月至翌年春天，与丝网、虾拖网轮作，每个汛期产1500公斤左右。

（五）丝网

属刺鱼网，是定置渔具。作业时可以浮在水面（称"浮网"），也可沉于水中（称"沉网"）。捕获对象以大中型鱼类鲢鱼、鳙鱼、鲌鱼为主。

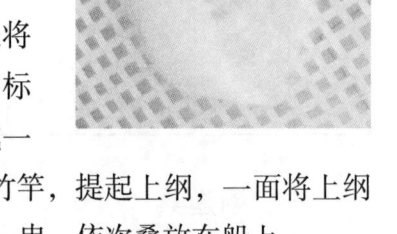

渔法：1人摇橹，1人立于船头手持穿挂丝网上纲的竹竿，先将浮标竹放入水中，再依次将网放下，每条网两端以泡沫浮块作为标志。一般每次连续投放25～50条丝网（每条网的上纲相互连接成一体），放网后10～12小时收网。收网时，1人摇橹，1人取回浮标竹竿，提起上纲，一面将上纲穿入竹竿，一面摘取渔获物，然后将全部网衣收取到船上，每条网一串，依次叠放在船上。

二、钓鱼具

钓鱼具有空钓、饵钓两类。空钓如滚钩等；饵钓如卡钓、钩钓等。

（一）卡钓

用干线和支线连接卡钓的饵钓。用毛竹做成卡棒，作业时将卡棒弯成弓形，夹进诱饵，再用芦苇套套住其端部，当鱼吞食时，卡棒弹开，撑住鱼的嘴部而捕获之。

1吨的小船1只，备卡7筐。大卡、中卡用熟玉米、大麦和萝卜螺（薄皮螺蛳）作饵，小卡用虾、大麦和面团作饵。作业时，1人划船慢慢前进，1人将装好诱饵的卡依次投入水中，并沿干线下一些熟麦作诱饵。翌日清晨收卡时先拔起标杆，再按顺序收回干线，如有渔获，则在鱼离开水面前用抄网接住，取下渔获。卡钓是专捕底层鱼类的钓具，捕捞鱼类的成年个体，不损害幼鱼。

（二）饵钓

用干线和支线连接有诱饵的鱼钩。饵钓名目较多，有以捕捞对象命名的白鱼钓、鲤鱼钓、鳊鱼钓、甲鱼钓、鲫鱼钓、鳗鱼钓、黄鳝钓等；有以饵料分类的蚯蚓钓、虾钓、青蛙钓、猪肝钓等。

（三）滚钩

由干线和较密的支线连接锐钩的空钓。

滚钩也叫"粘钩"，是贴近水底敷设的渔具，每20米长的主纲线上拴粘钩500把左右，渔人拦河设置两三道钩帘，钩捕效果十分好。它钩住的也是经常贴近水底觅食的鲤鱼、青鱼、鲶鱼等较大的鱼类，有时也能钩住在水底活动的大鲫鱼。鱼越大效果越好，常有10公斤以上的大鱼上钩。一般来说，0.5公斤以上的鱼都能钩住。

三、箔筌渔具

（一）簖

又称"迷魂阵"。迷魂阵是由竹箔、网片等编成的一定形状的箔帘，由樯网、身网和囊网组成，长度为300～1000米，设置在湖泊、有流水的河流、港湾支流入水口等开阔水域。鱼溯水或摄食时，会误入迷魂阵而被捕。渔获物有鲢鱼、鳙鱼、鲤鱼、鳗鲡、河蟹等。其因破坏鱼类资源严重，已被限制发展。

（二）笼篮类

主要是虾笼、鳝笼。用竹篾或塑料编成"人"字形有逆须的圆笼，内装糖糟、蚯蚓等饵食，利用青虾、黄鳝贪食喜阴的习性，将其诱入后捕获。虾笼在湖边草丛浅水区白天作业。鳝笼，利用黄鳝昼伏夜出的习性，傍晚将其置于有水的稻田和水沟内，第二天清晨收获。

四、杂渔具

（一）鱼虾浮

制作鱼巢、虾浮诱鱼虾钻入其内产卵，再用海斗从鱼巢或虾浮的下方往上捞，将鱼虾捕获。

（二）鱼叉

在鱼类浮出水面时（浮头或产卵时），飞叉猎杀。

（三）鱼罩

在湖边水草区，将鱼罩往下罩住在湖边觅食的鱼类。

（四）放鸟船

放鸟船上的这种鸟即鸬鹚，又称"水老鸦"或"鱼鹰"，它会下水捉鱼。这种船则称"放鸟船"，有大、小两种：小者长3米、宽不足1米，一人一桨一篙，船上蹲7～8只鸬鹚，渔者边划边放鸟；大的长4～5米，由一人撑橹，另一人立于船头执篙驱"鸟"，同时踩响脚下木板以惊扰鱼游动，便于鸟捕之。

第三节 鱼 汛

鱼类因产卵、栖息、觅食洄游等形成鱼汛。新中国成立前，渔民专在鱼类产卵汛期捕捞。20世纪60年代后，为保护鱼类的自然繁殖和生长，逐步限制在产卵汛期捕捞。境内太湖、阳澄湖等水域采取封湖禁捕制度，待到鱼类个体大、群体多、达到新的渔汛标准时实行开捕。少数特种水产则仍利用产卵汛捕捞。

一、梅鲚汛

8月至10月。梅鲚鱼在春季产卵后，幼鱼经过一个夏天的生长，至初秋时已长至5～7厘米，且群体多、产量高。8月至9月开捕，为时两个月，所获梅鲚鱼占全年梅鲚鱼产量的70%以上。11月起，鱼群分散，产量下降。

二、银鱼汛

5月下旬至6月中旬。银鱼于早春产卵，幼银鱼经过几个月的生长，到这时已达到起捕规格，且群体多而集中。6月后，太湖因保护梅鲚鱼产卵孵化，停捕银鱼。阳澄湖等中小湖泊不禁捕，可捕捞至秋天。

三、白虾汛

8月至10月。白虾在春季产卵后，幼虾长到这时已达到起捕规格，且群体多、产量高。大船用拖网与梅鲚鱼一起捕。7月至8月，用松枝扎成把，浮于水面诱虾栖息，用网抄之，俗称此为"抄白虾"。

四、青虾汛

青虾的习性是在7月产卵，由此形成汛期，此时可用拖虾网、虾网、抄虾网、虾笼捕获。用松枝扎成球状（人造虾窠）沉入深水，诱青虾在此产卵栖息，用网抄虾，俗称此为"抄虾浮"。

五、蟹汛

10月，河蟹性腺成熟。俗话有"西风响，蟹脚痒"一说。因生殖洄游，群体多，形成蟹汛。

六、鲚鱼汛

4 月下旬至 5 月底。将茭草扎成把浮于水面，诱鱼在其上产卵，用网抄之，俗称此为"抄鲚鱼"（麻花鱼+骨）。在鲚鱼汛时所获鲚鱼占全年鲚鱼产量的 70%～80%。

七、白鱼汛

7 月中旬至 8 月中旬。在这段时间里，若遇气温上升或有大风大浪的天气，在微水流的湖滩和河口，大批白鱼聚集产卵。此时，群鱼翻腾，白浪滚滚，十分壮观，俗称此为"白鱼消"，又称"白鱼阵"。渔民有个忌讳，白鱼阵时不可捕捉，待阵势消逝，群鱼安定后，方可布网作业。

第四节　风　　信

在旧时，捕捞作业主要依靠风力作为牵捕的动力。境内渔民祖祖辈辈在实践中摸索到了风的规律，对何时起风、风力大小、风向等均积累了经验。渔民把前三、后四（天）这几天内将要刮六七级大风的信息称为"风信"或"风报"。渔民总结境内全年风信（风报）有 20 个（表5-3）。

表 5-3　相城区渔业捕捞风信情况表

时间（农历）	风信名称（风报）	风向规律（四季"八风"）
正月十二	开阴报（年内十二月二十封阴）	立春—春分，多为东风
正月半	三官报	
二月二	土地报	
二月初八	大帝报（民间有"张大帝吃冻狗肉"之说）	
二月十九	观音报	
二月廿八	和尚报（民间有"老和尚过江"之说）	春分—立夏，多为东南风
三月三	芦青报	
三月廿三	娘娘报（民间传说为天妃娘娘）	
四月二十	谷雨报	立夏—夏至，多为南风
五月初六	立夏报	
九月九	重阳报	夏至—立秋，多为西南风；立秋—秋分，多为西风；秋分—立冬，多为西北风
九月十三	皮匠报	
九月十九	观音报	
九月廿六	一头风	
十月初五	五风报	
十月半	三官报	

续表

时间（农历）	风信名称（风报）	风向规律（四季"八风"）
十月卅	利星报	立冬—冬至，多为北风
十一月初八	立冬报	
十一月廿二	小雪报	
十二月初七	大雪报	冬至—立春，多为东北风

20世纪50年代后期，乡镇发展有线广播，渔民到陆上定居，每天晚上听广播，最关心的是天气预报。60年代后期，半导体收音机逐步普及渔家，70年代基本上每家渔船都有1只半导体收音机，渔民们最关心的还是天气预报节目，真正做到了一周天气早知道。

第五节 捕捞产量

1963年，浒泾公社全社水产捕捞量为91.05吨，其中虾、蟹产量为3.35吨。60年代中期到1984年，年水产捕捞量大多在180吨左右。1984年，阳澄西湖1.1万亩水面划归浒泾后，年捕捞总产量约500吨。1987年，境内浒泾、湘城、望亭、黄埭、北桥等乡（镇）12个渔业村的捕捞产量为966.7吨。1994年，境内12个渔业村的捕捞产量为922吨。

2001年，全区捕捞产量为1076吨。2010年，全区捕捞产量为880吨。2013年，全区捕捞产量为1050吨。

表5-4 2001年至2013年相城区水产捕捞产量表

单位：吨

年份/年	合计	鱼类	甲壳类			贝类	其他
			小计	虾	蟹		
2001	1076	534	400	398.1	1.9	56	86
2002	591	457	100	97	3	20	14
2003	1094	579	328	323	5	139	48
2004	1058	626	339	320	19	78	15
2005	1012	426	322	285	37	239	25
2006	1074	605	363	346	17	83	23
2007	1119	609	354	329	25	98	58
2008	932	476	365	341	24	62	29
2009	980	558	342	321	21	60	20
2010	880	410	370	348	22	80	20
2011	1100	750	255	230	25	70	25
2012	1120	768	258	232	26	68	26
2013	1050	748	228	212	16	58	16

第四卷 粮油管理与流通

概 述

本卷包括粮油的征购、销售、作价、储存、调运、加工，还有新中国成立后计划经济时期的粮油票证等章节，内容丰富。粮油购销规章制度严格，基层区、乡镇有关部门须按文件精神执行，不得有误。

历代政府都十分重视粮食这一战略物资，无论是战争状态，还是和平时期，政府都必须掌握之，以安民心、稳时局。政府在市场管理中，注重粮价的变化，粮价基本上代表了整个市场状况，其他商品一般随之而变动。

元代是第一个以统一的纸币为基本货币的朝代，太宗窝阔台八年（1236），为维护封建统治，限额发行纸币，稳定粮价。历史证明，粮价大动则市场物价随之而动，民众则不安。

明代永乐年间（1403—1424），因政府出钞太多，纸币贬值，人心动荡。崇祯十七年（1644），土地集中在五公勋戚和地主豪绅手里，农民失去土地，本区域内连年旱荒，米贵至每石纹银四两，价涨2～3倍，百姓不得安宁。

晚清时，政局动荡，粮价攀升。宣统二年（1910），粮价涨了1倍。民国初年，粮价稳定。民国后期，由于日军的疯狂掠夺，加上战火蔓延，交通断绝，粮食来源减少，工商企业破产，政府又乱发通货，物价飞涨。

中华人民共和国成立初期的1949年，本地发生水灾，粮食供应趋紧，但本区域内的吴县仍接收大米11.613万公斤，稻谷24.2028万公斤，糙米14.3176万公斤，共有仓库24处，计房屋220间。次年，中粮公司吴县办事处成立。1953年11月起，粮食实行统购统销，境内农业实行"三定"（定产、定购、定销）政策。1958年，粮食工作出现高指标、高征购。1960年至1962年是经济困难时期。1965年，国务院发文要求进一步改进粮食工作，提出粮食征购"一定三年"不变办法，指出灾年可适当调低粮食征购指标，丰年超购可加价奖励。1971年8月21日，中共中央发出《关于继续实行粮食征购任务一定五年的通知》。1978年底，中共中央十一届三中全会后，有明文规定不允许购过头粮，农民逐步走上富起来的大道。1983年，境内实行家庭联产承包制，进一步调动了农民的生产积极性。1985年1月1日，中共中央一号文件提出取消统购，改为合同定购办法。2005年，境内免除农业税；同时，采取切实措施，建立确保应急保供体制，为全区经济社会较快发展发挥有力的保障作用。

第一章 粮油征购

第一节 粮食收购

一、自由收购

1949年4月27日,境域内解放,当时粮食市场大部分由私营粮商控制。全县共接收大米11.613万公斤,稻谷24.2028万公斤,糙米14.3176万公斤,仓库24处,计房屋220间。1950年5月,中粮公司吴县办事处成立。1951年,中粮公司委托各地供销合作社代购粮食。1952年3月,中央财政部、贸易部制定《地方财政余粮地方事业粮统一由国营粮食公司收购暂行办法》,把地方财政余粮、地方事业粮的收购权统一到地方国营粮食公司。是年,中粮公司吴县办事处在境内乡镇增设营业所,扩大收购网点,在市场上发挥国营公司主导作用,各地供销合作社及国营粮站收购粮食,加上私营粮商收购粮食。1953年11月起,粮食实行统购统销。

二、计划收购

(一) 统购

1953年土地改革完成,解放了生产力,激发了农民的生产积极性,境内粮食生产连年获得丰收,农村已有80%的农户有了余粮。但是,境内私营商业十分活跃,部分私营粮商利用手中的资本和灵活的经营手段,大肆从事粮食"哄抬""抢购""囤积居奇"的投机活动。大批的粮食"黄牛"小贩趁机推波助澜,造成了购销不正常的紧张状态。

是年夏季,境域内政府根据上级有关指示精神,决定实行夏季预征。在发出指令性通告和召开区、乡干部扩大会议后,直接组织了夏季预征试点工作组。同年6月起至10月初,吴县先后多次召开夏季预征工作会议,但由于夏熟受灾减产,群众不习惯夏征,当年吴县只完成了预购任务的62.99%。

10月16日,中共中央发布《关于实行粮食的计划收购与计划供应的决议》;11月,中央人民政府政务院颁发了《关于实行粮食的计划收购和计划供应的命令》。文件要求在农村向余粮户实行粮食计划收购(简称"统购");对城镇人民和农村缺粮户实行计划供应(简称"统销"）；对熟食行业和车站码头供膳用粮及工业用粮，按核定额供应，不许私自采购；由中央和地方分工负责粮食管理；有关粮食经营和粮食加工的国营、地方国营、公私合营、合作社经营的粮店和工厂，统一归当地粮食部门领导；所有私营粮食加工厂及营业性的土碾、土磨一律不得自购原料、自销成品，只能由国家粮食部门委托加工，或在国家监督和管理下代消费户按照国家规定的加工标准从事加工；对违犯国家法令的投机分子，必须严予惩处。从1953年12月6日起至1954年1月初，境内展开了一场声势浩大的宣传总路线和实行粮食统购统销政策的运动，规定境内征、购比例分别为：税率13％以下的不计；14％～16％的征1购1；17％～19％的征1购1.5；20％～30％的征1购2。1954年2月7日，上年征购全部结束，并超额完成了任务。

1954年1月，江苏省粮食厅发出便利农民售粮通知，境域内政府发布《1954年粮食计划收购实施办法》，各区、乡按照土质和经营情况，划分不同片类评定产量，扣除公粮、消费定额，并酌情留一部分自主粮，余下的全部统购。全年归户一次评产计购，分夏熟预购和秋粮统购入库，完成了当年征购任务。是年征购粮食13万吨。

（二）定产定购

1955年3月3日，中共中央、国务院下达《关于迅速布置粮食购销工作，安定农民生产情绪的紧急指示》，提出对粮食实行"定产到户三年不变，征购到户三年不变，定销到户一年不变"的"三定"政策。农村余粮户每人每年规定口粮260千克，缺粮户规定口粮240千克。在正常年景下，"定产"三年不变，既激发了农民的生产积极性，又确保了粮食入库任务的完成。

1955年8月，根据中央人民政府政务院发布的《农村粮食统购统销暂行办法》，境内农村实行"三定"（定产、定购、定销）政策，并落实到户，这是粮食统购统销政策的重要发展。其主要内容是：根据正常年景，确定每一农户常年产量，在核定的产量中，减去正常需要的口粮、种子、饲料和公粮后，还有余粮的称"余粮户"，余粮部分按90％定购；不足的称"缺粮户"。定销每年核定一次，本着先吃自己、后吃国家、分月计划、本地有什么粮食供应什么粮食的原则，保证供应。凡遇受灾减产，另按国家规定的减免政策评定。从同年起，对油料实行"多产多得，增产多留"的政策规定。国家统购油料产量的90％，以鼓励农民发展油料生产。当年"三定"工作于10月20日全部结束。

1956年10月6日，根据国务院《关于农业生产合作社粮食统购统销的规定》，境内政府贯彻粮食"三定"由户归社的要求，规定余粮社、自给社定产三年不变，缺粮社的定产年年评定，定销一年一评；规定油料除留种外，全部出售，每售5公斤菜籽奖优惠油票250克。

1957年，全境遭受严重水灾。

同年10月11日，国务院发布《关于粮食统购统销的补充规定》，在坚持粮食"三定"的基础上，实行以丰补歉，保证国家的正常粮食收支，严格控制粮食销量。规定凡出售5公斤菜籽奖励优惠供应油票150克、菜饼0.9公斤。

1958年秋季，相城区境内实现人民公社化，粮食统购统销任务由农业社转归到以生产大队为核算单位。农业税制度废除原来的累进税制,实行新的比例税制。这一年,"浮夸风"四起,造成严重减产,加上虚报高产,大刮"一平二调"之风,平调劳动力,挫伤了群众产粮的积极性,大批农村人口流入城镇。1959年春,贯彻中央郑州会议精神,实行粮权下放,三级核算。同时按照中共江苏省委关于"全局第一,瞻前顾后,全省一心,渡过难关"的指示,县内实际总产比1958年减少6.4%,而征购却比1958年增加13.9%,群众平均口粮比1958年下降15.9%。

1960年至1962年,由于受高征购、高积累的"左"的政策影响,加上接连遭受严重的自然灾害,人民生活陷入严重困境,县内队队寅吃卯粮,并以豆饼、清糠、麦麸等作为代食品。1961年春,境内的粮食库存仅占上年同期的11%,粮食工作十分被动。

1962年,贯彻国民经济"调整、巩固、充实、提高"的方针,境域内进一步调减征购任务,在统销地区贯彻"购销并重"和"少购少销"方针。但全境域内依然粮荒严重,是年6月,全境域内国家没有1斤库存(只有专区寄存的150多万公斤),是历史上最困难的时刻。是年起,上下各有关部门严格执行党在粮食工作方面的各项方针政策,妥善处理好国家、集体、个人三者关系,既保证及时征购,又安排好城乡人民的生活。1963年开始,境内政府在征购中正式明确"四个坚持"的原则,即坚持既定的一些政策;坚持全年任务一次结算;坚持全年口粮一次计算;坚持社员生活安排一次落实。至1964年秋,境内粮食总产有较大幅度增长,农村人均口粮水平由1961年的166.25公斤(含"十边"和自留地产量)递增到284公斤。1962年,吴县以工业品换购粮食731.65万公斤,其中集体换购647.45万公斤、社员换购84.2万公斤,比地委下达的625万公斤任务超出17%。1967年停止换购。

1958年,粮食工作中出现高指标、高征购现象。1959年,农村出现寅吃卯粮现象,粮食部门通过返销进行纠正。1960年至1962年三年困难时期,粮食部门采取先入库后安排群众生活的方法,确保完成定购任务。

1965年10月,中共中央批转了国务院财贸办公室《关于稳定农民粮食负担,下苦功夫进一步做好粮食工作的意见》,提出粮食征购"一定三年"不变的办法。若遇自然灾害,则适当调整当年任务;若遇到丰收,则通过对粮食实行加价奖励的办法超购。每人每年平均向国家提供粮食超过75公斤以上的部分,给予加价12%的奖励。1969年11月起,对超产粮食作出新规定,即超产的粮食国家超购40%,其余超产的60%留给集体安排使用,亦可作议价卖给国家,加价40%。

1971年8月,中共中央颁发《关于继续实行粮食征购任务一定五年的通知》,要求定粮食产量基数,定粮食征购基数,定粮食销售基数。境内生产队按自己的定产定量,按规定扣除三项留粮,划分余、缺、自给自足三种不同类型:每人平均口粮260公斤以上的为余粮队;口粮在255~260公斤的为自给队;口粮在255公斤以下的为缺粮队。余粮队增购不超过增产部分的40%,称"超购",比征购价加价30%。超购后仍有余粮卖给国家的叫"议购",比征购价加价40%。征、超、议合称"三购"。

1978年年底,中共中央召开十一届三中全会,全会决定:在今后一个较长时间内,全国粮食指标继续稳定在 1971 年至 1975 年"一定五年"的基础上不变，绝对不许购过头粮。

（三）粮食大包干

1981 年，为了照顾农民休养生息，让农民早日富起来，中央决定调整征购基数。1982 年 1 月 13 日，国务院颁布《关于实行粮食征购、销售、调拨包干一定三年的通知》。"一定三年"粮食大包干，即包干面积、包干总产，实行包购、包销。

（四）超购、换购及奖售

超购和换购是国家粮食收购的两种不同形式，在统计业务上，均作统购处理。

超购

超购是指农业生产单位或户实际所产的粮食高于定产（俗称"超产"），在完成征购任务后尚有余粮，国家对这部分超产余粮再适当增购一些，这部分增购粮食称"超购粮"。

超产超购以定产为依据，以定购任务为准，并坚持留有余地的原则，对超定产部分的粮食按计划增购增产部分的 40%～60%。1962 年，全县第一次超购 3890 吨。是年起，对超购粮食，国家实行加价收购。1963 年和 1964 年，分别超购 11540 吨和 32470 吨。1969 年后，粮食产量有较大提高，每年均有粮食超购任务。此种收购形式也属指令性计划，一直持续到 1985 年。1985 年开始实行粮食合同定购，超合同定购任务外的粮食收购均按议价处理，作为指导性计划。

换购

1962 年，国家用工业品以一定比例，按牌价对牌价（按粮食统购价收购粮食，按工业品牌价出售工业品）的方式换取农民的一部分余粮。1988 年，随着粮食市场的开放，换购停止。

奖售

1961 年 12 月，政府粮食部门发出联合通知，对是年秋季国家统购余粮实行奖售工业品办法。奖售对象限于生产大队交售的余粮。奖售标准是每出售 750 千克贸易粮（规定 50 千克稻谷折成 35 千克贸易粮），奖售布票 5 米、胶鞋 0.6 双、卷烟 1 条。1966 年度的奖售标准是，每出售 500 千克贸易粮，奖售棉布 4.67 米（合 14 尺）。1967 年起，奖售取消。1980 年，对增产超购粮每 50 千克补助化肥 10 千克。1985 年，对定购任务部分执行"三挂钩"政策（与化肥、柴油、预购定金挂钩）。1988 年，对出售商品粮 5000 公斤（万斤）以上的售粮大户进行表彰和物质奖售。1989 年，奖售停止。

（五）其他收购

1954 年至 1992 年，以统购价（1985 年后为比例价）收购没有粮食征购任务的国营农场、机关、团体、工厂、学校、企事业和部队农场等单位生产的粮食，这叫"其他收购"，也称"零散收购"。在工商行政管理部门罚没非法经营收入后，由国家粮食收购部门收购的粮食也称"其他收购"。

三、合同定购

实行合同定购是在 1978 年党的十一届三中全会以后，从这时起，全国的粮食形势发生了转折性变化，粮食流通领域作出的重大改革，对粮食工作产生了深远的影响。

1985年1月1日，中共中央、国务院发布〔1985〕1号文件《关于进一步活跃农村经济的十项政策》，对粮食政策作了重大改革：取消粮食统购政策，粮食由指令性计划商品改为指导性计划商品，不分征购、超购，实行合同定购，平价、议价"双轨运行"。合同定购"既是经济合同，又是国家任务"。从这一年起，境内粮食实行合同定购，如市场粮价低于原统购价，国家仍按原统购价敞开收购，以保护农民利益。

境内在夏熟作物登场前深入进行"三查三落实"，即：查合同定购计划，落实定购任务；查定购数量，落实粮油品种；查定购合同，落实发证到户。1988年，境内实行粮肥、粮油、粮食预购定金的"三挂钩"优惠政策，即对完成定购合同的生产队或农户，按每50公斤原粮供平价2.5公斤标准肥、1公斤柴油，按定购量发放20％的预购定金。当年粮食定购任务为11250万公斤，定购价为每50公斤（下同）小麦17.40元、晚粳稻15.37元、粳糯稻17.04元；实际收购粮食16113万公斤，其中议购4863万公斤。1989年4月，小麦价格提高到18.52元、晚粳稻19.85元、粳糯稻21.85元。1990年起合同定购改称"国家定购"，1993年又改称"指导性收购"。1993年，境内国家粮食指导性收购计划4542万公斤，其中小麦834万公斤、稻谷3708万公斤；实际完成5068万公斤，其中小麦1177万公斤、稻谷3891万公斤。1996年，小麦定购价格为72元、晚粳稻83元、糯稻72元。2000年，取消粮食合同定购任务。

（一）比例价收购（1985年至1992年）

比例价是指国家收购农产品时，按原统购价的一定比例和原超购加价的一定比例综合计算的收购价格。1985年，根据上级指示，红小麦按"倒四六"（即原统购价40％、原超购价60％）比例价收购，粳稻谷按"倒二八"（原统购价20％、原超购价80％）比例价收购，籼稻谷、糯稻谷、玉米均按"倒三七"（原统购价30％、原超购价70％）比例价收购；境内粮油合同定购指标由苏州市下达。在境内各级政府的统一部署下，经过调查测算，协商落实1985年合同定购粮油任务，并填发承包农户售粮证。是年起，经苏州市粮食局同意，允许大麦顶抵夏粮任务，同时对定购任务执行与化肥、柴油、预购定金"三挂钩"政策（此政策到1993年改为"价外加价"）。1987年，按照粮食定购任务相对稳定的要求，全境内粮食定购任务总量维持上年水平。农户超任务出售粮食后，可拿差价款或换化肥，每50千克粮食可换16千克平价化肥。1988年，苏州市对县下达综合收购任务，其中包括"议转平""死任务活价格""良种"收购任务。

1990年起，合同定购改称"国家定购"，其定购任务、数量不断调整。同年，境内粮食收购改合同定购为国家定购，"三挂钩"政策取消。1992年，全市取消乡（镇）统一供种收购任务。1993年，对定购任务以外的小麦、粳稻实行收购保护价格制度，当年保护价为小麦每百斤63元、晚粳稻每百斤45元。1999年，取消对小麦和糯稻的定购，当年小麦收购价格为每百斤40元。2001年起，境内全面取消粮食定购任务，开放粮食市场，放开粮食收购，放开粮食购销价格。当年小麦收购均价为每百斤43元、晚粳稻为每百斤63元，全区收购粮食1766万公斤。此后粮价随市场波动，有涨有跌。

（二）保护价收购（1993年至1999年）

江苏省人民政府根据国务院关于加快粮食流通体制改革的有关精神，决定从1993年4月1日起，全省取消粮食、油料定购任务，放开粮食油料购销价格，粮食主要品种实行收购保护价制度。同年，改称"指导性收购"。

1994年，境内粮食指导性收购计划略有减少。

1995年，国家对定购的粮食全部实行"保量放价"，适当提高国家定购价格和销售价格。苏州市人民政府决定把农业生产、粮油定购、农资备货"三个指导性计划"改成"三个必保计划"，并对完成调市稻谷和油菜籽任务的县实行"粮肥油挂钩"。

是年，根据苏州市人民政府"三个必保计划"的落实要求，境内粮管所在各乡镇人民政府的统一部署下，协同村经济合作社与农户之间签订承包合同，落实粮油收购计划。

1997年至1999年，国家定购粮收购价高于保护价，粮食收购定、议价价格倒挂。1999年，国家定购粮收购价与保护价同价，定、议一价收购。从是年起，粮食定购任务逐年调减，粮食定购计划从1997年的9788万公斤减到1998年的8517.5万公斤。1999年，粮食定购计划减到6745万公斤，同时取消良种收购使用计划。

1999年，全国粮食阶段性供大于求的格局基本没有改变，粮食部门仓库爆满，市场粮价出现新一轮下滑，市场销售的品种逐渐向优质、精品及小包装发展。各级政府鼓励农村调整种植结构，引导农户种植高产、优质、适销对路的品种，以增加农民收入。

四、市场化收购

2000年起，取消粮食定购任务，国有粮食企业按照"购得进、销得出"的原则进行收购；鼓励生产者通过批发市场和集易市场出售粮油，粮油集易市场长年开放。同年自夏熟新粮上市起，境内及江南小麦退出保护价收购范围。

取消粮油定购任务后，粮油收购由国有粮食企业独家收购转为多元收购，粮食行政管理部门从直接管理国有粮食企业生产经营转为对全社会粮食流通进行宏观指导、协调和监督。粮食购销企业通过改革改制，在推进粮食购销市场化过程中，其主渠道作用不变，粮食企业仍是市场购销的主体。

2001年，自秋粮收购起，相城区全面推进粮食市场化改革，取消粮食定购任务，开放粮食市场，放开粮食收购，放开粮食购销价格。

随着农村产业结构调整的不断深化，全区粮田面积逐年减少，本地粮源下降。2002年，区粮食部门抓好全区订单收购和承诺收购合同的签订，做好种粮大户预购定金的发放工作。是年，全区签订合同收购473万公斤。同时，在外地建立粮食基地，与外地建立好收购关系，签订粮食收购合同。

2003年，针对企业改制后人员、网点减少的情况，粮管所负责人组织部分人员提前进村到户，摸清粮情民意，抓好粮源再落实和订单合同的签订，同时密切联系当地政府和村经济组织，增强协作，促进订单履约率。对农户种植的优质品种，参照同品种收购价格，按品质加价收购。对订单收购的粮食，改进结算方式，试行"一次收购，二次结算"，即先按当时规定的挂牌（包括承诺）收购价格收购结算兑现，销售后超利润部分通过再分配结算，达到有利共享，取信于民。是年共收购粮食554万公斤。

2004年5月26日，国务院颁布《粮食流通管理条例》。条例规定，为规范粮食收购市场秩序，保护农民和其他生产者的利益，自秋粮收购起实行粮食收购资格准入制，对符合从事粮食收购条件的企业发放粮食收购许可证。

相城区自秋粮收购起实行粮食收购资格认证制度，对符合条件的从事粮食收购经营活动的法人、其他经济组织和个体工商户发放由国家粮食局统一印制的粮食收购许可证。全区共对12个单位审核、发放了粮食收购许可证。

2006年，实行小麦最低收购价。当年红小麦（混合麦）每50千克为69元；2008年，提高到每50千克72元。是年收购秋粮时，苏州市政府出台水稻收购价外补贴政策，每50千克补贴8元。

五、议购

议购粮食，是指在农民完成国家征购或合同定购任务后，再经协商议价或通过市场随行就市收购的粮食。这是国家掌握粮源的另一渠道。

1962年9月，境内开始粮食议价收购，当时收购数量很少。"文化大革命"期间，关闭议价粮油市场，停止零星议购业务，只有集体议购渠道收购。中共十一届三中全会后，议购议销政策和流通渠道进行重大改革。粮食系统内部打破区域性的封锁，地区之间组织互通有无，丰富市场品种供应，长期不见的花生、小杂粮又出现在境内市场上，多余的粮油输往外地市场。1983年，境内政府根据上级指示，允许农民出售完成国家指令性计划的征购任务后剩下的粮食油料；强调国营粮食商业企业是粮食多渠道经营中的主渠道。境内粮食部门积极开展粮油议购议销活动，议价粮油收购量逐年增加。1985年1月，中央对粮食政策作了重大改革，江苏省政府1985年2月日发出《关于1985年实行粮食合同定购办法的通知》，对粮食合同定购全面进行了部署，取消统购派购，实行集体合同定购。从该年度起，只对小麦、稻谷实行合同定购，其他退出统购，实行议进议出，可以自由上市。如市场粮价低于原统购价，国家仍按原统购价敞开收购，以保护农民利益。境内相关部门同33个乡（镇）681个村的211511名农户落实合同定购油菜籽1272万公斤。1985年，粮食统购改为合同定购，议销范围不断扩大，粮油议购议销进一步活跃。基层粮管所敞开收购，农户余粮与定购任务一起组织入库，分别结算货款。1993年，粮油销售价格放开后，粮油流通形成了多渠道、多种经济成分、多种经营方式格局，粮食部门在粮油收购和经营上继续保持着主渠道作用。2000年后，粮油购销进入市场化，市内粮源可购量越来越少，改革后成立的粮油有限公司在做好市内粮油收购的基础上，积极向外，开展议价收购。

第二节 油料收购

民国时期，境内种植的油菜较少，油菜产量低，而且有摘油菜的菜心当菜肴的传统，农户所产油菜籽大部分榨油自食，小部分卖给油坊。

中华人民共和国成立初期，境内供销社收购一部分菜籽，部分仍由私营油坊收购。

1953年冬，油脂油料随粮食实行统购。1954年，油脂油料实行统购统销，农民生产的菜籽，除留作种子外全部由国家收购。1954年下半年，境内收购油菜籽797.5千克，芝麻1191.5千克，其他油料231.5千克。1955年，对油料统购实行"多产多得、增产多留"政策，国家统购油菜籽产量的90%（依产统购），鼓励农民发展油料生产。1956年，油菜籽统购实行优待奖励，每出售50千克油菜籽返销10%的菜油和菜饼；后来改发优待油票。1957年，油菜籽统购实行以农业社为单位，随同粮食一起下达种植计划、统购任务。1958年，油料统购也随同粮食进行包干。按照农业社包产指标，对实产超包产部分，国家增购40%，余者留给群众，体现了"多产多得、增产多留"政策，全县农业人口年人均口油在2~3千克。

1961年，粮食减产，保粮压菜，油菜种植面积减少一半，再加上天气原因，全部作为口油。1962年，对余油队核定统购包干任务；对自给队和缺油队，原则上不购不销。包干任务确定后，增产不增购，完成包干任务后的余籽和社员自留地生产的油菜籽仍可以向国家以籽换油。1964年起，油菜籽产量逐年回升。

1976年，境内油菜籽连续贯彻"一定五年"的统购办法，重申原农村油脂只购不销政策不变。1978年，对超产的油菜籽实行"购七留三"。1979年，国家调高油菜籽统购价，提价28.5%，农民种植和交售油菜籽积极性大增，农户口油年人均4千克。

1983年，油菜籽随同粮食开始实行户售户结，收购任务内按"倒四六"（即40%按统购价收购，60%加价收购）收购。农民完成国家计划收购任务后，尚有多余油菜籽的，可以增加口油。

1985年至1992年，油菜籽退出统购任务，随粮食实行合同定购。油菜籽收购继续采取农户定购任务籽和口油籽相结合的"统一收购，分项结算"原则，在保证完成定购任务的前提下，安排农户口油。1993年，油菜籽未下达收购计划，仍由粮食部门主渠道统一收购。1994年至1999年，油菜籽收购任务随同粮食收购任务一起落实到户，实行收购指导性计划。

1990年至1991年，境内收购油菜籽任务166万千克。入库分别为1165.6万千克和1051.1万千克。

2000年起，油菜籽随粮食一起取消定购任务，粮油市场全面放开。作为粮油收购主渠道的国有粮食企业，对农户所生产的油菜籽仍采取"统一收购，分项结算"原则。2005年后，油菜籽收购仍采用"统一收购，分项结算"方式，全区收购油菜籽102万千克。2008年，全区收购80万千克，其中商品籽3万千克、代农加工籽77万千克。2010年，全区收购77万千克，其中商品籽4万千克、代农加工籽73.5万千克。

表 1-1 1949 年至 1993 年吴县（含境内）粮食产量实绩表

年份/年	合计			夏粮			秋粮			十边总产/万千克
	面积/亩	单产/千克	总产/万千克	面积/亩	单产/千克	总产/万千克	面积/亩	单产/千克	总产/万千克	
1949	177.9	109.26	19438	63.7	21.61	1376.5	114.2	154.83	17681.5	380
1950	187.8	153.22	28774.5	68.3	26.88	1836	119.5	221.79	26504	434.5
1951	192.4	158.81	30556	71.8	31.43	2256.5	120.6	229.74	27706.5	593
1952	197.5	168.84	33345	76	35.41	2691.5	121.5	245.44	29820.5	833
1953	201.3	176.59	35544	78.9	39.00	3076.5	122.4	258.82	31679.5	788
1954	203	159.97	32067	86.4	35.14	3036.5	116.6	245.43	28617	413.5
1955	208.2	173.94	36214.5	82.3	42.86	3527.5	125.9	257	32357	330
1956	206.2	188.62	38894	79.9	86.36	6900	126.3	251.54	31770	224
1957	195.5	165.87	32428	76	40.80	3100.5	119.5	245.25	29307.5	20
1958	193.1	201.88	38982.5	74.5	59.42	4426.5	118.6	290.82	34491	65
1959	166	220.00	36519	53	83.53	4427	113	282.95	31973.5	118.5
1960	170.1	200.13	34042.5	57.8	88.11	5092.5	112.3	257.16	28879.5	70.5
1961	169.5	172.96	29317.5	59	71.87	4240.5	110.5	225.78	24948.5	128.5
1962	175.8	200.81	35301.7	67.5	90.26	6092.4	108.3	267.74	28995.8	213.5
1963	177.1	222.77	39453.4	68.8	74.50	5125.9	108.3	314.39	34048.5	279.0
1964	176.5	266.15	46974.9	68.2	77.58	5290.7	108.3	382.81	41458.3	225.9
1965	171.7	297.32	51049.9	63.5	110.58	7021.7	108.2	405.58	43883.2	145
1966	169.2	342.13	57889.1	60.6	109.89	6659.1	108.6	470.81	51130.2	99.8
1967	168.2	283.91	47754.1	60.2	88.91	5352.5	108	391.62	42295.2	106.4
1968	167.9	223.65	37551.2	59.9	120.07	7192.1	108	279.31	30165.9	193.2
1969	168.4	315.21	53081.5	60.6	98.38	5961.8	107.8	436.37	47041.2	78.5
1970	168.2	327.55	55094.3	60.1	105.27	6326.6	108.1	448.58	48491.1	276.6
1971	167.1	380.67	63609.4	59.1	157.35	9299.5	108	502.78	54300.5	9.4
1972	167.4	376.56	63036.0	59.6	167.15	9962.2	107.8	492.29	53068.9	4.9
1973	167.6	388.69	65145.2	59.9	106.16	6358.7	107.7	544.04	58593	193.5
1974	167.6	412.06	69060.7	60	176.71	10602.5	107.6	543.26	58454.7	3.5
1975	167.3	350.22	58591.4	59.9	128.19	7678.5	107.4	474.03	50910.7	2.2
1976	166.8	408.40	68120.5	59.7	166.55	9943	107.1	543.21	58177.5	—
1977	166.2	324.27	53893.4	59.3	69.68	4131.8	106.9	465.50	49761.6	—
1978	165.7	417.25	69138.9	59.2	217.81	12894.1	106.5	528.12	56244.8	—
1979	165.5	451.94	74796.4	59.2	275.62	16316.9	106.3	550.14	58479.5	—
1980	164	343.25	56292.40	57.9	231.87	13425.3	106.1	404.03	42867.1	—

续表

年份/年	合计			夏粮			秋粮			十边总产/万千克
	面积/亩	单产/千克	总产/万千克	面积/亩	单产/千克	总产/万千克	面积/亩	单产/千克	总产/万千克	
1981	163.9	285.86	46852.9	57.9	179.85	10413.3	106	343.77	36439.6	—
1982	163.8	394.74	64658.9	58	268.10	15549.8	105.8	464.17	49109.1	—
1983	163.9	381.72	62563.2	57.9	226.78	13130.3	106	466.35	49432.9	—
1984	200.4	366.09	73364	89.4	207.94	18580.0	111	493.46	54774	—
1985	183.8	287.35	52814.3	78.5	161.01	12639.5	105.3	381.53	40174.8	—
1986	178.3	356.14	63500	76.4	241.81	18474.3	101.9	441.86	45025.7	—
1987	178.4	345.88	61705.5	77	208.55	16058.3	101.4	450.17	45647.2	—
1988	175.0	366.84	64197.5	75.6	229.05	17316	99.4	471.64	46881.5	—
1989	165.9	369.36	61276.2	71	198.72	14109.1	94.9	497.02	47167.1	—
1990	166.9	404.30	67315.3	72	250.49	18035.2	94.9	519.28	49280.1	—
1991	164.7	398.04	65556.5	71.5	237.39	16973.7	93.2	521.27	48582.8	—
1992	164.3	410.36	67422.0	70.7	278.83	19713.5	93.6	509.71	47708.5	—
1993	149.8	423.11	63381.4	62.5	271.25	16953.4	87.3	531.82	46428	—

注:"十边总产"没有亩数,产量是当年度总产的一部分。

表1-2　1953年至2013年境域内主要粮油每50千克收购价格一览表

单位:元

年份/年	红小麦	晚粳稻	油菜籽	备注
1953	9.75	8.95	11.40	
1954	9.65	8.95	13.80	
1955	9.60	8.90	13.80	
1956	9.60	8.90	13.80	
1957	9.60	8.90	19.20	
1958	9.60	8.90	19.20	
1959	9.60	8.90	19.20	
1960	9.60	8.90	20.50	1953年国家实行统购统销政策,至1984年均为统购价。
1961	11.30	10.20	23.50	
1962	11.30	10.20	23.50	
1963	11.30	10.20	23.50	
1964	11.30	10.20	23.50	
1965	11.30	10.20	23.50	
1966	13.10	11.40	28.00	
1967	13.10	11.40	28.00	
1968	13.10	11.40	28.00	

续表

年份/年	红小麦	晚粳稻	油菜籽	备注
1969	13.10	11.40	28.00	1953年国家实行统购统销政策,至1984年均为统购价。
1970	13.10	11.40	28.00	
1971	13.10	11.40	28.00	
1972	13.10	11.40	28.00	
1973	13.10	11.40	28.00	
1974	13.10	11.40	28.00	
1975	13.10	11.40	28.00	
1976	13.10	11.40	28.00	
1977	13.10	11.40	28.00	
1978	13.10	11.40	28.00	
1979	15.80	13.60	36.00	
1980	15.80	13.60	36.00	
1981	15.80	13.60	36.00	
1982	15.80	13.60	36.00	
1983	15.80	13.60	46.80	油菜籽收购1983年起执行比例价;粮食收购1985年起执行比例价。
1984	15.80	13.60	46.80	
1985	21.20	19.00	46.80	
1986	21.20	19.00	46.80	
1987	21.20	20.75	46.80	
1988	23.50	20.75	50.40	
1989	25.00	26.80	53.80	
1990	25.00	26.80	70.40	
1991	25.00	26.80	70.40	
1992	31.00	31.80	70.40	
1993	35.00	45.00	75.00	1993年至1999年油菜籽实行市场价收购。1998年起小麦收购实行保护价,1999年起粳稻收购实行保护价。
1994	63.00	70.00	120.00	
1995	63.00	70.00	135.00	
1996	72.00	83.00	135.00	
1997	72.00	81.00	120.00	
1998	60.00	76.00	130.00	
1999	56.00	61.00	105.00	

续表

年份/年	红小麦	晚粳稻	油菜籽	备注
2000	40.00	61.00	85.00	2000年起,小麦、油菜籽实行指导价收购。 2001年起,粳稻实行指导价收购。 2006年起,括号内所示价格为国家规定的最低收购价。 2008年秋粮收购起,苏州市实行水稻价外补贴政策,价外补贴为每50千克6元。2010年提高到8元。
2001	50.00	63.00	85.00	
2002	43.00	53.00	88.00	
2003	48.00	63.00	105.00	
2004	75.00	88.00	140.00	
2005	67.00	88.00	115.00	
2006	69.00 (69.00)	82.00 (75.00)	110.00	
2007	70.00 (69.00)	86.00 (75.00)	160.00	
2008	75.00 (72.00)	97.00 (82.00)	230.00	
2009	85.00 (83.00)	97.00 (95.00)	170.00	
2010	96.00 (86.00)	125.00 (105.00)	200.00	
2011	98.00 (93.00)	142.00 (128.00)	220.00	
2012	104.00 (102.00)	144.00 (140.00)	240.00	
2013	113.00 (112.00)	152.00 (150.00)	240.00	

表1-3 1954下半年度境内黄埭区油粮收购分乡统计表

单位:千克

乡别	原粮合计	小麦	稻谷	大米	大豆	杂粮
总计	7482106	1443149.5	6006667	5819	14934.5	11536
琳桥	1503263	240236	1250088.5	1721	7103.5	4114
永昌	894246	152362	737162.5	498	2973	1250.5
倪汇	464579.5	71162.5	391531.5	705.5	577.5	602.5
黄埭	402498	77078	322690	291.5	464.5	1974
裴圩	808139.5	160276.5	645612	530.5	1006	714.5
埨里	423449.5	83730	339009	216		494.5
渔耕	283208	109652	172598.5	642.5	34.5	280.5
黄泥	74092.5	10702	63122	110.5	104.5	53.5
施秦	19302	7305	11982			15
南桥	345311	91819	251772.5	115	1116	488.5
北桥	535425	135541	398297	138	857.5	591.5
樊店	525736.5	123408.5	401830.5		261.5	236
石桥	328286	61919	265855	156.5	68.5	287
芮埭	308750	66112.5	241610	474.5	208	345
毛巷	164607	24178	140039.5	219.5	84.5	85.5
代浒关区青墩乡	124775	27645.5	97051		75	3.5
代陆墓区黄桥乡	107.5	12	95.5			
其他	276330	10	276320			

表 1-4　2001 年至 2013 年相城区粮油收购情况表

单位：万千克

年份/年	粮食收购合计	其中		油菜籽收购合计	其中	
		稻谷	小麦		商品籽	代农加工
2001	1766	1639	127	28	5	23
2002	473	425	48	18	2	16
2003	554	450	104	58	5	53
2004	157	138	19	99	27	72
2005	710	532	178	102	16	86
2006	458	159	299	59	8	51
2007	463	205	258	55	3	52
2008	712	492	220	80	3	77
2009	729	416	313	109	8	101
2010	564	359	205	77	5	72
2011	606	365	241	73	3	70
2012	622	498	124	80	4	76
2013	861	577	284	102	6	96

表 1-5　1954 年下半年境内油粮收购分乡统计表

单位：千克

乡别	原粮合计	小麦	面粉	稻谷	大米	大豆	杂粮	油菜籽	芝麻	其他油料
总计	10086974.5	4074839	72.5	5808840	31489.75	55670	102653.5	797.5	1191.5	231.5
湘城	505878	228267		239059	19488.75	22.5	10688.5	67	28.5	9
湘东	591934	275617.25		300673.25	1056	3231.5	10903.75	65	36.75	14
消泾	1232565	433928.25		769206.5	1025	8614.25	19351.5	2.25	111.5	26.25
新雪	696041.5	215399.25		479190	563.5	562	85	74.5		8.5
陆巷	585592.5	221346.5		353967	226.5	552.75	9403	34.5		3.63
西浜	539269	291482.75		245001	1223.25	75	962.5	21.75	36	5
白渡	678703	333272.5		342796.25	1377	16	651	40.25		2.5
太平	648144	279422		366760	954.5	361	237.75	23.75	16	42.75
映河	525582	242822.25	10	281915.5	403	6.5	250.25	61.25		9.5
乐安	414950.5	159160.25		255657.75			132.75	2	9.5	28.75
青漪	537927	217959.25		319627.5	213		35.5	88.25		6.63
阳城	870941.5	312682.25	39.5	552369.25	177.5	1316.75	4273	14.75	49.5	24.25
沈桥	353006	152105.5		200521.25	37	263	63	17.25		2
油泾	1071297.5	480881		504178.5	345.5	40317.25	45427	15	1328.75	48.5

续表

乡别	原粮合计	小麦	面粉	稻谷	大米	大豆	杂粮	油菜籽	芝麻	其他油料
渭塘	392114	156890		234535.75	411	62	39	98	75	
其他	15198.5		23	11728.5	2221	269.5				
市场转入	2293			1500			150			
代黄埭区黄泥乡	269371	48542.5		220732	67.5			19		
代黄埭区毛巷乡	156166.5	24960.25		130921	199.5			153		

注：此表中的面粉、大米不是原粮，在粮食系统统计口径中需按比例折算，所以表中原粮合计是折算后的数据，并非实际数字之和。

表 1-6 1990 年至 2000 年境内粮油收购情况表

单位：万千克

年份/年	粮食任务			入库实绩			油菜籽任务	入库实绩		
	数量	其中		数量	其中			总数	其中	
		小麦	稻谷		小麦	稻谷			商品籽	口油籽
1990	11608.9	3530.1	8078.8	14268.8	4408.9	9859.9	166	1165.6	271.8	893.8
1991	10320.5	2868.1	7452.4	14783.5	4297.4	10486.1	166	1015.1	176.2	838.9
1992	11600.5	3541.5	8059	13953.4	5269.6	8683.8				
1993	9083	1668	7415	10136.3	2353.7	7782.6		1071.6	71.6	1000
1994	9437	1682	7755	10516.8	2385.8	8131				
1995	10066	2042	8024	11165.3	3000.7	8164.6				
1996	10086	2033	8053	14604.9	5728.3	8876.6				
1997	9788	1987	7801	15782.5	5971.8	9810.7				
1998	8517.5	1063.4	7454.1	10885.6	1562.5	9323.1				
1999	6745	1215	5530	11867.3	4383.9	7483.4				
2000				4069.4	684	3385.6				

第二章 粮油销售

第一节 粮食销售

封建王朝时,粮食流通销售均由市场自由叫卖进行,销售单位有米行和米店两大类,境内过去一般销售的是经过蒸煮后囤存的黄米。上等的称"'四糙'黄米",次一级的称"二号黄米"。抗日战争时期苏州沦陷后,米粮被日军统制,当局严禁囤粮,城区米业不再囤制黄米,一开始乡区尚有少量销售,之后逐渐不再有黄米供应。

清康熙、乾隆时期,阳澄湖地区米市兴旺,米行、粮店遍及陆墓、太平、湘城、黄埭等地。光绪二十年(1894),县内城区有米行和米店76家,黄埭等地亦有米行和米店各几家。清末至民国北伐战争前,资本规模较大的米行或米店大多是地主所有,他们将田租收入部分投资经营粮食,最多的拥有米粮两三万石(每石约75公斤),中等的也有万石之数,最少的亦有五六百石之资本。光绪二十一年(1895)中日签订《马关条约》,苏州被列为商埠,帝国主义经济势力侵入。境内农村中明显出现了三种变化:一,大批农村劳力脱离农村。二,商业侵占农业粮田,即大批粮田改种经济作物。三,粮食作为酿造、踩曲、制粉等手工业原料的耗用越来越可观。据统计,吴地每年耗于酿酒的粮食达1000万石,几乎与每年口粮数相等。吴县粮食产量出现了不敷所需现象。民国二十一年(1932),境内粮食丰收,米价大幅度下跌,米店、米行倒闭者不少,少数粮商垄断经营,市场供应情况十分恶劣。

日军侵占境内后,粮价哄抬日高,通货膨胀,存货日减。

抗日战争胜利后,物价飞涨,货币贬值,投机倒把盛行,市场一片混乱,粮价一日数涨。民国三十六年(1947)至民国三十七年(1948)六月,抢米风潮迭起。

此时,米行、米商主要有三种经营方法:一,新粮登场时压价收进,青黄不接时抬价抛出。二,在农民接熟断炊时,发放"粒半头"。三,囤积居奇,高价待沽。例如,当时阳城区湘城的几家大粮行都囤积了500多包小麦(每包86公斤)。

1949年5月1日境内各级人民政府成立后,在开展借、献粮草和农村征粮工作的同时,于10月份向受灾断粮群众发放赈济粮计20475吨,受益农户4596家,缓和了农村的缺粮矛盾。

当时,境内有米行、米店109家。1949年6月底,粮商在境内兴起粮价大涨风。7月7日至8日,一夜米价上涨21.4%。1950年春节前后,国营粮食机构扩大代销网点,并实行按牌价九五折优待供应，粮价逐渐下降，粮食市场趋于稳定。是年，境内市镇实行逐户每月订吃粮计划，经群众评定，凭证供应。

1950年4月，中国粮食公司（简称"中粮公司"）在境内设立营业处（粮食经营同建中贸易公司脱钩），在境内设立收购点和供应站，根据市场动态，主动搞好收购和供应工作。

1952年，相关部门在全境域内私营米厂和私营粮商中打击不法投机活动。1953年春夏之间，境内又掀起了囤积、抢购和争夺市场的歪风。望亭镇长丰盛粮行资方纠集振新粮行资方共5人，组织投机集团，竟深入皖北灾区套购粮食，哄抬物价，扰乱市场，剥削农民。

1953年11月，粮食销售改为计划供应，集镇人年均供应折原粮280公斤，超过农村人均留粮标准的24.4%。1954年，粮油统购统销主要由各地供销社代理，粮食自由市场被取缔。根据《江苏省1954年计划收购暂行办法修正案》，相关部门确定恢复和扩大粮食交易市场，私营粮食面粉加工厂一律不准自购自销。1955年8月，按照国务院《市镇粮食定量供应暂行办法》，境内实行定量供应。1955年3月15日，境内各粮食交易站改称为"国家粮食市场"，共28个，经营稻谷、大米、小麦、大元麦、黄豆、面粉及其他各种小杂粮，油料及各种加工之副产品等。同年4月26日，粮食代购代销业务全部移交国家粮食部门（包括仓房设施、工装器材、人员和资金）；是年8月13日，境内各地区正式成立粮食管理所，撤销黄埭、湘城原设的粮食营业所，形成粮食垄断经营模式。

1955年9月，使用江苏地方粮票；11月起，使用全国通用粮票。1958年，居民进工厂人数增多，工种定量提高，粮食销售激增，供应和管理一度失控。1959年，先后3次开展统销整顿，市镇供应明显好转。1964年，全面恢复原有定量标准。同年8月，定量人口凭购粮证领券购粮。1975年秋，境内较大工矿企业实行职工基本口粮到人、工种粮食定量补差到班组、粮食定量供应标准到单位的"三到"办法。1985年8月起，对各项补助粮进行整顿，除按相关规定办理补粮外，其他各种对象的补助一律停止。

1985年起，对农村缺粮人口实行统销计划供应，供应的价格实行比例价；对农村从事非农业生产人员实行定销计划供应。1988年，境内对城镇居民继续实行粮油计划供应，由境内粮食部门印制年度购粮券、购油券，按定量标准发放到户，凭券供应。对农村缺粮人口实行统销计划供应，供应价格实行比例价（即按70%的超购价和30%的统购价计价）；对农村从事非农业生产人员实行定销计划供应。是年，国有粮食企业共售粮3438.5万公斤，共售食用油75.3万公斤。

1993年4月，境内放开粮食价格和经营，取消城镇居民和农村统销供应计划，全部实行市场供应、多渠道经营，沿用40年的粮票停止流通使用。同时，逐渐出现个私粮油店，原国有粮食供应企业亦被纳入市场化经营体系，粮食价格由市场自行调节。当年建立粮食风险基金和粮食储备制度，对城镇职工和大中专在校学生给予粮价补贴，职工每月6元，学生每月4元。

1993年11月至1994年4月，国内粮价发生波动。受此影响，1993年9月，境内对城镇居民口粮全面恢复计划供应，实行凭票（券）定量限价销售。市镇居民凭粮食部门印制的备用券每人每月可购买粳米 9 公斤（每公斤销售价 2.08 元）、食用油 0.25 公斤（每公斤销售价 4.60 元）。境内粮食市场供应和价格开始稳定，至 1995 年 9 月，逐步取消粮食凭票（券）定量限价销售。

一、市场销售

新中国成立前，境内城乡居民的口粮均由私营粮商供应，销售单位有米行和米店（包括米摊）两大类。

新中国成立初期，境内城镇居民用粮、行业用粮大多从私营米店购买，也有直接向富裕农民或米行购买者。党政机关工作人员实行供给制，每人每天大米 0.75 公斤，由国营粮食部门供应。这一时期，私商米行、米店的主要经营手段有：在新粮登场时压价收进，青黄不接时抬价抛出；在农民接熟断炊时以借贷形式放款给农民，秋收后以谷折价；到市场外面要道地方设摊收购，利用合作社、中粮公司对劣质粮不收购的机会，公开压价抢购；囤积居奇，高价待沽。

1949 年 7 月，境内遭受特大水灾，翌年发生春荒，私营米商乘机囤积居奇，哄抬粮价。政府和粮食公司将部分公粮用于民食，并从四川、江西等地调入一批籼米供应市场；此外，吴县供销合作联社与上海供销合作总社签订以 450 吨食米交换 2.40 万袋面粉（面粉 1 袋交换糙米 22.5 公斤，秋后付稻谷 25 公斤）合约，救助农村受灾地区，缓和农村缺粮的矛盾。

1950 年 5 月，中粮公司在吴县成立中粮公司吴县办事处，在乡镇设立销售门市部，供应城乡居民口粮和行业原料粮。

1951 年，国营粮食机构不断扩大代销网点，在市场粮油经营中已取得优势，粮价不断下降，社会人心得以安定。

1952 年，结合"三反五反"运动的开展，在全县私营米厂和私营粮商中开展打击不法投机活动，巩固和提高国营粮食机构的主渠道地位。

1953 年，对私营粮商进行社会主义改造，将稻谷、大米、玉米、红粮、小米、黄豆等统归国家粮食部门管理；严禁私商经营，并将所有经销或代销店、摊全部关闭转业，粮食的购销业务由国家部门委托各地供销社代购代销。为了做好粮食交易工作，境内遵照江苏省《国家粮食市场管理暂行办法》，在重要集镇建粮食市场，保证粮食购销工作的顺利进行。

二、城镇销售

（一）凭证核定供应

1953 年 10 月 16 日、11 月 23 日，中央人民政府政务院先后颁布《关于实行粮食计划收购与计划供应的决定》和《关于实行粮食计划收购和计划供应的命令》。12 月，境内全面实行粮食计划供应。市镇粮食计划供应的具体办法是：居民按在家实有人数自报分月吃粮计划，经居民小组民主评议，由乡（镇）人民政府或居委会核准发给购粮证，居民凭证到指定粮店购粮。因婚丧喜事、临时雇工、客人往来、亲属回家需增加计划的，凭户口簿由乡（镇）人民政府或居委会提供证明后购买粮食；运输船民、渔民，由原籍所在地公安派出所、航管部门或乡（镇）人民政府核定人数和每月所需粮数，发给流动户购粮证；机关、团体、学校、工矿、企业等单位工作人员如遇集体外出，凭证明文件向当地粮食部门洽购；其他流动人口自己起伙者，凭当地人民政府证明，按居住时间供应粮食；工业用粮，根据需要和节约原则，按季按月编造计划，由粮食部门会同有关部门核定供应。食品业按照过去不同季节平均需要数，按月编造计划，由粮食部门会同有关部门核定供应。1954年第二季度起，对上述统销办法按照由简到繁、由宽到紧的精神，在搞好宣传教育的基础上，努力压缩销量，扭转过宽过松的销售现象，严格执行统销政策、供应办法和手续制度。

（二）定量供应

1955年8月25日，国务院发布《市镇粮食定量供应暂行办法》。该办法根据市镇居民的劳动差别、年龄大小及地区消费习惯确定口粮标准，同时规定了工商行业用粮和饲料用粮等标准。境域内据此实行定量供应。

按劳动差别及儿童年龄大小，对市镇居民定量供应标准分别核定。具体标准如下：特重体力劳动者，每人每月22.5~27.5公斤；一般重体力劳动者，每人每月17.5~22公斤；轻体力劳动者，每人每月13~17公斤。机关团体工作人员、公私合营营业员、店员和其他脑力劳动者每人每月14公斤（县区以下机关工作人员每人每月14.5公斤）。大、中学生每人每月15~16公斤。居民及10周岁以上儿童每人每月12公斤；6周岁以上不满10周岁的儿童10公斤；3周岁以上不满6周岁的儿童6.5公斤；不满3周岁的儿童3.5公斤。

工业用粮由企业根据生产任务及单位定额耗量编造月度计划，报主管部门审核，经粮食部门核准，凭计划凭证定点供应。酿造业用粮由粮食部门根据省下达的年度计划分季安排供应。副食品用粮按市镇定量人口平均每人每月0.5公斤水平分月安排供应。熟食、复制、糕点业用粮由各行业管理单位按月编造（分门市部）用粮计划，经粮食部门会同商业部门核准，发给工商行业供应证，凭证定点供应。实行食品顶票供应办法后，行业用粮按核准计划凭票购粮、购油。特殊需要和各项补助用粮由单位提供证明或单位按实申报，粮食部门按规定的范围核批供应；同时明确定量供应的品种一律以成品粮计算。

供应品种一律以成品粮计算，境内粮食供应以大米、面粉为主，不定期地适当供应一些杂粮。

为了保证粮食定量供应办法的正确执行，1955年9月5日中华人民共和国粮食部在颁发的《市镇粮食定量供应凭证使用暂行办法》中规定了票证制度。1955年10月，境内开始实施凭证凭票供应。

在实行市镇粮食定量供应过程中，相关部门对供应标准、供应办法等进行了调整和完善。

1958年，大批农业人口流入城市，居民进厂和大炼钢铁，工种定量提高，粮食销量骤增。1960年，国家粮食十分紧张，为了保证城乡人民基本口粮的需要，同年4月，江苏省粮食局还规定将豆饼纳入销售计划，以抵算粮食销售指标，主要用于行业用粮。9月，中共中央发出《关于整顿城市粮食统销和降低城市口粮标准的通知》。10月份起，居民定量标准降低0.5公斤，机关团体工作人员与企事业单位管理人员的定量标准降低1公斤，其他轻体力劳动者、脑力劳动者和大中学生的定量标准也适当降低。在供应品种上不定期实行粗细搭配，供应统粉、麦片等。

1962年，国民经济实施"调整、巩固、充实、提高"的八字方针，同时开展市镇统销整顿，压缩不合理供应，堵塞漏洞，粮食销量得到控制。

1963年10月，江苏省粮食厅下发《适当恢复一部分定量标准》的通知。该通知规定：对过去降低的城镇人口粮食定量供应标准适当恢复一部分；规定国家机关、团体的工作人员以及企事业单位的管理人员（包括退休工人和集体单位的管理人员）每人每月供应标准为13公斤的，一律提高到13.5公斤，高于13.5公斤的一律不动；各市镇居民每人每月定量供应标准为11.5公斤的，一律提高到12公斤，高于这个标准的一律不动；机关干部口粮标准提高后，对经常下乡的公社干部，每月固定补助1公斤口粮。

1964年，报经苏州专署粮食局批准，境内将1960年下降的工种定量恢复到原定量标准。

1966年，境内粮食部门统一印制购粮券，将定量人口凭证购粮改为凭证凭券购粮办法。粮店每月定期到居委会或居民小组凭证发券，以便利群众购粮，简化业务手续。

1972年，根据中共中央44号文件精神，贯彻毛泽东主席关于"深挖洞、广积粮、不称霸"的指示，全境域内城镇广泛深入进行计划用粮、节约用粮宣传教育，发动和动员组织城镇居民节约储备。同年，在城镇开展统销整顿，压缩不合理供应。

1975年秋，由点到面在全境内工厂企业单位推广"旅大市粮食管理经验"（简称"三到"），即职工基本口粮到人、工种粮到班组、补差粮到单位。经过调查摸底、内订方案、自报互评、党委审查批准、张榜公布、发证到户等过程，1976年年初，该经验正式实施。境内粮食部门、用粮单位和职工群众相互配合，共同管好粮食定量。

1983年年初，商业部做出新规定，在发挥国营粮食商业主渠道作用的同时，允许粮食实行多渠道经营，实行计划和市场调节相结合的"双轨制"政策。此后，计划供应的项目逐步缩小，市场调节的范围不断扩大。1984年7月1日起取消工业饮料酒用粮。1985年4月1日起其他工业用粮一律取消。

1985年7月，江苏省粮食局"苏粮供应计财〔85〕38号文件"通知要求，除县以上党代会、人代会、政协会、先代会可以按原规定补助粮、油外，其他各项粮油补助一律取消。全境内对各项补助粮进行整顿。

1986年3月，按上级规定，境内整顿粮食统销，从4月1日起，对火车、轮船、飞机等旅客的餐厅及码头、站台用粮，接待外宾单位用粮和外轮供应公司的用粮一律改供议价粮。是年，经商业部批准，临时出省支援外地建设或生产实习的职工，人数满50人、时间满3个月者，一律使用全国统一规定的"市镇居民粮食供应转移证明"，迁入地按当地规定核定口粮定量供应。对探亲台胞每人每天供应平价粮0.5公斤；对满半个月以上、1个月以内者，供应食油0.5公斤，凭所在地派出所证明供应。坚持市镇定量人口增减政策，严格控制"农转非"人口。对"农转非"人口继续实行公安、劳动、人事、粮食部门联合会审制度，经省、市有关部门批准，境内粮食局凭公安户口准迁通知单，粮管所凭境内局供应通知单、公安局落户准迁证，才能落户供应。对定量人口坚持"一人一份粮"，即做什么工种吃什么粮。对"三到""二到"的工厂、企事业单位，在核定人口、工种、定量标准的基础上，实行14公斤基本口粮到人。工差粮由单位每月编制名册领取。对劳改、劳教、因私出国出境人员，凭公安部门填发的注销粮油通知单注销粮油供应关系；释放、归国后，凭已报入的常住户口簿办理恢复供应手续。对死亡人员，按月与公安部门核对，及时注销粮油供应关系。每逢五一、国庆、元旦、春节，对市镇居民增加食油0.25公斤，春节时豆制品增加0.5公斤。对属城镇定量人口的回族等少数民族人民，开斋节时粮油补助给予特殊照顾，补助面粉0.25公斤、食油0.05公斤。1986年6月起，境内回族人民每人每月增加平价食油0.05公斤。

1987年7月1日起，各级人武部人员口粮，凭退役军人、在编职工粮食供应介绍证由地方接供。

1988年4月1日起，对城镇定量平价供应豆制品改为议价供应，不再对定量居民发放豆制品券及在节日增加豆制品和粉丝供应。6月，境内城镇居民粮油供应恢复凭证、凭券（票）定点、限量记录供应办法。在保证当月口粮、口油供应的前提下，对超计划持票（券）购粮的，原则上供应面粉；购买数量过大的，做好说服解说工作；对确需购买的要凭单位证明，并经同级粮食部门批准方可供应。对顶票供应的行业用粮单位，取消铺底粮，顶票用粮计划由境内粮食部门规定，按计划凭证、凭票记录供应，不得超销。城镇户口定量供应的中学生（包括职业中学）定量标准一律按居民标准12千克供应，口粮差额由学校向所在地粮管所补差。对外省迁入的个人节余粮，人均数量在3个月口粮标准以内的，暂仍按数供应粮食，供应品种为面粉或籼米，一次购清，超过部分不再供应，也不发粮票。同时，对农转非粮油接供作出规定。

1991年11月1日起，凡月定量标准在14公斤（含14公斤）以上的，每人每月节约1公斤粮食。11月1日后迁入临时粮食关系的临时人口，按调整后的标准执行；远洋船员回家休假期间粮食供应，如按0.5公斤1天标准供应的，改按0.45公斤1天标准供应，执行按等定量供应的每月节约1公斤定量标准；市镇粮食关系迁移从11月1日起一律按调整后的新标准填写；计划内临时工（年、季临工）的工种定量，参照企业合同制工人的同工种工差标准执行。工差粮从1991年11月1日起实行议价供应。

1992年1月1日起，域内各乡镇定量供应的居民全部使用年度购粮（油）券，当年使用，过期作废。对1991年年底前所节余的粮油票券中的油票券，限期到1992年12月底全部购回，过期作废；购粮券作适当放宽，可凭证凭票限量记录供应，实行限额，也可凭购粮券购食油。

1993年4月1日起，全市放开粮油销售价格，取消城镇居民定量供应计划，不再使用粮、油票券。由此，沿用近40年的粮油票券停止流通使用。

粮油销售价格放开后，粮食部门仍保留城镇定量人口供应关系档案。

（三）居民补助粮供应

在实行城镇居民定量供应后，对因劳动或工作状况临时发生变化者，在人员定量标准以外，适当供应补助粮。以下记述几项主要补助粮情况。

劳动补助粮 江苏省人民委员会1957年11月23日规定，定量供应的国家干部，大、中学生，教职员工到厂、矿和国营场圃参加劳动，一律按所在地劳动单位同工种定量标准补助。到农村参加劳动者，仍按每月口粮补足19千克的规定处理；不足1个月的，按实际劳动日补助（搞调查研究的不补）。补助手续由单位申请，凭劳动单位证明，由劳动所在地粮食部门审批补给。

会议补助粮 1963年起，地、市、县召开的党代会、人代会、三级干部会等代表大会，凡参加会议的代表，每人每天补助粮食0.1公斤；基本口粮每人0.6公斤者不予补助。一般业务会议不补。

出差补助粮 1963年起，凡国家机关、团体、全民所有制和集体所有制企事业单位干部、职工因公出差，粮食定量标准在14公斤以下者（公社干部标准在14.5公斤以下），每人每天补助成品粮0.05公斤。由单位按照实际出差人数，向当地粮食部门申领。

夜餐补助粮 1963年起，工厂"三班制"生产上深夜班的工人、工作到深夜12点以后的机关干部和全民所有制企事业单位职工（定量标准在14公斤以下者），每人每夜补助0.05～0.1公斤。剧团人员照此执行。

临时工补助粮 1975年起，厂矿、企事业单位经县劳动部门批准的临时工，在期限内，按实际劳动天数给予补助。补助手续为：市镇定量人口凭原地粮食部门定量标准证明按同工种定量办理补差额；农村农民工应带足本人口粮（基本粮加劳动粮），其差额按规定补助（社办企业中农民工不补粮），不带足本人口粮者不补助。

学生补助粮 凡在省内跨县上学、口粮按居民定量标准供应的中学生，均须由户粮关系所在地粮食部门出具证明，学校所在地粮食部门凭证明和学校介绍信，经核定后，按中学生定量标准补差额。

1985年8月，江苏省粮食局对各项补助粮进行整顿。县以上党委、政府召开的党代会、人代会、政协会、先代会仍按原规定补助，其余补助项目一律取消。1993年4月1日，粮价放开，所有补助项目全部取消。

（四）专项用粮供应

专项用粮主要指工业用粮和食品行业用粮。

工业用粮 工业用粮包括酿酒、酒精、医药、纺织、溶剂、味精、葡萄糖等生产用粮。1955年9月市镇粮食实行定量供应后，对以粮食为主要原料或辅助材料的生产企业，由各企业按照生产计划和耗粮定额编制季度或年度用粮计划，经县粮食局核定汇总，送上级粮食局审批，下达用粮计划，由粮食局按计划、品种指定当地粮管所销售。县粮食局列代省拨付。对地方工业、手工业所需用粮不多的工业耗粮在县销售计划内列支。20世纪70年代以后，工业用粮单位积极开展节粮代用，工业用粮逐年减少。

食品行业用粮 食品行业用粮包括食品业、副食业、酿造业等三个生产制造业用粮。食品业包括生面业、饮食业、茶食业、摊食业等行业。粮食实行计划供应后，对城乡集镇食品行业，由各业编造月（季）用粮计划，粮食局按控制数核批，发工商行业供应证，由其到指定地点购粮。1955年11月起，实行凭粮票供应。1963年9月，按江苏省粮食厅、商业厅规定，对糕点、饮食用粮由粮食、商业部门共同审核用粮计划，经当地政府批准，按计划、凭回收粮票向粮食部门购粮。1986年4月1日起，对高级食品、名特食品用粮供应议价粮。副食业包括豆腐、豆芽、粉丝、粉皮等行业，由县粮食局按城镇定量人口每人每月0.5公斤核定供应（包括常年定销人口），节日按规定另行增加。1988年4月1日起改为议价供应。酿造业包括制酱、酱油、腐乳、醋等行业，由指定粮管所凭证按县核定计划供应。

（五）侨民用粮供应

1958年8月，按照江苏省粮食厅等单位通知精神，对侨眷、归侨的粮油供应适当照顾，对回国观光、省亲华侨的粮油按需供应。

1985年以后，侨眷、归侨、回国观光及省亲的华侨、港澳台胞在祖国大陆探亲、旅游期间，凡居住在亲友家中的，粮食部门凭公安部门的暂住户口及本人旅行证件，供应平价粮每人每天0.5公斤；凡居住满半个月以上者，每人每月供应食油0.25公斤。凡居住在宾馆、饭店者，一律按议价供应。凡符合回国定居政策的归侨（外籍华人），其粮油由户口所在地粮管所参照居民标准予以定销、定量供应。1993年4月1日起供应放开。

（六）侨汇用粮供应

1960年1月起，境内各粮管所凭侨汇物资供应券供应粮油。1964年，江苏省侨汇物资供应券面额为金额，按外汇折人民币每100元供应粮食40公斤、食油2公斤。1966年6月1日起供应粮食30公斤。是年11月19日，取消侨汇供应粮油。1978年4月1日恢复供应，规定每100元人民币侨汇供应粮食10公斤、食油0.75公斤。1980年起，侨汇物资中的粮油供应取消面额金额票面，改为侨汇粮票、油票，按面额供应；在县城粮管所供应店设立侨汇粮油供应专柜。1993年4月1日起，侨汇粮油票停止使用。

（七）军粮供应

中华人民共和国成立初期，军供粮油业务，部队凭县级粮食局的支拨证到指定粮管所粮油供应店提取粮油。

1955年地方粮油实行定量供应以后，华东军区后勤部、江苏省粮食厅按上级通知，制定《1955年度军需粮秣供应办法》。士兵凭县粮食局支拨证书提粮，粮款由粮食部门逐级上报粮食部由财政拨付，军官和工资人员以现金价购买粮食。县级人民武装部所需粮油，如单独起伙则按照陆军标准供应。

1957年起，取消支拨证支粮，士兵使用军用粮定额支票，部队干部、职工使用军用价购粮票。军用粮定额支票和军用价购粮票只限部队集体伙食单位向粮食部门领购，个人不得使用。军用价购粮票按大米80%、面粉20%的比例供应，不得调整比例，如需调整，报省批准。

1970年，按照苏州军分区批核的粮油豆计划，由指定军粮供应店内分单位（连队）建账立卡，凭部队军用粮油豆供应证，严格遵照总后勤部按军兵种实行不同灶别而确定的粮油供应品种、数量、等级标准和价格规定供应。

部队在跨地区、跨省市执行任务期间，凭团以上后勤部介绍信，在执行任务地领取粮油豆供应证,军粮供应店凭证、凭票按规定的品种和质量供应。

1986年6月,人民武装部转为地方编制,对转为地方编制的工作人员,根据国家规定按户口所在地定量标准供应。

1993年4月1日后,粮油价格放开,供应部队的军供粮油仍按原统销价供应。供应部队的小麦粉由标准粉提高到特制二等粉,大米由标准二等提高到标准一等。当时,部队复退军人回地方和部队现役军人回家探亲,随带部队按供给规定所发给的全国粮票,凭军人所在部队证明,1个月以内的由指定供应单位领导审批,1个月以上的由县局审批,粮店按批准后的证明持票按原统销价供应。当年6月底全部停止供应。

1996年12月,按照江苏省粮食局《关于军粮供应体制改革过渡期军粮供应有关问题的紧急通知》精神,从1997年1月1日起,原商业部印制的1971年版《军用供给粮票》停止使用。4月1日起,军粮供应新体制全面运行,启用新版军用粮票和新的军粮供应证,凭票、凭证供应;军供食油、大豆和饲料不再执行国家的统销价,由部队到粮食部门按市场价格采购。是年第一季度过渡期内的军粮供应,在部队未拿到新版军用粮票时,军粮供应店按规定做好接供工作,待部队拿到新版军用粮票和新的军粮供应证后,部队及时向军供店结算,付清接供时所借用的计划和票证,并启用新证、新票。

军粮供应店按月向市粮食局解缴回收的军供粮票,由市粮食局计划科按时解缴上级粮食局军供站。军供站按年度与市(县)粮食局统一按照省粮食局规定的军粮供应结算价格进行财政补差结算,差价款由粮食局全额拨付军粮供应店所属的粮管所。

2001年1月,启用国家粮食局2000年版新军用粮票。新版军用粮票分大米、小麦粉两种,面额有"25千克""50千克""250千克""500千克"四种。一年一次集中发放,每年使用不同的冠字图案,不再循环使用。

为改善广大官兵生活,军粮供应等级调整为特等大米、特制一等小麦粉、一级食油、二等以上黄豆。军供等级提高后,相应调整军供粮供应价格。军粮供应价全国统一调整为每0.5千克特等粳米0.52元,特等中晚籼米每0.5千克0.40元,特制一等小麦粉每0.5千克0.52元;差价补贴结算价格按顺价销售原则制定,随粮食收购价格调整而调整。苏州军分区的军供粮油差价款由苏州市军供站按规定结算给市(县)粮食局,由粮食局拨付给军粮供应店。

2002年10月,江苏省粮食局制定《江苏省军粮供应管理暂行办法》。2003年4月,国家粮食局制定《军粮供应服务公约》。在军粮供应过程中,本区粮食料严格执行军粮管理的各项规定,制定《军粮供应点农发局服务公约》,提高服务水平,做好军粮供应工作。

2007年1月1日起,结束传统的军粮供应方式,启用军用电子购粮卡。

三、农村销售

(一)统销

农村统销是指根据国家有关政策规定对农村各类缺粮人口的粮食供应。

1954年1月,农村缺粮人口实行计划供应(统销)。开始时由于时间仓促,情况复杂,农村缺粮底细一时难以弄清,采取由县下达控制数到乡,由乡人民政府签发证明控制供应的办法。春季通过总路线及粮食统购统销政策的宣传教育,实行由群众自报计划,民主评议,按实际需要核定,发证供应。

1954年秋,对缺粮地区和余粮区的缺粮户实行凭证计划供应,即根据农户评议总产,扣除应缴公粮和种子,人均全年口粮不足230公斤的农户为缺粮户,其不足部分经乡镇人民政府批准后由国家按实际缺粮时间逐月供应,供应品种以大米、面粉为主。

1955年3月3日,中共中央、国务院下达《关于迅速布置粮食购销工作,安定农民生产情绪的紧急指示》,对余粮地区的缺粮户实行"定产、定销"规定,即核定产量,扣除公粮、种子、饲料粮后,对人均全年不足240公斤的农户实行统销,定产三年不变;统销一年一评。

1956年秋,实行农业合作化,所有缺粮户相应归社统一计算,余缺相抵。粮食不足的为缺粮社,以社为单位核定统销计划。夏熟登场,为保证完成夏购任务,对缺粮社实行夏熟借购、秋熟返销的办法(即全年缺粮的社,夏熟除留好接熟口粮外,多余夏粮也入库,待秋后结算缺粮返销)。为方便群众,继续开展"以麦换米,以麦换面",以解决农村人口夏季品种不适口的困难。

农村统销基数曾几度调整,留粮标准及增产抵销幅度也有所变化,每次在调整粮食征购基数时结合进行。1963年9月起,农村统销粮按统购价供应。

1965年以后,贯彻"及时收购,同时安排"的方针,同一个生产队粮食购销相抵,对余粮队不购过头粮。1966年7月1日起,农村缺粮由供应成品粮改为供应原粮,以解决缺粮户养猪饲料问题。

1971年,粮食征购任务"一定五年",对缺粮队调整定产、定销基数。经济作物区和产粮区的缺粮队,人均年口粮从240公斤调整为255~260公斤,超过定产部分,生产队每年递增1.5%以满足人口、饲料增长的需要。经济作物区超产部分抵销到40%,产粮区超产抵销到60%,自给有余的鼓励多出售。

1982年,农村实行统销包干政策,核定包销基数,除正常的人口迁移和土地征用变动包销基数外,增产的粮食不再抵销。受灾减产,影响群众正常口粮时,国家适当增销,增加部分按统购价供应。征地后人均占有耕地不足0.1亩的生产队,经省人民政府批准,可将原农业人口转为非农业人口。1983年,包销任务从村到队,核定到户。1985年起,农村统销粮由统购价改为比例价供应。1987年,实行购销同价;严格控制缺粮队的人口机械增长,实行计划包干使用。随着粮食增产,产粮区缺粮队逐年减少,逐步做到了国家对农村粮食只购不销。

1993年4月1日起,全省取消粮食、油料定购任务,放开粮油收购价格和供应价格,实行市场自由购买。

(二)定销

农村定销是指农村人口从事非农业生产,常年由国家直接供应粮食的对象。农村定销起源于1958年社队办企业大发展阶段,一部分农村人口从事工业、副业生产,所吃粮、油由人民公社在征购时对生产大队附加筹集。1962年,农民以生产队为核算单位,取消公社筹粮,由县统一筹集，参照居民粮油定量，列入县自筹粮计划供应。后来，城镇精简人口，渔民等被列入自筹粮供应范围。1971年后，对下放人口进行政策复查，将一批原定量供应人口如渔民、船工恢复为市镇定量人口，自筹粮指标改为农村定销，由当地粮食部门发给农村定销粮油供应证，按月凭证供应。

1985年7月，调整农村粮油销售价格，对部分定销人员，属省政府文件规定的照顾对象在农村定销粮油供应证上印制"照顾价"的仍按统销价供应，其余的则按比例价供应。

1986年1月份起，对农村按月供应的定销人员（包括比例价和照顾价）停止供应计划豆制品。

1986年，江苏省粮食局〔1986〕36号文件通知，对进入集镇落户经商、务工、办服务业的农民或在市镇企事业单位的农民工和家属，凭当地公安部门签发的自理口粮户口簿，由粮食部门发给加价粮油供应证供应粮油。1987年6月份起停止使用加价粮油供应证。凡是进入集镇落户的农民，按照离土不离乡的原则，自理口粮，粮食部门不再供应加价粮。

1988年9月27日，按照国务院《关于加强粮食管理稳定粮食市场的决定》精神，对定销人员定量80%供应大米、20%供应面粉。

1990年6月，经苏州市劳动局、吴县人民政府、吴县劳动局批准进城务工的农业户口人员，由吴县粮食局通知所在地粮管所签发临时"比例价加费用"粮食供应证，按20%比例供应面粉，实行按月购买、隔月作废。人员性质属"自理口粮人口"，凡离开工作单位的，粮食立即停止供应，不得转给他人。

1993年4月1日起，实行市场自由购买。

（三）借销

农村生产单位或农民，因特殊灾害而发生粮食困难时，国家以借贷方式售给农民粮食，以解决生产和生活上的暂时困难。所借销粮一般在当年新粮收获后归还国家。粮食借销及收回均按购销同价结算。

（四）其他销售

其他销售包括奖售粮销售、水利用粮销售和种子粮销售。

奖售粮销售 1961年秋，国家对主要农副产品收购实行奖售粮食政策，奖售的农副产品有生猪、蚕茧、中药材、湖羊皮、家禽等。1963年9月前，按统销价供应奖售粮。1963年9月后，奖售粮销售全部按统购价执行。1964年，生猪奖售粮供应186万公斤，其他奖售粮供应38万公斤。1971年，国家提高生猪收购价格，提高奖售标准。之后随着农副产品的发展，奖售范围不断扩大，奖售标准逐步提高，奖售粮也逐年增加。1973年4月1日，江苏省革命委员会发出《关于实行农副产品统一奖售办法的通知》，该通知规定了51种农副产品的收购奖售标准。1984年年底，国家取消各项奖售粮。

水利用粮销售 水利工程，分国家水利工程和地方水利工程。国家水利工程民工补助粮，每工日补助0.35公斤，1960年后，提高补助标准，每工日补助0.45公斤；1963年0.55公斤；1966年11月0.75公斤；1967年民工补助粮每工日0.55公斤。水利干部跟班劳动，每人每天补助 0.1 公斤，由粮食局按计划核批，工程所在地粮管所供应。地方水利工程民工补助粮，每个标准劳动日补助 0.25 公斤。水利工地调用和临时雇用的技术人员每人每月补助 1 公斤，不满 1 个月的按天计算。补助粮由所在地粮管所根据县下达的计划按规定补助供应。水利工程用粮于 1985 年 3 月底取消。

种子粮销售 种子粮分优良种子粮和救灾备荒种子粮两类。1955 年 11 月，按照粮食部、农业部通知规定，良种（包括国营农场所繁育的良种）的收购、保管、调运、供应均由粮食部门负责。1959 年 5 月，江苏省人民委员会决定良种由农业部门经营，救灾备荒种子由粮食部门经营。良种收购在 1984 年以前抵算统购任务，实行以粮换种和按计划供应。合同定购以后，定购任务中的良种任务统一由农业部门种子公司代购经营，粮食部门负责任务结算。

四、市场化销售

1993 年 4 月 1 日起，全省取消粮食、油料定购任务，收购价格放开，同时放开定量、定（统）销供应的粮油价格，取消城镇居民和农村统销供应计划，实行多渠道经营，粮油票券停止流通使用。

在粮油价格放开初期，境内国有粮食企业经营的粮食油脂销售价格，按略低于市场价，实行"一城一价"衔接毗邻、相对稳定的原则，确定粮油主要品种价格水平，全境范围内标一粳米每公斤 1.30 元，特二面粉每公斤 1.20 元。这一措施出台一段时间后，国有粮食企业继续发挥主渠道平抑物价作用，根据市场行情，按不高于市场价的原则，实行同行业价格管理，由企业自主定价。

是年 12 月，国务院、江苏省政府相继召开平抑粮油价格工作会议。遵照省和苏州市物价局、粮食局《关于平抑粮油价格，稳定市场的通知》精神，对粮油主要品种，境内所有国有粮店全部公开挂牌销售，标一粳米每公斤 1.62 元，标准面粉每公斤 1.20 元，特二粳米每公斤 1.74 元，特二面粉每公斤 1.40 元；其他渠道的粮油零售单位和商贩也必须按规定的粮油最高限价，明码标价销售。对拒不执行国家规定的单位和商贩，由工商行政、物价管理部门进行严肃处理，及至吊销营业执照；同时坚决取缔无照经营。

1994 年，国务院印发了《关于深化粮食购销体制改革的通知》，省政府发文《关于下达 1994 年全省粮食定购和收购计划的通知》。根据苏州市粮价改革工作会议精神，主要粮食品种的销售价格实行省管市、市管县，一级管一级。

为稳定市场供应，确保居民生活，经苏州市政府研究同意，从 1994 年 7 月 1 日起，全市采取对原城镇居民（包括农村定销人口）凭证计划限价销售（简称"保价限量"），每人每月大米 10 公斤、面粉 1 公斤，按照国家定价确保供应。

1995 年 1 月，按照苏州市粮食局〔1995〕9 号文件精神，将凭证计划供应的特等粳米（特二粳）的价格调整为每 0.5 公斤 1.32 元，其他品种的价格仍按原规定不动。是年 12 月，按苏州市物价局调价通知，将特二面粉的价格统一调整为每公斤 2.20 元。

1996 年，根据国务院《关于调整粮食销售价格的通知》精神，经省政府研究决定，从 8

月1日起调整粮食销售价格,实行下浮价,每0.5公斤特二粉1.20元、特一粉1.30元、标一粳1.45元、特等粳米1.55元,对居民继续实行"凭证、定点、限量、保价"供应措施。在新粮(秋粮)上市前后,农民自产粮走街串巷,市场粮价大幅度下跌,粮油市场价格一度低迷,部分粮油品种购销价格倒挂,市镇居民对"保价限量"供应淡化,乃至逐步消失。

1997年,粮食企业坚决执行收购后的粮油必须顺价销售政策,粮食企业粮油市场供量急剧下降。

1998年至2000年,境内粮食企业遵照上级要求,加快企业自身改革,认真贯彻执行敞开收购顺价销售政策,改善服务态度,确保粮油产品质量,按照保本微利的销售原则,进一步体现粮食部门的主渠道作用。

粮食企业在顺价销售的前提下,加大促销力度,内销打"品牌"扩大销售,外销积极争取出口计划,内外齐上,搞活经营,扩大生产和销售。开展多种形式的促销活动,想方设法减少原粮销售,增加成品粮销售,以增加附加值。与此同时,粮店在改革改制后坚持以"便民、利民、为民"为服务宗旨,强化行业形象,供应品种增多,有名优特产品,有袋装、有散装,有电话预约送粮上门,保质保量,方便群众,销量明显增加。在粮食经营主体多元化后,2001年,国务院作出推进粮油购销市场改革的重大决策。在市场粮价过低时,政府通过增加储备等保护性收购,防止粮价过度下跌,以保护农民利益。在粮食销价过高时,政府通过抛售储备粮来调节粮食供求,平抑市场粮价,以保护消费者利益。在粮油收购销售过程中,国有粮食企业贯彻执行上级制定的粮油购销政策,力求做到本地区的粮油供求总量平衡,稳定市场粮油购销价格。

2002年9月后,相城区国有粮食购销企业通过改革改制,在推进粮食购销市场化进程中,其主渠道作用不变,发挥粮食企业销售网点、经营渠道等多方面优势,扩大批发,搞活零售,提高市场占有率,不断推出绿色食品、放心粮油食品,建立市场营销网络,扩大销售,在消费者中树立信誉。

2003年11月,相城区人民政府根据苏州市人民政府〔2003〕77号文件《苏州市区居民粮食应急保供预案》,制订《相城区市镇居民粮食应急保供预案》,以应对自然灾害、突发性卫生事件和战争等诱发的粮食市场突发性波动,保证粮食供应安全。

随着人民生活水平的日益提高,人们对粮油质量的要求越来越高,粮食企业积极创建自己的粮油品牌、名牌,提高市场占有率。

2004年10月,区内各粮管所改制成立的粮油有限公司在经营粮油销售外,积极鼓励和引导更多的粮油业主、个体工商户参与粮油销售经营,以搞活流通,繁荣市场。

五、议价销售

议价粮油销售是和议购同时进行的。20世纪60年代,议价粮油销售主要安排给熟食行业,以平抑食品价格。1972年,规定对定量供应标准14公斤的居民,每人每月供应1公斤议价粮;对定量标准14.5~16公斤的居民,每人每月供应0.5公斤议价粮。1984年7月1日起，饮料酒用粮改为议价供应。1985年4月1日起，工业用粮改为议价供应。1985年7月1日起停止供应。1986年4月1日起，对高档食品、名优食品、副食业、城乡饲料业等用粮，改为议价供应。1993年，粮油价格放开。

表 2-1　1954 年 1 月至 7 月境内陆墓两个乡销售粮食统计表

单位：公斤

地区	品种	总计	1月	2月	3月	4月	5月	6月	7月
陆墓两个乡	原粮小计	566168.5	31738.5	36430.5	55485	70592	93116.5	111380.5	167425.5
	大米	396223	22217.5	25501.5	38833.5	49399.5	65159.5	77931.5	117180.5
	粳	396223	22217.5	25501.5	38833.5	49399.5	65159.5	77931.5	117180.5
	面粉	114.5			7	18	26.5	42	21

第二节　食油销售

1953年11月，食油同粮食一起被纳入国家计划，实行计划供应。城镇居民每人每月0.2公斤，工矿企业、机关等集体伙食单位每人每月0.25公斤，以供菜油为主。供应办法是：按人数印发定额油票，对1人户照例发2人票，2人户照例发3人票，3人以上户按人数发票。

1987年，城镇居民每人每月供应食油0.25公斤。1988年至1993年3月底，继续对城镇居民实行粮油计划供应，由境内粮食部门分年度印制购粮券、购油券，按定量标准发放到户，凭券供应；对农村缺粮人口实行统销计划供应。供应价格自1985年起实行比例价；对农村从事非农业生产人员实行定销计划供应。1993年4月1日起，停止使用油票。2005年，相城区有74家食用油供应门店（含粮店、副食品店和超市销售食用油）。2010年，相城区有181家食用油供应店（柜）。

第三节　粮食安全体系建设

从2001年秋粮收购起，江苏等8省市在全国率先放开粮食收购市场，放开粮食收购价格，实行粮食购销市场化运作。针对相城区耕地面积和粮食总产急剧减少、外来人口粮食消费总量不断增加这两个不可逆转的趋势，区农发局（粮食部门）按照苏州市委、市政府提出的"五个有"（有市场、有基地、有储备、有资金、有队伍），以确保粮食供应安全为中心，不断深化粮食流通体制改革，加强粮食市场的调控和监管，全力实施"311"工程，即"三体系"（粮食市场体系、粮食储备体系、应急保供体系）、"一基地"（粮食生产基地）、"一放心"（创建消费放心粮店），积极构建具有相城特色的粮食安全保障体系，为经济社会发展提供有力支持。

一、粮食市场体系

2003年12月，相城区蠡口粮油饲贸易市场以国有民营形式投资55万元，改造建成营业门店共36个，仓库仓容2000吨，场地700平方米。开业以来，随着市场的不断完善、规范发展，2008年，市场粮油销量达25590吨，销售金额8655万元。

2005年12月，相城区生态园农副产品市场建成开业，其中粮油经营区共38个门店。2008年，市场粮油销量15600吨，销售金额5148万元。

区内两个粮油贸易市场的建成营业，促进了相城区粮食流通，发挥了粮食市场保障供应的"蓄水池"基本功能。

二、粮食储备体系

为了确保本地区粮食供应的稳定，增强政府对粮食市场供应的宏观调控能力，2001年至2009年间相城区粮食供给充沛，无储备任务。2010年，江苏省和苏州市下达分解成品粮地方储备任务。相城区遵照省、市政府文件规定，当年建立了7100万公斤的区级地方储备。储备粳稻85万公斤、小麦21万公斤、成品油脂19.5万公斤。2012年，储备粮食155万公斤，其中稻谷108.5万公斤、小麦46.5万公斤。2013年，储备粮食225万公斤，其中稻谷157.5万公斤、小麦67.5万公斤。2014年，相城区区级储备粮食将达到300万公斤，其中稻谷210万公斤、小麦90万公斤，以备市场应急供应。自粮食储备制度建立以来，政府调控有力，保障措施到位，尚未出现因紧急情况下的紧急措施。区内储备粮管理部门仍坚持按照区政府制定的储备粮管理办法、规定，严格规范操作，推陈储新，确保区级地方储备粮、成品粮油储备数量到位、质量良好、储存安全，确保政府需要时调得动、用得上。

三、应急保供体系

2004年，相城区制订了《苏州市相城区居民粮食应急保供预案》。2008年，又根据形势需要重新修订并出台了《苏州市相城区粮食应急预案》，进一步明确了各方的职责、权利和义务。粮食应急加工、运输、销售等载体建设基本落实。

四、粮食生产基地建设

由于相城区快速融入苏州城区，粮田面积逐年下降，本地收购减少，根据省、市安排，从2004年起，相城区与盐城市射阳县粮食主产区实行粮食购销对口衔接，建立粮食生产基地2万亩，以满足区级地方储备粮的任务要求和年度粮食轮换更新。

五、创建消费放心粮店

2005年，相城区农业发展局粮油科积极响应苏州市政府、相城区政府提出的"创建消费城市、城区"活动要求，积极创建放心粮店，努力提高粮油食品质量和服务水平，推动放心粮店进社区、进新农村。至 2008 年，投入资金 55.8 万元，创建镇级放心粮店 10 个，达到全区各镇全覆盖。这 10 个放心粮店经区创建指挥部、工商局、农发局联合验收合格，被授予"消费放心粮油店"铜牌。放心粮店在质量、计量、价格、卫生、服务、店容店貌等方面为创建消费放心城区和服务新农村建设做出了贡献。

2013 年，扩大放心粮店全覆盖，在原有一镇一店的基础上，与农产品直销店挂钩，设立专柜，将放心粮店开进社区，走进千家万户。在努力增设放心粮油店的基础上，完善放心粮油的准入制度。第一，坚持准入制度，凡进入放心粮店（柜）的粮油产品必须具有"QS"标志，并开展经常性自查、督查。第二，加强粮油品质管理，进出的大宗粮油必须具有完整的追溯体系。第三，严格各放心粮油店的行业自律，在引导消费、规范、流通、稳定价格、保证放心消费等方面发挥更大的功能和作用。

第四节 粮食流通体制改革

粮食流通体制是一切粮食工作的根本制度。粮食流通体制既包括粮食流通的各个环节，也包括粮食行政执法、行政管理和粮食经营管理。

一、粮食管理机构设置

1950 年 5 月，中国粮食公司苏州分公司吴县营业处在黄埭、湘城设立营业所（站）。1952 年，陆墓设立营业所，其他各乡均建粮食收购站。1953 年，望亭设立营业所。1955 年，按行政区设立黄埭、陆墓、阳城等 3 个区粮食管理所（简称"粮管所"），下设 7 个粮食收购站。黄埭下辖北桥收购站；陆墓下辖渭塘、蠡口、黄桥收购站；阳城下辖浒泾、太平收购站。望亭粮食收购站隶属于浒关粮管所。1957 年 9 月，望亭独立建立粮管所。1958 年 8 月，粮食收购站均升格为粮管所。9 月，均改成公社粮管所。1963 年 4 月，以经济区划分建黄埭、湘城、陆墓等 3 个区粮管所。1969 年 1 月，撤销经济区，以公社建所。是年 2 月，转称"粮食系统革命委员会"。1979 年 2 月，恢复"粮管所"名称。境内有粮管所 11 家，经营网点 45 个，设有收购站、粮库、粮油供应站、饲料供应站、粮油交易所等部门。

改革开放后，粮管所按照"一业为主，多种经营"的方针，扩大网点设置，先后增设网点 49 个，涉及粮食制品、副食品、建材五金、饭店旅馆等行业。

二、双轨制

1985 年 1 月 1 日，中共中央、国务院发布了《关于进一步活跃农村经济的十项政策》，对粮食政策做了改革，取消统购，实行集体合同定购。从该年度起，境内只对小麦、稻谷实行合同定购，其他退出统购，实行自由购销。实行合同定购后，出现了粮食计划定购与市场议购并存、计划价格与市场价格并存的"双轨制"现象。1990 年起，合同定购改称"国家定购"。从 1993 年 4 月 1 日起，境内取消粮食合同定购任务，取消城镇居民和缺粮农民供应计划，放开粮食购销价格，不再使用票证，实行指导性生产计划、指导性收购和指导性协调计划，即"两个取消""两个放开""三个指导性计划"；并建立了粮食储备制度、粮食风险基金制度，建立健全了以区粮食贸易市场和生态园农副产品市场粮油交易区为基础的粮食市场体系。

三、主附分离等改革

1994年起，境内秋粮收购执行国家定购政策，定购粮食执行国家定价。江苏省全省另加抗旱补贴，国家定购粮食粮权归国家所有，由粮食行政管理部门统一管理。在未完成国家定购前，不放开市场，任何单位和个人不得插手收购。议购粮食价格由省、市统一确定。1997年7月，国务院规定议购粮按保护价敞开收购，保护价是国务院确定的定购基准价。

1998年年初，中共中央、国务院在中发2号文件中提出"四分开"，即实行粮食系统政企分开、储备与经营分开、中央与地方责任分开、新老粮食财务挂账分开，完善粮食价格机制。同年下半年，又进一步推出"实行顺价销售、农业发展银行收购资金封闭运行、按保护价敞开收购农民余粮，深化国有粮食企业改革"，即"三项政策一项改革"。1998年起，按照上述精神，逐步对国有粮食企业进行流通机制的改革，转岗分流，减员增效。境内11个粮食企业实行收储企业和附营企业分开，实现企业分设、业务分开、资金分离、账户分设（"四分开"）。2002年下半年起，相成区农业发展局根据国务院、江苏省政府文件精神和区政府相政办〔2002〕146号区粮企改革文件的通知要求，按照全员分流、保留牌子、转换机制、自负盈亏的方式再次对全区国有粮食企业实施改革。11个粮食购销企业、2个粮油工业企业改革改制，共分流安置1135人，其中解除职工劳动合同关系788人，实行企业内退347人，解除劳动合同关系后申请办理协保63人。

同时，按照政企分开的要求和江苏省苏政办发〔2002〕5号文件精神，为了顺利推进全区粮企改革，理顺粮食系统国有资产的管理体制，相城区农业发展局成立粮食购销公司，按《中华人民共和国公司法》等有关法律法规和规定运作。

中华人民共和国国务院1998年6月6日发布《粮食收购条例》及8月5日发布《粮食购销违法行为处罚办法》后，境内工商和粮食部门加强了对粮食收购市场的监管力度，会同有关部门组建粮食市场协管员队伍，整顿粮食流通秩序，保证国有粮食主渠道按保护价敞开收购农民的粮食。

"四分开、一完善"工作取得了一定的成效，但粮食顺价销售难以实现。境内连年获得丰收，熟熟超额完成定购任务，造成粮食库存不断增加，成本居高不下，潜亏严重。

四、粮食购销市场化

境内小麦从2000年新粮上市起退出保护价收购范围。相关部门允许并鼓励用粮企业和粮食经营者直接收购、经营粮食，收购价格随行就市。

2000年4月28日，苏州市成立了苏州市粮油行业协会。协会由各市、区粮食经营企业、种粮大户和行政部门有关人员组成，其职能是：实现行业管理，商定苏州全市的粮食收购指导价格，稳定粮食收购市场，避免粮食收购无序竞争。

2001年7月31日，国务院发出国发〔2001〕28号《关于进一步深化粮食流通体制改革的意见》，决定从2001年秋季新粮上市开始，江苏等省市取消粮食定购任务，全面推进粮食购销市场化改革。至此，本区夏秋粮油收购的品种全部退出国家定价（统购价、定购价、保护价等）范围。粮食收购价格在苏州市粮油行业协会商定的开秤指导价基础上在一定范围内浮动，按照随行就市、优质优价等原则定价；粮食销售价格则由市场供需决定。各类粮食购销、进出口企业粮食收购、调销资金由农业发展银行按照"以销定贷，以效定贷"的原则提供非信用贷款。允许多种所有制经济主体经区粮食行政管理部门资格审查、工商部门登记后，从事粮食收购。2004年5月26日《粮食流通管理条例》颁布后，经营者须取得市粮食行政管理部门粮食收购资格许可，在工商部门登记后方可从事粮食收购活动。粮食经营者按照"购得进，销得出，有效益"的原则自主经营粮食。至此，粮食经营主体呈现多元化。

粮食购销市场化后，为确保农民种粮利益，根据中央和国务院的一系列文件精神和相城区的实际情况，相城区在全区范围内取消农业税，并对种粮农民实行补贴，对购买农业机械实行补贴。这些政策措施的落实到位，既保护了粮价的合理水平，又使农民种粮增加了收入；既促进了粮食生产，又保证了粮食供应安全。从2005年起，全区粮食收购出现了恢复性增长。

2008年3月份，苏州市人民政府发布《苏州市水稻价外补贴政策意见》，强调水稻价外补贴政策必须坚持促进规范经营和掌握储备的原则，享受价外补贴的商品粮应用于地方储备粮的轮换，价外补贴标准由苏州市政府确定并在每年水稻播种前公布。之后，粮食产量明显提高。苏州市政府在2010年、2012年先后提高水稻价外补贴，到2013年，相城区农业局粮食部门收购量创建区成立以来的最高收购纪录，达8612吨。

2013年，为了鼓励农民的种粮积极性，苏州市政府在原有水稻价外补贴的基础上，再次针对本地农户推出小麦价外补贴，和水稻一样每50公斤/10元。

表4-2　1954年境内粮食年度分区销售调整实绩统计表

单位：公斤

调整项目数量区别	1954年7月1日—1955年6月30日销售实绩数	1954年7月—1955年6月应调减数		1954年7月—1955年6月应调增数				截至1955年6月底净销数
		小计	县内调整	小计	县内调整	无锡县代境内	苏州市代境内	
黄埭区	4461301.5	45567.5	45567.5	810204.5	695846.5	114358		5225938.5
阳城区	4707426	221886	221886	36071	36071			4521611
陆墓区	4924471.8	478931.5	478931.5	104910			104910	4550449.8

说明　陆墓区：其中已扣除行政区划划归苏州市的两个乡的数字：原粮167400.5公斤。

表 4-3 1953 年至 1993 年吴县（含境内）年农村留粮情况表

年份/年	农村留粮 小计	种子/万公斤	饲料/万公斤	口粮 数量/万公斤	口粮 人口/万人	口粮 每人/公斤	其他支出/万公斤	归还借粮/万公斤	统销余数/万公斤	当年储备/万公斤	累计结存储备粮/万公斤
1949—1952	—	—	—	—	—	—	—	—	—	—	—
1953	17225.3	1471.5	260	15493.8	68	227.85	—	—	—	—	—
1954	17560.0	1591.5	260.5	15708.0	70	224.4	—	—	—	—	—
1955	23389.5	1510	351	21528.5	70	307.55	—	—	—	—	—
1956	23631.3	1784	852.5	20994.8	73	287.6	—	—	—	—	—
1957	19108.34	1562	89.5	17456.84	72.3	241.45	—	—	—	—	—
1958	22583.85	3896.5	84.5	18602.85	73.5	253.1	—	—	—	—	—
1959	17795.48	2890.5	48.5	14856.48	72.4	205.2	—	—	—	—	—
1960	16133.6	2747.5	66.5	13319.6	71	187.6	—	—	—	—	—
1961	14762.5	1968	176.5	12618.0	70.1	180	209.5	—	—	—	—
1962	19383.9	1936.35	397.35	17050.2	72.4	235.5	119	106.5	—	34.35	34.35
1963	22496.57	1951.75	275.9	20268.92	75.8	267.4	91.45	34.6	—	145.7	180.05
1964	24828.88	1972.65	513.3	22342.93	78.7	283.9	136.1	25.65	—	2180.2	2360.25
1965	27695.42	2487.35	1510.65	23697.42	81.1	292.2	161.65	—	26.25	1179.4	3190.35
1966	30461.38	2625.55	2812.55	25023.18	83.9	298.25	283.25	—	12.35	4660.5	6618.7
1967	28746.25	2440.15	2010.15	24295.95	85.7	283.5	1206.5	—	1.1	794.95	4948.25
1968	27071.95	2631.05	1671.45	22769.45	88.1	258.45	39.2	—	5.9	34.95	2598.6
1969	28515.4	3285.8	245.35	24984.25	91.3	273.65	66.05	—	—	263.6	2631.85
1970	34432.65	5088.85	2910.05	26433.75	95	278.25	157.85	—	—	31.7	2643.95
1971	38677.77	5866.95	4464.4	28346.42	96.4	294.05	106.95	—	—	1143.05	3798.3
1972	40962.68	5677.9	6619.6	28665.18	97.7	293.4	116.35	—	—	33	3528
1973	40938.45	5657.55	6351.45	28929.45	98.5	293.7	229.75	—	—	374.3	3886.25
1974	42149.55	5787.75	7172.2	29189.6	99.2	294.25	124.95	—	—	2192.9	6098.45
1975	40246.7	6010.65	6159.15	28076.9	99.9	281.05	111.2	—	—	0.75	3596

续表

年份/年	农村留粮						其他支出/万公斤	归还借粮/万公斤	统销余数/万公斤	当年储备/万公斤	累计结存储备粮/万公斤
	小计	种子/万公斤	饲料/万公斤	口粮							
				数量/万公斤	人口/万人	每人/公斤					
1976	43095.9	6009.4	7480.7	29605.8	100.7	294	238.7	1134.4	—	465.65	6117.8
1977	41158.73	5259.8	6905.45	28993.58	101.5	285.65	104.1	—	—	10.55	2714.2
1978	45863.7	5486.05	8992.15	31385.5	102.5	306.2	162.65	177.6	—	836.15	3783.6
1979	48702.61	5259.9	10197.05	33245.66	102.2	325.3	815.1	75.6	—	1541.3	3781.7
1980	44922.45	4405.45	8639.5	31877.5	102.5	311	106.65	—	—	13.15	5197.6
1981	39833.24	4480.15	6206.05	29147.04	103.8	280.8	93.65	—	—	—	9340.6
1982	43703.66	4456.5	5271	33976.16	104.8	324.2	236.3	—	—	360.4	11843.85
1983	43833.59	3725.6	4418.35	35689.64	104.8	340.55	80.15	—	—	35.55	12813.85
1984	51612.71	3199.65	11682.35	36730.71	104.5	351.49	383.65	—	—	—	11193
1985	41742.33	2785	6822.5	32134.83	104.3	308.1	14	—	—	—	6082.9
1986	46636.16	2825.1	7986.2	35824.86	104.4	343.15	57	—	—	1009.85	3861.7
1987	49040.1	2794.75	11264.6	34980.75	105	333.15	88	—	—	593.9	5094.9
1988	51858.24	2775.4	13552.5	35530.34	105.4	337.1	3.8	—	—	950.95	6736.7
1989	49488.0	2655.6	12924.85	33907.55	100.17	338.5	8.25	—	—	—	—
1990	53864.2	2691.55	16851.9	34320.75	100.5	341.5	0.1	—	—	—	—
1991	52890.58	2656	16374.2	33860.38	100.7	336.25	—	—	—	—	—
1992	55512.55	2635.75	19124.05	33752.75	100.89	334.55	—	—	—	—	—
1993	54757.5	2373.9	1948.66	32897.0	98.2	335	—	—	—	—	—

表 4-4 1995 年境内粮食产、

镇（乡）	全年总产/万公斤	缺粮调剂	其他收入			国家定购							农村留粮			
			其中：粮改桑调入			市下达任务	核减稻谷任务				实际应完成任务数	其中			种子	
			粮	麦	稻		苏州市蔬菜地		征地核减数量	受灾核减数量		三麦	稻谷	合计		其中	
							亩	粮							粮	三麦	稻谷
总计	23508	367.7				5061	150	18		10	5033.0	1012.0	4012.0	18293.0	861.1	423.6	437.5
望亭	2338	4.1				509.5					509.5	102.0	407.5	1817.5	80.0	45.0	35.0
东桥	2085.1	6.6				488.5				10	478.5	97.5	381.0	1591.8	79.0	38.2	40.9
蠡口	1896.9	42.5				338					338.0	67.5	270.5	1583.7	64.7	29.2	35.5
陆慕	1738.2	62				286.5	100	12			274.5	57.0	217.5	1482.4	57.8	28.5	29.3
黄桥	840.05	92.95				29					29.0	15.5	13.5	893.7	29.6	15.3	14.3
黄埭	2972.3	21.95				656	50	6			650.0	131.0	519.0	2273.4	120.8	61.1	59.7
北桥	2728.3	17.05				539.5					539.5	108.0	431.5	2167.2	96.2	40.1	56.1
湘城	2257.4	42.6				554					554.0	111.0	443.0	1651.6	96.1	49.3	46.8
阳澄湖	2133.9	27.4				641					641.0	128.0	513.0	1452.7	82.7	40.7	42.0
太平	2368.2	21.75				498					498.0	99.5	398.5	1796.9	95.9	47.3	48.6
渭塘	2149.6	28.8				521					521.0	104.0	417.0	1582.4	58.5	29.0	29.5

表 4-5 2000 年境内

镇	全年总产/万公斤	缺粮调剂/万公斤	其他收入/万公斤	入库							农村留粮	
				合计/万公斤	小麦		稻谷				合计/万公斤	粮数/万公斤
					小计/万公斤	其中：等外小麦/万公斤	小计/万公斤	其中				
								粳稻/万公斤	糯稻/万公斤	等外粳稻/万公斤		
合计	15039.5	377.4	0.1	2034.8	342.0		1692.8	1527.2	36.7	128.9	13382.2	474.1
望亭	1805.6	14.6		283.6	51.9		231.7	161.6	3.6	66.5	1536.6	60.0
东桥	1647.4	6.6		311.2	81.8		229.4	229.4	0.0	0.0	1342.8	57.1
蠡口	1224.7	48.0		90.0	6.3		83.7	82.6	0.0	1.2	1182.8	27.4
陆慕	776.8	60.2		67.2	3.9		63.3	56.3	0.0	6.5	769.8	20.7
黄桥	590.9	117.4	0.1	9.8	8.9		0.9	0.9	0.0	0.0	698.6	13.0
黄埭	2214.1	8.6		322.4	40.1		282.3	270.3	12.0	0.0	1900.4	71.7
北桥	1598.9	17.5		230.7	26.7	6.5	204.1	176.4	5.6	22.1	1385.7	56.2
湘城	1262.0	15.6		228.8	55.6		173.2	159.8	0.0	13.4	1048.3	41.9
阳澄湖	1009.5	27.4		188.0	30.0		158.1	153.3	4.8	0.0	848.9	22.7
太平	1465.8	33.3		95.6	17.3	0.4	78.4	48.4	10.8	19.3	1403.5	61.0
渭塘	1443.8	28.8		207.6	19.7		187.9	187.9	0.1	0.0	1265.0	42.7

购、留实绩表

单位：公斤

农村留粮											超卖粮		
饲料			口粮								粮数	其中		
粮	其中		人口	每人	其中		粮	其中				小麦	大元麦	稻谷
	三麦	稻谷			三麦	稻谷		三麦	稻谷	缺粮购入				
6678.9	3004.3	3674.6	161325.0	7542.0	798.0	6744.0	10753.1	1787.0	9351.3	367.7	549.7	479.4		70.3
492.1	272.1	220.1	15503.5	401.5	41.5	360.0	1245.4	128.6	1112.8	4.1	15.1	13.6		1.5
721.0	261.8	459.2	12805.5	305.0	46.5	258.5	791.8	116.3	669.0	6.6	21.5	20.6		0.9
659.7	287.3	372.5	14834.5	290.0	30.0	260.0	859.3	87.9	728.9	42.5	17.8	17.5		0.3
508.7	251.6	257.1	17511.5	366.5	42.5	324.0	915.9	93.4	760.6	62.0	43.3	17.4		26.0
205.5	102.9	102.6	11792.5	279.5	46.0	233.5	658.7	72.0	493.8	93.0	10.3	8.2		2.1
709.0	444.8	264.2	21013.0	343.5	40.0	303.5	1443.7	156.1	1265.7	22.0	70.9	59.5		11.4
753.2	371.3	381.9	18158.0	363.0	38.5	324.5	1317.8	138.5	1162.3	17.1	38.7	32.2		6.6
655.2	273.5	381.8	12251.0	370.0	20.0	350.0	900.3	35.0	822.7	42.6	94.5	77.5		17.0
653.1	230.0	423.1	9970.5	359.5	26.0	333.5	717.0	40.6	649.0	27.4	67.7	67.0		0.7
744.6	265.3	479.4	13571.5	352.5	33.0	319.5	956.4	836.5	851.0	21.8	95.1	91.0		4.1
577.0	243.9	333.1	13913.5	340.0	35.0	305.0	947.0	82.4	835.8	28.8	75.0	75.0		

粮食产购留实绩表

农村留粮												
种子			饲料			口粮						
其中		粮数/万公斤	其中		粮数/万公斤	人口/人	每人/公斤	其中		粮数/万公斤	其中	
三麦/万公斤	稻谷/万公斤		三麦/万公斤	稻谷/万公斤				三麦/万公斤	稻谷/万公斤		三麦/万公斤	稻谷/万公斤	缺粮购入/万公斤
194.9	279.2	4052.8	1534.5	2518.4		147358.0	6630.0	443.0	6197.0	8855.3	507.9	7970.0	377.4
35.0	25.0	536.6	187.3	349.3		15022.5	312.5	22.5	290.0	940.0	68.7	856.8	14.6
30.1	27.1	583.4	156.0	427.4		12334.0	285.0	25.0	260.0	702.4	61.0	634.8	6.6
8.4	19.0	430.2	97.2	333.0		14082.5	257.5	7.5	260.0	725.3	20.4	656.9	48.0
5.1	15.6	109.1	55.3	53.9		11348.5	282.0	19.0	263.0	640.1	31.1	548.8	60.2
4.0	9.0	128.5	54.5	74.1		11141.5	250.0	10.0	240.0	557.1	17.9	421.9	117.4
24.9	46.8	570.2	247.3	323.1		19695.0	319.5	21.0	298.5	1258.5	78.4	1171.5	8.6
22.6	33.6	397.4	153.7	243.7		17596.0	265.0	15.0	250.0	932.2	51.8	862.9	17.5
15.0	26.9	320.5	65.5	164.0		10650.0	322.0	20.0	302.0	686.0	9.9	661.0	15.1
9.0	13.7	227.9	155.0	72.9		8800.0	340.0	16.5	323.5	598.4	17.6	553.5	27.4
24.7	36.3	386.4	127.3	259.1		13112.0	364.5	46.0	318.5	956.2	115.0	807.9	33.3
16.3	26.4	362.9	144.7	218.2		13576.0	317.0	19.0	298.0	859.4	36.3	794.4	28.8

表 4-6　1961 年至 1992 年吴县（含境内）粮油议购议销情况表

单位：万公斤

年份/年	粮食		油脂		
	议购	议销	议购	其中菜籽	议销
1961	—	—	—	—	—
1962	—	—	—	—	—
1963	141.1	—	—	—	—
1964	1204.8	—	—	25	—
1965	1170.65	—	—	109.4	—
1966	2022.4	—	—	10.85	—
1967	763.2	—	—	53.15	—
1968	53.8	—	—	236.75	—
1969	3031.45	—	—	183.35	—
1970	2582.25	42.9	1.4	230.6	0.15
1971	3978.1	102.25	108.4	357.35	0.05
1972	57.1	123.1	—	260.8	—
1973	2346.3	111.55	—	85.2	—
1974	3110.05	137.2	—	102.8	0.55
1975	2622.15	138.9	—	83.9	0.6
1976	3446	175.55	—	37.15	0.05
1977	1438.25	108.2	—	9.6	0.05
1978	2527.2	121.45	—	299.55	2.7
1979	2823.5	952.05	12.05	35.7	11.5
1980	639.75	744.2	6.65	20.15	32.05
1981	110.1	1875.55	—	45.05	41.85
1982	78.45	1186.45	71.8	10.9	32.55
1983	—	2533.35	—	—	15.15
1984	337	6138.4	268.4	316.4	235.45
1985	5252	4491.85	187.75	251.8	255.5
1986	7785	4393.7	278.1	328.5	242.4
1987	8313.5	4747.1	216.4	117.3	446.6
1988	4863	5103.7	147.1	94.1	353.8
1989	14459.65	13326.5	508.5	222.5	430.5
1990	10008.05	11194.7	409.95	268.65	294.45
1991	18137.8	13664.55	211.9	58	0.85
1992	21939.9	23174.65	219.55	23.9	37.15

表 4-7　1988 年至 1993 年境内城镇人口粮食供应标准

单位：公斤

等别	类别	级别	工种	供应量（大米）
体力劳动者	特重体力劳动者	1	矿井挖掘工人、高温冶炼工人等	27.5
		2	车站、码头装卸搬运工人，土法榨油打椰头工人等	25
		3	工厂、仓库固定的搬运装卸工等	23
	重体力劳动者	1	基本建设、厂矿企业等部门的司炉工、铆工等	22
		2	基本建设、厂矿企事业等部门的铸工、钳工等	20
		3	基本建设部门的磨石工、白铁工等	18
	轻体力劳动者	1	电焊工、一般船工等	17
		2	染布工人、邮电递信员等	16
		3	纺织工人、仓库保管员等	15
		4	缝纫、被服制造工人、理发工人等	14
脑力劳动者	机关团体工作人员、店员及其他脑力劳动者	1	区以下	14.5
		2	县以上	14
	大中学生	1	初高中和中等技校	16
		2	大学、学院、干训班等	15
居民	一般居民和 10 周岁以上儿童	1	城区	12.5
		2	其他市镇	12
	10 周岁以下儿童	1	6 周岁至 10 周岁儿童	10
		2	3 周岁至 6 周岁儿童	6.5
		3	不满 3 周岁儿童	3.5

第三章 粮油票证

发行粮油票证,是贯彻计划供应、健全管理制度、方便群众的重要措施。境内最早使用的粮票是解放初期由华东军政委员会财政部发行的粮票,部队过境或驻县时使用。1951年6月30日,华东军政委员会命令全部停止使用该粮票。1953年冬,全境内开始统购统销。为方便流动船户,允许流动船户凭航行簿沿路购粮;城镇居民按照户口册上的人口填发购粮证;乡村中缺粮农户由村行政填写吴县粮食局统一印发的介绍信,到划定的粮店凭证购粮。1955年8月,全县实行定量供应,开始陆续发放各种粮票、油票和饼票。

第一节 票证种类

截至1987年,境内先后发放和流通使用的粮油票证大致有3类。

一、粮票、油票、饼票

曾经在境内发放和使用过的票类有全国通用粮票、军用供给粮票、军用价购粮票、江苏省侨汇物资供应券粮票和油票、江苏省地方粮票、苏州地区粮票、吴县市镇购粮券、吴县油票、粮食定购转移单、周转购粮券、熟食券及江苏地方饲料票,吴县籼米、面粉、饲料票券等。其发行和使用情况见表3-1。

表3-1 境内粮油票券发放、使用情况表

票类	发行时间	票额	备注
全国粮票	1955年、1957年	五斤、三斤、一斤、半斤、1/4斤(十六两制)	1960年11月停止使用
全国粮票	1962年	二两、一两	1968年5月停止使用
全国粮票	1964年	五斤、一斤	1968年5月停止使用
全国粮票	1965年、1966年	五斤、三斤、一斤、二两	1993年4月停止使用
江苏地方粮票	1955年	三十斤、十斤、五斤、二斤、一斤、半斤、1/4斤、二两、一两	1960年11月停止使用
江苏地方粮票	1957年、1959年	三十斤、十斤、五斤、二斤、一斤、半斤、二两、一两(十六两制)	1960年11月停止使用

续表

票类	发行时间	票额	备注
江苏地方粮票	1960年、1961年、1964年、1965年	五斤、三斤、半斤、二两、一两	1993年4月停止使用
江苏地方粮票	1969年、1972年、1978年	五斤、二斤、一斤、半斤、二两、一两	1993年4月停止使用
江苏专区粮票	1955年、1960年	半斤、二两、一两（十六两制）	1973年10月停止使用
江苏苏州专区粮票	1961年	半斤、二两、一两	1973年10月停止使用
吴县熟食品券	1960年10月	一斤、五两、二两、一两、半两	1961年2月停止使用
吴县定量人口油票	1963年	5两、2两、1.5两、1两、0.1两	1976年6月停止使用
吴县定销人口油票	1963年	5两、2两、1.5两、1两、0.1两	1976年6月停止使用
吴县行业用油油票	1963年	10斤、5斤、1斤、半斤	1976年6月停止使用
吴县奖售饲料粮票	1963年3月	3斤、1斤	限当年使用
吴县奖售精饲料粮票	1963年6月	1斤	限当年使用
吴县面票	1963年7月	5斤、2斤、1斤、2两、1两	1976年6月停止使用
吴县农村油票	1964年7月	2斤、1斤、5两、1两	一次性使用
吴县农村周转油票	1964年7月	1斤、5两、1两	一次性使用
吴县市镇购粮券	1964年6月16日	20斤、10斤、5斤、1斤	1972年11月停止使用
吴县农村购粮券	1964年6月16日	20斤、10斤、5斤、1斤	1972年11月停止使用
吴县油票	1964年6月16日	半斤、一两、五钱	1972年11月停止使用
吴县面票	1964年6月16日	5斤、3斤、1斤	1972年11月停止使用
江苏省侨汇物资供应券（副券：侨汇粮油票）	1964年6月16日	1元、5元、10元、20元	当年使用
吴县籼米购粮券	1973年12月	10斤、5斤、1斤	1978年10月停止使用
江苏省地方粮票	1973年	5斤、2斤、1斤、半斤、2两、1两	1993年4月停止使用
马料票	1951年	60斤、30斤、6斤	1952年6月停止使用
行军粮票	1951年	50斤、100斤、200斤	1952年6月停止使用
军用粮定额支票	1957—1958年	5000斤、1000斤、100斤、50斤	分大米、面粉、粗粮、马料四种，1961年10月停止使用
军用价购粮票	1960年	1000斤、500斤、100斤、50斤、30斤	1968年10月停止使用
军用定额支票	1964年	1000斤、500斤、100斤、50斤	1968年10月停止使用
军用供给价购粮票	1967年、1981年	1000斤、500斤、100斤、50斤、1斤、0.5斤、3两、2两	1993年4月停止使用
侨汇粮票	1963年4月	5斤、1斤	使用1年
侨汇粮票	1963年9月—1965年	8斤、4斤、2斤、1斤	分金额面使用，后停止使用
侨汇粮票	1980年、1983年	20斤、10斤、2斤、1斤	1993年4月停止使用
侨汇油票	1963年4月	1斤、半斤、0.1斤	使用1年

续表

票类	发行时间	票额	备注
侨汇油票	1973年9月、1965年	8两、4两、2两、1两	使用1年
侨汇油票	1980年、1983年	一斤半、七两半、一两半、七钱半	1993年4月停止使用
吴县糕点券	1962年11月	1斤、半斤、2两、1两	1964年4月停止使用

二、粮油供应证

分城镇居民购粮证，粮油代供应通知单，临时粮油供应证，县内临时购粮证，农村粮食计划供应证，集体单位购粮证，农村购粮证、购油证，工商行业用粮供应证，预借粮证，周转粮证，储备粮证，饲料供应证，农村缺粮户购粮证，售粮记录证，军用价购粮食供应证，等等。

三、粮油供应转移证

自1955年实行计划供应后，境内按国家统一规定，使用农村粮食供应转移证和市镇居民粮油供应转移证。它们是城乡居民随户口变动而转移粮油供应关系的重要凭证。此外，还有三种口粮（供应）标准证明：农民自带口粮证明、城镇粮食定量标准证明和外来人员临时供应证明。

第二节　票证发放

一、粮油供应证

境内于1953年开始在城镇印发使用粮食供应证，核定数量供应。1955年8月，实行城镇粮食定量供应，先后按供应对象发放了城镇居民粮油供应证、农村常年粮食定销供应证、集体单位购粮证、农村粮食统销供应证、工商行业粮油供应证及预借粮证。1960年和1964年又分别发放了周转粮证、储备粮证。1985年，随着农村生产的发展和经济体制的改革，农民留粮逐年增加，家底逐渐加厚，取消了预借粮证、周转粮证、储备粮证。

二、粮票、油票、饲料票

1955年8月，发放使用全国通用粮票和江苏省地方粮票，主要解决流动人口就地购粮油问题。对农村人员外出兑换粮票控制较严，须经乡人民委员会批准并持有外出证明才予调换。如有农民持有大批粮票购粮，也应查明来源才能供应。1955年11月，吴县粮食局发出通知：（一）本省同上海、浙江、山东、安徽等省市发行的粮票可以通用，每年1、4、7、10月份结算；（二）全国通用粮票和省地方粮票核定发放量，当月在全县8个区3个镇核定发放全国粮票4.5万公斤，江苏省地方粮票20.185万公斤，饲料票10万公斤。1957年7月，境内对农村统购菜籽发放优待供应油票，每统购菜籽5公斤发油票0.15公斤（1960年8月改为每统购菜籽5公斤发油票0.75公斤）。1960年11月1日，根据江苏省人委10月25日通知精神，境内改革粮票管理，给盗窃、贪污粮票和从事粮食投机倒把分子很大打击。1960年9月18日起，境内发放和兑现肥猪奖励饲料票和母猪、苗猪饲料票；此后每年发放并限当年内使用。1960年11月1日，境内发放熟食券，具体发放办法是：居民按每人每月0.75～1公斤幅度掌握；农民凭大队证明兑换，一天之内每人0.25公斤，两天之内为0.5～0.75公斤；外来人员凭车船票和有关证明，每人每天不超过0.5公斤，并逐日兑换解决。1961年，境内实行家禽家畜奖励饲料办法，开始发放江苏省饲料票供应杂粮（大麦、元麦，红粮等），不供应大米、稻谷、小麦等粮食。1961年2月1日起停止使用境内熟食券，改为凭粮票供应。1963年，收购生猪奖励粮分饲料和精料两部分。是年6月发放"0.5千克"面额的精饲料票，限当地使用。同年7月，因供应搭配面粉比重较大，印发吴县面票；同时发放三类吴县油票，一是定量人口口油油票，二是定销人口口油油票，三是行业用油油票，全县一律凭票购油。1964年7月，印发吴县农村油票和农村周转油票，属一次性使用，购油即剪角作废。同年7月，经陆墓公社开展"凭证发券，凭证凭券供粮油"试点，随即在境内发放吴县城镇购粮券、吴县农村购粮券、吴县油票和吴县面票等四种票券（共14种面额）。1967年7月1日开始使用新发行的军用供给粮票和军用价购粮票。1968年年底，结束使用1964年以前发行的军用粮票，包括1958年发行的军用粮定额支票、1960年发行的军用价购粮票和1964年再版的军用粮定额支票。1972年8月，决定自11月1日起在市场上停止使用吴县市镇购粮券、吴县农村购粮券和苏州市购粮券，城镇居民每人每月发给1公斤粮票方便应用。1973年10月，江苏省决定印发1972年新版江苏省地方粮票，在吴县使用；同时只收不发1969年以前印刷的旧版省粮票。同年12月1日，全县发放"吴县籼米购粮券"。

第三节 票证管理

从票证发行时起，各种票证管理制度即行配套严格执行。如：票证由专人管理或兼管，并设专库、专柜安全保存；严格控制票证的发行量；明确建立票证的回收及残损票证的销毁审批制度；每月逐级结报各种票证的收、支、存报表；发放领用粮食供应证、转移证等，建立编号程序和登记管理手续；等等。

境内从1956年1月起执行江苏省粮食厅关于改善粮票的使用管理工作指示，对残缺粮票的兑换执行如下规定：

第一，凡票面残缺不超过1/3者，票面污损、油浸、水湿、变色但仍能识别真假者，可凭此向粮食供应单位照票面全额兑换或购买。

第二，票面缺1/3～1/2，其余部分图案、文字能识别真假者，可凭此向粮食供应单位照票面额折半兑换或购买。

第三，票面残缺超过1/2者，票面污损、熏焦、油浸、水湿不能识别真假者，故意涂改、剪贴、写字、拼凑者，均不予兑换或购粮。

各粮食供应单位按照上述第一、第二点规定兑换或售粮收回的残缺粮票，均应一律视为作废。

第四章 粮油价格和作价方式

第一节 粮价演变

一、中华人民共和国成立前的粮食价格

(一) 清代

清代实行雨雪粮价奏报制度，规定各地应将当年雨雪状况和粮价动态奏报清政府。这一制度始于康熙时期，到乾隆年间普遍推行。清政府将粮价与气象变化联系起来考察，贵粜贱籴，调节粮价。

清同治后，境内人口渐增，商业繁盛，粮食市场容量扩大，粮价出现上升趋势。粳米批发价格：康熙年间（1662—1722）上白米每石一般保持在白银1两左右，最低时每石为白银8钱。其间只有两次因天灾而发生米价暴涨。雍正时期（1723—1735），米价涨落悬殊。乾隆元年（1736），米价不过十一二文一升；乾隆十三年（1748），亢旱，米价腾贵，涨至二十文一升，吴县爆发了以顾尧年为首的市民反对抬高粮价的暴动；乾隆二十一年（1756），瘟疫时行，米价三十五文一升；乾隆五十年（1785），江南旱魃为虐，米贵至四五十文一升。嘉庆九年（1804）五月，连续大雨，禾苗尽淹，米价腾贵，市民抢米，被戮于市；六月，苏州府属县相继发生抢米风潮，达1757起之多。道光三年（1823），境内大水。

鸦片战争后，道光年间（1821—1850）白米每公石价为3314文，合银两为1.8411两，低于嘉庆年间（1796—1820）的2.866两。咸丰六年（1856）夏，大旱，白米每公石为制钱4480文。光绪三年（1877）六月，砻糙米每市石为白银5两，达历史高峰。

宣统时，米价陡涨：宣统元年（1908）九月，白米每石由3000文左右涨至6000文以上；糙米每石由2000文左右涨至5000文以上。宣统三年（1911），风雨为灾，每石米达9元左右。

(二) 民国时期

清末连续两年荒歉，米商乘机囤积，粮价上升。民国元年（1912），米价稳定在上年的水平。民国二年（1913）粮食丰收，以后6年间，米价每石徘徊在6.4~27.40元。民国九年（1920），黄河两岸遇旱。民国十年（1921），长江流域涝灾，旱涝交困，这两年境内米价每石分别上升到9.61元和9.68元。民国十一年至十四年（1922—1925），米价每石突破10元。民

国十五年（1926）苏浙旱灾、军阀混战，米价扶摇直上。是年8月，米价曾高达每石13.60元。

民国十九年（1930），因大水成灾，米价又起涨风，抑平米价委员会做出限价规定：高白米每市石不得超过19元，三号米每市石不得超过18.20元，高糙粳每市石不得超过16.30元。

民国二十年至二十八年（1931—1939），江南粮食丰收，加上洋米大量进口，米价先是猛跌，继而基本稳定。

民国二十九年（1940），日伪政权发行储备券，市场投机倒把猖獗，米价成倍翻番，年底白米每市石达140元。民国三十一年（1942），日伪政权采取限价政策，每市石限价为储备券154元，但在5月份的《吴县粮食业同业公会案卷·趸售物价表》中，上机米已达每市石310元，次机米为300元，糙米为285元。

民国三十四年（1945）9月，上白米每市石价为6500元。民国三十五年（1946）6月，国民党政府在上海采取限价政策，将米价硬性限制在5～6万元。年底粮价每市石为5.92万元，中白粳每市石为6万元。

民国三十六年（1947）年，上白粳每市石最高价达7万多元。3月份突破10万元大关。至年底，更高达100万元，最低价为75.2万元。

民国三十七年（1948）8月，中白粳每市石为法币5900元。国民党政府推行所谓的新经济政策，以法币300万元兑换金圆券1元，强制实行"八一九"限价，上白米限价为每市石金圆券20元。但两个月后又宣布取消限价，米价一日数跳，12月中白粳每市石已达金圆券317元。1949年2月，中白粳每市石为金圆券8500元；3月份为3.6万元；4月份为38万元，几天后又跃至86万元。民国三十四年（1945）年底至民国三十八年（1949）4月，米价暴涨达600万倍。

二、中华人民共和国成立后的粮食价格

中华人民共和国初期，境内集镇需要的粮食主要由私商从产地贩运而来，少数粮商趁机兴风作浪，粮价涨风不止。1949年5月，中白粳每市石折算为人民币0.49元；6月为1.6元；8月为3.68元。之后国家调运的比重逐步扩大，粮食实行统购统销期间，都由国家计划调拨。境内粮食的供应对象大体上有四个方面：一是居民口粮，这是粮食供应的主要方面；二是行业用粮，主要是加工食品和副食品用粮；三是工业用粮，如纺织等工业部门用粮；四是饲料用粮。

1950年1月11日，白粳每市石为人民币17元，至1月24日已涨至24.5元，零售达36元。4月，县政府采取了行政干预和经济措施，基本上平抑了粮价；是年下半年每市石米价在20元上下。

1951年3月，白粳每市石已降至16.38元至18.4元（每市石按78公斤计）。1952年，标二粳（相当中白粳）每担（50公斤）最高价为14.35元，最低价为13.35元。1952年12月22日，中粳每50公斤12.95元，陆墓代销社零售价为13.15元。

1953年冬，粮食实行统购统销，境内粮食批发市场停止交易。

1954年，吴县粮食局成立，县粮食储运公司、粮食加工公司和粮食供应公司相应成立。私营粮食企业有的实行公私合营，少数杂粮店自营少量的小杂粮和小油料。

同年1月，标二粳每50公斤统销牌价为13.95元，标二籼每50公斤为11.85元，粳稻每50公斤为8.5元。

1956年，私营粮食企业实行全行业公私合营，粮店均综合经营大米、面粉和杂粮。

1954年至1960年，油菜籽、油脂、小麦、蚕豆、豌豆、小杂粮、面粉等购销价格作了合理调整，市场价格高于牌价10%左右。1955年，城镇人口实行以人定量供应，标二粳每50公斤为人民币13.9元。

1949年6月，县粮食公司对公教人员实行粮食配售，同时进入市场组织低价抛售。

1950年3月，全国实行财经统一，人民币币值趋向稳定。

1950年5月，县工商局决定统一米市场大米批发价格，统一佣金标准。到1951年，米市场又按月议定最高零售价格，全市私营粮店也统一执行。

根据中共七届三中全会和中央贸易部的要求，零售价格在既能保护消费者利益又能照顾私商合理利润的原则下进行适当调整。

1949年6月至1950年2月，因城镇粮食市场仍由私商操纵，全县出现了三次粮价大涨风：第一次是在1949年6月4日至9日，白粳米上涨达3.14倍，县人民政府根据上级指令，取缔银圆交易，又以低于市价的大米有组织地向教师、职工、学生配售，平息了风波。第二次是在1949年7月下旬，全县遭受雨涝，私商囤积居奇，7月7日至8日的一夜间大米上涨21.4%，引起其他物价一齐上涨。上级政府对此采取了行政与经济两方面的措施：一方面加强市场管理，另一方面国营建中贸易公司在境内市场大量出售大米并进行食米配售。第三次是在1949年11月，私商将国营粮食机构抛售的大米如数买进，又趁国营粮食机构暂时停售之机，在市场上立即抬价20%~30%，又一次造成了紧张局面。吴县人民政府根据苏南人民行政公署部署，实施对私商的反击：恢复敞开销售，同时紧缩银根收回私商到期贷款，并严格取缔地下钱庄，粮商被逼得资金无法周转，只得降价脱货求现。至此，许多私营粮商宣告倒闭，国营粮食机构较好掌握了粮食流通阵地。

（一）购销价格倒挂，实行财政补贴政策

统购统销初期，粮食流通中的差价一般比较正常。1960年以前，境内粮食部门都有经营利润。1961年提高统购价，统销价不变，粮食购销价初次出现倒挂。1960年和1965年两次实行收购加价奖励。1966年，再次提高粮食统购价，统销价虽同时提高，但购销差价很小，有的是购销同价，粮食部门仍要亏赔。70年代以后，实行粮食超购加价。1979年，大幅度提高收购价和提高超购加价幅度，购销价格再次倒挂。此后，征购基数一再削减，加价金额相应上升。1985年以后，粮食收购价格每年都有所提高，但销价都不变动。从1986年起，境内供应平价粮的缺口都用议价粮弥补，又增加了亏损。所有这些亏损，都按政策规定，由中央财政和地方财政分别补贴。

(二) 收购粮食的加价奖励和奖售政策

为了促进粮食生产，鼓励农民多售商品粮，20世纪60年代以后，在提高粮食统购价格的同时，还实行不同形式的粮食加价和奖售政策。这些奖励政策中，有的是全国统一的，有的是省、县、市自行制定的。

1960年11月8日，中共中央批转的国务院财贸办公室《关于粮食奖励办法和油料价格的两个方案》提出：对基本核算单位向国家出售的粮食中超过一定数量的部分，在按照统购价格付款以外，再给以适当奖励。1961年提高粮食收购价格后即停止执行这一奖励办法。

经济困难时期，各种商品供应紧缺，境内从1961年开始实行奖售和工业品换购。1963年以后，随着国民经济状况的好转，奖售票证的办法陆续取消。

1965年，国家规定：统购粮食再度实行加价奖励，以生产队为单位，每人平均向国家交售的商品粮（不包括公粮）超过50公斤部分按统购价给予12%的奖励金。1966年，粮食收购价格再次提高，加价奖励办法又停止执行。

1971年8月，国务院通知，在粮食丰收地区，可以通过协商向社队适当超购一部分粮食，超购的粮食给予加价30%的奖励。到1979年，经国务院决定，超购加价幅度提高为50%。

1984年秋，国务院决定，对统购粮食，不论是否超购，一律按"倒三七"比例价计价，即收购的粮食30%按统购价，70%按超购加价计算。

1985年，国务院决定取消粮食统购，改为合同定购，合同定购价仍采用比例形式。

1986年起，境内对合同定购的粮食实行"以工补农"。

1986年10月14日，《国务院关于完善粮食合同定购制度的通知》（〔国发1986〕96号）规定："充实合同定购的经济内容。一九八七年中央专项安排一些化肥、柴油与粮食合同定购挂钩，每百斤贸易粮拨付优质标准化肥六斤、柴油三斤。""国家对合同定购的粮食发给预购定金，由粮食部门按合同定购粮食价款的20%发放，在农民交粮时扣还，利息由中央财政负担。"江苏省结合江苏情况出台苏政发〔1986〕69号《关于鼓励发展粮食、棉花生产的若干政策规定》。1987年，全省实行粮食定购奖售平价化肥、柴油和发放预约定金"三挂钩"政策，即按合同定购粮食价款的20%发放预约定金；农民每交售50公斤粮食供应平价标准化肥2.5公斤、平价柴油0.75公斤，分别由粮食部门、供销社、石油公司负责发放和供应。1993年，该政策终止。

1987年5月后，境内按照省、市相关规定，对议销价格掌握"保本微利，略低于集市价格"的原则。当地收购、当地销售的议销价格，按全年平均综合经营利润率，一般控制在2%，不突破3%；销往省内县外的议价粮油利润适当放宽1%；销往省外的议价粮油销售价格由供需双方协商拟定。

1988年，议价粮油的议销价格执行差率管理，进销差率为市内7%、市外8%。

1989年，定购品种的议价粮油议销价格有4种：

① 当地收购当地销售，按议购价加12%的购零差率制定零销价格。

计价公式：地购地销零售价 = 议购价 × (1 + 购零差率) + 技改费

② 产区调拨，按议购价加直接费用（收购劳务费、运杂费）再加9%的购调差率。

计价公式：产区调拨价 =（议购价 + 直接费用）×（1 + 购调差率）+ 技改费

③ 销区［指县（市）外粮源］零售价，按调入进货成本（包括实际进价，加运杂费、栈租费、包装折损、途耗）加12%综合差率（包括保管费、保管耗、零售税、利息、经管费、利润、税金等）。

计价公式：销区零售价 =（实际进价 + 直接费用）×（1 + 综合差率）

④ 凡购进原粮（油料）加工为成品粮的销售价，按进货成本加规定的加工费，再加加工过程中的运杂费，减副产品回收，除以规定出率，再加规定的购销差率制定。

计价公式：成品粮油销售价格 = ［原粮（油料）进货成本 + 加工费 + 运杂费 – 副产品回收］÷ 规定出率 ×（1 + 购销差率）。

粮油购销市场化改制后，粮油销售价格由粮油经营企业自主定价，执行价格"审报制"的规定。粮油年平均销售价格控制在苏州市物价局的调控范围之内（表4-1）。

表4-1　2001年相城区粮油作价执行标准一览表

分类	序号	适用范围及标准
一般原则	1	质量控制原则，依质论价，不合格粮油处理
		适用收、调、储、销、加的商品粮油
	2	国标、行标、地标、企标
	2.1	原粮、油料"半等级半增减价"
粮油收购	4	
水分	4.2	每低0.5%，增价0.75%
		每高0.5%，扣价0.3%，扣量0.75%；低高不足0.5%不增扣价增扣量
杂质（矿物质）	4.3	每低0.5%，增价0.75%
		每高0.5%，扣价0.75%，扣量0.75%；低高不足0.5%不增扣价增扣量
		超标加扣价0.75%；低于标准不增价
		大豆中混有饲料豆，每超2%扣价1%；不足2%不扣价；低于标准不增价
不完善粒	4.4	超1%扣价0.5%；不足1%不扣价；低不增价
生霉粒	4.4.1	超1%扣价1.0%；不足1%不扣价；低不增价
整精米率	4.5	每低1%，扣价0.75%；低于不足1.0%不扣价；高于标准不增量价
		早籼稻、中晚籼、籼糯稻不得低于44%，粳稻、粳糯不得低于55%
谷外糙米	4.6	每高2%，扣价1.0%；高不足2%不扣价；低于标准，不增价
黄粒米	4.7	每高1%，扣价1.0%；高不足1%不扣价；低于标准，不增价；超5%不收购
销售	5	实行等级制；成品粮；食用油
调运	6	
水分	6.7.1	每低0.5%，增价0.75%
		每高0.5%，扣量0.6%，扣价0.75%；低高不足0.5%、不增扣价不增扣量

续表

分类	序号	适用范围及标准
杂质		杂质、整精米率、谷外糙米同上
不完善粒	6.7.3	每高1%，扣价0.5%；不足1.0%不扣价；低于标准不增价
生霉粒	6.7.3.1	超1%扣价1.0%；不足1%不扣价；超过5%不得外调
		如调入方发现超过5%，以5%为基础，每超1%扣价1.5%，不足1%不加扣价；低于标准不增价
黄粒米	6.7.6	1.0%~5.0%，每超1%扣价1%，不足1%不扣价；超过5%的不得外调；如收入方发现超过5%，在5%基础上每超1%扣价1.5%，不足1%不扣价；低于标准不增价
互混率	6.7.7	各类稻谷互混限量20%，超过的不得外调
稻谷		各类稻谷互混限量20%
糯谷		高2%扣价1.0%；不足2%不扣价

（三）销售价格中的几个专用价格（表4-2—表4-15）

在粮食统购统销的情况下，粮食的销售价格长期偏低。从20世纪60年代开始，境内对一些特殊用户实行高于统销价格的供应政策。

行业用粮专用价格 1961年提高粮食统购价格以后，出现了购销价倒挂的现象，经国务院批准，行业用粮的价格被提高到粮食部门不亏本的水平。

工业用粮专用价格 1985年，国务院决定在提高粮食购价的同时，对酒精、溶剂、制药、纺织、味精、淀粉等工业用粮改按议价供应。

对华侨特种供应粮食的价格 1961年5月起，对华侨、港澳同胞家属以及海员家属，按侨汇收入每100元人民币供应粮食6公斤，按统销价加50%计价。1966年10月后，加价停止执行。

粮食杂品专用加价 1956年，对居民凭票零售糯米、小杂豆、优质米、面等。1968年7月专用价格取消。

军粮供应价格 1996年，对军粮供应执行新的军粮供应价格，全省一价，每公斤特等粳米1元、标一粳0.94元、特等杂交籼米0.82元、特等小麦粉1.06元、特二小麦粉0.94元，原统销价停止执行。

（四）议价购销政策

议销价格是按照高进高出的原则，以进价加合理的经营费用和适当的利润确定的。

1963年，根据中共中央和国务院的决定，吴县（含境内）以供销社的名义向农村议购一部分余粮，一般在统购粮食结束后实施议购。1967年至1975年期间，停止议购。1978年改革开放以后，逐步实现粮食议购议销。

1985年以后，议价粮食价格持续上升。1986年6月，吴县物价局对主要粮食品种实行最高限价。

1987年4月，对议价粮的主要品种实行提价申报制度。1988年以后，逐年规定境内粮食议购指导价。

1993年4月起,全省取消粮食、油料定购任务,放开其价格,对主要粮食品种实行收购保护价制度。同年,改称"指导性收购"。

1997年至1999年,国家定购收购价高于保护价,粮食收购定议价格倒挂。1999年,国家定购粮收购价与保护价同价。2000年夏起,境内及江南小麦退出保护价收购范围。

2006年起,国家为保护种粮农民利益,对江苏等小麦产区实行小麦最低收购价收购。2006年至2007年,红小麦(混合麦)每50公斤为69元。2008年,每50公斤提高到72元。

2008年秋粮收购起,苏州市政府出台水稻价外补贴政策:凡本市范围内种植水稻1公顷以上(含1公顷)的规模经营者或粮食生产专业合作社等经济组织,年交售粳稻5000公斤以上的订单合同,在按市场价收购的基础上,每50公斤再补贴6元。

2010年5月28日,苏州市政府办公室印发《关于提高2010年水稻价外补贴标准的通知》,明确水稻价外收购补贴标准从每50公斤6元提高到每50公斤8元。

2012年,苏州市政府再次出台文件,将水稻价外收购补贴从原来的每50公斤8元调增到每50公斤10元。

2013年,苏州再次提高小麦、稻谷的定购价,小麦每50公斤113元,稻谷每50公斤151元。在水稻价外补贴保持不变的同时,对本地农户出台小麦价外补贴,每50公斤小麦同样补贴10元。

表4-2 1953年至2010年吴县(含境内)主要粮油每50公斤销售价格一览表

单位:元

年份/年	标准面粉	标二粳米	二级菜油	备注
1953	16.30	13.65	46.50	1953年国家实行统购统销政策,成品粮销售价格实行统销价
1954	16.30	13.95	51.00	
1955	16.30	13.90	51.00	
1956	16.30	13.90	51.00	
1957	16.30	13.90	57.50	
1958	16.30	13.90	57.50	
1959	16.30	13.90	57.50	
1960	16.30	13.75	64.00	
1961	16.30	13.75	74.00	
1962	16.30	13.75	74.00	
1963	16.30	13.75	74.00	
1964	16.30	13.75	79.00	
1965	16.30	14.00	79.00	
1966	16.30	14.00	79.00	

续表

年份/年	标准面粉	标二粳米	二级菜油	备注
1967	16.30	14.00	79.00	
1968	16.30	14.00	79.00	
1969	16.30	14.00	79.00	
1970	16.30	14.00	79.00	
1971	16.30	14.00	79.00	
1972	16.30	14.00	79.00	
1973	16.30	14.00	79.00	
1974	16.30	14.00	79.00	
1975	16.30	14.00	79.00	
1976	16.30	14.00	79.00	
1977	16.30	14.00	79.00	
1978	16.30	14.00	79.00	
1979	19.50	14.00	79.00	
1980	19.50	14.00	79.00	
1981	19.50	14.00	79.00	
1982	19.50	14.00	79.00	
1983	19.50	14.00	79.00	
1984	19.50	14.00	79.00	
1985	19.50	14.00	78.00	
1986	19.50	14.00	78.00	
1987	19.50	14.00	78.00	
1988	19.50	14.00	78.00	
1989	18.20	29.00	78.00	
1990	18.20	29.00	78.00	
1991	27.00	29.00	208.00	1991年5月1日起，成品粮销售价与统购价实行同价。
1992	39.00	45.00	208.00	1992年4月1日起，成品粮销售价与比例价实行同价。
1993	75.00	75.00	230.00	1993年起，面粉、粳米、菜油实行市场价销售，表中所列价格为年均价，标准面粉改为特二粉，标二粳米改为特等粳米
1994	85.00	95.00	420.00	
1995	100.00	136.00	500.00	
1996	130.00	155.00	430.00	
1997	100.00	120.00	430.00	
1998	95.00	105.00	410.00	
1999	90.00	100.00	380.00	
2000	85.00	85.00	370.00	

续表

年份/年	标准面粉	标二粳米	二级菜油	备注
2001	85.00	95.00	340.00	2004年起，二级菜油改为四级菜籽油。
2002	90.00	90.00	330.00	
2003	95.00	102.00	360.00	
2004	108.00	130.00	370.00	
2005	110.00	140.00	380.00	
2006	115.00	145.00	400.00	
2007	120.00	150.00	550.00	
2008	125.00	155.00	850.00	
2009	132.00	180.00	550.00	
2010	144.00	223.00	515.00	

表4-3　1950年至2010年吴县（含境内）粳稻谷购销价格表

单位：元/50公斤

年份/年	统购价	统销价	比例价	议购价	定购价	行业指导收购价
1950	※7.32	—	—	—	—	—
1951	※8.00	—	—	—	—	—
1952	※8.54	—	—	—	—	—
1953	8.95	—	—	—	—	—
1954	8.85	—	—	—	—	—
1955	8.80~8.85	—	—	—	—	—
1956	8.80	9.80	—	—	—	—
1961	10.20	10.00	—	—	—	—
1965	10.20	10.20	—	—	—	—
1966	11.40	10.20	—	—	—	—
1979	13.60	10.20	—	—	—	—
1985	13.60	10.20	19.00	22.00	—	—
1986	13.60	10.20	19.00	24.00	—	—
1987	14.82	10.20	20.75	26.25	—	—
1988	15.37	10.20	20.75	38.00	—	—
1989	19.85	10.20	26.80	50.00	—	—
1990	19.85	10.20	26.80	40.00	—	—
1991	19.85	21.00	26.80	40.00	—	—
1992	23.56	31.80	31.80	33.50	—	—
1993	—	—	—	—	47.00	—

续表

年份/年	统购价	统销价	比例价	议购价	定购价	行业指导收购价
1994	—	—	—	80.00	70.00	—
1995	—	—	—	95.00	70.00	—
1996	—	—	—	85.00	83.00	—
1997	—	—	—	70.00	81.00	—
1998	—	—	—	—	76.00	—
1999	—	—	—	—	61.00	—
2000	—	—	—	—	—	61.00
2001	—	—	—	—	—	63.00
2002	—	—	—	—	—	53.00
2003	—	—	—	—	—	63.00
2004	—	—	—	—	—	88.00
2005	—	—	—	—	—	88.00
2006	—	—	—	—	—	82.00
2007	—	—	—	—	—	86.00
2008	—	—	—	—	—	97.00
2009	—	—	—	—	—	97.00
2010	—	—	—	—	—	125.00
2011	—	—	—	—	—	142.00
2012	—	—	—	—	—	144.00
2015	—	—	—	—	—	151.00

注：1. "※"指年度平均价。

2. 1993年至1996年定购价中含价外补贴，依次分别为2.00元、16.00元、16.00元、2.00元。

表4-4　1950年至1992年吴县（含境内）籼稻谷购销价格表

单位：元/50公斤

年份/年	统购价	统销价	比例价	议购价
1950	6.79	—	—	—
1951	6.90	—	—	—
1952	6.80	—	—	—
1953	7.25	—	—	—
1954	7.25	—	—	—
1955	7.25	8.10	—	—
1961	8.40	8.20	—	—
1965	8.40	8.40	—	—

续表

年份/年	统购价	统销价	比例价	议购价
1966	9.60	8.40	—	—
1971	9.60	8.40	—	—
1979	11.60	8.40	—	—
1985	11.60	8.40	15.70	—
1987	12.74	8.40	17.20	—
1988	12.74	8.40	17.20	28.50
1989	16.44	8.40	22.20	45.00
1990	16.44	8.40	22.20	35.00
1991	16.44	17.00	22.20	—
1992	24.50	18.15	24.50	—

表4-5　1958年至1992年吴县（含境内）糯稻谷购销价格表

单位：元/50公斤

年份/年	统购价	统销价	比例价	议购价
1958.9	9.20	10.50	—	—
1961	10.50	11.70	—	—
1961	11.70	11.70	—	—
1966	13.50	11.70	—	—
1979	15.50	11.70	—	—
1984	14.50	11.70	—	—
1985	14.50	11.70	—	—
1986	15.50	11.80	—	—
1987	17.04	11.80	—	—
1988	17.04	11.80	—	—
1989	21.85	11.80	29.50	50.00
1990	21.85	11.80	29.50	40.00
1991	21.85	11.80	29.50	40.00
1992	25.56	34.50	34.50	42.00

注：1993年起，粳糯稻谷收购价参照粳稻谷收购价。

表4-6　1977年至1992年吴县（含境内）杂交籼稻谷购销价格表

单位：元/50公斤

年份/年	统购价	统销价	比例价	议购价
1977	9.90	8.70	—	—
1980	11.90	8.70	—	—
1985	11.90	8.70	16.10	—

续表

年份/年	统购价	统销价	比例价	议购价
1988	13.11	8.70	17.70	35.00
1989	17.04	8.70	23.00	—
1991	17.04	18.00	23.00	—
1992	19.26	26.00	26.00	—

表 4-7　1977 年至 1994 年吴县（含境内）杂交籼米购销价格表

单位：元/50 公斤

年份/年	等级	统购价	统销价	比例价	市场价
1977	标二	14.30	12.60	—	—
1980	标一	—	13.20	—	—
1980	标二	17.00	12.60	—	—
1985	标一	17.90	13.20	24.20	—
1985	标二	17.00	12.60	23.00	—
1988	标一	20.00	13.20	27.00	—
1988	标二	19.00	12.60	25.70	—
1989	标一	25.90	13.20	34.60	—
1989	标二	24.70	12.60	32.90	—
1991	标一	25.90	27.00	34.60	—
1991	标二	24.70	26.00	32.90	—
1993	标一	—	—	—	67.00
1993	标二	—	—	—	65.00
1994	标一	—	—	—	72.00
1994	特等	—	—	—	102.00
1994	标一	—	—	—	95.00

表 4-8　1961 年至 1998 年吴县（含境内）特等粳米（特二）购销价格表

单位：元/50 公斤

年份/年	统购价	统销价	比例价	市场价
1961	—	14.90	—	—
1965	15.40	15.40	—	—
1971	17.20	15.40	—	—
1980	—	15.40	—	—
1985	20.50	15.40	28.60	—
1987	23.30	15.40	32.60	—
1988	24.20	15.40	32.60	—

续表

年份/年	统购价	统销价	比例价	市场价
1989	31.30	15.40	41.80	—
1991	31.30	32.00	41.80	—
1992	50.00	50.00	50.00	—
1993	—	—	—	70.00
1993	—	—	—	80.00
1993	—	—	—	90.00~95.00
1994	—	—	—	87.00
1994	—	—	—	103.00
1994	—	—	—	127.00
1995	—	—	—	132.00
1995	—	—	—	150.00
1995	—	—	—	147.00
1996	—	—	—	155.00
1997	—	—	—	120.00
1998	—	—	—	140.00

注：1999年以后市场销售品种主要以精制米袋装为主，价格随行就市。

表4-9 1961年至1998年吴县（含境内）标一粳米购销价格表

单位：元/50公斤

年份/年	统购价	统销价	比例价	市场价
1961	—	14.20	—	—
1965	14.70	14.70	—	—
1971	15.90	14.70	—	—
1980	—	14.70	—	—
1985	19.50	14.70	27.30	—
1987	21.80	14.70	30.50	—
1988	22.60	14.70	30.50	—
1989	29.30	14.70	39.20	—
1991	29.30	30.00	39.20	—
1992	47.00	47.00	47.00	—
1993	—	—	—	65.00
1993	—	—	—	65.00~70.00
1993	—	—	—	83.00~85.00
1994	—	—	—	81.00
1994	—	—	—	96.00

续表

年份/年	统购价	统销价	比例价	市场价
1994	—	—	—	114.00
1995	—	—	—	96.00
1995	—	—	—	114.00
1995	—	—	—	130.00
1996	—	—	—	145.00
1997	—	—	—	100.00
1998	—	—	—	110～120

注：同表4-8。

表4-10　1950年至1992年吴县（含境内）标二粳米购销价格表

单位：元/50公斤

年份/年	统购价	统销价	比例价
1950	—	13.50	—
1951	—	12.70	—
1952	—	13.80	—
1953	—	14.30	—
1953	12.35	13.70	—
1955	12.35	13.50	—
1961	14.00	13.50	—
1965	14.00	14.00	—
1966	15.60	14.00	—
1971	15.60	14.00	—
1979	18.60	14.00	—
1985	18.60	14.00	26.00
1987	20.80	14.00	29.10
1988	21.60	14.00	29.10
1989	27.90	14.00	37.30
1991	27.90	29.00	37.30
1992	33.30	45.00	45.00

表4-11　1950年至1993年吴县（含境内）标准粉（面粉）购销价格表

单位：元/50公斤

年份/年	统购价	统销价	比例价	市场价
1950	—	※14.30	—	—
1952	—	※16.35	—	—
1953	—	16.20	—	—

续表

年份/年	统购价	统销价	比例价	市场价
1954	—	16.20	—	—
1961	15.50	16.20	—	—
1965	15.50	16.20	—	—
1966	16.00	16.20	—	—
1979	19.50	16.20	—	—
1985	19.50	16.20	26.00	—
1987	19.50	16.20	26.00	—
1988	21.80	16.20	29.40	—
1989	23.80	16.20	31.50	—
1991	23.80	27.00	31.50	—
1992	39.00	39.00	39.00	—
1993	—	—	—	50.00~60.00

注:"※"指年度平均价。

表4-12　1971年至1998年吴县（含境内）特富面粉（特二粉）购销价格表

单位：元/50公斤

年份/年	统购价	统销价	比例价	市场价
1971	—	18.20	—	—
1980	23.00	18.20	—	—
1985	23.00	18.20	30.00	—
1987	23.00	18.20	30.00	—
1988	25.70	18.20	34.70	—
1989	28.10	18.20	37.20	—
1991	28.10	32.00	37.20	—
1992	39.00	48.00	48.00	—
1993	—	—	—	60.00
1993	—	—	—	68.00~70.00
1994	—	—	—	94.00
1994	—	—	—	104.00
1995	—	—	—	112.00
1996	—	—	—	120.00
1997	—	—	—	110.00
1998	—	—	—	120.00

表4-13　1950年至1999年吴县（含境内）二级菜油购销价格表

单位：元/50公斤

年份/年	统购价	统销价	比例价	市场价
1950	—	※48.20	—	—
1951	—	※53.50	—	—
1952	—	※48.50	—	—
1953	—	46.50	—	—
1954	—	53.50～60.50	—	—
1957	50.60	50.00-57.50	—	—
1958	50.60	57.50	—	—
1960	54.60	63.00	—	—
1961	62.00	73.00	—	—
1964	62.00	78.00	—	—
1967	68.00	78.00	—	—
1971	83.00	78.00	—	—
1979	106.00	78.00	—	—
1985	106.00	78.00	138.00	—
1987	106.00	78.00	138.00	—
1988	114.20	78.00	148.40	—
1989	121.85	78.00	158.40	—
1990	159.54	78.00	207.40	—
1991	159.54	208.00	207.40	—
1992	159.54	208.00	207.40	—
1993	—	—	—	230.00
1993	—	—	—	270.00
1993	—	—	—	360.00
1994	—	—	—	330.00
1994	—	—	—	380.00
1994	—	—	—	400.00
1994	—	—	—	480.00
1994	—	—	—	500.00
1995	—	—	—	500.00
1995	—	—	—	480.00
1996	—	—	—	410.00
1999	—	—	—	380.00

注："※"指年度平均价。

表4-14　1950年至1999年吴县（含境内）二级菜油购销价格表

单位：元/50公斤

年份/年	大米			面粉（小麦）			其他粮油		
	统购价	统销价	比例价	统购价	统销价	比例价	统购价	统销价	比例价
一、标二粳米				一、标准粉			一、二级菜籽油		
1987	20.80	14.00	29.10	19.50	16.20	26.00	106.00	78.00	138.00
1988	21.60	14.00	29.10	21.80	16.20	29.40	114.20	78.00	148.40
1989	27.90	14.00	37.30	23.80	16.20	31.50	212.85	78.00	158.40
1991	27.90	29.00	37.30	23.80	27.00	31.50	159.54	208.00	207.40
1992	33.30	45.00	45.00	23.80	39.00	39.00	159.54	208.00	207.40
二、标一粳米				二、特富粉			二、标二粳糯米		
1987	21.80	14.70	30.50	23.00	18.20	30.00	24.00	16.60	32.40
1988	22.70	14.70	30.50	25.70	18.20	34.70	24.00	16.60	32.40
1989	29.30	14.70	39.20	28.10	18.20	37.20	31.10	16.60	41.60
1991	29.30	30.00	39.20	28.10	31.00	37.20			
1992	29.30	39.20	39.20	28.10	46.00	46.00			
三、特等粳米				三、特等粉			注：1993年4月1日前的成品粮价格均按1992年4月1日价格执行		
1987	23.30	15.40	32.60	25.00	20.20	34.00			
1988	24.20	15.40	32.60	27.90	20.20	37.70			
1989	31.30	15.40	41.80	30.50	20.20	40.30			
1991	31.30	32.00	41.80	30.50	35.00	40.30			
1992	31.30	41.80	41.80	30.50	51.00	51.00			

表4-15　吴县（含境内）主要粮油品种定购价、指导价、最低收购价变动表

单位：元/50公斤

年份/年	晚粳稻			糯稻	小麦			油菜籽	
	定购价	订购价	指导价	定购价	指导价	最低收购价		定购价	指导价
1988	15.37			17.04	17.4			38.80	
1989	19.85			17.04	18.52			41.38	
1990	19.85			17.04	18.52			41.38	
1991	19.85			21.85	18.52			54.15	
1992	23.56			25.16	22.98				75.00
1993	45.00			63.00	63.00				120.00
1994	70.00			63.00	63.00				135.00
1995	70.00			63.00	63.00				135.00
1996	83.00			72.00	72.00				120.00
1997	81.00			72.00	72.00				130.00

续表

年份/年	晚粳稻			糯稻		小麦		油菜籽	
	定购价	订购价	指导价	定购价	指导价	指导价	最低收购价	定购价	指导价
1998	76.00		70.00	70.00					105.00
1999	61.00		56.00	56.00					85.00
2000	61.00				40.00				85.00
2001		63.00			50.00				85.00
2002		53.00			43.00				88.00
2003		63.00			48.00				105.00
2004		88.00			75.00				140.00
2005		88.00			67.00				115.00
2006		82.00					69.00		110.00
2007		86.00					69.00		160.00
2008		97.00					72.00		220.00
2009		97.00					85.00		170.00
2010		125.00					92.00		200.00
2011		142.00					98.00		220.00
2012		144.00					104.00		220.00
2013		151.00					113.00		240.00

第二节 价格管理

旧时，粮价均由同业公会根据邻近沪、锡、常等地的行情，在茶市磋商议定。

清同治三年（1864），境内粮食业在城内菉葭巷公建五丰公所为同业议事定价之所。

宣统三年（1911），苏州以米业前辈蔡建安为首订立行规，同业相互信守。三麦和菜籽议价在苏州玄庙观西脚门三万昌茶馆内进行。

民国十九年（1930），米行与米店又划分为两个公会：一称"吴县粮食业同业公会"，会址在东北街灵迹司庙内，成立于9月19日；二称"吴县米店业同业公会"，会址在菉葭巷，成立于11月10日。

抗日战争前，粮商已有业外人渗入，甚至有敌伪和国民党官员在幕后插手其间。通货膨胀，币制贬值，买空、卖空，粮价一片混乱。

民国三十二年（1943）3月，境内粮食行业同业公会和米店同业公会停止活动。

1945年12月，吴县粮食业同业公会成立，至1948年3月终止。

1949年4月境内解放，经过整顿改组后成立苏州市（吴县）粮食业公会。

中华人民共和国成立后，粮食业公会的主要任务是贯彻国家物价方针、政策和价格法规，执行中央、省下达统一的粮油价格，管理企业内价格和价格法规的执行（见表4-16）。其主要措施有：

（一）建立物价组织和物价网络。

（二）宣传、贯彻、执行国家优粮优价政策。

（三）建立粮价检查和审价制度。

（四）粮油购销价格挂牌公布，明码标价。

（五）粮油价格的调整和价格资料，专人立册登记保管。

表 4-16　1985 年吴县（含境内）主要粮油购销价格表

单位：元/50 公斤

品名	统销价	统购价	比例收购价	品名	统销价	统购价	比例收购价
1. 原粮				标一米	12.60	17.40	23.50
冬红小麦	11.80	16.30	21.20	标二米	12.00	16.60	22.40
冬花小麦	12.10	16.60	22.40	② 杂交籼米			
冬白小麦	12.50	17.00	23.00	特制（特二）米	13.90	18.70	25.30
早、晚籼稻	8.40	11.60	15.70	标一米	13.20	17.90	24.20
杂交籼稻	8.70	11.90	16.10	标二米	12.60	17.00	23.00
羊籼稻	8.90	12.10	16.30	③ 羊籼米			
晚粳稻	10.20	13.60	19.00	特制（特二）米	14.10	19.10	25.90
粳糯稻（白）	11.70	14.50	19.60	标一米	13.40	18.30	24.70
粳糯稻（阴）	11.40	14.20	19.20	标二米	12.80	17.40	23.50
籼糯稻	10.20	13.00	17.60	④ 晚粳米			
纯色大豆（中）	13.40	23.00	34.50	特制（特二）米	15.40	20.50	28.60
纯色大豆（大）	14.90	24.50	36.00	标一米	14.70	19.50	27.30
玉米	8.50	11.70	15.80	标二米	14.00	18.60	26.00
2. 小麦粉				⑤ 糯种糯米			
特一（富强特制）粉	20.40	25.00	34.00	特制（特二）（白）	17.90	22.60	30.50
特二（特富七五）粉	18.20	23.00	30.00	标一米（白）	17.10	21.50	29.10
标准粉	16.20	19.50	26.00	标二米（白）	16.30	20.50	27.70
生产粉	12.50	15.60	20.30	特制（特二）（阴）	17.90	22.10	29.80
次生产粉（四号粉）	11.00	13.70	17.80	标一米（阴）	17.10	21.10	28.50
3. 其他粉类				标二米	16.30	20.10	27.10
标一粳糯米粉	18.40	22.80	30.80	⑥ 籼糯米			
玉米粉	10.00	13.00	17.60	特制（特二）米	16.50	20.90	28.30
4. 米类				标一米	15.80	20.00	27.00
① 早晚籼米				标二籼糯米	15.00	19.00	25.70
特制（特二）米	13.20	18.30	24.60	5. 油料			

续表

品名	统销价	统购价	比例收购价	品名	统销价	统购价	比例收购价
油菜籽	36.00	36.00	46.80	二级花生油	82.00	115.00	150.00
花生果	34.60	34.60	45.00	精炼米糠油	68.00	84.00	118.00
花生仁	48.00	48.00	62.40	毛糠油	50.00	60.00	84.00
6. 油脂				精炼棉籽油	71.00	84.00	100.00
二级菜油	78.00	106.00	138.00	棉籽油	62.00	72.00	
二级大豆油	83.00						

第三节 作价种类

民国时期，境内粮油商品均为随行就市，粮商一般按质量分等定价，价格有批发价、零售价之分。此外平粜食米，由政府规定，配给供应，一般低于市场价10%～15%。

新中国成立后，境内粮油购销实行国家统一规定价格。初期曾实行过批发价、季节价、地区差价。实行统购统销后，取消了上述价格种类，根据粮油统购统销政策的变化，逐步形成了如下几种价格。

一、统购价

适用于国家征购（定购、合同定购）任务的粮油，借销和收回的粮油，品种兑入和兑出的粮油，国家代储存入取出的粮食；1979年9月至1985年7月前的各种奖售粮油。

二、统销价

泛用于非农业人口定量粮油，1985年7月前的农村统销和定销粮油，计划内工商行业的粮油，兑换粮票卖粮和粮票购粮农村转移人口卖粮和买粮，财政供应粮油和侨汇券供应粮油。

三、议价

议购价是国家向生产单位议购和市场零星议购的粮油，略高于超购价格，略低于实际市场价格。1985年起的议价是高进高出，随行就市，按实际购价加费用和微利的原则执行。

四、超购价

计划超购粮油，其价格是以统购为基础加价而来。它始于1969年11月，按统购价加30%，1979年9月后改加50%。

五、比例价

按统购、超购价的比例确定，适用于合同定购的粮油。1985年7月起，农村统销和定销粮油也采用此价格。

六、保护价

1985年11月后，对农户完成合同定购和计划超购任务后尚有出售的余粮，执行此价格，用以保护产粮群众的利益。

七、周转价

农民出售返回粮油，入库返回都按统购价以质论价；有个别年份略加一定费用。

八、调拨价

粮油系统内部调拨的粮油，调出另加费用率，一般每50公斤原粮按统购价加0.7元，成品粮加1元。

第四节 作价方式

中华人民共和国成立前，境内粮商收购粮油凭感官和经验按质量确定等级作价。中华人民共和国成立后，逐步推行以感官和仪器相结合的检质办法。由中央和省下达质量指标，以中等标准定牌价，实行优质优价，分等论价。粮油质量中等标准变动过多次，20世纪70年代后的质量标准和作价升扣方式分述如下（表4-17—表4-22）。

一、粮食类

水分：稻谷、玉米、大豆、赤豆、绿豆、豇豆等，每高于标准0.5%，减价0.65%；每低于标准0.5%，增价0.5%；不足0.5%的不计算增减价。小麦、元麦、大麦、蚕豆每高于标准1%减价1.3%；每低于标准1%，增价1%；不足1%的不计算增减价。

杂质：每高于或低于标准0.5%，增减价0.75%；不足0.5%的，不计算增减价。

容重：小麦每高于或低于标准0.01公斤/升，增减价1%；不足0.01公斤/升的，不计算增减价。

不完善率：大麦、元麦、小麦、蚕豆、豌豆、赤豆、绿豆、豇豆等每低于或高于标准3%，增减价1%；不足3%的，不计算增减价。小麦低于标准不升价。

虫蛀粒：蚕豆、豌豆，在标准内不升价，超过标准作不完善粒计。

黄粒：稻谷每超过标准3%，减价1%；超过标准不足3%的，不减价。

互混：各类稻谷互混，每超过5%，减价1%；超过标准不足5%的，不减价。糯稻中混入籼稻、粳稻，总量超过30%，按混入稻谷多的种类计价。大豆异色粒每超过标准3%，减价1%；超过标准不足3%的，不减价。异色粒超过20%的为杂色豆。黄、白、糯玉米互混限度为5%，每超过5%，减价1%；超过不足5%的，不减价。

纯粮粒、大豆、玉米每高于或低于标准1%，增减价1%；不足1%的不计算增减价。

二、油料类

油菜籽含油率每高于或低于标准0.5%，增减价1.3%；高于或不足0.5%的，不计算增减价。水杂合并计算为11%，每低于或高于标准0.5%，增减价0.65%；不足0.5%的不计算增减价。

表4-17　1985年吴县（含境内）主要粮油收购作价质量标准

品种	项目										
	水分/%	杂质/%	出糙/%	含油率/%	出仁率/%	容量/克·升	不完善粒/%	虫蛀率/%	黄粒/%	纯粮粒/%	互混/%
晚粳稻	15.5	1	79						2		5
早籼稻	13.5	1	76						2		5
晚籼稻	14	1	76						2		5
糯稻	15	1	78						2		5
小麦	13.5	1				740	6				
大麦	13.5	1					6				
元麦	13.5	1					6				
蚕豆	15	1					10	5			
豌豆	14.5	1					10	5			
玉米	14	1					4			95.5	5
大豆	14	1								92	
绿豆	14	1					5				
赤豆	15	1					5				
豇豆	14	2					5				
油菜籽	8	3		38							
花生果	10	1.5			68						

注：1993年主要粮油收购作价质量标准与1985年基本相近。

表4-18　2010年相城区粮油作价执行标准一览表

分类	序号	适用范围及标准
一般原则	1	质量控制原则，依质论价，不合格粮油处理
		适用收、调、储、销、加的商品粮油
		政策性粮油的收购、储存、销售原粮及食用植物油料
		粮油质量控制、依质论价和非标准品粮油的处理论据
		政策性粮油的收购、储存、销售、调运、其他贸易粮油
	2.1	国家标准中等级指标定等，其余指标作为增扣量的依据
	2.2	收、销粮油不符合标准，应整理达标；整理不达标降等、扣量
	2.3	中等计价，等外级不列为政策性收购
	2.4	安全储藏水分不作增扣量依据

续表

分类	序号	适用范围及标准
粮油收购	3	
水分	3.2.1	每低0.5%，增量0.75%；低于2.5%及以上不再增量
		每高0.5%，扣量1.0%；低高不足0.5%不增扣量
杂质 （矿物质）	3.2.2	每低0.5%，增量0.75%
		每高0.5%，扣量1.5%；低高不足0.5%不增扣量
		超标加扣0.75%；低于标准不增量
		大豆中的秣食豆按杂质归属
		无使用价值的霉变粒按杂质处理
不完善粒	3.2.3	每高1%，扣量0.5%；高不足1%不扣量；低于标准，不增量
生霉粒	3.2.3.1	每高1%，扣量1.0%；高不足1%不加扣量；低于标准，不增量；超过5.0%不得收购
		标准中未规定生霉粒限量的，生霉粒按不完善粒归属，不单独扣量
整精米率	3.2.4	每低1%，扣量0.75%；低于不足1%不扣量；高于标准不增量；早籼稻、中晚籼稻低于38%，粳稻低于49%，不得作为政策性收购
谷外糙米	3.2.5	每高2%，扣量1.0%；高不足2%不扣量；低于标准，不增量
黄粒米	3.2.6	每高1%，扣量1.0%；高不足1%不扣量；低于标准，不增量
互混率	3.2.7	高于标准进行扣量，低于标准不增量
稻谷	3.2.7.1	籼、粳稻互混，籼、粳稻混入糯稻，籼粳糯互混，每超5%，扣量1.0%；不足5%不扣量
糯谷		糯稻混入籼粳稻，每高2%，扣量1.0%；不足2%不扣量
	3.2.8	不完善粒、谷外糙米、损伤粒率、热损伤粒率超标、黄粒米超2%，互混超20%不得作为政策性收购；黄粒米超标不得作为各级储备粮入库
调运与销售	4	
水分	4.2.1	每低0.5%，增量0.75%；低于2.5%及以上不再增量
		每高0.5%，扣量1.35%；低高不足0.5%不增扣量
杂质	4.2.2	杂质、整精米粒、谷外糙米、互混、不完善粒同上
不完善粒	4.2.3	大豆损伤粒率超8%或热损伤粒率超3%不得作为各级储备粮移库调出
生霉粒	4.2.3.1	每高1%，加扣量1.0%；高不足1%不扣量；超过5%不得作为各级储备粮移库调出。如收方发现超5%，以5%为基础，每超1%扣量1.5%，不足1%不加扣量；低于标准不增量
黄粒米	4.2.6	1.0%～2.0%，每超1%扣量1%，不足1%不扣量；超过2%的不得作为各级储备粮移库调出。如收入方发现超过2%，在2%基础上每超1%扣量1.5%，不足1%不扣量；低于标准不增量

表 4-19　境内主要粮油购销牌价历次调整表

单位：元/50 公斤

品名	调整时间	统购价	统销价	比例价
小麦（中等）	1950 年	9.94		
	1951 年 9 月	9.90		
	1952 年 10 月	9.40		
	1953 年 11 月	9.75	10.70	
	1954 年 6 月	9.45	10.70	
	1955 年 5 月	9.40	10.50	
	1961 年 5 月	11.30	10.50	
	1965 年 4 月	11.30	11.30	
	1966 年 9 月	13.10	11.30	
	1979 年 5 月	15.80	11.30	
	1984 年 4 月	16.30	11.80	
	1985 年 4 月	16.30	11.80	21.20
	1988 年 4 月	17.40	11.80	23.50
	1989 年 4 月	18.52	11.80	25.00
	1991 年 5 月	18.52	20.00	31.00
	1992 年 5 月	22.96	31.00	31.00
	1993 年 5 月	35.00	加价后	39.20
大麦	1953 年 5 月	7.20	7.90	
	1954 年 5 月	6.80	7.90	
	1954 年 7 月	6.80	7.50	
	1955 年 5 月	6.70	7.50	
	1961 年 5 月	7.80	7.50	
	1965 年 4 月	7.80	7.80	
	1966 年 9 月	9.00	7.80	
	1979 年 5 月	10.90	7.80	
	1983 年	11.60	7.80	
	1984 年 4 月	11.60	7.80	
	1985 年 4 月	取消定购，改为议价经营		
二棱大麦	1984 年 4 月	12.60	8.80	
	1985 年	取消定购，改为议价经营		
元麦	1952 年 8 月	7.00	7.60	
	1953 年 5 月	8.65	9.50	
	1954 年 6 月	7.90	9.50	
	1954 年 7 月	7.90	8.75	
	1955 年 2 月	7.90	8.70	

续表

品名	调整时间	统购价	统销价	比例价
元麦	1956年5月	7.80	8.60	
	1961年5月	10.00	8.60	
	1965年4月	10.00	10.00	
	1966年9月	11.00	10.00	
	1979年5月	12.80	10.00	
	1985年	取消定购，改为议价经营		
籼稻（早晚）	1950年	6.79		
	1951年	6.90		
	1952年9月	6.80		
	1953年8月	7.30		
	1955年9月	7.30	8.10	
	1961年5月	8.40	8.20	
	1965年4月	8.40	8.40	
	1966年9月	9.60	8.40	
	1979年5月	11.60	8.40	
	1985年4月	11.60	8.40	15.70
	1987年4月	12.74	8.40	17.20
	1989年4月	16.44	8.40	22.20
	1991年5月	16.44	17.00	22.20
	1992年4月	18.15	24.50	24.50
粳糯稻	1951年	8.21		
	1952年	8.69		
	1953年9月	9.25		
	1954年12月			
	1955年1月	8.95		
	1955年9月	8.80	9.90	
	1956年12月	8.80	10.00	
	1957年9月	9.00	10.50	
	1961年5月	10.50	10.50	
	1964年9月	11.70	11.70	
	1966年9月	13.50	11.70	
	1979年5月	15.50	11.70	
	1983年	14.50	11.70	
	1984年4月	14.50	11.70	
	1985年4月	14.50	11.70	19.60
	1986年9月	15.50	11.80	20.90

续表

品名	调整时间	统购价	统销价	比例价
粳糯稻	1987 年 4 月	17.04	11.80	23.00
	1988 年 4 月	17.04	11.80	23.00
	1989 年 4 月	21.85	11.80	29.50
	1991 年 5 月	21.85	24.00	29.50
	1992 年 5 月	25.56	34.50	34.50
	1993 年 10 月	45.00	加价后	48.20
粳稻	1950 年	7.32		
	1951 年	8.00		
	1952 年	8.54		
	1953 年 9 月	8.95		
	1955 年 9 月	8.80	9.85	
	1956 年 12 月	8.80	10.00	
	1961 年 5 月	10.20	10.20	
	1965 年 4 月	10.20	10.20	
	1966 年 9 月	11.40	10.20	
	1979 年 5 月	13.60	10.20	
	1985 年 4 月	13.60	10.20	19.00
	1987 年 4 月	14.82	10.20	20.75
	1988 年 4 月	15.37	10.20	20.75
	1989 年 4 月	19.85	10.20	26.80
	1991 年 5 月	19.85	21.00	26.80
	1992 年 4 月	23.56	31.80	31.80
	1993 年 10 月	45.00	加价后	48.20
标二粳米	1950 年		13.50	
	1951 年		12.70	
	1952 年		13.80	
	1953 年 5 月		14.30	
	1953 年 12 月	12.35	13.70	
	1955 年 9 月	12.35	13.50	
	1961 年 5 月	14.00	13.50	
	1965 年 4 月	14.00	14.00	
	1966 年 9 月	15.60	14.00	
	1979 年 5 月	18.60	14.00	
	1985 年 4 月	18.60	14.00	26.00
	1987 年 4 月	20.80	14.00	29.10
	1988 年 4 月	21.60	14.00	29.10

续表

品名	调整时间	统购价	统销价	比例价
标二粳米	1989年4月	27.90	14.00	37.30
	1991年5月	27.90	29.00	37.30
	1992年4月	33.30	45.00	45.00
标一籼米	1950年			
	1951年			
	1953年12月	12.70	14.15	
	1955年9月	12.70	13.90	
	1957年9月	12.70	14.20	
	1961年5月	14.60	14.20	
	1964年9月	16.30	16.30	
	1966年9月	19.00	16.30	
	1979年5月	21.60	16.30	
	1984年6月	20.50	16.30	
	1985年4月	20.50	16.60	27.70
	1986年9月	21.80	16.60	29.40
	1987年4月	24.00	16.60	32.40
	1989年4月	31.10	16.60	41.60
	1991年5月	31.10	34.00	41.60
	1992年4月	49.00	49.00	49.00
标二籼米	1950年		11.66	
	1951年		10.97	
	1952年		11.39	
	1953年10月	10.50	11.65	
	1954年9月	10.50	11.65	
	1955年9月	10.50	11.70	
	1958年10月	10.55	11.70	
	1961年5月	12.00	11.70	
	1965年4月	12.00	12.00	
	1966年9月	13.70	12.00	
	1979年5月	16.60	12.00	
	1985年4月	16.60	12.00	22.40
	1987年4月	18.50	12.00	25.00
	1988年4月	18.50	12.00	25.00
	1989年4月	23.90	12.00	31.90
	1991年5月	23.90	25.00	31.90
	1992年4月	36.00	36.00	36.00

续表

品名	调整时间	统购价	统销价	比例价
标准粉	1950 年		14.30	
	1952 年		16.35	
	1953 年 12 月		16.20	
	1954 年 8 月		16.20	
	1961 年 5 月	15.50	16.20	
	1966 年 9 月	16.00	16.20	
	1979 年 5 月	19.50	16.20	
	1985 年 4 月	19.50	16.20	26.00
	1987 年 4 月	19.50	16.20	26.00
	1988 年 4 月	21.80	16.20	29.40
	1989 年 4 月	23.80	16.20	31.50
	1991 年 5 月	23.80	27.00	31.50
	1992 年 4 月	23.80	39.00	39.00
玉米	1953 年 8 月	7.10		
	1953 年 12 月	7.10	7.85	
	1955 年 9 月	7.10	7.90	
	1958 年 10 月	7.20	7.90	
	1961 年 5 月	8.50	7.90	
	1965 年 4 月	8.50	8.50	
	1966 年 9 月	9.60	8.50	
	1979 年 5 月	11.70	8.50	
	1985 年 4 月	11.70	8.50	15.80
	1986 年 9 月	13.50	10.30	17.60
	1987 年 4 月	13.50	10.30	17.60
	1988 年 4 月	12.80	8.50	17.30
	1989 年 4 月	13.56	8.50	18.30
	1991 年 5 月	13.56	16.00	18.30
	1992 年 4 月	15.78	21.30	21.30
蚕豆	1953 年 11 月	9.10	10.10	
	1954 年 6 月	7.55	8.65	
	1955 年 5 月	7.50	8.70	
	1956 年 5 月	8.20	9.20	
	1958 年 5 月	8.60	9.80	
	1961 年 5 月	10.50	9.80	
	1965 年 4 月	10.50	10.50	
	1966 年 9 月	12.00	10.50	

续表

品名	调整时间	统购价	统销价	比例价
蚕豆	1979年5月	16.00	10.50	
	1982年5月	19.00	10.50	
	1985	取消定购，改为议价经营		
豌豆	1954年6月	7.85		
	1955年5月	7.80	9.00	
	1956年5月	8.30	9.50	
	1958年5月	8.80	9.90	
	1961年5月	10.50		
	1965年4月	10.50	10.50	
	1966年9月	12.00	10.50	
	1979年5月	16.00	10.50	
	1982年5月	19.00	10.50	
	1985	取消定购，改为议价经营		
油菜籽	1950年	12.79		
	1951年	12.15		
	1952年	12.29		
	1953年7月	11.40		
	1954年4月	13.60		
	1954年12月	13.70		
	1956年4月	13.70		
	1957年4月	19.20		
	1961年4月	20.50		
	1961年5月	23.50		
	1971年5月	28.00		
	1979年5月	36.00	36.00	
	1985年4月	36.00	36.00	46.80
	1988年4月	38.80	38.80	50.40
	1989年4月	41.38	41.38	53.80
	1991年5月	54.15	70.40	70.40
	1992年4月	54.15	70.40	70.40
二级菜油	1950年		48.20	
	1951年		53.50	
	1952年		48.50	
	1953年11月		46.50	
	1954年5月		49.50	
	1954年12月		49.50	

续表

品名	调整时间	统购价	统销价	比例价
二级菜油	1957 年 5 月	50.60	57.50	
	1960 年 12 月	54.60	63.00	
	1961 年 5 月	62.00	73.00	
	1964 年 5 月	62.00	78.00	
	1967 年 7 月	68.00	78.00	
	1971 年 6 月	83.00	78.00	
	1979 年 5 月	106.00	78.00	
	1985 年 4 月	106.00	78.00	138.00
	1987 年 4 月	106.00	78.00	138.00
	1988 年 4 月	114.20	78.00	148.40
	1989 年 4 月	121.85	78.00	158.40
	1991 年 5 月	159.54	208.00	207.40
	1992 年 4 月	159.54	208.00	207.40

表 4-20　1984 年至 1993 年吴县（含境内）小麦、晚粳稻每 50 公斤收购作价统仓普化对比情况表

单位：元

年度/年	品种	收购平均价	统仓化验价
1984	小麦 晚粳稻	15.98 13.73	15.99 13.77
1985	小麦 晚粳稻	21.01 19.98	20.99 19.04
1986	小麦 晚粳稻	21.78 19.01	21.83 19.02
1987	小麦 晚粳稻	21.40 20.67	21.41 20.67
1988	小麦 晚粳稻	23.48 21.28	23.50 21.29
1989	小麦 晚粳稻	24.47 26.31	24.50 26.34
1990	小麦 晚粳稻	24.93 26.71	25.00 26.69
1991	小麦 晚粳稻	23.45 26.74	23.48 26.78
1992	小麦 晚粳稻	31.57 30.80	31.62 30.85
1993	小麦 晚粳稻	34.65 45.25	

注：1993 年不含价外补贴，粳稻指标准水分价格。

表 4-21 1987 年 12 月吴县（含境域内）粮油饲主要品种议购、销、集市每 50 公斤价格表

单位：元

品种	议购	议销	集市	品种	议购	议销	集市
粮食类平均	35.64	50.13	41.09	油料类	57.61	79.57	89.24
粳米	36.54	37.54	41.95	油菜籽	54.44	56.99	53.50
籼米	36.83	36.90	38.10	花生仁	89.86	101.79	113.35
糯米	44.85	52.02	50.40	花生果	57.34	48.79	76.78
粳稻	28.40	28.92	28.90	芝麻	90.54	110.73	117.65
籼稻	26.58	27.28	26.45	油脂类	144.98	154.25	194.47
小麦	26.10	28.39	30.30	菜籽油	148.34	153.00	169.85
面粉	40.03	37.54	41.10	花生油	—	—	181.55
大豆	41.93	50.19	51.85	豆油	160.28	174.26	187.70
玉米	24.26	26.61	25.80	麻油	240.00	242.77	272.00
薯干	—	—	20.90	棉清油	150.00	159.00	161.25
大麦	25.75	28.06	25.43	饲料类	20.33	24.32	
绿豆	46.75	49.89	86.45	配合饲料	22.79	24.85	
赤豆	47.94	52.38	66.50	混合饲料	17.88	20.34	
				其他饲料	19.42	23.17	

表 4-22 1993 年 7 月部分粮油每公斤零售价格

单位：元

品种	零售指导价	最高限价	品种	零售指导价	最高限价
特等粳米	1.44	1.60	特二面粉	1.20	1.34
标一粳米	1.34	1.50	二级菜油	5.00	5.40
标一糯米	1.70	1.80			

第五章 粮油储存

粮食储藏始于原始农业生产发展、粮食稍有节余的时候，历朝历代都建有名称各异的粮仓以储藏粮食，其职能主要是备战、备荒，保障消费。

中华人民共和国成立后，随着生产发展和流通体制的变化，国家投入大量资金，兴建仓房、油罐，添置各类粮仓机械设备，研究防治虫霉鼠雀的新办法，开展"四无粮仓"活动，建立起完备的仓储管理制度，有效保证了粮油储藏安全。20世纪80年代起，随着农村承包责任制的实施，粮食生产有较大发展，全市（县）的粮油储运工作随着农村经济工作的发展不断壮大，粮仓建设和仓储设施有较大改善。90年代后期，粮仓基本停止建设。2002年4月，粮食购销企业进行体制改革，粮仓出现空置。2003年开始，空置粮仓进行出租或出售。

第一节 粮　　仓

明、清两朝，境内国家粮仓有元和县漕仓，同长洲县漕仓相连，系由东仓中部分廒房改建而成，分别取名为"予顺""丰乐"。清同治六年（1867）建成。明清时期，地方官吏曾创办民办储粮仓，当时的民办储粮仓主要有三类。

一、义仓

也称"常平仓""济农仓"，是历代政府为"调节粮价，备荒赈恤"而设置的粮仓。吴县常平仓是明崇祯九年（1636）巡抚张国维创建，附设在和丰仓内，由官府没收民田、丰储平粜。清康熙十一年（1672）知县吴存仁重修，后废。康熙五十六年（1717）布政使杨朝麟重建，时有廒房94间。长洲县常平仓在长洲县衙内，计有东仓18间、西仓23间。元和县常平仓在乡村，计有青邮、席墟、苏巷等3个仓。乾隆年间（1736—1795），吴县常平仓储谷40000石，长洲、元和两座常平仓各储28000石。

二、社仓

由官府购买民田、收获后全部入仓，备荒年、青黄不接之时之用，或备荒年放赈给农民之用。明隆庆年间（1567—1572），户部郎中、苏州知府蔡国熙撰写仓碑《苏州府社仓事宜记》，为社仓制定了管理、收藏、支付、计息、手续等办法，计25条。《苏州府社仓事宜记》碑现存于望亭华阳寺内，是研究明代经济和社仓管理的重要碑刻资料。清代规定，州县设常平仓，乡村设社仓。雍正初，各县奉行《社仓法》。乾隆五年（1740），巡抚徐士林复仿各属力行，积米渐多。乾隆七年至十一年（1742—1746）陆续分建仓贮之，望亭、陆墓、蠡口等处共有廒房41间。在封建社会，社仓都为官吏、豪绅把持，成为农民的额外负担。

三、义庄

旧时封建大家族举办的慈善事业之一，其功能是储屯谷物，作为对本族孤寡的施惠之用。北宋范仲淹在苏州所置田庄，是最早见于记载的义庄。明清时，义庄在吴县创办得很多，事实上成为仓廒的一个重要形式。清末民初，义庄均已名存实亡。

辛亥革命后，国民政府长期以代金征赋，除在城区各县有极小的几处仓库外，乡镇基本上没有仓房。民国三十三年（1944）后，改行实物征赋，各乡镇征收的粮食均由县米谷业公会所属会员米行承担，并负责代储，按指令逐步调出。据民国三十四年（1945）《江苏省吴县米粮业公会协助征赋办法草案》记载：吴县各区田赋征收处委托吴县粮食行业同业公会组织市郊42家米行（厂）代收代储赋谷，"共九万九千二百二十三担二十五斤"。胥门厚生米厂成为本县赋谷总仓库，娄门外复源米行为本县另一个赋谷仓库。民国三十六年（1947），吴县旧田粮处在苏州齐门路设甲等集中仓库1所，不久又在娄门内张香桥借用丰备义仓设乙等集中仓库1所；同时在该机构下属的9个分理处（办事处）设收纳仓库34个，但这些收纳仓库均系祠堂庙宇稍经改造而来，十分破陋，基本上无法储存粮食。民国三十七年（1948）社会治安更趋恶化，沿途公然抢劫赋谷事件频发。为此，旧田赋处扩大委托县粮食行业同业公会的代办代储赋谷范围，各集镇组织近百家米行、米厂开展代办代储赋谷，有的米行同时挂牌为赋谷仓库。

苏州解放后，1949年5月1日，吴县粮食局成立。1949年年底，全县国家粮库容量约275万公斤。

1950年，全县长期、半长期和收纳三种类型的国家仓库容量为2550万公斤。1951年，按照中央提出的"以扩大仓容为主，改善设备为辅，以扩修公房庙宇等旧房为主，新建为辅"方针，加快仓库建设。截至当年11月，新建仓房12间，收买仓房29间，改造旧房和庙宇281间，租借仓房310间，当年接收秋粮入库的总仓房达到5185公斤，其中：长期库33处，容量2580.5万公斤；临时收纳库227处，容量2604.5万公斤。

1951年后，全境内陆续对各重点保粮库开展扩仓建仓，在布局上逐步作了合理调整，并撤并了一些交通不便、仓房条件差的仓库。1955年8月上旬召开的仓房修建和财产管理工作座谈会，明确境域内仓库按3种类型修建：一是长期库，凡符合下列情况者，可改变原来仓型建长期库：①粮源丰富；②合乎流转方向；③公房或长期借用的私房；④容量在25万公斤以上并有发展前途的；⑤有晒场等条件；⑥交通方便；⑦有加工条件；⑧销售量较多；⑨存粮在6个月以上的。二是半长期库，不改变原来房屋类型修建，但必须是进仓1次，存粮在6

个月内的。三是临时库,主要是方便群众,解决收购入库困难,存粮不满3个月的。修建要求边收边调,达到上不漏、下不潮、墙不倒。之后储存条件得到明显改善。

根据毛泽东主席"备战备荒为人民"和"一定要有储备粮,年年储一点,逐年增多"的指示,全境域内粮食自1962年起连续获得丰收,代生产队保管储备粮逐年增加,各粮库搭建露天屯,以解决仓容困难。1969年7月11日,《人民日报》刊登《黑龙江明水县农村储粮建仓的调查报告》。国务院批转同意推广明水县发动群众"一把草,一把泥,建筑土圆包的经验"。1970年9月,全境内执行建造战备仓(土圆仓)任务,规定当年秋收前,全境农村建造土圆仓,每个生产队达到2~3只,每只容量在1万~1.5万公斤,超额完成建土圆仓容量。

在搞好土圆仓的同时,房式仓仍然在继续建设。

1991年,全境内遭受了百年未遇的特大洪涝灾害,许多仓房设施被破坏。1993年,全境内再次遭受洪涝灾害,但全境内仓储基本安然无恙。

表5-1 1987年吴县(含境内)所、库、栈点仓容公布明细表

单位:平方米/万公斤

镇（乡）	小计		质量完好		需大修		待报废		油池油罐		粮油库点数			
	面积	容量	面积	容量	面积	容量	面积	容量	面积	容量	小计	仓容250万公斤以下	仓容250~500.5万公斤	仓容500~1500万公斤
总计	41555	6811.5	38319	6316.5	2940	457	296	38			27	15	8	4
望亭	5132	800	5132	800							1			1
东桥	1677	297	1357	247	320	50					2	2		
蠡口	2669	400	1994	300	675	100					2	2		
陆墓	3450	574	2312	393	1138	181					3	1	2	
黄桥	827	125	827	125							1	1		
黄埭	4924	780.5	4720	748.5	204	32					3	2		1
北桥	4006	633	4006	633							4	2	2	
湘城	5531	956	5428	942			103	14			3	2		1
油泾	5158	869	4981.1	845	78	12.5	99	11.5			4		4	
太平	3614	573.5	3520	561			94	12.5			3	3		
渭塘	4567	803.5	4042	722	525	81.5					1			1

第二节 仓储设施

一、粮食储存方式有露天和仓内两种（表5-2）

（一）露天储存

主要是包装打垛、中间散装，四周用芦菲或竹栈条包围，用铅丝箍牢，再用草片围住挡雨水，顶部盖草扇，用绳网罩住。每囤（堆）5万~10万公斤。外形开始时以长方形为主，后来为便于散热和防治，改为以圆柱形为主。露天储存是在仓容不足情况下的临时措施。1960年前，全县（含境内）露天储存量每年在1000万~1500万公斤。随着"双三熟制"的扩大，吴县全县（含境内）入库数量激增，20世纪70年代中期每年高达5000多万公斤。1983年后，农村实行分户交售，尔后粮食部门议价自营和代贮业务蓬勃开展，仓房又趋紧张，每年露天储存2000万公斤。露天储存易受外界气候条件的影响，不具备"四无"条件，浪费粮食多，耗用器材多，费用较高。

表5-2　1987年吴县（含境内）国家粮油仓库（晒场）占地面积统计表

单位：平方米

镇（乡）	总计	生产性建筑占地					生活、管理建筑占地	晒（货）场		其余土地面积	
		小计	仓房	加工厂	门市部	其他		小计	其中：水泥晒场	小计	其中：可建筑面积
总计	214027	82072	51964	14038	2484	13586	8613	34765	31708	88577	9346
望亭	25925	8424	5808	1674	—	942	420	3995	3995	13086	300
东桥	6921	3116	2441	—	—	675	435	1326	1326	2044	420
蠡口	12302	6126	2920	1253	212	1741	513	2839	2839	2824	
陆墓	17679	6827	3666	1676	—	1485	766	1654	1654	8432	
黄桥	10184	2621	1253	—	272	1096	643	1300	1300	5620	
黄埭	42319	16201	10600	3890	199	1512	1984	5509	4697	18625	2087
北桥	16682	5916	4317	—	453	1146	647	2028	2028	8091	3533
湘城	32088	12882	6266	4171	731	1714	930	8257	6012	10019	1500
洴泾	22082	6972	5590	—	—	1382	1021	3930	3930	10159	906
太平	13063	5443	4052	—	469	922	557	2027	2027	5036	
渭塘	14782	7544	5051	1374	148	971	697	1900	1900	4641	600

(二) 仓内储存

仓内储存在堆放形式上可分为全仓散装、围包散装、包装堆放三种。

全仓散装 凡仓房条件好、墙身牢固的可采用。全仓散装的优点是可以充分利用仓容、节约包装器材，减少保管费用，而且有利于粮情检查、粮面压盖和使用机械操作。元器材仓则是全仓散装的最好条件。1987年，全县建成的元器材仓已占总仓容的95.75%。

围包散装 早期，因堆放粮食都是在旧房屋内，墙身承受不了粮食散落所产生的压力，只能采取周围打包、中间堆放散装粮食的办法。目前，主要是同仓异品种保管，采用围包隔廒。

包装堆放 一般采用麻袋、草包、面袋装粮，构成粮垛堆放。由于这样有利于通风降温和保持纯度，因而都用于保管成品粮、种子粮。

油脂储存 解放前后，用缸、瓮、桶贮存油脂。20世纪60年代，油厂建造了砖水泥油池。70年代以来，先后在两个油厂制造钢板油池22个，其中陆墓14个，320万公斤。油脂运输一般用容量180公斤的铁桶灌装，油脂保管的基本要求是防止酸败，一般选择在地势高爽、通风低温、清洁卫生及避光的场所建造贮油罐。平时避免日晒雨淋，冬季注意保温防冻。油脂装具使用前和使用后均应严格清理，食用油与非食用油必须严格分开保管。

按照上述粮食贮存形式，粮食储存的设施大致分为仓内、晒场、码头和机械设备等4个部分。

二、仓内设施

(一) 地坪

新中国成立初期的庙宇、祠堂、民房仓都是泥地或砖地，上面铺垫砻糠和芦菲，也有铺竹地坪的。1954年以后建造的仓房，以沥青、水泥地坪为主。1958年大搞元器材仓，曾试用过黄沙、石砾、煤渣、油毛毡、砖坯和柏油涂砖底等铺设隔潮办法。70年代初，试用过砖面薄膜铺底、墙身粉涂柏油沥青等办法。但这些办法都不能从根本上杜绝仓底和墙身潮湿，不宜长期安全贮存。沥青水泥地坪虽能隔潮，但在温差过大的情况下，粮食容易结露生霉。70年代后期，为适应"三低"保管，逐步改建二油一毡地坪，才从根本上解决了仓底、墙身的隔潮问题，实现了元器材仓。二油一毡有多种组合方法，普遍使用的是：底层铺涂沥青、油毛毡、砖地面、砖缝间用水泥或沥青嵌缝，堆粮线内墙壁涂沥青，覆盖油毛毡后粉刷。

(二) 闸门板

新中国成立后，散装仓房闸门板一直使用一字形闸门板和包打围墙代替。20世纪70年代后期，为节省费用和材料、减少劳力，逐步使用梯形和三角形闸板，使之更能承受粮堆压力，扩大容量。1987年年底，吴县全县改装梯形、三角形闸板的仓容已达90.9%。

(三) 通风设备

新中国成立初期的通风设备主要有老虎窗、气篓、地笼等，此类设备易漏雨，又是仓虫集结滋生场所，药剂熏蒸困难，利少弊多。20世纪60年代后期开始，逐步拆除这类设备。70年代，为适应机械降温，仓内粮堆中架设有临时性通风槽。80年代起，逐步搞地槽通风和存气箱通风。1987年年底，这两项通风仓容占总仓容的8%，另有单管通风机393台。

三、晒场

新中国成立初期，大多为土晒场和砖晒场，而且面积很小，土晒场雨后难干，出晒粮食混入泥灰极多；砖晒场浪费多，砖缝中易生杂草。20世纪50年代后期，水泥晒场逐渐代替土晒场、砖晒场。1987年年底，全县（含境内）有水泥晒场96135平方米，占总晒场面积的92.35%。

四、装卸码头

新中国成立初期，粮库建造的码头有木码头、石砌水泥码头，分台阶式、斜坡式和平台式。1958年粮食装卸轮式化后，逐步改建为水泥浇制的平台式码头，粮食可以直接到码头下船。70年代起，在转运站（吴县米厂）首先建造吸粮码头，接着又在湘城、渭塘等乡镇粮库建造吸粮码头。1987年年底，全县（含境内）各粮库专用码头总长度439米，停泊吨位4516吨。1993年时情况基本相仿。

五、机械设备

20世纪50年代，粮食进出、装卸、降水、降温都是依靠人力，劳动强度高，实际效率低。1958年下半年至1959年，境域内土法上马，大搞各种工具的技术革新。由于缺乏材料、技术和科学态度，因而没有实用价值，之后陆续报废。这其中只有送粮车发挥了作用，初步改变了肩、扛、挑的局面。60年代，粮仓机械设备只在重点仓库配置。70年代后，粮食机械建设投资逐年增加，粮食机械设备由点到面全面展开（表5-3）。

表5-3　1993年境内粮食机械配套情况表

镇(乡)	装卸输送机械																			
	移动式倾斜运输机							移动式平面输送机					堆包机		固定V型米/台	上粮机	吊机吨/台	扒谷机		双斗磅
	登高V型							V型												
	8M	10M	12M	13M	13.5M	14M	15M	3.5M	4M	6M	8M	10M	6M	8M				双叶式	简易式	
总计	25	46	6	—	10	3	—	16	9	7	22	64	3	2	216/5	14	1/2	8	1	9
望亭	3	3	—	—	1	—	—	2	2	2	—	9	—	2	—	—	0.5/1	1	—	—
东桥	1	4	2	—	1	—	—	1	1	—	2	7	—	—	—	2	—	—	—	1
蠡口	1	6	—	—	—	—	—	3	—	1	—	6	1	—	81/2	2	—	1	—	2
陆墓	1	4	—	—	1	2	—	1	2	—	5	6	—	—	50/1	1	—	—	—	1
黄桥	2	—	—	—	—	—	—	—	—	—	—	—	—	—	—	—	—	—	—	—
黄埭	3	4	3	—	2	—	—	4	—	2	6	10	—	—	—	2	—	2	—	1
北桥	3	8	—	—	1	—	—	2	—	1	—	7	1	—	—	2	0.5/1	1	—	2
湘城	4	4	—	—	1	—	—	1	1	1	1	2	—	—	—	1	—	1	—	1
浒泾	3	6	—	—	2	—	—	2	—	—	—	8	—	—	—	2	—	—	1	1
太平	2	4	—	—	1	—	—	—	1	—	5	3	—	—	—	1	—	—	—	1
渭塘	2	3	1	—	—	1	—	—	2	—	3	6	1	—	85/2	1	—	1	—	—

第三节 仓储保管

中华人民共和国成立前，国家和粮商贮粮没有完善的保管措施，粮食发热霉变、虫蛀、鼠雀害严重，粮食变质、污染的现象普遍。许多粮商以仓房内灰尘挂满、虫窝累累、白天看到老鼠为荣，认为是"牌子老""货源足"的标志。

中华人民共和国成立后，国家仓库逐步形成了严密细致、科学合理的保管制度、技术和方法。

一、护粮护仓

境内地势偏低，河港纵横，粮食贮存分散。解放初期保管粮食任务十分艰巨：一是仓房低矮潮湿，早期一般都是由地主余屋、庙宇、祠堂改建而成，实难达到安全贮存要求；二是保粮人员业务不熟悉，既无经验又无必要的设施；三是来自各方面的破坏势力猖獗。1949年冬，相关部门在全境域内组织护粮小组参加护粮工作，还在各粮库配备武装，紧密依靠工人纠察队和农村基干民兵，有效地防止了各类破坏粮库事故，堵塞了各种偷盗现象。1952年，对各库切实加强内部护仓和管理，在每季稻麦成熟入库结束的同时，采取及时调运、撤并临时点的办法，将粮食集中到区库或条件较好的固定库保管。1954年，吴县全县认真执行江苏省粮食厅的"四项纪律，十二项注意"，确保存储粮食安全。1960年以后，粮食安全保卫工作已制度化、经常化，各库、所编组轮流巡夜，并严格值班保卫制度和巡夜交接班手续，做到天天有记录、事事有记载。县库组织力量经常进行检查督促，节假日还加强值班巡夜。各粮管所成立安全小组，平时加强安全意识教育，做好对消防设备的维修与管理，逐年添置和普及各类消防用品和设备，并定期组织演习，切实做到常备不懈、有备无患。

表5-4 1993年吴县（含境内）消防设备统计表

单位：只

镇（所）（乡）	灭火机				消防泵	
	总数	其中			完好	修理
		10升型	1211型	其他		
望亭	21	18	3			
东桥	57	50	7		1	
蠡口	30	9	21		1	
陆墓	23	12	10	1	1	
黄桥	19	14	4	1		1
黄埭	30	22	6	2	1	
北桥	19	1	15	3	1	

续表

镇（所）（乡）	灭火机				消防泵	
	总数	其中			完好	修理
		10 升型	1211 型	其他		
湘城	57	47	7	3	1	
泖泾	45	40	5		1	
太平	35	35			1	
渭塘	16	16			1	
总计	352	264	78	10	9	1

二、保管方法

通风保管 在20世纪50年代就用这种保管方法，主要是根据粮堆有空隙的特点，利用空气自然对流来降低温湿度。具体做法有两种：一是掌握有利时机，打开仓门及通风窗，进行自然通风。二是机械通风，利用固定地槽或预先埋藏在粮食底部的竹木（三角）气笼，用鼓风机鼓风，使粮堆内的温度向上散发。这两种方法至今仍被采用。

密闭保管 主要是减少或隔绝外界空气、温度、害虫等对粮堆的影响，防止粮食吸湿、感染害虫。根据粮食的不同品种，可分为高温密闭和低湿密闭两种。高温密闭，这是中国古代劳动人民的保粮经验。《齐民要术》如是记载农民的窨麦法："必须日曝令干，及热埋之。"说的就是这个道理。在吴县，高温密闭用于三麦保管，利用夏季高温出晒三麦，晒后在粮温高达40℃~45℃时进仓，满仓后用草包、大糠或薄膜覆盖，门窗密封，效果很好。低温密闭广泛用于稻谷类。在冬季气温连续0℃以下时，将稻谷冷却，或用鼓风机鼓入冷气，然后覆盖密闭，可以有效地防止虫害感染和滋生蔓延。密闭保管这一方法除了被用于现粮保管外，全县还据此原理，用于空仓的清卫消毒。即在入库前，将"六六六"粉用火点燃，使药雾弥漫空仓，将空仓密闭数日，可达到满意的清卫消毒效果。

"三低"保管 用"三低"（低氧、低温、低药量）保管方法，能更有效地防治粮食虫害和抵制微生物的生理活动，减少药剂污染，提高粮食品质，降低人力、物力、财力的消耗，确保存粮安全。"三低"形成的过程分述如下：一是低氧保管。1974年大面积使用、1976年后全境内普及低氧（缺氧）保管的方式。低氧保管方式有全仓密封和堆屯密封两种。全仓密封有六面密封和一面密封两种。前者主要用于密闭性能差的仓房，后者用于标准仓房。薄膜套堆屯密封主要用于成品粮、小杂粮、饲料粮。除氧办法有机降氧和生物降氧两种。境内各库以自然缺氧为主，并曾使用过微生物辅助缺氧、炉火燃烧循环脱氧以及CO_2和N_2降氧等新技术。二是低温保管。即采用降温、保温措施，把存粮温度控制在限度以内，从而控制粮堆内各种微生物体的活动，达到安全储藏和保持粮食新鲜品质的目的。由于入库粮食的初期温度达不到低温储藏要求，20世纪70年代采用机械降温办法。机械降温办法，初期使用单管拔风机降温，即将管道从粮面插入粮堆，吸出湿热气体，从而实现降温。每台拔风机降温面积在4平方米以内。这种降温方法由于底面死角多，经常移动操作不方便，后逐渐被淘汰。后来改用风机吸风降温，即在粮堆设置草包（三角）木架隧道，将湿热气体从管道口吸出。1978年后，通过在粮堆通风口装置一个立方米集气箱的方法降温。这种方法简便，比简易坠道效果好。太平等粮库装置地槽吸风，这种降温方法降温速度快，用电省，粮温平衡，能长期保持在15℃以下。此种方法经推广后一直沿用到现在。三是低药剂熏蒸。这是气调防治与化学防治相结合的一种方法。其主要优点是贮粮堆全部用薄膜密封，安置在薄膜内的磷化氢气体向外渗透少，因而只要用少量药剂就能达到防治仓虫和减少粮食药剂污染的目的。各库普遍采用的低药量熏蒸、气调增效熏蒸、间歇熏蒸、缓释熏蒸等方法，效果都很显著，不仅万公斤用药量从1974年的0.101公斤逐步下降到0.0094公斤，而且有利于粮食职工的身体健康，到20世纪80年代已成为全县安全保管粮食的主要方法。1981年，全县（含境内）"三低"密封存粮12966.5万公斤，占总存粮的94.3%。1987年，全县（含境内）采用低药剂熏蒸的粮食有15100万公斤，占当年总储藏量的93.8%。

三、虫害防治

境内经常发现的贮粮害虫有玉米象、赤拟谷盗、长角谷盗、锯谷盗、米出尾虫、大谷盗、豌豆象、麦蛾、粉螨等。1950年5月检查存粮，粮食虫、鼠害损失率高达18%。1952年、1953年、1954年，每年全县（含境内）虫粮都在1500万～2500万公斤，约占当年总储存量的20%。为解除虫害对存粮的威胁，全县认真贯彻执行"以防为主，防治并举"的保粮方针，结合1955年开始的"四无粮仓"活动，努力在"防早、防好、防全面"上下功夫，以"治少、治早、治了"为原则，达到"安全、经济、有效"的目的。境内近40年间的虫害防治大致经历了三个阶段：第一阶段是中华人民共和国成立初期。这一阶段主要采取物理机械防治的方法，即粮食经风、扬、晒、筛等方法处理，达到干、净、饱而防治害虫。第二阶段是20世纪50年代后期到70年代中期。这一阶段大量使用化学药剂进行熏杀害虫。第三阶段是20世纪70年代后期。这一阶段使用"三低"方法防治害虫。

在综合治理的方法中，除"三低"外，历史上曾广泛使用的办法还有下述几种：

清洁消毒防治 对储粮场所、工具、器材、物料等进行严格的清理消毒，清卫工作逐步做到高标准、严要求、制度化、规格化。坚持做到仓库不清洁不进粮，工具不干净不使用，务求彻底消灭虫、鼠害隐患。

物理机械防治 即用自然和人为的方法，作用于害虫机体，使之死亡或有效地从粮食中加以分离驱除。

压盖防治 即在粮食表面加盖防治虫害。

习性防治 根据害虫的生物学、生态学和生理学等方面特性加以对应的防治。

药剂防治 境内防治仓虫曾用过的药剂有"六六六"、滴滴涕、氯化苦、磷化钙、磷化铝、磷化锌、溴甲烷、高丙体"666"（烟剂）、敌敌畏、敌百虫、防虫磷（脱臭马拉磷）等。目前常用的有磷化铝、敌敌畏、可湿性"666"防虫磷等。

1950年始用"六六六"粉剂和"滴滴涕"乳剂防治仓虫。主要方法是在粮面散铺砻糠面喷"六六六"粉剂触杀，也有用可湿性"六六六"溶剂喷布、草包覆盖粮面或埋入粮堆上层者。由于"六六六"污染粮食，1953年禁止"六六六"粉直接用于粮堆杀虫。尔后，由点到面推广使用氯化苦熏杀虫粮。由于当时仓库密封条件差，一般都要由县局防治队成员到场才能进行。氯化苦熏杀虫粮直至20世纪60年代后期才逐步普及。1965年开始改用磷化铝、磷化钙、磷化锌（简称"三磷"）熏杀虫粮，熏蒸剂量根据粮堆仓虫密度和药剂性能而定。60年代的施用方法是：将自制竹管插入粮堆，使毒气分别从探管的小孔向各粮层扩散。70年代则用小布袋投药，分点分层插入粮堆，这样做减少了污染。对于粮堆局部虫害，一般用敌敌畏喷布物体埋入粮堆熏杀。80年代初始用防虫磷。防治方法一般采用砻糠载体法，即将药剂稀释喷布砻糠制成药糠，分层散布在粮面、粮底，四周略多一些。这种方法的防治效果也较理想。

四、鼠雀防治

中华人民共和国成立初期，由于仓房简陋，防护设备差，鼠、雀害十分严重。为此，保粮职工展开了围歼。1952年，全县共歼灭老鼠10995只。此后每年捕杀的老鼠数以千计。随着仓房条件的不断改善，防护措施相应严密，鼠、雀害基本得到控制。防治鼠、雀害的主要方法是堵塞屋面、墙壁、地坪的鼠洞，门窗装置防雀网、防鼠栏，以防止鼠、雀窜入粮仓。同时还采用毒饵诱杀、工具捕杀（经常更换诱饵、伪装鼠具）、人工围捕、捣毁雀窠等办法。毒饵诱杀药物有安妥、磷化锌、一氯醛糖等。

五、潮霉防治

中华人民共和国成立初期，囤装散装粮食不直接靠墙，仓、囤、底铺设砻糠，四周打扫洁净。在冬季定期翻动粮面，防止上层结露生芽。20世纪70年代粮仓普遍使用两油一毡设施后，仓底、墙壁受潮发霉现象逐步消失。对用薄膜封面的存粮，在气温差加大的情况下，加强检查，防止粮面结露发霉、生芽。

第四节　"四无"粮仓

1955年4月，国家向全国提出了建设无虫、无霉、无鼠雀、无事故的"四无"粮仓群众运动。江苏省粮食厅曾颁发《彻底清洁仓和基本清洁仓》。是年4月至9月，境内实现基本"四无"两处。1956年4月，境内成立"四无"粮仓运动办公室。1957年，黄埭、陆墓、湘城等5个粮库首批实现高级"四无"。

1958年，"四无"粮仓活动进入高潮，各乡镇（公社）由党委书记亲自组织指挥，在3月至4月进行了约50天时间的突击工作。但因制度不严、管理不紧，发生了各种事故。

1960年后，"四无"粮仓活动松懈，"四无"比例下降严重。1963年按经济区设库，实行独立核算，重提"四无"要求，当年实现"四无"仓容。"文化大革命"开始后，"四无"鉴定工作停顿。1973年，恢复"四无"粮仓活动，规定年度鉴定"四无"，并颁发"四无"粮仓合格证。

1978年，"四无"鉴定被列为仓储工作的一项重要制度，基层单位开展定期自查鉴定，县粮食局组织季度鉴定，市（地区）粮食局组织半年度鉴定，省粮食局组织年度鉴定。1981年，经江苏省、苏州地区两级粮食局鉴定，吴县成为实现"四无"县。1984年后，上级主管部门不再鉴定"四无"县，同时对"四无"质量稳定的基层单位实行"免鉴"。1993年，"四无"鉴定工作实际上处于停顿状态。

第五节 清仓查库

一、清仓查库

清仓查库历来是粮食部门的一项重要工作。吴县粮食局的储粮工作贯彻国家、江苏省、苏州市粮食局粮油保管制度，结合"一符四无"开创文明粮库活动，一般每年进行不少于2次的全吴县存粮交叉大检查，春、秋两季为必查。在清仓查库中，做到有仓必到、有粮必查、查必细致，确保账账相符、账实相符。下面记述两次国家级清仓查库工作情况。

2001年3月，中共中央、国务院决定在全国开展粮食库存大检查。这次粮食清仓查库工作以2001年3月31日24时为时点，对全国的粮食库存进行清查、核实。徐州市粮食局（新沂组）检查相城区。苏州市粮食局对盐城市进行检查，相城区成立由发改局、监察局、农发局等9个部门组成的联合检查组（东台组），对盐城市东台市粮食局开展粮食库存检查。

2008年10月，国务院决定于2009年3月开展全国粮食清仓查库工作，以2009年2月末粮食库存统计结报日为检查时点。

苏州市粮食局在苏州市政府的领导下，按照"有仓必到，有粮必查，有账必核，查必彻底"的工作要求进行自查。相城区农发局按照省政府要求，及时对全区储备单位账、表、卡、实物从数量到质量和安全措施进行检查，及时整改。省粮食局组织循环交叉检查，昆山市粮食局检查相城区库存。相城区、昆山市联合检查组对吴江市粮食局、中储粮江苏分公司吴江直属库开展库存检查。

二、仓储制度

新中国成立初期，相关部门十分注意仓储制度的建立和健全。1951年，境内推行了春季曝晒降水分、夏季通风降粮温、秋季调运抓清卫、冬季入库讲摆布的保管制度。1952年，全境内各库大搞清仓查账，确立了必须仓仓有账、囤囤有数、粮账一致的制度，并规定了"四勤""五查"（"四勤"是勤记账、勤核对、勤检查、勤报告；"五查"是查粮、查账、查仓、查厂、查囤）的管理要求，又明确了全年各季粮温的限度。尔后，结合各项政治运动，特别是"四无"粮仓活动的开展，根据上级局的相应规定，全县各所、库逐步建立了仓储保管的各项规章制度。

(一) 粮油商品进出库制度

▲ 粮油进仓前做好清消工作，不清消不进粮。新油、陈油必须分开，便于推陈储新。

▲ 深入农村宣传党的粮食方针政策，帮助和指导群众把粮食晒干扬净，把好粮卖给国家，以保证入库质量。

▲ 入库时严格检斤验质，对收购入库的粮油当天分品种、分对象登记结算，做好普化对照。调入的粮油验质过磅进仓。

粮油出库，包括供应、调出、拨付加工等都有出库和提货手续，并准确做好过磅记录，出清仓囤后及时计算出损耗与溢余，抓紧清消。

(二) 粮油检查制度

保管员坚持做到三天一小查、七天一大查。风雨雪天及时查，危险粮天天查，有仓必查，查必彻底，发现问题，立即处理，并做好详细记录。

(三) 安全保卫制度

建立安全小组，加强防火设备的管理。

对设置的水池或太平缸、太平桶、灭火机、水泵等，派人兼职管理。定期检查保养。粮库所有人员轮流值班巡夜。仓库、囤区严禁堆放易燃物品。有醒目标语及警戒线。严禁在仓内、囤区吸烟，杜绝一切隐患。

每天打扫卫生，处理好地脚粮。及时清除仓库周围杂草、垃圾、污水、瓦砾碎石。做到仓内上下四周六面光，仓外四不留，同时做好工装器材的清理和清洁工作。

(四) 仓储定额管理责任制

为减少粮食仓库的物资消耗，提高劳动效率，节约费用开支，合理利用仓房，在开始建"四无"粮仓时，对仓库实行定费用、定损耗、定器材、定人员的"四定"管理制度。20世纪60年代初，按照江苏省粮食厅的规定，在全境域内实行仓容、器材、劳动、费用、保管损耗、流动资金和盈亏等7项定额指标管理，基本上做到了各项业务都有定额。同时结合定额又抓了岗位责任制。这就使全境域内仓储工作效率明显提高。1981年，全境域内实行以"五定"（定人员、费用、仓容、设备、资金）为内容的班组（堆栈）核算制度，并同奖惩办法挂钩。

粮油保管溢耗，应实事求是上报，不得预报、估报、虚报或隐瞒不报。溢耗应该以一个仓囤、一个批次为限。待粮油物品出清后，根据粮油出入库数量，凭证进行计算，并按规定的审批手续上报。溢耗不能冲抵，对溢余和超耗一律采取"先登记、后结果"的办法，查明原因上报，没有正当理由者作事故处理。

1987年，根据上级粮食局对仓储工作的一系列规定和要求，从仓储功能多样化的实际出发，全境内仓储管理实行百分考核办法，以进一步调动和激发仓储干部职工的积极性。

第六章 粮油调运

第一节 调运

一、调拨办法

中国历代封建王朝从江南诸省征收的粮食（称"漕粮"）通过水路运至京都或指定地，供帝王及官府和兵丁食用。漕粮大多用木船运送，其运输过程称为"漕运"。

辛亥革命后，田赋制度虽沿用清廷旧章，但改征银圆，故漕运制度废止。

民国初中期，调拨国家、省级军用或官用食粮由省下达调拨令，吴县以赋谷价（低于市价）向粮商采购，并由粮商同业公会负责调运（政府派军警护送）。民国三十四年（1945），恢复赋谷实征，所征赋谷大部分由粮商同业公会会员（米行、米商）代储，调运也由粮商按指令实施。除了漕粮调运外，明清以来，吴县一直是江南重要的粮油集散埠口，经常性的粮油商业流通，运量很大。民国三十七年（1948），吴县全县粮田面积181万多亩，年产稻谷800万担左右，其中粳稻谷占80%，籼稻谷占15%，其他杂粮占5%。这些粮食缴纳实征、借征、公粮、稻谷捐献、滞罚共264万多担，农户自食自留400多万担，城镇居民日消费约5600担，全年稻谷约458万担。境域内各地余缺情况复杂，品种调节也很多。全年仅粮食一项县内外运量高达600多万担，即3亿多公斤。

中华人民共和国成立初期，吴县的粮油调运除征赋和捐献的粮食由国家调动外，大宗的社会流通还是由私营粮商经办。1953年冬实行统购统销后，大宗的粮油调运由国家粮食部门统一实施，私商只是在批零业务和少数批准外购内销范围内自行调运。60年代初开始，依照中央"统一征购，统一销售，统一调拨，统一库存"的"四统一"制度，执行"全面安排，统一调度"，"先中央、后地方""保证重点、照顾一般"全国一盘棋原则，确保完成国家下达的调拨计划，安排县内外调运任务，及时填发通知单；严禁盲目乱调，搞乱运输计划。

1979年以后，随着各项规章制度的建立和恢复，通过企业整顿和"扭亏增盈"活动，扩大就厂、就库提货，加大边收边调等办法，减少粮食流转环节，节约了费用。

1983年，农村体制改革，粮食收购由过去生产队集体交售粮食改为分户交粮。为方便农民，境域内采用增设收购网点和预约上门收购方式，增加粮食运量和装卸搬运量。1993年，国家取消定量供应制度，农户出售粮油一般按行政区域出售给当地粮管所。随着农村产业结构的不断调整，全吴县粮田减少，境内粮食逐步以调入为主。

1984年后，随着"多渠道"流通的开展，吴县和各基层所议价经营广泛发展，各粮油加工厂自主经营蓬勃兴起，粮油调动量日趋增加。一般县内外的运量都及时编制计划，仍由县统一组织。县内各企业间的调运则自行组办的较多。

1991年，全境内遭受历史罕见洪涝，调动工作打破常规，采取水陆并进，突击调运粮油，确保储存安全和市场供应。

1997年12月28日，国家粮食储备局发布《国家粮食储备局运输管理规则（试行）》并从1998年1月1日起试行。新的运输管理规则以"总则""运输计划及合理运输""包装物及铺垫物""粮食发运""粮食接收""粮食中转""责任划分""运输定额损耗""运输事故处理""运输统计"等章节，对粮食运输管理做出了详细规定。

1998年11月18日，江苏省粮食局发出内部传真电报，对粮食运销手续有关问题做出规定：粮食经营企业跨县（市）运销小麦、玉米和稻谷，必须持有国有粮食收储企业或县以上粮食交易市场带有承运联（随货同行联）的销售发票，在国家印制全国统一的销货发票及准运证前，继续沿用原发货明细表，但必须由国有粮食收储企业或县以上粮食交易市场或粮食加工企业填制并加盖印章。

1999年1月1日起开始执行增值税专用发票和粮食销售统一发票。跨县（市）运销小麦、玉米和稻谷及其成品粮，在运销过程中发生中转、铁水、铁汽联运和分运等，由于随货同行联（承运联）的增值税专用发票或粮食销售统一发票不能一票多用，可由收粮单位提前向所在县（市）工商局申报，经核实后，由所在地工商局出具证明，并随货同行。

国家和地方调拨、集并、移库的粮食，不属于粮食销售范畴的：国家的军供粮、进出口粮和救灾粮、储备粮根据国家下达的计划任务，由省粮食部门下达分配指标，并抄送省工商行政管理局；地方各级政府的储备粮、救灾粮由各级粮食主管部门根据同级政府计划任务下达分配指标，同时报省计经委、工商局、国税局、粮食局，并抄送同级工商行政管理局，填写"江苏省国家粮食调拨单"并经同级粮食行政主管部门审核、加盖公章，凭调拨单运输。

二、调拨种类

中华人民共和国成立后，粮油调运一般分为省外、省内、县内三种类型。

省外调运　调往省外的粮食主要是供应大城市居民、军队、支援灾区和外贸出口，议价粮油也占有相当比例。省外调入的粮食比较少，仅是少量进口小麦、大豆等，也有作为补充饲料用的玉米、大麦等。

省内调运　主要是地市间县外调运，少量省内地市外的调运。调出以成品粮为主，原粮次之；调入以玉米、杂粮和副产品为主。1970年吴江面粉厂投产后，面粉无特殊情况一般不调入，调出量大大超过调入量。

县内调运　主要是县内各粮管所粮店粮油供应、仓库粮食集并及加工厂所需原料和成品粮油的调运。

在粮食调拨的统计中，1952年至1985年分为省内、省外的调入调出；1986年至2005年，只有县外调入调出。

第二节 运 输

一、运输方法

境内历来是粮食出产大户，每年调出粮食数量较大。调出的品种主要是稻谷、大米。杂交籼稻、晚籼稻主要是加工成大米后调出或出口。调入的品种主要是小麦、面粉和一些小杂粮。

境内各地粮食余缺品种不一，因而调运工作十分繁重。在粮食运输上，结合粮油购销、加工情况和交通条件做到合理流通，科学地制定商品粮油的合理流向。

粮油的运输方式有包装运输和散装运输。一般省内、省间的调拨都采用定量包装运输方式，上下货物以装卸工人车运或肩扛为主，后来部分单位逐渐改为机械输送。包装运输在运输途中损耗较少，但人力、物力、财力费用较大。

县内集中加工和短途调拨主要采用散装运输方式，运输工具主要是轮拖，由交通运输部门承运。运输部门先后配置了吸粮机、出仓机、吊车（杆）和移动式平面输送机，添置了地中衡等装卸机械，以减轻劳动强度和提高上下粮速度。散装运输由于在人、财、物上优于包装运输而得到大力推广。境内粮管所、储粮点都沿河道而建，运输全靠船运，两个油脂加工厂调往省间、省内的货物基本上是散装。

粮食市场化后，本县粮食经贸量仍然较大，各地按照增效益、保市场的需求对外采购，对粮食运输也实行放开，按需求采用包装或散装方式运输。

二、库布摆布

中华人民共和国成立初期，由于储存条件限制，境内粮油储存基本上采取就地解决办法。储存网点多，实际上是储存安全决定了流向。1955年，政府明确提出调运工作必须首先抓好合理摆布，做到就地保管、就地加工、就地供应；贯彻就近取粮、就近供应，减少搬运环节。是年，全县（含境内）共完成省外调拨任务841万公斤，省内调拨6379万公斤，没有发生迂回倒流运量，而当年县内运量共有2.75万公斤。1956年，全县从理顺流向上考虑合理摆布储存，当时调整了加工厂和仓库布局，开始组织跨界交粮，执行按计划"留下来，跨出去，一边倒"的流向原则。1958年起，受极"左"思潮影响，粮食大批外调后，境内库存空虚，粮食供求不平衡，出现了购后又销现象，正常供应粮反而从异地调入。1961年，县内总运量高达1550多万公斤，比1956年增加885倍。

1963年，粮食部颁布《粮油基层合理运输试行办法》，扭转了同一经济区域内的相向迂回倒流等不合理运输现象。

1966年起，相关部门对太平、油泾、陆墓等公社的大部或部分入库粮采取"舍近就远"办法，使粮食一步跨入苏州市。全境内多个公社实行跨界交粮，按国家的超义务运粮里程付给运费。一步到位、一步跨出办法，既节约了装卸力资，减少了粮食损耗，又增加了农民收入。1967年至1978年期间，这种办法被破坏，乱调乱运、迂回倒流等不合理运输现象屡屡出现。

1979年以来，随着各项规章制度的恢复和建立，粮油商品恢复合理、经济流向。粮食管理部门通过企业整顿和"扭亏增盈"活动，强化计划运输管理，扩大"三就"（就厂、就库、就船）范围和数量，减少粮食流转环节，节约了费用。1981年，全县（含境内）一步入市、入厂、入烘粮食1646.15万公斤，跨界交售、就所、就厂提货粮食2821.56万公斤。

1984年，农村实行分公户交售粮食，粮油流转渠道增加，境域内调整了摆布和流向，合理增加了两步运输量。

三、运输工具

境内河网纵横，终年畅通，水运发达，历代粮食以水运为主。

中华人民共和国成立后，粮油物资逐步为国家掌握，粮油调运依靠县内运输部门的运输工具完成。政府相关部门规定，粮油属运输部门运输的一类物资，应给予优先并保证安排完成。农村出售粮油均用集体自有的船只和农船运输。

运输船只，20世纪50年代以手摇和风帆结合的农用木船为主，亦有少量的机动轮队。1958年，全县组织农船1320条、3950吨位，完成省外调拨任务2182.5万公斤，省内调拨710多万公斤，调入调出各种种子粮547.5万公斤，县内调拨653万公斤。60年代后，运输部门运输能力扩大，逐步发展大型机动轮队，粮食运输加快。此外，调往外省粮食，经苏州铁路、上海和张家港等中转运输。70年代后期，粮食部门曾在转运站和湘城以及第一和第二两个油化厂建立运输船队，转运站还设有汽车运输队。

第三节　管　　理

中华人民共和国成立后，境内的粮油调运管理工作贯彻执行中央统一调度和"四统一"精神，各个时期都按照上级的要求，不断制订和完善具体的管理制度。其主要内容有以下三个方面。

一、调运制度

凡粮油调出单位应做到以下五点：

（1）要根据县局下达计划，按品种、数量主动向运输部门提出计划，以便提前安排、保证需要。

（2）对调出的粮油必须按照规定，保证质量，凡不合格的须经处理合格后方可发运。

（3）调出粮油必须点件检斤，不得估计数量。

(4) 包装器材必须严格挑选，坚固结实，不破不漏，达到安全运输要求。

(5) 装运前认真检查运输船（车），做到"五不装"。即容易造成撒漏的不装；装过毒品、农药或有异味未经清洗或清洗不干净，易造成污染的不装；装载过其他物资未清扫干净的不装；发热、污染、变质和不符合调运质量的不装；包装破漏的不装。

分清调出、承运和调入三方面责任，各负其责，避免扯皮和推诿。

二、损耗和运费

对调运过程中各道工序、环节所需费用，分门别类做出规定，并随整个物价指数不断有所调整。

对运输过程中的合理损耗，按照不同的运输工具和品种的具体情况做出相应定额规定。在实际运输损耗未超过规定定额时，调入方应按原发数量验收结算。如果发现溢余，调入方应按实际数量结算，涨溢部分不得与损耗相冲抵。对运输途中发生的丢失、被盗，不得混做损耗处理。运输损耗的负担：从调出到调入，定额以内的损耗由调入方负担；发生超耗应查明原因，分清责任，由责任方负担。

三、装具管理

粮油装具（麻袋、面袋、油桶）是粮食部门运输粮、油的专用工具。

20世纪50年代，粮油装具由上级统一管理，按需分配。境内是按调粮数调进，随货调出。1950年使用的是中粮公司专用装具，面袋为22公斤装，带袋出售。1953年冬粮食实行统购统销后，装具才统一规格、统一标记、统一管理。

60年代初，粮油装具实行县局统一管理，统一调度平衡。1963年7月，全系统开展了一次整顿工作。1972年，境内粮油装具全面执行定额使用办法，大大降低了损耗，提高了周转使用率。1974年，根据江苏省革委会商业局《关于下达粮油装具管理试行办法的通知》，进一步健全和完善境内装具管理。1976年，吴县曾出席在青岛召开的全国粮油装具会议，并在大会作了汇报发言。

80年代开始，境内粮油装具的集散、维修划分为3块，即面粉厂负责面袋，两个油厂分片负责油桶，转运站继续负责麻袋。

粮油装具分为标准装具和非标准装具两类。同时，装具又分为新、旧两种。在内部调拨作价上各有具体规定。

表 6-1 1953 年至 1993 年吴县（含境内）粮油调运情况表

单位：万公斤

年份/年	调入			调出			
	合计	省外	省内	合计	省外	省内	外贸出口
1953							
1954							
1955	153	111	42	8280	1249	7031	
1956	965	260	705	7962	2145	5817	
1957							
1958				9183.5	2182.5	7001	
1959	234	67	167	6793	772	5840	181
1960	66		66	5422	1308	4114	
1961	319	57	262	5911	179	5682	50
1962	277	12	265	9798	37	9686	75
1963	579		579	11305	749	10556	
1964	329	6	323	15369	3172	12197	
1965	1398	65	1333	18371	4264	13910	197
1966	1776	633	1143	15156	2503	10233	2420
1967	1831	161	1670	17465	3800	13665	
1968	1229	99	1130	9267	2462	6805	
1969							
1970	1300	448	852	20019	3379	12530	4110
1971	968	61	907	14135	830	9862	3443
1972	446	4	442	16678	1370	11803	3505
1973	1563	41	1522	18309	63	8885	9361
1974	1037	144	893	13998	258	9173	4567
1975	788		788	14423	280	9086	5057
1976	839		839	10532	3298	6267	967
1977	1252	89	1163	15602	4614	8592	2396
1978	679		679	12298	328	7815	4155
1979	1078	369	709	14383	2881	7453	4049
1980	1167	294	873	9595	779	5036	3780
1981	2106	1376	730	4848	225	4053	570
1982	1129	292	837	4612	707	2702	1203
1983	406		406	5493	1123	1645	2725
1984	944	773	171	5180	1004	1023	3153

续表

年份/年	调入			调出			
	合计	省外	省内	合计	省外	省内	外贸出口
1985	927		927	2807	838	714	1255
1986	1418	99	1319	1349	880	63	406
1987	240		240	622		232	390
1988	596	71	525	532		481	51
1989	783		783	568		568	
1990	684		684	1297	15	862	420
1991	627	100	527	373		282	91
1992	314	204	110	209		209	
1993	省内外无调出入						

注：1953 年、1954 年、1957 年、1958 年、1969 年数据无法查到。

第四节 调运价格

中华人民共和国成立初期，粮食调拨没有统一规定的作价办法，由收发双方按照当地的具体情况签订协议，协商作价。

1950 年 12 月，财政部、贸易部下达《关于财政粮拨交贸易粮交接办法协议》，规定有收购市场者，按当地粮食公司的收购牌价作价；无收购牌价者，按销售价减 5.6% 作价。

1951 年 9 月，中粮公司规定，系统内按发粮方以"最后发粮点"的同品种、同等质量的收购牌价加 6% 经营费用作价；无收购牌价者按销售牌价减税金 2.3%、利润 1% 作价。费用负担以"最后发粮点"装车（船）为分界线，装车（船）前的费用由发粮方负担，装车（船）后的费用及粮食定额运输损耗由收粮方负担。

1953 年 10 月，粮食实行统购统销制度后，粮食部于 12 月制定新《粮食系统粮食调拨作价办法》；面粉销售环节不纳营业税，按"最后发粮方"的统销价作价，其他粮食一律按发粮方"最后发粮点"同等质量的统销价减营业税 2.5% 作价。

1955 年，粮食部颁发《国家粮食机构内部调拨作价暂行办法》，规定除面粉外，其他粮食一律按"最后发粮点"的统销价减商品流通税 4.0% 作为调拨价。调拨费用负担仍按 1951 年的规定执行。

从 1961 年夏粮收购起，国家较大幅度提高粮食统购价，粮食购销价格倒挂。是年 5 月，粮食部重新制定《省间粮食调拨作价办法》，规定调拨粮食（包括原粮、成品粮、副产品薯类）一律按发货省"最后发粮点"同等质量的统购价加经营费用和粮食征购奖金作价（经营费用标准由粮食部一年核定一次；粮食征购奖金，1960 年，江苏省每 50 公斤原粮为 0.3817元、大米为 0.5484 元、面粉为 0.4562 元）。调拨的粮油由于水分、杂质与规定标准不符，按规定应增减的价格只按增减调拨价中的统购价部分计算，不得按整个调拨价计算。1962年，收购粮食取消征购奖金，调出粮食不再加收征购奖金。

省内调拨粮食、油料、油品均按发货方县城所在地同等质量的统购价作价。无购价的油饼、副产品可按同等质量的统销价作价，棉籽按商业部的拨交价。经营费用，江苏省核定苏州专区为每50公斤0.39元。1965年起省内调拨一律不加经营管理费。

1979年，江苏省粮食局下达《粮食系统内部调拨粮油作价办法的通知》，规定省间调拨的粮食、油料、油饼一律按发货省省委所在地同等质量的统购价加经营费用作价。调拨食用油品一律按发货省省委所在地同等质量的统购价加8%的经营费用率作价；省内调拨粮食、油料、油品一律按发货方县城所在地同等质量的统购价作价；无购价的副产品，按同等质量的统销价作价，一律加收经营费用；吴县内粮油调拨按苏州地区粮食局对专区内、县内粮油调拨收取经营管理费的标准执行；成品粮内部调拨按专用统购价调拨。

1985年，粮油统购改为合同定购，省内调拨的粮食、油料、油脂一律按发货方县城所在地同等质量的统购价（无购价的副产品则按统销价）作价，不再加经营费。粮油依质论价，执行江苏省规定的收购依质论价办法作价。对小麦改为按冬小麦标准执行。副产品调拨，县外一律按统销价调拨，县内作移库，拨交饲料公司按比例价执行。花生和菜籽的调拨另加饼差价。粮油的品种、品质差价和价外补贴计入调拨价格中，饼粕按统购价加差价调拨；省间调拨，以江苏省省会南京市的统购价按质论价后加经营管理费作为调拨价格。作价办法执行国家标准规定的半等级半增减价作价。经营费不参加依质论价。

1986年新粮开始，省间计划内粮油调拨经营费用调高为原粮每50公斤3.70元，成品粮每50公斤3.90元，糙米每50公斤4.40元，大豆每50公斤4.70元，油料、油脂按统购价的17%计算。

1990年，按省粮食局规定，对国家计划内调往省外的油脂，在调拨价的基础上每50公斤另加10元补贴。

1991年，省内调拨（不包括粮食部门内部工商加工拨交）的粮食及副产品按发货方县城所在地同等质量的统购价按质论价作为调拨价格，油脂、油料及副产品调拨按发货方县城所在地同等质量定购价按质论价。省间调拨的粮油按发货省会所在地同等质量的定购价按质论价后，再加规定的经营管理费作为调拨价。

1992年，省内调拨（不包括粮食部门内部工商加工拨交）的粮油，按县城所在地同等质量的定购价按收购依质论价办法作价调拨，不加经营管理费。

从1993年4月1日起，全省取消粮食、油料定购任务，粮油购销价格放开。境内粮油计划调拨只有对苏州市的委托代购粮油按计划上缴，基本上无国家计划粮油调拨任务，仅有少量救灾粮，国家专项储备的临时调拨和集并。

到2000年，苏州市取消对各县市的粮食代购计划，上缴调拨业务到1999年年底全部结束。粮价放开后，市场粮油经营由企业自主协调调拨（粮油质量标准仍参照国家标准执行）。

第七章 粮油加工工业[①]

粮油工业是境内工业生产的先导和支柱,从20世纪70年代初上溯几十年,粮油工业产值在全境域内工业总产值中一直处于举足轻重的地位。

中华人民共和国成立后,境内粮油工业由私人经营逐步过渡到代国加工和国家经营,模式上由分散小型发展为集中上规格。国家积极帮助改造旧企业,有计划地调整布局,不断改进技术、工艺,增添一批新型企业,提高管理水平。同时大力开拓生产领域,发展产品,保证质量,开展综合利用,兴办饲料和粮食机械生产,取得了显著成效。

中华人民共和国成立初期,境内加工工业生产能力为:境内共有19家碾米厂,全年加工碾米能力227133吨(不包括未代加工的厂),其中:国营1家,合作社营1家,私营17家。本境内加工能力绰绰有余,而未全力投入生产。从加工性质上来说,国营利用加工能力,由于国营吴县第一碾米厂是在第四季度成立的(前身为黄埭私营协记米厂),所以未全部投入生产。由于合作社加工厂分布地区较少,因此在以销定产的原则下未能大力利用。私营加工厂加工任务少,在全面照顾的情况下,17家私营加工厂根据各自的加工条件进行代加工业务,因此一般利用生产能力较广。

1978年12月后,随着"改革、开放、搞活"政策的贯彻执行,在流通上实行"多渠道""双轨制"的粮油原料增多,粮油市场需求有了新变化,产品向精、细、深加工发展,粮油工业的综合经营和食品饮料生产由此日益扩大和增多。大力发展外向经济,企业的经营、管理体制不断改革和完善,推广价拨加工,扩大自主权限,严格各项核算和考查,强化安全文明生产,使整个粮油工业进入了新的历史阶段。1987年,吴县全县(含境内)粮油工业总产值9693万元,实现利润593.39万元;1993年完成工业产值32856万元,实现利润1862万元。

第一节 粮油加工及生产工艺

一、解放前的粮油工业

(一)碾米

境内碾米历史悠久,从手工加工自食开始,经过漫长的历史才发展为季节性代客加工。

---

① 附注:2001年前的资料为相城区建区前的,采用全吴县名称和数据。

民国十六年（1927）北伐后，境内经济相对稳定，税卡撤除，稻米流通自由，外销有利可图，加上各地陆续兴办小型电厂，基于盛产稻谷的有利条件，境内机械碾米厂兴办较多，主要有望亭镇的望亭电气电灯碾米厂、裕和碾米厂以及黄埭镇的苏州电气碾米厂黄埭分厂等（见表7-1），堪称境内碾米业的大发展时期。此时，日商洋行在上海大量抛售期货洋米，境内又遭干旱和水涝，稻谷产量减退，米商从上海购进统货洋籼，通过筛理分等分级出售，市场米价下跌较大，造成当地碾米厂无法经营，改业、倒闭者甚多，大部分停业。据民国二十二年（1933）2月出版的《中国实业志（江苏省）》记载，当时吴县有碾米厂14家，资本57350元（平均每厂4097元），机器总数发动机14台，碾米机17部，工人总数87人，年碾米量15.16万石。其中境内有望亭的潘恒升私立碾米厂和裕和私立碾米厂，黄埭的苏州电气碾米厂黄埭分厂，是专业碾米厂；望亭的苏州电气厂望亭电灯分厂，是以电灯为主兼营碾米。

表7-1 民国十九年（1930）4月境内各区碾米油饼工厂状况表

名称	地址	开办时间	组织性质	资本数/万元	全年营业价值/万元	经营业务	所用原料	运输地点	职员人数	全年营业情况
苏州电气厂望亭电灯分厂	（四区）望亭镇	1924年12月	合资	约0.5	约0.3	白米	本国糙米	本镇及附近各乡	10	略有盈余
潘恒升私立碾米厂	（四区）望亭镇	1919年3月	独资	约0.3	约0.6	白米	本国糙米	上海或本县境内	12	不甚发达
裕和私立碾米厂	（四区）望亭镇	1926年2月	独资	0.3	约0.4	白米	本国糙米	上海或本县境内	9	不甚发达
吴聚兴碾米厂	（四区）望亭镇	1929年12月	独资	0.3	约0.4	白米	本国糙米	上海或本县境内	10	不甚发达
正兴碾米厂	（七区）湘城镇	1928年7月	独资	0.25	0.27	白米	本国糙米	县、区	6	
裕和碾米厂	（七区）太平桥镇	1929年4月	独资	0.2	0.16	白米	德国糙米	县、区	4	
俞德丰碾米厂	（七区）陆巷镇	1927年10月	独资	0.25	0.2	白米	本国糙米	县、区	5	
苏州电气碾米厂黄埭分厂	（十二区）黄埭镇	1924年4月	股份有限公司	1	0.4	白米	本国糙米	上海、苏州	12	

抗日战争爆发后，境内碾米业约有半数的厂（坊）破产倒闭。嗣后，日军设卡清乡，封锁交通，粮油流通受阻，而当局又严禁囤粮，打破了当时城乡长期食用糙黄米的习惯，迫使县内各乡镇以戽水船设备开展碾米加工，小型碾米厂、砻坊数量激增。民国三十二年（1943），因境内干旱，至年底，米价暴涨，众多米商感到单纯经商起伏不稳，遂又转办米厂，认为不负买卖盈亏，只要多方招揽主顾，自能盈利在握，因而米厂又一度增加较多。望亭镇的永泰、大成、裕太丰米厂以及黄埭、陆墓等乡镇相继开办了一批米厂。

抗日战争胜利后，农业生产曾一度有起色。粮食自由流通，市场扩大活跃，碾米工业继续恢复和发展。但时隔不久，物价上涨，货币贬值，碾米生产过剩，米厂纷纷倒闭歇业或转业。

（二）榨油

境内"种田油车"，历史悠久。农民将自种菜籽以手工、石臼舂、人力敲榨方法取油自食，饼作肥料和饲料。据史志记载，自清乾隆后期始，逐步出现了为邻近农民加工榨油和制作菜饼的作坊。但数量有限，且为季节性加工，作坊从中收取加工费或农民用成品、副产品抵加工费。专门收购菜籽榨油的作坊，最早大约在清嘉庆以后出现，主要分布在城区和郊区的结合部。境内最早的油坊是黄埭镇的王恒泰油坊，约在光绪十六年（1890）前后开设。民国初期，境内已有较多油坊（车），湘城、太平、通安、黄埭、北桥、望亭等乡镇的油坊（车）都为季节性代客加工，生产工具原始、规模较小。

民国二十九年（1940）前后，境内黄埭等地先后组办过较大规模的油坊（车），这些油坊（车）均为季节性加工，且资方迭更频繁，设备也较简陋，绝大部分是手工炒制，控研（石砣）碾碎，人力敲榨或畜力牵引。抗战胜利后至解放前夕，境内初具规模的油厂（坊）有黄埭镇的王恒泰油坊，太平桥的公兴油坊，望亭镇的仁大油坊、大成油坊。

（三）制粉

农村备磨自制的习惯，千年沿袭。清末城镇出现米店、米行后，有的店（行）兼营磨坊。这类磨坊一般备有石磨一两具，使用人力和畜力牵拉，再用生丝织的绢做成筛子进行手工筛粉，以粗粉、细粉和麸皮上市销售。后来碾米业兴起，不少厂都备有石磨，继而又改为钢磨，也有的自置净麦设备用于碾粉，以面粉、麸皮作为兼营品种供应市场。

境内城乡居民食粮素以大米为主，加上无锡、上海等地调入面粉比较方便，因此专业制粉厂在境内兴办较迟。

民国三十年（1941）4月，私商朱一心等在黄埭镇集资开办大有制粉股份有限公司，生产销售"蝴蝶"牌面粉。该公司就地采购小麦加工生产，全数供给本地消费。民国三十五年（1946），黄埭另开设大隆面粉厂，两年后关闭。

二、中华人民共和国成立后的粮油工业

中华人民共和国成立后，黄埭镇的王恒泰油坊改为由工人合资经营，取名"群力油坊"（1951年关闭）。望亭的大成、仁大两厂的榨油设备在1951年至1952年被拆除。

中华人民共和国成立后，因大部分面粉由苏、沪、锡调入，境内面粉厂只有黄埭镇的大有面粉厂一家。

1951年7月至1952年9月，境内先后创办了以下几家粮油企业：

（1）湘城合作社碾米厂。由合作社集资组建而成，设备有一砻二机，引擎一部25匹。

（2）望亭合作社碾米厂。系1949年下半年盘下私营永泰米厂后组建而成。设备有一砻二机，马达3只，30千瓦。

自1950年起，人民政府对私营粮油工业企业进行了公私关系、产销关系和劳资关系三个方面的调整，以发挥其有利于国计民生的积极作用。主要有公私兼顾、劳资两利，厂方在保证接受国家粮食部门加工任务和所派驻厂员监督下，收取合理的工缴费用，使之经营正当，有利可图。少数自购原料加工厂，也按照国营中粮公司的安排，以市场销量作为自营依据。对于资金短缺，维持正常生产确有困难的厂，由国家贷款扶植。各厂都筹建工厂管理委员会和职工代表会，坚持工人阶级当家作主，管好生产，组织各种形式的劳资协商会议，签订劳资集体合同；对工厂生产、劳动纪律及职工工资、福利等作出具体规定。

1953年，中央人民政府政务院决定，粮食加工管理由工业部门移交粮食部门进行。粮油实行统购统销。私营粮油面加工厂（坊）参与粮油国家加工生产。

粮食部门根据各私营厂的设备技术、经营水平和摆布流向需要，对当时的私营米厂、合作社办碾米厂和油坊进行筛选，只有砻米机和动力而没有除杂措施的厂不予代国加工。凡被批准代国加工的厂由工商行政部门负责营业登记和管理，粮食和工业两部门密切配合，做好设备技术审查。

1954年，相关部门遵照政务院1953年11月19日通过的《粮食市场管理暂行办法》，对全境内私营米厂、砻坊及流动性碾米船，在代农加工粮食方面进行严格管理。同时按照产需流向，本着先公后私、公私兼顾的原则，继续向各厂下达代国加工任务。其间，对设备简陋、成品不合规格、经营上不老实的厂逐步减少代国加工，直至淘汰。黄埭私营大有面粉厂被批准代国加工面粉。

黄埭镇私营陆协记米厂在1952年私自动支公粮"九二米"4974.5公斤，经法院判决应分期归还，因私方一直无力赔退，1954年11月3日由法院判决没收该厂，改组为国营吴县第一碾米厂。

表7-2　1953年至1954年境内国家委托加工米厂统计表

地点	厂数/家	机器设备/台		动力设备				每日10小时碾米量/公斤	职工人数/人
		橡皮砻谷车	碾米机	引擎		马达			
				数量	匹数	数量	匹数		
黄埭区	7	8	18	4	95	11	138.5	45000	56
陆墓区	2	2	6	1	20	2	46	37500	28
阳城区	4	4	9	2	45	4		25000	52

1954年11月13日，根据江苏省商业厅、粮食厅联合转发的《对代农加工的私营米厂、砻坊及碾米船加强管理的几项规定》的精神，全县对私营米厂、砻坊进行整顿，经县委批准并会同工商部门作出规定。

1956年1月21日，境内粮食工业相继实行全行业公私合营（表7-3）。为了加强合营工作的领导和管理，县委、县政府直接组建粮食加工公司，下设秘书、财会、生产技术、劳动工资等4个股，1个大有面粉厂。同年4月，由于望亭电厂和吴县农具厂扩建，经批准，拆去望亭大成米厂和浒关天南米厂。

表7-3 1956年境内公私合营企业组成情况表

序号	厂名	下设车间				
		第一车间	第二车间	第三车间	第四车间	第五车间
1	吴县望亭碾米厂	仁裕米厂	长丰盛米厂	仁大米厂	裕丰米厂	裕太丰米厂
2	吴县湘城碾米厂	正隆米厂	协成米厂	源丰米厂	三兴米厂（黄埭迁至渭塘）	
3	吴县陆墓碾米厂	石聚记米厂	合记米厂	徐恒兴米厂	新丰米厂	
4	吴县黄埭碾米厂	公记米厂	乾太米厂	三和米厂	合昌米厂	马骥记米厂
5	吴县大有面粉厂	大有面粉厂	大有米厂			

1956年10月，实行以中心厂为经济核算单位办法。黄埭以国营黄埭碾米厂为中心，下设5个工场；湘城以国营湘城碾米厂为中心，下设4个工场。黄埭大有面粉厂继续单独核算。

1956年，黄埭米厂五车间拆迁至黄桥，成立黄桥米厂。

1960年3月，成立吴县粮油饲机械修配厂；吴县第一油坊化工厂（陆墓）划归粮食系统。同年4月，陆墓民生酒厂也划给粮食系统。12月，境内有望亭、东桥、蠡口、陆墓（含吴县第一油脂化工厂）、黄桥、北桥、油泾、太平、渭塘公社的粮食管理和粮油加工企业，及黄埭的吴县第二面粉厂（含米厂）、民生酒厂等归粮食系统管理。

1961年下半年开始，贯彻执行"调整、巩固、充实、提高"方针，全县共精简农民工102人。

1964年4月，民生酒厂划归工业系统管理。1976年，黄桥米厂转让给黄桥公社管理。1979年，针对粮食加工任务不足的情况，集中力量发展饲料加工，决定将蠡口米厂改为经营性加工厂。1984年4月，吴县粮食局撤销加工股，成立粮油工业公司，下设3个组，即计划财务组、生产技术组、供销业务组。后又改名为"吴县粮油食品工业公司"。1993年年底，境内粮、油、饲料加工厂分布在望亭、渭塘、湘城、蠡口等乡（镇）。

三、生产和工艺

境内的粮油面生产，历史上以人力为主，部分以畜力代替。主要生产工具为木砻、石臼、木榨、石磨等。民国九年（1920）前后，始发展机器和电力。彼时工艺技术十分粗糙笨重，设备简陋，产量低、质量差。米厂尘灰弥漫，工人粗布扎颈、麻袋束身，油坊工人赤身露体，劳动强度大。

（一）碾米业

清朝中期，专业米坊采用木砻碾糙、石臼脱皮（糠）工艺。当时市场流通中大部分是蒸煮囤存的糙黄米，因而大部分米作坊是以石臼碾米，并在碾米过程中采用"粉打米"工艺，即在碾臼中掺入石粉，以缩短生产时间，增加白米光泽。

中华人民共和国成立后，碾米厂全部以机器、电力作动力，但设备依然采用老式砻谷机、米机，进料、清杂、谷分提筛等工种仍为手工操作。1950年5月，按上级要求境内各碾米厂保证每50公斤糙米出46公斤食米（俗称"九二米"），每50公斤籼糙出米46.5公斤，供应市场。是年9月23日，华东军政委员会通令：禁止掺入石粉，一律实行清打米。

时境内有碾米厂19家，全年加工碾米能力227133吨（不包括未代加工的厂），其中国营1家、合作社营1家、私营17家。本境内加工能力绰绰有余，而未全力投入生产。从加工性质上来说，国营利用加工能力，由于国营吴县第一碾米厂是在第四季度成立的（原黄埭私营协记米厂），所以未全部投入生产。因加工任务少，在全面照顾的情况下，17家私营加工厂根据各自的加工条件进行代加工业务，因此一般利用生产能力较广。

1953年下半年，按照"以质定率"的原则，各厂统一执行国家粮食部拟定的大米质量标准，由此解决了市场上出售的大米质量不一和等价不等质问题。同年12月，又统一执行国家标准加工大米，严格控制精米加工比重。这一年，在米车下部装置自动粮筛，减轻了劳动强度。

1954年，自1月份召开全县各加工厂会议以后，各地对设备装置有了普遍提高与改进。如境内的黄埭公记、陆墓合记等都不同程度地装置或改进了毛谷筛或刷米机、风车等设备。是年第二季度后，陆墓石聚记、黄埭大有等也都陆续按照可能条件装置了去杂风车、打芒机、刷米车等，进行设备的装置与改进。

在操作上，一般加工情况良好，出米率正常，会碾规格也符合加工标准，同时还消除了加工中的溢余、亏耗过多现象，使大米加工质量有了提高。

1955年，相关部门组织各厂围绕增产节约，继续大力推行各种优质高产、提高出粮（油）率的技术工艺设施。

1956年公私合营后，针对各厂分散、小型、布局不合理、工艺设备落后等情况，先后调整布局，切实改善管理，并开展劳动竞赛和先进生产者运动。望亭、渭塘等乡的粮食加工厂由人工操作改为半自动化；基本上解决了长期不能解决的大糠含粮现象。

在1959年至1962年的三年困难时期，各米厂进一步在布局上进行调整，着力于提高双季稻加工质量并兼营小麦加工。

70年代开始，境内粮油企业更加深入地开展了对工艺和设备的改革。

1970年至1985年，根据国家财政负担部分，境内望亭、陆墓、渭塘、黄埭、湘城、蠡口等乡（镇）的主要米厂厂房全部重建，并配置了现代化的定型配套设备。较多厂改用"30—5A"型碾米机和东方红双辊重型碾米机，使生产和工艺达到国家规定的通用化、系列化、标准化，完善了生产连续性的自动化流水线路。黄埭、陆墓等实行风运。

1978年1月，国家粮食部将大米标准改定为特等、标准一等、标准二等、标准三等4个等级，并由国家标准局定为"国家标准"。

（二）制粉业

民国三十年（1941）前，境内城乡制粉均在石磨磨坊进行，多数是代客加工，市场商品面粉由无锡、上海、苏州市区等地输入。当时的制粉工具有石磨粉筛（以丝绢作筛面的箩），牛力牵引，人力筛理。随着碾米厂的兴办，许多厂都设置石磨作为附营。尔后，多数碾米厂附设的磨坊改用引擎或马达（电力）作动力牵引磨粉，有的还增设了净麦设备。境内创办专业面粉厂后，旧式磨坊同时尚存。

民国三十年（1941）创建的黄埭大有制粉股份有限公司，资本总额2.5万元（法币），主要设备有清麦机、18英寸立式石磨、36英寸铁铸滚筒、马达各1台，主要由牛拉进行生产。当时产量很低，每天生产面粉6～7包（每包22公斤）。由于产量低，不敷需求，翌年该公司从无锡购进2台钢磨，并全部使用马达（电力）牵引，面粉产量增至每天10多包，之后又陆续增加清麦和筛理方面的机械设备。至1949年境内解放前夕，该公司拥有4台78英寸的钢磨，日产面粉100包。

中华人民共和国成立初期，境内面粉厂仅黄埭大有制粉厂1家。1950年后主要生产国家规定的"八一粉"（50公斤小麦至少磨出40.5公斤面粉），后"八一粉"改称"标准粉"。1953年，大有厂拥有设备为马达3台47.5千瓦，引擎1部20匹，单钢磨4台66英寸，每月生产能力为8925包（每包25公斤）；职工22人。该厂于1954年开始接受国家加工订货。为保证计划任务的完成，该厂将4台钢磨加大为112英寸，又增加2台钢磨、1只平筛和3只圆筛。改进设备后，该厂面粉质量明显提高，产品分为三种："蝴蝶牌"（头号粉）、"绿三角"（二号粉）、"红三角"（四号粉）。

1956年公私合营后，为发挥境内小麦优势，提高粮食工业设备利用率，满足境内面粉需要，境内粮油企业大搞小麦加工。大有面粉厂扩建厂房，进行设备和技术改造，增加产量，各碾米厂加强面粉兼营，共安排39部石磨，年代农加工小麦570.7325万公斤。1958年，大有面粉厂进行了查设备、查工效、查操作的"三查"工作。1958年，全县共有钢磨7台200英寸、石磨41英寸，年产面粉能力为607.8万吨。1960年底，为解决度荒需要，全县28个工厂全部配有制粉设备，生产"90粉"。1961年，厂设的制粉生产形式扩大到公社办碾米厂，全县共有大小平面磨72台、铁片磨12台、粉碎机2台、钢磨220英寸，配合碾米机23台，月加工小麦达716.155万公斤。

1979年，黄埭面粉厂进行大规模改建和改造，采用新型的磨粉机制粉与先进的重力分级机、比重去石机等辅助设备配套，成为当时苏州地区改建最早、设备最好的制粉厂。1980年施工投产，生产能力为月加工小麦90吨，产品为标准粉。麦车间工艺是二筛、二打、一去石、一水洗、磁选；粉车间工艺为四皮、三心。粉车间设备有6台磨粉机共600厘米接寸，3台四仓式的高方筛。随着改革开放的推进，按照市场需要，黄埭面粉厂不断进行革新，改造挖潜，使产品质量、数量、品种不断提高和发展。1987年，面粉车间日加工小麦达17.0万公斤，比设计生产能力增长1倍，产品分为特富粉、标准粉两个等级。麦车间工艺为三筛、二打、二去石、二磁选；粉车间工艺为四皮、四心、二渣、一尾。粉车间设备有8台磨粉机共1160厘米接寸，5台四仓式的高方筛。该厂于1986年发挥原料、技术、设备优势，新置淀粉机4台（上海产）、沉淀池21只、脱水机6台，有1条干燥线、1台圆筛。产品有1、2、3号粉（即特粉、一级粉和二级粉），日产面粉320包。1992年后，FM喷风米机160A型更新8台，新建200千瓦大糠发电机组3台。

(三) 榨油业

境内油脂生产经历了从自榨自食到经营性的代客加工，从油坊发展到工厂，由笨重手工操作发展到机械化生产，由直接榨油发展到浸出榨油等变化。据民国十一年（1922）5月版《黄埭志》记载，当时乡人所食之油是用臼压榨出的。尔后，经营性油坊逐步增多，其分布在各主要菜籽产地集镇，个体或合资经营、季节性加工。操作工人都来自农村：东部以常熟籍为主，西部以常州籍、无锡籍为主。除个别规模较大的油坊（厂）外，大部分生产加工的油脂以自食为主；饼粕作垩田之用，少量作畜禽饲料。由于设备笨重，工艺十分粗糙，因此出油率较低。许多油坊（厂）还兼营碾米、糟坊、榨油。

旧时的榨油工具大部分为木质的杵臼。生产过程基本上同元代皇庆癸丑年（1313）农学家王祯所著《王祯农书》记载相仿："凡欲造油，先用大镬爨炒芝麻，既熟，即用碓舂或辗，碾令烂，上甑蒸过，理草为衣，贮之圈内，累积在槽，横用枋桯相梣，复竖插长楔，高处举碓或椎击，擗之极紧，则油从槽出。"将该记载中的"芝麻"改为菜籽，就完全吻合境内沿用了几百年的压榨取油方法了。这种木榨，有卧式和立式两种。卧式木榨是利用物理斜劈原理，通过人工敲击榨出油来，劳动强度极高，打锤工人每天使用15～25公斤的锒头，要锤2000多次。立式压榨（俗称"龙车"）系利用物理杠杆原理，着重于物力，凭借一个立杆的杠子，加上许多系绳石块，施以压力，这样比较省力，但出油量较卧式为少。当时不论使用哪种木榨方式，人们对出油率并不计较，对饼粕却特别讲究，要求圆、平、亮、滑，每块重量相等。20世纪20年代后，境内油坊对前道工序改用畜力。30年代后，由于季节性油坊转为商业坊（厂），在前道工序上又改用引擎式马达，并改用铁制机械轧碾，但后道榨油工序变化不大。旧时在炼油工艺方面，菜油、豆油都靠自然沉淀，不作脱磷处理。

中华人民共和国成立后，油脂企业自动作了关停并转的调整。1952年下半年起，国家开展以菜籽为主、少量黄豆的委托加工。1966年采用拉榨设备，即用机械代替人力，将油料加压榨出油来，其优点是丢掉了锒头，改善了劳动条件，降低了劳动强度；节约了油箍用篾，提高了出油率。1958年秋，吴县第一油脂化工厂（陆墓）曾利用旧设备加工生产菜油，但持续不到两年即停止。1975年，在陆墓镇筹建吴县第二油脂化工厂（翌年正式投产），日加工菜籽80吨，主要设备有1台组合筛选机、2台φ915双筒轧坯机、4台蒸炒锅、4台200型预榨机、1台TP450H平转式浸出器、1台YTRK2200×4000的脱溶烤粕机、2只长管蒸发器和1只气提塔，面积为105平方米；8只冷凝器，冷凝面积580平方米；2只φ2200×4000毫米机榨油脱磷锅、2只φ1900×4500浸出油脱磷锅、1只φ1200×4100毫米脱水锅和1台6.5T/H卧式锅炉。1988年改革平转浸出器，日产达100吨；预榨机改为1台IT240、2台202-3型，日加工菜籽200吨。

在炼油设备及工艺方面，1960年起使用炼油锅，机械操作炼油，使用真空脱水罐和磷脂浓缩罐的脱磷工艺。1978年，吴县第一油脂化工厂组建JY浸出车间，实行预榨浸出制油。1980年，吴县米厂安装90型榨油机生产糠油，年耗用清糠625万公斤，出油率为70%，生产糠油73.505万公斤。1982年，吴县第一油脂化工厂浸出制油改为平转浸出工艺。

境内加工的菜籽油一般为二级油。

第二节　饲料加工及生产工艺

一、饲料加工

中华人民共和国成立前，境内农村养猪用饲基本上是口粮的副产品和大麦、元麦，还有少量的饼粕。农村谷实饲料粉碎大部分依靠家庭手工，也有磨坊兼营粉碎以及手推磨碾粉。人民公社后，集体和户养猪、养禽数量持续增长。传统的单一饲养方式不仅饲料数量不敷用，而且饲养成本高，饲养周期长。1956年各厂公私合营后，利用生产任务不足和多余的设备设施，也组办了饲料车间，主要生产以砻糠为原料的统糠，同时代农加工植物梗壳和柴草干，习惯称之为"粗饲料"。1957年6月，饲料生产经营业务全部划归粮食部门，吴县粮食局建立饲料股。1960年，乡村办饲料加工厂，国营粮食工厂饲料车间全部设置烘干机和切草机，使饲料匹时产量达到20多公斤，最高的达49公斤。1959年，国营厂饲料车间大搞机械化、自动化，望亭有个饲料车间首先实现了饲料加工无尘操作。

1963年至1978年，吴县粮食局继续设立饲料股（一度合并在生产组），组织和计划安排各种混合糠、谷糠的生产销售，并积极组织外地渣糟粗饲料的销售。1975年9月，中共中央发出《关于大力发展养猪事业的通知》。为了进一步做好饲料管理、饲料加工和供应工作，吴县粮食局于1976年9月成立饲料公司。公司在组织原料、研究科学配方、搞好加工和销售等方面发挥了很大作用。1979年，蠡口等4个米厂组办专业配比饲料车间。1987年，蠡口米厂重建为专业的配比饲料厂，年产300万公斤。之后，全境内形成了大、中、小型结合的饲料生产网络，生产各种混合粉饲和配比、颗粒饲料。

二、设备工艺

公私合营后，各厂的饲料加工设备主要是切草机、大型粉碎机，也有的用米机粉碎谷壳。20世纪60年代后，逐步更新为多刀式中型粉碎机和金陵式粉碎机。1978年后，以混合、配比饲料为主，各厂增加了配料拌和设备，先是利用旧设备改进成滚筒式拌和机，之后外购定型的立式拌和机。工艺上分为两种类型，即：一料一称后再拌和混合粉碎，先分料粉碎再过秤混合拌和。吴县米厂饲料车间分料由电子称重，混合粉碎。蠡口饲料厂的主要设备是：清理为SCY53初清筛，粉碎为FSP56×36粉碎机；配料技术是TCE-4电子配料。

1987年时的生产流程情况为：

（1）颗粒流程。

（2）副产品流程。

（3）饼粕粉碎进入7号提升器→自流入7号刮板→3号提升器筒式永磁滚筒、自流→3号绞龙→5只筒仓（总容量25吨）。

配料用500公斤和100公斤杠杆电子秤，分别计量粉碎颗粒和饼粕，经过混合机4分钟转动→5号刮板，进入5号提升器→5号绞龙再进入成品仓→6号刮板、自流→打包。

颗粒工艺是在上述混合转动搅拌后由5号绞龙进入制粒仓＋蒸气、自流颗粒机压制，自流→冷却→6号提升器、自流→颗粒分级筛5号绞龙入成品仓→6号刮板成品打包。

附 录

一、粮赋

(一) 田赋

田赋是中国古老的税种之一,是封建王朝和民国政府向农民征收的税收。我国最早的井田制、均田制、囤田制、课田制,实际上都属这个性质。自鲁宣公十五年(前594)"初税亩"后,秦、汉、魏、晋、南北朝田赋称作"田租"。之后官田称"租",私田称"税"。宋朝将官田之赋与私田之税统一按田亩征收税粮,"田赋"名称始于此。在田赋的计算上,历史上各朝代、各时期有的按亩计征,有的按丁(人)课税,有的地、丁各半。有的分项征纳,有的统算合一。税率的多寡也不一样。田赋有交纳实物的,也有折算成银两的。交粮者称完本色,交钱者称完折色。清雍正十三年(1735)起,规定每年在上下忙两期征收地丁银两,故也称"忙银"。又因征收粮食多从水道外运,便有了"漕米""漕粮"之称。

相城境内是土肥水盛的丰腴之地,盛产水稻,历来为财赋重地。据《苏州府志》载,苏之田赋,宋、元始有可考,明代横加重敛,一郡几当江南之半,民困已极;初太祖定天下官民田赋,唯苏松嘉怒其为张士诚守,乃籍诸豪族及富民田以为官田按私租簿为税额。而司农卿杨宪又以浙西地膏腴,增其赋亩加二倍。故浙西官民田视他方倍蓰,税有二、三石者。大抵苏最重,嘉湖次之,杭又次之。明王鏊《重修和丰仓》记述:"今天赋税大半出于东南,苏郡居十之七八,吴为县居郡之二、三焉。"清承明制,田赋日苛,历任江苏巡抚都有此感。康熙五年(1666)江苏巡抚韩世琦在上疏中称:财赋之重首称江南,而江南之中唯苏、松为最。清末,日本人林繁在《扬子江流域现势论》中说:"查备省所纳之地租,盐产,厘税、杂税等费,其额应无高出于苏州者。人言苏州自然之富力甲于天下,诚非虚语。今日之凋敝则由政府括削太甚之所致耳。"民国初期军阀割据,争战纷纭,田赋由地方征收。民国初,田赋仍为国家税收(表8-1)。民国十七年(1928),划为地方(省)税。民国十九年(1930),废除"忙银""漕米"名称,银、米并计,统一按银圆计征(表8-2、表8-3)。民国二十三年(1934),取消田赋正附税各项目,统一划为省税、县税。民国二十六年(1937),日军侵华,境内陷落,地方横征暴敛、物价飞涨,军粮民食大感威胁,除占总收入十分之七八之田赋外还有田亩捐。民国三十一年(1942)7月,汪伪江苏省政府重订田赋征收办法及科则,以米计征。民国三十四年(1945),田赋重归中央,全部征实(粮食),并随赋征购粮食,继而又改征购为征借,同时强迫捐献,并带征县级公粮。民国三十六年(1947)起又开征田赋附加(表 8-4—表 8-6)。此外,国民政府还向县征购赋谷和购、借军粮。

表 8-1 民国元年至十六年(1912—1927)境内田赋负担记录表

单位:元

年份/年	国税	省、县附税		合计	带征
		省税	县税		
民国一年(1912)	银 1.50 米 3.00	0.25 1.00	0.30 1.00	2.05 5.00	
民国二年(1913)	银 1.50 米 3.00	0.25 1.00	0.30 1.00	2.05 5.00	
民国三年(1914)	银 1.50 米 3.00	0.25 1.00	0.30 1.00	2.05 5.00	水利经费 0.20
民国四年(1915)	银 1.50 米 3.00	0.25 1.00	0.30 1.00	2.05 5.00	水利经费 0.20
民国五年(1916)	银 1.50 米 3.00	0.25 1.00	0.30 1.00	2.05 5.00	
民国六年(1917)	银 1.50 米 3.00	0.25 1.00	0.30 1.00	2.05 5.00	水利经费 0.20
民国七年(1918)	银 1.50 米 3.00	0.25 1.00	0.30 1.00	2.05 5.00	
民国八年(1919)	银 1.50 米 3.00	0.25 1.00	0.30 1.00	2.05 5.00	
民国九年(1920)	银 1.50 米 3.00	0.25 1.00	0.30 1.00	2.05 5.00	
民国十年(1921)	银 1.50 米 3.00	0.25 1.00	0.30 1.00	2.05 5.00	
民国十一年(1922)	银 1.50 米 3.00	0.25 1.00	0.30 1.00	2.05 5.00	地方补助费 0.17
民国十二年(1923)	银 1.50 米 3.00	0.25 1.00	0.30 1.00	2.05 5.00	地方补助费 0.17 地方补助费 0.17
民国十三年(1924)	银 1.50 米 3.00	0.25 1.00	0.30 1.00	2.05 5.00	地方补助费 0.27
民国十四年(1925)	银 1.50 米 3.00	0.25 1.00	0.30 1.00	2.05 5.00	地方补助费 0.27
民国十五年(1926)	银 1.50 米 3.00	0.25 1.00	0.30 1.00	2.05 5.00	地方补助费 0.27 亩捐每亩 0.17
民国十六年(1927)	银 1.50 米 5.00	0.25 1.00	0.30 1.00	2.05 7.00	亩捐每亩 0.50 教育补助费 0.50

注:摘自民国十七年(1928)《吴县农民》。

表 8-2　民国十九年（1930）4月境内农民经济状况调查表

区别	地名	每亩全年收入						每亩全年缴租纳粮支出					
		春熟			秋熟			缴租（年次）			漕粮（年次）		
		产品	数量	价格	产品	数量	价格	普通租额	最高	最低	上等田	中等田	下等田
第四区	望亭	豆 麦	8斗 7斗	4元 4.9元	谷	4石	16元	1石	1.05石	斗	1斗	5升	
第六区	陆墓	麦	8斗	5.5元/石	稻	3石	35元/石	1.05石	1.1石	8.5斗	1斗	5升	3升
第七区	湘城	麦	1石	8元	米	2石	19元	7元	8元	6元	1.7元	1.3元	6角
第八区	南北桥	麦、豆 菜籽	8斗、8斗 1石	8.5、7元 9元	糙粳	2石	10元/石	8.2元	8.5元	8元	1.455元	0.84元	4.6分
第十二区	黄埭	小麦 蚕豆 菜籽 草籽	1石 8斗 1石 7斗	7.5元/ 5.5元/ 9.5元/ 12.2元/	糙粳	2石	10.5元	米1石	米1.2石	米8斗	1.4元	1元	0.7元
第十五区	油泾 五众泾	小麦	9斗 （计126斤）	6.3元 （7元/石）	大米	2石	16.8元 8.4元/石	1石 计8.4元	1.1石 计9.2元	5斗 计4.2元	1.4元	0.9元	0.3元

表 8-3　民国十九年（1930）4月境内各区田地山荡忙银漕米总表

区别	地点	市乡名称	田类/亩	地类/亩	山类/亩	荡类/亩	田地山荡总额/亩	忙银总额/两	漕米总额/石
第四区	长境	望亭	112789.310	1458.963	636.318	1114.676	115999.267	13134.192	11317.741
第六区	长境	陆墓	128510.034	386.640	1317.770	13120.474	143334.918	14883.292	11690.882
第七区	长境	湘城	94992.589	13.781	919.508	11943.420	107869.298	11140.980	8468.232
第八区	长境	南北桥	103133.073	22.284	1132.542	4200.942	108488.841	12039.964	8715.958
第十二区	长境	黄埭	52874.244	88.390	104.183	2756.267	55823.084	6145.013	5287.501
第十五区	元境	油泾 五众泾	51063.718	10.849		1968.345	53042.912	5902.932	5140.766
总计			543362.968	1980.907	4110.321	35104.124	584558.32	63246.373	50621.08

表 8-4　民国三十七年（1948）境内黄埭乡、湘城乡田赋收据统计表

种类：稻谷；单位：市石

办事处别	收入部分							冲抵部分		实收数	截止日期
	征实	征借	公粮	积谷	捐献	滞罚	共计	予借抵完	学谷借据		
黄埭	15666.286	11749.717	6266.517	1566.629	11488.602	590.648	47328.399	3142.000	2466.801	41719.598	4月16日
湘城	6584.273	4938.203	2633.699	658.427	4828.460	68.117	19711.179	4580.000	1598.764	13532.415	4月15日

表 8-5　民国三十七年（1948）相城区境内各则田亩赋额表

田亩等级	全年田亩数/亩	全年赋额/元	全年每亩赋额/元
一等上则	1379971.3573	1697364.769	1.230
一等中则	30889.5996	33669.664	1.090
一等下则	23893.767	23415.892	0.980
二等上则	2548.759	2268.396	0.890
二等中则	4962.602	3821.204	0.770
二等下则	7826.117	5321.760	0.680
三等上则	34925.451	19208.998	0.550
三等中则	85662.0771	35978.072	0.420
三等下则	63487.799	19046.340	0.300
四等上则	13171.139	3292.785	0.250
四等中则	36322.2636	7264.453	0.200
四等下则	128074.97095	15368.997	0.120
合计	1811735.90255	1866021.33	

表 8-6　民国三十七年（1948）境内黄埭乡、湘城乡田亩赋额统计表

分处别	辖境田亩数/亩	粮户数/户	赋额/元
黄埭	302784.176	132060	321119.472
湘城	107893.546	34385	108487.062
合计	410677.722	166445	429606.534

境内的田赋历来是根据农户占有或租种土地的多少、好坏，按一定比例征缴的。据《苏州府志》载，宋之田曰公田，每亩起租上自一石五斗至七斗一升四合；曰围田，租四斗或三斗；曰沙田，租三斗或二斗；曰成田，纳粮二斗；曰营田，租四斗，三斗或二斗；曰职田，上自八斗七升下至三合五勺；曰常平田，曰义役田，曰社仓田，曰四局官租田，曰养济局田，曰居养院田，曰囚粮田，曰官役田，所科田租高下有差，高者不逾五斗，下至二斗。""明土地之制凡二等：曰官田曰民田。凡官田亩税五升二合，民田减二升，重租田八升五合五勺，设官田一斗三升。"

民国期间，境内分管业、自业二种。管业之田赋，系由县政府设立租赋并征委员会征收，规定每亩折价若干，实征以八折计算。其中百分之七十二为租，百分之二十八为赋，赋内包括正税、附加税以及地方救济费等项目。自业之田赋，系由收租处征收，仅征收赋而已。征赋标准依田之等级而定。综上所述，民国期间境内租佃制度租率甚高，管业田之租率普遍约为总收获量的百分之四十，佃户无田面权之租，佃租率约占总收获量之百分之六十（成本、人口所耗在外）。佃农终年胼手胝足之所入，丰年尚可温饱，岁歉且将冻馁，农民之苦亦甚矣。

民国初，境内农民纳租方法上，管田方面因业主不直接管理而形成一种租栈机构，境内各

租栈联合组织成境内纳税人汇商处,每年收租成色、收租时间、对欠租人之处罚等问题,均由该处直接咨询或建议办理。各租栈收租之情形,类似县政府之征收田赋。其顺序是,在确定收租时间后(俗称"开仓"),先由催甲向各乡佃户散发通知单。从开仓起最初3日内名曰"飞限",佃户能在此三日内完纳,仅收租额八折,并另有犒赏。纳租租率境内大致都以额米折合现金(较市价略低),一小部分仍有纳米谷者。例如区、乡之盖头田租米及普通租田租米,业主大多在乡区就地收取租米或现金不等。至于业栈对于佃户欠租,则开呈佃欠名册,即由佃租处分所饬警吏限追,如仍不还,则拘留押追,有羁押至数月之久者,佃农多苦之。民国十七年(1928),改进管业田收租方法,由县政府财务局下设田赋经征处,实行租赋并征办法。同时仍规定初限期内按八折实收,在限期内按九折实收,末限期则十足征收(每限15日起算),过限追加滞纳罚金。此方法一直延续至民国三十七年(1948),唯专司机构名称有变更。自民国三十五年(1946)起,改为县政府下属的田赋粮食管理处,职能扩大为田赋征收、粮食储存和调运等事宜。境内下设黄埭、陆墓、湘城等田粮办事处。

此外,农民头上还有"田赋"附加"预借""随赋征借军粮""船捐""牛捐""飞机捐""粮谷捐""公路费""慰劳费""自治费""冬防费""乡领经常费""军草费""保办公费"等,共捐费小的几升,大的几斗,最大的上石,尤其壮丁费最重,很多农户为此家破人亡。

(二)公粮

相城历史悠久,风物清嘉。地域襟江临海,环抱太湖、阳澄湖两大名湖,气候分明、土地肥沃、运输便利,是闻名遐迩的鱼米之乡,天然粮仓。

抗日战争时期,境域内有东桥区政府和黄埭市,以及漕湖区、黄桥区、阳澄区等。上述人民政权机构在施政期间相继开展减租减息工作,设立财粮科(股),发动农民抗租反抓丁,由抗租到拖租,打收租栈;实行城乡断绝,组织打催甲差(收租的);同时发动群众交纳爱国抗日公粮。大体的做法是:在辖区内开展查田工作,掌握粮田面积、土质好差和产权归属,合理确定税额;普遍减低田租的租额;农民按种植面积还租;地主所得田租按经济地区所收租金平均数计算;成立以地主为主的收租委员会,地主不能个别向农民收租;政府应收田租是按照赋从租出原则,统一向地主收缴,不直接向农民收取。但由于当时敌伪斗争激烈,这些办法未能全面执行。执行较好的,所筹公粮损失也很大。如民国三十三年(1944)5月,日伪调集陆海空部队及邻近几个县的伪保安队,向我太湖地区"扫荡",一次就抢去我方公粮2000担(合100吨)。因此,实际征收公粮还是侧重于就地自筹,向地主豪门、富农征借。

解放战争时期,县境内有新四军太湖留守处、苏西北留守处,其在所辖范围内继续征收公粮。当时规定10亩以下农户不征,10亩以上每亩征1升米,由保长同敌人的赋粮一起征收。至于分散在各地坚持武装斗争的游击队,其所需军粮给养除了向敌人缴获外,大部分靠就地自筹,有向地主和其他富有者借征的,也有向群众出具收据借用的。

1949年4月27日,境内解放。各级人民政府随即领导人民进行清剿、反霸、减租、减息、退押运动,同时全面接收和改造旧政府体系。当时政府的中心任务之一就是,保证上海战役的胜利完成和大批驻军的供应,并支持解放军继续南下作战。相城境内根据华东局于4月7日发布的《关于新区征借粮草的补充指示》，组织筹粮献草和借粮运动。在献、借粮草运动中，一方面考虑到军队的供应需要，一方面又照顾新区群众的负担能力，决定以粮多、田多者为借、献对象，城镇以献为主、农村以借为主，境内基本上完成了上级下达的献、借任务。

1949年中华人民共和国成立后，废除田赋，最初征收实物，又称"公粮"。党和政府对粮食工作高度重视，作出了"农业是国家经济的基础，粮食是基础的基础"；"必须把粮食抓紧"，"粮食定、天下定"，"无粮则乱"等一系列指示。

夏熟登场。根据苏南行署有关规定，境内于1949年6月下旬着手准备工作，整理册籍和造串（登记造册）；7月下旬开始夏征。由于受水灾、台风影响，直至9月下旬这项工作才基本结束。是年夏征难度较大，党和政府展开了相应的工作，坚持同抗灾、剿匪工作密切结合进行。

粮食"征收"和"统购"是粮食计划收购的两部分。"征收"指征收农业税实物中的粮食部分，也称为"公粮"，由粮食部门代收后移交财政部门，上缴国库。"统购"指根据国家粮食统购统销政策，按计划向农民收购粮食。

1949年9月，华东局发出《关于华东新区秋征工作指示》，规定农村各阶层人民农业税的平均负担率一般占农村土地总收益的20%左右。贫农负担以不超过其收获量的5%~10%为限；中农以不超过15%~20%为限；富农25%~30%为限；地主以不超过其收获量的40%~60%为限。租佃田的公粮（农业税）由主佃双方分担，地主按分组成数加2至3成，佃户按分组成数减负3至2成。如果发生天灾，贫苦的鳏寡孤独以及烈属、军属和贫苦工作人员家属（以供给制者为限）可以社会减免。

10月，苏南人民行政公署颁发《1949年秋季征收公粮、公草暂行办法》。参酌本县实际情况，秋征仍以旧赋元为依据，确定每赋元征收公粮40公斤，当约常年产量的20%。为照顾灾情和贫苦农民的负担能力，规定了应征总额百分之二十的减免数。为使负担更为合理，又规定了对田多、粮多者实行附加累进办法。确定与下达各区秋征任务时，境内有两种收缴办法：一是集中征收，就地保管；二是分散征收，集中保管。相关部门设立征收点，超额完成了是年的秋征任务。

1950年，中央在全国各地进行土地改革，把地主、富农占有的土地分到贫雇农手里。同年5月，中央人民政府政务院发布《关于1950年新解放区夏征公粮的决定》，把农业税率减轻40%左右，规定其征收总额不超过夏收正产物的13%。地方附加以省为单位，不得超过国家公粮征收额的35%。凡烈士家属、军人家属、供给制工作人员家属之贫苦者、孤寡老弱等无力负担者，夏季可免征或减征公粮。苏南人民行政公署为了提高农村再生产能力，有利于当年秋季粮食增产，决定缓征夏季公粮，延缓至秋季并征。是年9月，改称"农业税"。中央人民政府政务院颁布《新解放区农业税暂行条例》，苏南人民行政公署据此结合实际情况，制定《苏南区1950年农业税暂行条例实施细则》（简称《实施细则》），按照这个《实施规则》征收秋粮。《实施细则》规定农业税以户为单位，按农业人口每人平均的农业收入累进计征，多收入的多负担，少收入的少负担。经汇总，各区的常年产量最高的定为245公斤，低的为205

公斤，确定常年产量为 228 公斤。当年全境内迅速超额完成了秋征任务，征收总额比上年减少约 10%。《实施细则》规定农业税课征以常年产量征收，对勤劳耕作、善于经营、增加产量的不多征。1951 年 1 月，境内 1950 年度秋征结束（表 8-7）。

表 8-7　1950 年至 1952 年吴县（含境内）农业税征粮情况表

单位：公斤

	年　度		
	1950 年秋征	1951 年秋征	1952 年秋征
承粮户数	138870	190102	163321
农业人口	562915	686078	626033
田亩	1358062	1628100	1427917
赋元	1550170	—	—
常年产量	312639009	357919726	336603178
正税	130171266	149544050	144296735
附加	16922264	29908810	
合计	147093530	179452860	144296735

注：材料来源为吴县财粮科。
1. 田亩以市亩为单位，赋元以元为单位，小麦稻谷以公斤为单位。
2. 历年田亩数字不一，系历次划出与并入及逐年查实调整。

1951 年，苏南人民行政公署颁布《苏南区 1951 年农业税施行细则》，对农业税实行 23 级全额累进税制，取消免征点，提高起征率，拉长级距，并降低累进顶点，按常年产量计征。1952 年，《苏南区农业税施行细则》经修正后再次颁布，对税率作了一些调整。鉴于当时境内经过土地改革、抗美援朝运动后，农村生产关系转变，生产条件好转，农民思想觉悟提高，相关部门决定实行"集体运送，混合磅收，代表裁串"的征收办法。上级政府决定先在一个区进行试点。在试点中，粮食部门组织有经验的人员，以仪器下乡，结合感官鉴定的方式，进行逐村抽查，得出水分情况。在开征前，相关部门同各行政村代表签订定时、定点、定质、定量合同，行政村按合同内容在村民大会上发动群众积极缴征，并对劳力少的农户开展互帮。试点成功后，境内全面推广。

1952 年，《苏南区农业税施行细则》经修正后再次颁布，对税率又作了一些调整：平均每人农业收获不足 75 公斤的农户免征农业税；75～275 公斤比上年减轻 1%～2%；275～300 公斤与上年相同；300 公斤以上的可以与去年相同，亦可较去年提高 5‰～10‰。在开征前，相关部门同各行政村代表签订定时、定点、定质、定量合同，效果极好。

1953 年，国家对粮食实行统购统销。农民将公粮（农业税）和出售的余粮一同交售粮食部门。相关部门根据"先留后购"及"先征后购"的原则分开结账，将公粮价款交当地银行转入国库，农村缺粮户可缴纳代金。群众称为"交公粮，卖余粮"，国家称为"粮食征购"。

1953 年冬，国家对粮食、油脂相继实行统购统销政策。此后统购统销政策逐步完善，市镇居民以人定量，农村实行"定产、定购、定销"的"三定"政策，统筹兼顾，合理安排国家、集体、个人三者关系。初级农业生产合作社仍以户负担税额，由社统一代交。高级农业生产合作社由社统一负担，将各户的基础数合并，以全社平均税率计征。

1955年秋，国务院发布《农村粮食统购统销暂行办法》，对农村实行"定产、定购、定销"的三定政策。按照该办法，正常年景下"定产"三年不变，受灾减产按减免政策评定。

1956年5月，国务院颁布《关于农业生产合作社粮食统购统销的规定》。

1957年10月，国家颁布《粮食统购统销的补充规定》，在粮食"三定"的基础上，实行以丰补歉，对有余粮的农（户）实行增产增购，对缺粮农（户）实行增产抵销。

1958年，农村成立人民公社。1962年，实行三级（生产队、大队、公社）所有、以生产队为基础的新体制，同时改革农业税制，全国统一实行比例税制。以生产队为纳税户，以常年产量为计税标准，实行地区差别税率，征收实物，货币结算。

1959年到1961年，粮食产量大幅下降，农户留粮急剧减少，生活陷入困境，普遍存在寅吃卯粮、粮菜混吃、瓜菜代粮，并以豆饼、清糠、麸皮等作为替代食品。到1961年春，全县粮食库存急剧减少，仅占上年库存的11%。

1962年，粮荒依然严重。国家提出了"调整、巩固、充实、提高"的八字方针，要求合理安排国家、集体、农民三者的关系。在既体现及时征购又安排好社员口粮的前提下，实行工业品换购粮食的办法，当年全县换购粮食731.65万公斤，农户留粮日趋富裕。

1963年以后，贯彻执行"增产不增税，稳负担"政策。

1964年起，农业税附加比例一直为正税的15%。

1965年10月，中央批转了国务院财贸办公室《关于稳定农民粮食负担，下苦功夫进一步做好粮食工作的意见》，提出粮食征购"一定三年"不变的办法。

1971年8月21日，中共中央发出《关于继续实行粮食征购任务一定五年的通知》，将粮食征购基数延长至5年。

实行合同定购是在1978年中共十一届三中全会以后，当时全国的粮食形势发生了转折性变化，在粮食流通领域所作出的重大改革，对粮食工作产生了深远的影响。

1981年，中央决定对农村实施"休养生息"政策，减轻农民负担，农村试行粮食包干，实行"一定三年"。农村普遍推广家庭联产承包责任制，包干任务落实到户，极大调动了广大农民种粮和交售余粮的积极性。

1983年实行家庭联产承包责任制以后，农业税的征收方式为，以村民小组（原生产队）为基础，由各乡（镇）财政所负责造表工作，并指导各村（原大队）组将征税额分解到承包户，列入农户的承包合同，与"三上缴"（公积金、公益金、管理费）一起收取。

1985年1月1日，中央一号文件《关于进一步活跃农村经济的十项政策》，对落实政策作了重大改革，取消统购，改为合同定购。境内对小麦、稻谷实行合同定购。

同年起，农业税征收又进行了重大改革——由新中国成立30多年来的以征粮为主改为征收货币，即以计征公粮数按粮食"倒三七"收购比例价（三成按定购价，七成按超购价计算）折征代金，并且分解落实到承包农户，委托粮食部门在农民售粮时逐户扣收。此办法一直沿用至免征农业税。

1990年起，合同定购又改称为"国家定购"，随后其定购任务、数量不断调整。1993年，又改称为"指定性收购"。2000年夏熟新粮上市起，境内小麦退出保护价收购范围。2001年秋粮收购起，相城区全面推进粮食市场化改革，实行"一取消、三开放"，即取消粮食定购任务，放开粮食市场，放开粮食收购，放开粮食购销价格。

2001年农村税费改革后，全区农村税费统一为7%。2001年农村税费改革后，农业税附加比例调整为20%。2003年统一调整为4%，同年取消农业税附加。

随着国家对粮食流通体系改革的不断深化和完善，2002年下半年起，根据国务院、江苏省政府文件精神和相城区相政发〔2002〕146号区粮食改革文件通知要求，按照全员分流、保留牌子、转换机制、自负盈亏的方式对全区粮食企业实施改革。全区11个粮食购销企业（粮管所）、2个粮油工业企业（油脂总厂、面粉公司）进行改革改制，共分流安置职工1135人，其中解除劳动关系788人，实行企业内退347人。为理顺粮食系统国有资产的管理体制，相城区农业发展局成立粮食购销公司，聘用粮食购销公司经理，受区国资委委托，全面负责管理粮食系统的人、财、物，实行财政预算外收、支两条线管理。改制后的企业成为独立的市场经济实体，脱离农业局任免，完全走进市场。原辖地资产由农业发展局另外聘用负责人负责，实行一年一聘。

2005年起，境内免除农业税。为确保粮食放开后的供应安全，相城区按照苏州市委、市政府提出的"五个有"（有市场、有基地、有储备、有资金、有队伍）的要求，全力加强粮食市场的调控和经营，全力实施"311"工程，即三体系（粮食市场体系、粮食储备体系、应急保供体系）、一基地（粮食生产基地）、一放心（创建消费放心粮店），积极构建具有相城特色的粮食安全保障体系，为全区经济社会发展提供有力支持。

为全面贯彻落实党的十七大提出的"确保国家粮食安全"的战略部署，相城区粮食供应安全体系建设适应新时期、新形势的要求，不断完善和巩固，为全区经济社会较快发展发挥更有力的保障作用。

二、文告

洋澄县政府成立宣言

正当国内形势剧变，反共内战已在华中爆发的今天；正当中国大资产阶级再度背叛革命，准备投降的今天；正当亲日派、顽固分子在东路的反共尖兵、走卒乘时蠢动的今天；——东路各县的抗日民主政权同时宣告成立；我们洋澄县政府也在艰苦奋斗中诞生了。这在目前是有相当重要的政治意义的！

洋澄县政府的成立，除了具有东路行政机构改组的一般的政治意义外，还有它的特殊意义！为什么要设立洋澄县呢？

第一，洋澄湖地区盘踞着顽军胡肇汉，勾结敌伪，阻扰抗战；近且奉其主子反共投降派的命令，与西面顽军遥相呼应，企图伺机而动。——我们设立洋澄县，是为了以政权的力量配合军事的力量来扫除东路抗战途上的一大障碍，并击破亲日派、投降派的阴谋，使东路抗战能顺利的坚持下去！

第二，洋澄湖的民众，在"土皇帝"的黑暗统治下，过着悲惨的生活，陷入痛苦的深渊；他们天天在盼望着新四军前去拯救。——我们设立洋澄县，是为了解放洋澄湖的十万同胞于倒悬。

第三，在共产党的领导与新四军控制下的苏南各县，普遍地建立了真正民主的抗日政权；唯独洋澄湖尚在"活阎王"胡肇汉的野蛮统治下，民众完全失去了参政的权利和抗日活动的自由。——我们设立洋澄县，是为了建立洋澄县各级的民主政权，是为了还政于民。

第四，洋澄湖有着十万以上的人口，这是一个巨大的潜力。可惜在胡顽的高压下，难以发挥出来，也不能发挥出来。且由于胡顽之引狼入室，此种力量反为敌用，言之痛心！——我们设立洋澄县，是为了组织全洋澄湖的民众，团结在我们周围，动员全县的人力、物力、财力坚持抗战！

洋澄县政府，无疑的，它是站在坚决的抗战立场上；站在人民大众的利益上；它是真正的抗日民主政权。无论在本质上，在组织上，都与过去的贪污、腐化的官僚政府大不相同。它的组织原则，完全合乎中山先生的革命三民主义和今天的抗战建国纲领。

我们的政纲是：在军事上，坚决的打击敌、伪、顽、匪；同时争取真正抗日的友军合作，共同坚持苏南抗战；建立地方武装，确保地方安宁。在政治上，动员一切力量，协助抗日部队作战！坚持统一战线，与各抗日党派、阶层合作，建立各级抗日民主政权参议会；摧毁"土皇帝"的黑暗统治；保障人民集会、结社、言论、出版等抗日活动之自由。在经济上，废除苛捐、杂税，减轻人民负担，减租减息，平定物价，建立粮食商品调剂制度，藉以改善人民生活。在教育上，彻底粉碎奴化教育；肃清残余的封建意识；发扬新文化，实行新民主主义教育；展开识字运动，提高大众的文化水平。

今天，洋澄县政府成立的今天，是杀人魔王、地方恶霸胡逆肇汉开始灭亡的一天；是我们反胡肇汉斗争开始走入胜利的一天；是洋澄湖十万老百姓开始得到初步解放的一天。

洋澄县政府的诞生，以空间言，生于斗争最尖锐的环境，以时间言，生于革命大风暴的前夜；因此决定了它工作的艰苦性。它是在斗争中诞生，也必须在斗争中生长、壮大、发展和巩固。

今天，洋澄县政府成立的今天，我们谨伸出友谊的手，期待各抗日党派、各抗日军队，特别是洋澄县的地方人士和我们紧密合作，共同协力驱逐万恶的胡肇汉出洋澄湖，为建立光明的、民主的、幸福的洋澄县而奋斗！

谨此宣言

洋澄县县长　陈　鹤

（民国三十年）二月十日

国务院关于同意江苏省撤销吴县市设立苏州市吴中区、相城区的批复

江苏省人民政府：

你省《关于撤销吴县市设立苏州市太湖区吴中区的请示》（苏政发〔2000〕102号）和《关于撤销吴县市设立苏州市吴中区、相城区的补充请示》（苏政发〔2000〕134号）收悉。现批复如下：

一、同意撤销县级吴县市，设立苏州市吴中区、相城区。

二、吴中区辖原县级吴县市的长桥、胥口、木渎、横泾、浦庄、渡村、东山、西山、藏书、光福、镇湖、东渚、甪直、车坊、郭巷15个镇。区人民政府驻长桥镇。

三、相城区辖原县级吴县市的陆慕、蠡口、黄桥、渭塘、太平、湘城、阳澄湖、北桥、黄埭、东桥、望亭、通安12个镇。区人民政府驻陆慕镇。

吴中区和相城区的各类机构要按照"精简、效能"的原则设置，不增加人员编制，所需经费由你省自行解决。

中华人民共和国国务院

2000年12月31日

江苏省人民政府关于撤销吴县市设立苏州市吴中区、相城区的通知

各市、县人民政府，省各委、办、厅、局，省各直属单位：

经国务院批准，对苏州市部分行政区划进行调整。现通知如下：

一、撤销县级吴县市，设立苏州市吴中区、相城区。

二、吴中区辖原县级吴县市的长桥、胥口、木渎、横泾、浦庄、渡村、东山、西山、藏书、光福、镇湖、东渚、甪直、车坊、郭巷15个镇。区人民政府驻长桥镇。

三、相城区辖原县级吴县市的陆慕、蠡口、黄桥、渭塘、太平、湘城、阳澄湖、北桥、黄埭、东桥、望亭、通安12个镇。区人民政府驻陆慕镇。

上述行政区划调整涉及各类机构要按照"精简、效能"的原则设置，所需人员编制和经费由苏州市自行解决。行政区划调整中，苏州市要切实加强领导，精心组织，周密部署，统筹安排，做好干部群众的思想工作，确保当地社会稳定和行政区划调整工作的顺利进行。

江苏省人民政府

2001年1月12日

江苏省人民政府关于同意设立江苏省苏州相城经济开发区的批复

苏州市人民政府：

你市《关于将江苏省吴县经济开发区更名为苏州吴中经济开发区并在苏州市相城区设立苏州相城经济开发区的请示》（苏府呈〔2001〕196号）收悉。经研究，现就设立江苏省苏州相城经济开发区批复如下：

一、同意设立江苏省苏州相城经济开发区，享受省级开发区的有关政策。

二、开发区启动区规划面积4.36平方千米，四至为：东至开发区南北向一号路，西至205省道，南至阳澄湖东路，北至新蠡太路。开发区总体规划待条件成熟后另行报批。

三、你市要在城市总体规划下，高起点、高标准、高效益建设开发区。要坚持可持续发展，统筹规划，科学布局。要依法用地、节约用地，避免土地的浪费，提高土地的利用率和产出率。

四、开发区要狠抓项目的引进、建设和投产，要把项目引进当成开发区建设的重中之重来抓，积极开展招商引资，尽可能引进一些资金含量高、技术含量高、经济效益好的项目，以项目带开发，开发一片，建成一片，收效一片。

五、要加强对开发区的领导。要配备精干高效的领导班子和工作班子，落实各项权限政策。要建立健全开发区管理体制和运行机制，努力提高社会化服务程度，形成综合投资优势，促进开发区持续快速发展。

特此批复

江苏省人民政府
2002年1月18日

三、碑文

奉旨遵宪蠲免渔课永禁泥草私税碑

江南苏州府长洲县为巨豪私税虐民，历宪奉旨严禁号天，敕县申明勒石，永杜奸害，以救穷黎事，蒙本府海防民恤冀信牌。蒙巡按御史加一级马批，该本厅呈详原呈陆江等呈请申严渔课，勒石永禁缘由，奉批准勒石永禁。奉此案照先于顺治十七年正月二十九日。

蒙本院批准长洲县民陆江、葛华、金坤、葛文等连名呈词前事，呈称陆江等世居长洲县十五都西七图庄基地方，俱系版籍耕农，并非捕鱼船户。苦因田多荒，钱粮无□办，有积水汗池，就便养鱼以供国课。祸遭奸豪欺噬乡民，遂借渔课为名私立税祠，排门横敛，瞒官害民，以致民不堪命。顺治九年，地方曹元等历将渔课私征无艺等事具呈前按院秦老爷，蒙敕道行府审确，具题奉旨禁革，随即转行本县，每户给奉旨蠲免渔课印票现据，又行出示勒石。此因前按院升任，未及遵行。十三年间，曹元等又将渔课已蠲等事具呈前按院李老爷，复蒙敕县出示勒石。几载以来，陆江等幸邀□道宪泽皇恩，得以少存皮骨，上输国课，下保妻孥。不意近见事久突有变，有奸豪串通衙蠹，查报各户，保甲仍勤起税私征，上违明旨，中蔑宪禁，下害民生。陆江等一方万命，立见尽填沟壑，为此情极无门，合词号报宪天，伏乞雷鉴印□宪示府怜待穷黎。准赐进敕本县立行给示严禁，随即勒石永垂。庶奸豪不致，复延民命虿，以敬延一方，再造万代户祝等情，奉批仰苏防官查报。蒙此随铭本厅查询去后，续据原呈陆江、葛华等，禀为号天赐详勒石给示，永禁私税事。禀称陆江等俯种贫民，苦居乡水，勉就低洼养鱼完课活命。先经地方曹元等具呈按院李、秦两位老爷具题本文，敕道行府恩免泥草渔课，又蒙遵旨禁革私税印照，历于现证。只恐石碑未到，势豪指借名色希科耕敛报，将巨豪私税事先哭控按院老爷，送台查报，貌求怜与情渔课已经请蠲泥草□□□税。公叩爷体皇恩难灭，宪禁难更，准赐文祥勒石给示。势豪强胁息私税革除等情具禀前来，据此，该本厅看得吴中狡恶成风，豪右奸徒构通虐民，□非一端非一日矣。即如渔荡一项，豪强占踞历有年，所借名渔课及告佃名色种种，利派网苦图多需索，即尽泥剪草亦恣欺凌，尽使耕者渔者几不堪命。故具呈前院李、秦二宪，已蒙具题奉旨尽行蠲免转行该县，遵照在案，乡愚所重在勒石永禁。只因前院回京期迫，屑有司奉行不力，虽经给示晓谕，未见勒之贞砥。则日久弊生，借湍复派，势老不无防微之计在。陆江等不得不绸缪未雨之时也，连名具渎所由来矣。宪台化雨雨罩敷民□，洞悉优帷，饬遵前旨勒石，申严设有势豪奸棍指称头目小甲仍行私派者，绳以违旨蔑宪之罪，则皇恩被于穷黎，宪德均玷于网极矣。详奉批开前因，拟合就行仰县即使着令原呈陆江、葛华等在于庄基地方勒石，永禁遵守等□到县，除行勒石外，合行给帖永遵为此。仰原呈陆江各居民知悉，遵奉宪批事理渔课一项已经奉旨蠲免。至于湖荡泥草用溉瘠田，岂容擅起税令？奉宪批严禁首重私敛虐民，严已后如有势豪地棍设私立项目，小甲指名渔课泥草等项，擅派私票苛索例者，即呈告，治以悖旨之罪。各宜承遵，毋得违背，须至帖者。

右帖给原呈陆江、葛华、金坤等，准此。

顺治拾柒年伍月一十一日

帖直居民（略）

（碑藏黄桥街道北庄村）

永禁席行机户聚众敛钱派捐碑

钦加同知衔特授江南苏州府长洲县县正堂加十级纪录十次万，为给示勒石永禁事。

同治十二年十月初七日，据监生顾云严，民人潘益山、潘岐山呈称：生等世居长境黄埭镇，开张顾鼎亨、潘恒盛、潘恒成代客提拣席行，买卖交易概用通足制钱，仍照旧章抽用。前被素不安分派捐敛钱，化名捏结纠创行头之机棍沈金龙，即洪文，屡次将席桠卖勒要加价。生等呈蒙提讯枷责示儆，乃沈金龙不知自悟，复敢串出恶党代为陈情。幸赖洞烛其奸，明晰批斥，未遂其计。该恶党扬言指日释回，定要截路殴辱。虽系诳言不足为凭，然若辈奸计百出，素常横行。生等经营糊口，断难与较。再四筹思，惟有乞恩给示勒石永禁。织席机户不准聚众敛钱、派捐勒费，以及扣门不足尺寸，收短、桠卖加价、藉端扰累。使若辈知所警惕，永绝讼端，以杜后患。微业戴德等情到县。据此查前处该监生顾云严等，呈控机棍沈金龙即洪文桠卖寻衅，业经提讯枷责示儆在案处。呈前情合行给示勒石永禁，为此示仰席行暨织席各机户知悉：尔等各宜安分勤业，行主代客买卖务须公平交易，钱串出入概用通足制钱，照章抽用。该机户等不准聚众敛钱、派捐勒费，以及扣门不足尺寸收短桠卖加价，藉端扰累。如敢故违，许即指名禀，县以凭提案究办，决不姑宽，各宜凛遵毋违。特示。（公印）

  开机席：阔二尺六寸市长五尺行短至四尺九寸

  尺七席：阔三尺二寸市长五尺四寸行短至五尺二寸

  五尺席：阔二尺八寸市长五尺二寸行短至五尺

  八六席：阔三尺六寸市长五尺六寸行短至五尺三寸

  三尺席：阔三尺市长五尺三寸行短至五尺一寸

  六尺席：阔三尺八寸市长五尺八寸行短至五尺五寸

  六尺五席、四尺二席、四尺四席、四尺六席、四尺八席，每门加长二寸

  隐梢单草双草、本机充本堂床儿篮枕席等项仍照旧样。

同治十二年十月二十日示

（碑藏黄埭中学）

奉宪勒石永禁碑

钦加司知衔赏戴花翎调补苏州府元和县正堂加十级记录十次李，为给示勒石永禁事。

据五品衔候选县主簿沈祖浩，候选从九品杨钟年，生员沈家赍，监生顾世噪、许鳌、谢金裕、民久荣请李士椿、沈秋亭、陆恂安、谢省三、周风山等，禀称窃职等各有管业鱼池，坐落长邑南北庄基，东西长荡、青苔河等，池多田少，养鱼为业，上输国课，下赡身家；鱼食水草，向在台荠门外黄天荡、独墅湖、金鸡、洋澄等湖捞取。惟黄天荡沿岸水面，有业承粮者，每船按年出钱，由催交业历来已久。讵有黄天荡荡棍蒋寿元、蒋顺兴等父子，勒许规费，纠抢捞草砟刀，损坏船只等。于咸丰九年、光绪七年，先后禀蒙前宪法据究，不禁在案，棍等稍加敛迹。且蒋顺兴之子蒋金和因案孥办之后，此风顿息。孰料一棍甫除，后生者已绝断之哭，有荡棍郭金林、郭老九、郭阿三等自恃弟兄众多，妄称轮应伊等，吃此血食，出头勒诈捞草。使费与理籍碍茭草，动辄行凶，蛮横更甚于蒋。去秋迭次被抢，毁船伊黄天荡为解欢，遂诈寝事。近更于黄天荡要口私行簖，遇有捞草船只又如其诈，始得放诈。钦查黄天荡沿岸水面，虽有承粮植蒋草河一二千亩，俱是官河，与业佃无许。况鱼食河底水划，与其所不食喂牛之茭草绝不相涉，早邀前宪判断分明。棍等夭端影射，创立血食名目，视利数不诈不休，甚或。茸业

蒙禀职等，若时时请究，不但有烦宪聪，而且废时失业。倘一味隐忍，棍赡愈炽，他处闻风效尤，势必绝业。为迫钞□前示，叩求核案，给示勒石永禁等情，到县。查此案，前据职员沈祖浩等，具禀业经阳前县给示严禁，在案据禀前情。除批示外，合行给示勒石永禁，为此示仰，黄天荡荡户暨地保渔总纲船人等知悉。自示之后，所有南北庄基等处池户，在还租荡内驾船捞草喂鱼，不准再有需索规费，以容霸阻情事。倘敢帮违，一经指禀，定即提案究惩，决不宽贷。至私占官河，例禁森严。该荡户等尤不得任意侵种茭菱，设廉簖有碍行舟。致与客隐之，渔总地保察出，一并究处。具各凛遵毋违，特示至！

光绪十七年六月廿八日示

（碑藏黄桥街道北庄村）

四、野生植物

相城境内植物生长茂盛，覆盖率高，自然植被为北亚热带常绿阔叶和落叶阔叶的混交林，这种植被具有亚热带常绿阔叶林向暖温带阔叶林过渡的特征。因此，境内既有亚热带常绿树种，又有落叶阔叶树种。除区镇建成外，地面均被各类植物所覆盖。区植被以公共绿化地、道路绿化带、园林绿化及单位内绿化地为主，农村植被以种植物为主，还有村落附近的绿化地、沟渠河塘和道路两旁的防护林；水面植被一般以水生农作物及畜牧饲料植物为主。

境内已开发利用和可被开发利用的大体有纤维类、脂肪类、芳香油类、淀粉类、鞣料类、药用类、果品类、蔬菜类、饲料类、观赏类等类植物千余种，其中50%以上的种类为人工栽培，如农田种植的粮、油、果、蔬菜，园林培植的观赏性花卉、草木等，以及城市绿化所种植的树木，大多为高等维管植物。此外，在阴湿背阳地段，生长着不同种类的菌类植物、苔藓植物。

境内的植物资源主要有：

野生类树种 冬青、榉树、朴树、榆树、合欢、乌桕、枫杨、苦楝、六月雪、小叶女贞、枸杞等。

树木类 黑松、马尾松、五针松、雪松、罗汉松、水杉、柳杉、龙柏、侧柏、圆柏、香樟、杨树、柳树、榉树、楝树、枫杨、无花果、臭椿、黄杨、女贞、冬青、泡桐、梧桐、棕榈、苏铁等。

藤本植物 葛藤、金银花、紫藤、爬山虎、野刺等。

草本植物 席草、勒麻、黄麻、菖蒲、野枯草、青蒿、艾蒿、野菊、夏枯草、益母草、紫花地丁、野胡萝卜、半边莲、半枝莲、徐长卿、蒲公英、车前草、天门冬、麦冬、马齿苋、稗草、绿萍、鸭舌草、水竹叶、野菱、虎儿草、牛蒡、牛膝、白茅、狗牙根、谷芒、茅草等。

花卉类 玉兰、广玉兰、含笑、蜡梅、梅花、牡丹、金桂、银桂、夹竹桃、丁香、沿阶草、石菖蒲、樱花、君子兰、石竹、寿星桃、紫荆、山茶、杜鹃、月季、玫瑰、迎春、珠兰、海棠、凤仙、鸡冠、万年青、芭蕉、美人蕉、蝴蝶花、菊花、兰花、水仙、绣球、牵牛、文竹、秋葵、仙人球、仙人掌、蟹爪兰、大木香、小木香、栀子花、夜来香等。

瓜果类 西瓜、香瓜、田鸡瓜、甜瓜、枇杷、草莓、杏、李、桃、金橘、葡萄、石榴、柿、枣、银杏等。

粮油类 粳稻、糯稻、籼稻、小麦、大麦、元麦、玉米、甘薯、大豆、赤豆、绿豆、蚕豆、豌豆、油菜、芝麻、向日葵、蓖麻等。

蔬菜类 青菜、白菜、甘蓝、菠菜、香菜、蕹菜、苋菜、茼蒿、韭菜、芥菜、辣椒、毛豆、扁豆、豌豆苗、长豇豆、四季豆、荠菜、紫角叶、马兰、枸杞、冬瓜、南瓜、丝瓜、笋瓜、黄瓜、菜瓜、扁蒲、白萝卜、红萝卜、药芹、水芹、生菜、刀豆、苦瓜、荸荠、葱、洋葱、大蒜、莴苣、番茄、茄子、土豆、芋艿、葫芦、胡萝卜、竹笋、雪里蕻、菊花菜、金花菜、黄花菜等田间蔬菜，以及金针菇、平菇、蘑菇、慈姑等。

中药材 合欢、乌桕、枫杨、三角枫、苦楝、六月雪、小叶女贞、枸杞、金银花、爬山虎、野枯草、青蒿、艾蒿、野菊、夏枯草、益母草、紫花地丁、野胡萝卜、半边莲、半枝莲、蒲公英、车前草、天门冬、麦冬、马齿苋、鸭舌草、牛蒡、牛膝、白茅、狗牙根、丁香、石菖蒲、石竹、寿星桃、紫荆、菊花、牵牛、枇杷、葡萄、枣、荠菜、枸杞、冬瓜、刀豆、葱等。

水生植物 茭白、莲藕、菱角、芡实、水芹、水花生、水浮莲、水葫芦、芦苇，以及各种藻类、萍类。

五、古诗

蠡口夜归
〔明〕姚广孝

日没渡口昏，水风着人热。
渔灯带萤火，微光互明灭。
舟人报水程，路远行欲歇。
故山不分明，目尽心力绝。
遥想山中人，待人仍待月。

过相城
〔明〕吴宽

荒凉成聚落，村舍自浮家。
天水浑无辨，烟波讵有涯。
老农勤菽麦，稚子漉鱼虾。
舣棹知何处，帆收又日斜。

晚归阳城湖漫兴

〔明〕沈周

薄暮及东泛,眼豁连胸臆。
净碧不可唾,百里借秋拭。
远树水光上,出没似空植。
疏处方淼然,山黛一痕色。
夕阳掩半面,云浪为风勒。
便以湖作纸,欲写手莫即。
见瞥况难谛,历多何暇忆。
舟子无雅情,双橹奋归急。

阳城湖

〔明〕袁华

海虞之南姑胥东,阳城湖水清浮空。
弥漫巨浸二百里,势与江汉同朝宗。
波涛掀簸月惨澹,鱼龙起伏天晦蒙。
阴渊雨昏火夜烛,下有物怪潜幽宫。
度雉巴城水相接,以城名湖何不同。
想当黄池会盟后,夫差虎视中原雄。
东征诸夷耀武威,湖阴阅战观成功。
陵迁谷变天地老,按图何地追遗踪。
我来吊古重太息,空亭落日多悲风。
虎头结楼傍湖住,窗开几席罗诸峰。
鸡鸣犬吠境幽闲,嘉木良田青郁葱。
渔郎莫是问津者,仙源或与人间通。
时当端阳天气好,故人久别欣相逢。
颇黎万顷泛舟入,俯览一碧磨青铜。
恩赐终惭鉴曲客,水嬉不数樊川翁。
莼丝鲈鲙水缕碎,菱叶荷花云锦重。
酒酣狂吟逸兴发,白鸥惊起菰蒲中。
相国井烟烽火闹,郎官水涸旌旗红。
此中乐土可避世,一舸便逐陶朱公。
更呼列缺鞭乘龙,前驱飞廉后丰隆。

尽将湖水化霖雨，净洗甲兵歌岁丰。

雨行陆墓道中
〔清〕王雨

远树濛濛野岸迷，渔翁斜笠板桥西。
轻舟渡雨闲凝望，一片村烟罨画溪。

陆　墓
〔清〕杨炤

望齐门外路，陆贽有高坟。
见说衣冠葬，难寻碑碣文。
荒祠无败壁，古木失干云。
魂魄犹依此，空烦托使君。

嘉隆年住此，祖父骨埋兹。
反葬有遗命，勒铭无愧辞。
一乡安宅里，百世奉家祠。
故国宗风厚，孙曾其念之。

六、序文

《相城小志》序
吴荫培

　　记云：史载笔，士载言。方氏曰：载笔书未然之事，载言阅已然之事。韦布之士，无载笔之责。然胪列乡国掌故，博采焉，精择焉。宏纲细目，分别纪载，始自一乡，推之一邑、一省而天下，国家之大略，无不散见于书中，其关系实巨也。

　　相城施氏，为该乡儒族。自明迄清五百年，列乡举登仕籍者，代有其人。吾友施君兆麟，笃学士也。民国戊午，三邑志局成立，君任名誉采访，实事求是，尝周游吴中山水，搜罗古迹，考证旧闻。又以前志地图，向无善本，因就图外立体例，标疆界，创一都领图，图领圩，圩领村，各表以发前人所未有。又于相城乡访获列朝古墓，如宋太尉王皋、元平江路总管张伯颜、明金事刘珏、处士沈周各茔。余适任此邦保墓事，相约遇阳城湖，经荻扁港，泊舟渔沙登岸，遍历松楸，立碣表道。又同访都太仆过、姚少师故居，放怀凭吊，俯仰千秋。是乡世有闻人，惜无志乘。君于是有修辑之议，执简遇从，随时商榷。今者五历寒暑，属稿将付手民，来征序。余嘉君之能载言也，不揣固陋，走笔书颠末归之。

庚午古历端阳节，平江遗民八十叟吴荫培叙。

（《相城小志》）

七、杂记

阳湖草堂记
〔明〕张益

阳湖在吴城之东北，漫衍数百里，亦一巨浸也。太原王氏世居湖上，得擅山水之秀。曰廷礼者，彦洋甫之子，质美而好问学，事亲之暇，不废诗书。间因所居之偏，构堂数楹，苫覆以茅，粉垩无饰，牖户几榻，务皆朴素。置六经群籍，凡数千卷，牙签锦轴，插架堆席；而文房所需之物，莫不毕具，日藏修于其中焉，爰以阳湖草堂为扁额。客过者，辄与谈论道德，讲求义理，商榷今古，品量人物，或焚香鼓琴，或临觞面咏。近览遐瞩，山光水色，花香树影，禽鸟之声交接耳目，故廷礼之学日有所进。而其心亦日有所甚乐者焉，顷以记文见证。廷礼其善学哉，盖学必静，而有阳湖之境，远阛阓而绝尘嚣，可谓静矣。然其所以谓之静者，抑岂在夫漠然而目无所睹，而耳无所闻，颓然而身若槁木乎？在其心之本体，如止水之清、圆鉴之明，事至物来。而妍媸美恶，自有不能为，掩与夺也。廷礼当燕处时，试以余言思之，其能夫静者，有不藉乎草堂矣。

（《相城小志》）

促织盆

明宣德间，苏州造促织盆，出陆墓邹、莫二家，曾见雕镂人物，妆采极工巧。又有大秀、小秀，所造者尤妙。二秀，邹家二女名也。见《摊饭续谈》引《戒庵漫笔》。予有一盆，款识齐门外广惠桥北首下岸朱兴公造，式样质地俱佳。

（《吴门表隐》）

八、阳澄渔歌

阳澄湖四季情歌[①]

阳澄湖里浪推浪哎，小小网船勒浪湖面上过，郎摇橹来姐扭绷哎，盎得儿咿得儿盎得儿喂，赛过勒哩船唱歌，赛过勒哩船唱歌哎。

春季里来菜花黄，摇船进湖去张网哎，啥登样杏花勒浪后艄棚？啥登样姐妮勒浪中舱里？

春季里来菜花黄，乌背鲫鱼雀水忙哎，好格杏花勒浪后艄棚，好格姐妮勒浪中舱里。

---

① 这首渔歌获"2010中国江苏民歌节"江浙沪吴歌大赛二等奖。

夏季里来荷花红，出水芙蓉送清凉哎，啥登样阿哥摇船过？捉鱼郎阿哥摇船过。

夏季里来荷花红，金黄鲤鱼盘草丛哎，啥登样姐妮勒浪结丝网？巧手姐妮勒浪结丝网。

秋季里来西风响，成双成对蟹脚痒哎，啥人是我格多情郎？船头浪是倷格多情郎。

秋季里来西风响，船来船往捉蟹忙哎，啥人是我格小娇娘？船艄浪是倷格小娇娘。

冬季里来呀么喜事多，迎亲格堂船最风光，啥辰光搭倷双双拜天地？啥辰光搭倷结鸳鸯呀？我搭倷前世双双拜天地，我搭倷下世再结鸳鸯呀。

阳澄湖里浪推浪哎，小小网船勒浪湖面浪过，郎摇橹来姐扭绷，盎昂得儿咿得儿盎得儿喂，赛过勒哩船唱歌，赛过勒哩船呀么船唱、船唱歌哎。

阳澄湖里波连波

阳澄湖里波连波，一条渔船波上过。
郎摇橹来姐扭绷，盎得儿盎得儿船唱歌。

挂起渔网唱山歌

水里来去好辛苦，挂起渔网唱山歌，
船浪人唱歌像摇船，一橹一橹又一橹。

说湘城，话湘城

说湘城，话湘城，湘城自古有名声。妙智庵出仔个和尚姚广孝，皇帝要叫俚一声老太尊。

说和尚，话和尚，勿及牒字圩里个沈周老先生，听见当朝宰相来拜会，俚到阳澄湖里去看风光。

（李七梅唱，孙元昀整理）

渔夫曲（一）

奈勿要看勿起我老渔夫，我是阳澄湖格活地图。
我晓得湖底里落条沟浅、落条沟深，落个潭里捉起鱼来最最多。

渔夫曲（二）

橹人头虽小顶千斤，我放鸟捉鱼一世人。
三关六码头堂堂留脚印，村村浜浜叫得出名。
北面摇到长江口，南面摇到杭州城，

千里水面一支橹，摇来摇去阳澄湖水最最清。

（朱文华编唱）

蟹歌（一）

十月呒风形小春，湖里厢蟹簖四纵横。
待等西风豁喇喇响，大闸蟹蟹脚只只痒。

蟹歌（二）

白肚身披青铜甲，黄毛金爪八只脚，
湖里横行吃得壮，拨人捉牢水里煠。
日里唔笃寻勿着，夜里出来做世界。
若问我叫啥名字，阳澄湖里大闸蟹！

（朱文华、蔡金娣唱）

济民塘边

济民塘边有只观，啥个观？
灵应观，门前石坊冲天立，两只仙鹤落云端。
济民塘边有只庵，啥个庵？
妙智庵，四月初八香火旺，廿五个和尚团团转。

（李七梅唱）

船家四季歌

春季里来菜花黄，摇船进湖去化网，
捉子鱼鲜市里去卖，菜花甲鱼顶吃香。
夏季里来荷花香，起出塘藕汰清爽，
日里摇到城里去卖，黄昏剥剥莲蓬乘风凉。
秋季里来蟹脚痒，阳澄湖里捉蟹忙，
大闸蟹卖仔好价钿，买块料作送姐做衣裳。
冬季里来北风响，迎亲宫船开进浜，
渔船阿哥网船姐，船舱里厢结鸳鸯。

（魏菊珍唱）

编 后 记

《苏州市相城区农业志》是相城区成立后首部区级农业志，它是一部全面系统地记述相城区境域内农业生产发展历史和现状的专业志书，是在中共相城区委、区政府及区志办、区农业农村局等有关部门的关心支持下编纂的一部专著。其内容上限可追溯至 6000 余年前的远古时代，下限延止 2013 年 12 月，而大事记及行政管理机构延止 2016 年 12 月。本志涉及的时间跨度大，内容广。

本志的成书过程大致经历了以下六个阶段：

一、组建编志领导班子，选聘写作人员。2009 年 2 月 26 日，局主要领导任苏州市相城区农业志编纂委员会主任，局分管领导陈玉庆担任副主任，全权负责此项工作。局领导班子其他人员全部参加编纂委员会。是日，召开了《苏州市相城区农业志》编纂工作会议，召集各科室（站）负责人和具体编写人员献计献策，共谋采编事宜。由于局领导的重视和区地方志办公室的关心，编纂委员会外聘专职人员参加编纂工作，为提升志书质量创造条件。

二、广泛收集材料。采编人员曾去上海图书馆、苏州市方志办、吴中区档案馆、相城区档案馆、区属镇街道召集知情人士座谈，去各现代农业产业园寻觅历史资料，为编写志稿创造条件。

三、撰写前，明确志稿"存史、资政、教化"的目的，列出志稿纲目。撰写时注意突出本区特色。本区历来以江南"鱼米之乡"著称，阳澄湖大闸蟹闻名中外，故而特为此设章增节、典范、评述，以彰显地方特色优势和时代风貌。

四、志书在编写中充实，在修改中提高。相城区农业农村局在 2001 年新建相城区时为相城区农业发展局，包含农办、农业局、绿化办、粮食局管理职能。2010 年改名为"相城区农业局"，又增加了农业机械管理职能。与其他县（市）、区的管理职能不同，相城区农业农村局在管理上是一个名副其实的大农业管理。《苏州市相城区农业志》是一部详细记载相城区农村发展与变革、农业（农、林、牧、副、渔）、农村绿化与城市绿化、农业机械、粮食（加工、运输、储备）等诸方面情况的全面反映本区农村发展和农业生产发展的全链接志书。2009 年至 2010 年间，局编辑成《苏州市相城区农业志》基础版书稿，报送区地方志办公室和区志编委，为编写《相城区志》及时提供材料，得到了区志办的肯定，《相城区志》录用并写成了第八卷"农村经济体制改革"、第九卷"农业"、第十卷"水产"和第十四卷"商贸旅游"中的粮油购销内容。当时的区农业局是区志录用内容最多的部门之一。2010 年，苏州市相城区农业志编纂委员会在基础版书稿上寻找不足之处,继续深入基层补充资料,充实内容。2013年完成该志书初稿。在修改中,针对粮食管理内容偏少问题,继续收集大量资料,新增10余万字,并提升独立成卷,较好地记载了境内粮食系统的发展。同时,继续到周边县(市)、区和本区乡(镇)了解情况、查阅资料、收集图片及资料,进行整理、补充、修改,充实和丰富了本志的内容。经多次打磨修改,志稿质量也得到了提升。2016年完成初审稿,报送区地方志办公室审稿。本志按照"横分门类,纵述始末"的要求,按内容归章节,打破了科室间成文的界限。全志涵盖了农村体制变革、农业发展、农村建设、农村经济管理、种植业、林业、畜牧业、农业机械、现代农业园、水产、粮油加工等内容。志前附图片,设"大事记"。书后有"附录",将有关史料和行政机构等内容附上,以供查阅。

五、评议送审阶段。先征求各街道管农业干部的意见,然后将初稿印成送审稿,再分发给有关专家、有关农业干部及知情人士个别征求意见,以利志稿再修改。然后再送区地方志办公室进行初审,区志办提出了宝贵意见并做了具体指导。接着按内容分类、增加或合并有关章节。如:将"水产科技"的内容并入"农业科技"章节,既归类,又避免了重复;另增设"病虫害防治"章节。通过审编结合、突出重点、避免重复,志稿总体质量有了提升。

六、定稿阶段。请市志办负责人及有关专家,区政府、区志办、区农业农村局有关领导组织召开终审会,根据审定建议和意见,本志以卷为单位,突出重点,细致修改、多次打磨、求精统稿。2019年年初正式定稿,并交付出版社编辑出版。

本志的编纂出版,是区农业农村局上下群策群力、精诚合作的结果。借此机会,对关心和支持本志出版的所有单位、领导和同志一并表示诚挚的谢意。

苏州市相城区是2001年成立的,相城区的农村发展变革、农业发展延续了原吴县的悠久历史。由于时间跨度长,行政区域变动史料不全,再加上编写能力有限,难免存在缺点和错误,敬请领导、专家和农业条线的同志及广大读者不吝赐教、批评指正,以便后人在续编时予以修正和补充。

苏州市相城区农业志编纂委员会

2019年5月